ARCHIVES HISTORIQUES

DU POITOU

XXII

POITIERS
TYPOGRAPHIE OUDIN ET Cie
4, RUE DE L'ÉPERON, 4
1892

SOCIÉTÉ

DES

ARCHIVES HISTORIQUES

DU POITOU

LISTE GÉNÉRALE

DES MEMBRES

DE LA SOCIÉTÉ DES ARCHIVES HISTORIQUES DU POITOU

ANNÉE 1890.

Membres titulaires :

MM.

Arnauldet (Th.), ancien bibliothécaire de la ville de Niort, à Paris.

Barbaud, archiviste de la Vendée, à la Roche-sur-Yon.

Bardet (V.), attaché à l'Inspection du chemin de fer d'Orléans, à Poitiers.

Barthélemy (A. de), membre de l'Institut, à Paris.

Beauchet-Filleau, correspondant du Ministère de l'Instruction publique, à Chef-Boutonne.

Beaudet (A.), docteur en médecine, à Saint-Maixent.

Berthelé, archiviste des Deux-Sèvres, à Niort.

Bonnet (E.), professeur à la Faculté de Droit, conseiller général des Deux-Sèvres, à Poitiers.

Bonvallet (A.), agent supérieur du chemin de fer d'Orléans, ancien président de la Société des Antiquaires de l'Ouest, à Poitiers.

Bouralière (A. de la), ancien président de la Société des Antiquaires de l'Ouest, à Poitiers.

Chamard (Dom), religieux bénédictin, à Ligugé.

MM.

CHASTEIGNER (Cte A. DE), membre de plusieurs Sociétés savantes, à Ingrande (Vienne).

DELISLE (L.), membre de l'Institut, à Paris.

DESAIVRE, docteur en médecine, conseiller général des Deux-Sèvres, à Niort.

FAVRE (L.), à Niort.

FRAPPIER (P.), ancien secrétaire de la Société de Statistique des Deux-Sèvres, à Niort.

LEDAIN, membre de l'Institut des provinces, à Poitiers.

LELONG, archiviste aux Archives Nationales, à Paris.

LIÈVRE, bibliothécaire de la ville, à Poitiers.

MARQUE (G. DE LA), à la Baron (Vienne).

MÉNARDIÈRE (DE LA), professeur à la Faculté de Droit, à Poitiers.

MONTAIGLON (A. DE), professeur à l'Ecole des Chartes, à Paris.

MUSSET (G.), bibliothécaire de la ville, à La Rochelle.

PALUSTRE (Léon), directeur honoraire de la Société française d'archéologie, à Tours.

RICHARD (A.), archiviste de la Vienne, à Poitiers.

RICHEMOND (L. DE), archiviste de la Charente-Inférieure, à La Rochelle.

ROCHEBROCHARD (L. DE LA), membre de la Société de Statistique des Deux-Sèvres, à Niort.

TRANCHANT (Charles), ancien conseiller d'État, ancien conseiller général de la Vienne, à Paris.

Membres honoraires :

MM.

BABINET DE RENCOGNE, à Angoulême.

BEAUREGARD (H. DE), au Deffend (Deux-Sèvres).

BOURLOTON (E.), à Paris.

CARS (Duc DES), à la Roche-de-Bran (Vienne).

CESBRON (E.), ancien notaire, à Poitiers.

MM.

Clisson (l'abbé de), à Poitiers.

Corbière (Mis de la), à Poitiers.

Desmier de Chenon (Mis), à Domezac (Charente).

Dubeugnon, professeur à la Faculté de Droit, à Poitiers.

Ducrocq (Th.), doyen honoraire, professeur à la Faculté de Droit de Paris, correspondant de l'Institut, à Paris.

Ferand, inspecteur général honoraire des ponts et chaussées, à Poitiers.

Gaignard (R.), à Saint-Gelais (Deux-Sèvres).

Genesteix, ancien notaire, à Poitiers.

Guérin (Paul), archiviste aux Archives Nationales, à Paris.

Ginot (Emile), avocat, à Poitiers.

Horric du Fraisnaud de la Motte de Saint-Genis, à Goursac (Charente).

Labbé (A.), banquier, à Châtellerault.

Laizer (Cte de), à Poitiers.

La Lande Lavau Saint-Étienne (Vte de), à Neuvillars (Haute-Vienne).

Le Charpentier (G.), ancien conseiller général des Deux-Sèvres, à Saint-Maixent.

Lecointre (Arsène), à Poitiers.

Orfeuille (Cte R. d'), membre de la Société des Antiquaires de l'Ouest, à Versailles.

Oudin (Paul), éditeur, à Poitiers.

Rochebrochard (H. de la), à Boissoudan (Deux-Sèvres).

Rochejaquelein (Mis de la), député des Deux-Sèvres, à Clisson (Deux-Sèvres).

Rochethulon (Mis de la), ancien député de la Vienne, à Baudiment (Vienne).

Sorbier de Pougnadoresse (de), ancien sous-préfet, à Poitiers.

Surgères (Mis de), à Nantes.

Tribert (L.), sénateur, à Champdeniers.

Vernou-Bonneuil (Cte de), à Paris.

Bureau :

MM.
Richard, président.
Ledain, secrétaire.
Bonnet, trésorier.
de Chasteigner, membre du Comité.
Desaivre, id.
de la Bouralière, id.
de la Ménardière, id.

EXTRAIT

DES PROCÈS-VERBAUX DES SÉANCES DE LA SOCIÉTÉ DES ARCHIVES

PENDANT L'ANNÉE 1890.

Dans le cours de l'année 1890, la Société n'a tenu que trois séances, les 16 janvier, 17 juillet et 20 novembre.

Elle a reçu comme membres honoraires, M. le comte de Vernou-Bonneuil, à Paris, et M. Edgard Bourloton, libraire-éditeur, à Paris.

Elle a perdu un de ses membres honoraires, M. le marquis de la Rochethulon.

Subvention. — Par décision en date du 17 janvier 1890, M. le Ministre de l'Instruction publique a accordé à la Société des Archives une somme de 1000 francs à titre d'encouragement pour ses travaux en 1889.

Communications. — Par M. Ledain : de la copie du Cartulaire de Saint-Michel de Thouars, qui est admis pour paraître dans un des prochains volumes des archives ;

Par M. Cesbron : d'un état de paiement des garnisons des places de sûreté accordées aux protestants en 1598 et 1599 en Poitou, Saintonge et Languedoc, aussi admis ;

Par M. de La Marque : de la copie du Journal de Bobinet, curé de Buxerolles, conservé à la Bibliothèque de Poitiers, faisant suite aux Annales d'Aquitaine, et dont des extraits pourront rentrer dans la série des journaux dont la publication a été décidée ;

Par M. Sauzé : d'un Brevet de conseiller en la bazoche de Poitiers en 1736, dont la copie est jointe aux pièces recueillies pour continuer la série commencée en 1878 ;

Par M. Bourloton : de la copie de 192 pièces intéressant l'abbaye de Maillezais, première série des documents qu'il recueille en vue d'une publication générale des titres de cet établissement ;

Par M. Drouault : d'observations sur une enquête du XIII° siècle, imprimée dans les Layettes du Trésor des Chartes, t. II, p. 99, qui, attribuée à Laon par M. Teulet, concerne au contraire des localités du Loudunais et mériterait par suite de prendre place dans un recueil de documents poitevins ;

Par M. Desaivre, qui dépose les journaux de Pierre de Sayvre et de Robert de Germond, annotés par lui, et signale en même temps quelques journaux inédits.

Décisions. — La Société fera graver un cachet pour apposer sur les documents manuscrits dont il lui est fait don.

Sur la proposition de M. de Chasteigner, il est fait don à la bibliothèque de la ville de Bayonne des volumes des Archives qui présentent un caractère d'intérêt général.

Publications. — Au mois de mai a paru le tome XX qui contient sous le titre de Chartes et documents divers : 1° le Cartulaire de la Trinité de Mauléon, publié par M. Ledain ; 2° la Correspondance de M. de Nanteuil, intendant du Poitou, avec M. Blactot, son subdélégué à Bressuire, par M. Cesbron ; 3° des Miscellanées, par M. Bonnet, qui s'est chargé de la publication du volume auquel, outre les tables ordinaires, il a joint la table générale des documents parus dans les tomes XI à XX.

Travaux en cours d'exécution. — Par M. Guérin : le tome XXI, contenant la suite des Documents extraits du Trésor des Chartes, tome V de la série.

Travaux en préparation. — Par M. de la Bouralière : les tomes XXII et XXIII consacrés aux Maintenues de noblesse de M. Quentin de Richebourg.

Renouvellement du Bureau. — A la séance du 20 novembre ont été élus : MM. RICHARD, président ; LEDAIN, secrétaire ; BONNET, trésorier ; DE CHASTEIGNER, DESAIVRE, DE LA BOURALIÈRE, DE LA MÉNARDIÈRE, membres du Conseil.

MAINTENUES DE NOBLESSE

PRONONCÉES

PAR

MM. QUENTIN DE RICHEBOURG

ET

DESGALOIS DE LATOUR

INTENDANTS DE LA GÉNÉRALITÉ DE POITIERS

1714-1718

PUBLIÉES

PAR M. A. DE LA BOURALIÈRE

—

TOME PREMIER

INTRODUCTION

§ I. — LES PREMIÈRES VÉRIFICATIONS DE NOBLESSE
EN POITOU.

Les privilèges de la noblesse ont été de tout temps fort enviés et ils furent de bonne heure l'objet des convoitises d'une foule de gens qui n'y avaient aucun droit. La noblesse, en effet, outre les honneurs qu'elle conférait à ses possesseurs, était le plus sûr moyen d'échapper à de lourds impôts, en particulier à celui de la taille et au droit de franc-fief. Dans les temps de guerres et de troubles intérieurs, à mesure que le pouvoir royal perdait de sa force, les usurpations allaient grandissant, et nos rois essayèrent souvent d'y mettre un terme, sans jamais réussir à couper le mal dans sa racine ; ils l'entretinrent même en multipliant les anoblissements accordés à certains offices ou octroyés en vertu de Lettres, quand les besoins du Trésor les poussaient à demander à ces concessions fiscales les ressources qu'ils ne pouvaient obtenir de l'impôt.

Dans certaines provinces, là sans doute où la situation s'était le plus aggravée, il y a eu des vérifications de noblesse dès le xve et même dès le xive siècle. Nous n'en connaissons pas d'aussi anciennes pour le Poitou ; on peut, à la vérité, trouver des arrêts de la Cour des aides ou de tout autre juridiction qui statuent indirectement sur le fait de la noblesse dans des contestations relatives à l'assiette de l'impôt, mais ce ne sont là que des cas individuels et sans caractère général. Dans cet ordre d'idées, le premier acte de l'autorité royale qui s'appliqua à toute la France est dû à Charles VIII ; par ses lettres patentes du 17 juin 1487, il créa un maréchal d'armes des Français et ordonna qu'il serait dressé un catalogue de tous les noms et armes des nobles du royaume. Ce recensement, qui eût produit de si heureux résultats, était une œuvre trop considérable pour être ainsi exécutée sans préparation ;

le projet demeura à l'état de lettre morte ; nous verrons plus tard la même tentative se renouveler sous Louis XIV et échouer pareillement.

En 1561, l'Ordonnance d'Orléans, rendue sur les remontrances des Etats généraux réunis dans cette ville, défend de prendre faussement et contre vérité le titre de noblesse et des armoiries timbrées, et frappe les usurpateurs d'amendes arbitraires qui seront prononcées par les juges royaux (art. 110) ; elle fut confirmée en 1576 par l'Ordonnance de Blois (art. 257). Cependant, à la faveur des désordres causés par les guerres de religion, le nombre de ceux qui cherchaient à se soustraire à l'imposition des tailles n'avait cessé de s'accroître. La nécessité d'apporter un frein à cet envahissement qui tarissait les ressources du Trésor se fit impérieusement sentir et détermina l'édit de mars 1583, confirmé par la déclaration du 29 octobre suivant. Le roi voulait que les usurpateurs fussent dorénavant taxés et imposés par des commissaires députés pour la réformation et règlement des tailles et donnait à ceux-ci le pouvoir de faire exécuter leurs sentences et jugements par provision, nonobstant oppositions ou appellations quelconques, dont il se réservait la connaissance pour en attribuer le jugement définitif à la Cour des aides. Ces prescriptions ne tardèrent pas à être exécutées. L'année suivante, nous voyons Claude Maslon, conseiller au Parlement, commissaire député par le roi, s'acquitter activement en Poitou de la mission qui lui avait été confiée. Quelques années plus tard, nous trouvons les mêmes fonctions remplies par Philippe Dehère [1], conseiller du roi et général en la Cour des aides, Jean Legeay et Huault de Montmaigny, maîtres des requêtes, Gaucher de Sainte-Marthe, trésorier de France. Les opérations de ces commissaires se continuèrent jusqu'à la fin du XVIe siècle ; les sentences qu'ils rendirent paraissent assez nombreuses et sont souvent invoquées dans les ordonnances de maintenues rendues postérieurement. Il n'est pas douteux qu'ils prononcèrent aussi des condamnations et des amendes, mais celles-ci ont laissé moins de traces, et il en est d'ailleurs de même pour celles qui intervinrent au siècle suivant. On les trouverait peut-être enfouies et oubliées dans les collections de quelque dépôt public. On comprend aisément que les particuliers qui en étaient l'objet ne cherchèrent pas à en multiplier les

---

1. Nous trouvons son nom aussi écrit Desairs, Deshayrs, Deshere, Deshert, Deaire. Il signait Deheere.

témoignages, si désastreux pour leurs prétentions ; tandis que ceux qui obtenaient des décisions en leur faveur s'empressaient d'en lever des expéditions et des copies pour les conserver dans leurs archives et s'en faire au besoin une arme défensive contre des adversaires trop intéressés à les faire contribuer à l'impôt.

Des magistrats d'un autre ordre paraissent dans la suite avoir été substitués accidentellement à ces commissaires spéciaux; c'est ainsi qu'en 1605, en 1607, M. Rousseau de la Parisière, trésorier de France à Poitiers, est qualifié commissaire nommé par le Roi pour le régalement des tailles et pour la réformation des nobles et des abus qui se commettent dans les tailles, que les confirmations de noblesse prononcées par M. Denis Amelot, intendant de Poitou en 1624 [1], sont plusieurs fois énoncées parmi les titres produits devant ses successeurs (voir D 26, G 13). Mais l'Edit de janvier 1634 vint donner une nouvelle activité à la recherche des usurpations et apporter de nouvelles prescriptions. D'après les art. 1 et 2, nonobstant tous les anoblissements accordés depuis vingt ans, tous ceux qui sont nés et se trouveront de la condition roturière devront être imposés à la taille. Il est fait défense à tous sujets du roi d'usurper le titre de noblesse, de prendre indûment la qualité d'écuyer et de porter armoiries timbrées, à peine de 2,000 livres d'amende.

L'exécution de la mesure fut confiée aux Elus, magistrats chargés de répartir les tailles et autres impositions et de juger les procès qui s'élevaient à cette occasion. Ils y procédèrent sans retard et publièrent une ordonnance enjoignant aux intéressés d'avoir à représenter leurs titres devant eux dans un délai de huit jours, sous peine d'être portés comme taillables aux rôles de leurs paroisses ; c'est du moins ce qui se passa en plusieurs Elections du Poitou. M. Alfred Richard a publié dans le journal le *Mellois* [2] plusieurs sentences rendues par l'Election de Niort en conformité de l'Edit. Nous en avons aussi remarqué un certain nombre, éma-

---

1. René Thoreau, sr de la Grimaudière, trésorier de France à Poitiers, figure aussi à cette époque, avec M. Amelot, en qualité de commissaire député par le roi pour le régalement des tailles et réformation des abus commis au fait d'icelles aux Elections de Poitiers, Châtellerault, Thouars, Saint-Maixent et Mauléon. Robert Frenicle, sr de Bessy, conseiller du roi et trésorier général de France en Poitou, a la même qualité pour les Élections de Niort, la Rochelle, Fontenay et les Sables-d'Olonne.

2. Nos des 19 et 26 novembre 1865, 17 et 25 mars et 14 avril 1867. Articles reproduits en 2 brochures de 12 et 16 p., sous le titre de *Vérification de privilèges par l'Election de Niort, de 1627 à 1638*.

nant des Elections de Poitiers, de Châtellerault et de Thouars, parmi les pièces qui accompagnent les requêtes adressées plus tard aux intendants de la Généralité de Poitou. Mais les Elus étaient des magistrats d'un ordre trop inférieur pour accomplir avec autorité l'importante et délicate mission de décider de la condition des personnes et des familles ; ils étaient placés trop près de leurs justiciables pour être complètement indépendants et échapper à des influences diverses ; ils durent se montrer trop indulgents pour les riches et les puissants, trop rigoureux pour les faibles et peut-être aussi pour ceux qui refusèrent de reconnaître assez généreusement leurs services. Le court délai fixé pour la production était de plus insuffisant aux parties mises en cause pour réunir les titres nombreux qui étaient exigés et qu'il fallait parfois aller chercher au loin, et il devenait alors nécessaire de le proroger de deux et trois mois. Il en résulta chez la noblesse de graves mécontentements et des plaintes qui s'élevèrent jusqu'au trône. Six mois s'étaient à peine écoulés depuis la publication de l'Edit de janvier 1634 qu'il était abrogé par un arrêt du Conseil d'Etat, rendu le 26 juillet. Le roi, y est-il dit, tout en estimant que les Elus, auxquels appartient la seule connaissance des tailles, sont demeurés dans les termes de leurs juridictions, casse et annule toutes les procédures et instructions faites par eux contre les nobles, pour raison de leurs titres, qualités et armoiries, déclare nuls et de nulle valeur tous les jugements qu'ils peuvent avoir donnés par raison de ce, et leur fait défense de prendre aucune juridiction ou connaissance des titres, qualités et armoiries desdits nobles, à peine de nullité et de 10,000 livres d'amende. Ainsi se termina cet essai de réforme qui, mieux combiné, aurait pu réussir. Les tribunaux d'Elections continuèrent comme devant à juger les contestations qui surgissaient à l'occasion de l'imposition et de l'exemption des tailles, et par voie de conséquence à statuer sur le fait de la noblesse. Au point de vue qui nous occupe, ces pièces seraient utiles à consulter, si elles formaient un fonds complet. Mais la perte des archives de la plupart des Elections de notre province a rendu très insuffisante cette source de documents ; on ne possède en effet, autant que nous sachions, que les archives des Elections de Poitiers, Niort et Saint-Maixent.

Cependant la pensée de la recherche des faux nobles n'avait pas été complètement abandonnée. Elle fut reprise sous le règne suivant et se traduisit par une Déclaration du roi, du 30 décembre 1656, qui rééditait les anciennes prescriptions. La connaissance en fut attribuée à la Cour des aides. L'année suivante, des commissaires furent désignés pour poursuivre la recherche des usurpations commises (28 septembre), et ceux-ci à leur tour prirent certaines dispositions pour assurer le fonctionnement de leur juridiction (8 octobre). Leurs séances devaient se tenir à Paris, et les justiciables devaient y être assignés pour faire leurs déclarations et représenter leurs titres.

On ne tarda pas à s'apercevoir qu'il était d'une rigueur excessive d'imposer à la noblesse de coûteux voyages à Paris pour y apporter ses preuves, qu'on mettait même ainsi nombre de gentilshommes pauvres dans l'impossibilité de satisfaire aux ordres du roi, et un arrêt du Conseil d'Etat, du 14 mars 1658, ordonna qu'il serait incessamment nommé des commissaires en chacune des Généralités du ressort de la Cour des aides de Paris pour procéder à la vérification des titres. Ces commissaires ne furent pas nommés. Encore une fois on s'arrêtait en chemin, et il fallait attendre quelques années avant qu'une volonté ferme et énergique sortît de la voie des tâtonnements, édictât des règlements sages et pratiques et triomphât de tous les obstacles : ce devait être l'œuvre du grand Colbert.

§ II. — RÉFORMATION DE LA NOBLESSE PAR MM. COLBERT DE CROISSY, DE BARENTIN ET ROUILLÉ DU COUDRAY.

La grande réformation qui allait s'opérer ne débuta pas tout d'abord suivant les meilleures formes susceptibles de la conduire à bonne fin. Le pouvoir central témoignait de l'indécision sur le choix des agents à employer pour exécuter ses ordres. L'expérience avait montré que si les magistrats des Elections étaient placés trop près des contribuables, ceux de Paris en étaient trop éloignés. Ce fut cependant la Cour des aides de Paris[1] que la Déclaration du roi, du 8 février 1661, chargea encore de la recherche des usurpateurs de noblesse, en donnant aux véritables gentilshommes quelques garanties contre les excès de zèle et les vexations du traitant, le sieur Thomas Bousseau, qui avait pris

---

1. La Généralité de Poitiers était du ressort de cette Cour.

la ferme des amendes [1]. Plusieurs actes de l'autorité maintinrent et accentuèrent cette première disposition ; ce sont notamment un arrêt du Parlement rendu le 13 août 1663 et deux Déclarations du roi, du 22 juin 1664 et du 27 février 1665.

La Recherche paraît s'être accomplie avec beaucoup de sévérité. On conserve aux Archives nationales [2] plusieurs centaines d'arrêts rendus par la Cour des aides sur cette matière, aux poursuites et diligences de Thomas Bousseau, et le Poitou en a fourni une bonne part. Conformément à la Déclaration du 8 février 1661, la Cour condamnait les usurpateurs en 2,000 livres d'amende et les 2 sols pour livre, ordonnait que la qualité d'écuyer ou de chevalier serait biffée et rayée en tous les actes et contrats où ils l'avaient indûment prise, que le timbre apposé à leurs armes serait brisé et rompu, qu'ils contribueraient aux tailles, aides, subsides et autres droits, enjoignait aux asséieurs et collecteurs de leurs paroisses de les imposer sur les rôles comme roturiers selon leurs facultés, aux Elus d'y tenir la main, etc.

On n'évita pas cependant les vexations et les abus. Les traitants et leurs commis, les procureurs et autres officiers subalternes déployèrent contre une proie trop facile toutes les ressources de la chicane. Il arriva que de véritables gentilshommes, après avoir justifié de leurs titres, étaient renvoyés avec condamnations ; d'autres, après un séjour de huit ou dix mois à Paris, n'obtenaient la reconnaissance de leur noblesse qu'en payant des épices et des frais énormes ; tandis que certains usurpateurs riches, entrant en composition avec les traitants, faisaient, par la connivence de ceux-ci, supprimer leurs exploits d'assignations ou étaient déclarés nobles sur des titres faux ou

---

1. Au nombre des associés de Thomas Bousseau dans cette spéculation financière nous trouvons un Jean de Ninerolles, bourgeois de Paris. porteur de sa procuration générale, qui traite le 4 novembre 1661 avec Louis Pallardy, sr de Montigny, premier assesseur de la maréchaussée et conseiller au siège royal de Niort. Celui-ci s'engage, moyennant un sol pour livre à prendre sur le produit des amendes, à fournir à Ninerolles les extraits des actes de notaires et de greffiers prouvant les usurpations. Le traité est passé pour les Elections de Niort, la Rochelle, Fontenay et les Sables-d'Olonne.

Le cas de ce Pallardy est assez plaisant. Quoique issu d'une famille de marchands de Niort, il avait lui-même des prétentions à la noblesse et il se fabriqua de toutes pièces une superbe généalogie qui le faisait remonter par d'illustres ancêtres jusqu'au xive siècle. Malheureusement pour lui, la fraude fut découverte ; poursuivi à son tour comme faux noble, il fut condamné par M. de Barentin à une amende modérée de 250 livres. Nous ne savons si dans l'espèce il toucha le sou pour livre. (Archives de la Vienne, E* 99.)

2. Archives nat., Z¹ A, 855.

insuffisants. L'expression de ces griefs est nettement formulée dans les pièces officielles que nous citons, et le mal fut tel qu'on essaya d'y remédier par quelques précautions. Il fut expressément défendu aux commis et préposés à la Recherche de faire donner aucune assignation sans ordre écrit des commissaires départis dans les provinces. Les assignés devaient représenter leurs titres devant ces commissaires, pour qu'ils fussent communiqués aux commis, et ceux-ci étaient tenus de donner leur désistement dans le délai de trois jours, s'ils jugeaient les titres valables ; au cas contraire seulement l'affaire était renvoyée à la Cour des aides (arrêt du 30 avril 1665). Il fut encore fait défense aux mêmes commis et préposés de faire exécuter aucun arrêt ni rôle de condamnation sans qu'il fût visé par les commissaires départis (arrêt du 20 mai). Mais la situation était devenue intolérable, et un arrêt du Conseil d'État, du 1er juin 1665, ordonna aux traitants et sous-traitants de la Recherche de représenter dans le délai d'un mois par-devant des commissaires à ce désignés les états détaillés de la recette par eux faite, et leur fit défense de faire aucunes poursuites ni de faire exécuter aucunes contraintes jusqu'à ce que le roi en eût autrement ordonné, Sa Majesté se réservant de faire procéder à ladite Recherche par les voies et au temps qu'elle le jugerait à propos.

En agissant ainsi, l'autorité royale ne reculait pas devant les difficultés qui à chaque pas entravaient ses efforts ; ce n'était qu'un retard qui fut employé à modifier et à améliorer les formes de la procédure. Au bout de quelques mois, un arrêt du Conseil d'État, daté du 22 mars 1666, levait la surséance portée par celui du 1er juin de l'année précédente et chargeait de la recherche des usurpateurs les commissaires départis en les provinces, autrement dit les Intendants de justice, police et finances de chaque Généralité.

On avait eu cette fois la main heureuse, l'expérience le prouva. Les Intendants, agents directs et représentants dociles de la royauté, tenaient de leur institution une indépendance qui les faisait échapper aux influences locales ; pourvus d'attributions administratives et judiciaires fort étendues, ils avaient assez d'autorité pour imposer la volonté du pouvoir central. Leur présence sur les lieux assurait en outre la promptitude de l'exécution et dispensait les particuliers cités devant eux de lointains et onéreux déplacements. Ils se mirent à l'œuvre, et leurs services intelligents furent couronnés d'autant de succès qu'on pouvait en espérer dans cette difficile matière.

Voici, d'après les actes et règlements précités, les formes suivant lesquelles il allait être procédé à la Recherche.

Les commissaires départis feront assigner aux villes de leur résidence ordinaire ou en chaque Election les nobles vrais ou faux pour représenter leurs titres, et ils feront une prompte et exacte vérification de ces titres.

Les particuliers dont la noblesse sera contestée par les préposés à la Recherche et qui néanmoins la soutiendront seront déférés au Conseil, et l'affaire y sera instruite par des commissaires nommés par le roi. Un peu plus tard, l'arrêt du 5 mai 1667 donna aux Intendants le pouvoir de juger définitivement ces instances, sauf l'appel au Conseil après le paiement de l'amende par provision.

Ceux qui ne répondront pas à l'assignation ou se désisteront du titre de noblesse seront jugés définitivement par les commissaires départis et condamnés à l'amende ; ils ne pourront se pourvoir contre ces jugements que devant le Conseil, dans un délai de six mois après la signification qui leur en aura été faite à personne ou à domicile.

Les particuliers assignés seront tenus de justifier la possession de leur noblesse par titres et contrats authentiques depuis l'année 1550, sans aucune trace de dérogeance. Cette date fut ensuite abaissée à l'année 1560 (arrêt du 19 mars 1667).

Deux extraits de contrats ou autres actes faits en justice ou par-devant notaires, de quelque qualité qu'ils soient, ou un seul de partage, donation, testament et contrat de mariage, où les parties contractantes auront signé et pris indûment la qualité de chevalier ou d'écuyer, suffiront pour les convaincre d'usurpation. Bientôt un autre arrêt du 13 janvier 1667, plus rigoureux encore, porta que la qualité d'écuyer ou de chevalier prise indûment par une partie contractante dans un acte quelconque passé devant notaires suffirait pour prouver l'usurpation.

Seront aussi déclarés usurpateurs ceux qui par leur autorité et violence se sont fait mettre au nombre des exempts dans les rôles des tailles.

Les usurpateurs seront condamnés à une amende proportionnée à leurs facultés et au bénéfice qu'ils auront retiré de leur usurpation.

A la fin de la Recherche, il sera fait un catalogue contenant les noms, surnoms, armes et demeures des véritables gentilshommes, pour être registré en chaque bailliage et y avoir recours au besoin.

Pour compléter cet exposé succinct des règles générales qui devaient régir la vérification de la noblesse, disons tout de suite qu'il fut fait défense aux préposés à la Recherche de faire aucune poursuite contre les officiers employés dans les troupes de Sa Majesté (arrêts du Conseil d'État du 10 mai 1667 et du 6 avril 1668). Quant aux personnes anoblies par les charges ou en vertu de Lettres, nous examinerons plus tard, en traitant de la noblesse et des anoblissements, la situation qui leur fut faite à plusieurs reprises au cours de la réformation.

Tels furent ce que nous appellerons les articles organiques de la Recherche de la noblesse. Ils furent suivis de plusieurs autres arrêts du Conseil d'État pour en fixer l'interprétation et statuer sur des points secondaires. On trouvera la plupart de ces décisions dans un Recueil du temps dont nous donnons le titre exact en note [1] et dans l'*Abrégé chronologique d'Edits, Déclarations, Règlements, Arrêts et Lettres-patentes... concernant le fait de noblesse*, de L.-N.-H. Chérin [2].

Cependant, il faut le dire, la Recherche des faux nobles ne s'accomplit pas avec une uniformité absolue dans toute l'étendue du royaume. Sous l'ancienne monarchie, on le sait, si les efforts de la royauté tendaient à fondre dans un tout homogène des provinces d'une origine diverse, cette unité rigoureuse que le régime moderne a fait prévaloir n'existait pas encore dans l'administration, pas plus que dans l'ordre judiciaire ou financier, et à côté de la règle générale, il y avait presque toujours l'exception, justifiée par des besoins, des traditions ou des franchises locales. Ainsi, en Bretagne où les intendants ne furent institués qu'en 1682, c'est une Chambre choisie dans le Parlement de Rennes

---

1. *Conférence des Ordonnances, Edits et Déclarations concernans la Recherche des usurpateurs du tiltre de Noblesse. Avec les Déclarations du Roy, des 8 février 1661 et 22 juin 1664. Et un Recueil de plusieurs Arrests du Conseil, donnez en exécution et interprétation desdits Edits et Déclarations, servans de Reglemens pour les poursuites de ladite Recherche.* A Paris, chez Thomas Charpentier, M.DC.LXVIII, in-4° de 4 ff. pour le titre et les tables et de 10, 26 et 84 p., pour le texte. — Ce volume nous paraît assez rare.

2. Paris, Royez, 1788, in-12. — Réimprimé à la suite du *Dictionnaire héraldique*, de M. Charles Grandmaison, dans la collection Migne.

qui fut chargée de procéder à la réformation [1]. En Poitou, au contraire, le rôle des intendants devint vite prépondérant ; il devança l'heure à laquelle ils furent, dans la plupart des autres Généralités, appelés à concourir à l'œuvre commencée avec si peu de succès par les Cours des aides, et nous sommes persuadé que l'heureux exemple de ce qui se passa dans notre province fut une des causes déterminantes qui décidèrent l'autorité souveraine à confier définitivement à ces fonctionnaires dévoués l'exécution de ses vues.

Charles Colbert de Croissy [2], frère du surintendant des finances, était alors commissaire départi dans la Généralité de Poitiers ; il y était arrivé au mois d'octobre 1664, avec commission « d'y faire les départements des tailles, de procéder à la réformation des eaux et forêts, d'informer aux contraventions à l'Edit de Nantes, et en outre de prendre une connaissance particulière de l'état de tous les ordres de la province pour en rendre compte au roi ». Son *Rapport au Roy*, son *Mémoire concernant l'état du Poitou*, et l'*Addition* à ce Mémoire prouvent suffisamment le zèle avec lequel il remplit ses fonctions [3]. En même temps, un autre frère, Nicolas Colbert, occupait l'évêché de Luçon, et dans ces conditions, on doit penser que rien de ce qui concernait le Poitou n'échappait à l'œil vigilant du ministre.

Dès le 22 décembre 1664, que l'on remarque bien cette date,

---

1. Ce fut en vertu d'une Déclaration du roi, du 20 janvier 1668, que la recherche de la noblesse s'opéra en Bretagne. Dès l'année 1655, une autre Déclaration, du 15 mars, avait prescrit cette recherche pour la province de Normandie. Au contraire, les habitants de la Navarre et du Béarn, par un arrêt du Conseil du 11 novembre 1669, étaient exemptés de la recherche générale ordonnée en 1666, exemption qui fut renouvelée par un autre arrêt du 13 novembre 1701.

2. Charles Colbert, chevalier, marquis de Croissy, seigneur de Collegien, né à Paris en 1629, successivement conseiller d'Etat, premier président au Parlement de Metz et intendant de justice, police et finances en Alsace, commissaire du roi près les Etats de Bretagne en 1663, intendant de la Généralité de Poitiers de 1663 à 1665 et en même temps de celle de Tours, intendant d'Amiens en 1666, ambassadeur en Angleterre en 1668, ministre et secrétaire d'Etat aux affaires étrangères en 1679, mort à Versailles le 28 juillet 1698.
Outre ses Mémoires sur le Poitou dont nous parlons, il en a rédigé d'autres sur la Généralité de Tours, sur l'Alsace et sur les Trois-Evêchés. M. Ch. de Sourdeval a publié son *Rapport au Roi sur la province de Touraine*, Tours, imp. Mame, 1863, in-8° ; M. Paul Marchegay avait déjà publié la partie de ce *Rapport* relative à l'Anjou, qui, avec la Touraine et le Maine, formait la Généralité de Tours, et M. Borel d'Hauterive a inséré dans la *Revue de la Noblesse* la partie du *Rapport* concernant la noblesse de ces trois provinces.

3. Ces pièces ont été publiées par M. Charles Dugast-Matifeux dans le volume intitulé *Etat du Poitou sous Louis XIV*, Fontenay-le-Comte, P. Robuchon, 1865, in-8°.

car elle est antérieure à tous les arrêts que nous avons cités concernant l'intervention des intendants [1], Charles Colbert, agissant en vertu des ordres particuliers qu'il avait reçus, rendait une ordonnance portant entre autres choses que tous ceux qui se prétendaient exempts de la contribution aux tailles, soit par noblesse ou autrement, représenteraient les titres de leur exemption. Moins de deux mois après, l'opération avait commencé, et nous voyons nombre de gentilshommes produire devant l'intendant leurs titres qui étaient ensuite communiqués au sieur Pinet [2], alors préposé à la Recherche dans la Généralité de Poitiers. Il est présumable que les particuliers qui n'avaient à présenter que des preuves d'une valeur douteuse y mirent un médiocre empressement ; mais l'ancienne noblesse, jalouse de ces parvenus qui, non contents de l'éclipser par leurs richesses, usurpaient ses privilèges et lui disputaient les emplois réservés à elle seule, semble s'être soumise d'assez bonne grâce à une vérification dont elle comptait tirer honneur et profit pour elle-même et confusion pour les autres. L'espoir de voir figurer leurs noms et leurs armes dans le fameux catalogue tant de fois promis, véritable livre d'or de la noblesse française qui devait distinguer le bon grain de l'ivraie, parut sans doute à beaucoup de gentilshommes une compensation suffisante aux frais et aux démarches qu'ils durent faire pour réunir leurs titres. Toujours est-il que les choses étaient en bon train, quand, par suite des difficultés qui s'élevèrent ailleurs, l'arrêt du 1er juin 1665 prescrivit de surseoir à la Recherche.

Pour le Poitou, cette mesure était préjudiciable à tous les intérêts ; c'était par un atermoiement inutile lasser les bonnes dispositions de gens tout préparés à obéir et donner une nouvelle audace aux usurpateurs ; c'était compromettre la réussite d'une réforme entreprise sous de favorables auspices. Aussi le roi, informé de la situation, ne tarda pas à y apporter un remède, et, à la date du 22 septembre 1665, il faisait rendre par son Conseil un arrêt qui levait la surséance pour les Généralités de Poitiers et de Limoges [3], tandis que la même disposition n'allait s'appliquer aux autres provinces que le 22 mars de l'année suivante.

---

1. Nous avons cependant trouvé dans le recueil des arrêts du Conseil d'Etat conservé aux Archives nationales des arrêts remontant au 2º semestre de 1664 et enjoignant aux commissaires départis en quelques provinces de mettre à exécution les ordonnances rendues contre les usurpateurs de noblesse.
2. Jean Pinet, receveur général des tailles à Poitiers, avait traité à forfait pour la ferme des amendes dans le ressort de la Généralité.
3. Nous donnons dans l'Appendice le texte de cet arrêt jusqu'à présent inédit.

Charles Colbert n'était plus en Poitou. Il venait d'être remplacé par M. de Barentin [1], commissaire départi aux Généralités de Poitiers et de Limoges, comme lui-même avait été départi à celles de Poitiers et de Tours. L'arrêt du Conseil portait en substance que le travail commencé par le sieur Colbert sera parachevé par le sieur Barentin, que les titres qui lui seront représentés seront examinés par lui, après communication au préposé à la Recherche, qu'il dressera un procès-verbal divisé en deux chapitres, l'un contenant les noms et surnoms de ceux qu'il estimera être véritables gentilshommes, et l'autre les noms des usurpateurs, avec le chiffre de l'amende qu'ils devront payer suivant leurs facultés et le bénéfice qu'ils auront tiré de leur usurpation, pour être le tout rapporté au Conseil et ordonné ce qu'il appartiendra.

M. de Barentin exécuta fidèlement ces ordres. Par son ordonnance du 20 décembre 1665 il renouvela l'injonction déjà faite à ceux qui s'exemptaient de la contribution aux tailles d'avoir à lui représenter les titres de leur exemption. Les assignations reprirent donc leur cours momentanément interrompu et les productions se continuèrent sans résistance de la part des assignés. Mais l'arrêt du 22 mars 1666, en substituant partout aux Cours des aides les intendants des provinces, créa un nouvel état de choses et fit rentrer le Poitou sous la loi commune. Ainsi que nous l'avons déjà dit, en vertu de cet arrêt et de celui du 5 mai 1667, les intendants devenaient les seuls juges compétents pour décider de la noblesse ou de l'usurpation, sauf la faculté aux condamnés d'en appeler au Conseil d'État. M. de Barentin paraît avoir préparé ses décisions avec toute la maturité nécessaire. Nous connaissons deux ordonnances qu'il rendit à la date du 3 et du 27 juin 1667 pour arrêter certaines formes de la procédure. Par la dernière il enjoignait à ceux qui avaient fait leur production devant M. Colbert et devant lui-même, alors qu'il

---

1. Jacques-Honoré Barentin, chevalier, seigneur d'Hardiviliers, Maison-Celles, les Belles-Buries, Madères et Monnoye, conseiller au Parlement de Paris, maître des requêtes, président au Grand-Conseil, intendant de la Généralité de Poitiers de 1665 à 1669 et en même temps de celle de Limoges, mort à Paris le 1ᵉʳ mars 1686.

Il continua en Poitou la réformation des forêts commencée par Colbert. Le recueil de leurs sentences, suivi d'un Etat des forêts et bois du roi dans la province, a été imprimé dans un volume devenu rare, dont voici le titre : *La Réformation générale des forêts et bois de Sa Majesté de la province de Poictou, par Messieurs Colbert et Barentin...* Poictiers, de l'imprimerie de Jean Fleuriau, 1667, in-fol.

n'y avait pas encore de procureur du roi établi en la commission, de déposer leurs titres au greffe de cette commission dans la huitaine à compter du jour de la signification, afin que le procureur du roi pût donner ses conclusions sur les originaux, et non pas seulement sur les inventaires qui en avaient été dressés. Ce procureur du roi était un sieur Thoreau, que nous supposons être Pierre Thoreau, sieur d'Assay, trésorier de France à Poitiers. Le préposé à la Recherche en Poitou était toujours le sieur Pinet, dont nous avons déjà cité le nom.

Avant de nous occuper des jugements de M. de Barentin qui maintenaient les vrais gentilshommes dans leurs privilèges, nous allons parler de ceux qui prononçaient des condamnations. Nous devons dire tout d'abord que nous ne les connaissons que d'une manière très incomplète. Comme toujours, ces témoignages ont été étouffés le plus possible par les familles atteintes, et d'autre part les registres officiels ont disparu. M. Dugast-Matifeux a bien publié [1] une *Liste des gens condamnés comme faux nobles* provenant de la collection de M. de la Fontenelle de Vaudoré et conservée aujourd'hui à la bibliothèque publique de Niort ; elle aurait été copiée « sur un pareil mémoire communiqué par M. d'Hozier, juge des armes et blasons de France, en février 1695 ». Mais on ne doit la consulter qu'en usant d'une extrême réserve. En dehors des erreurs qui s'y sont forcément glissées et que nous avons pu constater par une lecture attentive, elle ne prouve nullement que tous les gens qui y figurent aient été des faux nobles. Il faut bien se pénétrer de ce fait, que beaucoup des personnes condamnées par MM. de Barentin et Rouillé du Coudray, soit parce qu'elles ne s'étaient pas présentées sur l'assignation, soit parce qu'elles ne pouvaient produire leurs titres qui étaient entre les mains des aînés de la famille habitant quelquefois au loin, soit enfin parce que leurs titres aient paru insuffisants aux premiers juges, ont fait reviser ces sentences par les commissaires généraux députés par le roi ou par le Conseil d'État et ont été ensuite maintenues comme nobles. M. Dugast-Matifeux a eu beau signaler un grand nombre de ces revisions, il ne les a pas toutes connues. De plus, sa liste est incomplète en ce qu'elle ne contient pas l'Election de Poitiers et, par suite de la perte d'un feuillet, une partie ou la totalité de l'Election de Thouars.

---

1. *Etat du Poitou sous Louis XIV*, p. 377.

Dans le fonds où nous avons puisé les Maintenues de noblesse prononcées par M. Quentin de Richebourg, nous avons trouvé, nous aussi, une liste ou plutôt un *Etat général* des condamnations à l'amende rendues par MM. de Barentin et Rouillé. Celui-ci comprend les huit Elections qui divisaient alors le territoire du Poitou [1]. C'est un cahier grand in-folio, de 30 feuillets, d'une belle et large écriture qui a le caractère du commencement du xviiie siècle, et revêtu d'annotations venant d'une autre main. Cette écriture et la nature des annotations nous font penser que l'*Etat* a été dressé à l'usage du préposé à la Recherche des usurpateurs poursuivie par M. de Richebourg ; il ne reproduit pas toutes les condamnations qui furent prononcées, mais seulement celles qu'on devait avoir encore intérêt à connaître au moment de sa rédaction. Nous le donnons dans notre *Appendice* à cause de son intégrité, et nous avouons que c'est presque à contre-cœur, car, tout en faisant suivre chaque nom des revisions que nous avons connues, nous ne sommes pas certain de n'en avoir pas ignoré, et nous ne voudrions pas jeter une certaine défaveur sur des noms qui méritent sans doute toute considération et qui pourraient avoir encore des représentants.

Quoi qu'il en soit, cet *Etat* nous fournit d'utiles indications. Il donne la date des rôles arrêtés au Conseil [2] en conséquence des jugements prononcés par les commissaires départis et le chiffre des amendes. Ces amendes varient de 50 à 8,000 livres [3] ; il y a lieu d'y ajouter les 2 sols pour livre. Si l'on tient compte de la valeur actuelle du numéraire, on voit que certains déboutés auraient eu à payer des sommes équivalant à 30 ou 40 mille francs de notre monnaie.

Le recouvrement de ces amendes ne s'opéra pas sans contestation de la part de ceux qui étaient aussi durement frappés. Plusieurs portèrent leur plainte au Conseil d'État, alléguant que les amendes ne pouvaient excéder 2,200 livres suivant le Règlement de 1634 et la Déclaration de février 1661. Le roi fit examiner l'affaire, et le Conseil donna raison à M. de Barentin, « d'autant, est-

---

1. Poitiers, Saint-Maixent, Niort, Fontenay, Thouars, Mauléon, les Sables-d'Olonne et Châtellerault. L'Election de la Rochelle fit aussi partie de la Généralité de Poitiers jusqu'en 1694.
2. 28 décembre 1666, 10 et 22 novembre 1667, 15 et 25 juillet 1670, 6 et 16 septembre 1671, 9 février 1672.
3. C'est par erreur que la liste donnée par M. Dugast-Matifeux porte deux amendes à 20.000 livres et 24.000 livres. Il y a simplement un zéro de trop ; ces deux amendes sont en réalité de 2.000 et 2.400 livres.

il dit dans l'arrêt du 3 octobre 1667, que l'indue exemption a surchargé les taillables, à cause des non-valeurs considérables sur les deniers de Sa Majesté qui a perdu plus de quatre millions en plusieurs années sur les impositions de ladite Généralité de Poitiers. »

En considérant la date des premiers rôles dressés pour les amendes et celle des premières sentences confirmatives de noblesse, on voit que les affaires qui devaient provoquer des condamnations furent instruites et jugées tout d'abord. C'était là, du reste, un acte de bonne administration, puisque la recherche des usurpateurs avait pour principal objet de faciliter la perception de l'impôt et de soulager les contribuables. Les ordonnances qui prononcent des maintenues de noblesse [1], ne remontent pas avant le mois de juillet 1667, du moins nous n'en avons jamais vu d'antérieures à cette époque. On sait que dans l'usage elles ont pris du nom de M. de Barentin celui de *Barentines*. La formule des *Barentines* est assez connue pour qu'il soit besoin de nous y arrêter longtemps. Rappelons cependant le dispositif, dont les termes ne varient guère. Le juge, vu les actes produits, le consentement du sieur Pinet et les conclusions du procureur du roi de la commission, ordonne « que le défendeur, ses successeurs, enfants et postérité, nés et à naître en loyal mariage, jouiront, en qualité de nobles et écuyers, de tous les privilèges, honneurs et exemptions attribués et accordés par Sa Majesté aux nobles de son royaume, tant et si longtemps qu'il ne fera actes dérogeant à noblesse, faisant défense à toutes personnes de l'y troubler à peine de mille livres d'amende, et pour cet effet qu'il sera inscrit dans le catalogue des gentilshommes de la Généralité de Poitiers qui sera dressé et arrêté conformément à l'arrêt du Conseil du 22 mars 1666, et employé aux rôles des tailles des paroisses de sa demeure au chapitre des nobles et exempts. »

M. de Barentin commença donc à rendre ses ordonnances de maintenues de noblesse au mois de juillet 1667 ; elles se succédèrent sans interruption jusqu'aux derniers jours de l'année, et s'élevèrent certainement à plusieurs centaines, sans que nous soyons à même d'en préciser le nombre. A partir de 1668, elles

---

1. Les décisions rendues par les intendants en l'espèce sont dénommées jugements, sentences ou ordonnances. Nous avons dans notre travail adopté cette dernière expression qui est le plus fréquemment employée dans les documents officiels.

deviennent de plus en plus rares, isolées, et nous n'en comptons qu'un très petit nombre datées de l'année 1669 dont les premiers mois appartiennent encore à l'administration de M. de Barentin. Ce sont alors les arrêts des commissaires généraux et du Conseil d'État statuant sur des appels, que nous avons à enregistrer.

Les condamnations avaient été sévères, les poursuites furent rigoureuses. La rapacité des commis préposés à la Recherche était toujours la même, et leurs tracasseries s'exercèrent plus d'une fois contre des gentilshommes de bonne race. René Aymer, sieur de Corniou, en fit la fâcheuse expérience. Il avait été maintenu noble par M. de Barentin le 1er septembre 1667, mais le commis attaqua l'authenticité de certains actes de sa production et le poursuivit avec acharnement. Il envoya de Niort le lieutenant de la maréchaussée et quatre archers qui établirent garnison dans la maison d'Aymer. Celui-ci les nourrit pendant quinze jours et il ne put s'en débarrasser qu'en payant la somme de 325 livres pour les frais. René Aymer fut en outre contraint de faire apporter au greffe des commissaires généraux du Conseil par le notaire de Champdeniers les minutes des actes contestés, ce qui lui coûta encore cent livres. Ce ne fut qu'à la date du 6 septembre 1672, après cinq années de procédure et des frais considérables, qu'un arrêt du Conseil d'État, en le confirmant pleinement dans sa noblesse, le délivra enfin des poursuites de son tenace adversaire [1].

L'aventure de Jean Choisnin est plus lamentable. Ce Jean Choisnin, sieur du Renouard, était capitaine des chasses de Mademoiselle d'Orléans, duchesse de Montpensier, au duché de Châtellerault. Assigné devant M. de Barentin, il produisit des titres qui attestaient de la façon la plus honorable les services rendus à l'Etat par ses ancêtres [2], mais ne prouvaient pas suffisamment sa qualité de noble, et il fut condamné par jugement du 3 septembre 1667 à une amende de 3.000 livres, plus les deux sols pour livre et les dépens. Pour être reçu à faire appel, il dut remettre au sieur Pinet une obligation de 1,500 livres souscrite

---

1. Papiers de famille communiqués par M. le marquis Aymer de la Chevalerie.
2. L'un d'eux était Jean Choisnin qui négocia habilement l'élection du duc d'Anjou (depuis Henri III) au trône de Pologne et en a écrit la relation dans cet ouvrage estimé : *Discours au vray de tout ce qui s'est faict et passé pour "entière négociation de l'élection du Roy de Pologne*. Paris, Nicolas Chesneau, '73, in-8°.

de lui et de sa femme, qui lui tint lieu de consignation. Hors d'état de rien payer, il fut jeté en prison, et après treize mois de détention, il demandait en vain son élargissement, en alléguant son âge de soixante ans, l'état misérable de sa famille dont il était le seul soutien, le prochain départ pour l'armée de deux de ses fils, gardes du corps de S. M. dans la compagnie de M. de Lauzun [1].

Toutes ces rigueurs, toutes ces vexations finirent par amener une lassitude et un mécontentement général dont l'expression arriva jusqu'au pied du trône. Colbert, en ministre sage, se rendit compte de l'état des esprits, et par une lettre du 1er décembre 1670 il prescrivit aux intendants de suspendre la Recherche. Nous reproduisons cette lettre qui rentre tout-à-fait dans notre sujet, quoiqu'elle ait été déjà publiée plusieurs fois :

« Monsieur, le roi recevant tous les jours des plaintes de vexations et d'abus qui se commettent dans la recherche des usurpateurs des titres de noblesse, Sa Majesté a résolu de les faire cesser. Pour cet effet, elle m'a ordonné de vous faire savoir que son intention est que vous ne fassiez plus donner aucune assignation aux particuliers ni faire de poursuites par-devant vous pour raison de ladite recherche, et que vous ne rendiez aucun jugement sans ordre exprès de Sa Majesté, si ce n'est pour l'instruction des interlocutoires qui vous ont été renvoyés par ordonnance de MM. les commissaires généraux, que vous parachèverez incessamment pour les renvoyer aussitôt. »

M. Rouillé du Coudray [2], qui avait remplacé M. de Barentin l'année précédente, se conforma à ces ordres ; aussi les ordonnances qu'il rendit en matière de noblesse sont-elles peu nombreuses. On rattache ordinairement celles qui prononcent des maintenues à la collection des *Barentines*. Enfin un arrêt du Conseil d'État, du 6 janvier 1674, arrêta définitivement la réformation : il révoquait la commission établie pour la recherche des usurpateurs de noblesse et faisait « défense aux préposés de s'immiscer au recouvrement de ce qui était dû des condamnations et amendes adjugées contre les usurpateurs ».

Cette défense ne trouvait plus en Poitou le sieur Pinet qui avait eu une fin tragique et avait été remplacé par un certain Bar-

---

1. Archives de la Vienne, E² 63, liasse.
2. Pierre Rouillé, chevalier, seigneur du Coudray et du Plessis, conseiller au Grand-Conseil en 1646, maître des requêtes en 1668, intendant du Poitou de 1669 à 1672, puis d'Amiens, décédé le 25 septembre 1678.

thélemy Paris. Depuis longtemps il s'était fait prendre en haine par les contribuables à cause de ses exactions ; un jour les habitants de la Rochelle avaient incendié la maison qu'il possédait en cette ville et pillé ses papiers, ses meubles et son argent [1]. Poursuivi pour crime de concussion et de malversations dans la gestion des finances dont il avait la garde, Pinet fut condamné le 16 mai 1670 à être pendu, et la sentence fut exécutée le jour même sur la place du Pilori de Poitiers, ses biens furent confisqués au profit du domaine royal, et le somptueux hôtel qu'il s'était fait bâtir est devenu de nos jours l'Hôtel-Dieu. Colbert prenait soin d'informer les intendants de cette sentence et leur enjoignait de la publier dans l'étendue de leurs Généralités, afin de rappeler par ce terrible exemple les comptables de deniers publics à la pratique de leurs devoirs [2].

La Recherche dont nous venons de retracer l'historique ne fut pas sans jeter un certain émoi parmi la noblesse poitevine, quelle que fût son origine. Chacun s'empressa de rechercher les titres qui justifiaient de l'antiquité de sa race et pouvaient lui assurer la conservation de ses privilèges menacés. Nous trouvons les preuves de cette préoccupation dans les généalogies qui furent dressées à cette époque et dont quelques-unes ont échappé à la destruction. Celles des familles de Sauzay [3] et du Puy du Fou [4] sont manuscrites ; celles des familles Irland [5] et de Bessay [6] ont

---

1. Les principaux habitants de la Rochelle avaient trempé dans ces violences, et l'un d'eux ayant été arrêté, les autres maltraitèrent les huissiers et les sergents et leur enlevèrent leur prisonnier, ce qui faillit amener une autre sédition. On trouve des détails sur cette affaire dans un arrêt du Conseil d'État, du 3 mai 1664. (Arch. nat., E 371ᴬ, n° 9.)

2. *Correspondance administrative sous le règne de Louis XIV*, publiée par G.-A. Depping, t. III, p. 34.

3. *Généalogie de la maison et famille des de Sauzay*. Elle a été transcrite en 1668 sur le verso des feuillets d'un volume manuscrit en parchemin, de format grand in-folio, qui contient un *Traité de philosophie morale* en dix tableaux. (Archives de la Vienne, E⁸ 117, registre de 23 ff.)

4. *La descente et filiation des seigneurs du Puydufou au bas Poitou prouvée par titres, chartes, arrests, Histoires et par le fragment de la chronique latine manuscrite qui est en ce livre icy...* (A la fin :) *Original... écrit au chasteau de Peschesseul le 1ᵉʳ jour de décembre an de grâce 1668 par moy Gabriel marquis du Puy du Fou. 1668.* (Orig. ms. in-4° de 76 ff., Biblioth. de M. Alfred Richard.)

5. *Copie d'une Patente du Roy de la Grande-Bretagne, pour la confirmation de l'antiquité de la noblesse de Messieurs les Irlands, avec une attestation faite sur les lieux, et sa traduction, avec une autre Patente du Roy*. Paris, de l'imprimerie de F. Muguet, 1665, in-4° de 30 p.

6. *Inventaire des titres de la maison de Bessay, produit par messire François comte de Bessay, chevalier, sur l'assignation générale donnée à toute la noblesse de France*. (Poitiers), de l'imprimerie de Jean Fleuriau, 1665, in-4° de 28 p.

été imprimées. Pierre de Sauzay, sieur de Boisferrand, auteur de la généalogie de sa famille, publia aussi, à l'occasion de la réformation, les rôles de bans et arrière-bans du Poitou, de la Saintonge et de l'Angoumois, aux années 1467, 1491 et 1533, pour servir, dit-il, les véritables gentilshommes [1].

Les Barentines ne sont pas rares. Beaucoup de familles en conservent des expéditions authentiques ou des copies anciennes dans leurs archives particulières. Il en existe un certain nombre dans les dépôts publics, aux Archives départementales de la Vienne, dans les collections de la Société des Antiquaires de l'Ouest, au cabinet des titres de la Bibliothèque nationale. Dom Fonteneau en a copié quelques-unes qu'on retrouve dans ses précieux manuscrits. La famille Lériget, issue d'anciens notaires de Poitiers, en possède plus de quarante, qu'elle tient de ses ancêtres et que notre confrère, M. Adrien Bonvallet, a copiées en vue d'une publication ultérieure par notre Société. Mais les minutes ont disparu, nous dirons tout à l'heure à la suite de quel désastre. On en connaît cependant à peu près le nombre par des listes manuscrites qui sont parvenues jusqu'à nous, et on l'évalue généralement, d'après cette base, de onze à douze cents. Ces listes, nous devons le dire, n'ont pas de caractère officiel et sont plus ou moins complètes. Voici celles que nous connaissons.

C'est d'abord celle de Pierre de Sauzay, sieur de Boisferrand, dont nous venons de parler. Elle est tout entière écrite de sa main, et remplit un registre petit in-folio de 140 feuillets, auquel le 141e au moins a été enlevé. Elle est conservée aux Archives de la Vienne, sous la cote E[s] 137, et a pour titre :

Rooles de tous les nobles reservés en la generalitte de Poictou tant par Monsieur Barentin, cons[r] du Roy en ses conseils maistre des Requestes ordinaire de son hostel et president au grand Conseil

---

1. *Roolles des bans et arrière-bans de la province de Poictov, Xaintonge et Angoymois, tenus et convoqués sous les règnes des roys Louis XI. en l'an 1467. par Yvon Du-Fou, chevalier, chambelan dudit seigneur roy. Celuy de l'an 1491. sous le règne du roi Charles VIII, par Jacques de Beaumont seigneur de Bresuire, grand sénéchal de Poictou. Ensemble celuy de l'an 1533. sous le règne du Roi François I. Extraits des originaux estans pardeuers Pierre de Savzay, escuyer, sieur de Bois-Ferrand.* A Poictiers, par Iean Fleuriau, 1667, in-4º de 2 p. pour l'épître aux Nobles et 94 p.
Ce volume a eu la même année deux tirages qui se reconnaissent à quelques différences dans l'agencement du titre ; dans l'un le nom de l'auteur est écrit *Savezay* au lieu de *Savzay*. Dans son épître, l'auteur dit qu'il avait déjà publié, quelque temps auparavant, le rôle de l'arrière-ban de 1467 ; nous ne l'avons jamais vu.

Intendant en ladicte generalitte et ensuitte par Monsieur Roullier aussy maistre des Requestes et Intandant en ladicte province, ensemble de ceux quy ont esté confirmes tant par Arrest du conseil d'en haut que par Messieurs les commissaires generaux et dont la pluspart des santances ont esté expediées, les autres reste a expedier avec les dattes de celles quy ont esté expediees et le blason des armes des familles contenues es Ellections quy suivent, Poictiers, Chasteleraut, Saint-Maixent, les Sables, Mauleon, Touars, Niort, Fontenay, la Rochelle.

Elle est dressée avec soin et mériterait d'être publiée. Ce Pierre de Sauzay paraît avoir joué un rôle très actif, quoique officieux, dans la réformation de 1666 ; c'était un homme très versé dans les questions de généalogies et d'art héraldique, et il était consulté par les agents de la Recherche aussi bien que par les familles [1]. On a même prétendu qu'il savait complaisamment découvrir des origines fort anciennes pour ses parents et ses amis.

Il existe aux Archives des Deux-Sèvres un registre in-4° de 200 feuillets, coté C 10, intitulé : *Estat des nobles réservés dans touttes les eslections de la Généralité par lettre alphabétique, paroisse par paroisse, eslection par eslection.* Comme cet *Etat* a été publié par M. A. Gouget, archiviste du département des Deux-Sèvres [2], nous n'en dirons rien, si ce n'est que nous y avons constaté quelques omissions.

M. Beauchet-Filleau possède une troisième liste : *Estat des Gentilshommes maintenus dans leur qualité par les jugements rendus par M. le Président Barentin, commissaire départy par Sa Majesté pour la vérification des tiltres de noblesse de la Généralité de Poitiers les années 1667, 1668, 1669.* Elle est divisée par Elections et dressée suivant l'ordre alphabétique des paroisses ; elle mentionne aussi des dates de sentences et des armoiries [3].

M. Dugast-Matifeux a aussi publié une autre liste dans son *Etat du Poitou sous Louis XIV* ; nous y reviendrons plus loin.

---

1. Voir à ce sujet une lettre inédite du chevalier de Méré dans la *Revue de l'Aunis, de la Saintonge et du Poitou*, décembre 1867.
2. *Armorial du Poitou et Etat des Nobles réservés...* Niort, Robin et L. Favre, 1866, in-8°.
3. D'après une note de M. le conseiller Henri Filleau, oncle de M. Beauchet-Filleau, cette liste lui provenait d'une descendante de Joseph Brun, qui fut nommé en 1712 receveur ancien des tailles de l'Election de Poitiers.

Enfin, plus de quatre-vingts ans après les jugements de Barentin, paraissait la petite plaquette suivante, qui fournit encore une liste de 165 noms : *Liste et noms de Messieurs les Gentilshommes qui n'ont pas retiré leurs Barentines ou titres de noblesse, qui se trouvent chez M. Riffault, juge de la Monnoye à Poitiers, près de l'Intendance, à qui ils pourront s'adresser pour les avoir. Poitiers, de l'imprimerie de J. Faulcon l'aîné, 1755*, in-4° de 8 pages. Nous n'expliquerons pas comment ces titres se trouvaient alors entre les mains de M. Riffault ; tout ce que nous savons d'après une note écrite en marge de la Barentine des de Jousseran, c'est qu'il cherchait à s'en défaire moyennant finance et qu'il les tarifait à 24 livres.

Et le *Catalogue alphabétique des Nobles* ? nous dira-t-on. Ce précieux Catalogue, imprimé en 1667 et devenu si rare aujourd'hui, qu'en faites-vous ?

Nous répondrons avec conviction : LE CATALOGUE DES NOBLES DE LA GÉNÉRALITÉ DE POITIERS N'EXISTE PAS ET N'A JAMAIS ÉTÉ IMPRIMÉ.

C'est ce que nous nous proposons de démontrer dans un chapitre que nous renvoyons à la fin de cette étude, à cause de la longue et aride discussion dans laquelle nous devrons entrer.

Nous nous sommes étendu longuement sur cette première réformation faite par le ministère des intendants, parce que ce fut la plus importante de toutes celles qui furent accomplies, comme elle est aussi la plus intéressante pour l'histoire des familles ; elle servit de règle et de modèle aux deux autres efforts qui devaient encore être tentés dans ce sens et qui ne furent en somme que des reprises d'un programme interrompu dans son exécution par les événements.

Cependant il n'a survécu que quelques épaves de l'immense collection de documents qui furent alors réunis. Gabriel Lenoir, avocat au Parlement et au Conseil du roi, avait été chargé de la revision générale de la Recherche ; les pièces de chaque dossier lui furent remises avec la copie des ordonnances de maintenues et les états de condamnations. Deux arrêts du Conseil d'État, du 15 mars 1669 et du 2 juin 1670, portèrent que « tous les véritables gentilshommes seraient tenus de représenter leurs titres de noblesse et leurs armes, pour être compris dans les listes qui seront envoyées à la Bibliothèque royale ». Colbert voulait fermement arriver à faire dresser le catalogue général de la noblesse française et, pour y parvenir, il fit ordonner par deux arrêts du Conseil, des 10 avril et 12 juin 1683, que tous les jugements de confirmation et de condamnation, armes et généalogies seraient remis à Pierre Clairambault, généalogiste des ordres du roi, adonné depuis longtemps à ce genre d'études.

Gabriel Lenoir ne s'était pas dessaisi de la part de documents qui lui avait été confiée; il avait, paraît-il, tenté vainement à plusieurs reprises d'en faire une publication pour son propre compte. A sa mort, ces documents qui formaient cinquante volumes disposés par ordre de provinces, furent réunis au dépôt général de la Recherche et remis à Clairambault[1]. Celui-ci se mit résolument à l'œuvre; il mit de l'ordre dans ce chaos, en fit un classement méthodique et rédigea du tout un inventaire détaillé. Il fut plusieurs fois confirmé dans ses fonctions, et le Conseil voulut qu'il fût ajouté foi aux expéditions délivrées par lui des jugements de maintenue et de condamnation et des autres actes qu'il avait entre les mains (arrêt du 5 mai 1699); nous en avons vu plusieurs représentées ainsi devant M. de Richebourg. Plus tard son neveu, Nicolas-Pascal Clairambault, lui fut adjoint et jouit des mêmes prérogatives (arrêt du 11 mai 1728). Mais l'abondance des pièces fut toujours un obstacle insurmontable pour en tirer tout le profit désirable et aboutir à la confection du catalogue de la noblesse de France.

La Révolution arriva et avec elle la ruine de cette mine précieuse qui n'avait pas encore pu être utilisée. Le 19 juin 1792, sur la proposition de Condorcet, le ci-devant marquis de Condorcet, l'Assemblée législative décrétait que tous les titres généalogiques qui se trouveraient dans un dépôt public, quel qu'il fût, seraient brûlés. En vertu de ce décret, le cabinet des titres de la Bibliothèque du roi fut dévasté et plus de cinq cents volumes grand in-folio du fonds connu sous le nom de *Mélanges Clairambault* furent livrés aux flammes; dans cet auto-da-fé démocratique le dépôt de la Recherche de 1666 fut entièrement anéanti.

Ce décret ne semble pas avoir été exécuté dans le département de la Vienne, du moins nous n'en avons pas trouvé la trace; mais la Convention, accentuant les dispositions de son aînée, ordonna par la loi du 17 juillet 1793 que tous les titres féodaux

---

1. *Le Cabinet historique*, dirigé par M. Louis Paris, 1870, t. XVI, 1" partie, p. 6 et 7.

seraient brûlés et assigna pour cette destruction la date du 10 août. On se mit en devoir d'obéir. Au jour fixé, dans la séance du matin tenue par le Conseil général du département, il est dit que les recherches faites dans les archives de l'administration ont produit quelques charretées de vieux papiers et parchemins et que tous ces restes d'un régime abhorré seront sur-le-champ envoyés au bûcher dressé au Parc National (Blossac) de cette ville. Le soir, à huit heures, au chant du cantique des Marseillais, le feu fut mis au bûcher ; « dans un instant les flammes ont consumé, au milieu des transports de joie de tous les citoyens et des acclamations de la plus vive allégresse, les anciennes chimères de l'antique noblesse, les vieux papiers et parchemins ont volé embrasés dans les airs et se sont dissipés en fumée [1] ». Ainsi périrent tant de documents précieux pour notre histoire provinciale, et parmi eux les minutes des ordonnances rendues par les intendants pour la réformation de 1666 ; ainsi périt encore une grande partie des papiers de l'Intendance, que des mains ignorantes englobèrent dans la catégorie des titres féodaux.

Une autre catastrophe avait précédé celle-là dans un cercle plus restreint. Dans la nuit du 10 au 11 janvier 1776, un incendie qui consuma une partie du Palais de justice de Paris, réduisit en cendres presque tout l'emplacement où se tenait la Cour des aides, et notamment la totalité de ses greffes et des dépôts de ses minutes. On eut alors à déplorer la disparition des enregistrements des Lettres de noblesse accordées par les souverains et les arrêts de maintenues et de confirmations prononcés par ladite Cour. Pour réparer cette perte et reconstituer autant que possible les archives qui avaient péri, le roi ordonna, par une Déclaration du 11 mars, que les particuliers seraient tenus de rapporter au greffe de la Cour leurs lettres de noblesse, pour y être registrées de nouveau, et les expéditions des arrêts qui les avaient maintenus et confirmés, et ce dans le délai de six mois pour ceux du ressort de la Cour des aides de Paris, et dans le délai d'un an pour ceux domiciliés hors de ce ressort. Nous ne savons si ces prescriptions furent suivies d'effet ; elles n'ont laissé en tout cas que de faibles souvenirs.

---

1. Arch. de la Vienne, Reg. des délibérations du Conseil général, III, f⁰ˢ 237 à 239.

§ III. — Recherches de M. de Maupeou d'Ableiges et de MM. Quentin de Richebourg et Desgalois de Latour.

Plus de vingt-cinq années s'écoulèrent sans que les circonstances parussent favorables pour reprendre la recherche des faux nobles interrompue de fait depuis la lettre circulaire du 1er décembre 1670. Pendant cet espace de temps, nous n'avons à enregistrer que des jugements isolés, rendus au sujet des droits de francs-fiefs dont le recouvrement était poursuivi par Claude Viallet, fermier de cet impôt ; les particuliers qui obtinrent leur décharge en justifiant de leur qualité de nobles ne manquèrent pas dans la suite de produire ces sentences avec leurs titres.

Le pouvoir semblait sommeiller ; Colbert était descendu dans la tombe. L'impunité enhardit les usurpateurs, et les faux nobles reparurent en foule, compromettant le recouvrement des contributions au moment où le Trésor, épuisé par de longues guerres, cherchait partout des ressources. Une répression était devenue nécessaire, et une Déclaration du roi, du 4 septembre 1696, suivie le même jour d'un arrêt du Conseil d'Etat, prescrivit une nouvelle Recherche : « Il sera fait une exacte recherche tant de ceux qui ont continué d'usurper les qualités de noble homme, d'écuyer, de messire et de chevalier depuis les condamnations rendues contre eux..., que de tous les autres usurpateurs des mêmes qualités qui n'auront été recherchés, poursuivis ni condamnés, lesquels seront assignés au mois par-devant les commissaires départis dans les provinces et Généralités et condamnés en deux mille livres d'amende et aux deux sols pour livre d'icelle, et en telles sommes qui seront arbitrées pour l'indue exemption du passé de la contribution des tailles et autres impositions, sauf l'appel au Conseil... ». Les officiers servant dans les troupes de terre et de mer étaient, comme auparavant, exceptés de cette Recherche. D'autres arrêts, notamment ceux du 30 septembre 1696 et du 26 février 1697, réglèrent les détails de la procédure ; ils se bornèrent du reste à faire revivre les formes précédemment adoptées, sans rien innover de saillant, et nous ne reviendrons pas sur ce que nous avons déjà dit à ce sujet. La preuve de la noblesse devait remonter jusqu'à 1560 ; le catalogue n'était pas non plus oublié. Charles de la Cour de Beauval fut préposé à la Recherche [1], et

---

1. Dans un acte de poursuites, nous voyons le nom de Jean de L'Espinasse accouplé avec celui de La Cour de Beauval.

le sieur Jean Guérin, bourgeois de Paris, lui fut bientôt subrogé [1] ; un peu plus tard l'emploi était confié à un autre traitant, François Ferrand, qualifié aussi bourgeois de Paris [2].

Ce fut dans le même temps, c'est-à-dire au mois de novembre 1696, que le roi rendit un Edit relatif au port des armoiries et à la création d'un Armorial général. On sait que l'usage des armoiries, qui était primitivement le privilège exclusif des gentilshommes, s'était considérablement étendu ; le port des armoiries *timbrées* était seul réservé à la noblesse. L'Edit de novembre fut exécuté dans les provinces sous la direction de la famille d'Hozier, chez laquelle le titre de juge d'armes de France était devenu héréditaire. Tous ceux qui prétendaient à des armoiries durent se présenter devant les commis pour faire enregistrer les leurs ; les défaillants s'en virent souvent attribuer d'office de tout autres que celles qui leur appartenaient, ce qui fut l'objet de plus d'une protestation. Comme la mesure paraît avoir été surtout fiscale, des armoiries furent concédées à qui en demandait, et quelquefois à qui n'en voulait pas ; des communautés, des corporations, des bourgeois, des marchands, des artisans même s'en trouvèrent ainsi pourvus ; il n'en coûtait que vingt livres pour l'enregistrement, plus les deux sous pour livre. Nous répéterons donc ce qu'on a déjà dit plus d'une fois avant nous, à savoir que la possession d'armoiries et l'inscription d'un nom dans l'Armorial général des d'Hozier ne sont nullement une preuve de noblesse.

Cette question d'armoiries ne rentre pas tout à fait dans le cadre de notre étude, et nous revenons aux opérations de la nouvelle Recherche. M. de Maupeou d'Ableiges, qui était alors commissaire départi en Poitou [3], rendit les arrêts du Conseil exécutoires dans cette Généralité par une ordonnance du 12

---

1. Le procureur ou commis de Guérin en Poitou était Henri Marguerite, sieur de la Grange.

2. Dans les pièces de l'année 1705, Antoine Millière et un sieur Godard paraissent comme intéressés avec François Ferrand.
Nous avons relevé çà et là les noms de quelques-uns des procureurs et commis dudit Ferrand : en 1706, Marin Basille, sieur de la Bonardière, qui quitta la province, accablé de dettes et laissant à l'abandon les titres qui lui avaient été confiés (voir M 67) ; en 1711, un sieur Galéan ; en 1714 et années suivantes, Spoullet de Varel, dont nous parlerons tout à l'heure, et Henri Aubry, contrôleur général des francs-fiefs de la Généralité de Poitiers, qui, dans la chasse aux faux nobles, tenait le rôle occupé autrefois par Pallardy.

3. Gilles de Maupeou, chevalier, comte d'Ableiges, né à Paris vers 1650, conseiller au Parlement en 1674, maître des requêtes en 1683, intendant en Auvergne en 1691, en Poitou de 1693 à 1702, puis à Moulins, mort à Paris le 11 mai 1727. Il a rédigé un *Mémoire concernant la province de Poitou* (1698), qui a été publié par M. Dugast-Matifeux dans son *Etat du Poitou sous Louis XIV*.

fevrier 1697, et les poursuites commencèrent aussitôt. Les expéditions des ordonnances de maintenue de noblesse prononcées par cet intendant se retrouvent assez communément dans les papiers des familles, et par un sort plus heureux que celui qui enveloppa dans une ruine complète les minutes des sentences de M. de Barentin, les trois premiers volumes originaux de celles de M. de Maupeou ont été conservés ; ils sont actuellement la propriété de M. Beauchet-Filleau. Ces ordonnances commencent au 15 juillet 1697 et vont jusqu'au 5 août 1700 ; elles se rapportent à 311 familles ; nous en donnons dans notre Appendice la liste alphabétique d'après une copie qui nous a été transmise par M. Beauchet-Filleau, en faisant observer qu'elles comprennent les condamnations aussi bien que les maintenues. On trouve aussi aux Archives de la Vienne [1] un registre relié en parchemin sur la couverture duquel est écrit : « Registre des sentences de noblesse rendues par deffaut, commencé le 12 may 1700 et finy le 10e juillet audit an ». Les sentences, au nombre de quatre-vingt-neuf, portent toutes contre les défaillants condamnation à 2,000 livres d'amende, plus les 2 sols pour livre, et aux dépens taxés à 30 livres [2].

Ces registres ne sont que les débris d'une série plus considérable, car la Recherche dura encore plusieurs années, et un arrêt du Conseil, du 15 mai 1703, sembla lui donner une nouvelle vigueur. Elle fut continuée par les successeurs de M. de Maupeou, MM. Pinon, Doujat et Roujault [3] ; mais elle perdit promptement de son activité et fut même tout à fait abandonnée, sans que nous sachions au juste à quel moment ni en vertu de quels ordres. L'attention générale était détournée d'une réforme intérieure

---

1. Arch. de la Vienne, C 69 (Registre).
2. Dans la *Correspondance des Contrôleurs généraux des finances avec les Intendants des provinces*, publiée par M. de Boislisle (Paris, imprimerie nationale, 1874-1883, 2 vol. in-4°), on lit au tome II, n° 199, une lettre de M. d'Ableiges relative à la Recherche. Il hésite, dit-il, à faire poursuivre Mme la marquise de la Roche-du-Maine, qui refuse de produire ses titres ; quelques mois avant, le comte de la Massays, lieutenant général du Bas-Poitou, en raison de son titre et de son emploi, avait été dispensé de produire. L'ouvrage ne donne pas la réponse faite à cette lettre.
3. Pinon (Anne), chevalier, vicomte de Quincy, conseiller au Grand Conseil en 1676, maître des requêtes en 1686, intendant à Pau en 1694, à Alençon en 1699, en Poitou de 1702 à 1705, à Dijon en 1705.
Doujat (Jean-Charles), conseiller au Parlement de Metz, puis au Grand Conseil en 1686, maître des requêtes en 1701, intendant du Poitou de 1705 à 1708, puis à Maubeuge et à Moulins.
Roujault (Nicolas-Etienne), chevalier, seigneur de Villemain, maître des requêtes, intendant à Bourges, puis à Maubeuge, en Poitou de 1708 à 1712 ou 1713, puis à Rouen, et conseiller du commerce.
(Adrien Bonvallet, *Le Bureau des finances de la Généralité de Poitiers*, ap. Mém. de la Soc. des Antiquaires de l'Ouest, année 1883, p. 334.)

par les graves événements qui se passaient aux frontières du royaume. Une redoutable coalition s'était formée contre Louis XIV, dont l'étoile, naguère si brillante, avait un triste déclin, et la guerre malheureuse de la *Succession d'Espagne* absorbait les ressources du pays et les préoccupations du gouvernement. La paix d'Utrecht signée en 1713 permit enfin de reprendre les opérations de la Recherche. Une Déclaration du roi, du 16 janvier 1714, enregistrée en la Cour des aides le 30 du même mois, en prescrivit la continuation immédiate devant les commissaires départis et les commissaires généraux du Conseil et ordonna qu'elle serait terminée au plus tard dans le courant des années 1714 et 1715, attendu qu'il restait peu d'affaires à décider et qu'il était nécessaire de les juger avant de dresser les catalogues publics.

Il est possible que dans certaines provinces la nouvelle Recherche ne fut que l'achèvement des précédentes, mais en Poitou elle prit un autre caractère et s'étendit à tous ceux qui prétendaient à la noblesse, qu'ils eussent été déjà confirmés ou non dans leur qualité. Nous ne voulons pas affirmer que tous les nobles vrais ou faux furent appelés devant MM. Quentin de Richebourg et Desgalois de Latour[1], mais nous en voyons une foule produire devant eux les maintenues prononcées en leur faveur par MM. de Barentin, de Maupeou et autres. Or, si on se souvient que le nombres des *Barentines* s'élevait à onze ou douze cents, si l'on considère que les longues guerres du règne de Louis XIV décimèrent la noblesse et que la révocation de l'Édit de Nantes fit sortir du royaume beaucoup de familles protestantes et frappa particulièrement le Poitou, on est porté à croire que les huit cents ordonnances de maintenues prononcées par MM. Quentin de Richebourg et Desgalois de Latour embrassèrent la majeure partie de la noblesse Poitevine vivant au commencement du XVIIIe siècle[2].

---

1. Quentin (Charles-Bonaventure), chevalier, seigneur de Richebourg, conseiller au Parlement en 1696, maître des requêtes en 1701, intendant à Rouen, puis à Poitiers en 1713, créé marquis de Précis et Sancergues en 1722.
Des Gallois (Jean-Baptiste), chevalier, seigneur de la Tour, conseiller au Parlement de Paris en 1703, maître des requêtes en 1712, intendant du Poitou de 1716 à 1728, puis à la Rochelle et en Bretagne, mort premier président du Parlement de Provence et intendant de cette province en 1747.
(Adrien Bonvallet, *loc. cit.*)
2. Sous l'administration de M. de Richebourg, la Généralité de Poitiers n'avait pas les mêmes limites qu'au temps de M. de Barentin. L'Election de la Rochelle en avait été distraite en 1694, lors de la création d'un Bureau des finances dans cette ville. En 1714, le nombre des Elections fut reporté à neuf par l'érection de celle de Confolens qu'on forma en détachant la ville de Con-

La Déclaration du roi limitait la preuve de la noblesse à cent ans, c'est-à-dire à compter du 30 janvier 1614 au lieu de l'année 1560 qui avait été primitivement adoptée. Dans son *Abrégé chronologique*[1], Chérin, qui écrivait en 1788, se plaint que cette possession centenaire ait fait passer nombre de familles roturières dans l'ordre de la noblesse, et il se récrie sur le peu de confiance que doit inspirer une preuve aussi récente ; pour nous qui vivons en 1892 au milieu d'un débordement toujours croissant de prétentions nobiliaires, nous nous en contentons facilement, et c'est bien le cas de ne pas nous montrer plus royalistes que le roi. La Déclaration portait aussi que les officiers servant présentement dans les armées seraient dispensés de la Recherche, mais six mois après la paix ils seront assignés pour représenter leurs titres, et faute d'y satisfaire, ils seront condamnés comme usurpateurs et imposés aux tailles. François Ferrand était toujours chargé des poursuites et du recouvrement des amendes.

Le délai de moins de deux ans fixé pour terminer la Recherche était loin d'être suffisant, et trois arrêts du Conseil le prorogèrent successivement pendant les années 1716, 1717, et enfin jusqu'au 1er juillet 1718. Ici s'arrête le rôle de nos intendants dans la réformation de la noblesse, et par ce que nous avons raconté, on a pu se convaincre qu'ils en furent les meilleurs agents. Pour les affaires pendantes et en appel, des commissions furent nommées qui laissèrent traîner les choses en longueur pendant plus de dix ans. Enfin, pour sortir de cette situation, une Déclaration du roi, du 8 octobre 1729, renvoya les instances indécises aux Cours des aides dans le ressort desquelles les parties étaient domiciliées, et voulut qu'à l'avenir toutes les contestations concernant l'usurpation du titre de noblesse fussent portées devant cette juridiction. Par cet acte l'ère des Recherches, qui s'était prolongée sous plusieurs règnes avec des alternatives d'inaction et de réveil, était dé-

---

folens de la Généralité de Limoges, 56 paroisses de l'Élection de Poitiers et 10 de celle de Niort.

C'est ici le lieu de faire remarquer que le territoire de la Généralité ne correspondait pas exactement avec celui du Poitou. Ainsi le Loudunais, qui dépendait du diocèse de Poitiers, formait donc une Election de la Généralité de Tours ; les baronnies de Mirebeau et de Moncontour faisaient partie de l'Election de Richelieu dans le même ressort ; un certain nombre de paroisses situées à l'Est, entre autres Saint-Savin, Angle et Pleumartin, avaient été attribuées à la Généralité de Bourges. On chercherait donc inutilement dans nos Maintenues les noms des familles nobles qui habitaient ces contrées.

Pour les divisions ecclésiastiques et civiles du Poitou, voir L. Rédet, *Dictionn. topogr. du département de la Vienne*, Introduction.

1. *Discours prélim.*, p. XXXII, note.

finitivement close. Elle avait réprimé momentanément l'envahissement des faux nobles qui ne se découragèrent pas pour si peu ; la vanité et l'intérêt reprirent bien vite leurs droits, et les usurpations recommencèrent avec une nouvelle audace. La Révolution, en bouleversant tout l'ordre social, se chargea de détruire les abus, en même temps que les institutions fondamentales de la monarchie.

La Recherche faite en vertu de la Déclaration du 16 janvier 1714 donna lieu aux ordonnances confirmatives de noblesse que nous publions aujourd'hui. Une heureuse fortune en a fait parvenir entre nos mains la collection à peu près complète ; ce ne sont pas cependant les registres qui devaient être conservés dans les bureaux de l'Intendance et qui furent probablement brûlés le 10 août 1793, ce sont des minutes détachées, distinctes les unes des autres, écrites sur papiers timbrés de tout format, et qui ne paraissent pas avoir jamais été destinées à recevoir une reliure uniforme. Il faudrait donc admettre que les originaux aient été rédigés en double ? Pour notre part, nous n'en doutons pas, et on peut facilement se rendre compte par l'examen des documents de ce qui se passait dans la pratique.

Les particuliers, assignés à la requête de Joseph Spoullet de Varel [1], procureur et fondé de pouvoir du s^r Ferrand, adressaient à M. de Richebourg une requête tendant à la confirmation de leurs privilèges et l'accompagnaient de leurs titres décrits le plus souvent dans un inventaire y annexé. L'intendant ordonnait alors la communication des pièces au s^r Spoullet de Varel et au s^r Girault [2], procureur du roi de la commission, qui en faisaient

---

[1]. Pierre-Joseph Spoullet de Varel était en même temps receveur général des Aides à Poitiers. En 1718 il eut quelques désagréments à l'occasion de sa gestion et les scellés furent apposés sur sa caisse. Nommé receveur des tailles à Fontenay le 14 décembre 1722, il ne s'y montra pas un comptable plus fidèle : en 1731, on constatait dans sa caisse un déficit de 148.699 livres 15 sols 2 deniers, dont il faisait l'aveu, et bientôt après il *s'absentait*. Un arrêt du Conseil d'Etat, du 3 janvier 1731, permit de saisir sa charge et de la vendre pour désintéresser le Trésor. (Arch. de la Vienne, C 634,259.)

[2]. François Girault, avocat du roi au Bureau des finances de Poitiers depuis 1692, en outre contrôleur des quittances en 1702, est aussi qualifié dans certains actes de subdélégué de M. l'Intendant en l'étendue de la Généralité de Poitiers. En 1715, François Girault fut appelé par le choix de sa compagnie à profiter d'une des dispenses d'un degré de service pour acquérir la noblesse transmissible, qui avaient été mises à la disposition des Bureaux des finances par un Edit du mois d'octobre 1704. Les Lettres de noblesse qu'il obtint du roi à la date du 30 mars 1715 portent qu'elles lui sont accordées « en considération des services qu'il nous a rendus non seulement dans les fonctions de sond.

l'analyse et consignaient leurs observations et leurs conclusions, et en dernier lieu, après avoir vu ces réponses, il rendait son ordonnance de maintenue. Toutes ces formalités étaient inscrites à la suite les unes des autres au pied même de la requête qui passait ainsi de main en main avec tout le dossier, et quand les pièces étaient revenues au greffe de l'Intendance, l'ordonnance était transcrite sur le registre avec des préambules un peu différents, ce dont il est facile de s'apercevoir en comparant, à défaut des registres, les expéditions authentiques que l'on rencontre communément, avec les minutes de premier jet que nous possédons. Cette manière de procéder, qui ne paraît pas avoir été suivie sous M. de Barentin, puisque les productions de titres avaient été faites en grande partie devant son prédécesseur, avait l'avantage de rendre l'instruction des affaires plus rapide[1] et de laisser un double témoignage des jugements. L'un de ceux-ci était conservé dans les archives de l'Intendance, et l'autre était remis, croyons-nous, à la garde du procureur du roi.

Nos minutes n'ont entre elles d'autre lien qu'un certain classement qui paraît contemporain ou du moins très voisin de l'époque de la Recherche. Elles sont réparties sous la première lettre du nom des particuliers maintenus, puis rangées suivant leur date et revêtues d'un numéro d'ordre qui assure le maintien de chacune d'elles à sa place et recommence à chaque série. Dans notre publication, nous conservons ce classement et nous reproduisons en marge ce numéro d'ordre, suivi du nom de l'Election dont ressortissait la paroisse de la personne assignée.

Nous avons dit que les ordonnances s'élevaient au chiffre de près de huit cents. Celles qui ont été rendues par M. Quentin de Richebourg sont de beaucoup les plus nombreuses ; elles commencent au 9 décembre 1714 et se poursuivent jusqu'au 19 janvier 1716 ; M. Desgalois de Latour, son successeur, apparaît le 2 mai 1716 et s'arrête au 27 juin 1718. A l'exception de neuf de ces minutes qui ont disparu, la collection est complète ; nous avons eu pour nous en assurer un moyen de contrôle facile. Lorsque les parties assignées présentaient leur requête et les titres à

---

office d'avocat pour nous aud. Bureau, mais encore de ceux qu'il a rendus depuis plus de vingt années dans les affaires les plus importantes et les plus secrettes qui luy ont esté confiées par les sieurs commissaires départis dans lad^e Généralité. »

1. Il arrivait assez fréquemment que l'ordonnance de maintenue était prononcée le jour même ou le lendemain du dépôt de la requête.

l'appui, ce dépôt était enregistré immédiatement sur un registre du greffe de l'Intendance, puis annoté en marge de la date du jugement et de celle de la restitution des titres. Or nous possédons aussi ce registre et nous n'avons eu qu'à rapprocher les minutes de ces enregistrements. Ce petit travail nous a même permis de retrouver les noms des particuliers figurant dans les ordonnances qui nous manquent, à savoir : B 24 de Brémond [1], C 26 Cantineau, D 3 De La Lande La Riche, D 89 Du Peyrat, D 101 Du Teil, D 155 De Vaugirault, D 165 (?), R 52 Ranfray, V 19 de Villiers [2].

Il est opportun de faire connaître comment ces précieux documents se sont transmis jusqu'à nous.

On a vu que pour la dernière Recherche le procureur du roi était François Girault, avocat du roi au Bureau des finances de Poitiers. Sa fille avait épousé en 1714 Hubert Irland, lieutenant général de la sénéchaussée de Poitiers, dont le fils et le petit-fils, dernier du nom, occupèrent les mêmes fonctions, et les documents dont le s^r Girault était détenteur tombèrent ainsi en la possession de la famille Irland. On le savait si bien au siècle dernier que nous trouvons, égarées dans les dossiers, des lettres de plusieurs personnes qui demandent à M. Irland copie des ordonnances rendues en faveur de leurs auteurs. Le dernier des Irland mourut sans postérité le 7 janvier 1818, et par suite du mariage de sa sœur Marie-Jeanne-Elisabeth avec Léonor-Louis-Charles Bodet de la Fenestre [3], ses biens et en particulier son hôtel sis à Poitiers, rue Sainte-Opportune, n° 15, passèrent dans cette famille. Le dernier représentant de celle-ci, Pierre-Constant-Léonor, mourut lui-même le 4 août 1858, après avoir institué pour son légataire universel Fernand baron de Romans, son arrière-cousin.

Nos ordonnances de maintenues qui avaient échappé aux bûchers de la Révolution faillirent, vers 1856, périr dans un autre incendie. Les nombreux papiers venant de la famille Irland étaient relégués depuis longtemps dans les vastes greniers de

---

1. Nous avons pu suppléer à cette lacune par une copie qui nous a été adressée par M. le comte Anatole de Brémond d'Ars, de Nantes ; une autre copie existe aussi au tome 82 des Manuscrits de dom Fonteneau.
2. A une première lecture nous avions cru que l'ordonnance C 8 de Conty nous faisait aussi défaut, mais nous nous sommes aperçu que, par suite d'un remaniement dans le classement, elle avait été portée à la lettre D 40.
3. Pour la généalogie des familles Irland et Bodet de la Fenestre, consulter le *Dictionn. des familles de l'ancien Poitou*, par H. Beauchet-Filleau.

l'hôtel de la rue Sainte-Opportune, quand un jour le feu s'y déclara et en consuma la plus grande partie. Dans le petit nombre qui fut sauvé se trouvèrent les liasses de nos maintenues et aussi le registre des dépôts au greffe de l'Intendance, qui ne s'en tira que maculé, sali, et dans le plus piteux état. Il est à croire que dans le sinistre disparurent d'autres pièces concernant la même Recherche de 1714, peut-être des listes de condamnés dont nous n'avons aucun indice.

Cet accident avait attiré l'attention sur nos documents, et M. Fernand de Romans, qui suivait alors les cours des Facultés de Poitiers, en comprit la valeur ; encouragé par M. Alfred Richard, son compagnon d'études, il en entreprit le dépouillement et en fit de bonnes copies par extraits, en vue d'une publication future. Il y mettait la dernière main quand une mort prématurée vint anéantir ces projets. Tous les papiers avaient été transportés à Angers, et c'est dans cette ville que M. Alfred Richard est allé assez récemment les demander à la veuve de son ancien ami, qui a cru remplir le vœu de son mari en les mettant à la libre disposition de la Société dont il avait été un membre dévoué. Chargé en dernier lieu par la Société des Archives du soin de la publication, nous remercions respectueusement Madame la baronne de Romans de son obligeante communication, et nous nous empressons de déclarer que nous nous sommes servi des copies faites par notre regretté confrère autant que l'a permis le plan que nous avons adopté.

Notre plan, on s'en rendra compte bien vite en feuilletant quelques pages de ce volume. Nous ne pouvions surcharger notre rédaction des détails de la procédure et des formules qui sont toujours les mêmes ; nous les avons donc éliminés pour ne donner, avec les noms et qualités des parties, que l'analyse des titres visés par le procureur du roi, sous la rubrique de *Pièces justificatives*, et le dispositif sommaire de l'ordonnance de l'intendant.

C'est une règle générale, mais elle n'est pas absolue. Nous avons, quand il le fallait, complété et corrigé l'analyse faite par François Girault avec les autres renseignements du dossier ; de même nous reproduisons les observations du s^r Spoullet de Varel et du procureur du roi lorsque leur intérêt nous paraît le mériter. Il arrivait aussi que des particuliers, non contents de produire les titres d'une possession centenaire seule exigée, apportaient plus qu'on ne leur demandait et remontaient à une époque plus lointaine. Le procureur du roi passait souvent sous silence ces preuves superflues ; nous avons cru devoir en faire notre profit et nous les détaillons sous la rubrique de *Pièces non visées*. L'énonciation de ces titres se rencontre surtout dans les inventaires, quand ils sont restés annexés aux dossiers, ce qui est malheureusement le cas le moins commun.

Nous sollicitons enfin toute l'indulgence du lecteur pour l'orthographe fautive des noms de personnes et surtout de lieux. Tous ceux qui ont eu à consulter des pièces manuscrites anciennes savent combien cette orthographe était variable, et nous n'étonnerons personne en disant que, dans une même affaire, un nom propre écrit : 1° par le produisant ou son procureur, 2° par le commis du traitant, 3° par le procureur du roi, 4° par le greffier, se présente souvent sous quatre formes différentes. Nous avons, en procédant avec beaucoup de réserve, adopté la forme qui nous a semblé la plus rationnelle ou que l'usage a fait prévaloir.

Les ordonnances de maintenues de MM. Quentin de Richebourg et Desgalois de Latour sont loin d'avoir toutes un égal intérêt ; tandis que les unes offrent des filiations et des possessions d'état qui remontent à cent ans et plus, d'autres ne s'appuient que sur une sentence relativement récente de M. de Barentin ou de M. de Maupeou. Telles qu'elles sont, le chercheur pourra y découvrir plus d'un menu fait susceptible de l'éclairer sur des points encore obscurs de l'histoire, de l'administration et de la vie provinciale. Mais leur importance principale est de fournir des éléments certains pour l'histoire d'un grand nombre de familles poitevines et même étrangères au Poitou. On voudra bien cependant ne pas voir dans notre publication un Nobiliaire qu'elle ne saurait être. La Société des Archives arrache à l'oubli et met en lumière une collection de documents originaux dont nous garantissons l'authenticité, rien de plus. A chacun d'en tirer le bénéfice et les conséquences qu'il lui plaira.

§ IV. — DE LA NOBLESSE ET DES ANOBLISSEMENTS.

Nous n'avons pas la prétention de faire ici un code de la noblesse, qui ne rentre pas du tout dans notre cadre ; nous ne voulons traiter ce sujet qu'autant qu'il se rattache à notre étude sur les Recherches et les Maintenues.

Nous rappellerons donc très brièvement que, quoique toute noblesse fût égale dans la jouissance de ses honneurs, de ses privilèges et de ses immunités, l'opinion et la considération sociale la distinguaient en plusieurs classes suivant ses origines.

La plus estimée était sans contredit la noblesse *d'origine chevaleresque* ou *noblesse d'épée*, que l'on faisait remonter aux temps les plus reculés.

Par une dérogation aux anciennes lois de la monarchie, les roturiers purent, avant la fin du XIIIe siècle, acquérir des fiefs et ils devinrent nobles à la *tierce foi*, c'est-à-dire après le troisième hommage rendu par la descendance de l'acquéreur du fief ; ce fut l'*anoblissement par les fiefs* ou *noblesse inféodée*. Elle disparut au XVIe siècle

Les grandes charges de l'Etat anoblirent aussi ceux qui en étaient titulaires. Les grands officiers de la Couronne et de la Maison du roi, les présidents et membres des Cours souveraines, du Parlement, du grand Conseil, du Conseil privé, des Cours des comptes, des Cours des aides, des Bureaux des finances, etc., acquéraient, suivant la nature de leurs fonctions, soit une noblesse parfaite et immédiatement transmissible, soit une noblesse personnelle qui ne devenait héréditaire qu'après un certain temps ; c'était l'*anoblissement par les charges*, la *noblesse d'office* ou *noblesse de robe*. Les trésoriers de France, membres du Bureau des finances de la Généralité de Poitiers, jouirent des prérogatives afférentes à la magistrature de cet ordre ; c'était pour eux la noblesse graduelle, qui n'était transmissible à la troisième génération que si le père et l'aïeul avaient exercé leurs fonctions pendant vingt ans ou étaient décédés en exercice.

Les offices de *secrétaires du roi* et certains emplois subalternes et vénaux de judicature et de finance procuraient aussi la noblesse ; on les appelait dédaigneusement des *savonnettes à vilains*.

Divers actes de la volonté royale accordèrent le privilège de noblesse aux maires et échevins de plusieurs villes du royaume, en récompense des services rendus par elle ; c'était la *noblesse municipale*, qu'on qualifiait aussi de *noblesse de cloche*. Ces villes furent Abbeville, Angers, Angoulême, Bourges, Cognac, Lyon, Nantes, Niort, Paris, Péronne, Poitiers, la Rochelle, Saint-Jean-d'Angély, Toulouse et Tours. Certains historiens, à la suite de de Laroque, auteur du *Traité de la noblesse*, y ont compris la ville de Saint-Maixent ; mais M. Alfred Richard a prouvé que c'était une assertion qui ne reposait sur aucun fondement sérieux [1].

Les *anoblissements par lettres* parurent dès le XIII° siècle ; les premiers qui soient authentiques émanent du roi Philippe le Bel et se placent entre les années 1285 et 1290. Accordés d'abord au mérite et aux services rendus à l'Etat, ils se multiplièrent par la suite et devinrent plus d'une fois l'objet d'un trafic dont les rois usaient dans les moments de pénurie. Pour être valables, les lettres d'anoblissement devaient être vérifiées par la Chambre des comptes et par la Cour des aides ; beaucoup d'anoblis les faisaient aussi enregistrer au Parlement et, dans leur province, au Bureau des finances et au présidial [2], afin de jouir sans contestation de leurs privilèges.

Enfin l'Édit du mois de novembre 1750 créa une *noblesse militaire*, dont on peut reconnaître le germe dans l'Édit sur les tailles de mars 1600.

Telles étaient les sources de la noblesse et les principaux moyens de l'acquérir. On la perdait en *dérogeant* par la profession des arts vils et mécaniques, par l'exercice du commerce et des charges jugées incompatibles avec la qualité de gentilhomme, et par l'exploitation des fermes d'autrui. Pour rentrer dans son premier état, il fallait solliciter du roi des *lettres de relief* ou de *réhabilitation*, qu'on n'obtenait, suivant les principes observés, qu'en prouvant qu'on était en possession de la noblesse cent ans avant la première dérogeance [3].

Sans entrer dans plus de détails, nous ne nous occuperons que de la condition qui fut faite aux personnes anoblies par les charges municipales et en vertu de lettres.

La mairie de Poitiers tirait sa noblesse des lettres patentes qui lui furent octroyées par Charles V au mois de décembre 1372. Ce prince, en reconnaissance de la fidélité des habitants et des services qu'ils lui avaient rendus dans la guerre contre les Anglais, déclare nobles le maire et les vingt-cinq échevins de Poitiers, leurs successeurs et toute leur lignée masculine et féminine nés et à naître en loyal mariage, et leur permet de tenir des fiefs et arrière-fiefs.

---

1. *Revue de l'Aunis*, tome VII, année 1868, p. 19.
2. M. Adrien Bonvallet, *loc. cit.*, p. 192-193, donne la liste des lettres de noblesse dont on trouve l'enregistrement au Bureau des finances de Poitiers. Nous en avons vu aussi dans les archives de notre présidial.
3. Chérin, *Abrégé chronologique*, Discours prélim.; p. XXIV-XXVII.

Louis XI, par des lettres données au mois de novembre 1461, anoblit avec les mêmes droits le maire, les douze échevins et les douze conseillers jurés de la ville de Niort, en les exemptant du paiement de toute finance.

La ville de Poitiers, ainsi que celle de Niort, ne manquèrent pas, à chaque changement de règne, de faire confirmer leurs privilèges par le nouveau souverain. Malgré ces précautions, les privilèges finirent, après avoir subi de rudes atteintes, par disparaître devant les exigences du fisc et la volonté d'un pouvoir absolu. En effet, de la faveur royale avaient découlé de graves abus. Le nombre des familles anoblies par l'échevinage était devenu considérable avec le temps, et loin de contribuer par leur résidence à la prospérité de leurs villes, elles les abandonnaient pour se retirer dans les campagnes où, grâce aux exemptions dont elles se prévalaient, l'impôt retombait sur les petites gens. Niort surtout, ville d'industrie et de commerce, souffrit cruellement de cette situation et lui dut en grande partie sa décadence ; beaucoup de marchands délaissèrent la profession qui les avait enrichis pour vivre noblement et devinrent de pauvres nobles, tout en appauvrissant les paroisses où ils achetaient des terres. Dans son *Rapport au Roy*, Colbert de Croissy constate clairement ces désastreux effets d'un entraînement aveugle [1].

Pour remédier à ces abus, l'Edit de janvier 1634 avait déjà porté que les maires et échevins des villes qui avaient la noblesse en vertu d'anciennes concessions n'en jouiraient que pendant l'exercice de leurs charges, sans que leurs enfants puissent profiter de ce privilège. Un arrêt du Conseil, du 17 mai suivant, accorde cependant aux maire et échevins de Poitiers le droit de jouir, comme par le passé, de leurs anciennes exemptions.

L'édit de mars 1667 fut plus radical et fut strictement exécuté. Il révoquait pour l'avenir les privilèges de noblesse accordés aux maires, échevins et conseillers de toutes les villes du royaume : « Et veut Sa Majesté que ceux qui ont joui bien et dûment jusqu'à présent, continuent d'en jouir, à la charge toutefois que les descendants desdits maires, échevins et conseillers qui ont exercé lesdites charges depuis l'année 1600 seront

---

1. «... Et l'abus de ce privilège a été si grand (à Niort) que plusieurs échevins ont vendu à d'autres leurs places d'échevins, se sont réservé, tant pour eux que pour leur postérité, le titre de noblesse, et l'ont transmis aux acquéreurs de leurs places ; ce qui a fait presque autant de nobles qu'il y a de citoyens, et a entièrement ruiné le commerce qui était florissant dans cette ville. »

tenus de payer les sommes auxquelles ils seront modérément taxés au Conseil, eu égard à leurs facultés, pour être confirmés en la jouissance desdits privilèges, sans être tenus de prendre lettres. »

Un arrêt du Conseil d'État, dérogeant à cet Edit, décida le 4 janvier 1685 que les maires de Poitiers qui auront été élus par deux différentes fois et auront rempli cette charge pendant quatre ans jouiront du privilège de noblesse, eux et leur postérité, pourvu qu'ils vivent noblement et qu'ils résident à Poitiers. Les échevins, seuls, perdaient donc définitivement la noblesse. Niort, moins favorisé, n'eut pas le bénéfice d'une semblable exception.

En 1692, un Edit du mois d'août transforma complètement l'organisation municipale dans tout le royaume. Le gouvernement, déguisant ses besoins pressants d'argent sous la raison des abus qui se commettaient, érigea les mairies en titre d'offices perpétuels et transmissibles et enleva aux villes le droit d'élire leur maire, là où ce droit s'était conservé. Il vendit les charges de maires et se procura ainsi des ressources financières. Enfin, après quelques modifications successives dans cet état de choses, l'Édit d'août 1764 supprima de fait la noblesse des maires dans les villes où il avait été maintenu, en l'assujétissant à la condition irréalisable d'un exercice de vingt années. Poitiers resta plusieurs années sans maire, personne ne consentant à lever l'office, qui avait perdu ses plus grands avantages. Ce n'est qu'en 1773 que Léonard-François-Xavier Pallu, sieur du Parc, se décida à accepter la commission de maire, et des lettres de noblesse, octroyées en 1781, le récompensèrent de son dévouement. Il a été le dernier maire de Poitiers anobli à cause de ses fonctions [1].

Si les charges municipales virent s'évanouir peu à peu leurs prérogatives, la plupart des autres charges anoblissantes ne furent pas soumises à moins de fluctuations ; mais ce sont les anoblissements par lettres qui offrent le spectacle des conditions

---

1. Le *Thresor des titres justificatifs et immunitez, droits et revenus de la ville de Nyort...* a été publié par Christophle Augier, sieur de la Terraudière (Nyort, Anthoine Faultré, 1675, pet. in-8°), et réimprimé par les soins de M. Abel Bardonnet (Nyort, L. Clouzot, 1866, in-8°). Poitiers ne possède pas de semblable recueil imprimé, mais il en existe plusieurs en manuscrits aux Archives de la ville, aux Archives départementales de la Vienne et dans quelques familles qui les tiennent de leurs ancêtres.

les plus onéreuses et de la possession la plus troublée. Assurément il y avait un abus scandaleux dans cette profusion de concessions qui avait pour résultat d'introduire dans le corps de la Noblesse des gens qui n'étaient souvent que de riches parvenus, et de tarir les ressources du pays par une injuste répartition de l'impôt ; mais le premier fauteur était le pouvoir royal qui en tirait profit. Quelque préjudiciable que fût la situation qu'il avait lui-même créée, il y avait un devoir d'honnêteté de sa part à assurer la paisible jouissance des faveurs qu'il octroyait à beaux deniers comptants ; loin de là, les anoblissements furent maintes fois révoqués, les confirmations ne furent accordées qu'en retour de nouveaux sacrifices, enfin, qu'on nous passe cette expression, il battit monnaie sur le dos des anoblis avec une âpreté persistante que ne justifient pas tout à fait les besoins du Trésor aux abois. Laissons du reste parler les faits.

Nous ne remonterons pas dans cet exposé au delà de la seconde moitié du XVIe siècle. Nous y trouvons deux Edits, l'un de janvier 1568 et l'autre de juin 1576, anoblissant plusieurs personnes moyennant finance ; un autre Edit de 1598 révoque tous les anoblissements accordés depuis vingt ans. L'Edit de janvier 1634 supprime aussi tous les anoblissements accordés depuis vingt ans. Celui de novembre 1640 est plus rigoureux et révoque tous les anoblissements accordés depuis trente ans moyennant finance. Une Déclaration de mai 1643 porte l'anoblissement de deux sujets du roi dans chaque Généralité, fait par Sa Majesté (Louis XIV) en faveur de son heureux avènement à la couronne, sans qu'ils soient tenus de payer aucune finance ; mais une autre Déclaration, du 18 juin suivant, révoque tous les anoblissements accordés depuis trente ans et ordonne que tous les anoblis depuis cette époque moyennant finance ou autrement seront imposés à la taille ; le 21 août 1647, un arrêt du Conseil ordonnait encore la stricte exécution de cette mesure. Par deux Déclarations du 30 décembre 1656 et du 17 septembre 1657, Sa Majesté, « voulant traiter favorablement les nouveaux anoblis », les confirmait dans leurs anoblissements, à la charge par eux de payer la somme de 1,500 livres et les 2 sols pour livre. La même disposition était répétée dans la déclaration du 8 février 1661, qui l'aggravait encore en taxant à 1,000 livres chacun des enfants d'un anobli décédé.

Ainsi, après cinquante ans, les malheureux anoblis étaient menacés d'être rejetés parmi les roturiers s'ils ne payaient la nouvelle taxe. Ils durent s'exécuter forcément, mais ils n'étaient pas au terme de leurs épreuves, et pour mettre le comble à la spoliation, un Edit du mois d'août 1664 supprima toutes les lettres de noblesse qui avaient été accordées depuis le 1er janvier 1614 dans la Normandie et depuis le 1er janvier 1611 dans le reste du royaume. Un arrêt du Conseil d'État, du 13 janvier 1667, apportait pourtant quelque tempérament à ces exactions en exceptant « les anoblis qui auront obtenu lettres de confirmation sur des exposés véritables, registrées ès Chambre des comptes et Cour des aides depuis ladite Déclaration de 1664 ».

La réformation de 1666 eut lieu sur ces entrefaites, et les anoblis furent tenus, comme les autres nobles, de justifier de la régularité de leurs titres. Elle n'arrêta pas l'émission des lettres d'anoblissement qui se continua dans des proportions relativement modérées. Mais l'année 1696, qui vit ordonner une nouvelle recherche des usurpateurs et entreprendre l'Armorial général, fut aussi témoin de la plus forte fournée d'anoblissements ; l'Edit du mois de mars lança dans la circulation cinq cents lettres, dont le prix fut fixé à 6,000 livres et les 2 sols pour livre par l'arrêt du Conseil d'État du 7 août. La spéculation fut lucrative, et encouragé par le succès, le gouvernement créa en 1702 (Édit de mai) deux cents autres anoblissements payables au même taux. L'affaire marcha moins bien cette fois et on dut supprimer en octobre 1704 cent de ces lettres de noblesse qui n'avaient pas encore été levées ; on se rattrapait sur les précédents acquéreurs en leur extorquant une somme de 3,000 livres et les 2 sols pour livre, exigée d'eux pour être confirmés dans leurs droits et jouir de 150 livres de rente sur le Trésor.

Une fois engagé dans cette voie d'emprunts forcés, il n'y avait plus à s'arrêter. En janvier 1710, nouvelle taxe de 1,200 livres sur les mêmes acquéreurs de lettres pour les contraindre à prendre 60 livres de rente. En décembre 1711, création de cent autres lettres de noblesse tarifées comme ci-devant à 6,000 livres. Et voici que moins de quatre ans après, un Edit du roi, daté du mois d'août 1715, révoquait brutalement tous les anoblissements accordés depuis le 1er janvier 1696 et imposait les anoblis à la taille. Et pourtant il avait été solennellement promis que ces anoblissements « ne pourraient être par Sa Majesté ou ses successeurs supprimés ni révoqués, ni sujets à aucune taxe pour confirmation ou autrement, pour quelque cause ou sous quelque prétexte que ce soit ». Du remboursement des droits perçus il n'était nullement question ; or ces droits s'élevaient, d'après ce que nous avons dit, à la somme de 12,240 livres, non compris les frais des enregistrements dans les diverses cours. En toute justice, on ne peut que réprouver de telles pratiques chez les gouvernements comme chez les individus.

Ces regrettables errements se perpétuèrent jusqu'aux derniers temps de la monarchie. Un arrêt du Conseil d'État, du 2 mai 1730, soumit tous ceux qui jouissaient de la noblesse en conséquence de lettres obtenues pour n'importe quelle cause depuis 1643 (c'est-à-dire depuis quatre-vingt-sept ans !) jusqu'au 1er septembre 1715 à une taxe de 2,000 livres. Les anoblis depuis 1715 ne perdirent rien pour attendre, et l'Edit d'avril 1771 leur infligea un droit de confirmation de 6,000 livres, sans oublier, bien entendu, les 2 sous pour livre. En 1784, le Conseil d'État revenait encore à la charge et, par un arrêt du 29 juillet, édictait de nouvelles pénalités contre ceux qui étaient en retard pour le paiement de leurs taxes. Après cela faut-il s'étonner si certains anoblis, se voyant sans cesse inquiétés et pressurés, se découragèrent et préférèrent renoncer à un privilège dont la possession était ruineuse et n'offrait aucune sécurité ?

Nous n'avons pas dissimulé les inconvénients et les abus qui résultèrent de ces anoblissements distribués sans choix et sans mesure ; on nous accusera peut-être même d'avoir trop assombri le tableau. En principe cependant, nous croyons sincèrement que les anoblissements pratiqués avec sagesse et accordés soit aux grandes charges de l'Etat, soit aux vertus militaires et civiles, constituaient de justes faveurs et présentaient le meilleur moyen de recruter l'ordre de la Noblesse. Sous l'ancienne monarchie, la Noblesse était l'un des membres indispensables du corps social ; or on a calculé que les familles s'éteignaient dans une proportion qui varie d'un tiers à un quart par siècle, et il serait arrivé infailliblement qu'au bout de quelques centaines d'années la Noblesse eût disparu, ou du moins n'eût plus résidé que sur un trop petit nombre de têtes, si elle n'avait été entretenue et rajeunie par une sève nouvelle. Il est bon de se souvenir qu'à ses privilèges correspondaient des obligations dont la principale était le service militaire. La Noblesse française ne faillit jamais à ce devoir et arrosa de son sang tous les champs de bataille. Mais un jour vint où, par suite de la marche des événements et des idées, les privilèges parurent n'être plus en rapport avec les charges. La Noblesse le comprit elle-même, et dans la nuit du 4 août 1789 elle sacrifia généreusement tous ses droits, en réclamant avec le reste de la nation l'égalité devant la loi et devant l'impôt.

§ V. — LE CATALOGUE DES NOBLES DE LA GÉNÉRALITÉ DE POITIERS N'A PAS ÉTÉ IMPRIMÉ.

Nous rappelons que l'arrêt du 22 mars 1666 ordonnait que « à la fin de la Recherche il serait fait un catalogue contenant les noms, surnoms, armes et demeures des véritables gentilshommes, pour être registrés en chaque bailliage et y avoir recours à l'avenir » ; cette pensée n'avait pas été abandonnée, mais à part une seule exception, dans aucune des Généralités du royaume le catalogue des nobles ne fut publié. L'exception est en faveur de la Champagne qui vit paraître en 1673 le petit volume suivant : *Procez-verbal de la Recherche de la Noblesse de Champagne par M. de Caumartin, avec les armes et blazons de chaque famille*. Chaalons, imp. de Seneuze, sans date (1673), in-8°[1].

Pourquoi donc partout ailleurs la même absence du catalogue tant de fois promis et si désiré ? C'est qu'apparemment, si la pensée était bonne en principe, on se heurta dans la pratique à des difficultés imprévues. Pour que le catalogue eût une réelle valeur, il eût fallu que tous les nobles y fussent inscrits ; or tous ne furent pas appelés à justifier de leur qualité. En voyant la tournure qu'avaient prise les choses, certains gentilshommes cherchaient le plus possible à esquiver cette redoutable épreuve. Quelques-uns, du meilleur aloi, mais se trouvant dans un état voisin de la pauvreté ou dans l'impossibilité de réunir leurs preuves, préféraient renoncer momentanément à leurs privilèges. On se souvient aussi que les officiers de terre et de mer, employés dans les troupes de S. M., avaient été dispensés de produire leurs titres, et il eût été injuste que ce qu'on leur accordait comme une faveur tournât contre eux en une sorte de discrédit. Il ne faut pas oublier enfin qu'en 1674 la Recherche fut plutôt

---

1. C'est là, à notre avis, le véritable catalogue des nobles de la Champagne. La grande édition in-folio, qui reproduit le *Procez-verbal* de M. de Caumartin et contient dans une 2ᵉ partie, beaucoup plus volumineuse, les généalogies dressées par Ch.-René d'Hozier, a un tout autre caractère; celle-ci est une œuvre justement estimée, rédigée sur des preuves authentiques, mais sans caractère officiel.

suspendue que close définitivement. Toutes ces considérations et d'autres, sans doute, de même nature firent ajourner indéfiniment la rédaction du catalogue qui finit par ne jamais voir le jour ; et si la Champagne a eu la bonne fortune d'avoir le sien, nous croyons pouvoir dire que ce fut là une œuvre prématurée et forcément incomplète.

Depuis un certain nombre d'années, le Poitou passe pour avoir eu, lui aussi, son catalogue officiel, et M. Dugast-Matifeux, qui est censé l'avoir réédité avec de prétendues annotations de M. de Maupeou d'Ableiges, a beaucoup contribué à accréditer cette erreur. Il existe en effet un *Catalogue des nobles de la Généralité de Poitiers* qui a été imprimé en 1667 et est fort rare ; on en connaît à peine trois ou quatre exemplaires. L'un est à la Bibliothèque municipale de Poitiers ; un autre est devenu la propriété de M. Dugast-Matifeux, qui l'a acquis de M. Papion du Château ; un troisième est dans le riche cabinet de M. Beauchet-Filleau, l'auteur du *Dictionnaire des familles de l'ancien Poitou* ; c'est celui qui serait revêtu des annotations de M. de Maupeou. Quant au quatrième, son existence est douteuse ; nous ne savons en tout cas en quelles mains il se trouve. Ce livre jouit chez nous d'un grand prestige ; personne n'a jamais songé à contester son autorité. On le considère comme les Tables de la loi, comme le répertoire authentique des Barentines, et M. A. Gouget, archiviste du département des Deux-Sèvres, a pu dire dans son *Armorial du Poitou*, sans être contredit, que « les extraits certifiés de ce catalogue font preuve en faveur des familles qui y ont été inscrites ». Quelle est donc la valeur de ce volume ? C'est ce que nous allons examiner en prenant pour témoin l'exemplaire de la ville de Poitiers que nous avons attentivement compulsé.

Le volume est un petit in-folio de 151 pages numérotées dont voici le titre :

CATALOGUE ALPHABÉTIQUE DES NOBLES DE LA GÉNÉRALITÉ DE POITIERS. *A Poitiers, chés Antoine Mesnier, imprimeur et libraire ordinaire du Roy et de l'Université.* M.DC.LXVII.

Au-dessus de l'adresse de l'imprimeur une vignette, assez grossièrement gravée sur bois, représente l'écu de France, timbré de la couronne royale et entouré du double collier des ordres.

De la Recherche, des ordonnances prononcées par M. de Barentin il n'est nullement question sur ce titre, qui n'est suivi d'aucun avertissement, d'aucune préface, d'aucune note explicative lui donnant le cachet officiel.

C'est déjà assez singulier. Mais ne remarquera-t-on pas avec nous combien cette impression aurait été hâtive ? Nous sommes dans la pleine période de la réformation ; les ordonnances de l'intendant se succèdent par séries jusqu'aux derniers jours du mois de décembre 1667, elles vont se continuer en 1668 et même en 1669. De plus, ces ordonnances ne sont pas rendues en dernier ressort ; un certain nombre sera frappé d'appel par les particuliers ou par le préposé à la Recherche ; la solution de ces instances n'interviendra parfois que cinq ou six ans après. Et le Catalogue des nobles de la Généralité de Poitiers aurait été dressé et imprimé dès l'année 1667 ! Ce n'est plus de la hâte, ce serait une précipitation qu'on ne saurait expliquer.

Poursuivons notre examen. Le texte du volume commence à la page 3. C'est tout simplement une liste de noms de personnes avec l'indication de leur paroisse en marge ; elle est alphabétique, en ce sens que tous les noms sont groupés suivant leur initiale, et sous chacune de ces lettres ils sont divisés par Elections. Les inscriptions sont très espacées et les larges interlignes qui les séparent semblent inviter aux annotations, ainsi que l'a observé M. Dugast-Matifeux. Cette liste contient plus de 2,000 noms, savoir 1,946 pour les huit Elections du Poitou, et 102 pour celle de la Rochelle, sauf erreur ou omission.

Si l'on en parcourt quelques pages, on est tout d'abord frappé de la négligence avec laquelle elle est rédigée. Nous ne parlons pas des déformations de noms auxquelles nous n'attachons ici qu'une importance secondaire, mais les inscriptions de ce genre y abondent :

La dame de Vernède et d'Aigonnay (p. 61),
La veuve Gédéon Dauzy et ses enfants (p. 50),
Les héritiers du sieur de la Nouhette (p. 112),
La veuve Morel et son fils (p. 120),
Les héritiers de Louis Eveillard, sieur de la Vergne (p. 85),
La veuve et héritiers de Gaston Roignon, sieur de la Gotronnière (p. 137),
Les héritiers de feu Boursaut (p. 18),
Les héritiers feu sieur Chasteau-Briand (p. 25),
Etc., etc...

Ces désignations par trop sommaires nous rappellent involontairement celles qui figurent sur nos modernes avertissements d'impôts et dont se contentent les agents des contributions directes, pourvu que la feuille arrive à destination et que l'impôt rentre. Mais est-il admissible que le Catalogue des gentilshommes, dressé au moment même des maintenues et avec le texte des ordonnances sous les yeux, ait été rédigé avec un pareil sans-façon et un tel manque de précision ? Au bout de quelques années, quels services aurait-il bien pu rendre ?

Si maintenant nous essayons de contrôler notre volume avec les documents que nous possédons, nous tombons dans une stupéfaction profonde. Comment ! voici un recueil de Barentines imprimé en 1667, et nous y relevons les noms suivants :

David de Goüé, s^r de Marchay (p. 70), — qui, condamné par M. de Barentin le 6 août 1667 par défaut de production, ne fut maintenu noble que le 30 juillet 1668 par arrêt du Conseil d'Etat (G 35 des Maintenues de Quentin de Richebourg);

Jean Filleau, s^r de la Tousche (p. 85), — maintenu par M. de Barentin le 17 août 1668 (F 14) ;

Pierre Draut, s^r de Roche-Breüil (p. 60), — maintenu le 31 août 1668 (D 86) ;

Gilbert Gautreau, s^r de la Tousche-Massé (p. 96), et Jacques Gautreau, s^r de S. Mars (p. 97), — maintenus le 12 septembre 1668 (G 48) ;

Jacques et Jean Du Rousseau, s^{rs} de Sechère, de la Fayolle et de la Forest-Maranda (p. 17), — maintenus par arrêt du Conseil le 27 juillet 1671 (D 47) ;

Pierre et François de Grand-Saigne (p. 45), — maintenus par arrêt du Conseil le 31 mai 1672 (G 59) ;

Loguend David, s^r du Fief (p. 49), — maintenu par arrêt du Conseil le 28 septembre 1672 (D 81) ;

Jacques Darsemalle, s^r de la Grange de Langon (p. 62), — condamné roturier par M. de Barentin le 31 août 1667 et maintenu noble par arrêt du Conseil le 24 mai 1675 (D 102);

Etc., etc.

Il est vrai que Jean Choisnin, s^r du Renouard, dont nous avons raconté la malheureuse histoire, y figure (p. 20), quoiqu'il ait été condamné comme roturier le 3 septembre 1667 et que sa sentence n'ait pas été revisée.

Par contre, on y cherchera en vain Marguerite Guibert, veuve de Jacques de Rampsay, maintenue avec François, Marie et Marguerite de Rampsay, ses enfants, le 16 août 1667 (R 26) ;

Jacques Guerry, s^r de la Goupillière, maintenu le 31 août 1667 (G 42) ;

Louis Faudry, s^r de la Briaude, maintenu le 9 septembre 1667 (F 7) ;

René Sochet, s^r de Nesde, maintenu le 24 septembre 1667 (S 19) ;

Jean Roy, maintenu le 30 décembre 1667 (R 5) ;

Jean Jaumier, s^r de Saint-Gouard, et Jacques Jaumier, s^r de Guinefolle, son frère, maintenus le 30 décembre 1667 (J 24) ;

Etc., etc...

Ce Jean Jaumier, qui était trésorier de France au Bureau des finances de Poitiers, était cependant bien placé pour surveiller l'inscription de son nom sur le Catalogue des nobles, s'il l'avait jugé utile. Nous en dirons autant de Jean Irland, s^r de Beaumont, lieutenant-général criminel en la sénéchaussée de Poitou, maintenu le 31 décembre 1667 avec plusieurs de ses parents (I 23) ; cependant l'un de ceux-ci, Jacques Irland, s^gr de la Salvagère, est seul inscrit dans le volume (p. 104).

Les ordres souverains ont répété à l'envi que le catalogue contiendrait les noms et les *armes* des vrais gentilshommes. Il n'y a pas sur notre volume mention des armes d'un seul gentilhomme.

Il semble que la présence d'un nom sur le catalogue officiel aurait dû suffire pour prouver sa noblesse. Dans les maintenues prononcées par M. Quentin de Richebourg, les particuliers produisent à la centaine les ordonnances de MM. de Barentin et de Maupeou ; pas un n'invoque l'inscription de son nom sur le prétendu catalogue.

Que conclure de toutes ces observations que nous abrégeons le plus possible ? Il nous semble que la conclusion qui s'impose, claire, logique, évidente, est celle-ci : Le volume de la bibliothèque de Poitiers ne peut pas être, n'est pas le catalogue officiel des nobles, le recueil authentique des Barentines.

Mais qu'est donc alors ce volume ? Comment expliquer son titre qui paraît si précis et auquel l'écusson royal donne un air si respectable ?

Voici notre réponse : ce volume est tout simplement une impression administrative, que Mesnier, imprimeur du roi, a revêtue, selon sa coutume, de l'écusson royal pour affirmer son privilège. Pour faire la recherche des usurpateurs de noblesse et assigner devant l'intendant ceux qui à tort ou à raison s'exemptaient du paiement de la taille, il fallait une base. Or la base toute indiquée était de prendre dans les rôles des tailles des paroisses le chapitre des nobles et exempts. La liste fut dressée ; mais dans une Généralité aussi étendue que celle de Poitiers, qui comprenait presque quatre de nos départements, on ne tarda pas à s'apercevoir qu'il y avait avantage à faire imprimer cette longue liste plutôt que d'en multiplier les copies manuscrites. L'impression dut commencer en 1666, après l'arrêt du 22 mars, durer quelques mois et être achevée au commencement de 1667. Ainsi tout s'explique, les termes vagues de nombreuses désignations, la présence de certains noms, condamnés depuis, l'absence de certains autres, qui furent reconnus nobles quoique n'étant pas portés au chapitre des exempts, le nombre de plus de 2,000 inscriptions, alors que celui des maintenues n'est pas de beaucoup supérieur à la moitié de ce chiffre. Ainsi s'expliquent la brièveté voulue et discrète du titre, les larges interlignes disposés pour les annotations. Ainsi s'explique aussi la rareté du volume, tiré à un petit nombre d'exemplaires qui restèrent entre les mains des agents de l'administration ; comprendrait-on autrement que les familles qui y figuraient ne se fussent pas empressées de l'acquérir pour lui donner une place d'honneur dans leurs bibliothèques ? Ce système explique encore certains noms dont l'inscription nous avait paru étrange ; nous voulons parler de ces ministres protestants, de ces petits officiers de justice ou de finance, de ces membres des tribunaux d'Elections de Niort et de Saint-Maixent, tous gens qui, sans avoir de prétentions à la noblesse, arguaient de la nature de leurs fonctions pour se soustraire au paiement de la taille et se faire inscrire au chapitre des exempts.

Ce n'est donc pas un répertoire des maintenues de noblesse que nous avons devant nous, mais bien une matrice, un rôle d'exempts, qui ne prouve rien ni pour ni contre les familles qui y sont inscrites. Ce livre n'en a pas moins une grande valeur, d'abord à cause de son extrême rareté, ensuite parce qu'il fournit d'après des données sérieuses un état à peu près exact des familles les plus considérables du Poitou et de l'Aunis à cette époque, ainsi que des terres qu'elles possédaient.

Nous avons dit que M. Dugast-Matifeux était censé avoir réédité le pseudo-*Catalogue* dont nous venons de définir l'origine et le but pratique. Dans son *Etat du Poitou sous Louis XIV*, il le donne sous ce titre :

Catalogue alphabétique des nobles de la Généralité de Poitiers maintenus et condamnés roturiers par Colbert, Barentin et Rouillé du Coudray, commissaires du Roy, intendants en Poitou, avec les notes de Maupeou d'Ableiges, leur successeur. A Poitiers, chez Antoine Mesnier, imprimeur et libraire ordinaire du Roy et de l'Université. MDCLXVII.

Il y a là autant d'inexactitudes que de lignes.

1° Ce titre qui affecte de reproduire textuellement celui du volume imprimé est tout à fait arbitraire ; l'imprimé ne parle ni de maintenus, ni de condamnés roturiers, ni des commissaires du « Roy ».

2° Colbert de Croissy n'a maintenu ni condamné personne, attendu qu'il n'y a eu devant lui que des productions de titres ; ce ne fut qu'après son départ du Poitou que l'arrêt du 22 mars 1666 investit les intendants du pouvoir de juger en matière de noblesse.

3° Le Catalogue ne contient nullement les ordonnances de M. de Barentin, ainsi que nous venons de le démontrer.

4° Un livre imprimé en 1667 ne peut pas comprendre les ordonnances de M. Rouillé du Coudray qui vint administrer le Poitou en 1669.

5° Les notes de M. de Maupeou sont purement imaginaires.

Ce titre est d'ailleurs en parfait accord avec le document auquel il prépare. La liste qui suit est le *Catalogue alphabétique*, si l'on veut, mais remanié, dénaturé, tronqué, méconnaissable. Plusieurs noms ont disparu, sans que l'on sache pourquoi, de même que beaucoup de noms nouveaux sont venus s'y ajouter. « Les noms propres, dit l'éditeur (*Introduction*, p. XX), ont été disposés dans un ordre plus méthodique, par chaque Élection, pour toutes les lettres de l'alphabet, sauf pour la lettre D, la plus chargée de toutes, qui est malheureusement restée dans le désordre de l'original. » Cette lettre D est précisément celle qui aurait eu le plus besoin d'un ordre méthodique, mais puisque elle est restée telle quelle, que l'on y prenne les Elections de Poitiers ou de Saint-Maixent, par exemple, pour comparer l'original avec la réimpression, et l'on n'arrivera pas jusqu'au bout sans y relever des différences profondes. Comment M. Dugast-Matifeux, possesseur du *Catalogue* imprimé et de la liste manuscrite, n'a-t-il pas fait lui-même cette comparaison, ennuyeuse, il est vrai, mais facile ?

En outre, comme il n'a pas distingué par des caractères typographiques différents ce qui revient à la liste primitive et ce qui appartient aux prétendues notes de M. de Maupeou, il est impossible de se rendre compte de la part de chacune. Il a été donné à bien peu de personnes de venir consulter à la bibliothèque de Poitiers le seul exemplaire du volume imprimé par Mesnier qui soit dans un dépôt public, et on a cru généralement à une reproduction fidèle de ce volume, augmentée de quelques observations, « surtout relatives au blason des familles ». Nous le répétons, il n'en est rien. La suppression de certains noms, l'intercalation de beaucoup d'autres en fait une liste toute nouvelle; toutes ces mentions, « condamné roturier », « maintenu noble par sentence du..., par arrêt du Conseil du... », et autres, sont le fait du nouveau rédacteur, aussi bien que les descriptions d'armoiries. Pour ce qui est de ces condamnations roturières, nous redirons ce que nous avons déjà dit au sujet des *Listes de condamnés* publiées par M. Dugast-Matifeux : il ne faut les accepter qu'avec méfiance, car beaucoup ont été revisées, ainsi que nous en trouvons des preuves dans les Maintenues de Quentin de Richebourg, et le Catalogue que nous critiquons ne semble pas sur ce point avoir été tenu au courant.

Sous ces réserves, nous nous empressons de reconnaître que les annotations sont loin de manquer d'intérêt. Nous y avons même relevé certaines mentions qui nous ont particulièrement frappé, parce qu'elles apportent un argument de plus à l'appui de notre discussion. Citons-en quelques-unes [1] :

Page 207. « Affray (Antoine), monnoyeur de Poitiers, *exempt de la taille à cause de son emploi, roturier au reste.* »

Page 224. « Beauvillain (Louis), prévôt de Châtellerault, *déclaré roturier, exempt de la taille à cause de sa charge.* »

Page 239. « De Cuville (Joachim), ministre de Couhé, *roturier, mais exempt de la taille.* »

Page 258. « De Saint-Mory (Gabriel), s^r de Favières, *mort pendant la recherche, a laissé des enfants bien nobles, maintenus nobles par sentence du 1er septembre 1667...* »

Page 259. « De Toutin (Alphonse), s^r de Maraisson, *mort sans hoirs, n'a pas été jugé.* »

Ces noms sont inscrits dans le volume imprimé par Mesnier ; les mots que nous mettons en italiques sont les annotations postérieures. Si la thèse que nous avons soutenue sur la nature de ce

---

[1]. Nous avons vérifié ces citations avec l'exemplaire annoté de M. Beauchet-Filleau.

volume avait besoin d'autres preuves, elle trouverait dans ces lignes une évidente confirmation.

M. Dugast-Matifeux a bien soupçonné quelque chose de louche dans cette affaire, mais, comme il n'y a rien compris, il s'en est tiré lestement. Après avoir dit, p. XVIII de son *Introduction*, que l'arrêt du 22 mars 1666 ordonna qu'il serait dressé un catalogue des véritables gentilshommes, que cette mesure produisit les diverses réformations de la noblesse des provinces, et que celle du Poitou fut imprimée sous le titre de *Catalogue alphabétique*, il imagine, p. XXII, que ce même *Catalogue* « renferme les noms d'un grand nombre d'individus qui n'étaient pas nobles », et que « c'était au fond une liste d'exempts ou non contribuables, dressée en conformité d'un arrêt du Conseil d'Etat », où « on était, indépendamment du compte de l'amour-propre et de la vanité, intéressé pécuniairement à être enregistré ». Ainsi le résultat obtenu par le susdit arrêt et par la réformation aurait été l'impression de cette longue liste où plus de deux mille noms eussent été jetés pêle-mêle, nobles et roturiers, maintenus et condamnés, sans qu'aucun signe perceptible les distinguât les uns des autres ! N'insistons pas, ce serait cruel.

Il nous restait à rechercher quel pouvait bien être le document publié par M. Dugast-Matifeux, comme étant le « Catalogue alphabétique.... avec les notes de Maupeou d'Ableiges ». L'auteur ne s'est pas expliqué sur la provenance de cette pièce ni sur les raisons qui lui ont fait attribuer les notes à M. de Maupeou ; il dit seulement (*Introduction*, p. XX) qu'il a entre les mains une copie du temps, dont il existe un double aux Archives du département des Deux-Sèvres. C'est encore là un à peu près : il existe bien aux Archives des Deux-Sèvres une liste, une seule, des nobles maintenus après la réformation de 1667, mais c'est celle, cotée C 10, qui a été publiée par M. Gouget et qui diffère sensiblement de la liste insérée dans l'*Etat du Poitou sous Louis XIV*. Quant à la liste de M. Dugast-Matifeux, c'est une copie, datant du siècle dernier, qu'il a achetée chez M. Clouzot, libraire à Niort, et que celui-ci tenait de M. Beauchet-Filleau, qui la lui avait cédée sans aucune garantie d'authenticité.

Nous avons dit que M. Beauchet-Filleau possédait un exemplaire du *Catalogue alphabétique*, qui passait pour être revêtu des annotations de M. de Maupeou. C'est d'après cette opinion, qu'il n'a pas contrôlée, que M. Dugast-Matifeux a cru *à priori* avoir mis la main sur une copie de ces fameuses notes et qu'il a lancé sa publication. Il était cependant tout naturel de se demander comment M. de Maupeou, occupé de l'administration d'une grande province, aurait pris la peine de couvrir lui-même d'annotations un volume in-folio de 151 pages, quand il avait sous ses ordres assez de scribes pour exécuter cette ingrate besogne ; il était également facile de s'apercevoir par la nature de ces notes qu'elles étaient contemporaines de la première Recherche. Plus curieux que M. Dugast-Matifeux et désireux d'éclaircir cette question, nous avons demandé communication du précieux exemplaire à M. Beauchet-Filleau, qui nous l'a très obligeamment confié[1]. Or l'examen auquel nous nous sommes livré nous a montré du premier coup que les notes étaient, non pas de M. de Maupeou, mais de la main de Pierre de Sauzay, s^r de Boisferrand, dont nous avions en même temps sous les yeux la liste déjà citée. La part de M. de Maupeou est bien faible, qu'on en juge : à la page 71 (Election de Mauléon, lettre D), en marge des articles de René de la Varenne, sieur de Beaumanoir, et de Jean de la Varenne, sieur du Plessis-Beaumanoir, *condamnés roturiers*[2], il y a cette mention deux fois répétée : « Veu, de Maupeou ». Et c'est tout. Ce qui est donc vrai, c'est que, dans une circonstance donnée, le registre a été mis sous les yeux de M. de Maupeou ; mais il est impossible de regarder l'intendant de la Généralité comme l'auteur des notes, devant la preuve matérielle de l'écriture si caractérisée de M. de Sauzay[3].

M. de Sauzay a dû faire ce travail au jour le jour, à mesure que les jugements étaient prononcés. Chaque nom est annoté de la décision dont il a été l'objet et précédé de la lettre N ou R (Noble ou Roturier). Beaucoup de ces noms, mal orthographiés dans l'imprimé, ont été corrigés. Les noms d'autres personnes appelées et maintenues nobles ont été inscrits dans les espaces libres. C'est assurément à l'aide de cette pièce que M. de Sauzay a rédigé ses

---

1. M. Beauchet-Filleau nous a informé en même temps que cet exemplaire, ainsi que les trois volumes des ordonnances de M. de Maupeou dont nous avons parlé précédemment, avaient été acquis par lui de M. Papion du Château; ils provenaient du cabinet de M. Saint-Allais et avaient auparavant fait partie de celui de M. Lacroix, généalogiste de l'ordre de Malte.
2. Nous trouvons dans les Maintenues de M. Quentin de Richebourg (D 66 et 128) un arrêt des commissaires généraux du Conseil, du 29 décembre 1698, maintenant comme nobles Pierre-François de la Varenne, s^r de Beaumanoir, et Léon de la Varenne, s^r de la Rafinière, qui paraissent appartenir à la même famille.
3. Les livres de M. de Sauzay furent vendus et dispersés après sa mort; c'est ce que nous apprend une note écrite sur un volume de la bibliothèque de M. Alfred Richard. On s'explique ainsi que l'exemplaire annoté du *Catalogue* ait pu entrer dans les bureaux de l'Intendance.

Roolles de tous les nobles réservés de la Généralitté de Poictou, à l'exclusion des roturiers. Il a malheureusement arrêté son travail en 1674, et depuis quelque temps déjà il n'était plus informé du sort des affaires portées devant le Conseil d'État. A part cette lacune, ces notes sont généralement exactes et instructives à consulter ; si elles ne sont pas de M. de Maupeou, au nom et à la situation duquel elles emprunteraient une plus grande autorité, il ne faut pas oublier qu'elles émanent d'un personnage érudit qui suivit avec beaucoup d'attention les opérations de la Recherche et y prit même une part considérable.

Nous revenons au Catalogue de M. Dugast-Matifeux que nous avons rapproché de l'exemplaire annoté par M. de Sauzay. Il ressort clairement de la comparaison que ce Catalogue a été publié sur la vue d'une copie de l'exemplaire annoté ; mais si l'éditeur a bien lu la copie qu'il avait entre les mains, il a eu la mauvaise fortune de tomber sur une pièce absolument défectueuse, où pullulent les erreurs, les omissions et les négligences. Outre les déformations de noms propres qui existent déjà dans l'impression de Mesnier, le copiste en a commis d'autres qui sont imputables à son inadvertance. Tantôt il tient compte des corrections de l'annotateur, tantôt il les dédaigne. Ici il prend les noms nouveaux inscrits sur le blanc des pages, là il les passe sous silence, et cela sans raison et sans règle. Ailleurs il oublie des noms imprimés sur l'original et même des pages entières [1]. Dans une nomenclature déjà très confuse, il fait des transpositions et des groupements arbitraires et inexacts qui rendent les recherches encore plus difficiles. Il saute des membres de phrases et modifie à son gré des expressions dont il ne saisit pas le sens. Peu familier avec la langue héraldique, il écrit *composé* pour *componé*, *affontés* pour *affrontés*, *potamé* pour *potencé*, *écarté* pour *écartelé*, *blossé* pour *bretessé*, *barillé* pour *burelé*, *fusée* au lieu de *fasce*, et coupe parfois le blason d'une famille pour en faire deux [2]. Il a, en un mot, *gâché* sa besogne et eût mérité d'être cassé aux gages.

Mais arrêtons-nous sur ce sujet. Nous croyons avoir suffisamment démontré que M. Dugast-Matifeux s'est gravement trompé en présentant comme le résultat de la réformation de la noblesse un Catalogue qui n'en était que le prélude, que les notes qu'il a attribuées sans examen à M. de Maupeou sont en réalité de

---

1. La page 37 du *Catalogue alphabétique* annoté est tout entière passée sous silence; les pages 36 et 38 sont partiellement omises.
2. *Catalogue* Dugast-Matifeux, p. 249, articles DUTEIL.

M. de Sauzay, qu'il a reproduit ces notes d'après une mauvaise copie, et qu'une publication, ainsi faite à la légère, ne saurait mériter aucune confiance.

En vérité, nous plaignons la mésaventure de M. Dugast-Matifeux, mais il n'est pas le premier qui ait pris le Pirée pour un homme.

MAINTENUES DE NOBLESSE

DE LA GÉNÉRALITÉ DE POITIERS

1714-1718

A

Anne-Jacques-Louis AUBÉRY, chev., s^{gr} du Maurier, la Fontaine d'Angé, la Ville-au-Maire, Liniers et autres lieux.

1.

Châtellerault.

Pièces justificatives : Lettres de provision du roi, en faveur de Benjamin Aubéry, de l'état et office de secrétaire de la Maison et couronne de Navarre, en date du 22 octobre 1590, signées sur le repli, Par le roi, Dufay, et scellées du grand sceau. Sur le même repli se trouve insérée la prestation de serment dudit Benjamin Aubéry, en date du 13 décembre 1590, signé de Vicose.

Copie d'un édit du roi portant création de 20 offices de secrétaires du roi, du 21 août 1608, signé par collation Pastourel.

Quittance de finances de la somme de cinq mille livres au profit dudit Benjamin Aubéry, éc., s^r du Maurier, pour l'un des offices ci-dessus, en date du 28 août 1608, signé Ardier, enregistrée au contrôle des finances le même jour, signé de Maupeou, et par collation à l'original, signé Fayet, secrétaire du roi.

Lettres de provision du roi expédiées en conséquence de ladite quittance, de l'un des offices de secrétaire du roi, Maison et couronne de France et de Navarre, en faveur de Benjamin Aubéry, en date du 30 août 1608, signé sur le repli, Par le roi, Fayet. Sur le même repli se trouve insérée la prestation de serment de Benjamin Aubéry, du même jour, signé Bigot.

Lettres patentes de vétérance accordées par le roi audit Benjamin Aubéry, attendu qu'il avait exercé 23 ans l'office de secrétaire de la Maison de Navarre, en date du 17 octobre 1614, signées sur le repli, Par le roi, de Loménie, scellées et enregistrées au Grand Conseil, le 17 janvier 1615, signé Boursin, et en la Cour des aides le 18 novembre suivant, signé Bernard.

Brevet du roi en faveur de Benjamin Aubéry, s^r du Maurier, qualifié de son conseiller et ambassadeur ordinaire en Hollande, portant que, en considération de l'affection et fidélité qu'il faisait journellement paraître au bien des affaires et service de Sa Majesté, de sa suffisance et de son intégrité, il serait retenu pour un de ses conseillers en son Conseil d'Etat, et prêterait le serment en tel cas requis entre les mains de M. de Silleri, chancelier de France et de Navarre, pour dorénavant avoir entrée, séance et voix délibérative audit conseil, en date du 3 septembre 1615, signé Louis. Au pied dudit brevet est l'acte de prestation de serment dudit s^r du Maurier, ès mains de M. de Silleri, chancelier de France, du 30 septembre 1615, signé Bouron.

Autre brevet en faveur dudit s^r du Maurier, portant confirmation du précédent, en date du 30 mai 1624, signé Louis.

Lettres patentes du roi en faveur dudit s^r du Maurier, portant qu'il a été élu conseiller ès conseils du roi, d'Etat, des finances et Conseil privé, pour y servir suivant les règlements et aux quartiers qui lui seront assignés par les chanceliers et gardes des sceaux, sans qu'il soit tenu de prêter autre serment que celui qu'il a ci-devant fait, en date du 13 novembre 1629, signé Louis, et sur le repli, Par le roi, de Loménie, et scellé.

Mandement de Gabriel de Guénegaud, trésorier de l'épargne du roi, à Me Denis Marans, commis à l'exercice des charges de trésoriers généraux des fermes, de payer audit Benjamin Aubéry mille livres, pour la moitié de ses gages de l'année 1630, daté de Paris le 30 décembre 1630.

Testament olographe de Benjamin Aubéry, par lequel il paraît qu'il avait un fils appelé Maximilien, en date du 21 janvier 1635, reçu par Jacques Letourmy, n^{re} au Mans.

Contrat du partage des biens dudit Benjamin Aubéry, entre Maximilien Aubéry, chev., s^r du Maurier, Emilie, Louis, Daniel, Maurice, Louise et Eléonore Aubéry, ses enfants, en date du 31 janvier 1637, signé Delacroix et Bellehache, n^{res} du Châtelet de Paris.

Contrat de mariage de Maximilien Aubéry, chev., s^{gr} du Maurier et de la Fontaine, avec d^{lle} Louise de Beauvau, fille de Jean de Beauvau, chev., s^{gr} d'Espence et autres lieux, et de dame Anne d'Angennes, par lequel il paraît qu'il est fils de Benjamin Aubéry, chev., s^{gr} du Maurier, cons^{er} du roi en ses Conseils d'État et privé, et de dame Marie de Magdelaine, en date du 11 octobre 1640, signé Suaire, n^{re} du bailliage de Vitré.

Arrêt de MM. les commissaires généraux députés par le roi pour l'exécution de la déclaration du mois de février 1640, lequel porte confirmation de l'exemption des francs-fiefs en faveur de Maximilien, Daniel et Maurice Aubéry, frères, leur donne pleine et entière mainlevée des saisies faites sur leurs fiefs et autres biens nobles qu'ils possèdent, et ordonne que si aucuns deniers ont été reçus, ils leur seront rendus et restitués, en date du 22 mai 1642, signé Pichotel, greffier commis.

Testament olographe dudit Maximilien Aubéry, en date du 8 mars 1667, par lequel il donne à Louis Aubéry, chev., s^{gr} du Maurier et de la Fontaine d'Angé, son fils, tous ses biens, à la charge de donner à chacune de ses filles, Louise et Marguerite Aubéry, sœurs dudit Louis, la somme de vingt-quatre mille livres.

Contrat de mariage de Louis Aubéry avec d^{lle} Françoise de Nettancourt, par lequel il paraît qu'il est fils de Maximilien Aubéry et qu'il a pris le titre de chevalier, s^{gr} du Maurier, de la Fontaine et autres lieux, en date du 20 mars 1676, signé Guillemin.

Publication d'un ban de mariage entre ledit Louis Aubéry et lad. Françoise de Nettancourt, par lequel il paraît qu'il est fils de Maximilien Aubéry et de dame Louise de Beauvau, en date du 24 mai 1676, signé Charles, ministre.

Dispense accordée par le roi du degré de parenté d'entre lesdits Louis Aubéry et Françoise de Nettancourt au sujet de leur mariage, en date du 11 mai 1676.

Contrat de mariage de (Anne-)Jacques-Louis Aubéry, s^r de la Fontaine, du Maurier et autres lieux, avec d^{lle} Marguerite-Françoise de Vaillant, par lequel il paraît qu'il est fils de Louis Aubéry et de Françoise de Nettancourt et qu'il est qualifié de chevalier, en date du 30 octobre 1710, signé Mauduit, n^{re} royal à Saint-Gautier en Berry, bailliage d'Argenton.

Contrat du partage des biens de ladite Françoise de Nettancourt entre (Anne-)Jacques-Louis Aubéry ci-dessus et d^{lle} Charlotte-Françoise Aubéry, sa sœur, du 30 mai 1711, signé Deschamps et Chevalier, n^{res} à Châtellerault.

Transaction en forme de partage entre ledit (Anne-)Jacques-Louis Aubéry et Charlotte-Françoise et Marie-Anne Aubéry, ses sœurs, des biens de Louis Aubéry et de Françoise de Nettancourt, leurs père et mère, du 8 mai 1710, signé Deschamps et Chevalier, n^{res} à Châtellerault.

Dires du produisant et pièces non visées : Il agit tant pour lui que pour d^{lles} Charlotte-Françoise et Marie-Anne Aubéry, ses sœurs, et demeure en son château de la Fontaine d'Angé, du ressort de Simon en Touraine, paroisse de Poisay-la-Jolly, et néanmoins, en vertu d'arrêt du conseil, à présent de l'élection de Châtellerault, généralité de Poitiers.

Il produit trois lettres du feu roi, de la reine sa mère, Marie de Médicis, et de M. de Puisieux, lors secrétaire d'État, du 20 janvier 1616, adressant à Benjamin Aubéry, s^r du Maurier, conseiller d'État de S. M. et son ambassadeur en Hollande, scellées du cachet de France, signées Louis, Marie et Bruslard, par lesquelles Leurs Majestés lui témoignent le déplaisir qu'elles ont que sa maison de la Fontaine ait été saccagée et pillée par l'armée des Princes, en haine de ce que ledit s^r du Maurier s'opposait aux désirs desdits princes aux Pays-Bas, faisant arrêter leurs vaisseaux chargés de munitions et de gens de guerre, et de ce qu'il soutenait avec vigueur la réputation des affaires du roi; et en récompense dudit pillage S. M. lui ordonne par M. de Puysieux mille écus de dédommagement et augmente ses appointements de mille écus par an.

Ordonnance de M. de Barentin qui confirme Maximilien Aubéry, sʳ du Maurier, en sa noblesse, en date du 16 juillet 1667.

Le défendeur pourrait encore produire plusieurs actes par lesquels il paraît qu'il a servi dans les troupes de S. M. dix-huit campagnes, savoir six en qualité de cornette dans le régiment de Bezons, et douze dans le régiment d'infanterie du marquis de Nettancourt, son oncle, dont onze en qualité de capitaine ; pendant lequel temps il s'est trouvé en plusieurs sièges mémorables, comme celui de Lanedoefort, Dekel, Namur et autres, et en plusieurs batailles, comme celles de Fleurus, Stinquerte et autres, et il est sûr qu'il a toujours servi dans les armées de S. M. avec honneur et fidélité, ainsi que ses prédécesseurs ont fait, et a pour témoins des premiers maréchaux de France et lieutenants généraux.

Ordonnance : Maintenu comme noble et écuyer, le 23 février 1715, signé : de Richebourg.

Jean AVICE, éc., sʳ de Mougon,
Nicolas AVICE, éc., sʳ de la Mothe-Claveau,
    tous les deux frères.

2.

Niort.

Pièces justificatives : Arrêt du Conseil d'État du roi, en date du 31 décembre 1670, rapporté dans la production de Charles-Amateur Avice (voir le nº suivant), dans lequel Hiérôme Avice est aussi dénommé et maintenu dans la qualité de noble et écuyer.

Extrait de baptême de Nicolas Avice, fils de Hiérôme Avice, éc. sʳ de la Mothe, et de dˡˡᵉ Suzanne de Coignac, en date du 16 octobre 1669, délivré le 6 juin 1691 par Gaullier, greffier du juge royal de Niort, légalisé et contrôlé à Poitiers.

Extrait de baptême de Jean Avice, par lequel il paraît qu'il est fils dudit Hiérôme Avice, éc., sʳ de Mougon, et de ladite Suzanne de Coignac, en date du 31 mai 1665, délivré le 8 février 1715 par Augier, commis greffier, et contrôlé.

Contrat de partage des biens de Hiérôme Avice et de Suzanne de Coignac entre Jean et Nicolas Avice, leurs enfants, du 4 octobre 1691, signé Thibault et Boucher, n^res.

Pièce non visée : Contrat de mariage de Hiérôme Avice, éc., s^r de Mougon, fils d'Aubin Avice, éc., s^r de la Mothe-Claveau, avec Suzanne de Coignac, du 14 janvier 1663, signé Jousseaume et Arnaudeau, n^res.

Ordonnance : Maintenus comme nobles et écuyers, le 23 février 1715, signé : de Richebourg.

3

Niort.

Charles-Amateur AVICE, chev., s^gr de Mougon, ancien exempt des gardes du corps du roi et colonel de cavalerie.

Pièces justificatives : Arrêt du Conseil d'État du roi, intervenu sur le renvoi fait par M. de Barentin de la contestation d'entre Aubin, Hiérôme et Jacques Avice, frères, et Jean Pinet, par lequel lesdits Aubin, Hiérôme et Jacques Avice sont maintenus dans la qualité de nobles et écuyers, en date du 31 décembre 1670, signé Hersant.

Extrait de baptême de Charles-Amateur Avice, par lequel il paraît qu'il est fils d'Aubin Avice dénommé dans l'arrêt ci-dessus et de dame Arthémise de Nesmond, en date du 19 mars 1673, délivré le 2 mars 1696, signé Granier, greffier.

Pièce non visée : Contrat de mariage d'Aubin Avice, éc., s^r de la Garde et de Mougon, avec d^lle Arthémise de Nesmond, en date du 19 mars 1664, signé Arnaudeau, n^re.

Ordonnance : Maintenu comme noble et écuyer, le 23 février 1715, signé : de Richebourg.

4.

St-Maixent.

Josué ADAM, éc., s^r des Loires et de Saint-Denis,
Jacques ADAM, éc., s^r de Lestang,
Antoine ADAM, éc., s^r de la Morlière,
Françoise ADAM, d^lle.

Pièces justificatives : Contrat de mariage de Louis Adam, éc., s^r de Puyraveau, avec d^lle Perside d'Orfeuille, par lequel il paraît qu'il est fils de feu Louis Adam, éc., s^r de Puyraveau, et de d^lle

Antoinette de Ryon, en date du 8 octobre 1587, signé Gérard.

Contrat de mariage d'Hercule Adam, éc., s^r de Puyraveau, avec d^{lle} Elisabeth Tinguy, par lequel il paraît qu'il est fils de Louis ci-dessus et de ladite Perside d'Orfeuille, en date du 8 septembre 1616, signé Blanchet et Pinson, n^{res}.

Contrat de mariage de Josué Adam, éc., s^r de Saint-Denis, avec d^{lle} Marguerite Aymer, par lequel il paraît qu'il est fils d'Hercule Adam, s^r de Puyraveau, et d'Elisabeth Tinguy, en date du 16 janvier 1644, signé Robert et Fillot, n^{res}.

Contrat de mariage d'autre Josué Adam avec d^{lle} Suzanne des Villates, par lequel il paraît qu'il est fils de Josué Adam, éc., s^r de Saint-Denis, et de dame Marguerite Aymer, en date du 23 juin 1681, signé Pothereau, n^{re}.

Acte sous signature privée du partage des biens dudit Josué ci-dessus et de ladite Suzanne des Villates, hors du royaume pour fait de religion, entre Josué Adam, éc., s^r des Loires, Auguste de Clervaux, s^r de l'Homelière, et Anne Adam, son épouse, leurs enfants, par lequel il paraît que ledit Josué, en qualité d'aîné, a eu les préciputs et avantages de la coutume, en date du 23 novembre 1701, signé des parties intéressées et d'Hercule Adam, leur oncle.

Contrat de mariage de François Adam, éc., s^r de Claveau, avec d^{lle} Jeanne Chrestien, par lequel il paraît qu'il est fils de Louis Adam, éc., s^r de Puyraveau, et de dame Perside d'Orfeuille, en date du 10 avril 1615, signé Melin, n^{re}.

Contrat de mariage de Jacques Adam, éc., s^r de Saint-Denis et de Lestang, avec d^{lle} Elisabeth Chauvin, par lequel il paraît qu'il est fils de François ci-dessus et de Jeanne Chrestien, en date du 3 juin 1656, signé Faydi, n^{re}.

Contrat du partage des biens de Jacques Adam ci-dessus et d'Elisabeth Chauvin entre Jacques Adam, éc., s^r de Lestang, Antoine Adam, éc., s^r de Morlière, et d^{lle} Françoise Adam, leurs enfants, par lequel il paraît que ledit Jacques, comme aîné, a eu les préciputs et avantages de la coutume, en date du 12 février 1697, signé Mestayer, n^{re}.

Ordonnance : Maintenus comme nobles et écuyers, et demoiselle, le 23 février 1715, signé : de Richebourg.

5.

St-Maixent.

René AYMER, éc., s^r de Corniou et de Germond,
Charles AYMER, éc., s^r de la Chevallerie, et Louis, Antoine-Léon et Philippe-Julien AYMER, ses enfants,
Marie de Saint-Quintin, veuve de Louis AYMER, chev., s^gr de Mortagne, et Alexandre-Louis AYMER, éc., s^gr de Mortagne, et Jacques AYMER, éc., s^gr de Chaurays, ses enfants.

Pièces justificatives : Ordonnance de M. de Barentin en faveur de René Aymer, éc., s^r de Corniou, par laquelle il est maintenu dans les privilèges de la noblesse, en date du 1er septembre 1667.

Arrêt du Conseil d'Etat du roi, intervenu sur l'opposition formée à ladite ordonnance par Barthélemy Paris, chargé de la recherche des usurpateurs du titre de noblesse, devant M. Rouillé du Coudray, intendant en Poitou, par lequel, sans avoir égard à l'opposition et inscription dudit Paris, René Aymer, éc., s^r de Corniou, est maintenu en sa noblesse, en date du 6 septembre 1672, signé Ranchin.

Ordonnance de M. de Maupeou en faveur de René Aymer, éc., s^r du Corniou et de Germond, Louis Aymer, éc., s^r de Mortagne, et Charles Aymer, éc., s^r de la Chevallerie, par laquelle ils sont maintenus en leur noblesse, en date du 10 janvier 1699.

Contrat du partage des biens du s^r de Saint-Quintin, qualifié écuyer, comte de Blet, et de Marguerite Payen, son épouse, entre Alexandre, Daniel, Marguerite et Marie de Saint-Quintin, leurs enfants, par lequel il paraît que Louis Aymer, s^r de Mortagne, dénommé en l'ordonnance de M. de Maupeou, était époux de ladite Marie de Saint-Quintin, en date du 21 septembre 1695, signé Royer et Declersin, n^res au Châtelet de Paris.

Contrat de mariage d'Alexandre-Louis Aymer, éc., s^r de Mortagne, avec d^lle Marie-Elisabeth Aymer, par lequel il paraît qu'il est fils aîné de Louis Aymer ci-dessus et de dame Marie de Saint-Quintin, en date du 5 septembre 1707, signé Gairault et Jousseaume, n^res à Chandeniers.

Contrat de mariage de Jacques Aymer, éc., s^r de Chaurays, avec d^{lle} Anne-Françoise Sacher, par lequel il paraît qu'il est fils du même Louis Aymer et de dame Marie de Saint-Quintin, en date du 29 janvier 1714, signé Goulard et Paillard, n^{res} royaux en la sénéchaussée de Poitiers.

Contrat de mariage de Charles Aymer, éc., s^r de la Chevallerie, dénommé dans l'ordonnance de M. de Maupeou, avec d^{lle} Marguerite Bellin, par lequel il paraît qu'il est fils de René Aymer, maintenu noble par M. de Barentin, et de dame Julie d'Angliers, en date du 17 avril 1682, signé Faidy et Coudret, n^{res} à Saint-Maixent.

Trois extraits de baptême, le 1er de Louis Aymer, du 26 septembre 1690, le 2e d'Antoine-Léon Aymer, du 1er septembre 1695, et le 3e de Philippe-Julien Aymer, du 6 octobre 1696, par lesquels il paraît qu'ils sont tous enfants de Charles Aymer, éc., s^r de la Chevallerie, et de dame Marguerite Bellin ; délivrés le 7 janvier 1715 par Dupuy, curé de Saint-Georges-de-Noisné, contrôlés à Poitiers par Legrand.

Ordonnance : **Maintenus comme nobles, écuyers, veuve de gentilhomme, le 25 février 1715, signé : de Richebourg.**

Pierre AYMON, chev., s^{gr} de l'Ansonnière. 6.

Pièces justificatives : Ordonnance de M. de Barentin en faveur de Louis Aymon, éc., s^{gr} baron de Belleville, et Pierre Aymon, éc., s^{gr} du Fief, par laquelle ils sont maintenus dans la qualité de nobles et écuyers, en date du 24 septembre 1667.

Les Sables.

Contrat de mariage de Louis Aymon, chev., s^r baron de Belleville, avec d^{lle} Marie Gazeau, par lequel il paraît qu'il est fils de Julien Aymon, chev., s baron de Belleville, et de dame Marie de Brachechien, en date du 8 septembre 1670, signé Merland, n^{re}.

Contrat de mariage de Pierre Aymon, chev., s^{gr} de l'Ansonnière, avec d^{lle} Louise Morineau, par lequel il paraît qu'il est fils de Louis Aymon ci-dessus et de Marie Gazeau, en date du 2 avril 1704, signé Voisin et Porteau, n^{res}.

Ordonnance : Maintenu comme noble et écuyer, le 4 mai 1715, signé : de Richebourg.

7.

Saint-Maixent.

Louise Chardelou, veuve de Daniel des ARNAULT, éc., sʳ de la Chevalerie,

Marie des ARNAULT, demoiselle.

Pièces justificatives : Arrêt rendu au Parlement de Bordeaux, par lequel Jean des Arnault, éc., sʳ de Dampierre, est condamné à payer à Hélie de Crus, sʳ de Peyroux, la somme de trois mille livres, et par lequel il paraît qu'il avait épousé Madeleine de Crus, sœur dudit Hélie de Crus, en date du 10 avril 1607, signé par collation Roy et Belhomme, nʳᵉˢ.

Acte de la nomination faite par Charlotte-Catherine de la Trimouille, princesse de Condé, de la personne de Jean des Arnault, éc., sʳ de Dampierre, dans l'état et office d'écuyer ordinaire de Monsieur son fils unique et d'Henri de Bourbon, prince de Condé, en date du 15 juin 1599, signé par collation Desaintleu, nʳᵉ du roi.

Acte de curatelle fait à la réquisition de Madeleine de Crus, veuve de Jean des Arnault, sʳ de Dampierre, par lequel elle est déclarée tutrice de ses enfants mineurs, ledit acte passé devant le lieutenant civil de Cognac, en date du 9 juin 1612, signé Nicault, greffier.

Acte d'une sommation faite à la requête de Madeleine de Crus, veuve de Jean des Arnault, éc., sʳ de Dampierre, à Charles Chesnel, éc., sʳ de la Pouyade, d'avoir à lui restituer la somme de trois mille livres à laquelle ledit Jean des Arnault avait été condamné envers Hélie de Crus, et que Charles Chesnel avait touchée sur la procuration dudit Hélie de Crus, et comme étant aux droits d'Isabeau de Livène, ladite somme devant être restituée et rendue à Jean des Arnault ou à ses héritiers un an après le décès de ladite Isabeau de Livène, en date du 28 avril 1616, signé Liraudeau, nʳᵉ.

Acte de cession et transport de ladite somme de trois mille livres fait par Madeleine de Crus, veuve de Jean des Arnault, audit Charles Chesnel, du 18 mai 1616, signé Louschier, nʳᵉ.

Contrat du partage des biens de Jean des Arnault, éc., sr de Dampierre, entre Benjamin des Arnault, éc., sr de Dampierre, Elisabeth, Claude, Suzanne et Guy des Arnault, par lequel il paraît qu'ils sont tous enfants dudit Jean des Arnault, et de Madeleine de Crus, et que Benjamin, comme aîné, a eu les avantages de la coutume, en date du 7 février 1625, signé Herbault, nre.

Contrat de mariage de Guy des Arnault, éc., sr de la Chevalerie. avec dlle Louise Guillard, par lequel il paraît qu'il est fils de Jean des Arnault, éc., sr de Dampierre, et de dame Madeleine de Crus, en date du 15 mai 1635, signé Paige, nre.

Contrat de mariage des secondes noces de Guy des Arnault avec dlle Suzanne de Beaumont, en date du 2 novembre 1652, signé Bourceau, nre.

Contrat de mariage de Daniel des Arnault, éc., sr de la Chevalerie, avec dlle Louise Marchand, par lequel il paraît qu'il est fils de Guy des Arnault, éc., et de Suzanne de Beaumont, en date du 11 juillet 1695, signé Benoist, nre.

Extrait de baptême de Marie des Arnault, du 13 octobre 1696, par lequel il paraît qu'elle est fille de Daniel des Arnault, éc., sr de la Chevalerie, et de Louise Marchand, délivré le 21 février 1715 par Poudret, curé de Saint-Pierre de Melle.

Contrat de mariage des secondes noces de Daniel des Arnault ci-dessus avec dlle Louise de Chardelou, en date du 17 juin 1704, signé Moyne, nre.

Ordonnance: Maintenues comme veuve et fille de gentilhomme, le 8 octobre 1715, signé : de Richebourg.

Charles-Jean ACTON, éc., chev., sr de Marsay, Anne de Vaucelle, veuve de Victor ACTON, éc., sr de Marsay.

8.

Thouars.

Pièces justificatives : Acte de tutelle de Pierre Acton, éc., du 18 juin 1573, signé Goulard, greffier, par lequel il paraît qu'il est fils et seul héritier de René Acton, chev., écuyer de l'écurie du roi, sr de Marsay, et de dame Madeleine de Gibert.

Donation faite par ledit Pierre Acton, éc., s^r de Marsay, de Dillon et de Retourné, en faveur de d^{lle} Antoinette de Champelais, sa conjointe et future épouse, de tous ses meubles, acquêts, conquêts, immeubles, avec la tierce partie de son propre, du 20 juillet 1592, signé Gaschinard et Decays, n^{res}.

Transaction entre Pierre Acton, éc., s^r de Marsay, et d^{lle} Antoinette de Champelais, son épouse, d'une part, et Charles de Champelais, éc., s^r de Serveau, frère de ladite Antoinette de Champelais, du 29 novembre 1596, signé Métais, n^{re}.

Contrat de mariage de François Acton, chev., s^{gr} de Marsay, avec d^{lle} Jeanne Bodin, par lequel il appert qu'il est fils de Pierre Acton et d'Antoinette de Champelais, du 19 janvier 1628, signé Civray et Debrion, n^{res}.

Contrat de mariage de Victor Acton, chev., s^{gr} de Marsay, fils de François Acton ci-dessus et de Jeanne Bodin, avec d^{lle} Anne de Vaucelle, du 16 janvier 1662, signé Gaschinard et Ragot, n^{res}.

Inventaire fait après le décès dudit Victor Acton, à la requête d'Anne de Vaucelle, sa veuve, en présence de Charles-Jean Acton, son fils aîné, et de ses autres enfants, en date du 26 octobre 1699, signé Caillault, n^{re}.

Ordonnance : **Maintenus comme noble et écuyer, et comme veuve de gentilhomme, le 22 octobre 1715, signé : de Richebourg.**

9.

Renée Pineau, veuve de René-Antoine AYMON, s^{gr} de la Petitière.

Les Sables.

Pièce justificative : Ordonnance de M. de Maupeou en faveur de René-Antoine Aymon, éc., s^{gr} de la Petitière, par laquelle il est maintenu dans les privilèges de la noblesse, en date du 25 novembre 1699. Dans le vu des pièces est rapporté le contrat de mariage dudit René-Antoine Aymon avec d^{lle} Renée Pineau, par lequel il paraît qu'il est fils de Julien Aymon, chev., s^{gr} des Forges, et de dame Marie de Brachechien, en date du 16 mai 1682, signé Chaillou et Hillairet, n^{res} à Beaulieu.

Ordonnance : Maintenue comme veuve de gentilhomme, le 20 décembre 1715, signé : de Richebourg.

Jacquette Massé, veuve de Louis AYMON, chev., s^{gr} baron de Belleville, demeurant paroisse de Landeronde.

10.

Les Sables.

Pièce justificative : Sentence de M. de Maupeou, du 25 octobre 1699, qui maintient Louis Aymon, chev., baron de Belleville, en sa noblesse, et par laquelle il paraît qu'il a épousé Jacquette Massé.

Ordonnance : Ordonne son inscription au catalogue des gentilshommes de la Généralité de Poitiers, le 15 janvier 1716, signé : de Richebourg.

Suzanne-Madeleine Joubert de la Didray, veuve de Louis-Auguste ARNAUDET, éc., s^r de la Coussotière.

11.

Fontenay

Pièces justificatives : Ordonnance de M. de Barentin en faveur de Louis Arnaudet, éc., s^r de la Briandière, par laquelle il est maintenu dans la qualité de noble et écuyer, en date du 9 août 1667. Des pièces rapportées il appert qu'il avait épousé Marthe Brethé.

Ordonnance de M. de Maupeou en faveur de Louis-Auguste Arnaudet, éc., s^r de la Coussotière, par laquelle il est reçu opposant à l'exécution du rôle arrêté au conseil le 14 mai 1697, et, faisant droit sur son opposition, il est déchargé de la somme de trois mille livres à laquelle il avait été taxé au Conseil, en conséquence maintenu dans la qualité de noble et écuyer, en date du 19 décembre 1697. Dans le vu des pièces est énoncé le contrat de mariage de Louis Arnaudet, éc., s^r de la Coussotière, avec d^{lle} Marie Sicoteau, et il est dit qu'il est issu de Louis Arnaudet, s^r de la Briandière, en faveur duquel est intervenue l'ordonnance de M. de Barentin ci-dessus.

Contrat de mariage de Louis-Auguste Arnaudet, chev., s^{gr} de la Coussotière, avec d^lle Madeleine-Suzanne Joubert, par lequel il paraît qu'il est fils de Louis Arnaudet, chev., s^gr de la Coussotière, et de dame Marie Sicoteau, en date du 22 janvier 1700, passé devant Mouilleron et Maurat, n^res à Talmont.

Diré de la produisante : Elle est sœur de Louis-Julien Joubert, éc., s^r de la Didray, et de Louise-Thérèse Joubert, qui ont déjà été maintenus dans leur noblesse par une sentence de M. de Richebourg (voir J 19 ci-après).

Ordonnance : Maintenue comme veuve de gentilhomme, le 24 juillet 1717, signé : de Latour.

12.

Mauléon.

Marie-Anne Frezon, veuve d'Henri AMPROUX, chev., comte de la Massais et du Parc-de-Soubise, vicomte d'Aunay et de Chizé, brigadier des armées du roi et son lieutenant général au gouvernement de Poitou,

Henri-Gabriel AMPROUX, vicomte d'Aunay, et Paul-Henri AMPROUX, ses enfants mineurs.

Pièces justificatives : Contrat de mariage de Jean Amproux, éc., s^r de la Massais, avec d^lle Isabelle de Massannes, par lequel il paraît qu'il est issu de Daniel Amproux, éc., s^r de Champallard, et de d^lle Catherine Guichard, en date du 17 mai 1642, signé Muret et Bourdin, n^res au Châtelet de Paris.

Arrêt de la chambre établie par le roi pour la réformation de la noblesse en la province de Bretagne, en faveur de Jean Amproux, éc., s^r de la Massais, et Samuel Amproux, éc., s^r de Caltret, faisant pour eux et leurs frères, par lequel ils sont déclarés nobles d'extraction, et en conséquence maintenus dans la qualité de nobles et écuyers, en date du 17 novembre 1668, signé Malescot.

Contrat de mariage d'Henri Amproux, chev., comte de la Massais et du Parc-de-Soubise, vicomte d'Aunay et de Chizé, brigadier des armées du roi, lieutenant général au gouvernement de Poitou, avec d^lle Marie-Anne Frezon, par lequel il paraît qu'il est issu de Jean Amproux, cons^er maître d'hôtel ordinaire du roi, et de dame Isabelle de Massannes, en date du 25 mai 1700, signé Savigny et Boucher, n^res au Châtelet de Paris.

Deux extraits de baptême, le premier d'Henri-Gabriel Amproux, du 15 janvier 1702, et le second de Paul-Henri Amproux, du 18 novembre 1703, par lesquels il paraît qu'ils sont enfants d'Henri Amproux ci-dessus et de dame Marie-Anne Frezon, délivrés le 28 avril 1715 par Marinet, prêtre servant à Mouchamps, légalisés par Deladouespe, sénéchal dudit lieu, et contrôlés à Poitiers par Legrand.

Dire de la produisante : Son contrat de mariage avec messire Amproux a été passé devant S. M. au château du Louvre à Versailles, le 19 mai 1700, et pour les parties contractantes à Paris le 25 du même mois, en présence de S. M. et des seigneurs de la cour.

Ordonnance : Maintenus comme nobles et écuyers, veuve de gentilhomme, le 27 décembre 1717, signé : de Latour.

B

Claude BOIXON, chev., s^gr des Rallières et de la Martinière. *1.*

Pièces justificatives : Ordonnance de M. de Barentin, en date du 24 septembre 1667, qui maintient René Boixon, s^r de la Martinière et des Rallières, avec le titre d'écuyer, dans tous les privilèges et exemptions accordés aux nobles du royaume. *Mauléon:*

Arrêt du Conseil d'État du roi, rendu le 13 décembre 1681 sur l'appel interjeté par Claude Viallet, chargé du recouvrement des droits de francs-fiefs, des ordonnances rendues par M. de Barentin et M. de Marillac les 24 septembre 1667 et 27 janvier 1679, par lequel René Boixon, fils aîné dudit René ci-dessus, est maintenu et lesdites ordonnances de MM. de Barentin et de Marillac exécutées, signé Duhameil.

Contrat de mariage, en date du 27 (*alias* du 24) mai 1702, de Claude Boixon avec d^lle Marie-Anne de Gatinaire, par lequel il paraît qu'il est fils du premier René et de dame Claude de la Haye-Monbault, signé Léauté, n^re.

Ordonnance : Maintenu noble et écuyer, le 3 février 1715, signé : de Richebourg.

2.

Louis-Henri BELANGER, éc., s^gr de la Brachettière et de Luc.

Niort. Pièce justificative : Sentence de M. de Maupeou, du 12 mars 1699, par laquelle ledit Louis-Henri Belanger est maintenu en sa noblesse.

Ordonnance : Maintenu comme noble et écuyer, le 14 février 1715, signé : de Richebourg.

3.

Robert BELLIVIER, éc.,

Marguerite BELLIVIER, sa fille, veuve de François de Mezieux, chev., s^gr dudit lieu, capitaine d'infanterie au régiment de Royal-Marine.

Poitiers.

Pièces justificatives : Contrat de mariage, en date du 6 mai 1642, de Jacques Bellivier, éc., s^r de Fontmorte, avec d^lle Marguerite Dupin, par lequel il paraît qu'il est fils de Gabriel Bellivier, éc., s^r de Forest et de Luché, et de d^lle Marie Gillier, signé Bonneau, n^re.

Ordonnance de M. de Barentin, du 10 décembre 1667, qui maintient dans les privilèges de la noblesse Pierre Bellivier, s^r de Forest, Jacques Bellivier, s^r de la Fontmorte, et François Bellivier, s^r de la Geneste.

Contrat de mariage, en date du 16 septembre 1672, de Robert Bellivier, éc., s^r de la Fontmorte, produisant, avec d^lle Louise Le Roy, par lequel il paraît qu'il est fils de Jacques Bellivier et de Marguerite Dupin, signé Bonneau, n^re.

Ordonnance : Maintient Robert Bellivier dans la qualité de noble et écuyer ; ordonne qu'avant faire droit sur la demande de Marguerite Bellivier, celle-ci sera tenue de rapporter les titres justificatifs de la noblesse de François de Mezieux, son mari, le 18 février 1715, signé : de Richebourg.

Charles-Esprit BAUDRY d'ASSON, éc., s⁽ʳ⁾ de Grezée, Catherine Jousseaume, veuve d'Esprit BAUDRY, éc., s⁽ʳ⁾ d'Asson, tutrice de ses enfants.

4.

Mauléon.

Pièces justificatives : Ordonnance de M. de Barentin, du 24 septembre 1667, par laquelle Esprit Baudry, éc., s⁽ʳ⁾ d'Asson, Gabriel, Gilbert et Charles Baudry, sont maintenus dans leur noblesse.

Contrat de mariage, en date du 7 janvier 1670, de Charles Baudry d'Asson, éc., s⁽ʳ⁾ de Grezée, avec d⁽ˡˡᵉ⁾ Anne de Joutteau, par lequel il paraît qu'il est fils de Gabriel Baudry, éc., dénommé dans l'ordonnance ci-dessus, et de dame Anne Charbonneau, signé Grelier et Lejays, n⁽ʳᵉˢ⁾.

Extrait de baptême de Charles-Esprit Baudry d'Asson, du 23 mars 1681, par lequel il paraît qu'il est fils de Charles Baudry d'Asson, éc., ci-dessus, et de dame Anne de Joutteau, délivré le 2 février 1715 par Couslon, prieur de Boulogne, contrôlé par Legrand.

Ordonnance de M. de Barentin, du 24 septembre 1667, en faveur d'Esprit Baudry, éc., s⁽ʳ⁾ d'Asson, et de Gilbert Baudry, éc., s⁽ʳ⁾ de Caradreux, par laquelle ils sont maintenus en leur noblesse.

Contrat de mariage, du 9 août 1695, d'Esprit Baudry, éc., s⁽ʳ⁾ d'Asson, avec d⁽ˡˡᵉ⁾ Catherine Jousseaume, par lequel il paraît qu'il est fils de Gilbert Baudry, éc., dénommé dans l'ordonnance ci-dessus, et de dame Marie Pillot, signé Pénechin, n⁽ʳᵉ⁾.

Ordonnance : Maintient Charles-Esprit Baudry d'Asson dans la qualité de noble et écuyer, et Catherine Jousseaume dans celle de veuve de gentilhomme, le 29 février 1715, signé : de Richebourg.

5.

Thouars.

Urbain BOISSON, éc., s^r du Plessis et de la Guierche.

Pièces justificatives : Arrêt de MM. les commissaires généraux, en date du 24 août 1712, qui donne acte à dame Bonne du Lorant et à Urbain Boisson, veuve et fils de Jacques Boisson, s^r de la Guierche, de l'appel interjeté par ledit Jacques contre une ordonnance de M. de Barentin, du 12 août 1667, qui le déclarait usurpateur du titre de noblesse et le condamnait à 2,000 liv. d'amende, les reçoit appelants d'une ordonnance de M. de Maupeou d'Ableiges, du 22 mai 1699, et opposants à l'exécution d'un rôle et commandement de payer une somme de 3,000 livres et 2 sols par livre, les décharge de cette somme et les maintient dans leur ancienne noblesse.

Extrait mortuaire de ladite dame Bonne du Lorant, inhumée le 9 septembre 1714, délivré le 9 janvier 1715, et signé Coisfard, curé.

Ordonnance : Maintenu noble et écuyer, le 20 février 1715, signé : de Richebourg.

6.

Niort.

Alexandre BRUNET, éc., s^r de Moulin-Neuf,
Scholastique BRUNET, demoiselle,
 demeurant tous les deux en la ville de Niort.

Pièce justificative : Ordonnance de M. de Maupeou, du 17 mars 1700, par laquelle Alexandre Brunet, éc., s^r de Moulin-Neuf, Scholastique Brunet, sa sœur, et Jeanne Brunet, son autre sœur (décédée depuis le 22 décembre 1714), sont maintenus et confirmés en leur noblesse.

Ordonnance : Maintenus comme nobles, écuyers et demoiselle, le 21 février 1715, signé : de Richebourg.

7.

Poitiers.

Jean DE BERMONDET, chev., s^gr de Cromière, Cussac et autres lieux.

Pièces justificatives : Ordonnance de M. de Barentin, du 8 octobre 1667, par laquelle Georges de Bermondet, conseiller du roi, comte d'Oradour-sur-Vairre, lieutenant-général de l'artillerie de France, et Louis de Bermondet, s^gr de St-Bazille et Cromière, sont maintenus et confirmés en leur noblesse.

Contrat de mariage de Jean de Bermondet, s^gr de Cromière, produisant, fils de Louis ci-dessus, avec d^lle Jeanne Coustin de Manadault, du 25 mars 1695, signé Delathieré et Mongaud, n^res.

Ordonnance : Maintenu noble et écuyer le 28 février 1715, signé : de Richebourg.

Renée de la Fond, veuve de Jean DE BEZANNES, éc., s^r de la Verrie.

8.

Thouars.

Pièces justificatives : Partage noble des biens de Jean de Bezannes, éc., s^r de la Glassonnière, passé le 7 juillet 1502 entre René de Bezannes, éc., fils aîné, et d^lle Françoise de Bezannes, sa sœur, par lequel il paraît qu'ils sont issus de Jean de Bezannes et de d^lle Françoise de la Metaye, leurs père et mère, signé Nouet.

Partage des biens de René de Bezannes, passé le 7 novembre 1573, entre François de Bezannes, s^r de la Glassonnière, et Jean de Bezannes, enfants dudit René et de Françoise du Meaule de la Gaubretière, signé Dalbon.

Contrat de mariage, en date du 30 avril 1595, de Jean de Bezannes, éc., s^r de la Glassonnière, avec d^lle Perrine de Terves, signé Carlouet et Briand.

Contrat de mariage, en date du 14 octobre 1624, de Gilbert de Bezannes, s^r de la Verrie, fils de Jean et de Perrine de Terves, avec d^lle Madeleine Noel, signé Dabeuil.

Arrêt de la Cour des aides, rendu le 12 septembre 1644 entre les collecteurs de la paroisse de Maulais, élection de Thouars, et Gilbert de Bezannes, et encore Jacques et Charles de Bezannes, parties intervenantes, par lequel lesdits de Bezannes sont déclarés nobles.

Contrat de mariage, en date du 19 juillet 1660, de Jean de Bezannes, s^r de la Verrie, fils de Gilbert ci-dessus et de Madeleine Noel, avec Marie Blanchard, signé Pernaudeau et Florisson, n^res.

Ordonnance de M. de Barentin en faveur dudit Jean de Bezannes, s^r de la Verrie, par laquelle il est maintenu dans la qualité de noble et écuyer, en date du 24 septembre 1667.

Contrat, en date du 18 octobre 1675, du second mariage dudit Jean de Bezannes avec d^lle Marie de la Fond, signé Ragot, n^re.

Ordonnance rendue par M. de Meaupeou le 18 décembre 1698, par laquelle il maintient Renée de la Fond, veuve de Jean de Bezannes, et ses enfants dans les privilèges de la noblesse.

Pièces non visées : Lettres de gentilhomme de Mgr le prince de Condé accordées, le 9 décembre 1599, à Jean de Bezannes (époux de Perrine de Terves).

Partage des biens de Gilbert de Bezannes et de Madeleine Noel, du 31 août 1660.

Ordonnance : Maintient Renée de la Fond, veuve de Jean de Bezannes, et ses enfants dans les privilèges de la noblesse, le 1er mars 1715, signé : de Richebourg.

9.

Fontenay

Marie BRISSON, demoiselle, fille de défunt François Brisson, éc., s^r du Palais, conseiller du roi, président en la sénéchaussée du siège royal de Fontenay-le-Comte.

Pièces justificatives : Ordonnance de M. de Barentin, du 23 septembre 1667, par laquelle François Brisson, s^r du Palais, est maintenu et confirmé en sa noblesse.

Extrait de baptême de Marie Brisson, fille de François ci-dessus et de dame Louise Genays, du 5 décembre 1635, délivré le 15 février 1715 par Hugueteau, contrôlé et légalisé par Moriceau, sénéchal de Fontenay et subdélégué de l'Intendant.

Ordonnance : Maintenue comme demoiselle et noble, le 8 mars 1715, signé : de Richebourg.

Jeanne-Henriette Jourdain, veuve de Charles DE BARA-   10.
ZAN, éc., s' de la Salmondière.

Pièces justificatives : Ordonnance de M. de Maupeou, rendue le 22   *Niort.*
juin 1699, par laquelle Charles de Barazan, éc., s' de la Salmondière, est maintenu en sa noblesse.
    Contrat de mariage, en date du 19 juin 1681, dudit
Charles de Barazan avec d^lle Jeanne-Henriette Jourdain, par
lequel il paraît qu'il est fils de Gabriel de Barazan, éc., s' de
la Salmondière, et de dame Marie Goulard, signé : Lendoux
et Barault, n^res.

Ordonnance : Maintenue comme veuve de noble, le 8 mars
1715, signé : de Richebourg.

Jacques-Philippe DE BELLEVILLE, chev., s' de   11.
Richemont.

Pièce justificative : Ordonnance de M. de Maupeou, du 8 avril 1699,   *Niort.*
qui confirme en leur noblesse Claude de Belleville, éc., s' de
Coulon, François de Belleville, éc., s' de Razes, et Philippe
Jacques, éc., s' de Richemont.

Ordonnance : Maintenu noble et écuyer, le 9 mars 1715, signé :
de Richebourg.

Jean-Baptiste BOUHET, éc., s' de la Lardière.   12.

Pièces justificatives : Ordonnance de M. de Barentin, du 12 août
1667, par laquelle Jean-Baptiste Bouhet, éc., s' de la Lardière,   *Thouars.*
est maintenu dans la qualité de noble et d'écuyer.
    Contrat de mariage de Jean-Baptiste Bouhet, éc., s' de la
Lardière, avec d^lle Louise Fortin, par lequel il paraît qu'il est
fils dudit Jean-Baptiste Bouhet, maintenu par l'ordonnance
ci-dessus, et de dame Philippe de Romagne, en date du 21
août 1681, signé Babin et Grolleau, n^res.
    Extrait de baptême de Jean-Baptiste Bouhet, produisant

du 8 janvier 1687, par lequel il paraît qu'il est fils de Jean-Baptiste Bouhet, éc., s⁻ de la Lardière, et de Louise Fortin, délivré le 4 janvier 1715 par Bongeon, doyen de Saint-Laurent-sur-Sèvre, contrôlé à Poitiers le 16 février suivant par Legrand.

Ordonnance : Maintenu comme noble et écuyer, le 9 mars 1715, signé : de Richebourg.

13.

Mauléon.

Gabriel-Isaac BUOR, éc., s⁻ de la Lande-Buor, paroisse de Saint-Hilaire de Loulay.

Pièce justificative : Sentence rendue par M. de Maupeou le 11 mars 1699, qui le maintient dans les privilèges et exemptions de la noblesse.

Ordonnance : Maintenu comme noble et écuyer, le 16 mars 1715, signé : de Richebourg.

14.

Fontenay

Jacques BRETHÉ, éc., s⁻ de la Bouchelière.

Pièce justificative : Sentence rendue par MM. les commissaires généraux le 11 mars 1700, qui le maintient dans sa noblesse.

Ordonnance : Maintenu comme noble, le 16 mars 1715, signé : de Richebourg.

15.

Poitiers.

Anne Riffault, veuve de René DE BROUILHAC, éc., s⁻ des Bodinières,
René et Charles DE BROUILHAC,
D^lles Marie-Anne et Louise-Jacquette DE BROUILHAC, ses enfants.

Pièces justificatives : Ordonnance de M. de Barentin, du 21 septembre 1667, qui maintient en leur noblesse Raymond de Brouilhac, éc., s⁻ de la Tour, et Abraham de Brouilhac, éc., s⁻ des Bodinières, tant pour lui que pour ses frères.

Extrait de baptême, du 20 mai 1643, par lequel il paraît que René de Brouilhac est fils d'Abraham ci-dessus et de d^lle Madeleine Perret, signé Mauger, curé de Saint-Secondin, légalisé par M. de Razes, lieutenant général à Poitiers, et contrôlé par Legrand le 15 mars 1715.

Quatre extraits de baptême, en date des 18 août 1678, 20 novembre 1681, 8 mai 1683, 10 juin 1688, par lesquels il paraît que les d^lles Louise-Jacquette et Marie-Anne de Brouilhac, et les s^rs René et Charles de Brouilhac sont enfants de René de Brouilhac et de d^lle Anne Riffault, lesdits extraits signés Mauger, curé de Saint-Secondin, et légalisés par M. de Razes.

Contrat de mariage de René de Brouilhac avec d^lle Jeanne Dalouhe, par lequel il appert qu'il est fils de René de Brouilhac et d'Anne Riffault, en date du 20 novembre 1702, signé Pierron et Ogier, n^res.

Ordonnance : Maintient la dame Riffault comme veuve de noble, ses fils René et Charles comme nobles et écuyers, et ses filles comme demoiselles, le 18 mars 1715, signé : de Richebourg.

Charlotte-Henriette Pierres, veuve de César de BELLÈRE, éc., s^r de la Ragoterie et du Tronchay,

Guy-Charles DE BELLÈRE, éc., s^r du Tronchay, son fils.

16.

Thouars.

Pièces justificatives : Ordonnance rendue le 2 février 1668 par M. Voysin de la Noiraye, Intendant de la Généralité de Tours, qui maintient comme nobles César de Bellère et François de Bellère, son frère.

Contrat de mariage, en date du 22 février 1677, dudit César de Bellère avec d^lle Charlotte-Henriette Pierres, par lequel il paraît qu'il est fils de Pierre de Bellère et de Marguerite de Jarousseau, signé Henry, n^re.

Contrat de mariage, en date du 20 juin 1707, de Guy-Charles de Bellère avec d^lle Gabrielle de Rougé, par lequel il paraît qu'il est fils de César susnommé et de d^lle Charlotte-Henriette Pierres, signé Jagot, n^re.

Pièce non visée : Extrait baptistaire, en date du 6 novembre 1677, dudit Guy-Charles de Bellère, signé Guillot, curé du Vaudelnay, légalisé par le sieur Mosset, président lieut^t gén^{al} de Saumur.

Ordonnance : Maintenus comme noble et écuyer, et comme veuve de gentilhomme, le 20 mars 1715, signé : de Richebourg.

---

17.   Abraham BUOR, éc., s^r de la Durandrie

Mauléon.

Pièces justificatives : Contrat de mariage de Pierre Buor, éc., s^r de la Lande-Buor, avec d^{lle} Anne Lingier, du 6 juillet 1545, signé Frappier et Mogier, n^{res}.

Contrat de mariage, en date du 20 juillet 1582, de Baptiste Buor, éc., s^r du Pin, avec d^{lle} Olympe de l'Espinay, par lequel il paraît qu'il est fils de Pierre ci-dessus et de d^{lle} Anne Lingier, signé Pichon et Templier, n^{res}.

Contrat de mariage de Charles Buor, éc., s^r de la Lande, avec d^{lle} Anne Garipaud, du 24 juillet 1631, signé Campet, n^{re}.

Transaction en forme de partage, du 26 septembre 1652, entre Anne Garipaud, veuve de Charles Buor, comme tutrice de ses enfants, Hélie Buor, éc., s^r de la Négrie, et Jacqueline Buor, frère et sœur dudit feu Charles, par laquelle il paraît que lesdits Charles, Hélie et Jacqueline Buor sont enfants de Baptiste et d'Olympe de l'Espinay, signé Fleury et Badereau, n^{res}.

Contrat de mariage, en date du 12 septembre 1672, entre Isaac Buor, chev., s^r de la Davière, avec d^{lle} Madeleine de Rorthays, par lequel il paraît qu'il est fils de Charles ci-dessus et d'Anne Garipaud, signé Payneau, n^{re}.

Contrat de mariage, en date du 30 septembre 1698, d'Abraham Buor, produisant, avec d^{lle} Anne-Charlotte Baudouin, par lequel il paraît qu'il est fils d'Isaac ci-dessus et de Madeleine de Rorthays, signé Thoumasseau et Hersant, n^{res}.

Pièce non visée : Partage des biens de Charles Buor et d'Anne Garipaud, du 3 juillet 1658, signé Badereau et Fleury, n^{res}.

Ordonnance : **Maintenu comme noble et écuyer, le 21 mars 1715, signé : de Richebourg.**

Léon BELLIN, éc., s^r de la Boutaudière, cons^{er} au siège royal de Saint-Maixent.

18.

Saint-Maixent.

Pièces justificatives : Edit du roi, du mois de mars 1696, portant anoblissement de cinq cents personnes dans le royaume.

Quittance de finance, en date du 20 mai 1697, de la somme de 6000 livres payée par ledit Léon Bellin pour l'anoblissement de sa personne, signée Brunet, enregistrée au contrôle général des finances de France le 24 mai 1697.

Lettres patentes du roi, du mois de juin 1697, expédiées en conséquence dudit édit et de ladite quittance de finance en faveur de Léon Bellin, portant anoblissement de sa personne, enregistrées en Parlement, Chambre des comptes, Cour des aides et Bureau des finances de cette ville.

Quittance de finance, en date du 19 août 1705, de la somme de 3000 livres payée par Léon Bellin pour jouir de 150 livres de rente et de la confirmation de ses lettres de noblesse, signée de Turmenye, enregistrée au contrôle général des finances de France le 22 août suivant, et la quittance des 2 sols pour livre.

Autre quittance de finance, en date du 8 mars 1713, de la somme de 1200 livres payée par Léon Bellin pour jouir de 60 livres de rente et de la confirmation de sa noblesse, signée Gruyn, enregistrée au contrôle général des finances de France le 1er juillet 1713, avec la quittance des 2 sols pour livre.

Pièce non visée : Règlement d'armoiries du mois de juin 1697, signé d'Hozier, pour Léon Bellin : un écu d'or, un lion de gueules et un chef d'azur chargé de 3 étoiles d'or, cet écu timbré d'un casque de profil orné de ses lambrequins de gueules, d'or et d'azur.

Ordonnance : **Maintenu comme noble et écuyer, le 20 mars 1715, signé : de Richebourg.**

19. **Yves-Henri de BROSSARD, éc., sr de la Brosse.**

Pièces justificatives : Partage, en date du 8 avril 1571, des biens délaissés par Jacques de Brossard, qualifié écuyer, entre Jean et Innocent de Brossard, ses enfants, qualifiés écuyers, signé Bolineau, nre.

Partage, en date du 20 juillet 1625, des biens délaissés par Innocent de Brossard et Julienne de Brossard, son épouse, entre Jacques de Brossard, 2e du même nom, leur fils, et les enfants mineurs d'Antoine de Brossard, leur autre fils, tous les deux qualifiés écuyers, signé Guignard et Lebon, nres à Alençon.

Contrat de mariage, en date du 2 juillet 1637, de Jacques de Brossard, 3e du nom, éc., sr de la Brosse, avec dlle Julienne de Girard, par lequel il paraît qu'il est fils de Jacques, 2e du nom, et de dlle Anne de Semaille, signé Collin, nre de la Chapellerie.

Acte d'épousailles en secondes noces, du 30 août 1653, de Jacques de Brossard, 2e du nom, avec dlle Louise Charbonnier, délivré le 11 mars 1715 par Girard, curé de Mazière, et légalisé le même jour par Bourgeon, procureur fiscal du marquisat de Cholet.

Donation entre-vifs faite le 25 avril 1654 entre ledit Jacques de Brossard et Louise Charbonnier, son épouse, signé Bodin et Bonaud, nres.

Contrat de mariage, du 17 septembre 1676, de Sébastien de Brossard, éc., sr de la Brosse, avec dlle Suzanne Varenne, par lequel il paraît qu'il est fils de Jacques, 3e du nom, et de Louise Charbonnier, signé Mariteau et Boisson, nres de Mouchamps.

Contrat de mariage, du 11 août 1710, d'Yves-Henri de Brossard avec dlle Jeanne Racquet, par lequel il paraît qu'il est fils de Sébastien et de Suzanne Varenne, signé Proust, nre de la Rabatelière.

Pièces non visées : Contrat passé le 20 juin 1613 par Jacques de Brossard, 2e du nom, et Anne de Semaille, sa femme, avec Abraham de Semaille, frère de ladite Anne.

Testament de Jacques de Brossard, 3ᵉ du nom, du 9 août 1652, signé Marchand, Poutier et Rullier, nʳᵉˢ.

Contrat de mariage, du 25 avril 1654, de Jacques, 3ᵉ du nom, avec Louise Charbonnier, signé Rodin et Bonnaud, nʳᵉˢ au lieu de Rullier, nʳᵒ de Vihiers chargé de la minute.

Dire du produisant : Depuis plusieurs siècles ses auteurs ont pour armes, d'azur à trois fleurs de lys d'or et un chevron de gueules, la fleur de lys du côté gauche traversée dudit chevron, celle d'en bas blessée, et la troisième du côté droit quitte et libre.

Ordonnance : **Maintenu comme noble et écuyer, le 22 mars 1715, signé : de Richebourg.**

Marie-Anne Divé, veuve de Pierre BARBARIN, chev., sᵍʳ de Joussé,

Paul, Pierre-Marie et Joachim-François BARBARIN, écʳˢ, enfants de défunt Pierre BARBARIN et de Marie-Anne Divé,

Joseph-Dominique BARBARIN, éc.,

Marie-Michelle de Saint-Martin, veuve de Pierre BARBARIN, chev., sʳ du Bost,

Guillaume-Alexandre et Pierre BARBARIN, écʳˢ, enfants de Pierre Barbarin et de Marie-Michelle de Saint-Martin.

20.

Poitiers.

Pièces justificatives : Partage des biens de François Barbarin, éc., licencié en droit, juge de Chabannais, et de Catherine Pastureau, sa femme, fait le 1ᵉʳ novembre 1551 entre leurs enfants, Guillaume Barbarin, éc., aussi licencié en droit et juge de Chabannais, Clément et Pierre Barbarin, écʳˢ, par lequel il paraît que ledit Guillaume, en qualité d'aîné, a eu les préciput et avantages de la coutume, signé Jollin, nʳᵒ à Confolens.

Transaction passée le 19 juin 1573 entre noble homme Guillaume Barbarin, éc., sᵍʳ du Bost et de la Vergne, et Vincent de la Couture, laboureur, et Marie Pillon, sa femme, au sujet d'un procès pendant entre eux par-devant le sénéchal de la Basse-Marche, signé Fortin et Royer, nʳᵉˢ.

Contrat de mariage, du 3 janvier 1584, de Jean Barbarin, éc., s^r de la Croze, avec d^{lle} Elisabeth Barbade, par lequel il paraît qu'il est fils de Guillaume Barbarin et de Marie de la Jarissie, signé Bouthier et Cousture, n^{res} à l'Isle-Jourdain.

Contrat de mariage, du 16 janvier 1621, d'Isaac Barbarin, éc., cons^{er} au présidial de Poitiers, avec d^{lle} Catherine de Razes, par lequel il paraît qu'il est fils aîné de noble Jean Barbarin, s^r du Bost, et de dame Elisabeth Barbade, signé Douadic et Denesde, n^{res} à Poitiers.

Contrat de mariage, du 3 juin 1660, de Pierre Barbarin, président au siège présidial de Poitiers, avec d^{lle} Catherine Jallays, par lequel il paraît qu'il est fils d'Isaac et de Catherine de Razes, signé Martin et Royer, n^{res} à Poitiers.

Transaction passée le 27 novembre 1660 entre Isaac Barbarin, Catherine de Razes, sa femme, et Pierre Barbarin, président, leur fils, contenant indemnité au profit des époux Isaac Barbarin des engagements qu'ils avaient contractés pour raison dudit office de président dont était pourvu Pierre Barbarin, signé Martin et Gautier, n^{res}.

Contrat de mariage, du 4 décembre 1684, de Pierre Barbarin, chev., s^{gr} de Joussé, avec d^{lle} Marie-Anne Divé, par lequel il paraît qu'il est fils de Pierre Barbarin, président au présidial de Poitiers, et de Catherine Jallays, signé Chollet et Vézien, n^{res} à Poitiers.

Extrait de baptême, du 15 juillet 1691, de Paul Barbarin, fils de Pierre et de Marie-Anne Divé, délivré le 1er juin 1707 par Bardoux, curé de la paroisse de Saint-Paul de Poitiers, et contrôlé le 23 mars 1715 par Legrand.

Deux extraits de baptême, du 1er décembre 1697 et du 27 septembre 1708, de Pierre-Marie et de Joachim-François Barbarin, fils de Pierre et de Marie Divé, délivrés le 11 mars 1715 par Collasson, curé de Joussé, légalisés par le proc^r fiscal dudit lieu et contrôlés par Legrand.

Extrait de baptême, du 15 juillet 1665, de Joseph-Dominique Barbarin, fils de Pierre Barbarin, président au présidial de Poitiers, et de Catherine Jallays, délivré le 17 mars 1715 par Richard, curé de Saint-Paul de Poitiers, et contrôlé par Legrand.

Contrat de mariage, du 7 novembre 1655, d'Isaac Barbarin, éc., s^r de Mondenault, avec d^{lle} Jeanne Papon, par lequel il paraît qu'il est fils d'Isaac, éc., s^r du Bost, cons^{er} au présidial de Poitiers, et de Catherine de Razes, signé Maxias et Vézien, n^{res} à Poitiers.

Contrat de mariage, du 16 janvier 1700, de Pierre Barbarin, chev., s^{gr} du Bost, avec d^{lle} Marie-Michelle de Saint-Martin, par lequel il paraît qu'il est fils d'Isaac, s^r de Mondenault, et de Jeanne Papon, signé Marioux, n^{re} de Saint-Bonnet, sénéchaussée de la Basse-Marche.

Deux extraits de baptême, du 26 août 1701 et du 31 mars 1706, de Guillaume-Alexandre et de Pierre Barbarin, fils de Pierre et de Marie-Michelle de Saint-Martin, délivrés le 14 mars 1715 par Fauste, curé d'Esse, légalisés par de la Jaunière, assesseur civil et criminel du siège royal du Dorat, et contrôlés par Legrand.

Pièce non visée : Partage fait le 28 août 1663 entre Pierre Barbarin, s^{gr} de Joussé, président au présidial de Poitiers, Isaac Barbarin, s^r de Mondenault, et dame Marie Barbarin, des biens dépendant de la succession d'Isaac Barbarin, s^r de Mondenault, et de Catherine de Razes, leurs père et mère, signé Royer et Chantefin, n^{res} royaux à Poitiers.

Des pièces ci-dessus énoncées il résulte que de François Barbarin et de Jeanne Pastureau est issu Guillaume, de Guillaume et de Marie de la Jarissie est issu Jean, de Jean et d'Elisabeth Barbade est issu Isaac, d'Isaac et de Catherine de Razes sont issus Pierre, président, et Isaac, s^r de Mondenault, de Pierre, président, et de Catherine Jallays sont issus autre Pierre, s^{gr} de Joussé, et Joseph-Dominique, de Pierre et de Marie-Anne Divé sont issus Paul, Pierre-Marie et Joachim-François.

Et de la seconde branche qui est d'Isaac, s^r de Mondenault, et de Jeanne Papon est issu Pierre, s^r du Bost, de Pierre et de Marie-Michelle de Saint-Martin sont issus Guillaume-Alexandre et autre Pierre.

Ordonnance : **Maintient les dames veuves Barbarin dans les privilèges et exemptions dont jouissent les veuves de** nobles et les sieurs Barbarin comme nobles et écuyers, le 26 mars 1715, signé : de Richebourg.

21.

Fontenay-le-Comte.

Maximilien BOUTOU, éc., s^r de la Baugisière, paroisse de Saint-Michel-le-Cloucq.

Pièces justificatives : Ordonnance de M. de Barentin, du 23 septembre 1667, qui maintient Philippe Boutou, éc., s^r de la Baugisière, dans la qualité de noble et d'écuyer.

Contrat de mariage, du 24 mai 1640, de Philippe Boutou ci-dessus avec Marguerite de Nouzillac, par lequel il paraît qu'il est fils de Philippe Boutou et de Sébastienne Chauveau, signé Reault et Rousseau, n^{res} à Ardelay.

Contrat de mariage, du 4 juin 1682, de Maximilien Boutou, chev., s^{gr} de la Baugisière, avec d^{lle} Gabrielle Brissonnet, par lequel il paraît qu'il est fils de Philippe ci-dessus et de Marguerite de Nouzillac, signé Marchand et Guenot, n^{res}.

Grosse d'une sentence arbitrale rendue à Fontenay-le-Comte le 26 avril 1710, entre Gabrielle Brissonnet, veuve en premières noces de Maximilien Boutou, et Maximilien, Marie-Thérèse et Jeanne Boutou, au sujet de l'apurement du compte qu'elle avait à leur rendre, par lequel il paraît que Maximilien Boutou, produisant, est fils de Maximilien et de Gabrielle Brissonnet, signé Train, greffier.

Pièce non visée : Transaction en forme de partage passée devant les notaires royaux de Fontenay le 26 octobre 1705, entre messire Pierre Boutou, éc., s^r du Payré, et dame Gabrielle Brissonnet, veuve de Maximilien Boutou, fils aîné de Philippe Boutou, par lequel acte ils partagent les domaines dépendant de la succession dudit Philippe Boutou et de Marguerite de Nouzillac, père et mère du sieur Boutou de Payré, aïeul et aïeule des enfants mineurs de Maximilien Boutou et de Gabrielle Brissonnet.

Ordonnance : Maintenu comme noble et écuyer, le 28 mars 1715, signé : de Richebourg.

Simon DE BAUCHER, éc., s^r de la Garde. 22.

Pièces justificatives : Ordonnance rendue par M. Voysin de la Noiraye, Intendant de Tours, le 3 janvier 1667, qui maintient Simon Baucher, éc., s^r de la Garde, en sa noblesse, et par laquelle il appert que ledit Simon avait épousé d^lle Etiennette Perdreau. *Thouars.*

Contrat de mariage de Simon de Baucher, éc., s^gr de la Garde, fils de Simon ci-dessus et de d^lle Etiennette Perdreau, avec d^lle Marguerite Gauvin, en date du 29 décembre 1699, signé Dovalle, n^re à Saumur.

Ordonnance : Maintenu comme noble et écuyer, le 28 mars 1715, signé : de Richebourg.

Jacques-François BRUNET, éc., s^r de la Socelière. 23.

Pièces justificatives : Edit du roi, du mois de mars 1696, portant anoblissement de cinq cents personnes dans le royaume. *Fontenay*

Quittance de finance de la somme de 6000 livres payée le 9 novembre 1696, en conséquence dudit édit, par Jacques Brunet, s^r de Montreuil et de la Socelière, cons^er au siège royal de Fontenay, enregistrée au contrôle général des finances le 26 du même mois.

Lettres patentes de noblesse, signées Louis, du mois de février 1697, expédiées en faveur dudit Jacques Brunet, portant anoblissement de sa personne, enregistrées en la Chambre des comptes, Cour des aides, Bureau des finances de Poitiers et siège royal de Fontenay.

Autres lettres patentes de Sa Majesté, du mois d'avril 1698, expédiées en faveur du même, contenant même anoblissement, sur le défaut d'avoir fait enregistrer les précédentes en Parlement, enregistrées en Parlement, Bureau des finances de Poitiers et présidial et siège royal de Fontenay.

Contrat de mariage, en date du 27 octobre 1698, de Jacques-François Brunet, éc., s^r de la Socelière, avec d^lle Marie-Hélène Collin, par lequel il paraît qu'il est fils de Jacques ci-dessus et de dame Elisabeth Bernard.

Quatre extraits de baptême, en date des 4 septembre 1699, 19 juillet 1703, 16 septembre 1705 et 8 janvier 1713, par lesquels il paraît que Jacques-Blaise-Marie, Marie, Charles-Venant et Marie-Anne-Elisabeth Brunet sont enfants de Jacques-François Brunet et de dame Marie-Hélène Collin, délivrés les trois premiers par Hugueteau, curé de Notre-Dame de Fontenay, le dernier par Méraud, prieur de Payré, tous les quatre légalisés par Sabourin de Dislais, président à Fontenay, et contrôlés à Poitiers le 28 mars 1715 par Legrand.

Pièces non visées : Lettres de conseiller d'honneur au siège royal de Fontenay accordées le 10 juin 1697 par le roi à Jacques Brunet pour son mérite.

Quittance du sieur Léger, directeur du domaine en la Généralité de Poitiers, datée du 5 janvier 1701, par laquelle Jacques-François Brunet, produisant, a payé, en qualité de fils aîné et principal héritier de Jacques Brunet, son père, la somme de 250 livres pour le rachat de rencontre de la seigneurie de la Rabatelerie, paroisse de Sérigné, et advenu par le décès de son père.

Acte d'hommage, du 18 avril 1701, signé Raimond, greffier, fait par ledit Jacques-François Brunet à la seigneurie de la Meilleraie, à cause de sa seigneurie de la Rabatelerie.

Acte d'hommage, du 20 juillet 1701, signé Prieur, greffier, fait par le même au seigneur de Saint-Pompain, de sa seigneurie de la Buardière relevant dudit Saint-Pompain.

Acte d'hommage du 20 juillet 1701, signé Prieur, greffier, fait par le même de la seigneurie de Cheusse dépendant de son château de la Socelière, au seigneur de Saint-Pompain.

Edit du roi, donné à Fontainebleau au mois d'octobre 1704, portant suppression de cent lettres de noblesse qui restaient à lever et confirmant les acquéreurs des titres de noblesse dans leurs privilèges, en payant 3000 livres pour jouir de 150 livres de rente.

Quittance de 3000 livres donnée à Jacques-François Brunet le 24 décembre 1706 par Pierre Gruyn, garde du trésor royal à Paris, et quittance des 2 sols pour livre.

Edit du roi, donné à Versailles au mois de janvier 1701, portant création et attribution de 30.000 livres de rente aux acquéreurs des lettres de noblesse créées par les édits de mars 1696 et mai 1702 ou à leurs veuves et enfants pour être confirmés dans leurs privilèges.

Quittance du garde du trésor royal de la somme de 1.200 livres payée par Jacques-François Brunet, suivant l'édit ci-dessus, enregistrée au contrôle général des finances le 5 décembre 1701, et quittance des 2 sols pour livre.

Certificat de M. le comte de la Massaye, brigadier des armées du roi, son lieutenant général au gouvernement de Poitou, donné le 5 août 1702 à Jacques-François Brunet pour justifier qu'il a servi Sa Majesté sur les côtes au ban commandé pour le Poitou, avec les autres gentilshommes de la province.

Certificat, en date du 19 août 1702, du sieur de la Couraisière, commandant les gentilshommes qui étaient en quartier à Saint-Jean-de-Mont, pour servir au ban qui avait été commandé par M. le marquis de Chamilly, justifiant que le produisant était en qualité de gentilhomme audit quartier pour le service de Sa Majesté.

Certificat du maréchal de Chamilly, du 10 mars 1703, par lequel il appert que le produisant a été choisi par le maréchal pour servir sur les côtes de cette province en qualité de gentilhomme.

Certificat de M. de la Massaye, du 2 juillet 1703, justifiant que le produisant servait en ladite année sur les côtes en qualité de gentilhomme.

Lettre de M. le maréchal de Chamilly, en date du 13 août 1703, écrite au produisant qui était dans l'escadron des gentilshommes qui étaient en quartier à Luçon.

Certificat du sieur des Granges, commandant les gentilshommes qui étaient au ban l'année 1706, donné au produisant, Vu bon, signé le maréchal de Chamilly.

Ordonnance : **Maintenu comme noble et écuyer, le 31 mars 1715, signé : de Richebourg.**

24   Jacques DE BRÉMOND, chev., s^gr de Vernou.

L'original de la sentence de maintenue ne se trouve pas dans la collection et a été remplacé par une copie de la pièce suivante qui figurait en original dans le registre des enregistrements des productions des lettres de noblesse :

« Je soussigné reconnais que M. Irland, à ma demande, m'a remis la minute de l'ordonnance qui maintient Mre Jacques de Brémond, chevalier, seigneur de Vernou, mon père, en sa noblesse et qualité de gentilhomme, ladite ordonnance rendue par M. de Richebourg, intendant du Poitou, en date du 1er avril 1715, signée de Richebourg, et plus bas Rameau. A Poitiers, le 6 juin 1778, signé le chev. Fr. J. de Brémond, commandeur d'Amboyse. »

Les mentions portées au registre d'enregistrement confirment ces énonciations [1].

25

Fontenay

Alexandre BÉJARRY, éc., s^gr de la Roche-Grignonnière.

Pièces justificatives : Ordonnance de M. de Barentin, du 31 août 1667, qui maintient en leur noblesse Samuel Béjarry, éc., s^r de la Roche-Grignonnière, Marguerite Béjarry, veuve

---

1. Nous devons à l'obligeance de M. le comte Anatole de Brémond d'Ars, de Nantes, la communication d'une copie de cette maintenue. L'ordonnance de M. de Richebourg vise les actes suivants :
Contrat de mariage de Philippe de Brémond, éc., avec d^lle Françoise Gérault, par lequel il paraît qu'il est fils de Charles de Brémond et de d^lle Louise de Valzergue, en date du 9 août 1598, signé Parise, n^re.
Contrat de mariage de Galiot de Brémond avec d^lle Jaquette de la Gourgue, par lequel il paraît qu'il est fils de Philippe de Brémond, chev., et de Françoise Gérault, en date du 11 décembre 1626, signé Merlin, n^re.
Contrat de mariage de Jacques de Brémond, chev., s^gr de Vernou, avec d^lle Marie-Henriette d'Hautefaye, par lequel il paraît qu'il est fils de Galiot de Brémond ci-dessus et de Jacquette de la Gourgue, en date du 26 janvier 1676, signé Fleurant et Berlin, n^res.
Extrait de baptême de Jacques de Brémond (produisant), par lequel il paraît qu'il est fils de Jacques de Brémond ci-dessus et de Marie-Henriette d'Hautefaye, en date du 30 juin 1687, délivré le 12 mars 1715 par Martin, curé de Vernou, et contrôlé à Poitiers le 30 du même mois par Coupard.

d'Hector Gentils, s^r des Touches, Alexandre-Frédéric, Policrate, Josué, Antipas, Jonathan, Marie et Françoise Béjarry, tous frères et sœurs.

Contrat de mariage de Louis-Hortas Béjarry, éc., s^{gr} de la Roche-Louherie et de la Grignonnière, avec d^{lle} Renée-Charlotte Chasteigner, par lequel il appert qu'il est fils de Samuel ci-dessus et de dame Renée Dujon, en date du 15 avril 1681, signé Drouineau, n^{re} à la Rochelle.

Contrat de mariage d'Alexandre Béjarry, éc., s^r de la Roche-Grignonnière, avec d^{lle} Marie de Pellard, par lequel il appert qu'il est fils de Louis-Hortas Béjarry ci-dessus et de dame Charlotte Chasteigner, en date du 19 août 1703, signé Cardin et Jobet, n^{res}.

Six extraits de baptême, des 21 octobre 1704, 1er avril 1706, 2 avril 1707, 8 janvier 1709, 22 mars 1710 et 30 juillet 1711, par lesquels il paraît que Charles-Etienne, Marie-Antoinette, Pierre-Henri-Alexandre et Anne-Stéphanie jumeaux, Louis-Charles, Pierre-Henri et Marie-Marguerite Béjarry, sont enfants d'Alexandre ci-dessus et de Marie de Pellard, extraits délivrés le 15 mars 1715 par Hugueteau Martinière, curé de Notre-Dame de Fontenay, légalisés le 25 mars 1715 par Sabourin de Dislays, président de Fontenay, contrôlés à Poitiers le 1er avril 1715 par Legrand.

Ordonnance : **Maintenu comme noble et écuyer, le 2 avril 1715, signé : de Richebourg.**

Louis BONNIN, éc., s^{gr} des Forges,
Louis-Jean et Antoine-Joseph BONNIN, ses enfants,
René BONNIN, chev., s^{gr} de Dennezay, et autre René BONNIN, chev., s^{gr} du Plessis-Asse, frères.

26

Poitiers et Thouars

Pièces justificatives : Sentence de M. de Barentin, du 22 septembre 1667, qui maintient René et François Bonnin, éc^{rs}, s^{grs} du Plessis-Asse, en leur noblesse, et par laquelle il appert que René Bonnin, éc., s^{gr} du Plessis-Asse, père de René et de François, maintenus, avait épousé d^{lle} Barbe Jourdain, et que René, maintenu, avait épousé d^{lle} Hilaire Augron.

Contrat de mariage, du 23 février 1668, de Louis Bonnin, chev., s^{gr} des Forges, Plessis-Asse, fils de René Bonnin et de d^{lle} Hilaire Augron, avec d^{lle} Marie Vidard, signé Berthonneau et Hersant, n^{res}.

Deux extraits de baptême de Louis-Jean et Antoine-Joseph Bonnin, fils de Louis Bonnin et de Marie Vidard, des 15 novembre 1673 et 8 février 1678, délivrés par Guignard, curé de Saint-Porchaire de Poitiers, le 17 février 1715, et contrôlés par Legrand.

Contrat de mariage, du 19 juillet 1657, de François Bonnin, éc., s^{gr} du Plessis-Asse, maintenu par la sentence ci-dessus, avec d^{lle} Anne Rousseau, signé Rousseau et Sabourin, n^{res}.

Contrat de mariage, du 29 juillet 1687, de René Bonnin, chev., s^{gr} de Dennezay, fils de François ci-dessus et d'Anne Rousseau, avec d^{lle} Marie-Jacquette Darrot de la Boutrochère, signé Bernaudeau et Florisson, n^{res}.

Contrat de mariage, du 7 septembre 1668, d'autre René Bonnin, chev., s^{gr} du Plessis-Asse, fils de François et de d^{lle} Anne Rousseau, avec d^{lle} Louise-Hélène Darrot, signé Martineau et Ollivier, n^{res}; le dernier a la minute.

Ordonnance : Maintenus comme nobles et écuyers, le 6 mai 1715, signé : de Richebourg.

---

27   Charles DE BESSAC, éc., s^{gr} de la Feuilletrye et Saint-Saviol.

Poitiers   Pièces justificatives : Ordonnance de M. de Barentin, du 9 septembre 1667, qui maintient Gaspard de Bessac, éc., s^{gr} de la Feuilletrye, en sa noblesse.

Partage noble, fait le 19 septembre 1669 entre Gaspard de Bessac, éc., s^{gr} de la Feuilletrye, assisté de d^{lle} Marie Gillon du Teil, son épouse, et d^{lle} Marie de Bessac, sa sœur, des biens et successions de Louis de Bessac, éc., s^{gr} de la Feuilletrye, et de d^{lle} Yolande Feydeau, leurs père et mère, signé Benest, n^{re}.

Contrat de mariage, du 19 février 1688, de Charles de Bessac, éc., s^{r} de la Feuilletrye, fils dudit Gaspard ci-dessus et de d^lle Gillon du Teil, avec d^lle Elisabeth de Fleury, signé Lamiraud et Guillory, n^res.

Ordonnance : Maintenu comme noble et écuyer, le 6 mai 1715, signé : de Richebourg.

Jean BOISSE, éc., s^r de la Foye, paroisse de Couture. *28*

Pièce justificative : Sentence de M. de Maupeou, du 8 juillet 1699, qui maintient Jean Boisse, éc., s^r de la Foye, en sa noblesse. *Niort*

Ordonnance : Maintenu comme noble et écuyer, le 8 mai 1715, signé : de Richebourg.

Marguerite Deforges, veuve de Pierre BONY DE LA VERGNE, éc., s^r de Boisgrenier, *29*

Charles, Jean et François BONY DE LA VERGNE, éc^rs, ses enfants. *Poitiers*

Pièces justificatives : Inventaire, du 17 décembre 1767, fait devant M. d'Aguesseau, intendant de la Généralité de Limoges, des titres justificatifs de la noblesse de Pierre de la Vergne, éc., s^r du Verger, et Jean de la Vergne, éc., s^r dudit lieu, au pied duquel est son ordonnance portant que les titres produits par les sieurs Bony de la Vergne seront rendus, l'inventaire d'iceux préalablement signé des parties ou de leur procureur demeurera par devers lui pour être envoyé au conseil de Sa Majesté.

Contrat de mariage, du 23 février 1654, de Pierre de la Vergne, éc., s^r du Verger, dénommé dans l'inventaire ci-dessus, avec d^lle Françoise Deforges, par lequel il paraît qu'il est fils de Charles de la Vergne, éc., s^r de l'Enclave, et de d^lle Marguerite de Versole, signé Levasseur et Marbault, n^res.

Contrat de mariage, du 15 juin 1678, de Pierre Bony de la Vergne, éc., s^r de Boisgrenier, avec d^lle Marguerite Deforges, par lequel il paraît qu'il est fils de Pierre Bony de la Vergne, éc., s^r du Verger, et de d^lle Françoise Deforges.

Trois extraits de baptême, en date des **5** février 1685, 20 janvier 1688 et 5 avril 1692, de Charles, Jean et François

Bony de la Vergne, par lesquels il paraît qu'ils sont fils de Pierre Bony de la Vergne, éc., sʳ de Boisgrenier, et de dˡˡᵉ Marguerite Deforges, lesdits extraits délivrés le 30 avril 1715 par Bichier, curé de Liglet, et contrôlés par Legrand.

Ordonnance : Maintenus comme nobles et écuyers, et veuve de noble, le 10 mai 1715, signé : de Richebourg.

30

Fontenay

François BOISSON, éc., sʳ de la Couraisière.

Pièce justificative : Sentence de M. de Maupeou, du 15 juillet 1697, qui décharge François Boisson, éc., sʳ de la Couraisière, de la taxe de 3.000 livres, et le maintient en sa noblesse.

Ordonnance : Maintenu comme noble et écuyer, le 11 mai 1715, signé : de Richebourg.

31

Thouars

René-Joseph BODET, chev., sᵍʳ de la Fenêtre.

Pièce justificative : Sentence de M. de Maupeou, du 5 octobre 1699, qui confirme dans leur noblesse le produisant et dˡˡᵉ Marie de Villeneuve, sa mère, alors veuve de Jacques-Eléonor Bodet, chev., sᵍʳ de la Fenêtre, lequel avait été maintenu noble par sentence de M. de Barentin, du 24 septembre 1667.

Ordonnance : Maintenu comme noble, le 11 mai 1715, signé : de Richebourg.

32

Fontenay

Suzanne Drault, veuve de Pierre BERNARDEAU, éc., sʳ de la Briandière,

Louis-Madeleine et Jeanne-Esther BERNARDEAU, ses enfants.

Pièces justificatives : Ordonnance de M. de Maupeou, du 12 mars 1701, qui maintient Pierre Bernardeau, éc., sʳ de la Briandière, et Barthélemy Bernardeau, éc., sʳ de la Ferté, dans la qualité de nobles et écuyers.

Deux extraits de baptême, des 22 juillet 1695 et 20 mai 1698, de Louis-Madeleine et de Jeanne-Esther Bernardeau, par lesquels il paraît qu'ils sont enfants de Pierre Bernardeau et de Suzanne Drault, lesdits extraits délivrés le 3 mai 1715 par Picoron, curé de Puy-de-Serre, et contrôlés par Legrand.

Ordonnance : Maintient Louis-Madeleine Bernardeau comme noble et écuyer, Jeanne-Esther Bernardeau comme demoiselle, et Suzanne Drault comme veuve de noble, le 15 mai 1715, signé : de Richebourg.

Jacques BEUGNON, éc., s^r de Senaire. 33

Pièces justificatives : Ordonnance de M. de Barentin, du 30 décembre 1667, qui confirme René Beugnon, s^r de la Girardière, et Daniel Beugnon, s^r de la Touche, en leur noblesse. *Fontenay*

Contrat de mariage de Daniel Beugnon, éc., s^r de la Roussière, Senaire, avec d^{lle} Jacquette de la Cressonnière, par lequel il paraît qu'il est fils de Daniel Beugnon, dénommé dans la sentence ci-dessus, et de d^{lle} Claude Vinet, en date du 14 août 1663, signé Sèvre et Train, n^{res}.

Extrait de baptême de René-Jacques Beugnon, par lequel il appert qu'il est fils de Daniel Beugnon et de d^{lle} Jacquette de la Cressonnière, en date du 24 octobre 1680, délivré le 23 avril 1715 par Fourneau, prieur de St-Cyr, contrôlé à Poitiers, le 15 mai 1715, par Legrand.

Contrat de mariage en 2es noces dudit Jacques Beugnon, éc., s^r de Senaire, avec d^{lle} Françoise-Gabrielle d'Eslaines, par lequel il paraît qu'il est fils de Daniel et de d^{lle} Jacquette de la Cressonnière, en date du 31 juillet 1713, signé Doizeau, n^{re}.

Ordonnance : Maintenu comme noble et écuyer, le 17 mai 1715, signé : de Richebourg.

Adrien-Jean BRETHÉ, éc., s^r de la Guibertière, 34
Julien BRETHÉ, éc., s^r de la Sicotière,
Julien BRETHÉ, éc., s^r de la Resnard,   *Fontenay*
Céleste-Honorée BRETHÉ.

Pièces justificatives : Arrêt de MM. les commissaires généraux députés par le roi, du 19 novembre 1699, par lequel Adrien-César Brethé, s^r de la Guibertière, et Julien Brethé, s^r de la Sicotière, sont maintenus dans la qualité de nobles et d'écuyers. Sur le vu des pièces de cet arrêt, il paraît qu'Adrien-César, fils aîné d'Alexandre Brethé, s^r de la Guibertière, avait épousé Marie Barbarin, suivant contrat du 31 janvier 1674, et que Julien, fils puîné dudit Alexandre, avait épousé Louise-Marie Suzanneau. Au bas de cet arrêt est l'écusson des armes des suppliants, qui porte d'azur au chevron d'argent, surmonté de trois étoiles d'or, et en pointe un lion d'or armé et lampassé de gueules.

Contrat de mariage, en date du 24 octobre 1702, d'Adrien-Jean Brethé, s^r de la Guibertière, avec d^{lle} Anne-Cidarie de Montsorbier, par lequel il paraît qu'il est fils d'Adrien-César et de défunte Marie Barbarin, signé Grislet et Chastry, n^{res}.

Deux extraits de baptême, le premier de Céleste-Honorée Brethé, en date du 8 octobre 1677, délivré par Loizeau, vicaire de la paroisse de Saint-Martin-des-Noyers, et le second de Julien Brethé, en date du 4 octobre 1678, délivré le 4 avril 1713 par Claude Gardon, prieur-curé dudit Saint-Martin-des-Noyers, les deux extraits légalisés par le sénéchal des Essarts et contrôlés à Poitiers par Legrand, dont il appert que Céleste-Honorée et Julien Brethé sont enfants de Julien Brethé, s^r de la Sicotière, et de Louise-Marie Suzanneau.

Pièce non visée : Arrêt du Conseil d'État du roi, du 19 janvier 1700, en suite duquel est un autre arrêt (de MM. les commissaires généraux), du 11 mars 1700, par lequel les y dénommés, cadets des suppliants, tous frère, cousin germain dudit sieur de la Sicotière et oncle à la mode de Bretagne d'Adrien-Jean Brethé, ont été maintenus en leur noblese. Sur cet arrêt, Mgr de Richebourg a rendu (le 16 mars dernier) en faveur de Jacques Brethé, s^r de la Bouchelière, une sentence qui le maintient comme noble. (Voir le n° 14 ci-dessus.)

Ordonnance : **Maintient les sieurs Brethé comme nobles et écuyers, et Céleste-Honorée Brethé comme demoiselle, le 24 mai 1715, signé : de Richebourg.**

Louis DE BRILHAC, éc., s^r de Pilloué,

Charles DE BRILHAC, éc., prêtre, chanoine prébendé en l'église de Saint-Hilaire-le-Grand de Poitiers,

Marie-Anne-Scholastique DE BRILHAC, veuve de Sylvain Chauvelin, éc., s^r de Beauregard, lieutenant-colonel au régiment de Beaujolais,

tous les trois frères et sœur.

35

Poitiers

Pièces justificatives : Contrat de partage noble, en date du 27 mars 1588, des biens de la succession de Jean de Brilhac, éc., s^r de la Riche-de-Nouzière, lieutenant criminel de Poitiers, et de d^lle Catherine Arembert, son épouse, entre leurs enfants, François de Brilhac, éc., s^r de Nouzière, Jean de Brilhac, éc., s^r des Choysis, et René de Brilhac, éc., s^r du Parc, signé Marrot et Guyonneau, n^res.

Contrat de mariage, en date du 30 octobre 1578, de René de Brilhac, éc., cons^er au présidial de Poitiers, avec d^lle Madeleine Fumée, par lequel il paraît qu'il est fils de Jean ci-dessus et de dame Catherine Arembert, signé Biget et Morineau, n^res.

Acte de la nomination, faite le 17 février 1588 par les sieurs maire et échevins de la ville de Poitiers, de la personne dudit René de Brilhac à la place d'échevin vacante par la mort de son père Jean de Brilhac, signé Morin, secrétaire.

Contrat de mariage, en date du 20 janvier 1611, de François de Brilhac, éc., cons^er au présidial, fils aîné de René ci-dessus et de d^lle Madeleine Fumée, avec d^lle Marie Alexandre, signé Busseau et Chauvet, n^res.

Contrat de mariage, en date du 19 avril 1668, de Louis de Brilhac, éc., s^gr de Château-Gaillard et de Pilloué, fils de François ci-dessus et de dame Marie Alexandre, avec d^lle Marie de Gennes, signé Caillé et Marot, n^res.

Contrat de mariage, en date du 30 août 1705, de Louis de Brilhac, éc., s^gr de Pilloué, fils de Louis ci-dessus et de dame Marie de Gennes, avec dame Marie Lepeultre, veuve du sieur Du Planty, baron du Landreau, signé Béguier et Monnereau, n^res.

Contrat de mariage, en date du 14 octobre 1698, de d^lle Marie-Anne Scholastique de Brilhac avec François Chauvelin, éc., s^r de Beauregard, par lequel il appert qu'elle est fille de Louis de Brilhac ci-dessus et de Marie de Gennes, signé Vézien et Péronet, n^res.

Extrait de baptême de Charles de Brilhac, du 12 juin 1671, par lequel il paraît qu'il est fils de Louis de Brilhac et de d^lle Marie de Gennes, signé Guionnet, commis pour délivrer les actes de baptême de Saint-Hilaire-le-Grand de Poitiers, contrôlé le 31 mai 1715 par Legrand.

Ordonnance : Maintenus comme nobles le 31 mai 1715, signé : de Richebourg.

36

Niort

Charles BIDAULT, éc., s^r du Fief-Laidet,
Jean BIDAULT, éc., s^r de la Barbinière.

Pièces justificatives : Inventaire des biens meubles et titres délaissés après le décès d'André Bidault, ancien échevin de la ville de Niort, du 20 mai 1545, signé Caillard, Beau et Misseret.

Contrat de mariage, en date du 6 juillet 1578, d'André Bidault, éc., s^r de Chatreuil, avec d^lle Françoise Daillancourt, par lequel il appert qu'il est fils d'autre André, ancien échevin de Niort, signé Mullot et Vallet, n^res.

Contrat de mariage, en date du 4 août 1620, de Jean Bidault, éc., s^r du Fief-Laidet, avec d^lle Catherine Brunet, par lequel il paraît qu'il est fils d'André ci-dessus et de Françoise Daillancourt, signé Jacques et Angevin, n^res.

Contrat de mariage, en date du 12 avril 1651, de Jean Bidault, éc., s^r de la Chauvetière, avec dame Jeanne Januret, par lequel il paraît qu'il est fils de Jean ci-dessus, maire et capitaine, et procureur du roi de la maréchaussée de Niort, et de d^lle Catherine Brunet, signé Perrot et Demoulins, n^res.

Contrat de mariage, en date du 3 octobre 1695, de Charles Bidault, éc., s^r de Fief-Laidet, avec d^lle Renée Cormier, par lequel il appert qu'il est fils aîné de Jean ci-dessus et de Jeanne Januret, signé Jousselin et Chauvegrain, n^res.

Contrat de mariage, en date du 2 juillet 1696, de Jean Bidault, éc., s^r de la Barbinière, avec d^lle Renée Girault, lors veuve de Simon Vautier, par lequel il appert qu'il est fils de Jean Bidault, et de d^{lle} Jeanne Januret, signé Mangot, n^{re}.

Dire des produisants : Jeanne Januret, leur mère, assignée comme eux le 14 décembre 1714, avait été inhumée le 22 décembre 1713.

Ordonnance : **Maintenus comme nobles et écuyers, le 6 juin 1715**, signé : de Richebourg.

Marie-Anne Pignot, *aliàs* Pigniot, veuve de François BRANCHU, conseiller du roi, assesseur criminel et premier conseiller au siège royal de Fontenay.

37

Fontenay

Pièces justificatives : Ordonnance de M. de Barentin, du 5 septembre 1667, qui maintient en leur noblesse Samuel Pignot, éc., s^r de la Largère, Jacques Pignot, éc., s^r de Puychenin, Jacob Pignot, éc., s^r du Vivier, dame Françoise Maucler, veuve de Pierre Pignot, éc., s^r de la Girardière, et Moïse Pignot, éc., s^r de Lometail.

Contrat de mariage de Moïse Pignot, éc., s^r de Lometail, avec d^{lle} Marie Legoux, par lequel il appert qu'il est fils d'Etienne et de d^{lle} Renée Guillemin, en date du 27 octobre 1660, signé Pothier, n^{re} à la Rochelle.

Partage des biens de la succession de d^{lle} Marie Legoux entre Moïse Pignot, son mari, et d^{lle} Marie-Anne Pignot, leur fille, en date du 28 août 1688, signé Train, n^{re} à Fontenay.

Déclaration faite le 1er décembre 1713 au greffe de l'Élection de Fontenay par ladite Marie-Anne Pignot, veuve de François Branchu, roturier, par laquelle elle entend vivre noblement et jouir des privilèges dus à sa qualité de demoiselle, signée Baslard, greffier, et signifiée aux collecteurs de Fontenay le 18 décembre 1713 par Pestrault, huissier.

Dire de la produisante : Elle ne rapporte pas son acte baptistaire parce qu'elle est née dans la religion prétendue réformée et qu'elle n'a pas pu trouver le registre dans lequel cet acte a été inséré.

Ordonnance : Maintenue comme demoiselle et fille de noble, le 12 juin 1715, signé : de Richebourg.

38

Niort

Charles-Jacques BROCHARD, chev., s^{gr} de la Rochebrochard, faisant tant pour lui que pour Gabrielle-Radégonde de Maroys, veuve de Charles BROCHARD, chev., s^{gr} de la Rochebrochard, sa mère, et pour François-Xavier BROCHARD, chev., son frère.

Pièces justificatives : Ordonnance de M. de Barentin, du 30 septembre 1667, en faveur de Charles Brochard, éc., s^r de la Roche, par laquelle il est maintenu en la qualité de noble et écuyer. Dans le vu des pièces de cette ordonnance se trouve énoncé le contrat de mariage de Charles Brochard, éc., s^r de la Roche, avec d^{lle} Marguerite Barillon.

Contrat de mariage, en date du 1er septembre 1682, d'autre Charles Brochard, chev., s^{gr} de la Rochebrochard, avec d^{lle} Gabrielle-Radégonde de Maroys, par lequel il paraît qu'il est fils de Charles Brochard, chev., dénommé ci-dessus, et de dame Marguerite Barillon, signé Barreau et Ballard, n^{res}.

Procès-verbal fait le 1er juin 1670 par frère René de Sallo de Semagne, chevalier de l'Ordre de Saint-Jean-de-Jérusalem, commandeur de Fretée, et frère Jacques de Ferrière de Champigny, chevalier de Saint-Jean-de-Jérusalem, commandeur d'Ansigny, des preuves de noblesse de François Brochard, éc., par lequel il paraît qu'il est fils de Charles Brochard, éc., s^r de la Rochebrochard, et de dame Marguerite Barillon, et qu'il a été admis dans ledit Ordre. A la suite se trouve l'acte déclarant que les preuves ont été trouvées suffisantes, signé de Torchard de la Panne, de la Rochefoucauld Bayers, frère Aimé de Sauzay, chancelier du Grand-Prieuré d'Aquitaine.

Extrait de baptême de Charles-Jacques Brochard, ondoyé le 20 juin 1683, et baptisé le 26 octobre suivant, par lequel il paraît qu'il est fils de Charles Brochard, chev., s^{gr} de la Rochebrochard, et de dame Gabrielle-Radégonde de Maroys, signé Michau, curé de Béceleuf, contrôlé à Poitiers le 11 juin 1715 par Legrand.

Ordonnance : Maintient Charles-Jacques Brochard comme noble et écuyer, et Gabrielle-Radégonde de Maroys comme veuve de noble, le 13 juin 1715, signé : de Richebourg.

Observation. — François-Xavier Brochard, qui est nommé dans la requête, n'est pas mentionné dans les autres actes de la procédure.

Gaspard DE BLOM, éc., s^r de Saulgé et de Beaupuy,
Sylvain, Jean-Gaspard, Mathurin, André et Pierre DE BLOM, ses enfants,
Emmanuel DE BLOM, éc., s^r de Saulgé, son frère.

Poitiers

Pièces justificatives : Ordonnance de M. de Barentin, du 9 septembre 1667, qui maintient Emmanuel de Blom, éc., s^r de Beaupuy, en la qualité de noble et écuyer.

Contrat de mariage, en date du 31 janvier 1680, de Gaspard de Blom, chev., s^{gr} de Saulgé, avec d^{lle} Marie-Anne Petitpied, par lequel il paraît qu'il est fils d'Emmanuel de Blom, dénommé dans l'ordonnance ci-dessus, et de dame Marguerite Morault, signé Lelavois et Massiot, n^{res}.

Contrat de mariage, en date du 13 août 1695, des secondes noces dudit Gaspard de Blom, veuf de Marie-Anne Petitpied, avec d^{lle} Marie-Anne Jacquemin, signé Berasset et Babert, n^{res}.

Extrait de baptême d'Emmanuel de Blom, du 11 février 1661, par lequel il paraît qu'il est fils d'Emmanuel de Blom, éc., s^r de Beaupuy, dénommé dans l'ordonnance ci-dessus, et de dame Marguerite Morault, délivré le 9 septembre 1675 par Very, curé de la Celle de Poitiers, contrôlé le 15 mai 1715 par Legrand.

Extrait de baptême de Sylvain de Blom, du 17 mars 1692, par lequel il paraît qu'il est fils de Gaspard de Blom, éc., s^r de Beaupuy, et d'Anne-Marie Petitpied, délivré le 7 mai 1715 par Auprestre, vicaire de Saint-Martial de Montmorillon, légalisé à Montmorillon, contrôlé à Poitiers par Legrand.

— 46 —

Quatre extraits de baptême : le 1ᵉʳ de Jean-Gaspard de Blom, du 15 janvier 1697 ; le 2ᵉ de Mathurin de Blom, du 23 février 1698 ; le 3ᵉ d'André de Blom, du 21 janvier 1701 ; le 4ᵉ de Pierre de Blom, du 28 mars 1705, par lesquels il paraît qu'ils sont enfants issus du second mariage de Gaspard de Blom avec dame Marie-Anne Jacquemin ; délivrés le 12 mai 1715 par Perrault, curé de Lathus, et Borde, curé de Saulgé, légalisés par le lieutenant particulier de Montmorillon, contrôlés à Poitiers le 15 mai 1715 par Legrand.

Ordonnance : Maintenus comme nobles et écuyers, le 13 juin 1715, signé : de Richebourg.

40

Thouars

Olivier DE BRISSAC, éc.

Pièces justificatives : Ordonnance de M. Chauvelin, intendant de Touraine, du 29 mai 1715, par laquelle Samuel de Brissac, dame Aubine Allotte, veuve d'Isaac de Brissac, et Pierre de Brissac sont maintenus dans la qualité de nobles et écuyers. Dans le vu des pièces de ladite ordonnance se trouvent énoncés : le contrat de mariage de Jacques de Brissac, éc., avec dame Rachel Leggle ; le contrat de mariage de Pierre de Brissac, éc., dénommé dans l'ordonnance, avec dˡˡᵉ Jeanne Leroy, par lequel il paraît qu'il est fils de Jacques de Brissac, éc., et de dame Rachel Leggle.

Contrat de mariage, en date du 13 juillet 1704, d'Olivier de Brissac, éc., avec dˡˡᵉ Renée Roy, par lequel il paraît qu'il est fils de Jacques de Brissac et de Rachel Leggle, et frère de Pierre de Brissac, maintenu par M. Chauvelin, signé Regnault et Lorry, nʳᵉˢ.

Ordonnance : Maintenu comme noble et écuyer, le 14 juin 1715, signé : de Richebourg.

41

Fontenay

Anne Reignier, veuve d'Henri BELLANGER, éc., sᵍʳ de Guéré.

Pièces justificatives : Ordonnance de M. de Maupeou, du 12 mars

1699, qui maintient en leur noblesse Louis-Henri Bellanger, éc., s^r de la Brachetière et du Luc, et Henri Bellanger, éc., s^r de Guéré.

Contrat de mariage, en date du 23 janvier 1695, d'Henri Bellanger ci-dessus, chev., s^{gr} de Guéré, avec d^{lle} Anne Reignier, par lequel il paraît qu'il est fils d'autre Henri Bellanger, éc., s^r de la Brachetière, et de dame Elisabeth Suyrot, signé de la Croix et Rapillault, n^{res}.

Ordonnance : Maintenue comme noble le 22 juin 1715, signé : de Richebourg.

Jacques-Alexis DE BOSQUEVERT, éc., s^{gr} de Vaudelaigne.

42

Saint-Maixent

Pièces justificatives : Copie collationnée d'un inventaire fait devant M. de Colbert, intendant de Poitiers et de Tours, le 4 mars 1665, des titres justificatifs de la noblesse d'Aimable de Bosquevert, éc., s^{gr} de la Roche, et de Jacques-Armand de Bosquevert, éc., s^{gr} de Vaudelaigne.

Ordonnance de M. de Barentin, du 6 juillet 1667, qui maintient lesdits Aimable et Jacques-Armand de Bosquevert en leur noblesse.

Contrat de mariage de Jacques-Armand de Bosquevert, éc., s^{gr} de la Roche-du-Montet, avec d^{lle} Catherine Chevalier, par lequel il paraît qu'il est fils d'Aimable ci-dessus et de dame Marie de Villiers, en date du 12 février 1684, signé Le Lièvre et Bruslon, n^{res}.

Contrat de mariage de Jacques-Alexis de Bosquevert, éc., s^{gr} de Vaudelaigne, avec d^{lle} Marie Pandin, par lequel il paraît qu'il est fils de Jacques-Armand ci-dessus et de dame Catherine Chevalier, en date du 25 mars 1715, signé Fautré et de Paris, n^{res}.

Ordonnance : Maintenu comme noble et écuyer, le 23 juin 1715, signé : de Richebourg.

43

Poitiers

Christophe DE LA BARLOTTIÈRE, éc.

Pièces justificatives : Ordonnance de M. de Barentin, du 31 décembre 1667, qui maintient Robert de la Barlottière, éc., s^r dudit lieu, et Laurent de la Barlottière, éc., s^r de Puymartin, dans la qualité de nobles et écuyers.

Contrat de mariage de Louis de la Barlottière, éc., s^r de Varenne, avec d^{lle} Françoise Prinsault, par lequel il paraît qu'il est fils de Robert de la Barlottière, éc., dénommé dans l'ordonnance ci-dessus, et de dame Jeanne de Feydeau, en date du 29 janvier 1679, signé A. Meilhet, n^{re}.

Extrait de baptême de Christophe de la Barlottière, du 2 décembre 1681, par lequel il paraît qu'il est fils de Louis de la Barlottière, éc., et de dame Françoise Prinsault, délivré le 16 juillet 1715 par Perrault, curé de Lathus, contrôlé à Poitiers le 22 juillet suivant par Legrand.

Ordonnance : Maintenu comme noble et écuyer, le 23 juillet 1715, signé : de Richebourg.

44

Confolens

Léonard BARBARIN, éc., s^{gr} du Monteil.

Pièces justificatives : Arrêt du Conseil d'État du roi en faveur de Léonard Barbarin, s^r du Monteil, par lequel il est maintenu en la qualité de noble et d'écuyer, en date du 26 juillet 1672. Dans les pièces produites est énoncé le contrat de mariage de Melchior Barbarin, éc., s^r du Monteil, avec d^{lle} Jeannette Thomoneau.

Contrat de mariage de Pierre Barbarin, éc., s^r de Nombrail, avec d^{lle} Françoise Barbarin, par lequel il appert qu'il était frère puîné de Léonard ci-dessus, et fils de Melchior et de d^{lle} Jeannette Thomoneau, en date du 23 juillet 1667, signé Massias, n^{re} à St-Junien.

Contrat de mariage de Léonard Barbarin, éc., s^{gr} du Monteil et de Puifraigneau, avec d^{lle} Isabeau de Montion, par lequel il appert qu'il était fils de Pierre ci-dessus et de d^{lle} Françoise Barbarin, en date du 24 mai 1690, signé Duquéroy, n^{re} à St-Junien.

Ordonnance : Maintenu comme noble et écuyer, le 14 août 1715, signé : de Richebourg.

René DE BESSAY, éc., s^{gr} des Rochelles.   45

Pièce justificative : Ordonnance de M. Doujat, intendant de Poitou, en faveur dudit René de Bessay, éc., s^{gr} des Rochelles, par laquelle il est maintenu en la qualité de noble et d'écuyer, en date du 4 juin 1707.   *Fontenay*

Ordonnance : Maintenu comme noble et écuyer, le 16 août 1715, signé : de Richebourg.

François BODIN, chev., s^{gr} de la Boucherie,   46
Henri-Charles BODIN, éc., s^{gr} de la Touche,
Abraham BODIN, éc., s^{gr} de Saint-Bris,   *Les Sa-*
    tous les trois frères,   *bles*

Henri-Charles, François, Charles-Marie BODIN, tous les trois frères, et enfants d'Abraham Bodin et de d^{lle} Marie Piniot,

Charlotte BODIN, demoiselle de Saint-Bris, sœur desdits sieurs de la Boucherie, de la Touche et de Saint-Bris.

Pièces justificatives : Ordonnance de M. de Maupeou, du 25 novembre 1699, en faveur de François Bodin, éc., s^{gr} de la Boucherie, Henri-Charles Bodin, éc., s^{gr} de la Touche, Abraham Bodin, éc., s^{gr} de Saint-Bris, Suzanne et Charlotte Bodin, demoiselles, par laquelle ils sont maintenus dans leur noblesse, et par laquelle il paraît que ledit Abraham avait épousé Marie Piniot.

Trois extraits de baptême des 4 février 1691, 25 mai 1692 et 25 juin 1694, par lesquels il paraît que Henri-Charles, François et Charles-Marie Bodin sont tous trois fils d'Abraham Bodin, compris dans la sentence ci-dessus, et de d^{lle} Marie Piniot, lesdits extraits délivrés le 29 juin 1715 par Grimaud, curé de Thouarsais, légalisés par le s^r de Cheusse, sénéchal, et contrôlés le 4 juillet 1715 par Legrand.

Ordonnance : Maintenus comme nobles et écuyers, et demoiselle, le 16 août 1715, signé : de Richebourg.

47

Les Sables

Claude BORGNET, éc., sr de la Vieille-Garnache.

Pièce justificative : Sentence de M. de Maupeou, du 30 avril 1700, qui maintient Claude Borgnet, éc., sr de la Vieille-Garnache, en sa noblesse.

Ordonnance : Maintenu comme noble et écuyer, le 17 août 1715, signé : de Richebourg.

48

Fontenay

Louise Turpault, veuve de René-Auguste DE BRÉMOND, éc., sgr de Vaudoré et autres lieux, demeurant à Montournois.

Pièces justificatives : Contrat de mariage, en date du 30 janvier 1699, de René-Auguste de Brémond, éc., sr de Vaudoré, avec d{lle} Louise Turpault, par lequel il appert qu'il est fils de Charles de Brémond, chev., sgr de Vaudoré, et de dame Marguerite Goulard, signé Nau et Rousseau, n{res}.

Ordonnance de M. de Maupeou, du 17 avril 1701, en faveur de Charles de Brémond, éc., sgr de Puymoré, Françoise-Angélique Mouillebert, veuve d'autre Charles de Brémond, et René-Auguste de Brémond, éc., sgr de Vaudoré, par laquelle ils sont maintenus en leur noblesse.

Ordonnance : Maintenue comme veuve de gentilhomme, le 20 août 1715, signé : de Richebourg.

49

Confolens

Jean DE BALLON, éc., sr de Ballon.

Pièce justificative : Sentence de M. de Maupeou, du 11 mars 1698, qui maintient Jean de Ballon, éc., sr dudit lieu, en sa noblesse.

Pièces non visées : Sentence de maintenue rendue par M. de Barentin le 22 novembre 1667.

Extrait de baptême dudit Jean de Ballon, du 4 novembre 1668.

Contrat de mariage du même Jean de Ballon, en date du 5 décembre 1693, signé Deroche, n^re.

Ordonnance : **Maintenu comme noble et écuyer, le 21 août 1715, signé : de Richebourg.**

Jacquette Chabot, veuve de Jacques DE BUTIGNY, éc., s^r de Chaume. *50*

Les Sables

Pièces justificatives : Contrat de mariage de Jacques de Butigny, éc., s^r de Chaume, avec d^lle Jacquette Chabot, du 20 février 1694, signé Jouneau et Beau, n^res.

Ordonnance de M. Doujat, intendant de Poitou, du 2 octobre 1706, qui maintient Jacques de Butigny, éc., s^r de Chaume, en sa noblesse.

Ordonnance : **Maintenue comme veuve de gentilhomme, le 23 août 1715, signé : de Richebourg.**

Paul-Bernard DE BESSAY, éc., s^gr dudit lieu. *51*

Fontenay

Pièces justificatives : Ordonnance de M. de Barentin, du 26 septembre 1667, qui maintient en sa noblesse François de Bessay, éc., s^r de Bessay, baron de Saint-Hilaire, comte de Traversay, lieutenant-général des armées du roi. Dans le vu des pièces de cette ordonnance est énoncé le contrat de mariage dudit François de Bessay avec d^lle Françoise de Béchillon.

Contrat de mariage, en date du 28 mai 1684, de Paul-Bernard de Bessay, chev., s^gr dudit lieu, avec d^lle Cécile de Brachechien, par lequel il paraît qu'il est fils de François de Bessay, chev., comte de Bessay, et de dame Françoise de Béchillon, signé Hillairet et Chaillou, n^res à Beaulieu-sous-la-Roche-sur-Yon.

Ordonnance : **Maintenu comme noble et écuyer, le 23 août 1715, signé : de Richebourg.**

51 (bis)   Paul-Bernard comte DE BESSAY, chev., s^{gr} dudit lieu (dénommé dans l'ordonnance qui précède).

Fontenay   Pièces justificatives : Contrat de mariage, en date du 28 avril 1594, de Jonas de Bessay avec d^{lle} Louise Chasteigner, par lequel il paraît qu'il est fils de Giron de Bessay et de dame Renée de Machecou, et que lesdits Giron et Jonas, père et fils, sont qualifiés de hauts et puissants seigneurs, signé Chauveau et Simoneau, n^{res}.

Contrat de mariage, en date du 7 novembre 1628, de Louis de Bessay avec d^{ll} Marie Regnaud, par lequel il paraît qu'il est fils de Jonas de Bessay et de dame Louise Chasteigner, et que lesdits Jonas et Louis, père et fils, sont qualifiés de hauts et puissants messires et chevaliers, signé Porcheron et Bougnin, n^{res}.

Contrat de mariage, en date du 10 juillet 1653, de François de Bessay avec d^{lle} Françoise de Béchillon, par lequel il paraît qu'il est fils de Louis de Bessay et de dame Marie Regnaud, et que lesdits Louis et François, père et fils, sont aussi qualifiés de hauts et puissants seigneurs, chevaliers, comtes de Bessay, conseillers du roi en ses Conseils d'État et maréchaux de camp en ses armées, signé Bibard et Vrignault, n^{res}.

Contrat de mariage, en date du 28 mai 1684, de Paul-Bernard de Bessay avec d^{lle} Cécile de Brachechien, par lequel il paraît qu'il est fils de François de Bessay, lieutenant général des armées du roi, et de dame Françoise de Béchillon, et que lesdits François et Paul-Bernard, père et fils, sont de même qualifiés de hauts et puissants seigneurs, messires, chevaliers, signé Hillairet et Chaillou, n^{res}.

Ordonnance de M. de Barentin, du 26 septembre 1667, intervenue en faveur de François de Bessay, dans le vu des pièces de laquelle sont énoncés les contrats ci-dessus, sans qu'il ait été fait mention des titres et qualités qui y sont appliqués auxdits sieurs contractants, et sur laquelle la filiation dudit Paul-Bernard de Bessay a été faite et l'ordonnance du 23 août dernier intervenue avec le titre d'écuyer, ce qui ne pouvait être ordonné autrement, faute d'avoir représenté les contrats de mariage ci-dessus.

Ordonnance : **Maintenu dans le droit de prendre la qualité de chevalier, le 21 octobre 1715, signé : de Richebourg.**

Joseph BERTHELIN, chev., s^{gr} de Montbrun et de Lathus,

Jacquette (*aliàs* Marie-Jacquette-Françoise) BERTHELIN, demoiselle, sa tante.

Pièces justificatives : Assignation donnée le 27 septembre 1576 à Jean Berthelin, éc., s^{gr} d'Aiffres, à la requête du procureur du roi de Niort, pour comparoir à l'assemblée des trois Etats du ressort de Niort, signé Fourestier.

Epitaphe, tirée de l'église de Saint-Jacques de Châtellerault, de Jacques Berthelin, éc., s^{gr} de Romagné, par laquelle il est dit fils de Jean et de Pétronille Magnier, du 6 novembre 1586, délivrée le 24 mars 1675 par Michel Gauvain, vicaire audit Saint-Jacques, et Papillaud, fabriqueur.

Acte d'émancipation de Michel Berthelin, éc., s^{gr} de la Pérotière, par lequel il paraît qu'il est fils de Jacques ci-dessus et de défunte Catherine Bruneau, en date du 21 août 1618, signé par signification Frédéric.

Sentence du sénéchal de Châtellerault, rendue le 26 août 1626, qui ordonne partage des biens délaissés par le décès de Jean et de Jacques Berthelin entre Michel et Jacques Berthelin, neveux dudit Jean et fils dudit Jacques, signé Faulcon, greffier.

Partage noble, du 26 août 1626, fait en conséquence de la sentence ci-dessus, entre Michel et Jacques Berthelin, signé Faulcon, greffier, et Robin.

Contrat de mariage, en date du 19 août 1627, de Michel Berthelin, éc., s^r d'Aiffres et de Romagné, avec d^{lle} Marie Pastureau, par lequel il paraît qu'il est fils de Jacques Berthelin, éc., s^r de la Pérotière et du Vergier-Gazeau, et de d^{lle} Catherine Bruneau, signé Esserteau et Augier, n^{res}.

Lettre de M. de Parabère, adressée audit s^{gr} d'Aiffres le 28 mai 1635, avec l'extrait du rôle du ban et arrière-ban, de se tenir prêt pour le service du roi.

Ordonnance de M. René de Voyer d'Argenson, intendant des provinces de Poitou, Saintonge, Angoumois et Aunis, qui décharge Michel Berthelin d'une taxe de 60 livres faite sur une maison et métairie nobles à lui appartenant, pour l'exemption du ban et arrière-ban, attendu sa qualité de noble, ladite ordonnance du 13 juin 1644.

Sentence de M. de Barentin, du 10 septembre 1667, qui maintient Jacques Berthelin, éc., s^r de Romagné, fils de Michel ci-dessus, en sa noblesse, ainsi que Marie Pastureau, sa mère.

Contrat de mariage, en date du 16 décembre 1650, de Jacques Berthelin, éc., s^{lle} de Romagné, avec d^{lle} Françoise de Cerizier, par lequel il paraît qu'il est fils aîné de Michel Berthelin, chev., s^{gr} d'Aiffres, et de dame Marie Pastureau, signé Levasseur et Bourbeau, n^{res}.

Partage noble des biens de Michel Berthelin et de Marie Pastureau, sa femme, fait par eux-mêmes en faveur de leurs enfants, le 15 septembre 1663, signé Jousseaulme et Arnaudeau, n^{res}.

Ordre de M. de la Vieuville, adressé le 28 juillet 1674 à Jacques Berthelin, s^r d'Aiffres, commandant l'escadron de la noblesse qui était à Talmont, d'en partir pour se rendre à Olonne.

Partage noble des biens de Jacques Berthelin et de Françoise Cerizier, sa femme, fait le 27 janvier 1685, entre Simon, François, Pierre, Marie-Jacquette-Françoise et Radégonde Berthelin, leurs enfants, signé Lhuilier, n^{re}.

Contrat de mariage, en date du 31 janvier 1682, de Simon Berthelin, chev., seigneur châtelain du Cluzeau et de Lathus, capitaine de cavalerie dans le régiment de la Reine, avec d^{lle} Marguerite de Cieutat (*aliàs* de Siotat), par lequel il paraît qu'il est fils de Jacques et de Françoise Cerizier, signé Carrière, n^{re} de la ville de Villeneuve en Agenois.

Certificat de M. le duc de Noailles, attestant que Simon Berthelin a servi avec distinction comme capitaine au régiment de la Reine, donné au camp de Boulon, le 30 juin 1689.

Extrait de baptême, du 15 octobre 1690, de Joseph Berthelin, par lequel il paraît qu'il est fils de Simon ci-dessus et de

Marguerite Cieutat, délivré le 20 août 1715 par Augier, curé de Saint-Martial de Montmorillon, légalisé par Vrignaud de la Vergne, cons^{er} à Montmorillon, et contrôlé par Legrand.

Pièce non visée : Catalogue des gentilshommes de la sénéchaussée de Montmorillon qui ont servi au ban en l'année 1674, par lequel il paraît que Jacques Berthelin (époux de Françoise de Cerizier) a été nommé commandant des gentilshommes servant au ban, signé d'eux au nombre de plus de quarante à cinquante.

Ordonnance : Maintient Joseph Berthelin comme noble et écuyer, et Jacquette Berthelin comme demoiselle et fille de noble, le 24 août 1715, signé : de Richebourg.

Jacques DE BLACVOD, éc., s^r de Frozes, tant pour lui que pour Claude-Jacques, François-Marie, Etienne-Nicolas et Simon-François DE BLACVOD, ses enfants.

Poitiers

Pièces justificatives : Acte des maire, pairs et échevins de la ville de Poitiers, portant nomination de la personne d'Adam Blacvod pour l'un des vingt-cinq échevins de ladite ville, en date du 8 janvier 1593, signé Minreau, secrétaire.

Contrat de mariage d'Adam de Blacvod, cons^{er} au siège présidial de Poitiers, avec d^{lle} Marie Courtinier, en date du 31 mai 1576, signé Peyraud.

Contrat de mariage de Jacques de Blacvod, éc., cons^{er} au même présidial, avec d^{lle} Robinette Provost, par lequel il paraît qu'il est fils d'Adam de Blacvod, éc., s^r de Frozes, cons^{er} honoraire audit présidial et échevin à Poitiers, et de dame Marie Courtinier, en date du 20 décembre 1612, signé Aubineau et Doré, n^{res}.

Contrat de mariage de Jacques de Blacvod, chev., s^{gr} de Frozes, avec d^{lle} Françoise Dreux, par lequel il paraît qu'il est fils de Jacques de Blacvod, s^{gr} de Frozes, cons^{er} au présidial de Poitiers, et de dame Robinette Provost, en date du 18 décembre 1655, signé Bourbeau et Marrot, n^{res} à Poitiers.

Contrat de mariage de Jacques de Blacvod, chev., s^{gr} de Frozes, avec d^{lle} Anne Le Roy, par lequel il paraît qu'il est fils de Jacques de Blacvod ci-dessus et de Françoise Dreux, en date du 25 avril 1690, signé Péronnet et Mercier, n^res à Poitiers.

Quatre extraits de baptême, le premier de Claude-Jacques de Blacvod, né le 30 mai 1691 et baptisé le 10 juillet 1692, le second de François-Marie de Blacvod, du 10 juillet 1692, le troisième d'Etienne-Nicolas de Blacvod, du 20 août 1695, et le quatrième de Simon-François de Blacvod, du 6 mai 1701, par lesquels il paraît qu'ils sont tous enfants de Jacques de Blacvod, chev., s^gr de Frozes, et de dame Françoise-Anne Le Roy, lesdits extraits délivrés le 17 décembre 1714 par Guinard, curé de Saint-Porchaire de Poitiers, et contrôlés à Poitiers par Legrand.

Pièces non visées : Patentes en latin par lesquelles il appert que Jacques, par la grâce de Dieu roi d'Ecosse, fils de Marie, aussi par la grâce de Dieu reine d'Ecosse, douairière de France, duchesse de Touraine et comtesse de Poitou, donne procuration générale à son cher serviteur Mre Adam de Blacvod, Ecossais, conseiller au présidial de Poitiers, pour gérer et administrer tous les biens et droits à lui appartenant à cause de ladite dame sa mère, ainsi qu'il faisait du vivant de celle-ci, lesdites lettres patentes données à Edimbourg le 1er septembre de l'an 1587 et de notre règne le vingt et unième, signées Jacques et scellées du grand sceau d'Ecosse.

Patentes aux mêmes fins que dessus par le même Jacques, par la grâce de Dieu roi d'Ecosse, audit Adam de Blacvod, données à Edimbourg le 1er août de l'an 1602 et de notre règne le trente-cinquième, signées Jacques et scellées du grand sceau de cire rouge sous lacs de soie d'or et rouge.

Patentes du roi Henri, par la grâce de Dieu roi de France et de Navarre, par lesquelles il veut que son cher féal conseiller au présidial de Poitiers, Adam de Blacvod, en conséquence des procurations à lui accordées par son cher frère roi d'Ecosse, jouisse et exerce de l'effet desdites procurations, lesdites lettres patentes données à Paris le 25e jour de janvier l'an 1603, signées Henry, Par le roi, Forget, et scellées du grand sceau.

Lettres de présentation faite par Marie, par la grâce de Dieu Reine d'Ecosse, douairière de France, comtesse de Poitou, à l'office de conseiller au présidial de Poitiers vacant par le décès de Philippe Derazes, de la personne de Mre Adam de Blacvod, données à Paris le 21 avril 1575, signées, Par la reine d'Ecosse, douairière de France, Davelour, et scellées.

Provisions accordées par le roi Henri, roi de France et de Pologne, de l'état et office de conseiller, en faveur dudit Adam de Blacvod, sur la nomination de ladite dame reine d'Ecosse, signées Henry, Par le Roi, Fizes, et scellées, en date du 10 mai 1575, avec la prestation de serment, signée Du Tillet.

Trois autres pièces relatives à la même affaire, savoir : 1° Lettre de jussion au Parlement pour recevoir ledit Adam de Blacvod, en date du 30 juillet 1575, signée, Par le Conseil, de Beauvais, et scellée ; 2° Acte de réception au Parlement, du 31 août 1575, signé Dehoux ; 3° Enregistrement au Bureau des finances à Poitiers le 3 mars 1576, signé Courtinier.

Inventaire des titres produits devant M. de Barentin et M. Pinet, lors commissaires pour la recherche des faux nobles, signé par eux.

Dire du produisant : Deux de ses fils, Claude-Jacques et François-Marie de Blacvod, sont actuellement lieutenants au régiment d'Aunis.

Ordonnance : **Maintenus comme nobles et écuyers, le 28 août 1715, signé : de Richebourg.**

Charlotte Guilbaud, veuve de Jacques DE BRÉMOND, éc., s^r de Clavière, demeurant à Poitiers, paroisse de Saint-Didier,

Louis-Jacques, Marie-Charlotte, Thérèse-Charlotte et Marie-Radégonde DE BRÉMOND, ses enfants.

54

Poitiers

Pièces justificatives : Ordonnance de M. de Barentin en faveur d'Antoine de Brémond, éc., s^r de Belleville, par laquelle il est maintenu dans la qualité de noble et écuyer, en date du 31 décembre 1667.

Contrat de mariage de Jacques de Brémond, éc., s^r de Clavière, avec d^lle Charlotte Guilbaud, par lequel il paraît qu'il est fils d'Antoine de Brémond, éc., s' de Clavière, dénommé dans l'ordonnance de M. de Barentin, et de dame Marie Aubry, en date du 12 septembre 1689, signé Vezien et Charaudeau, n^res à Poitiers.

Ordonnance de M. de Maupeou, qui maintient ledit Jacques de Brémond, éc., s^r de Clavière, en sa noblesse, en date du 22 février 1698.

Quatre extraits de baptême, en date des 11 janvier 1692, 8 mars 1697, 22 juillet 1698 et 22 juin 1701, par lesquels il paraît que Marie-Charlotte, Thérèse-Charlotte, Louis-Jacques et Marie-Radégonde de Brémond sont tous quatre enfants de Jacques de Brémond, éc., s^r de Clavière, et de dame Charlotte Guilbaud, délivrés les 2 mars et 30 juillet 1715 par Devieillechèze, curé de Saint-Didier, contrôlés le 1er septembre 1715 par Legrand.

Ordonnance : Maintenus dans les privilèges, honneurs et exemptions attribués aux gentilshommes du royaume, le 3 septembre 1715, signé : de Richebourg.

55

Poitiers

René DE BLOM, éc., s^r de Maugué,
Gabriel DE BLOM, éc.,
François DE BLOM, éc.,
 tous les trois frères.

Pièces justificatives : Contrat de mariage de Christophe de Blom, éc., s^gr de Maugué, avec d^lle Elisabeth de Mallevault, en date du 9 juin 1592, signé Gaudin et Joubert, n^res.

Contrat de mariage de René de Blom, éc., s^r de Chambon, avec d^lle Marie Mareschau, par lequel il paraît qu'il est fils de Christophe de Blom ci-dessus et de dame Elisabeth Mallevault, en date du 2 juin 1619, signé Pichard.

Transaction en forme de compte de tutelle rendu par Marie Mareschau, veuve de René de Blom, jusqu'à son convol en secondes noces avec Gaspard de Blom, éc., s^r de la Bonnetière, à Louis de Blom, éc., s^r de Maugué, son fils aîné, Florent de Blom, éc., s^r de la Cluzaudière, René de Blom, éc., sr des Crouzilles, et d{lle} Gabrielle de Blom, ses autres enfants, en date du 10 mai 1656, signé Papaud et Pichon, n{res}.

Acte passé devant notaires à Angers en forme de quittance, par lequel il paraît que Louis de Blom, éc., sr de Maugné, avait épousé d{lle} Louise Jouet, et que ladite quittance a été consentie par Jacques Jouet, se faisant fort dudit Louis de Blom et de ladite Louise Jouet, sa femme, en date du 20 avril 1667, signé Dupin et Drouin, n{res}.

Acte en forme de transaction entre Louis de Blom, éc., sr de Maugué, Louise Jouet, sa femme, et autres, du 15 juillet 1681, signé Drouin, n{re}.

Contrat de mariage de René de Blom, éc., sr de Maugué, avec d{lle} Françoise-Diane Pelisson, par lequel il paraît qu'il est fils de Louis de Blom ci-dessus et de dame Louise Jouet, en date du 4 février 1698, signé Decressac et Bourbeau, n{res}.

Deux extraits de baptême, le premier de Gabriel de Blom, du 20 mars 1673, le second de François de Blom, du 7 avril 1677, par lesquels il paraît qu'ils sont fils de Louis de Blom, éc., sr de Maugué, et de dame Louise Jouet, délivrés le 15 février 1715 par Nau, curé de Marnay, contrôlés à Poitiers par Legrand.

Dire des produisants : La noblesse des de Blom a commencé dès l'année 1488. Une sentence rendue par M. Claude Malon de Gay et une autre rendue par le président de l'Election de Poitiers les ont maintenus dans leur noblesse.

Ordonnance : Maintenus comme nobles et écuyers, le 23 septembre 1715, signé : de Richebourg.

René BÉJARRY, éc., sr du Poiron.

Pièces justificatives : Ordonnance de M. de Barentin en faveur d'Alexandre-Frédéric, Policrate, Josué, Antipas, Jonathan, Marie et Françoise Béjarry, enfants de Jacques Béjarry, éc., sr de la Louherie, par laquelle ils sont maintenus en la qualité de nobles et d'écuyers, en date du 31 août 1667. Dans le vu des pièces sont énoncés le contrat de mariage de Samuel Béjarry, éc., sr de la Louherie, avec dlle Suzanne Dubreuil, et le contrat de mariage de Jacques Béjarry, sr de la Louherie, avec dlle Marie Durcot, par lequel il paraît qu'il est fils de Samuel Béjarry et de Suzanne Dubreuil.

Contrat de mariage de Louis Béjarry, qualifié de noble, haut et puissant, sr de Saint-Vincent, avec dlle Catherine Thomas, par lequel il paraît qu'il est fils de Samuel Béjarry, sr de la Louherie, et de dlle Suzanne Dubreuil, en date du 15 mai 1631, signé Gaudineau, nre à Sainte-Hermine.

Transaction en forme de partage des biens de Louis Béjarry, éc., sr de Saint-Vincent, et de Catherine Thomas, entre René Béjarry, éc., sr du Petit-Poiron, et Samuel Béjarry, leurs enfants, par lequel il paraît que ledit René Béjarry a eu, en qualité d'aîné, les préciputs et avantages de la Coutume, en date du 30 août 1702, signé Duval et Merland, nres à la Chaize-le-Vicomte.

Pièces non visées : Arrêt de MM. les commissaires généraux députés par le roi, en date du 22 avril 1694, qui confirme la sentence de M. de Barentin au profit de Policrate Béjarry, éc., sr de la Louherie, et le décharge d'une taxe de 4.000 livres d'une part, de 600 livres d'autre part, et des deux sols pour livre.

Contrat de partage des biens de la succession de Policrate Béjarry ci-dessus entre dame Marie-Anne Descars, sa veuve, René Béjarry, éc., sr du Poiron, et les autres héritiers du défunt, passé le 21 août 1711 par Boutenille, nre à Sainte-Hermine.

Ordonnance : **Maintenu comme noble et écuyer, le 1er octobre 1715, signé : de Richebourg.**

---

57 — Jeanne Hersant, veuve d'Etienne BERTINEAU, éc., sr de Saint-Eloi, de la paroisse de Brûlain.

Niort

Pièces justificatives: Ordonnance de M. Begon, intendant de la Rochelle, en faveur de Jean Bertineau, éc., sr de Saint-Eloi, par laquelle il est maintenu en la qualité de noble et d'écuyer, en date du 2 juin 1701. Dans le vu des pièces est énoncé le contrat de mariage de Gilles Bertineau, éc., sr de Saint-Eloi, avec d^lle Renée Couillaud (père et mère dudit Jean Bertineau).

Contrat de mariage d'Etienne Bertineau, éc., s^r de Saint-Eloi, avec dame Jeanne Hersant, par lequel il paraît qu'il est fils (cadet) de Gilles Bertineau et de Renée Couillaud, en date du 26 juin 1688, signé Roy et Girard, n^res.

Ordonnance : Maintenue dans les privilèges de la noblesse, le 25 septembre 1715, signé : de Richebourg.

Samuel DE BRUSSE, chev., s^gr de la Bonninière, paroisse d'Usseau, sous-lieutenant dans les gardes françaises, demeurant à Paris,

Louis DE BRUSSE, chev., s^gr de Montbrard, y demeurant, paroisse d'Avrigny.

58

Châtellerault

Pièces justificatives : Lettres patentes en latin, du mois de juillet 1633, accordées par Charles, roi d'Ecosse et d'Angleterre, à Adam Brusse, qualifié de seigneur de Walton, par lesquelles il paraît qu'il était fils d'Antoine de Brusse, s^gr de Walton, et de Jeanne Leichman, lequel Antoine était descendu de Thomas de Brusse, s^gr de Larbert Scheils, et de Marie Drummond, lequel Thomas était descendu d'un autre Thomas de Brusse, aussi s^gr de Larbert Scheils, et d'Elisabeth Auchemontie, et que la généalogie dudit Adam de Brusse est très ancienne et que ses prédécesseurs avaient été honorés de la dignité de chevalier. Au dos est écrit : Par moi Jean Pierre, scribe, par le sceau royal, signé Jean Peter, et scellé.

Extrait tiré du 5e volume des registres du greffe des insinuations de la sénéchaussée de Poitiers, par lequel il paraît que le contrat de mariage d'Adam Brusse, éc., s^r de Walton, avec d^lle Eve-Marie d'Harman est écrit tout au long audit registre, et que ledit Adam était fils d'Antoine Brusse, éc., s^r de Walton, et de dame Jeanne de Leichman, en date du 13 décembre 1626, signé Barbier, greffier.

Lettres patentes de déclaration de naturalité accordées par le roi à Adam Brusse, éc., s^r de Walton, natif de la province de

Sterling en Ecosse, en date du 20 juin 1634, signées sur le repli, Par le roi en son Conseil, Dequesne, scellées et registrées en la Chambre des comptes.

Contrat de mariage d'Henri de Brusse, chev., s^{gr} du Terra, avec d^{lle} Claude Pierre, par lequel il paraît qu'il est fils d'Adam de Brusse, chev., s^{gr} de Walton, et de dame Eve-Marie d'Harman, en date du 26 novembre 1651, signé Ducoudray, n^{re}.

Contrat de mariage de Daniel-Charles de Brusse, chev., s^{gr} de la Bonninière, avec d^{lle} Catherine Fallaizeau, par lequel il paraît qu'il est fils d'Henri de Brusse, chev., s^r du Terra, et de dame Claude Pierre, en date du 16 avril 1676, signé Tallu et d'Agennes, n^{res} au Châtelet.

Acte de tutelle et curatelle, fait devant M. le lieutenant civil du Châtelet à Paris, de Samuel et Louis de Brusse, par lequel il paraît qu'ils sont enfants de Daniel-Charles de Brusse ci-dessus et de Catherine Fallaizeau, en date du 26 février 1700, signé Sergent.

Lettres de bénéfice d'âge accordées à Samuel de Brusse, Catherine, Gabrielle et Suzanne de Brusse, par lesquelles il paraît qu'ils sont enfants desdits Daniel-Charles de Brusse et Catherine Fallaizeau, en date dn 20 janvier 1700, signé, Par le roi, Courret.

Ordonnance : Maintenus comme nobles et écuyers, le 5 octobre 1715, signé : de Richebourg.

---

59 Séraphin BEUFVIER, éc., s^{gr} des Pallignies, grand sénéchal du Poitou.

Fontenay Pièces justificatives : Ordonnance de M. de Barentin en faveur de d^{lle} Anne Duchaffault, veuve d'Hilaire Beufvier, éc., s^r des Pallignies, ayant la garde noble de ses enfants mineurs, par laquelle elle est maintenue, ainsi que ses enfants, dans la qualité de noble et d'écuyer, en date du 23 septembre 1667.

Extrait de baptême, du 17 août 1654, de Séraphin Beufvier, fils de Hilaire Beufvier, éc., s^r des Pallignies, et d^{lle} Anne Duchaffault, délivré par Ayrault, prieur de Sainte-Gemme des Bruères.

Contrat de mariage de Séraphin Beufvier, chev., s^gr des Pallignies, fils d'Hilaire Beufvier, et de dame Anne Duchaffault, avec d^lle Catherine-Henriette de Béchillon, du 8 décembre 1681, signé Landriau et Besson, n^res.

Ordonnance : **Maintenu comme noble et écuyer, le 19 octobre 1715, signé : de Richebourg.**

Louis BARRAULT, éc., s^r de la Rivière,
Jeanne-Charlotte, Céleste-Renée, Henriette-Rose-Suzanne, et Louise-Suzanne BARRAULT, sœurs,
Henriette-Céleste BARRAULT,
Suzanne BARRAULT.

60

Fontenay

Pièces justificatives : Ordonnance de M. de Barentin en faveur de Pierre Barrault, éc., s^r de la Rivière, dame Judith de Bessay, veuve de Charles Barrault, et Pierre Barrault, éc., s^r de la Longeais, par laquelle ils sont maintenus dans la qualité de nobles et écuyers, en date du 29 août 1667. Dans le vu des pièces se trouve énoncé le contrat de mariage dudit Pierre Barrault, éc., s^r de la Rivière, avec d^lle Jeanne Palleus.

Contrat de mariage de Louis Barrault, éc, s^r de la Rivière, avec d^lle Jeanne de Bessay, par lequel il paraît qu'il est fils de Pierre Barrault, éc., et de dame Jeanne Palleus, en date du 25 avril 1683, signé Thibault et Foucher, n^res.

Contrat de partage des biens de Pierre Barrault, éc., s^r de la Rivière, et de dame Jeanne Palleus, entre Alexandre-Benjamin Barrault, éc., s^r de la Longeais, et Louis Barrault, éc., s^r de la Rivière, par lequel il paraît qu'ils sont enfants de Pierre Barrault et de Jeanne Palleus, et que Louis, comme aîné, a eu les préciputs et avantages de la Coutume, en date du 26 mars 1696, signé Train, n^re.

Contrat de mariage d'Alexandre-Benjamin Barrault, éc., s^r de la Longeais, avec d^lle Marie Girard, par lequel il paraît qu'il est fils de Pierre Barrault, éc., s^r de la Rivière, et de dame Jeanne Palleus, en date du 8 février 1701, signé Gaudin, n^re.

Quatre extraits de baptême : le 1er de Jeanne-Charlotte Barrault, du 7 octobre 1703 ; le 2ᵉ de Céleste-Renée Barrault, du 3 novembre 1704 ; le 3ᵉ d'Henriette-Rose-Suzanne Barrault, du 19 décembre 1708 ; le 4ᵉ de Louise-Suzanne Barrault, du 15 novembre 1707, par lesquels il paraît qu'elles sont filles d'Alexandre-Benjamin Barrault, éc., sʳ de la Longeais, et de dame Marie Girard ; délivrés le 9 août 1715 par Angevin, prêtre, vicaire de Notre-Dame de Fontenay, légalisés par le sʳ Moriceau, subdélégué audit Fontenay, et contrôlés à Poitiers par Legrand.

Extrait de baptême d'Henriette-Céleste Barrault, du 30 janvier 1702, par lequel il paraît qu'elle est fille de Louis Barrault, éc., sʳ de la Rivière, et de dame Jeanne de Bessay, délivré le 9 août 1715 par ledit Angevin, contrôlé comme ci-dessus.

Contrat de mariage de Louis Barrault, éc., sʳ de la Grange, avec dˡˡᵉ Suzanne Carret, par lequel il paraît qu'il est fils de Charles Barrault, éc., sʳ de la Rivière, et de Judith de Bessay, dénommée dans l'ordonnance de M. de Barentin, en date du 23 novembre 1673, signé Train, nʳᵉ.

Extrait de baptême de Suzanne Barrault, du 17 avril 1674, par lequel il paraît qu'elle est fille de Louis Barrault, éc., ci-dessus, et de dame Suzanne Carret, délivré le 16 juillet 1715 par Joubert, curé de Mervent, contrôlé à Poitiers par Legrand.

Ordonnance : Maintenus comme nobles, écuyers et filles de nobles, le 26 octobre 1715, signé : de Richebourg.

Les Sables

61   Alexandre BUOR, éc., sʳ de la Jousselinière.

Pièces justificatives : Ordonnance de M. de Maupeou, du 5 octobre 1699, en faveur d'Alexandre Buor, éc., sʳ de la Jousselinière, par laquelle il est maintenu dans les privilèges de la noblesse.

Contrat de mariage d'Alexandre Buor, éc., sᵍʳ de la Jousselinière, fils d'Hélie Buor, éc., sʳ de Villeneuve, et de Mathurine Darcemale, avec dˡˡᵉ Catherine-Suzanne de Montsorbier, en date du 25 août 1671, signé Béjard, nʳᵉ.

Contrat de mariage d'autre Alexandre Buor, chev., sᵍʳ de la

Jousselinière (produisant, dénommé dans l'ordonnance de M. de Maupeou), avec d^{lle} Madeleine-Louise Gazeau, par lequel il paraît qu'il est fils d'Alexandre Buor ci-dessus et de dame Catherine-Suzanne de Montsorbier, en date du 22 février 1709, signé Bosseau et Daniel, n^{res}.

Pièces non visées : Sentence de M. de Barentin, du 24 septembre 1667, rendue au profit d'Hélie Buor, éc., s^r de Villeneuve, époux de Mathurine Darcemale.

Extrait baptistaire d'Alexandre Buor, produisant, du 6 décembre 1677, signé Etienne Goichon, prêtre, curé d'Aizenay.

Ordonnance : Maintenu comme noble et écuyer, le 8 décembre 1715, signé : de Richebourg.

Joseph BARBARIN, éc., s^r de la Rye.

62

Pièces justificatives : Ordonnance de M. de Richebourg en faveur de Marie-Anne Divé, veuve de Pierre Barbarin, chev., s^{gr} de Joussé ; Paul, Pierre, Marie et Joachim-François Barbarin, éc^{rs}, ses enfants ; Joseph-Dominique Barbarin, éc., frère dudit Pierre, s^{gr} de Joussé ; Marie-Michelle de Saint-Martin, veuve de Pierre Barbarin, éc., s^{gr} du Bost ; Guillaume-Alexandre et Pierre Barbarin, éc^{rs}, enfants dudit Pierre Barbarin, s^{gr} du Bost, et de d^{lle} Marie-Michelle de Saint-Martin, par laquelle ils sont tous maintenus en la qualité de nobles et écuyers, en date du 26 mars 1715. Dans le vu des pièces est énoncé le contrat de mariage d'Isaac Barbarin, éc., s^{gr} de Mondenault, avec d^{lle} Jeanne Papon, en date du 7 novembre 1655.

Poitiers

Contrat de mariage de Joseph Barbarin, éc., s^r de la Rye, avec d^{lle} Madeleine Bonin, par lequel il appert qu'il est fils d'Isaac Barbarin ci-dessus et de dame Jeanne Papon, en date du 30 mai 1698, signé Peronnet, n^{re}.

Pièce non visée : Extrait baptistaire de Joseph Barbarin, produisant, en date du 21 novembre 1666, signé Guyot, curé du Vigean.

Dire du produisant : Il est frère puîné de feu Pierre Barbarin, s^r du

Bost, dénommé dans l'ordonnance de M. de Richebourg du 26 mars dernier. (Voir B 20 ci-dessus).

Ordonnance : Maintenu comme noble et écuyer, le 9 décembre 1715, signé : de Richebourg.

63

Niort

Jacques BROCHARD, chev., s^{gr} de Salidieu.

Pièces justificatives : Ordonnance de M. de Richebourg en faveur de Charles-Jacques Brochard, chev., s^{gr} de la Rochebrochard, et de Gabrielle-Radégonde de Maroys, veuve de Charles Brochard, s^{gr} de la Rochebrochard, ses père et mère, par laquelle ils sont maintenus comme noble et écuyer et comme veuve de gentilhomme, en date du 13 juin 1715. Dans le vu des pièces sont rapportés : 1° le contrat de mariage de Charles Brochard, éc., s^{gr} de la Roche, avec d^{lle} Marguerite Barillon, énoncé dans l'ordonnance de M. de Barentin ; 2° le contrat de mariage d'autre Charles Brochard, chev., s^{gr} de la Rochebrochard, avec d^{lle} Gabrielle-Radégonde de Maroys.

Extrait de baptême de Jacques Brochard, du 6 novembre 1669, par lequel il appert qu'il est fils de Charles Brochard, éc., s^r de la Roche, et de dame Marguerite Barillon, délivré le 28 juin 1693 par Michaud, curé de Béceleuf, contrôlé par Legrand.

Ordonnance : Maintenu comme noble et écuyer, le 3 janvier 1716, signé : de Richebourg.

64

Châtellerault

Isaac DE BEAUREGARD, éc., s^r des Effes.

Pièces justificatives : Contrat de mariage de Gaspard de Beauregard, éc., avec d^{lle} Marguerite Dupuy, en date du 15 juin 1578, signé Pelletier et Bounier, n^{res}.

Sentence de MM. les commissaires nommés par le roi pour le régalement des tailles en Poitou, par laquelle ledit Gaspard de Beauregard est renvoyé de l'assignation à lui donnée pour justifier de sa noblesse, en date du 19 novembre 1598, signé de Sainte-Marthe et Desairs.

Contrat de mariage de René de Beauregard, éc., sʳ de Champnois, avec dˡˡᵉ Jeanne de Bonestat, par lequel il paraît qu'il est fils de défunt Gaspard ci-dessus et de dame Marguerite Dupuy, en date du 30 juin 1623, signé Charet, nʳᵉ.

Contrat de partage des biens desdits Gaspard de Beauregard et Marguerite Dupuy entre René et Pierre de Beauregard, leurs enfants, en date du 15 janvier 1630, signé Pinault, nʳᵉ.

Partage des biens de la succession de René de Beauregard, éc., sʳ de Champnois, ci-dessus, entre Pierre de Beauregard, éc., sʳ de Champnois, et Madeleine de Beauregard, ses enfants, par lequel il paraît que ledit Pierre, en qualité d'aîné, a eu les préciputs et avantages de la Coutume, en date du 17 janvier 1653, signé Deroles et Savin, nʳᵉˢ.

Contrat de mariage d'Isaac de Beauregard, éc., sʳ de Champnois, produisant, avec dˡˡᵉ Marie Mousnier, par lequel il appert qu'il est fils de Pierre ci-dessus et de Jacqueline Dupin, en date du 1ᵉʳ janvier 1695, signé Laglaine, nʳᵉ, insinué au greffe de Châtellerault.

Ordonnance : **Maintenu comme noble et écuyer, le 9 janvier 1716, signé : de Richebourg.**

Daniel BACONNET, éc., sʳ de la Bouige,
Daniel BACONNET, éc., sʳ de la Rode, son neveu, mineur.

65

Poitiers

Pièces justificatives : Ordonnance de M. de Barentin en faveur d'Isaac et François Baconnet, éc.ʳˢ, sʳˢ de la Bouige et de la Rode, par laquelle ils sont maintenus en qualité de nobles et écuyers, en date du 9 septembre 1667.

Contrat de mariage de François Baconnet, éc., sʳ de la Rode, fils de Pierre Baconnet, éc., sʳ de la Bouige, et de dame Françoise Savatte, avec dˡˡᵉ Catherine de Sornin, du 17 avril 1657, signé Pinault, nʳᵉ.

Contrat de mariage de Jean Baconnet, éc., sʳ de la Rode, avec dˡˡᵉ Anne Négrier, par lequel il paraît qu'il est fils de François Baconnet, éc., sʳ de la Rode, et de dame Catherine de Sornin.

Contrat de mariage en secondes noces dudit Jean Baconnet, veuf de d[lle] Anne Négrier, avec d[lle] Marie de la Porte, en date du 9 novembre 1703, signé Desmazeau.

Acte de curatelle de Daniel Baconnet, fils de défunt Jean Baconnet, éc., s[r] de la Rode, et de d[lle] Anne Négrier, par lequel il paraît que Daniel Baconnet, éc., s[r] de la Bouige, était frère dudit Jean, et qu'il a été élu curateur à la personne et aux biens dudit Daniel, son neveu, en date du 6 octobre 1704, signé Surrault, greffier de Lussac-le-Château.

Ordonnance : Maintenus comme nobles et écuyers, le 10 janvier 1716, signé : de Richebourg.

---

66   Etienne-François BOYNET, chev., s[gr] du Pin de la Fremaudière.

Poitiers   Pièces justificatives : Contrat de mariage de Louis Boynet, éc., s[gr] du Treuil, avec d[lle] Elisabeth de Contour, du 21 septembre 1584, signé Cothereau et Dutrat, n[res] au Châtelet de Paris.

Contrat de mariage de Louis Boynet, éc., s[gr] du Pin de la Fremaudière, avec d[lle] Marie Mauvoisin, par lequel il paraît qu'il est fils de Louis Boynet ci-dessus et de d[lle] Elisabeth de Contour, en date du 22 janvier 1621, signé Porcheron, n[re].

Contrat de mariage de François Boynet, éc., s[r] de la Fremaudière, fils de Louis Boynet ci-dessus et de défunte Marie Mauvoisin, avec d[lle] Suzanne Bernardeau, du 4 décembre 1648, signé Babinet et Martin, n[res].

Contrat de mariage de Louis-François Boynet, éc., s[r] de la Fremaudière, fils de feu François ci-dessus et de dame Suzanne Bernardeau, avec d[lle] Anne Boynet, du 27 juin 1670, signé Royer et Rullier, n[res].

Contrat de mariage d'Etienne-François Boynet, chev., s[gr] du Pin de la Fremaudière, fils de Louis-François ci-dessus et de dame Anne Boynet, avec d[lle] Marie-Lucrèce de la Myre de la Motte, du 20 mars 1704, signé Prieur et Lemaistre, n[res] au Châtelet de Paris.

Ordonnance : **Maintenu comme noble et écuyer, le 11 janvier 1716, signé : de Richebourg.**

Charles DE BROUILHAC, éc., s^gr de Saint-Martin et de la Mothe-Contais, paroisse de Saint-Maurice de Gençais.   67

Pièces justificatives : Contrat de mariage de René de Brouilhac, éc., s^r de la Mothe, avec d^lle Renée Sapinault, du 21 février 1582, signé Dunoyer et Chauvet, n^res à Civray.   *Poitiers*

Contrat de mariage de François de Brouilhac, éc., s^r de la Mothe, fils de défunt René ci-dessus et de d^lle Renée Sapinault, avec d^lle Louise Bonnin, en date du 3 octobre 1611, signé Thiaudière et Guille, n^res à Gençais.

Contrat de mariage de Jacques de Brouilhac, éc., s^r de Contais, fils de François ci-dessus et de défunte Louise Bonnin, avec d^lle Anne Gaborit, en date du 24 février 1639, signé Jouanne et Aubineau, n^res à Poitiers.

Contrat de mariage de Charles de Brouilhac, éc., s^gr de la Mothe, fils de Jacques ci-dessus et de dame Anne Gaborit, avec d^lle Anne-Marie de Torchard, du 27 avril 1671, signé Marchand et Montenay, n^res à Poitiers.

Contrat de mariage de Charles de Brouilhac, chev., s^gr de Saint-Martin et de la Mothe-Contais, fils de Charles ci-dessus et de dame Anne-Marie de Torchard, avec d^lle Marie-Marguerite de Céris, du 22 juillet 1693, signé Chabot et Sureau, n^res à Civray.

Ordonnance : **Maintenu comme noble et écuyer, le 11 janvier 1716, signé : de Richebourg.**

Antoine DU BREUIL, éc., s^r des Ouches, demeurant au lieu de Chez-Vallade, paroisse de Péroux.   68

Pièces justificatives : Contrat de mariage de René du Breuil, éc., s^r de Fontiaud, fils de Jacques du Breuil, éc., s^r dudit lieu, avec d^lle Perrette de Vaussy, en date du 5 novembre 1584, signé Bernard, n^re.   *Poitiers*

— 70 —

Contrat de mariage d'Abraham du Breuil, éc., s⁻ dudit lieu, fils de René ci-dessus et de dame Perrette de Vaussy, avec d^{lle} Anne de Moussy, en date du 7 février 1612, signé Thomassin et Prévost, n^{res}.

Contrat de mariage de Jacques du Breuil, éc., s⁻ des Ouches, fils d'Abraham ci-dessus et de dame Anne de Moussy, avec d^{lle} Philippe Aubaneau, en date du 8 août 1641, signé Briault, n^{re}.

Contrat de mariage d'Antoine du Breuil, éc., s⁻ des Ouches, avec d^{lle} Marie Caillebœuf, par lequel il paraît qu'il est fils de Jacques ci-dessus et de dame Philippe Aubaneau, en date du 23 mars 1701, signé Cottenceau, n^{re}.

Contrat de mariage en secondes noces dudit Antoine du Breuil avec Marie-Anne Suire, dans lequel il est dit qu'il est veuf de d^{lle} Marie Caillebœuf, en date du 25 mai 1708, signé Ligonnière et du Chasteigner, n^{res}.

Ordonnance : Maintenu comme noble et écuyer, le 11 janvier 1716, signé : de Richebourg.

69

Les Sables

Louis-Jonas DE BESSAY, éc., s⁻ de la Coutancière,
Samuel DE BESSAY, éc., s⁻ de la Maison-Neuve,
Anne de Lépinay, veuve de Jonas DE BESSAY, éc.

Pièce justificative : Sentence rendue le 27 février 1700 par M. de Maupeou, qui maintient en leur noblesse Louis-Jonas de Bessay, éc., s⁻ de la Coutancière, Samuel de Bessay, éc., s⁻ de la Maison-Neuve, et dame Anne de Lépinay, veuve de Jonas de Bessay, éc.

Ordonnance : Ordonne leur inscription au catalogue des nobles de la Généralité de Poitiers, le 13 janvier 1716, signé : de Richebourg.

70

Poitiers

Françoise Dreux, veuve de Jacques DE BLACVOD, éc., s^{gr} de Frozes.

Pièces justificatives : Ordonnance de M. de Richebourg en faveur de Jacques de Blacvod, éc., sʳ de Frozes, par laquelle il est maintenu dans la qualité de noble et d'écuyer, en date du 29 août 1715. Dans le vu des pièces sont énoncés : 1° le contrat de mariage de Jacques de Blacvod, chev., sᵍʳ de Frozes, avec dˡˡᵉ Françoise Dreux, produisante ; 2° le contrat de mariage de Jacques de Blacvod, en faveur duquel est rendue ladite ordonnance, avec dˡˡᵉ Anne Leroy, par lequel il paraît qu'il est fils de l'autre Jacques et de Françoise Dreux. (Voir B 53 ci-dessus.)

Pièces non visées : Contrat de mariage de François Dreux, éc., sᵍʳ des Murs, trésorier de France au Bureau des finances de Poitiers, avec dˡˡᵉ Catherine Irland, en date du 17 octobre 1635, passé par Martin et Barraud, nʳᵉˢ.

Contrat de mariage de Jacques de Blacvod, chev., sᵍʳ de Frozes, avec dˡˡᵉ Françoise Dreux, fille de François Dreux et de Catherine Irland susnommés, en date du 18 décembre 1655, signé Bourbeau, nʳᵉ à Poitiers.

Dire de la produisante : Elle emploie, autant que besoin sera, pour prouver qu'elle est elle-même née noble, les titres qui viennent d'être produits devant M. de Richebourg par M. Dreux de Montrolet, au nombre desquels il y a un partage fait entre Simon Dreux, éc., sʳ de Montrolet, François Dreux, père de la suppliante, et leurs autres cohéritiers. (Voir D 147 ci-après.)

Ordonnance : Maintenue dans les privilèges de la noblesse, le 13 janvier 1716, signé : de Richebourg.

Louise Penault, veuve de Louis BUOR, chev., sᵍʳ de la Voye, mère tutrice de ses enfants mineurs.

Les Sables

Pièce justificative : Ordonnance de M. de Maupeou en faveur de Louis Buor, chev., sᵍʳ de la Voye, par laquelle il est maintenu en sa noblesse, en date du 28 septembre 1699. Dans les pièces justificatives se trouve le contrat de mariage dudit Louis Buor avec dˡˡᵉ Louise Penault.

Ordonnance : Ordonne son inscription au catalogue des gentilshommes de la Généralité de Poitiers, le 15 janvier 1716, signé : de Richebourg.

72

Les Sables

Victor BUOR, éc., s^r des Mortières.

Pièce justificative : Sentence de M. de Maupeou en faveur de Victor Buor, éc., s^r des Mortières, par laquelle il est maintenu et confirmé en sa noblesse, en date du 28 septembre 1699.

Ordonnance : Ordonne son inscription au catalogue des nobles de la Généralité, le 15 janvier 1716, signé : de Richebourg.

73

Les Sables

Renée et Marguerite BOUHIER, sœurs,
Louise Guinebaud, veuve d'André BOUHIER, éc., s^{gr} de la Chenestelière.

Pièces justificatives : Arrêt rendu par MM. les commissaires généraux députés par le roi en faveur d'André Bouhier, éc., s^r de la Chenestelière, par lequel il est déchargé d'une somme de trois mille livres et deux sols par livre, pour laquelle il avait été compris dans le rôle arrêté au Conseil le 14 mai 1697, et en conséquence maintenu dans la qualité de noble et écuyer, en date du 7 août 1698, signé Hersant.

Contrat de mariage d'André Bouhier ci-dessus, veuf de Catherine Dubois, avec dame Louise Guinebaud, veuve de Charles Martin, chev., s^{gr} de la Fromentinière, en date du 3 octobre 1704, signé Gaudin et Pommeraye, n^{res}.

Deux extraits de baptême, le premier de Renée Bouhier, du 26 octobre 1677, délivré le 6 janvier 1716 par Chesneau, prêtre, curé de Vairé, le second de Marguerite Bouhier, du 3 septembre 1680, délivré le 28 juin 1709 par ledit Chesneau, légalisés tous les deux par le sénéchal de la Mothe-Achard et contrôlés à Poitiers par Legrand, par lesquels il paraît qu'elles sont filles d'André Bouhier, éc., s^{gr} de la Chenestelière, et de dame Catherine Dubois.

Ordonnance : Maintenues comme demoiselles et comme veuve de noble, le 15 janvier 1716, signé : de Richebourg.

François-André BUOR, éc., sʳ de la Chanolière,
René BUOR, éc., sʳ du Verger,
Robert-Louis BUOR, éc., sʳ de la Ménardière,
Gabriel BUOR, éc., sᵍʳ de la Vergnais,
Marguerite et Gabrielle BUOR, demoiselles,
    tous frères et sœurs ;
André et Robert BUOR, chevʳˢ, sᵍʳˢ de Villeneuve et de la Charoullière, oncles des susdits,
Catherine-Renée et Anne-Gabrielle BUOR, demoiselles, tantes des mêmes susdits.

Les Sables

Pièces justificatives : Ordonnance de M. de Maupeou en faveur de Renée Bouhier, veuve de François Buor, éc., sʳ de la Chanolière, Louis-Gabriel Buor, éc., sʳ de la Chanolière, Louis Buor, chev., sᵍʳ de la Voye, Victor Buor, éc., sʳ des Mortiers, René et Louis Buor, écʳˢ, par laquelle ils sont maintenus en leur noblesse, en date du 28 septembre 1699. Dans les pièces justificatives se trouve le contrat de mariage de Louis-Gabriel Buor avec dˡˡᵉ Louise de Rivaudeau, par lequel il appert qu'il est fils de François Buor et de dame Renée Bouhier.

Contrat de partage des biens de François Buor, chev., sᵍʳ de la Chanolière, et de dame Renée Bouhier, entre Louis-Gabriel, André et Robert Buor, et les dˡˡᵉˢ Catherine-Renée et Anne-Gabrielle Buor, leurs enfants, par lequel il paraît que ledit Louis-Gabriel Buor, en qualité d'aîné, a eu les préciputs et avantages de la Coutume, en date du 16 juillet 1701, signé Pommeraye et Rambert, nʳᵉˢ.

Acte d'émancipation de René, Robert, Gabriel et Louise-Marguerite Buor, frères et sœur, par lequel il paraît qu'ils sont enfants de Louis-Gabriel Buor et de dame Louise de Rivaudeau, en date du 9 septembre 1712, délivré par Dugué, commis-greffier.

Acte de tutelle de dˡˡᵉ Gabrielle Buor, par lequel il appert qu'elle est aussi fille de Louis-Gabriel Buor et de d^lle Louise de Rivaudeau, en date du 9 septembre 1712, signé Dugué, commis-greffier.

Contrat de partage, fait sous seing privé, des biens de Louis-Gabriel Buor, entre François-André, René, Robert, Gabriel, Louise-Marguerite et Gabrielle Buor, par lequel il appert qu'ils sont tous enfants de Louis-Gabriel Buor et de d^lle Louise de Rivaudeau, et que le dit François-André, en qualité d'aîné, a eu les préciputs et avantages de la Coutume, en date du 8 octobre 1712, signé Poisson, n^re par collation.

Ordonnance : Maintenus comme nobles, le 15 janvier 1716, signé : de Richebourg.

75

Les Sables

Gabriel BUOR, éc., s^r de la Gobinière.

Pièces justificatives : Ordonnance de M. de Maupeou en faveur de Renée Bouhier, veuve de François Buor, éc., s^r de la Chanolière, Louis-Gabriel Buor, éc., s^r de la Chanolière, Louis Buor, chev., s^gr de la Voye, Victor Buor, éc., s^r des Mortiers, René et Louis Buor, éc^rs, par laquelle ils sont maintenus dans leur noblesse, en date du 28 septembre 1699. Dans le vu des pièces est énoncé le contrat de mariage de Louis Buor, éc., s^r de la Voye, avec d^lle Louise Penaud, par lequel il paraît qu'il est fils de Louis Buor, chev., s^gr de la Voye, et de dame Louise Aymon.

Contrat de mariage de Gabriel Buor, chev., s^gr de la Gobinière, avec d^lle Madeleine Thomas, par lequel il paraît qu'il est fils de Louis Buor, chev., s^gr de la Voye, et de défunte dame Louise Aymon, en date du 19 octobre 1706, signé Douillard, n^re.

Dire du produisant : Il est le dernier des enfants de défunts Louis Buor et Louise Aymon.

Ordonnance : Maintenu comme noble et écuyer, le 17 janvier 1716, signé : de Richebourg.

76

Fontenay

Philippe-Auguste BRUNEAU, éc., s^r de la Giroulière.

Pièces justificatives : Sentence de M. de Barentin en faveur de

Pierre Bruneau, éc., sʳ de la Foye, par laquelle il est maintenu en la qualité de noble et écuyer, en date du 5 juin 1668. Dans le vu des pièces est énoncé le contrat de mariage dudit Pierre Bruneau avec d^{lle} Louise d'Albert.

Contrat de mariage de René Bruneau, qualifié chevalier, s^{gr} de la Giroulière, avec d^{lle} Marie Sapinaud, par lequel il paraît qu'il est fils de Pierre ci-dessus et de dame Louise d'Albert, en date du 14 septembre 1688, signé Goymet et Allaiseau, n^{res}.

Contrat de mariage de Philippe-Auguste Bruneau, éc., s^r de la Giroulière, avec d^{lle} Marie-Madeleine de Chevigné, veuve de Paul-Alexandre de Fontenelle, par lequel il appert qu'il est fils de René-Tristan Bruneau ci-dessus et de dame Marie Sapinaud, en date du 15 mai 1710, signé Bousseau, n^{re}.

Ordonnance : **Maintenu comme noble et écuyer, le 6 mai 1716, signé : des Gallois de Latour.**

Louis BORGNET, éc., s^r de Launay.

Pièces justificatives : Contrat de mariage de Louis Borgnet, éc., s^r de Launay, avec d^{lle} Jeanne Morisset, par lequel il paraît qu'il est fils de défunt Claude Borgnet, éc., et de d^{lle} Marie Maucler, en date du 21 mai 1672, signé Normand, n^{re}.

Extrait de baptême de Louis Borgnet, du 13 juillet 1674, par lequel il paraît qu'il est issu de Louis Borgnet, éc., s^r de Launay, et de d^{lle} Jeanne Morisset, délivré le 20 octobre 1711 par Dorion, curé de la Garnache, légalisé et contrôlé à Poitiers le 18 mai 1716 par Faisolle.

Ordonnance de M. de Maupeou en faveur de Claude Borgnet, éc., s^r de la Vieille-Garnache (oncle du produisant), par laquelle il est maintenu dans les privilèges accordés aux nobles, en date du 30 avril 1700. Dans le vu des pièces est énoncé le contrat de mariage de Claude Borgnet, éc., s^r de la Vieille-Garnache, avec d^{lle} Anne Morisset, et il appert qu'il est fils d'autre Claude Borgnet, éc., s^r de la Gaborière, et de d^{lle} Marie Maucler.

Ordonnance : **Maintenu comme noble et écuyer, le 23 mai 1716, signé : de Latour des Gallois.**

Les Sables

Nota. — D'après le s^r Spoulet de Varel, Claude Borgnet, maintenu noble par M. de Maupeou, n'est pas époux d'Anne Morisset et fils d'autre Claude et de Marie Mauclerc, mais bien fils de Claude et d'Anne Morisset et petit-fils de Claude et de Marie Maucler ; il serait par conséquent cousin germain et non oncle de Louis, produisant. Le même Claude est aussi maintenu noble par sentence de M. de Richebourg du 17 août 1715. (Voir B 47 ci-dessus.)

78

Thouars

René-Jacques BODET, chev., s^{gr} de la Tour de Brem, René-Charles BODET, éc., son fils aîné.

Pièces justificatives : Ordonnance de M. de Barentin en faveur de Jean Bodet, éc., s^r de la Tour de Brem, et René Bodet, éc., s^r des Roches, par laquelle ils sont maintenus dans la qualité de nobles et écuyers, en date du 26 mai 1668.

Contrat de mariage de René Bodet, chev., s^{gr} des Roches, avec d^{lle} Anne de Jaudonnet, en date du 18 septembre 1680, signé Andebault, n^{re}.

Contrat de mariage de René-Jacques Bodet, éc., s^r de la Tour de Brem, avec d^{lle} Antoinette Marvillaud, par lequel il paraît qu'il est fils de défunt René Bodet ci-dessus et de dame Anne de Jaudonnet, en date du 11 septembre 1702, signé Mesnard et Berthonneau, n^{res}.

Extrait de baptême de René-Charles Bodet, du 19 novembre 1704, par lequel il paraît qu'il est fils de René-Jacques Bodet ci-dessus et de dame Antoinette Marvillaud, délivré le 11 avril 1715 par Dupuy, curé de Notre-Dame de Bressuire, légalisé et contrôlé audit Bressuire le 1er janvier 1716 par Berthonneau.

Pièces non visées : Extrait de baptême de René Bodet, du 26 février 1641, par lequel il paraît qu'il est fils de François Bodet, éc., s^r de la Fenêtre, et de d^{lle} Madeleine Galiot, ledit extrait signé Brunet, curé de Chanteloup, et contrôlé.

Partage noble des biens de la succession de François Bodet, éc., s^r de la Fenêtre, entre Jacques-Léonor Bodet, éc., s^r de la Fenêtre, Jean et René Bodet, leur père, en date du 11 mars 1665, lequel partage est énoncé dans la sentence de maintenue de l'année 1668.

Contrat de partage et subdivision fait entre Jean et René Bodet le 30 mars 1667 des biens qui leur sont échus par le partage ci-dessus de la succession de François Bodet et de dame Madeleine Galiot, leurs père et mère, signé Rullier et Royer, n^{res}.

Ordonnance : Maintenus comme nobles et écuyers, le 25 mai 1716, signé : des Gallois de Latour.

Charles-René BOUHIER, éc., s^{gr} de la Verrie, colonel d'infanterie.

Les Sables

Pièces justificatives : Arrêt du Conseil d'État du roi en faveur de Charles-Gabriel Bouhier, éc., s^r de la Verrie, par lequel, sans s'arrêter au jugement de M. de Barentin, qui l'avait condamné, comme usurpateur du titre de noble, à quatre mille livres d'amende et deux sols par livre, Sa Majesté, en considération de ses services, le maintient en la qualité de noble et écuyer, et ordonne qu'il jouira, ses successeurs, enfants et postérité nés et à naître en légitime mariage, des privilèges et exemptions dont jouissent les autres gentilshommes du royaume, en date du 3 septembre 1668, signé de Guénegaud.

Contrat de mariage de Gabriel-Charles Bouhier, chev., s^{gr} de la Verrie, avec d^{lle} Renée Gabard, par lequel il paraît qu'il est fils de feu André Bouhier, chev., s^{gr} de la Verrie, et de dame Charlotte de Chasteaubriand, en date du 14 janvier 1660, signé Belon et Petit, n^{res}.

Extrait de baptême de Charles-René Bouhier, du 2 janvier 1679, par lequel il paraît qu'il est fils de Charles-Gabriel Bouhier, qualifié de haut et puissant s^{gr} de la Verrie, et de dame Renée Gabard, délivré le 25 août 1700 par Denis, prêtre, curé de Challans, légalisé par Courand, exerçant la juridiction de la baronnie de Commequiers à Challans, et scellé par Abradet, greffier.

Acte de tutelle des enfants mineurs de défunt Charles-

Gabriel Bouhier, s#sup#r#/sup# de la Verrie, et de dame Renée Gabard, par lequel il paraît que Charles-René, âgé de 11 à 12 ans, est l'aîné, et que Guy de Mauclerc, chev., s#sup#gr#/sup# de la Musanchère, a été nommé leur tuteur, fait devant le sénéchal de la baronnie de Commequiers le 23 mai 1690, signé Brisseau, greffier.

Contrat de mariage de Charles-René Bouhier, éc., s#sup#gr#/sup# de la Verrie, colonel d'infanterie, avec d#sup#lle#/sup# Marie-Louise de Fleurigny, par lequel il appert qu'il est fils de Charles-Gabriel Bouhier et de dame Renée Gabard, en date du 25 mars 1704, signé Junot et Delain, n#sup#res#/sup# du Châtelet de Paris.

Ordonnance : **Maintenu comme noble et écuyer, le 14 juillet 1716, signé : de Latour.**

---

80   Jacques BERTON, éc., s#sup#r#/sup# des Ages-Piégu.

Pièces justificatives : Contrat de mariage de Thomas Berton, éc., s#sup#r#/sup# de Piégu et de la Mothe, avec d#sup#lle#/sup# Marie de Prinsault, par lequel il paraît qu'il est fils d'Henri Berton, éc., s#sup#r#/sup# de Piégu du Chézaud, du 20 août 1530, signé Pinault, n#sup#re#/sup#.

Contrat de mariage d'autre Thomas Berton, éc., fils de Thomas ci-dessus et de d#sup#lle#/sup# Marie de Prinsault, avec d#sup#lle#/sup# Marguerite Guiot, du 29 septembre 1575, signé Morin, n#sup#re#/sup#.

Contrat de mariage de Pierre Berton, éc., fils de Thomas ci-dessus et de d#sup#lle#/sup# Marguerite Guiot, avec d#sup#lle#/sup# Aimée de Muzard, du 5 juillet 1622, signé Jardinaud, n#sup#re#/sup#.

Contrat de mariage de Jean Berton, éc., fils de Pierre Berton et de dame Aimée de Muzard, avec d#sup#lle#/sup# Anne Ferré, du 22 juillet 1656, signé Nouveau, n#sup#re#/sup#.

Testament de Pierre Berton, par lequel il paraît qu'il avait un autre fils nommé Jean Berton, du 13 septembre 1673, signé Dumas, n#sup#re#/sup#.

Contrat de mariage de Jacques Berton, éc., s#sup#r#/sup# des Ages, fils de feu Jean Berton et de d#sup#lle#/sup# Anne Ferré, avec d#sup#lle#/sup# Jeanne Guérin, en date du 6 juillet 1695, signé Lauradour, n#sup#re#/sup#.

Contrat de mariage en secondes noces de Jacques Berton ci-dessus avec d#sup#lle#/sup# Françoise de Neufcheze, du 29 janvier 1710, signé Pougeard, n#sup#re#/sup#.

Ordonnance : **Maintenu comme noble et écuyer, le 19 juillet 1716, signé : de Latour.**

Pierre DE BUSSY, éc., s^r des Fontaines.

Pièces justificatives : Contrat de mariage de Claude de Bussy, éc., avec d^{lle} Cécile de Turgis, du 11 février 1525, signé : Préverault, n^{re}.

Contrat de mariage de Simon de Bussy, éc., fils de noble Claude de Bussy ci-dessus et de Cécile Turgis, avec d^{lle} Isabeau Guérin, en date du 8 août 1565, signé Reignon et Rigon, n^{res}.

Contrat de mariage du même Simon de Bussy avec d^{lle} Charlotte Richomme, veuve de Jacques Guérin, éc., s^r de Chanteloup, en date du 1er juin 1595.

Sentence du sénéchal de Saumur, par laquelle il paraît que Claude de Bussy, éc., était fils aîné de Simon de Bussy et d'Isabeau Guérin, et que ledit Claude avait épousé d^{lle} Anne de Boutigny, en date du 9 septembre 1596, signé Marais, greffier.

Contrat du partage des biens de Simon de Bussy, éc., s^{gr} des Fontaines, et d'Isabeau Guérin, par lequel il paraît que Claude de Bussy était leur fils aîné, et en cette qualité a eu les avantages de la Coutume, en date du 18 juillet 1613, signé Portain.

Transaction du 27 mars 1618, par laquelle il paraît que d^{lle} Anne de Boutigny était épouse de Claude de Bussy, éc., signé Chauvin et Lenoir, n^{res}.

Contrat de mariage de Claude de Bussy, chev., s^{gr} de Bussy-Fontaine, fils de Claude de Bussy, chev., s^{gr} de Bussy-Fontaine, et de dame Anne de Boutigny, avec d^{lle} Monique Rigault, du 21 février 1629, signé Bertrand, n^{re}.

Contrat de mariage en secondes noces de Claude de Bussy, ci-dessus, avec d^{lle} Françoise de Genouillé, en date du 17 avril 1644, signé Lemasson.

Contrat de mariage de Pierre de Bussy, chev., s^{gr} des Fontaines, fils de Claude de Bussy et de Françoise de Genouillé, avec d^{lle} Catherine de Colas, en date du 23 novembre 1682, passé par Raveneau, n^{re}, et la grosse délivrée par Donasir, n^{re}.

Ordonnance : Maintenu comme noble et écuyer, le 18 août 1716, signé : des Gallois de Latour.

82

Les Sables

Gabriel BAUDRY, éc., s^r de la Burcerie,
Pierre BAUDRY, éc., son frère cadet.

Pièces justificatives : Ordonnance de M. de Maupeou en faveur de dame Marguerite Pichot, veuve de Gabriel Baudry, éc., s^r de la Burcerie, et Gabriel Baudry, éc., son fils, par laquelle ils sont maintenus dans les privilèges accordés aux nobles du royaume, en date du 28 septembre 1699.

Contrat de mariage de Gabriel Baudry, éc., s^r de la Burcerie, avec d^{lle} Marguerite Pichot, en faveur de laquelle est intervenue l'ordonnance ci-dessus, en date du 21 septembre 1644, signé Naulet et Cléry, n^{res}.

Extrait de baptême de Pierre Baudry, du 18 avril 1676, par lequel il paraît qu'il est fils de Gabriel Baudry, éc., s^{gr} de la Burcerie, délivré le 3 novembre 1715 par Goupilleau, curé de Nieuil, légalisé par Gabriel des Nouhes, vicaire général de M. l'évêque de Luçon.

Dire de Gabriel Baudry, produisant : Charles et Jean Baudry, ses autres frères cadets, étant prêtres, n'ont pas besoin de confirmation de noblesse.

Ordonnance : Maintenus comme nobles et écuyers, le 14 janvier 1717, signé : de Latour.

83

Les Sables

Jacques-Gilbert DE BUSCA, éc., s^{gr} de Bois-Masson.

Pièces justificatives : Arrêt du Conseil d'Etat du roi, intervenu en faveur de Bertrand de Busca, éc., par lequel il est maintenu en la qualité de noble et écuyer, du 22 mars 1675, signé Le Tellier. Dans le vu des pièces est énoncé le contrat de mariage dudit Bertrand de Busca avec d^{lle} Marie Robert.

Contrat de mariage de Jacques de Busca, éc., s^r de l'Epinay, fils de Bertrand de Busca ci-dessus et de dame Marie

Robert, avec d^{lle} Jeanne-Renée du Port, en date du 8 mai 1679, signé Girard et Bonnin, n^{res}.

Extrait de baptême de Jacques-Gilbert de Busca, du 20 octobre 1683, par lequel il paraît qu'il est fils de Jacques de Busca et de dame Jeanne-Renée du Port, délivré le 1er septembre 1699 par Caillaud, curé de Saint-Jean-de-Mont, légalisé par le sénéchal de la châtellenie de Saint-Germain.

Contrat de mariage de Jacques-Gilbert de Busca, éc., s^r de Bois-Masson, fils de Jacques de Busca ci-dessus et de dame Jeanne-Renée du Port, avec d^{lle} Suzanne Legier, en date du 5 juin 1710, signé Gaudin et Pommeraye, n^{res}.

Ordonnance : **Maintenu comme noble et écuyer, le 19 novembre 1715, signé : de Richebourg.**

Charles DE BÉCHILLON, chev., s^{gr} de l'Epinoux, Mathieu-Charles-Augustin et Renée-Monique-Elisabeth DE BÉCHILLON, ses enfants,

Jacques et Georges DE BÉCHILLON, ses frères.

84

Poitiers

Pièces justificatives : Ordonnance de M. de Barentin en faveur de Louis et Charles de Béchillon, éc^{er}, s^r de l'Epinoux et l'Islereau, par laquelle ils sont maintenus dans la qualité de nobles et écuyers, en date du 20 septembre 1667.

Contrat de mariage de Louis de Béchillon, chev., s^{gr} de l'Epinoux, avec d^{lle} Marie Buignon, par lequel il paraît qu'il est fils de Louis de Béchillon, vivant chev., gentilhomme de la chambre du roi, et de dame Renée d'Elbène, en date du 11 février 1662, signé Hersant et Johanne, n^{res}.

Contrat de mariage de Charles de Béchillon, chev., s^{gr} de l'Epinoux, avec d^{lle} Marie-Gabrielle Clabat, par lequel il paraît qu'il est fils de feu Louis de Béchillou ci-dessus et de dame Marie Buignon, en date du 14 octobre 1701, signé Decressac et Bourbeau, n^{res}.

Extrait de baptême de Jacques de Béchillon, du 1er juillet 1667, par lequel il paraît qu'il est fils de Louis de Béchillon, éc., s^r de l'Epinoux, et de d^{lle} Marie Buignon, délivré le 20 mars 1717 par Dalhoux, prêtre, docteur en théologie, en l'absence de M. le curé de Saint-Didier (de Poitiers), contrôlé par Chevalier.

Extrait de baptême de Georges de Béchillon, du 21 juillet 1671, par lequel il paraît qu'il est fils dudit Louis de Béchillon et de ladite Marie Buignon, délivré le 4 janvier 1716 par Deveillechèze, curé de Saint-Didier de Poitiers, contrôlé par Chevalier.

Deux extraits de baptême, le premier de Mathieu-Charles-Augustin de Béchillon, du 17 septembre 1702, le second de Renée-Monique-Elisabeth de Béchillon, du 16 octobre 1703, par lesquels il paraît qu'ils sont enfants de Charles de Béchillon, éc., s^r de l'Epinoux, et de dame Marie-Gabrielle Clabat, délivrés le 5 juillet 1717 par Verneau, prêtre desservant la cure de Jardres, contrôlés à Poitiers par Chevalier.

Ordonnance : Maintenus comme nobles, écuyers et fille de noble, le 7 juillet 1717, signé : de Latour.

85

Fontenay

Jeanne-Elisabeth de Mouillebert, veuve de Barthélemy BERNARDEAU, éc., s^r de la Ferté,

Jeanne-Françoise BERNARDEAU, sa fille.

Pièces justificatives : Ordonnance rendue par M. de Maupeou en faveur de Pierre Bernardeau, éc., s^r de la Briandière, et Barthélemy Bernardeau, éc., s^r de la Ferté, par laquelle ils sont maintenus en leur noblesse, en date du 12 mars 1701. Dans le vu des pièces est énoncé le contrat de mariage dudit Pierre Bernardeau, éc., s^r de la Briandière, avec d^{lle} Suzanne Drault, par lequel il paraît qu'il est fils d'autre Pierre Bernardeau, éc., s^{gr} de la Briandière, et de dame Catherine Le Jay, et que ledit contrat a été passé du consentement de Barthélemy Bernardeau, éc., s^r de la Ferté, son frère.

Contrat en forme de transaction entre dame Suzanne Drault, veuve et non commune en biens de Pierre Bernardeau, et Barthélemy Bernardeau, éc., s^r de la Ferté, son beau-frère, en date du 12 avril 1704, signé Bastard et Goguet, n^{res}.

Contrat de mariage de Barthélemy Bernardeau, éc., s^r de

la Ferté, assisté de dame Suzanne Bernardeau, veuve de Pierre Bernardeau, éc., s^r de la Briandière, sa belle-sœur, avec d^{lle} Jeanne-Elisabeth de Mouillebert, par lequel il paraît qu'il est fils de Pierre Bernardeau, éc., s^r de Champeaux, en date du 11 juillet 1707, signé Mosnay et Charon, n^{res}.

Extrait de baptême de Jeanne-Françoise Bernardeau, du 13 juin 1708, par lequel il paraît qu'elle est fille de Barthélemy Bernardeau et de Jeanne-Elisabeth de Mouillebert, délivré le 15 septembre 1715 par Picoron, curé de Puy-de-Serre, et contrôlé.

Ordonnance : Maintenues comme veuve et fille de gentilhomme, le 24 août 1717, signé : de Latour.

Marguerite Richard, veuve de François DE BAIGNAC, chev., s^{gr} de Baignac et de Ricoux, 86

Jean-Balthazar DE BAIGNAC, chev., s^{gr} de Ricoux,

Claude-François DE BAIGNAC, éc., s^r dudit lieu, capitaine au régiment de Navarre.

Pièces justificatives : Inventaire fait par-devant M. de Tubeuf, intendant des Généralités de Bourges et de Moulins, des titres de noblesse de Jean de Baignac, éc., s^r de Ricoux, et de François de Baignac, son fils, éc., s^r de la Grande-Roche, au pied duquel il leur est donné acte de la représentation de leurs titres, et en conséquence ordonné que lesdits Jean et François de Baignac seront employés dans le catalogue des gentilshommes de la Généralité de Bourges, en date du 5 août 1669. Dans cet inventaire est énoncé le contrat de mariage de Jean de Baignac, éc., avec d^{lle} Marie de Rozière, du 26 novembre 1637, et il est établi que ledit Jean est issu de Balthazar de Baignac et de d^{lle} Renée Brujas.

Contrat de mariage de François de Baignac, chev., s^{gr} dudit lieu, avec d^{lle} Marguerite Richard, par lequel il paraît qu'il est issu de Jean de Baignac, chev., s^{gr} de Ricoux, et de dame Marie de Rozière, en date du 26 juin 1673, signé Babert et Augier, n^{res}.

Deux extraits de baptême, le premier de Jean-Balthazar de Baignac, du 10 octobre 1674, le second de Claude-François de Baignac, du 22 septembre 1681, par lesquels il paraît qu'ils sont enfants de François de Baignac, éc., s^{gr} de Ricoux, et de d^{lle} Marguerite Richard, délivrés les 15 et 18 juillet 1717 par Mortegouste, prêtre curé de Saint-Symphorien de Tersanne, et contrôlés à Poitiers.

Ordonnance : Maintenus comme nobles, écuyers et veuve de gentilhomme, le 30 août 1717, signé : de Latour.

---

87 Catherine-Marguerite BAUDRY D'ASSON, demoiselle du Châtellier.

Mauléon Pièces justificatives : Ordonnance de M. de Barentin en faveur d'Esprit Baudry, éc., s^r d'Asson, Pierre Baudry, éc., s^r du Couvineau, Gabriel Baudry, éc., s^r de la Rondardière, Gilbert Baudry, éc., s^r de Caradreux, Charles Baudry, éc., s^r de la Gouire, et Antoine Baudry, éc., s^r de Saint-Gilles, par laquelle ils sont maintenus dans la qualité de nobles et écuyers, en date du 24 septembre 1667. Dans le vu des pièces est énoncé le contrat de mariage de Pierre Baudry, éc., s^r du Couvineau, avec d^{lle} Renée Chevalier.

Contrat de mariage de René Baudry d'Asson, éc., s^{gr} du Châtellier, avec d^{lle} Marie-Charlotte Gourdeau, dame de Remerocq, par lequel il paraît qu'il est issu de Pierre Baudry d'Asson, éc., s^r du Couvineau, et de dame Renée Chevalier, en date du 22 mai 1671, signé Berthon et Ballard, n^{res} à Fontenay, en vertu d'une commission du s^r Morisseau, sénéchal dudit lieu, au lieu et place de Rousseau, n^{re} qui a passé la minute.

Contrat de mariage de René Baudry d'Asson, éc., s^{gr} du Châtellier, avec d^{lle} Marguerite Le Meignen, par lequel il paraît qu'il est issu de René Baudry d'Asson et de dame Marie-Charlotte Gourdeau, s^{gr} et dame du Châtellier, en date du 10 décembre 1698, signé Chaillou et Marsault, n^{res}.

Extrait de baptême de Catherine-Marguerite Baudry, du 27 juillet 1701, par lequel il paraît qu'elle est issue de René

— 85 —

Baudry, éc., sʳ du Châtellier et d'Asson, et de dame Marguerite Le Meignen, délivré le dernier décembre 1715 par Caillault, curé de Saint-Martin-l'Ars, légalisé par Masalue, sénéchal de Tiffauges, et contrôlé à Poitiers par Legrand.

Pièce non visée : Transaction du 28 juin 1685, par laquelle il appert que dame Renée Chevalier est veuve de Pierre Baudry d'Asson, chev., sᵍʳ du Couvineau, et que René Baudry d'Asson, chev., sᵍʳ du Châtellier, est leur fils aîné.

Ordonnance : **Maintenue comme demoiselle et fille de noble, le 19 septembre 1717, signé : de Latour.**

Jacques **BARDIN**, éc., sʳ du Rivault et du Poiron. *88*

Pièces justificatives : Arrêt du Conseil, du 28 septembre 1672, signé Ranchin, qui déclare Jeanne Jacquemen, veuve de Louis Bardin, éc., sʳ du Poiron, veuve de gentilhomme, et qui maintient Jacques Bardin, éc., sʳ du Rivault et du Poiron, son fils, en la qualité de noble et écuyer. *Poitiers*

Contrat de mariage de Jacques Bardin, éc., sʳ du Rivault et du Poiron, fils unique de Louis Bardin, et de dˡˡᵉ Jeanne Jacquemen, avec dˡˡᵉ Gabrielle Gauget, du 20 août 1673, signé Chastre et Mathurin, nʳᵉˢ.

Sentence de M. de Maupeou, du 11 mars 1698, qui maintient Jacques Bardin, éc., sʳ du Rivault et du Poiron, en sa noblesse.

Extrait de baptême, du 27 juin 1682, de Jacques Bardin, par lequel il paraît qu'il est fils de Jacques Bardin ci-dessus et de dˡˡᵉ Gabrielle Gauget, délivré le 19 mai 1715 par Richier, curé de Liglet, légalisé par Nicault, sénéchal de la Trimouille, et contrôlé à Poitiers par Chevalier.

Ordonnance : **Maintenu comme noble et écuyer, le 19 septembre 1717, signé : de Latour.**

C

1

Mauléon

Claude CAMUS, éc., s^r des Fontaines et de Poilière.

Pièces justificatives : Contrat de partage des biens de François Camus entre Philippe, Renée et Jeanne Camus, ses enfants issus de son mariage avec d^{lle} Roberte de Cournoise, par lequel il paraît que ledit Philippe a pris le titre d'écuyer, s^r des Fontaines, et les avantages et préciputs du droit d'aînesse, passé à Rouen le 10 août 1517, signé Biart et Vollant, n^{res}.

Contrat de mariage d'Yves Camus avec d^{lle} Charlotte Dupuy, par lequel il paraît qu'il est fils de Philippe Camus ci-dessus et de d^{lle} Jacqueline du Broc, et qu'il a pris le titre d'écuyer, s^r des Fontaines, passé le 26 février 1547, signé Caillier, n^{re}.

Lettre du petit cachet du roi Henri, du 13 décembre 1557, signée Henry, et plus bas Clause, adressée à M. de Boisy, grand écuyer, aux fins de rétablir Yves Camus dans le rôle des bandes de S. M., dont il avait été ôté à cause de sa maladie.

Contrat de mariage de Pierre Camus avec d^{lle} Marguerite de la Grue, par lequel il paraît qu'il est fils (unique) dudit Camus et de lad. Charlotte Dupuy, et qu'il a pris le titre d'écuyer, s^r des Chênes et des Fontaines, passé sous le scel de la châtellenie de Mortagne le 6 novembre 1594 par Maillard, n^{re}.

Contrat de mariage de François Camus avec d^{lle} Louise de Tragin, fille de Jacques de Tragin et de dame Louise de Bergeon, par lequel il paraît qu'il est fils dudit Pierre Camus et de Marguerite de la Grue, et qu'il a pris le titre d'écuyer, s^r des Chênes et des Fontaines, en date du 23 mai 1626, signé Jacques et Tronson, n^{res} au Châtelet.

Contrat de mariage en secondes noces dudit François Camus avec d^{lle} Claude-Marie de Carion, fille de Pierre Carion, chev., s^{gr} de l'Esperonnière, et de dame Marie de la Haye, par lequel il paraît qu'il a pris le titre d'écuyer, s^r des Fontaines, de la Brunelière et de Villefort, en date du 29 août 1652, signé R. Métayer, n^re.

Contrat de mariage de Claude Camus avec d^lle Charlotte de Boixon (*aliàs* Boixon des Rallières), par lequel il paraît qu'il est fils de François ci-dessus et de Claude-Marie Carion, et qu'il est titré d'écuyer, s^r des Fontaines, passé sous le scel des Herbiers le 22 janvier 1703, signé Bariteau et Gilbert, n^res.

Contrat de partage des biens de François Camus et de Claude-Marie Carion susnommés entre leurs enfants, par lequel il paraît qu'autre François, leur fils aîné, a eu les préciputs et avantages de la Coutume d'Anjou, passé le 17 février 1705 par Pihan, n^re royal.

Ordonnance de M. Voisin de la Noiraye, intendant de Touraine, en faveur dudit François Camus, époux de lad. Carion, par laquelle, en conséquence de la représentation de ses titres, il est maintenu dans les privilèges des gentilshommes, en date du 22 mars 1666.

Pièces non visées : Lettres de provisions de l'état et charge de commissaire ordinaire de l'artillerie de France, données à François Camus, éc., père du produisant, en date du 8 janvier 1629.

Extrait baptistaire de Claude Camus, produisant, en date du 15 décembre 1667, signé Foucher, curé d'Isernay, légalisé par les s^rs sénéchal et procureur fiscal du comté de Maulévrier, les 11 et 12 janvier 1715.

Blason des armes des s^rs des Fontaines, qui porte d'azur à 3 croissants d'argent, 2 en chef et 1 en pointe, à l'étoile d'or en abîme.

Ordonnance : **Maintenu dans la qualité de noble et écuyer, le 16 janvier 1715, signé : de Richebourg.**

Louis COMPAING, éc., s^r de la Tour-Girard, s^gr de Fénery et d'Aubigny, tant pour lui que pour Georges, Raphaël et Marguerite COMPAING, ses frères et sœurs.

2

Châtellerault

Pièces justificatives : Contrat de mariage de François Compaing avec d^lle Marie Pastureau, par lequel il paraît qu'il a pris le titre d'écuyer, en date du 7 novembre 1523, signé Baroneau, n^re.

Contrat de mariage de Simon Compaing avec d^lle Louise Rogier, par lequel il paraît qu'il est fils de François Compaing ci-dessus et de lad. Pastureau, et qu'il a pris le titre d'écuyer, en date du 25 mai 1565, signé Thoreau et Allerin, n^res.

Acte d'une donation faite à Jacques Compaing, s^r de la Tour-Girard, par Louise Rogier, sa mère, de tous ses biens meubles, acquêts et conquêts, par laquelle il paraît que ledit Jacques est fils de Simon Compaing et de Louise Rogier, passé sous le scel de la juridiction d'Availles le 18 juillet 1621, signé Pinarlier et Delaribardière, n^res.

Contrat de mariage de Georges Compaing, s^r de la Tour-Girard, avec d^lle Suzanne Garnier, par lequel il paraît qu'il est fils de Jacques Compaing ci-dessus, fils et donataire de Louise Rogier, et de Marguerite de Roche, en date du 5 mars 1658, signé Gaulthier et Garandeau, n^res.

Ordonnance de M. de Barentin en faveur dudit Georges Compaing, s^r de la Tour-Girard, portant maintenue dans les privilèges et exemptions attribués aux nobles du royaume, en date du 31 décembre 1667.

Ordonnance de M. de Maupeou en faveur de Jean-Louis Compaing, produisant, par laquelle il est de même maintenu dans tous les privilèges des nobles, en date du 2 août 1698.

Contrat du partage des biens de Georges Compaing et de Suzanne Garnier, sa femme, entre Louis, Georges, Raphaël et Marguerite Compaing, leurs enfants, par lequel il paraît que ledit Louis Compaing, en qualité d'aîné, a eu les préciputs et avantages de la Coutume, passé le 12 juillet 1699, signé Moreau et Bon, n^res royaux.

Pièces non visées : Deux extraits de baptême, l'un de Georges Compaing, du 18 septembre 1671, et l'autre de Marguerite Compaing, du 13 novembre 1668, par lesquels il appert qu'ils sont issus de Georges Compaing et de Suzanne Garnier, délivrés le 12 janvier 1715 par Yvert, curé d'Antoigné.

Ordonnance : **Maintenus comme nobles et écuyers, le 21 janvier 1715, signé : de Richebourg.**

Pierre COURTINIER, éc., s^r de la Millanchère.

Pièces justificatives : Contrat de mariage de Charles Courtinier avec d^{lle} Marguerite Gorand, dans lequel il est titré d'écuyer, en date du 25 mars 1613, signé Doré et Thévenet, n^{res} à Poitiers.

Poitiers

Contrat du partage des biens de Mathurin Courtinier, trésorier de France au Bureau des finances établi à Poitiers, et de d^{lle} Jeanne Jarno, entre Charles ci-dessus, Alexandre, Jeanne et Jacquette Courtinier, leurs enfants, par lequel il paraît que ledit Charles, en qualité d'aîné, a eu les préciputs et avantages de la Coutume et qu'il est, ainsi qu'Alexandre, son frère, titré d'écuyer, passé sous le scel des contrats établi à Poitiers le 20 avril 1614 par Fournier et Chollet, n^{res} royaux.

Extrait de baptême de François Courtinier, en date du 5 octobre 1622, par lequel il paraît qu'il est fils de Charles Courtinier, éc., s^r de la Millanchère, et de Marguerite Gorand, délivré par le s^r Guinard, curé de Saint-Porchaire de Poitiers, le 17 janvier 1715, et légalisé le lendemain par le s^r Derazes, lieutenant-général de Poitiers.

Ordonnance de M. de Barentin en faveur de François Courtinier, éc., s^r de la Millanchère, par laquelle il est maintenu dans les privilèges de la noblesse, en date du 22 septembre 1667. Il appert de cette ordonnance qu'il a présenté, pour justifier qu'il était noble, deux extraits des registres de la Maison de ville de Poitiers des actes de nomination, élection et réception en maire et capitaine de ladite ville, de la personne de Pierre Courtinier, s^r de Valençay, en l'année 1572, et le contrat de mariage, en date du 23 septembre 1607, de Mathurin Courtinier, cons^{er} du roi, général des finances au Bureau de Poitiers, avec d^{lle} Jeanne Jarno, par lequel il paraît que ledit Mathurin était fils dudit Pierre, signé Thoreau et Griffon, n^{res}.

Contrat de mariage de Pierre Courtinier, produisant, avec d^{lle} Catherine Pavin, par lequel il est énoncé qu'il est fils de François Courtinier et dame Marguerite Garnier, et que lesdits

Pierre et François sont qualifiés de chevaliers, s^grs de la Millanchère, passé sous le scel de Parthenay le 10 octobre 1681, signé Bourceau et Bon, n^res.

Ordonnance : **Maintenu comme noble et écuyer, le 24 janvier 1715, signé : de Richebourg.**

Confolens

4   René CHARON, éc., s^r de Blond.

Pièces justificatives : Ordonnance de M. Carré de Montgiron, intendant de la Généralité de Limoges, en faveur de Jean Charon, s^r de Flacher, l'un des gardes du corps de S. M., par laquelle il est maintenu dans la qualité de noble et écuyer, en date du 4 décembre 1709.

Contrat de mariage de René Charon, éc., s^r de Blond, avec d^lle Suzanne Mondot, par lequel il parait qu'il est fils de Jean Charon, éc., s^r de Puyrenaud, et de d^lle Léonarde Papon du Breuil, et frère de Jean Charon, s^r de Flacher, en faveur duquel est intervenue l'ordonnance ci-dessus de M. de Montgiron, en date du 14 juillet 1697, signé Delaprade, n^re royal en Angoumois.

Pièce non visée : Sentence rendue (par défaut) au profit de René Charon contre les syndic et habitants de la paroisse d'Azac, par laquelle il est ordonné, sur les conclusions du procureur du roi de l'Election de Poitiers (dont dépendait alors ladite paroisse), que la métairie de Puygrenier que René Charon faisait faire à sa main, comme il lui est permis, attendu sa qualité de noble, sera rayée et biffée du rôle des tailles de ladite paroisse pour l'année 1711, en date du 4 mars 1711, signé Rousseau, greffier.

Dire du produisant : Il est fils de Jean Charon, éc., s^r de Puyrenaud, marié à Léonarde Papon, lequel était fils d'autre Jean Charon, éc., s^r de Puyrenaud, lequel était fils de Martial Charon, éc., s^r de Puyrenaud, lequel était fils de Jean Charon, premier du nom.

Ordonnance : **Maintenu comme noble et écuyer, le 2 février 1715, signé : de Richebourg.**

NOTA. — Dans un mémoire postérieur à cette sentence, et qui s'y trouve cependant attaché, nous puisons les renseignements suivants :

Les collecteurs taxèrent de nouveau René Charon, pour l'exploitation de sa métairie de Puygrenier, au rôle de la taille de l'année 1716, du consentement des habitants de la paroisse d'Azac réunis à cet effet le 27 décembre 1715, et ceux-ci formèrent opposition à la sentence de M. de Richebourg. Ils invoquaient comme premier moyen que l'ordonnance de M. de Montgiron au profit de Jean Charon, frère de René, avait été rendue pour le titre d'écuyer qu'il avait acquis par les armes, et qu'à la faveur de cette ordonnance René Charon avait surpris la religion de M. de Richebourg.

Pour combattre cette objection, René Charon cite les pièces énoncées par l'ordonnance de M. de Montgiron, qui sont : 1° un testament fait par Jean Charon, premier du nom, éc., s^r de la Salle, portant institution d'héritiers de Joachim, Martial et Jean Charon, ses enfants, en date du 1er août 1561, reçu par Charain, n^{re} royal ; 2° le contrat de mariage de Martial Charon, éc., s^r de la Salle, fils de Jean ci-dessus, avec d^{lle} Jeanne de la Couture, en date du 2 mars 1586 ; 3° une commission de capitaine donnée audit Martial Charon, dans le temps des guerres, par Georges de Villequier, vicomte de la Guierche, gouverneur de la Haute et Basse-Marche, par laquelle il est qualifié d'écuyer, en date du 20 septembre 1585 ; 4° une ordonnance de M. Huault de Montmagny en faveur du même Martial Charon, par laquelle, attendu sa qualité d'écuyer, il est déchargé de la taille et autres impositions, en date du 13 juin 1599 ; 5° le contrat de mariage de Jean Charon, s^r de Puyrenaud, fils de feu Martial Charon, éc., s^r de la Salle, avec d^{lle} Fabienne Dupin, en date du 5 février 1636 ; 6° une transaction passée entre ledit Jean Charon, éc., s^r de Puyrenaud, et Jean Maulet, s^r du Mas-du-Bos, du 5 juillet 1641 ; 7° le contrat de mariage d'autre Jean Charon, éc., s^r de Puyrenaud, fils de Jean ci-dessus, avec d^{lle} Léonarde Papon, en date du 4 octobre 1664 ; 8° le contrat de mariage précité de René Charon avec d^{lle} Suzanne Mondot ; 9° une sentence rendue par les officiers de l'Élection de Limoges en faveur de Léonarde

Papon, veuve de Jean Charon, portant qu'elle jouira des privilèges et exemptions attribués aux nobles, en date du 25 octobre 1704.

Un autre moyen des habitants d'Azac était que par ordonnance de M. de Barentin, du 27 août 1668, Jean Charon, s^r de Puyrenaud, faute d'avoir justifié de sa noblesse, fut déclaré usurpateur et comme tel condamné en 500 livres d'amende et à 20 livres de dépens, et que par une autre ordonnance de M. Rouillé, lors intendant à Limoges, René Charon, s^r de Blond, avait été condamné comme usurpateur à 2,000 livres, et que le nommé Jean Bouhiat, établi commissaire à la régie des fruits saisis, faute du paiement desdites 2,000 livres par René Charon, à la requête de Ferrand, poursuite et diligence du s^r La Chapelle, son procureur substitué, ayant présenté requête à M. Carré de Montgiron aux fins d'être déchargé de cette commission, aurait obtenu sa décharge du consentement dudit La Chapelle.

René Charon répond que si les habitants d'Azac avaient eu lesdites ordonnances de M. de Barentin et de M. Rouillé, ils n'auraient pas manqué de les produire, ce qu'ils n'ont pas fait. Quant à l'ordonnance de M. Rouillé, en conséquence de laquelle Bouhiat aurait été, à la requête de Ferrand, établi commissaire à la régie des biens de René Charon, et à la décharge qu'il aurait obtenue de M. de Montgiron, le fait n'est pas soutenable, puisque M. de Montgiron, du consentement de Ferrand ou de La Chapelle, son commis, a rendu son ordonnance de maintenue de noblesse au profit de Jean Charon, s^r de Flacher, le 4 décembre 1709, environ 20 mois après celle prétendue de M. Rouillé.

5

Poitiers et Mauléon

Philippe CHITTON, éc., s^r de Fontbrune, ci-devant grand prévôt de Poitou,

Charles-Auguste CHITTON, éc., s^{gr} de Languillier, grand prévôt général de Poitou, son fils.

Pièce justificative : Ordonnance de M. de Maupeou en faveur de Philippe Chitton, éc., s^r de Fontbrune, faisant tant pour lui que pour Charles-Auguste Chitton, éc., s^r de Languillier, son fils, par laquelle ils sont maintenus dans les privilèges de la noblesse, en date du 5 août 1700.

Dires des produisants : Charles-Auguste Chitton est fils dudit Philippe Chitton et de défunte d^lle Bénigne de la Bussière. Philippe Chitton est fils de feu Jacques Chitton, éc., s^r de Landerondière, et de feu dame Renée Métivier. Ils tirent leur noblesse de l'échevinage de la ville de Niort, et l'ont établie et prouvée par des sentences rendues tant par M. de Marillac que par M. de Lamoignon, intendants du Poitou.

Ordonnance : Maintenus comme nobles et écuyers, le 5 février 1715, signé : de Richebourg.

Jean CANTINEAU, éc., s^r du Coudray.   6

Pièces justificatives : Ordonnance de M. de Barentin en faveur de René Cantineau, s^r de la Huttière, par laquelle il est maintenu dans les privilèges de noblesse, en date du 29 août 1667.   *Thouars*

Ordonnance de M. de Maupeou en faveur de Louis (*aliàs* Louis-Alexandre) Cantineau, éc., s^r du Coudray, par laquelle il est maintenu dans les privilèges de noblesse, en date du 18 janvier 1699. Dans le vu des pièces est énoncé son contrat de mariage, où il est dit qu'il est fils de René Cantineau, s^r de la Huttière.

Extrait de baptême de Jean Cantineau, par lequel il paraît qu'il est fils de Louis Cantineau ci-dessus et de Marguerite Fouché, en date du 1er juin 1683, délivré par le s^r curé de St-Hilaire d'Argenton, le 3 février 1715, signé Thibault, légalisé par le lieutenant général de la duché-pairie de Thouars, signé Pomerays et contrôlé le 5 février 1715 par Coupard.

Ordonnance : Maintenu comme noble et écuyer, le 6 février 1715, signé : de Richebourg.

François CHITTON, éc., s^r de la Chevrie et de Blanzac,   7
Angélique Chitton, veuve de Pierre CHITTON, éc., s^r de
Montlorier, tant pour elle que pour son fils et ses filles,   *Poitiers*
Louis CHITTON, éc., s^r du Chilloc.

Pièces justificatives : Ordonnance de M. Rouillé du Coudray, intendant en Poitou, en faveur de Pierre, Benjamin et Louis Chitton, s^{rs} de Blanzac, Montlorier et Moulin-Neuf, par laquelle ils sont maintenus dans les privilèges de noblesse, en date du 20 juin 1670.

Contrat de mariage de François Chitton, s^r de la Chevrie et de Blanzac, avec d^{lle} Jeanne Common, par lequel il paraît qu'il est fils de Pierre Chitton, s^r de Blanzac, dénommé dans l'ordonnance de M. Rouillé, et de d^{lle} Madeleine de Raffoux, et qu'il est qualifié d'écuyer, en date du 25 juin 1687, signé Couturier et Nayrault, n^{res} à Saint-Maixent.

Contrat de mariage de Louis Chitton, éc., s^r du Chilloc, avec d^{lle} Suzanne Chitton, fille de Benjamin Chitton, sa cousine germaine, par lequel il paraît qu'il est fils de Louis Chitton, s^r du Moulin-Neuf, dénommé dans l'ordonnance de M. Rouillé, et de dame Françoise Garnier, en date du 20 avril 1694, signé Leclerc et Menanteau, n^{res} de la baronnie de Charroux.

Contrat de mariage de Pierre Chitton, éc., s^r de Montlorier, avec d^{lle} Angélique Chitton, par lequel il paraît qu'il est fils de Benjamin Chitton, s^r de Montlorier, dénommé en ladite ordonnance, et de dame Esther Rasselet, en date du 4 mars 1696, passé sous le scel royal de Civray par Motteau et Chabot, n^{res}.

Pièces non visées : Contrat de mariage de Pierre Chitton, éc., s^r de Blanzac, dénommé dans l'ordonnance de M. Rouillé du Coudray, avec d^{lle} Madeleine de Raffoux, passé le 17 octobre 1637 par Aubineau et Johanne, n^{res} à Poitiers.

Contrat de mariage de Benjamin Chitton, éc., s^r de Montlorier, compris dans la même ordonnance, avec d^{lle} Esther Rasselet (ou Raclet), en date du 10 décembre 1650, reçu par Babin et Certiot, n^{res} aux Sables.

Contrat de mariage de Louis Chitton, éc., s^r du Moulin-Neuf et de la Touche, compris dans la même ordonnance, avec d^{lle} Françoise Garnier, en date du 19 octobre 1658, reçu par Granier et Bonneau, n^{res} à Lusignan.

Ordonnance : Maintenus comme nobles, écuyers, et veuve de noble, le 9 février 1715, signé : de Richebourg.

Pierre DE CONTY, éc., sʳ de la Simalière, 8
Pierre-Georges DE CONTY, éc., sʳ de la Poitevinière.

Nota. — Cette ordonnance manque à notre collection.
On lit sur le registre du greffe : « Dudit jour (12 février 1715). Production de Pierre de Conty, éc., sʳ de Simalière, et Pierre-Georges de Conty, éc., sʳ de la Poitevinière, contre ledit sʳ Ferrand. »

En marge est écrit : « Du 12 février, ordonnance de maintenue. »

Et dans l'autre marge : « Nous avons retiré notre production ce 13 février 1715. La Symalière de Conty, P.-G. de Conty. »

(Voir les ordonnances C 39, D 40 et 41 ci-après.)

Jacques CLAVEURIER, éc., sᵍʳ de la Rousselière, y 9
demeurant, paroisse de Vasles,

Charles CLAVEURIER, éc., lieutenant au régiment de *Poitiers*
Champagne-Infanterie, de présent en Espagne, *et Niort*

Marie, Gabrielle-Jacquette, Radegonde et Catherine CLAVEURIER, demeurant à la Garde, paroisse d'Aslonnes, Election de Niort,

tous frères et sœurs.

Pièces justificatives : Ordonnance de M. de Barentin en faveur de René Claveurier, éc., sʳ de la Rousselière, et Louis Claveurier, éc., sʳ de la Poitevinière, qui les maintient dans leur noblesse, en date du 31 décembre 1667.

Contrat de mariage de Jacques Claveurier, éc., sʳ de la Rousselière, avec dˡˡᵉ Jacquette de Tusseau, par lequel il paraît qu'il est fils de René Claveurier, dénommé dans l'ordonnance ci-dessus, et de Marie-Madeleine de Liniers, en date du 7 octobre 1673, signé Olivier, nʳᵉ.

Extraits de baptême : 1° de Jacques Claveurier, en date du 31 août 1674, délivré le 19 décembre 1714 par Batteux, curé d'Aslonnes ; 2° de Charles Claveurier, en date du 2 avril 1683, signé Devaux, curé de Vasles ; 3° de Marie Claveurier, en date du 19 septembre 1684, signé Vivien, prêtre et vicaire de Vasles ; 4° de Gabrielle-Jacquette Claveurier, du 12 février 1686, signé Devaux, curé de Vasles ; 5° de Radegonde Claveurier, du 30 octobre 1687, signé Devaux, curé de Vasles ; 6° de Catherine Claveurier, du 15 septembre 1689, signé Boué, vicaire de Vasles ; par lesquels il paraît qu'ils sont issus de Jacques Claveurier et de d^{lle} Jacquette de Tusseau, tous contrôlés le 16 février 1715 par Legrand.

Ordonnance : Maintenus comme nobles, écuyers et demoiselles, le 19 février 1715, signé : de Richebourg.

---

10   François CHEVALIER, chev., s^{gr} de la Frapinière, Availles et autres lieux.

St-Maixent   Pièces justificatives : Contrat de mariage de René Chevalier, éc., s^r de la Frapinière, avec d^{lle} Catherine Gillier, en date du 28 août 1516, signé Guilloteau et Pourret, n^{res}.

Contrat de mariage de François Chevalier, éc., s^r de la Frapinière, fils de René ci-dessus et de d^{lle} Catherine Gillier, avec d^{lle} Jacquette Parthenay, en date du 30 octobre 1553, signé Marais, n^{re}.

Contrat de partage des biens dudit François Chevalier entre Jacquette Parthenay, sa veuve, Jean Chevalier, leur fils aîné, et Hercule Thibault, s^r de la Carte, au nom et comme curateur aux personnes et aux biens de Samuel, Jacques et Esther Chevalier, leurs autres enfants mineurs, en date du 5 avril 1589, signé Devallée, n^{re}.

Contrat de mariage de Jean Chevalier, éc., s^r de la Frapinière et d'Availles, fils aîné de François Chevalier ci-dessus et de dame Jacquette Parthenay, avec d^{lle} Françoise des Cars, en date du 13 novembre 1583, signé Deshays et Vallier, n^{res}.

Contrat de mariage de Jacques Chevalier, éc., s^r d'Availles, fils de Jean ci-dessus et de d^{lle} Françoise des Cars, avec d^{lle} Catherine de Linax, du 3 novembre 1615, signé Nafrichou et Ciron, n^{res}.

Contrat de mariage de François Chevalier, éc., s^r de la Frapinière, fils de Jacques ci-dessus et de d^lle Catherine de Linax, avec d^lle Anne de la Fitte, en date du 28 juin 1655, signé Coudré et Piet, n^res royaux.

Transaction en forme de partage entre François Chevalier, éc., s^r de la Frapinière, et ses frères et sœurs, des biens de la succession de Jacques Chevalier, leur père, par lequel il paraît que ledit François, en qualité d'aîné, a pris les préciputs et avantages de la Coutume, en date du 6 mai 1662, signé Piet et Coudré, n^res.

Inventaire de meubles et effets fait après le décès dudit François Chevalier, à la réquisition de François Chevalier, son fils aîné, produisant, de dame Antoinette Chevalier, femme non commune en biens de Pierre-François Gigou, éc., s^r de Saint-Hilaire, et autres enfants, en date des 6 et 7 février 1713, signé Nozereau, n^re.

Transaction entre François Chevalier, éc., s^r d'Availles, la Frapinière et Nanteuil, et dame Antoinette Chevalier, femme non commune en biens de Pierre Gigou, par laquelle il paraît qu'ils sont tous deux enfants de François Chevalier et d'Anne de la Fitte, en date du 11 février 1715, signé Nozereau, n^re.

Ordonnance : **Maintenu comme noble et écuyer, le 21 février 1715, signé : de Richebourg.**

René CHASTEIGNER, éc., s^r de Rouvre,   *11*
Joseph-Louis CHASTEIGNER, éc., s^r du Plessis.

Pièces justificatives : Ordonnance de M. de Maupeou en faveur de   *Niort*
René Chasteigner, éc., s^r de Rouvre, par laquelle il est maintenu dans les privilèges de la noblesse, en date du 17 janvier 1699. Dans le vu des pièces sont énoncés : 1° le partage des biens de la succession de Jean Chasteigner entre Jean Chasteigner, s^r de Rouvre, et Joseph Chasteigner, s^r du Plessis, ses enfants ; 2° le contrat de mariage de René Chasteigner, s^r de Rouvre, maintenu noble par M. de Maupeou, qui prouve qu'il est fils de Jean Chasteigner, fils d'autre Jean dont les biens ont été partagés par l'acte qui précède.

Contrat de mariage de Joseph Chasteigner, éc., s^r du Plessis, avec d^lle Radegonde Pelisson, par lequel il paraît qu'il est fils de Jean Chasteigner, éc., s^r de Rouvre et du Plessis, dont les biens ont été partagés, comme il est dit ci-dessus, entre ses deux fils issus de lui et de dame Madeleine Pastureau, en date du 16 février 1684, signé Gaultier, n^re.

Extrait de baptême de Joseph-Louis Chasteigner, par lequel il paraît qu'il est fils de Joseph Chasteigner, éc., s^r du Plessis, et de dame Radegonde Pelisson, en date du 12 novembre 1684, délivré le 12 mai 1705 par Jaudouin, curé d'Anché, et contrôlé à Poitiers le 21 février 1715 par Legrand.

Dires des produisants : Leurs aïeux ont été depuis longtemps maintenus comme nobles, notamment par une sentence de M. de Sainte-Marthe, du 16 décembre 1588.

Le partage mentionné dans l'ordonnance de M. de Maupeou comprend les successions de Jean Chasteigner et de César Chasteigner, et a été fait entre Jean, Joseph et Madeleine Chasteigner, enfants dudit Jean et frères et sœur dudit César, en date du 5 juin 1662, signé Coutancin, n^re.

Ordonnance : Maintenus comme nobles et écuyers, le 22 février 1715, signé : de Richebourg.

12

Poitiers

Daniel CHANTREAU, éc., s^r de la Jouberderie,
René CHANTREAU, éc., s^r des Gaudrées,
Marguerite Régnier, veuve de Daniel CHANTREAU, éc., s^r de la Jouberderie, mère de Daniel ci-dessus.

Pièces justificatives : Arrêt du Conseil d'État, intervenu sur l'appel interjeté par Daniel Chantreau, s^r d'Avayole, de l'ordonnance de M. Voisin de la Noiraye, intendant de la Généralité de Tours, qui le déclarait usurpateur du titre de noblesse et le condamnait en 1,800 livres d'amende, par lequel l'appellation et ce dont est appelé est mis à néant, et ledit Daniel Chantreau est maintenu comme noble et écuyer, en date du 1er avril 1671, signé Foucault. Dans le vu des pièces est énoncé le contrat de mariage de Laurent Chantreau, éc., s^r de la Mazure, avec d^lle Marie Lebascle, par lequel il appert qu'il était fils de Jean Chantreau, éc., s^r de la Vergerie, et de d^{lle} Renée Turpin, en date du 12 mai 1561, passé devant Thibault et Gaubron, n^{res} à Argenton.

Contrat de mariage de Pierre Chantreau, éc., s^r de la Verronière, avec d^{lle} Rebecca Féron, par lequel il paraît qu'il était fils de Laurent Chantreau, éc., s^r de la Mazure, et de Marie Lebascle, en date du 27 juin 1591, passé devant les notaires de Loudun.

Contrat de partage des biens dudit Laurent Chantreau et de Marie Lebascle, sa femme, entre Pierre Chantreau, éc., s^r de la Verronière, Claude Chantreau, éc., s^r de l'Ordonière, et Marie Chantreau, leurs enfants, en date du 9 décembre 1592, passé par Chevalier et Lumereau, n^{res} à Argenton.

Contrat de mariage en secondes noces de Pierre Chantreau, éc., s^r d'Avayole, avec d^{lle} Jeanne Lauvergnat, veuve de Pierre Roatin, éc., s^r de Beauvais, et aussi contrat de mariage de Jacques Chantreau, éc., s^r des Gaudrées, avec d^{lle} Marie Roatin, par lequel il paraît que ledit Jacques est fils de Pierre et de Rébecca Féron, et que Marie Roatin est fille de feu Pierre Roatin et de Jeanne Lauvergnat, en date du 3 juillet 1623, signé Gaultier et Johanne, n^{res}.

Contrat de mariage de Pierre Chantreau, éc., s^r des Gaudrées, avec d^{lle} Renée de Monevy, par lequel il paraît qu'il est fils de Jacques Chantreau et de d^l Marie Roatin, en date du 1er septembre 1663, signé Hersant et Nicolas, n^{res}.

Contrat de mariage de René Chantreau, éc., s^r des Gaudrées, avec d^{lle} Marguerite Chaigneau, par lequel il paraît qu'il est fils de Pierre ci-dessus et de Renée Monevy, en date du 24 juillet 1700, signé Marot et Cailler, n^{res}.

Ordonnance de M. Doujat, intendant de Poitou, en faveur de Marguerite Régnier, veuve de Daniel Chantreau, éc., s^r de la Jouberderie, au nom et comme mère tutrice de Daniel Chantreau, éc., s^r de la Jouberderie, Louis, Pierre, Marie-Anne, Marguerite et Louise Chantreau, par laquelle elle est maintenue avec ses enfants dans les privilèges de la noblesse, en date du 15 avril 1707.

Pièces non visées : Contrat de mariage de Daniel Chantreau, éc., s^r de la Jouberderie, avec d^{lle} Marguerite Régnier, passé à Coulonges le 15 novembre 1694 par Papillault et Fairoix, n^{res}.

Contrat de mariage de Pierre Chantreau, éc., s^r de la Jouberderie, fils aîné de Pierre Chantreau, éc., s de la Veronière, et de Rébecca Féron, en date du 31 août 1623, passé par Chevalier et Normand, n^{res}.

Dires des produisants : Il appert tant des pièces ci-dessus que des explications fournies par les parties que Jean Chantreau, époux de Renée Turpin, a eu deux fils, Daniel et Laurent.

De Daniel, maintenu noble par arrêt du Conseil d'Etat, est issu autre Daniel, époux de Marguerite Régnier, dont sont issus Daniel, produisant, et autres enfants dénommés dans l'ordonnance de M. Doujat.

De Laurent, époux de Marie Lebascle, sont issus Pierre, Claude et Marie. Pierre, époux de Rébecca Féron, a eu pour fils Pierre ; puis, remarié à Jeanne Lauvergnat, il a eu pour autre fils Jacques, époux de Marie Roatin, dont est issu Pierre, époux de Renée de Monevy, dont est issu René, époux de Marguerite Chaigneau, produisant.

Ordonnance : Maintenus comme nobles et écuyers, le 24 février 1715, signé : de Richebourg.

13

Niort

Jacques DE CHATEAUNEUF, chev., s^{gr} de Pierre-Levée, lieutenant pour le roi des ville et château de Niort,

Charles DE CHATEAUNEUF, chev., s^{gr} de la Rivière, major de dragons, son fils aîné.

Pièces justificatives : Contrat de mariage de Georges de Châteauneuf, éc., avec d^{lle} Marie de Montils, par lequel il paraît qu'il est fils de Jean de Châteauneuf, éc., s^r de Lombarde, et de dame Jeanne de Valodes, en date du 4 août 1481, signé Dabiraud et Bellaud, n^{res}.

Transaction passée entre d^{lle} Isabeau de Comingault, veuve, et Louis de Châteauneuf, qualifié d'écuyer, s^r de Lombarde, par laquelle il paraît qu'il est fils de Georges de Châteauneuf ci-dessus, en date du 20 octobre 1515, signé Roy.

Contrat de mariage de Louis de Châteauneuf, éc., s^r de Lombarde, avec d^lle Marguerite de la Valade, en date du 20 mars 1522, signé Renault, n^re.

Acte de dation de tutelle et curatelle, à la réquisition du procureur du roi de la cour de la baronnie de Frontenay, à la personne de Georges de Châteauneuf, par lequel il paraît qu'il est fils de Louis de Châteauneuf ci-dessus et de Marguerite de la Valade, en date du 6 novembre 1537, signé Roy.

Contrat de mariage de Georges de Châteauneuf, éc., s^r de Lombarde et de Saint-Georges-de-Rex, avec d^lle Françoise Georseron, par lequel il paraît qu'il est fils de Louis et de Marguerite de la Valade, en date du 12 février 1552, signé Michelet et Pinaud, n^res.

Contrat de mariage de Nicolas de Châteauneuf, éc., s^r de Lombarde, avec d^lle Marie Tiraqueau, par lequel il paraît qu'il est fils de Georges ci-dessus et de Françoise Georseron, en date du 13 février 1585, signé Mesnard et Fradet, n^res.

Contrat de partage des biens de d^lle Françoise Tiraqueau, sœur de Marie Tiraqueau, femme de Nicolas de Châteauneuf, entre ledit Nicolas de Châteauneuf, éc., s^r de Lombarde, et René Gaborin, éc., s^r de Lavarsaye, époux de d^lle Gabrielle Tiraqueau, par lequel il paraît que ledit Nicolas de Châteauneuf, à cause de Marie Tiraqueau, sa femme, en qualité d'aînée, a pris les préciputs et avantages de la Coutume, en date du 5 juin 1596, signé Creusseron et Moultigon, n^res.

Contrat du partage des biens délaissés après le décès dudit Nicolas de Châteauneuf et de ladite Marie Tiraqueau entre Jean de Châteauneuf, éc., s^r de Lombarde, Jacques de Châteauneuf, éc., s^r de Chantoizeau, et Jean de Barazan, à cause de d^lle Françoise de Châteauneuf, son épouse, par lequel il paraît que ledit Jean de Châteauneuf, éc., s^r de Lombarde, en qualité d'aîné, a eu les préciputs et avantages de la Coutume, en date du 5 mai 1616, signé Jousseaume et Rousseau, n^res.

Contrat de mariage de Jacques de Châteauneuf, éc., s^r de Chantoizeau, avec d^lle Jeanne Payraud, par lequel il paraît qu'il est fils de Nicolas de Châteauneuf et de Marie Tiraqueau, en date du 15 octobre 1628, signé Dumoulin.

Ordonnance du s^r lieutenant général de Saintes en faveur de

Jacques de Châteauneuf, éc., s^r de Chantoizeau, lieutenant du s^{gr} de Neuilhan, gouverneur pour le roi en la ville et château de Niort, par laquelle il est déchargé du service du ban et arrière-ban et contribution à icelui, en date du 16 mai 1639, signé Bouhier.

Contrat de mariage de Jacques de Châteauneuf, éc., s^r de Pierre-Levée, avec d^{lle} Marie-Eldée de Raymon, par lequel il paraît qu'il est fils de Jacques ci-dessus, éc., s^r de Chantoizeau et de Pierre-Levée, et de Jeanne Payraud, en date du 25 septembre 1666, signé Rousseau.

Extrait de baptême de Charles de Châteauneuf, par lequel il paraît qu'il est fils de Jacques de Châteauneuf, éc., s^r de Chanteloup et de Pierre-Levée, et de dame Marie Raymon, en date du 15 mars 1673, délivré le 5 février 1715 par le s^r M. Baudouin, curé de Bessine, légalisé le lendemain par le s^r Gerbier, président du siège royal de Niort, et contrôlé à Poitiers par Legrand.

Ordonnance : Maintenus comme nobles et écuyers, le 24 février 1715, signé : de Richebourg.

14

Poitiers

Marguerite de Labreuille, veuve de François CHAMPELON, éc., s^r du Mas, demeurant en la paroisse de Vidais.

Pièces justificatives : Arrêt du Conseil d'Etat du roi en faveur de Jean-Louis de Champelon, autre Jean, et Pierre de Champelon, sur l'appel par eux interjeté de l'ordonnance de M. de Barentin du 8 juin 1668, par lequel, l'appellation et ce dont est appelé étant mis à néant, ils sont maintenus et gardés dans les privilèges de la noblesse, en date du 13 septembre 1672, signé Ranchin.

Contrat de mariage de Pierre de Champelon, éc., s^r de la Coux, avec d^{lle} Antoinette de Croissant (*alias* de Pressac), par lequel il paraît qu'il est fils de Jean Champelon, éc., s^r du Bouchet, dénommé dans l'arrêt ci-dessus, en date du 4 mai 1652, signé Desvergnes, n^{re}.

Contrat de mariage de François Champelon, éc., s^r du Mas, avec d^{lle} Marguerite de Labreuille, par lequel il paraît qu'il est fils de Pierre ci-dessus et d'Antoinette de Croissant, en date du 5 janvier 1682, signé Boudault, n^re.

Pièces non visées : Extrait de baptême de François Champelon, du 8 mars 1654.

Extrait mortuaire du même François Champelon, du 27 septembre 1693.

Extrait mortuaire de Pierre de Champelon, éc., s^r de la Coux, père dudit François, du 28 octobre 1713.

Ordonnance : Maintenue comme veuve de noble, le 27 février 1715, signé : de Richebourg.

Jacques CHAUVELIN, chev., s^gr de Beauregard,
François CHAUVELIN, son fils.

15

Pièces justificatives : Inventaire fait devant M. de Machault, intendant de la Généralité de Soissons, des titres et pièces justificatives de la noblesse de Jacques Chauvelin, éc., s^gr de l'Espène et de Beauregard, lieutenant pour le roi au gouvernement de Péronne, au pied duquel est l'ordonnance de M. de Machault qui le maintient dans les privilèges et exemptions accordés aux nobles, en date du 1er avril 1670.

Niort

Contrat de mariage de Jacques Chauvelin, éc., s^r de Crespy, avec d^lle Anne Augron, par lequel il paraît qu'il est fils de Jacques Chauvelin ci-dessus et de dame Marie-Anne de Bridiers, en date du 21 juin 1688, signé Duchasteigner, n^re.

Extrait de baptême de François Chauvelin, par lequel il paraît qu'il est fils de Jacques Chauvelin et de dame Anne Augron, en date du 30 août 1694, délivré le 3 avril 1713 par Touzalin, curé de Beauvoir, et contrôlé à Poitiers le 2 mars 1715 par Coupard.

Pièce non visée : Arrêt de la Cour de Parlement rendu entre Vincent Chauvelin, chev., s^gr de Beauregard, et les parties y dénommées, le 21 juin 1631, sur l'appel d'une sentence rendue aux Requêtes du Palais le 1er février 1630, par lequel arrêt il est fait mention que la qualité de chevalier et d'écuyer qui lui avait été contestée par un nommé Jouslard a été confirmée, signé Lévesque.

Dires des produisants : Ils sont de la famille de Messieurs de Chauvelin, dont l'un est conseiller d'État et l'autre, maître des requêtes et intendant de la province de Touraine, qui sont leurs plus proches parents.

Vincent Chauvelin, qui a obtenu l'arrêt de la Cour de Parlement ci-dessus, était père de Jacques Chauvelin qui fut maintenu noble par M. de Machault.

Ordonnance : Maintenus comme nobles et écuyers, le 3 mars 1715, signé : de Richebourg.

16

Poitiers

Catherine de Lugré, veuve de Jean COULLAUD, éc., sʳ des Touches et du Vignault,

Jean-François, Françoise et Marie COULLAUD, ses enfants,

René COULLAUD, éc., sʳ de l'Hommé.

Pièces justificatives : Contrat de mariage de René Coullaud, éc., sʳ du Vignault, fils de Pierre Coullaud, éc., sʳ du Vignault, et de dˡˡᵉ Noémi de Callais, avec dˡˡᵉ Anne Greffier, en date du 16 juin 1647, signé Coudray et Greffier, nʳᵉˢ.

Contrat de mariage en secondes noces de René Coullaud ci-dessus avec dˡˡᵉ Florence de Barbezière, en date du 2 août 1652, signé Desfroux, nʳᵉ.

Ordonnance de M. de Barentin en faveur de René Coullaud, éc., sʳ du Vignault, et Jean Coullaud, éc., sʳ de Touche-Barre, par laquelle ils sont maintenus dans la qualité de nobles et écuyers, en date du 13 octobre 1668.

Contrat de mariage de Jean Coullaud, éc., sʳ des Touches et du Vignault, avec dˡˡᵉ Catherine de Lugré, par lequel il paraît qu'il est fils de René Coullaud, dénommé dans l'ordonnance ci-dessus, et de dame Anne Greffier, en date du 1ᵉʳ août 1691, signé Sureau, nʳᵉ.

Contrat de mariage de René Coullaud, éc., sʳ de l'Hommé, avec dˡˡᵉ Marie-Louise de Lorin, par lequel il paraît qu'il est fils du même René, dénommé dans l'ordonnance de M. de Barentin, et de Florence de Barbezière, sa seconde femme, en date du 1ᵉʳ mai 1687, signé Billaudeau, nʳᵉ.

Trois extraits de baptême, le 1ᵉʳ de Françoise Coullaud, en date du 5 novembre 1693, le 2ᵉ de Marie Coullaud, en date du 19 septembre 1695, le 3ᵉ de Jean-François Coullaud, du 9 novembre 1698, par lesquels il paraît qu'ils sont enfants de Jean Coullaud, éc., sʳ des Touches, et de dame Catherine de Lugré, délivrés le 13 janvier 1715 par le sʳ Thomas, curé de Vaussay, légalisés par le sʳ Dutiers, assesseur criminel au présidial de Poitiers, et contrôlés.

Ordonnance : **Maintenus comme nobles, écuyers, veuve de gentilhomme et demoiselles, le 3 mars 1715, signé : de Richebourg.**

Jean CHEVALIER, chev., sᵍʳ de la Coindardière, Gabrielle CHEVALIER, demoiselle, sa sœur, Louise-Madeleine CHEVALIER, dˡˡᵉ de Saulx.

17

Poitiers

Pièces justificatives : Contrat de mariage de François Chevalier, éc., sʳ de la Forêt et de la Coindardière, avec dˡˡᵉ Anne Chauveau, en date du 19 janvier 1649, signé Barbarin.

Ordonnance de M. de Barentin en faveur de Jacques Chevalier, éc., sʳ de Saulx, Philippe Chevalier, éc., sᵍʳ de Leugny, François Chevalier, éc., prieur d'Availles-lès-Chizé, Louis Chevalier, éc., chevalier de Malte de l'ordre de Saint-Jean-de-Jérusalem, Simon Chevalier, éc., et François Chevalier, éc., sʳ de la Forêt et de la Coindardière, par laquelle ils sont maintenus dans la qualité de nobles et d'écuyers, en date du 10 décembre 1667.

Contrat de mariage de Charles Chevalier, éc., sʳ de la Coindardière, avec dˡˡᵉ Jeanne Greffier, par lequel il paraît qu'il est fils de François Chevalier, éc., sʳ de la Forêt et de la Coindardière, et de dame Anne Chauveau, en date du 5 mai 1674, signé Bruslon et Faidy, nʳᵉˢ.

Contrat du second mariage de Charles Chevalier ci-dessus, veuf et donataire de Jeanne Greffier, avec dˡˡᵉ Anne-Marie Thibault de la Carte, en date du 7 mai 1682, signé Faidy, nʳʳ.

Lettres bénéficiaires obtenues en chancellerie par dame Anne-Marie Thibault de la Carte, veuve de Charles Chevalier, éc., s^r de la Coindardière, tutrice de Jean et Marie Chevalier, ses enfants, contenant que ses enfants étant habiles à se porter héritiers de défunt Jean Chevalier, fils aîné du premier lit dudit feu Charles Chevalier, leur père commun, elle désirait pour eux accepter la succession sous bénéfice d'inventaire, en date du 5 décembre 1692, signé, Par le Conseil, Collard.

Extrait de baptême de Jeanne-Gabrielle Chevalier, fille de Charles Chevalier, éc., s^r de la Coindardière, et de dame Jeanne Greffier, en date du 17 août 1677, délivré le 2 janvier 1692 par le s^r Allery, curé de Sanxay, et contrôlé à Poitiers par Legrand le 8 mars 1715.

Partage des biens de la succession de Philippe Chevalier, éc., s^gr de Saulx, confirmé en sa noblesse par l'ordonnance de M. de Barentin mentionnée plus haut, entre d^lle Louise-Madeleine Chevalier et autres, ses enfants, en date du 16 mai 1664 (1), signé Hersant et Berthonneau, n^res.

Dires des produisants : Ils sont d'extraction noble et leurs prédécesseurs ont été reconnus pour tels, ainsi qu'il paraît par les preuves de Hugues Chevalier, du 13 février 1534, et les preuves faites par Philippe Chevalier par-devant les députés du roi les 21 novembre 1587 et 26 novembre 1598.

Ordonnance : Maintenus comme noble, écuyer, et demoiselles, le 9 mars 1715, signé : de Richebourg.

18

Niort

Charles DE CHEVREUSE, chev., s^gr de Couture, y demeurant, paroisse dudit lieu.

Pièces justificatives : Contrat de mariage de Charles de Chevreuse, chev., s^gr de Salignac, avec d^lle Marie d'Hérisson, par lequel il paraît qu'il est fils de Jacques de Chevreuse, chev., s^gr de Lestang, et de dame Catherine de Villedon, en date du 15 mai 1677, signé Jouyneau, n^re royal en Saintonge.

Ordonnance de M. de Maupeou en faveur de Charles de Chevreuse, chev., s^gr de Salignac, et de dame Jacquette de Che-

---

(1) Cette date est évidemment fautive, puisque, d'après l'ordonnance de M. de Barentin, Philippe Chevalier vivait encore en 1667.

vreuse, veuve d'Abraham de Pontieux, s' du Breuil, par laquelle ils sont maintenus dans la qualité de noble et écuyer et de veuve de noble, en date du 6 mai 1699.

Contrat de mariage de Charles de Chevreuse, chev., s^{gr} de Couture, avec d^{lle} Marie-Julie de Clervaux, par lequel il paraît qu'il est fils de Charles ci-dessus et de dame Marie-Thérèse d'Hérisson, en date du 12 novembre 1708, signé Chaignon, n^{re} royal à Saint-Maixent.

Ordonnance : Maintenu dans les privilèges de la noblesse, le 11 mars 1715, signé : de Richebourg.

Jean-Charles CHASTEIGNER, chev., s^{gr} de Tennesue et autres lieux.

19

Poitiers

Pièces justificatives : Contrat de partage des biens de Bonaventure Chasteigner, entre Nicolas Chasteigner, éc., s^{gr} de la Blouère, Laurent de la Haye, éc., s^r du Plessis, à cause de d^{lle} Philippe Chasteigner, sa femme, enfants dudit Bonaventure, par lequel il paraît que ledit Nicolas a eu les avantages de la Coutume, en date du 28 septembre 1589, signé Besson, n^{re}.

Procès-verbal fait par Frère Claude de Lignière, chevalier de l'ordre de Saint-Jean-de-Jérusalem, commandeur des Roches et de la Villedieu en Poitiers, receveur dudit ordre au prieuré d'Aquitaine, et Frère Simon Le Cornu, commandeur de Saint-Jean et de Saint-Alyran, à Nantes, des preuves de noblesse dudit Nicolas Chasteigner, éc., s^{gr} de la Blouère et de Tennesue, aux fins de faire recevoir Charles Chasteigner, son fils, chevalier de l'ordre, par lequel ledit Charles est admis dans l'ordre, en date du 10 mars 1614, signé, Par le chapitre, le sieur chancelier.

Contrat de mariage d'Antoine Chasteigner, éc., avec d^{lle} Jeanne Le Tourneur, par lequel il paraît qu'il est fils de Nicolas Chasteigner, éc., s^{gr} de la Blouère et de Tennesue, et de Françoise des Francs, en date du 22 juillet 1619, signé Chaigneau, n^{re}.

Contrat de transport et cession fait au profit dudit Antoine

Chasteigner par Antoine Richier et d^lle Marguerite Chasteigner, sa femme, de tous les biens qui pourraient leur appartenir dans la succession de Nicolas Chasteigner, leur père, en date du 8 novembre 1631, signé Roy.

Contrat de mariage de Nicolas Chasteigner, éc., s^gr de la Blouère, avec d^lle Marie Jaillard, par lequel il paraît qu'il est fils d'Antoine Chasteigner et de dame Jeanne Le Tourneur, en date du 23 juillet 1654, signé Grignon et Bérard, n^res.

Contrat de mariage de Jean Chasteigner, éc., s^gr de la Blouère et de Tennesue, avec d^lle Gabrielle Guischard, par lequel il paraît qu'il est fils de Nicolas ci-dessus et de dame Marie Jaillard, en date du 15 mai 1688, signé Hiquet et Payrault, n^res.

Extrait de baptême de Jean-Charles Chasteigner, par lequel il paraît qu'il est fils de Jean Chasteigner ci-dessus et de dame Gabrielle Guischard, en date du 4 septembre 1696, délivré le 25 mars 1712 par le s^r Le Borgne, prieur curé d'Amaillou, et contrôlé à Poitiers le 13 février 1715 par Legrand.

Ordonnance : Maintenu comme noble et écuyer, le 12 mars 1715, signé : de Richebourg.

20

Poitiers

Joachim DE CHAMBORANT, chev., s^gr du Vignault.

Pièces justificatives : Contrat de mariage de Marin de Chamborant, éc., s^r du Vignault, avec d^lle Marie Chevalier, par lequel il paraît qu'il est fils de Médard de Chamborant, éc., s^r de Neuville, et de dame Catherine Desvaux, en date du 29 juillet 1649, signé Faidy et Greffier, n^res.

Copie collationnée d'une ordonnance de M. de Barentin en faveur de Marin de Chamborant, éc., s^r du Vignault, par laquelle il est maintenu dans la qualité de noble et écuyer, en date du 9 septembre 1667 ; ladite collation rapportée faite à la minute originale étant au greffe de M. de Marillac, intendant de Poitou, le 9 août 1679, signée Aubouyn, un des secrétaires de M. de Marillac, et maintenant maître particulier des eaux et forêts de Poitiers.

Contrat de mariage de Jean de Chamborant, éc., sʳ du Vignault, fils de Marin de Chamborant ci-dessus et de dˡˡᵉ Marie Chevalier, avec dˡˡᵉ Marie Rolland, en date du 18 février 1680, signé Marchand, nʳᵉ.

Extrait de baptême de Joachim de Chamborant, par lequel il paraît qu'il est fils de Jean de Chamborant et de Marie Rolland, du 20 avril 1686, délivré le 10 février 1715 par le sʳ Bernon, curé de Brilhac, contrôlé à Poitiers par Coupard.

Contrat de mariage de Joachim de Chamborant, éc., sʳ du Vignault, avec dˡˡᵉ Anne de Couhé, par lequel il paraît qu'il est fils dudit Jean de Chamborant et de ladite Marie Rolland, en date du 12 mai 1709, signé Badou, nʳᵉ.

Ordonnance : **Maintenu comme noble et écuyer, le 14 mars 1715, signé : de Richebourg.**

Marie-Anne Birot, veuve de Jean-François CLÉMENT, éc.

21

St-Maixent

Pièces justificatives : Edit du roi portant anoblisssement de cinq cents personnes dans le royaume, du mois de mars 1696.

Quittance de finance de la somme de six mille livres, payée par Jean-François Clément, président en l'Élection de Saint-Maixent, pour la finance d'anoblissement de sa personne, du 12 septembre 1696, signée Phelypeaux.

Lettres patentes de Sa Majesté en faveur dudit Jean-François Clément, expédiées en exécution dudit édit et de ladite quittance de finance, portant anoblissement de sa personne, données au mois d'octobre 1696, signées Louis, et sur le repli, Par le roi, Phelypeaux, enregistrées en Parlement, Chambre des comptes, Cour des aides et Bureau des finances de Poitiers.

Quittance de finance de la somme de 3,000 livres, payée par Jean-François Clément, pour jouir de cent cinquante livres de rente et de la confirmation desdites lettres de noblesse, en date du 19 août 1705, signée de Turmenye, enregistrée au contrôle général des finances le 2 août 1705, signé Chamillard.

Quatre récépissés du sʳ Rigoumier, expédiés sous le nom de Marie-Anne Birot, veuve de Jean-François Clément, de la somme de treize cent vingt livres, pour jouir de la confirmation desdites lettres de noblesse.

Contrat de mariage de Jean-François Clément avec Marie-Anne Birot, en date du 7 novembre 1665, signé Bruslon et Garnier, n^res.

Ordonnance : Maintenue comme veuve de noble, le 19 mars 1715, signé : de Richebourg.

22
Niort

Jacques DE CHERGÉ, éc., s^r dudit lieu et des Groies, demeurant paroisse de Champagne-Mouton,

François DE CHERGÉ, éc., s^r de Blanzais, demeurant paroisse de Saint-Gervais en Angoumois, son fils.

Pièce justificative : Sentence rendue le 19 décembre 1697 par M. de Bernage, intendant de Limoges, qui maintient Jacques de Chergé, s^r des Groies, et François de Chergé, s^r de Blanzais, père et fils, en leur noblesse.

Dires des produisants : En l'année 1697, lesdits Jacques et François de Chergé, demeurant alors tous les deux dans la province d'Angoumois, furent assignés par-devant M. de Bernage pour la production de leurs titres de noblesse. Comme ils ne sont que cadets de la famille des sieurs de Chergé, ils ne représentèrent que copies vidimées par extraits de tous les titres produits en l'année 1666 par Jean de Chergé, éc., s^r de Mornac, aîné, lors de la recherche faite devant M. de Barentin, intendant de la province de Poitou, où demeurait ledit s^r de Mornac, et ils y joignirent un acte en forme de partage de l'année 1669 et quelques autres pièces. Mais M. de Bernage, ayant voulu éclairer sa religion, ordonna que les originaux des titres ainsi produits seraient rapportés, ce qui engagea les s^rs des Groies et de Blanzais d'appeler à cette fin Jacques de Chergé, éc., s^r de Mornac, leur neveu et cousin germain, fils dudit Jean de Chergé, leur frère et oncle, lequel représenta non seulement une ordonnance de maintenue rendue en faveur de son père par M. de Barentin le 16 août 1667, mais encore tous les titres énoncés dans cette ordonnance, à la vue desquels M. de Bernage rendit son ordonnance de maintenue en faveur desdits s^{rs} des Groies et de Blanzais, le 19 décembre 1697. Ladite ordonnance rapporte que les titres produits contiennent une filiation et généalogie de la famille de Chergé de plus de deux siècles.

Jacques de Chergé, s^r des Groies, a deux fils : 1° François de Chergé, s^r de Blanzais, produisant, issu de son premier mariage avec Antoinette Dexmier ; 2° et Jean de Chergé, éc., s^r dudit lieu, demeurant paroisse de Benest, Élection de Confolens, issu de son second mariage avec Jeanne Jourdain.

Ordonnance : Donne acte aux produisants de la représentation de l'ordonnance rendue en leur faveur par M. de Bernage et les décharge de l'assignation à eux donnée à la requête de Ferrand, le 27 mars 1715, signé : de Richebourg.

Eléonor DE CAMPET, éc., s^{gr} d'Aytré. 23

Pièce justificative : Sentence de M. Begon, intendant de la Rochelle, du 14 juin 1700, qui maintient Eléonor de Campet, s^{gr} d'Aytré, en sa noblesse.

Dires du produisant : Il a été assigné sous le nom de Prinçay, à cause de sa seigneurie de Prinçay.

La sentence de M. Begon a été rendue aussi en faveur de Nicolas de Campet, éc., s^r de Fredanville.

Ordonnance : Ordonne son inscription au catalogue des nobles de la Généralité de Poitiers, le 29 mars 1715, signé : de Richebourg.

Jacques CHESSÉ, éc., s^r d'Anzec, 24
Charles CHESSÉ, éc., s^r de la Maison-Rouge, tant pour lui que pour Jacques-Charles CHESSÉ, son fils.

Poitiers

Pièces justificatives : Ordonnance de M. de Barentin en faveur de Georges Chessé, éc., s^r d'Anzec et de la Barre, Gaspard Chessé, éc., s^r de Charassé, et d^{lles} Hilaire et Renée Chessé, sœurs dudit Georges, par laquelle ils sont maintenus dans la qualité de nobles et écuyers, en date du 8 octobre 1667.

Contrat de mariage de Jacques Chessé, s^r d'Anzec, fils de Georges Chessé, dénommé dans l'ordonnance ci-dessus, et de dame Catherine Giboureau, avec d^{lle} Antoinette-Françoise Rousseau, en date du 4 juin 1705, signé Jouineau et Vincent, n^{res}.

Contrat de mariage de Charles Chessé, éc., s^r de la Maison-Rouge, avec d^{lle} Elisabeth-Renée Baraud, par lequel il paraît qu'il est fils de Georges Chessé, dénommé dans l'ordonnance ci-dessus, et de d^{lle} Catherine Giboureau, en date du 4 août 1705, signé Cherbonier, n^{re}.

Extrait de baptême de Jacques-Charles Chessé, par lequel il paraît qu'il est fils de Charles Chessé ci-dessus et de dame Elisabeth-Renée Baraud, en date du 25 avril 1711, délivré le 9 mars 1715 par le s^r Forget, curé de Saint-Léger de Chauvigny, légalisé par le s^r Berthelot, sénéchal de Chauvigny, le même jour, et contrôlé à Poitiers par Legrand.

Ordonnance : Maintenus comme nobles et écuyers, le 30 mars 1715, signé : de Richebourg.

---

25 Charles-Louis DE CRUGY, chev., s^{gr} de Marcillac et de Pannesac.

Poitiers Pièces justificatives : Contrat de mariage de Charles de Crugy de Marcillac, éc., capitaine des gardes de Monsieur le duc d'Epernon, avec d^{lle} Jacquette Vinsonneau, en date du 12 décembre 1616, signé Dorillay et Comte, n^{res}.

Acte de la démission faite par Louis de Caillebot, chev., s^{gr} de la Salle, capitaine d'une compagnie dans le régiment des gardes françaises, en faveur de Charles de Crugy et de Marcillac, en date du 30 décembre 1627, signé de la Verchière, n^{re}.

Brevet du roi en faveur dudit de Marcillac, par lequel Sa

Majesté lui donne le titre et appointements de mestre de camp, du mois octobre 1628, signé Louis, et plus bas, Lebeauclerc.

Inventaire des titres justificatifs de la noblesse de Sylvestre de Crugy de Marcillac, baron de Sauveterre, assigné pardevant le s^r Lartigue de Condac, lieutenant particulier au siège présidial de Condom, commissaire subdélégué par M. Pellot, intendant en Guyenne, pour la recherche des usurpateurs du titre de noblesse, par lequel il paraît que Charles de Marcillac ci-dessus était le septième fils de Grimond de Crugy, éc., s^{gr} de Marcillac, gouverneur de la ville de Moissac, et de dame Françoise Dupond, en date du 9 février 1565. Au pied de cet inventaire est le certificat du greffier du sieur subdélégué, que ledit Sylvestre de Crugy Marcillac a remis ses lettres de noblesse conformément audit inventaire, en date du 18 janvier 1667, signé Dubain, greffier.

Acte attaché audit inventaire, par lequel il paraît que, le 16 mars 1589, ledit Grimond de Crugy a été employé en la matricule des Etats de Guyenne, délivré à Montauban le 9 octobre 1666, signé Vasse, greffier, en marge duquel est le Vu, signé Lartigue.

Contrat de mariage de Jean-Louis de Crugy de Marcillac, chev., capitaine au régiment de Normandie, fils de Charles de Crugy et de dame Jacquette Vinsonneau, avec d^{lle} Marie de Puyguyon, en date du 5 août 1643, signé André, n^{re}.

Contrat de mariage de Sylvestre de Crugy de Marcillac, chev., s^{gr} du Tillou, fils de Jean-Louis de Crugy de Marcillac ci-dessus et de dame Marie de Puyguyon, avec d^{lle} Louise Eschalard, en date du 21 avril 1673, signé Pasqueron, n^{re}.

Contrat de mariage de Charles-Louis de Crugy de Marcillac, chev., s^{gr} de Pannesac, fils de Sylvestre de Crugy de Marcillac ci-dessus et de Louise Eschalard, avec d^{lle} Elisabeth Dubois, en date du 26 avril 1712, signé Charraudeau et Rullier, n^{res}.

Pièce non visée : Contrat de mariage d'Adam de Châteauneuf de Randon, chev., s^{gr} de Saint-Hilaire, Tillou et autres places, avec d^{lle} Jacquette Vinsonneau, veuve de Charles de Crugy de Marcillac.

Ordonnance : Maintenu comme noble et écuyer, le 30 mars 1715, signé : de Richebourg.

---

26   Jean CANTINEAU, éc., s^r de la Cantinière.

L'ordonnance manque à notre collection.

On lit sur le registre du greffe : « Du 8 avril 1715. Production pour Jean Cantineau, éc., s^r de la Cantinière, défendeur, contre led. s^r Ferrand. »

En marge est écrit : « (signé) Liège, pour avoir retiré. »

Et dans l'autre marge : « Du 13 avril, Ordonnance qui décharge de l'assignation sur la requête sans minute. »

---

27   Daniel CHASTEIGNER, éc., s^r du Bergeriou et des Oullières.

Confolens

Pièces justificatives : Arrêt du Conseil d'Etat du roi, intervenu sur l'appel interjeté par Roch Chasteigner, Philotée Reignier, veuve de Pierre Chasteigner, Isaac Chasteigner, et Pierre Chasteigner, s^r de la Barbière, d'une ordonnance de M. de Barentin, du 5 septembre 1667, qui les déclarait usurpateurs du titre de nobles et écuyers, par lequel ils sont maintenus dans la qualité de nobles et écuyers, et déchargés des amendes prononcées contre eux par M. de Barentin, en date du 19 mars 1668, signé Béchameil.

Contrat du partage des biens d'Isaac Chasteigner et de Pierre Chasteigner, entre Daniel Chasteigner, éc., s^gr des Oullières, et Pierre Chasteigner, éc., s^gr des Granges, enfants dudit Isaac et neveux dudit Pierre, par lequel il paraît que Daniel, en qualité d'aîné, a eu les préciputs et avantages de la Coutume, en date du 3 février 1680, signé Grugnet et Boursault, n^res.

Contrat de mariage de Daniel Chasteigner, chev., s^gr du Bergeriou, avec d^lle Marie-Henriette de Bessay, par lequel il paraît qu'il est fils d'Isaac Chasteigner ci-dessus et de dame Marie Vinet, en date du 14 juin 1714, signé Ballard et Train, n^res.

Ordonnance : **Maintenu comme noble et écuyer, le 5 mai 1715,** signé : de Richebourg.

Marguerite de Raymond, veuve de Jean DE **CUMONT**, éc., s^gr des Tanières, les Estières,
Françoise DE **CUMONT**, sa fille,
Gabriel DE **CUMONT**, éc.,
Eraste DE **CUMONT**, éc., s^r de Longchamp, en l'élection de Niort,
Jeanne DE **CUMONT**, demoiselle.

28

Niort et Poitiers

Pièces justificatives : Ordonnance de M. de Maupeou en faveur de Jean de Cumont, éc., s^r des Tanières, Jacques de Cumont, éc., son fils, Gabriel de Cumont, éc., et Eraste de Cumont, éc., s^r de Longchamp, par laquelle ils sont maintenus dans la qualité de nobles et écuyers, en date du 31 mai 1699. Dans le vu des pièces est énoncé le contrat de mariage de Louis de Cumont avec d^lle Louise de Meschinet (daté du 22 avril 1643), et celui de Jean de Cumont avec d^lle Marguerite de Raymond, par lequel il paraît qu'il est fils de Louis de Cumont et de Louise de Meschinet.

Inventaire fait après le décès de Jean de Cumont, chev., s^gr des Tanières, à la réquisition de Marguerite de Raymond, sa veuve, par lequel il paraît que d^lle Françoise de Cumont, leur fille, renonce à la succession de Jean de Cumont, son père, en date du 24 mars 1710, signé Esnard, n^re au vicomté d'Aulnay.

Acte du testament fait par Louis de Cumont, chev., s^gr des Tanières, en faveur de d^lle Jeanne de Cumont, sa fille, et des enfants de Jean de Cumont, son fils, en date du 4 mai 1678, signé Galard, n^re à Aulnay.

Ordonnance : **Maintenus comme nobles, écuyers, veuve de noble et demoiselles, le 7 mai 1715,** signé : de Richebourg.

29

Poitiers et Saint-Maixent

Louise-Perside de Laste, veuve de Jean CHEVALLEAU, chev., s^{gr} de Boisragon,

Charles CHEVALLEAU, chev., s^{gr} de Boisragon, son fils aîné, demeurant à Poitiers,

Madeleine Brunet, veuve de Pierre CHEVALLEAU, éc., s^r de Saisigny, demeurant à Saint-Maixent.

Pièces justificatives : Ordonnance de M. de Barentin en faveur de Jean Chevalleau, éc., s^r de Boisragon, et de Pierre Chevalleau, éc., s^r de Saisigny, par laquelle ils sont maintenus dans la qualité de nobles et écuyers, en date du 22 août 1667.

Contrat de mariage de Jean Chevalleau, chev., s^{gr} de Boisragon, avec d^{lle} Louise-Perside de Laste, par lequel il paraît qu'il est fils de Jean Chevalleau, dénommé dans l'ordonnance ci-dessus, et de dame Catherine de Marconnay, en date du 6 mars 1688, signé Bon et Bourceau, n^{res} du duché de la Meilleraye à Parthenay.

Extrait de baptême de Charles Chevalleau, par lequel il paraît qu'il est fils de Jean Chevalleau, éc., s^{gr} de Boisragon, et de Louise-Perside de Laste, en date du 2 mars 1694, délivré le 13 mars 1710 par le s^r Pavin, curé de Saint-Martin-du-Fouilloux, légalisé le 17 du même mois par Jean-Claude, évêque de Poitiers, et contrôlé par Legrand.

Contrat de mariage de Pierre Chevalleau, éc., s^r de Saisigny et de la Roche-de-Nesde, avec Madeleine Brunet, par lequel il paraît qu'il est fils de Paul Chevalleau, éc., s^r de Saisigny et de la Roche-de-Nesde, et de dame Charlotte de Cahiduc, en date du 9 novembre 1672, signé Chamyer et Lebreton, n^{res}.

Acte des épousailles de Pierre Chevalleau ci-dessus et de Madeleine Brunet, du 18 novembre 1672, délivré le 15 décembre 1676 par Riche, curé de la Chapelle-Bâton.

Ordonnance : Maintenus comme noble, écuyer, veuves de nobles, le 8 mai 1715, signé : de Richebourg.

Pierre-Gabriel CHAPELLE, éc.,
François CHAPELLE, éc.,
Brigitte et Anne CHAPELLE, demoiselles,
  tous les quatre frères et sœurs ;
Louise d'Anché, veuve de François CHAPELLE, éc., s^r de Bessac,
Pierre CHAPELLE, éc., s^r de Mandegault,
Et Madeleine CHAPELLE, demoiselle,
  tous les deux enfants de Louise d'Anché.

30

Fontenay et Saint-Maixent.

Pièces justificatives : Contrat de mariage de Guillaume Chapelle, éc., s^r de la Forge de Miramon, avec Anne de Teyssière, par lequel il paraît qu'il est fils d'Antoine Chapelle, éc., s^r de Jumilhat, et de Jeanne Descordes, en date du 28 avril 1607, signé Vouzeaud, n^{re}.

Contrat de mariage d'Aymar Chapelle, éc., s^r de Miramon, avec d^{lle} Renée de Villedon, par lequel il paraît qu'il est fils de Guillaume Chapelle ci-dessus et de dame Anne de Teyssière, en date du 10 juillet 1633, signé Latouche, n^{re}.

Contrat de mariage de Pierre Chapelle, éc., s^r de la Forge, avec d^{lle} Catherine Jourdain, par lequel il paraît qu'il est fils d'Aymar ci-dessus et de Renée de Villedon, en date du 14 janvier 1677, signé Berthoumé, n^{re}.

Quatre extraits de baptême, le 1er de Pierre-Gabriel Chapelle, du 2 février 1687, le 2e de François Chapelle, du 29 octobre 1690, le 3e de Brigitte Chapelle, du 30 mars 1692, et le 4e d'Anne Chapelle, du 29 mars 1694, par lesquels il paraît qu'ils sont enfants de Pierre Chapelle, éc., s^r de la Forge, et de Catherine Jourdain, lesdits extraits délivrés le 9 mai 1715 par Desforges, curé de Fontaine, et contrôlés à Poitiers par Legrand.

Contrat de mariage de François Chapelle, éc., s^r de Bessac, avec d^{lle} Louise d'Anché, par lequel il paraît qu'il est fils de feu Aymar Chapelle, éc., s^r de Miramon, et de d^{lle} Renée de Villedon, en date du 23 juin 1675, signé Lardeau, n^{re}.

Acte des épousailles desdits François Chapelle et Louise

d'Anché, du 15 juillet 1675, délivré le 24 avril 1715 par Senné, curé de Melleran, et contrôlé à Poitiers par Legrand.

Contrat de mariage de Pierre Chapelle, éc., s^r de Mandegault, avec d^{lle} Jeanne de Tustal, par lequel il paraît qu'il est fils de François Chapelle, éc., s^{gr} de Bessac, et de Louise d'Anché, en date du 21 avril 1694, signé Maréchal, n^{re}.

Extrait de baptême de Madeleine Chapelle, par lequel il paraît qu'elle est fille de François Chapelle, éc., s^r de Bessac, et de d^{lle} Louise d'Anché, du 26 février 1690, délivré le 24 avril 1715 par Senné, curé de Melleran, et contrôlé à Poitiers par Legrand.

Ordonnance : Maintenus comme nobles et écuyers, demoiselles et veuve de noble, le 16 mai 1715, signé : de Richebourg.

31

Poitiers

Louis DE CORAL, éc., s^r de la Fouchardière.

Pièces justificatives : Ordonnance de M. de Barentin en faveur de Paul de Coral, éc., s^r du Breuil, du Mazet et de la Fouchardière, par laquelle il est maintenu dans la qualité de noble et écuyer, en date du 20 septembre 1667. Des pièces y énoncées il appert que ledit Paul de Coral avait épousé d^{lle} Diane-Marie Savatte et qu'il était fils de René de Coral, s^{gr} baron du Mazet, et de d^{lle} Marie Gay.

Contrat de mariage de Louis de Coral, éc., s^{gr} de la Fouchardière, avec d^{lle} Marie Chaud, par lequel il paraît qu'il était fils de Paul de Coral, éc., s^{gr} de la Fouchardière, et de dame Marie-Diane Savatte, en date du 27 juillet 1705, signé Dechaume et Goudon, n^{res}.

Ordonnance : Maintenu comme noble et écuyer, le 14 juin 1715, signé : de Richebourg.

32

Châtellerault

Pierre CHABOT, éc., s^{gr} du Puy et de Bauday, demeurant paroisse de Marigny-Brizay.

Pièces justificatives : Contrat de mariage de Louis Chabot, chev., s^{gr} d'Amberre et de Bauday, avec d^{lle} Madeleine Bonneau, par lequel il paraît qu'il est fils de défunt Jacques Chabot, éc., sr de la Maison-Neuve, et de dlle Anne Milcendeau, en date du 30 janvier 1666, signé Béguier et Royer, nres.

Inventaire des titres de noblesse de Jacques Chabot, chevalier de l'ordre du Roi et de Saint-Michel, Charles Chabot, éc., sr d'Ossé, et Louis Chabot, éc., sr d'Amberre, produit devant M. Voysin de la Noiraye, intendant de Touraine, au pied duquel est l'ordonnance de M. Voysin de la Noiraye, portant acte de la présentation de leurs titres mentionnés audit inventaire, pour y avoir égard lors de la confection du catalogue des gentilshommes, en date du 14 avril 1669.

Contrat de partage des biens de Louis Chabot ci-dessus entre dlle Charlotte Chabot, sa fille issue de son second mariage avec Charlotte Leblanc, Louis Chabot, éc., sgr d'Amberre, Pierre Chabot, éc., sr de Bauday, et Marie-Anne Chabot, ses enfants issus de son premier mariage avec Madeleine Bonneau, par lequel il paraît que Louis, en qualité de fils aîné, a eu les préciputs et avantages de la Coutume, en date du 16 juin 1694, signé Laillaud, nre à Richelieu.

Contrat de mariage de Pierre Chabot, éc., sr du Puy, fils de Louis Chabot, éc., sr d'Amberre, et de dame Madeleine Bonneau, avec dlle Marguerite de Vandel, en date du 12 mai 1699, signé Condonneau, nre.

Ordonnance de M. Chauvelin, intendant de la Généralité de Tours, en faveur de Jacques Chabot, sgr de la Chapelle, et Louis Chabot, éc., sgr d'Amberre, son cousin germain, par laquelle ils sont maintenus dans la qualité de nobles et écuyers, en date du 25 mai 1715. Dans le vu des pièces est énoncé le contrat de mariage de Louis Chabot, éc., sr d'Amberre, avec Madeleine Bonneau.

Ordonnance : **Maintenu comme noble et écuyer, le 26 juin 1715**, signé : de Richebourg.

Philippe CHALMOT, éc., sr de Saint-Rue et du Breuil-d'Aigonnay,

23

Saint-Maixent

Philippe-Louis, Charles-Gabriel, Charles-Henri, Jacques-Auguste et Louis-César CHALMOT, ses enfants.

Pièces justificatives : Ordonnance de M. de Barentin en faveur de Philippe Chalmot, éc., s^r du Breuil-d'Aigonnay, David Chalmot, éc., s^r de la Touche, Jean Chalmot, éc., s^r de Bois-Rezet, Jacques Chalmot, éc., s^r du Deffant, par laquelle ils sont maintenus dans la qualité de nobles et écuyers, en date du 23 septembre 1667. Dans le vu des pièces est énoncé le contrat de mariage de Philippe Chalmot avec dame Jacquette Bonneau (reçu le 12 janvier 1667 par Guillon et Tastreau, n^{res} à Saint-Maixent).

Commission de capitaine de cavalerie au sieur (Philippe) du Breuil-Chalmot, produisant, accordée par le roi le 20 août 1688, signée Louis, plus bas, Par le roi, Le Tellier, et en marge, le comte d'Auvergne, colonel général de la cavalerie légère de France.

Contrat de mariage de Philippe Chalmot, chev., s^{gr} de Saint-Rue, fils de Philippe Chalmot, chev^r, s^{gr} du Breuil, maintenu par M. de Barentin, et de dame Jacquette Bonneau, avec d^{lle} Jeanne de la Barre de la Boulaye, en date du 28 janvier 1692, signé Levesque et Bruslon, n^{res} à Saint-Maixent.

Cinq extraits de baptême : 1° de Philippe-Louis Chalmot, du 14 mars 1897 ; 2° de Charles-Gabriel Chalmot, du 25 août 1698 ; 3° de Charles-Henri Chalmot, du 2 mars 1702 ; 4° de Jacques-Auguste Chalmot, du 8 avril 1705 ; 5° de Louis-César Chalmot, du 4 janvier 1708, par lesquel il paraît qu'ils sont tous enfants de Philippe Chalmot, chev., s^{gr} de Saint-Rue, et de dame Jeanne de la Barre, délivrés et signés par Gilbert, curé d'Aigonnay, légalisés par le lieutenant général de Saint-Maixent et dûment contrôlés.

rdonnance : Maintenus comme nobles et écuyers, le 25 juillet 1715, signé : de Richebourg.

---

34 Marguerite Legeay, veuve de Jacques DE CAUMONT, tant pour elle que pour les demoiselles ses filles.

Fontenay Pièces justificatives : Ordonnance de M. de Barentin en faveur de

Marc de Caumont, éc., s^r d'Adon, par laquelle il est maintenu en la qualité de noble et écuyer, en date du 23 septembre 1667. Dans le vu des pièces est énoncé le contrat de mariage dudit Marc de Caumont avec d^{lle} Marie de Vallois, par lequel il paraît qu'il est fils de Josué de Caumont et de d^{lle} Madeleine de Miraudeau.

Contrat de mariage de Jacques de Caumont, éc., s^r d'Adon, avec d^{lle} Marguerite Legeay, par lequel il paraît qu'il est fils de Josué de Caumont, éc., s^r d'Adon, et de d^{lle} Madeleine de Miraudeau, en date du 8 juillet 1671, signé Lamberteau et Herbert, n^{res}.

Ordonnance : **Maintenue comme veuve de gentilhomme, le 9 août 1715, signé : de Richebourg.**

Scipion CATINEAU, chev., s^r de la Martinière,   *35*
Catherine CATINEAU, sa sœur,
Philippe-André, Charles-Louis et François CATINEAU,   *Niort*
enfants de Scipion,
Charles et François CATINEAU, cousins germains de Scipion.

Pièces justificatives : Ordonnance de M. de Barentin en faveur de Pierre Catineau, éc., s^r de la Martinière, Jacques Catineau, éc., s^r de la Boisselière, et Artus Catineau, éc., s^r de la Gauvinière, par laquelle ils sont maintenus dans la qualité de nobles et écuyers, en date du 9 août 1667. Dans le vu des pièces est énoncé le contrat de mariage de Pierre Catineau, éc., s^r de la Martinière, avec d^{lle} Anne Delacour ; le contrat de mariage d'Artus Catineau, éc., s^r de la Gauvinière, avec d^{lle} Hélène Catineau ; le contrat de mariage de Jacques Catineau, éc., s^r de la Boisselière, avec d^{lle} Bertrand.

Contrat de la vente faite par Jacques Catineau, éc., s^r de la Boisselière, de tous ses biens en faveur de d^{lle} Catherine Baugier, sa seconde femme, séparée quant aux biens et non commune, à la charge d'acquitter ses dettes, en date du 24 mai 1677, signé Allonneau, n^{re}.

Transaction passée, de l'avis et conseil des s^rs Dureau et Penin, avocats au siège présidial de Poitiers, entre Catherine Baugier, veuve de Jacques Catineau, éc., s^r de la Boissellière, et à présent femme de Jacques Rabault, éc., s^r de la Châteigneraie, d'une part, et Scipion Catineau, éc., s^r de la Martinière, et Catherine Catineau, ses enfants issus de son premier mariage, d'autre part, en date du 17 janvier 1703, signé Marot et Cailler, n^res.

Contrat de mariage de Scipion Catineau, chev., s^gr de la Martinière, fils aîné de Jacques Catineau et de Catherine Baugier, avec d^lle Renée-Aimée Maillard, en date du 16 mai 1702, signé Brevet et Charier, n^res des baronnies de Puybelliard, Chantonnay et Sigournay.

Trois extraits de baptême : 1° de Philippe-André Catineau, du 5 décembre 1704 ; 2° de Charles-Louis Catineau, du 21 août 1706 ; 3° de François Catineau, du 6 avril 1711, par lesquels il paraît qu'ils sont enfants de Scipion Catineau, chev., s^r de la Martinière, et de dame Renée-Aimée Maillard, délivrés le 13 août 1715 par Foucher, curé de Vouhé, contrôlés à Poitiers par Legrand.

Contrat de mariage d'Artus Catineau, éc., s^r de la Gauvinière, fils de Pierre Catineau, éc., s^r de la Martinière, et de dame Anne de la Cour, avec d^lle Hélène Catineau, en date du 27 décembre 1661, signé Gellin et Alloneau, n^res de la duché de Parthenay.

Deux extraits de baptême : 1° de Charles Catineau, du 9 février 1676 ; 2° de François Catineau, du 7 avril 1681, par lesquels il paraît qu'ils sont fils d'Artus Catineau et d'Hélène Catineau, délivrés le 1er mai 1704 par Cottereau, curé de Soutiers, légalisés par le lieutenant particulier de Parthenay, et contrôlés à Poitiers par Legrand.

Arrêt du Conseil d'Etat du roi en faveur d'Hélène Catineau, veuve d'Artus Catineau, éc., s^r de la Gauvinière, par lequel elle est reçue opposante à l'exécution d'un rôle arrêté au Conseil au mois de juillet 1693, dans lequel elle avait été taxée à la somme de quatre mille livres pour les droits de francs-fiefs, et déchargée de ladite somme, en date du 16 janvier 1694, signé Hersant.

Ordonnance : **Maintenus comme nobles, écuyers, demoiselle et fille de noble, le 19 août 1715, signé : de Richebourg.**

Pierre-Mathurin DE CADARAN, chev., s^{gr} de Lespinay.   *36*

Pièces justificatives : Arrêt de la Chambre établie pour la réformation de la noblesse au duché de Bretagne, en faveur de Barthélemy de Cadaran, éc., s^r de Lespinay, et François de Cadaran, éc., s^r de la Ferrière (avocat en la cour de Parlement de Bretagne), par lequel ils sont déclarés nobles d'extraction et maintenus dans la qualité d'écuyers, en date du 23 octobre 1668, signé Malescot. Dans le vu des pièces est énoncé le contrat de mariage de Barthélemy de Cadaran avec d^{lle} Louise Massé de Joyon, et il est établi qu'il est fils de feu Barthélemy de Cadaran, s^r de Villehoing, et d'Anne Lepetit.

Contrat de mariage de Pierre-Mathurin de Cadaran, éc., s^{gr} de Lespinay, avec d^{lle} Charlotte de Montils, par lequel il paraît qu'il est fils de Barthélemy de Cadaran, chev., s^{gr} de Lespinay, et de dame Louise Massé de Joyon, en date du 30 mai 1695, signé P. Norin et Auger, n^{res}.

Dire du produisant : Il fut en l'année 1700 assigné par-devant M. de Maupeou, à la requête de Jean Guérin, pour la représentation de ses titres de noblesse, et il produisit alors, outre les deux titres ci-dessus, un partage fait entre lui et ses cohéritiers de la succession de leurs père et mère, en date du 8 janvier 1696, reçu par Coquet, n^{re}. Sur lesdits titres il y eut une sentence qui le confirma dans sa qualité d'écuyer, mais qui n'a point été levée.

Ordonnance : **Maintenu comme noble et écuyer, le 20 août 1715, signé : de Richebourg.**

Jacques CHASTEIGNER, éc., s^{gr} de la Roche-Hudon.   *37*

Pièce justificative : Sentence de M. de Maupeou, qui maintient Jacques Chasteigner, éc., s^{gr} de la Roche-Hudon, en sa noblesse, en date du 6 mars 1699.   *Niort*

Ordonnance : Ordonne son inscription au catalogue des nobles de la Généralité de Poitiers, le 26 août 1715, signé : de Richebourg.

---

38 Charles DE CHALLET, éc., s^r de Morais,
Henri DE CHALLET, éc., s^r du Bellay, son frère.

Pièces justificatives : Inventaire fait devant M. de Machault, intendant de la Généralité d'Orléans, des titres de noblesse d'Armand de Challet, éc., s^r de Morais, au pied duquel est son ordonnance maintenant ledit Armand de Challet dans les privilèges accordés aux nobles, en date du 20 juillet 1668. Dans le vu des pièces de cet inventaire est énoncé le contrat de mariage dudit Armand de Challet avec d^{lle} Anne Dobriot.

Extrait de baptême de Charles de Challet, du 26 août 1662, par lequel il paraît qu'il est fils d'Armand de Challet ci-dessus et de d^{lle} Anne Dobriot, délivré le 30 avril 1715 par Boytard, curé de Viabon, légalisé par le grand vicaire de M. l'évêque de Chartres le 6 mai 1715, signé de la Vieuville, et plus bas, Par mondit sieur, Poluche, contrôlé à Poitiers par Legrand.

Ordonnance de M. Begon, intendant de la Généralité de la Rochelle, en faveur d'Henri de Challet, éc., s^r du Bellay, par laquelle il est maintenu en la qualité de noble et écuyer, en date du 30 avril 1705.

Ordonnance : Maintenus comme nobles et écuyers, le 28 août 1715, signé : de Richebourg.

---

39 René-Georges DE CONTY, éc., s^r de la Contantinière, demeurant en la paroisse de Fenioux.

Niort Pièces justificatives : Ordonnance de M. de Richebourg en faveur de Pierre de Conty, Ec., s^r de la Simalière, et de Pierre-Georges de Conty, Ec., s^r de la Poitevinière, par laquelle ils sont maintenus dans la qualité de nobles et écuyers, en date du 12 février 1715. Dans le vu des pièces est énoncé le contrat de mariage de Georges de Conty (aïeul dudit Pierre et père dudit Pierre-Georges) avec d^lle Gabrielle de Vieillechèze. (Voir D 40 ci-après.)

Contrat de mariage de René de Conty, éc., s^r de la Contantinière, avec d^lle Jeanne Roy, par lequel il paraît qu'il est fils de Georges de Conty, éc., s^r de la Simalière, et de défunte d^lle Gabrielle de Vieillechèze, en date du 30 juin 1688, signé Granier, n^re à Lusignan.

Extrait de baptême de René-Georges de Conty, du 15 mai 1689, par lequel il paraît qu'il est fils de René de Conty ci-dessus et de dame Jeanne Roy, délivré le 9 juillet 1712 par Segaud, prieur-curé de Saint-Sauvant, légalisé par le lieutenant particulier de Lusignan et contrôlé à Poitiers le 30 août 1715.

Ordonnance : Maintenu comme noble et écuyer, le 31 août 1715, signé : de Richebourg.

Nicole-Anne Fouquet, veuve de Marc-Antoine COLLASSEAU, chev., s^gr du Houx,   40

Marie-Louise, Charlotte et Marie-Gabrielle COLLASSEAU, ses filles.   *Thouars*

Pièces justificatives : Ordonnance de M. de Maupeou en faveur de Nicole-Anne Fouquet, veuve de Marc-Antoine Collasseau, chev., s^gr du Houx, en son nom et comme tutrice de ses filles, par laquelle elle est maintenue dans les privilèges et exemptions accordés aux veuves des nobles du royaume, en date du 31 mai 1699.

Trois extraits de baptême, le 1er de Marie-Louise Collasseau, du 13 avril 1684, le 2e de Charlotte Collasseau, des mêmes jour et an, le 3e de Marie-Gabrielle Collasseau, du 21 janvier 1685, par lesquels il paraît qu'elles sont filles de Marc-Antoine Collasseau et d'Anne Fouquet, délivrés les deux premiers le 20 août 1715 par Coiffard, curé de Saint-Georges, et le troisième le 24 août 1715 par Bodin, curé de Noirlieu, légalisés par le s^r Osmond, subdélégué à Thouars, contrôlés à Poitiers par Legrand.

Ordonnance : Maintenues dans les privilèges de la noblesse, le 6 septembre 1715, signé : de Richebourg.

41

Poitiers

Marie Thibault de la Carte, veuve de Charles CHEVALIER, éc., s^{gr} de la Coindardière.

Pièce justificative : Sentence de M. de Richebourg en faveur de Jean Chevalier, chev., s^{gr} de la Coindardière, Gabrielle Chevalier, sa sœur, et Louise-Madeleine Chevalier de Saulx, par laquelle ils sont maintenus dans les privilèges de la noblesse, en date du 9 mars 1715. (Voir C 17 ci-dessus.) Dans le vu des pièces est énoncé le contrat de mariage de Charles Chevalier, éc., s^r de la Coindardière, et de d^{lle} Marie Thibault de la Carte, père et mère desdits Jean et Gabrielle Chevalier.

Ordonnance : Maintenue dans les privilèges de la noblesse, le 6 septembre 1715, signé : de Richebourg.

42

Fontenay

Hubert CHEVALIER, éc., s^r du Pontreau,
Anne Théronneau, veuve de François CHEVALIER, éc., s^r du Pontreau, sa mère.

Pièces justificatives : Ordonnance de M. de Barentin en faveur de d^{lle} Sarah Boulanger, veuve d'Antoine Chevalier, éc., s^r du Chêne-Vert, et Marc Chevalier, éc., s^r de la Maison-Neuve, par laquelle ils sont maintenus dans la qualité de nobles et écuyers, en date du 5 septembre 1667.

Contrat de mariage de Marc Chevalier, éc., s^r de la Maison-Neuve, avec d^{lle} Marguerite de Verteuil, par lequel il paraît qu'il est fils d'Antoine Chevalier, éc., et de dame Sarah Boulanger, en date du 31 mars 1669, signé Marthon, n^{re}.

Contrat de mariage de François Chevalier, éc., s^{gr} du Pontreau, avec dame Anne Théronneau, veuve de Gabriel Bruneau, éc., s^r de la Borinière, par lequel il paraît qu'il est fils de Marc Chevalier ci-dessus et de dame Marguerite de Verteuil, en date du 26 janvier 1703, signé Baritault et Gilbert, n^{res}.

Extrait de baptême d'Hubert Chevalier, du 29 septembre 1707, par lequel il paraît qu'il est fils de François Chevalier ci-dessus et de dame Anne Théronneau, délivré le 28 mars 1715 par Grignon, curé du Langon, légalisé par le sr Moriceau de Cheusse, subdélégué à Fontenay, et contrôlé au Langon le 29 du même mois par Thulipierre.

Ordonnance : Maintenus comme noble, écuyer, veuve de gentilhomme, le 13 septembre 1715, signé : de Richebourg.

Françoise Petit de la Guierche Saint-Amand, veuve de Jacques CHEVALIER, éc., sgr de Saulx.   *43*

Pièces justificatives : Ordonnance de M. de Barentin, énoncée dans le vu des pièces de l'ordonnance de M. de Richebourg, intervenue en faveur de Jean Chevalier, éc., sgr de la Coindardière, et dlles Gabrielle et Louise-Madeleine Chevalier, le 9 mars 1715 (voir C 17 ci-dessus), par laquelle il paraît que Jacques Chevalier, sr de Saulx, a été maintenu noble, en date du 10 décembre 1667.

Sentence du sr lieutenant général de Poitiers, portant création d'un curateur à la succession vacante de Jacques Chevalier, sr de Saulx, par laquelle il paraît que Françoise Petit de la Guierche Saint-Amand est veuve dudit Jacques Chevalier, en date du 9 mai 1706, signé Beau, greffier.

Ordonnance : Maintenue comme veuve de gentilhomme, le 15 septembre 1715, signé : de Richebourg.

Henriette Husson, veuve de Pierre CHASTEIGNER, éc., sr des Granges.   *44*

Pièces justificatives : Ordonnance de M. de Richebourg en faveur de Daniel Chasteigner, éc., sr du Bergeriou et des Oullières, par laquelle il est maintenu dans la qualité de noble et écuyer, en date du 5 mai 1715. Dans le vu des pièces est énoncé le contrat de partage des biens d'Isaac Chasteigner entre Daniel Chasteigner, chev., sgr des Oullières, et Pierre Chasteigner;   *Fontenay* chev., s^gr des Granges, enfants dudit Isaac Chasteigner et de dame Marie Vinet.

Contrat de mariage de Pierre Chasteigner, chev., s^gr des Granges, fils d'Isaac Chasteigner et de dame Marie Vinet, avec d^lle Henriette Husson, en date du 6 mars 1685, signé Billon, n^re.

Ordonnance : Maintenue comme veuve de gentilhomme, le 2 décembre 1715, signé : de Richebourg.

45

Niort

Jean DE CONDÉ, éc., s^gr de Villiers, chevalier de l'ordre royal de Saint-Louis, ancien capitaine au régiment de Saux,

Claude DE CONDÉ, éc., s^gr de la Magotterie, ancien capitaine au régiment de Champagne, son frère.

Pièces justificatives : Contrat de mariage de Jean de Condé, éc., demeurant au Four-les-Moines, près de Clermont-en-Argonne, avec d^lle Catherine Decroux, en date du 7 juin 1560, signé Guillaume, n^re. Au pied est l'acte de légalisation du lieutenant particulier au bailliage de Vitry, ressort de Sainte-Menehould, du 24 octobre 1715, signé Mathieu, et plus bas, Bardeau, greffier.

Contrat de mariage de Claude de Condé, éc., avec d^lle Anne Desguyot, par lequel il paraît qu'il est fils de Jean de Condé ci-dessus, en date du 23 juillet 1617, signé Piedmont et Thévenin, n^res.

Contrat de mariage de Philippe de Condé, éc., avec d^lle Prudente des Audrouins, par lequel il paraît qu'il est fils de Claude de Condé, éc., en date du 27 août 1648, signé Noiret, n^re.

Acte de curatelle en faveur de Marguerite-Marie, Jean et Claude de Condé, par lequel il paraît qu'ils sont enfants mineurs de Philippe de Condé, éc., et de défunte d^lle Prudente des Audrouins, passé par-devant le lieutenant général civil et criminel du bailliage de Clermont, le 14 mars 1675, signé de la Grange, greffier.

Acte de tutelle en faveur de Jean, Jérémie et Claude de

Condé, écrs, par lequel il paraît qu'ils sont enfants de défunt Philippe de Condé, éc., et de défunte dlle Prudente des Audrouins, passé par-devant le lieutenant du bailliage et comté de Clermont, en date du 3 mars 1681, signé Jolly, greffier.

Extrait de baptême de Claude de Condé, du 19 juin 1668, par lequel il paraît qu'il est fils de Philippe de Condé, éc., et de dlle Prudente des Audrouins, délivré le 17 septembre 1700 par Bernard Malvaud, prêtre religieux de l'abbaye de La Chalade, légalisé le 27 du même mois par Monsieur l'Évêque de Verdun, contrôlé à Poitiers par Legrand.

Contrat de mariage de Jean de Condé, éc., chev., sgr de Condé, capitaine au régiment de Saux, avec dlle Marie de Saint-Gelais de Lusignan, par lequel il paraît qu'il est fils de Philippe de Condé, éc., et de dame Prudente des Audrouins, en date du 14 décembre 1702, signé Guérineau et Brunet, nres.

Ordonnance : **Maintenus comme nobles et écuyers, le 6 décembre 1715, signé : de Richebourg.**

Pierre DE CHEVIGNÉ, éc., sgr de la Limonnière, 46
René DE CHEVIGNÉ, éc., sr de la Grassière.

Pièces justificatives : Ordonnance de M. de Barentin en faveur *Mauléon* de Charles de Chevigné, éc., sr du Bois-de-Chollet, et de dlle Louise Louet, veuve d'Henri de Chevigné, éc., sr de Périgné, par laquelle ils sont maintenus dans la qualité de nobles et écuyers, en date du 24 septembre 1667. Dans le vu des pièces est énoncé le contrat de mariage d'Henri de Chevigné, éc., sr de Périgné, avec ladite dlle Louise Louet (daté du 30 janvier 1645).

Contrat de mariage de Pierre de Chevigné, chev, sgr de la Limonnière, avec dlle Marie-Philotée Reigner, par lequel il paraît qu'il est fils d'Henri de Chevigné, chev., sgr de Périgné, et de dame Louise Louet, en date du 6 septembre 1688, signée Catry et Giraud, nres.

Contrat de mariage d'Henri de Chevigné, chev., sgr de la Jarrie, avec dlle Marguerite Fumée, par lequel il paraît qu'il est fils de défunt Henri de Chevigné et de dame Louise Louet, en date du 3 août 1675, signé Goureau et Morineau, n^res, légalisé par le sénéchal de Saint-Fulgent.

Contrat de mariage de Pierre de Chevigné, chev., s^gr de la Grassière, avec d^lle Marie Saulnier, par lequel il paraît qu'il est fils d'Henri de Chevigné ci-dessus et de défunte dame Marguerite Fumée, en date du 16 avril 1703, signé Guineau et Verdon, n^res.

Ordonnance : Maintenus comme nobles et écuyers, le 14 décembre 1715, signé : de Richebourg.

47

Poitiers

Armand DE CHAMBORANT, éc.

Pièces justificatives : Inventaire fait par-devant M. d'Aguesseau, intendant de la Généralité de Limoges, des titres de noblesse de Pierre de Chamborant, chev., s^gr de Droux, et de Jean de Chamborant, chev., s^gr de Villevert, au pied duquel est son ordonnance portant que les titres produits par lesdits de Chamborant seront rendus, néanmoins l'inventaire signé des parties ou de leur procureur demeurera par devers lui, pour être envoyé au Conseil de S. M., en date du 16 mars 1667. Dans le vu des pièces est énoncé le contrat de mariage de Jean de Chamborant, éc., s^r de Villevert, avec d^lle Gabrielle de Couhé, par lequel il paraît qu'il est fils de Joachim de Chamborant, éc, s^r de Droux, et de dame Catherine Devaux.

Contrat de mariage de Jean de Chamborant, éc., s^r de Villevert, fils de Joachim de Chamborant et de dame Catherine Devaux, avec d^lle Gabrielle de Couhé, en date du 15 juin 1636, signé Claveau, n^re.

Contrat de mariage de François de Chamborant, chev., s^gr du Boucheron, avec d^lle Gabrielle-Anne Du Laux, par lequel il paraît qu'il est fils de Jean de Chamborant ci-dessus et de dame Gabrielle de Couhé, en date du 30 janvier 1682, signé Condac, n^re.

Extrait de baptême d'Armand de Chamborant, du 27 janvier 1684, par lequel il paraît qu'il est fils de François de Chamborant ci-dessus et de d^lle Gabrielle-Anne Du Laux, délivré le 15 décembre 1715 par Babaud, prêtre de l'Oratoire, curé de

Lessat, légalisé par le s^r Thoreau, sénéchal de Saint-Germain, contrôlé à Poitiers par Coupard.

Ordonnance : Maintenu comme noble et écuyer, le 3 janvier 1716, signé : de Richebourg.

Louis CAILLET, éc., s^r du Breuil-Dissé.   48

Pièces justificatives : Ordonnance de M. de Barentin en faveur de Dominique Caillet, éc., s^r de Dissé, et René-Louis Caillet, éc., s^r du Breuil, par laquelle ils sont maintenus dans les privilèges et exemptions accordés aux nobles du royaume, en date du 30 août 1667. Dans le vu des pièces il paraît que Louis Caillet est fils de Dominique Caillet et de Marguerite Catineau. *Poitiers*

Contrat de mariage de Louis Caillet, éc., s^r du Breuil, fils de Dominique Caillet, chev., s^{gr} de Dissé, et de dame Marguerite Catineau, avec d^{lle} Marie Moreau, en date du 17 novembre 1660, signé Gaultier et Bourseau, n^{res}.

Contrat de mariage de Louis Caillet, éc., s^r du Breuil de Dissé, avec d^{lle} Madeleine Joubert, par lequel il paraît qu'il est fils de Louis Caillet ci-dessus et de dame Marie Moreau, en date du 1er février 1701, signé Nardon et Deschamps, n^{res}.

Ordonnance : Maintenu comme noble et écuyer, le 9 janvier 1716, signé : de Richebourg.

Armand-Gabriel DE CRUX, chev., comte de Crux et autres places.   49

Pièces justificatives : Copie de l'ordonnance de M. Hector de Marle, s^{gr} de Versigny, intendant de la Généralité d'Alençon, en faveur de Jacques-Antoine de Crux, chev., s^{gr} de Courboyer, par laquelle il est maintenu en la qualité de noble, en date du 13 juillet 1667, signé par collation Clérambault, généalogiste des ordres du roi. Dans le vu des pièces est rapporté le contrat de mariage de Jacques-Antoine de Crux, chev., s^{gr} baron de Courboyer et autres places, avec d^{lle} Louise de Machecoul. *Mauléon*

Contrat de mariage de Gabriel-Antoine de Crux, chev., s^{gr} de Courboyer et autres lieux, avec d^{lle} Françoise de Saint-Martin, par lequel il paraît qu'il est fils de Jacques-Antoine de Crux ci-dessus et de dame Louise de Machecoul, en date du 12 octobre 1684, signé Gallois, notaire au Châtelet de Paris.

Contrat de mariage d'Armand-Gabriel de Crux, chev., comte de Crux et de Vieillevigne, avec d^{lle} Angélique-Marie-Damaris-Éléonore Turpin de Crissé, par lequel il paraît qu'il est fils de Gabriel-Antoine de Crux ci-dessus et de dame Françoise de Saint-Martin, en date du 2 juillet 1709, signé Masson et Richard, n^{res} au Châtelet de Paris.

Ordonnance : **Maintenu dans les privilèges, honneurs et exemptions accordés aux nobles du royaume, le 13 janvier 1716, signé : de Richebourg.**

50

Poitiers

Marie-Marguerite d'Alougny, veuve de Pierre COYTARD, éc., s^r de Vignolle, tant pour elle qu'au nom et comme tutrice de Marie COYTARD, sa fille.

Pièces justificatives : Contrat de mariage de Daniel Coytard, éc., avec d^{lle} Marthe Vidard, en date du 1er octobre 1569, signé Gaultier, n^{re}.

Contrat de mariage de Jean Coytard, éc., s^r de la Maison-Neuve, avec d^{lle} Jeanne Maubué, par lequel il paraît qu'il est fils de Daniel Coytard, éc., s^r de la Ronde, et de défunte Marthe Vidard, en date du 23 mai 1616, signé Béguier, n^{re}.

Contrat de mariage de Pierre Coytard, éc., s^{gr} de Vignolle, avec d^{lle} Marie-Marguerite d'Alougny, par lequel il paraît qu'il est fils de Jean Coytard ci-dessus et de d^{lle} Jeanne Maubué, en date du 13 mars 1692, signé Bourbeau et Royer, n^{res}.

Extrait de baptême de Marie Coytard, en date du 9 février 1694, par lequel il paraît qu'elle est fille de Pierre Coytard ci-dessus et de d^{lle} Marie-Marguerite d'Alougny, délivré le 19 décembre 1715 par Treuille, curé de Nouaillé, contrôlé à Poitiers par Legrand.

Ordonnance : Maintenues dans les privilèges de la noblesse, le 14 janvier 1716, signé : de Richebourg.

Louis-François CHABOT, chev., s^{gr} du Chaigneau, la Barre-Tranchant et autres lieux.

Suzanne CHABOT, veuve d'Alexandre Goyon, chev., s^{gr} des Coulandres,

Marie-Anne CHABOT de Fontaine, demoiselle.

51

Fontenay

Pièces justificatives : Ordonnance de M. de Barentin en faveur de Charles Chabot, éc., s^r du Chaigneau, par laquelle il est maintenu dans la qualité de noble et écuyer, en date du 23 septembre 1667. Dans le vu des pièces est énoncé le contrat de mariage d'Isaac Chabot, éc., s^r du Chaigneau, avec d^{lle} Éléonore Bodin.

Contrat de mariage de Charles Chabot, chev., s^{gr} des Fontaines, avec d^{lle} Suzanne Dupuy, veuve de Daniel Chauvet, vivant médecin à la Rochelle, par lequel il paraît qu'il est fils de feu Isaac Chabot, chev., s^{gr} du Chaigneau, et de d^{lle} Éléonore Bodin, en date du 17 août 1652, signé Rivière, n^{re}.

Contrat de mariage de Charles Chabot, éc., s^{gr} du Chaigneau, avec d^{lle} Silvie-Aimée Tranchant, dame de la Barre, par lequel il paraît qu'il est fils de Charles Chabot ci-dessus et de dame Suzanne Dupuy, en date du 13 février 1684, signé Joussaume, n^{re}.

Contrat de mariage d'Alexandre Goyon, chev., s^{gr} des Coulandres, avec d^{lle} Suzanne Chabot, par lequel il paraît qu'elle est fille de Charles Chabot, chev., s^{gr} du Chaigneau, et de dame Suzanne Dupuy, en date du 15 décembre 1674, signé Menardean et Galleau, n^{res}.

Contrat de mariage de Louis-François Chabot, chev., s^{gr} du Chaigneau, de la Barre-Tranchant et autres lieux, avec d^{lle} Catherine-Renée Joussaume, par lequel il paraît qu'il est fils de Charles Chabot, s^{gr} du Chaigneau, et de dame Silvie-Aimée Tranchant, en date du 2 mars 1715, signé Hulin et Chauvière, n^{res}. Dans ce contrat est énoncée une procuration de d^{lle} Marie-Anne Chabot, sœur dudit Louis-François Cha-

— 134 —

bot, adressée à dame Suzanne Chabot, leur tante, pour consentir audit mariage.

Ordonnance : Maintenus comme noble et écuyer, veuve de noble et demoiselle, le 16 décembre 1716, signé : de Latour.

52

Mauléon

Séraphin du CHAFFAUT (*aliàs* Duchaffaut), éc., Yolande-Pélagie du CHAFFAUT, demoiselle, sa sœur.

Pièces justificatives : Ordonnance de M. de Richebourg en faveur d'Alexis-Augustin Duchaffaut, éc., s^r de la Sénardière, fils aîné de Claude Duchaffaut, éc., s^r de la Sénardière, par laquelle il est maintenu dans la qualité de noble et écuyer, en date du 15 mai 1715. (Voir D 91 ci-après.) Dans le vu des pièces est énoncé le contrat de mariage de Claude Duchaffaut, chev., s^{gr} de la Sénardière, du Plessis et de Besné, avec d^{lle} Marie de la Roche(-Saint-André).

Extrait de baptême de Séraphin Duchaffaut, du 17 octobre 1689, par lequel il paraît qu'il est fils de Claude Duchaffaut, chev., s^{gr} de la Sénardière, et de d^{lle} Marie de la Roche(-Saint-André), délivré le 6 janvier 1716 par Thiériot, curé de Boufféré, légalisé par le sénéchal de Montaigu, contrôlé par Coupard.

Extrait de baptême d'Yolande-Pélagie Duchaffaut, du 30 avril 1691, par lequel il paraît qu'elle est fille de Claude Duchaffaut, chev., s^{gr} de la Sénardière, et de dame Marie de la Roche(-Saint-André), délivré le 6 janvier 1716 par Douteau, curé de Montaigu, légalisé par le sénéchal de Montaigu, contrôlé par Coupard.

Ordonnance : Maintenus comme noble et écuyer et demoiselle, le 14 janvier 1717, signé : de Latour.

53

Thouars

Paul de CORNILLON, éc., s^{gr} de Sainte-Verge.

Pièces justificatives : Acte des s^{rs} prévôt des marchands et échevins de la ville de Lyon, par lequel il paraît que noble Philbert de Cornillon fut élu par les terriers et maîtres des métiers échevin de la ville de Lyon pour les années 1565 et 1566, et qu'il a bien et dignement exercé ladite charge pendant ces deux années, en date du 31 janvier 1713, signé Trollier, Bourg, Borne le jeune, Beriau, et plus bas, Par le consulat, Perichon, et scellé.

Contrat de mariage d'Etienne de Cornillon, éc., s^r d'Abin, fils de Philbert de Cornillon ci-dessus, éc., s^r de Champonay, et de dame Suzanne Essolier, avec Jeanne Dumonceau, en date du 20 mars 1600, signé Barcillon, n^{re} du département de Cadenet en Provence.

Contrat de mariage de François de Cornillon, éc., avec d^{lle} Isabeau Carbonneau, par lequel il paraît qu'il est fils d'Etienne de Cornillon ci-dessus et de Jeanne Dumonceau, en date du 15 mai 1638, signé Pintault, n^{re} à Velaux en Provence.

Contrat de mariage de Jean de Cornillon, éc., s^r de Marigny, avec d^{lle} Anne Baptalin, par lequel il paraît qu'il est fils de François de Cornillon ci-dessus et d'Isabeau Carbonneau, en date du 12 janvier 1673, signé Rougeault, n^{re} à Lyon.

Contrat de mariage de Paul de Cornillon, éc., s^{gr} de Marigny, avec d^{lle} Louise-Marthe Perrine de L'Estoile, par lequel il paraît qu'il est fils de Jean de Cornillon, éc., s^{gr} de Marigny, et d'Anne Baptalin, en date du 11 février 1702, signé Anginard, n^{re} de Saumur résidant au Puy(-Notre-Dame).

Ordonnance : **Maintenu comme noble et écuyer, le 3 août 1717, signé : de Latour.**

Auguste DE CLERVAUX, éc., s^{gr} de l'Houmelière.

54

Pièces justificatives : Ordonnance rendue par M. de Barentin en faveur de Gabriel de Clervaux, éc., s^r du Breuil-Cartais, par laquelle il est maintenu en la qualité de noble et écuyer, en date du 22 août 1667. Dans le vu des pièces est énoncé le contrat de mariage de Gabriel de Clervaux, éc., s^r du Breuil-Cartais, avec d^{lle} Gabrielle Vasselot, par lequel il paraît qu'il

Saint-Maixent

est fils de Gédéon de Clervaux, éc., s^r du Breuil-Cartais, et de d^{lle} Renée de Machecoul.

Contrat de mariage d'Antoine de Clervaux, chev., s^{gr} de l'Houmelière, avec d^{lle} Angélique Gourdeau, par lequel il paraît qu'il est fils de Gabriel de Clervaux, chev., s^{gr} du Breuil-Cartais, et de dame Gabrielle de Vasselot, en date du 7 janvier 1665, signé Pineau et Pindessous, n^{res}.

Contrat de mariage d'Auguste de Clervaux, chev., s^{gr} de l'Houmelière, avec d^{lle} Anne Adam, par lequel il paraît qu'il est fils d'Antoine de Clervaux ci-dessus et d'Angélique Gourdeau, en date du 27 juillet 1699, signé Arnaud et Habert, n^{res}.

Ordonnance : Maintenu comme noble et écuyer, le 24 août 1717, signé : de Latour.

55

Niort

Eléonore-Constance DE CALLAIS, veuve de Pierre DE VILLIERS, éc., s^r de la Porte-Boutou,

Louis DE VILLIERS, éc., et Renée DE VILLIERS, ses enfants ;

Renée-Marie Giraudeau, veuve de Louis DE VILLIERS, éc., s^r de la Porte-Boutou,

Louis-Félix DE VILLIERS, éc., et Madeleine-Marie DE VILLIERS, enfants de la précédente,

 demeurant tous dans les paroisses de Villiers-en-Plaine et de Coulon.

Pièces justificatives : Ordonnance de M. de Maupeou en faveur de Pierre de Villiers, éc., s^r de la Porte-Boutou, et de dame Marie-Renée Giraudeau, veuve de Louis de Villiers, éc., s^r de la Porte-Boutou, par laquelle ils sont maintenus en la qualité de nobles et écuyers, en date du 25 juillet 1699. Dans le vu des pièces est énoncé le contrat de mariage de Louis de Villiers, éc., s^r de la Porte-Boutou, avec dame Florence Jouslard.

Contrat de mariage de Pierre de Villiers, éc., s^r de la Porte-Boutou, avec d^{lle} Eléonore-Constance de Callais, par lequel il paraît qu'il est issu de Louis de Villiers, éc., s^r de la

Porte-Boutou, et de dame Florence Jouslard, en date du 10 juin 1684, signé Sarazin, n^ro.

Deux extraits de baptême, le 1er de Louis de Villiers, du 28 février 1694, le 2e de Renée de Villiers, du 4 février 1696, par lesquels il paraît qu'ils sont enfants de Pierre de Villiers ci-dessus et de dame Eléonore-Constance de Callais, délivrés, le premier le 13 novembre 1714 par Péraud, curé de Fenioux, et le second le 15 août 1715 par Perrain, curé de Villiers, dûment contrôlés par Legrand.

Deux autres extraits de baptême, le 1er de Madeleine-Marie de Villiers, du 9 août 1676, le 2e de Louis-Félix de Villiers, du 17 janvier 1679, par lesquels il paraît qu'ils sont enfants de Louis de Villiers, éc., s^r de la Porte-Boutou, et de Renée-Marie Giraudeau, délivrés, le premier le 15 août 1715, et le second le 4 avril 1715, par Chenier, curé de Coulon, dûment contrôlés par Legrand.

Ordonnance : Maintenus comme nobles, écuyers, veuves de nobles et demoiselles, le 24 août 1717, signé : de Latour.

Jean CLABAT, éc., s^r du Chillou,
Jean-Charles CLABAT, éc., s^r de Seneuil,
René, Armand, autre Armand, François, Joseph, Marguerite et Marie-Jeanne-Catherine CLABAT,
   tous frères et sœurs.

Poitiers

Pièces justificatives : Contrat de mariage d'Antoine Clabat, éc., s^r de Saint-Martin, avec d^lle Radegonde Guivreau, en date du 22 août 1583, signé Boutet et Descoutault, n^res.

Contrat de mariage d'Antoine Clabat, avocat en Parlement, avec d^lle Renée Ogeron, par lequel il paraît qu'il est issu d'Antoine Clabat ci-dessus et de d^lle Radegonde Guivreau, en date du 26 août 1612, signé Lorraine et Drouet, n^res.

Contrat du partage des biens d'Antoine Clabat, éc., s^r de Saint-Martin, entre d^lle Radegonde Guivreau, sa femme, Antoine Clabat, éc., s^r de la Maison-Neuve, leur fils aîné, et Mathieu Citoys, à cause de Radegonde Clabat, sa femme, leur fille, par lequel il paraît que ledit Antoine Clabat, éc., s^r de la Maison-Neuve, en qualité d'aîné, a eu les préciputs et avantages de la Coutume, en date du 9 mai 1646, signé Jousselin et Doré, n^{res}.

Contrat de mariage de Jean Clabat, éc., avocat en Parlement, avec d^{lle} Françoise de la Porte, par lequel il paraît qu'il est fils d'Antoine Clabat, éc., s^r de la Maison-Neuve, et de d^{lle} Renée Ogeron, en date du 19 septembre 1649, signé Olivier et Bourceau, n^{res}.

Contrat de mariage d'Armand Clabat, éc., s^{gr} du Chillou, fils de Jean Clabat ci-dessus et de dame Françoise de la Porte, avec d^{lle} Gabrielle Irland, en date du 16 juillet 1680, signé Béguier, n^{re}.

Contrat de partage des biens d'Armand Clabat, éc., s^r du Chillou, entre Marie-Gabrielle Irland, sa femme, Jean Clabat, éc., s^{gr} du Chillou, leur fils aîné, Jean-Charles Clabat, éc., s^r de Seneuil, tant en son nom que comme porteur des procurations de René, Armand, autre Armand, François, Joseph, Marguerite et Marie-Jeanne-Catherine Clabat, frères et sœurs, par lequel il paraît que ledit Jean Clabat a eu, comme aîné, les préciputs et avanges de la Coutume, en date du 20 décembre 1713, signé Duchasteigner et Darbez, n^{res}.

Contrat de mariage de Jean Clabat, chev., s^{gr} du Chillou, fils d'Armand Clabat, chev, s^{gr} du Chillou, et de dame Gabrielle Irland, avec d^{lle} Suzanne de Kerveno, en date du 5 février 1715, signé Dubreuil et Dupont, n^{res}.

Ordonnance : Maintenus comme nobles, écuyers et demoiselles, le 29 août 1717, signé : de Latour.

---

57   Pierre CHABONNEAU, chev., s^{gr} de Fortescuière.

Pièces justificatives : Arrêt de la Chambre établie par le roi pour la réformation de la noblesse en Bretagne, en faveur de Gabriel Charbonneau, chev., s^r de l'Echasserie, Gabriel Charbonneau, son fils aîné, Martial-Gabriel Charbonneau, chev., aussi son fils, Alexis Charbonneau, chev., s^r de Saint-Siphorien, Jean-Armand Charbonneau, chev., s^r de la Fortescuière, Gabriel Charbonneau, chev., s^r de Saint-Vincent, et Pierre Charbonneau, chev., s^r de Létang, par lequel ils sont déclarés nobles et d'ancienne extraction, et comme tels permis à leurs descendants en mariage légitime de prendre les qualités d'écuyers et de chevaliers, à la réserve d'Alexis-Gabriel Charbonneau de Saint-Vincent et Pierre Charbonneau de Létang, et leurs descendants aussi en mariage légitime, de prendre seulement le titre d'écuyers, en date du 17 décembre 1668, signé Malescot. Dans le vu des pièces est énoncé le contrat de mariage de Pierre Charbonneau, chev., s^gr de la Fortescuière, avec dame Marie de Torigny.

Contrat de mariage de Jean-Armand Charbonneau, chev., s^gr de la Fortescuière, avec d^lle Renée Buharay, par lequel il paraît qu'il est fils de feu Pierre Charbonneau, chev., s^gr de la Fortescuière, lieutenant général pour le Roi au pays de Normandie et de Caux et l'un des maîtres d'hôtel ordinaire de Sa Majesté, et de dame Marie de Torigny, en date du 20 novembre 1666, signé Belon et Petit, n^res.

Contrat de mariage de Pierre Charbonneau de Fortescuière, chev., capitaine de dragons au régiment de Seinterre, avec d^lle Marie-Anne-Rose Gabaret, par lequel il paraît qu'il est fils de Jean-Armand Charbonneau ci-dessus et de dame Renée Buharay, en date du 27 septembre 1698, signé Garnier et Dionis, n^res au Châtelet de Paris.

Ordonnance : Maintenu comme noble, écuyer et chevalier, le 12 septembre 1717, signé : de Latour.

Jean CONSTANT, éc., s^r de la Fougeassière, conseiller du roi et son avocat au présidial de Poitiers.

Pièces justificatives : Aveu et dénombrement rendu par Thomas Constant, éc., au s^r abbé de Nouaillé, d'une maison et hébergement sis en la paroisse de Caulnay, au devoir de deux sols six deniers à muance d'abbé, en date du 22 septembre 1490, signé Bernard.

Aveu et dénombrement rendu par autre Thomas Constant,

éc., audit sr abbé de Nouaillé à cause de ladite maison sise en la paroisse de Caulnay, en date du 22 juillet 1541, signé Bernard.

Dénombrement rendu audit sr abbé de Nouaillé par Pierre Constant, éc., de ladite maison de Caulnay, en date du 24 avril 1572, signé Chollet.

Un livre imprimé intitulé « Roolles des bans et arrière-bans de la province de Poictou, Xaintonge et Angoumois, tenus et convoqués sous les regnes des Roys Louis XI en 1467, celui de l'an 1491 sous le regne du Roy Charles VIII, ensemble celui de l'an 1533 sous le regne du Roy François I »[1], où il paraît aux feuillets 12 et 16 que Pierre Constant a été convoqué comme les autres nobles de Poitou.

Lettres d'un échevinage accordées par l'hôtel et maison commune de Poitiers à sire Jean Constant, éc., conseiller et avocat du roi au siège ordinaire et présidial de la sénéchaussée de Poitou à Poitiers, en date du 27 octobre 1608, signé, Par ordonnance du Mois, Guivreau, et scellé.

Contrat de mariage de Jean Constant, éc., docteur en droit, cons{r} avocat du roi en la sénéchaussée et cour présidiale à Poitiers, avec d{lle} Catherine Lemaye, par lequel il paraît qu'il est issu d'autre Jean Constant, éc., sr de Chaumont, et de d{lle} Anne Falaizeau, en date du 16 février 1619, signé Barrault et Benoist, n{res}.

Contrat de mariage de Pierre Constant, éc., sgr de Mavault et de Grosbois, cons{r} au présidial de Poitiers, avec d{lle} Suzanne Brunet, par lequel il paraît qu'il est issu de Jean Constant, vivant éc., sgr des Chezeaux et de Mavault, et de d{lle} Catherine Lemaye, en date du 22 juillet 1656, signé Baudon et Bérard, n{res}.

Contrat de mariage de Jean Constant, éc., sgr de Mavault, produisant, avec d{lle} Marie Piet, par lequel il paraît qu'il est fils de Pierre Constant ci-dessus et de Suzanne Brunet, en date du 27 janvier 1684, signé Thibault et Grugnet, n{res}.

---

1. In-4° de 2 ff. et 94 pages imprimé à Poitiers par Jean Fleuriau en 1667. Ce volume, devenu rare, a été réimprimé à Nantes par V. Forest et Ém. Grimaud en 1883.

Pièces non visées : Arrêt du Parlement, du 2 mars 1592, qui reçoit Jean Constant, premier du nom, à la charge de lieutenant particulier et assesseur criminel au présidial de Poitiers, et qui justifie qu'il a toujours servi le roi depuis 1583.

Lettres de conseiller avocat du roi honoraire au présidial de Poitiers, par lesquelles il paraît que le même Jean Constant a été exilé de Poitiers pour le service de S. M. durant les troubles de ce royaume.

Trois lettres de M. d'Aguesseau, procureur général, écrites à Jean Constant, produisant, les 20 et 28 juin et 14 août 1709, qui justifient qu'il a été nommé commissaire pour les blés aux provinces d'Aunis et d'Angoumois, pour laquelle commission il n'a reçu que la somme de 800 livres, quoiqu'il lui ait fallu parcourir les deux provinces avec un greffier, un mesureur et deux valets qu'il a payés et nourris à ses frais.

Certificat du s^r marquis de Langey, par lequel il paraît que le s^r Constant, fils aîné du produisant, est dans le régiment des cuirassiers en qualité de lieutenant depuis le 6 juin 1706 jusqu'à présent, en date du 4 mai 1714.

Congé accordé par Mgr de Pontchartrain, et de lui signé à Versailles le 10 juin 1713, au s^r Constant, lieutenant dans une des compagnies de l'île de Cayenne, fils cadet du produisant.

Pour faire voir l'ancienneté et la dignité de la noblesse accordée aux maires et échevins de la ville de Poitiers, le suppliant produit le titre de concession accordé par Charles V en 1372, par lequel il paraît qu'ils peuvent être armés d'ordre de chevalerie et posséder fiefs sans être tenus de payer aucune finance aux rois successeurs, aussi ont-ils demeuré en cette liberté jusqu'en 1667.

Plus, dans le même cahier, folio 3, recto, la confirmation desdits privilèges par Henri III en 1584, vérifiée à la Cour des aides, à la Chambre des comptes et au Parlement.

Plus, au même cahier, folio 11, est le résultat des États de Blois, du 12 décembre 1588, et folio 12, recto, est la déclaration du roi confirmative d'icelui, donné à Tours au mois de mars 1589, par laquelle les maires et échevins et leurs descendants doivent avoir séance aux assemblées des États comme les autres gentilshommes du royaume.

Plus, dans le même cahier, folio 15, verso, est la déclaration du roi Louis XIII, du mois de mai 1634, confirmative desdits privilèges, avec déclaration de ne les avoir entendu comprendre dans sa déclaration du mois de janvier précédent.

Ordonnance : Maintenu comme noble et écuyer, le 2 septembre 1717, signé : de Latour.

59

Poitiers

René CHASTEIGNER, chev., s^{gr} de la Blouère (*aliàs* la Billouère), et Henri-François CHASTEIGNER, son fils,
René CHASTEIGNER, éc., s^r de la Blouère,
Jean-Roch, Jacquette-Marguerite et Gabrielle-Renée CHASTEIGNER, enfants du précédent.

Pièces justificatives : Ordonnance de M. de Richebourg en faveur de Jean-Charles Chasteigner, éc., s^{gr} de Tennesue, par laquelle il est maintenu en la qualité de noble et écuyer, en date du 12 mars 1715. (Voir C 19 ci-dessus.) Dans le vu des pièces est énoncé le contrat de mariage de Nicolas Chasteigner, éc., s^r de la Blouère, avec d^{lle} Marie Jaillard.

Contrat de mariage de René Chasteigner, chev., s^{gr} de la Blouère, fils de Nicolas Chasteigner et de dame Marie Jaillard, avec d^{lle} Marguerite de la Coussaye, en date du 9 mai 1691, signé Caillet et Marot, n^{res}.

Extrait de baptême d'Henri-François Chasteigner, du 6 août 1692, par lequel il paraît qu'il est fils de haut et puissant Mre René Chasteigner, chev., s^{gr} de la Blouère, et de haute et puissante dame Marguerite de la Coussaye, délivré le 2· mars 1713 par Forget, prieur curé de la Boissière.

Contrat de mariage de René Chasteigner, éc., s^r de la Blouère, avec d^{lle} Marie Raoul, par lequel il paraît qu'il est fils de Nicolas Chasteigner, chev., s^{gr} de Tennesue et de la Blouère, et de dame Marie Jaillard, en date du 3 avril 1698, signé Allard et Barathon, n^{res}.

Trois extraits de baptême : 1° de Jean-Roch Chasteigner, du

10 mars 1699 ; 2° de Jacquette-Marguerite Chasteigner, du 12 mars 1700 ; 3° de Gabrielle-Renée Chasteigner, du 4 juin 1704, par lesquels il paraît qu'ils sont enfants de René Chasteigner ci-dessus et de dame Marie Raoul, délivrés le 22 décembre 1715 par de Chergé, curé de l'Houmois.

Ordonnance : **Maintenus comme nobles, écuyers et demoiselles, le 26 juin 1718, signé : de Latour.**

D

Charles DE RANGOT, éc., s^r de Barrou,
Jean DE RANGOT, éc., s^r de Luzay, son fils.

1

Mauléon

Pièces justificatives : Arrêt du Conseil d'État du roi, du 12 août 1672, qui, sans avoir égard aux ordonnances de M. de Barentin et de MM. les commissaires généraux, maintient Claude de Rangot (père et aïeul des suppliants) dans la qualité de noble et d'écuyer.

Ordonnance de MM. les commissaires généraux députés par le roi, du 9 juillet 1699, par laquelle Charles de Rangot, s^r de Barrou, et Gabriel de Rangot, s^r de la Guimoire, frères, sont, en conséquence de l'arrêt ci-dessus, déchargés de la somme de 13.000 livres à laquelle ils avaient été taxés, avec Claude de Rangot, leur aïeul, par le rôle arrêté au Conseil le 14 mai 1697.

Contrat de mariage, en date du 15 juillet 1710, de Jean de Rangot, éc., s^r de Luzay, fils de Charles de Rangot, passé par Burichet, n^{re} de la duché-pairie de Thouars.

Ordonnance : **Maintenus comme nobles et écuyers, le 13 décembre 1714, signé : de Richebourg.**

2

Châtellerault

Henri-Charles DARGENCE, éc., s^r du Soucy,
Augustin DARGENCE, éc., s^r de la Fond,
Louis DARGENCE, éc., prieur de Largeasse,
Marie-Anne DARGENCE, demoiselle,
    tous frères et sœurs.

Pièces justificatives : Transaction faite entre Jean Dargence et Louise Dubois le 14 avril 1504, contenant l'hommage rendu par ladite Dubois à Jean Dargence, où il paraît qu'il a pris la qualité d'écuyer.

Dénombrement rendu à Eustache Dargence par François Dubois, le 15 juillet 1529, signé Chenier, par lequel il paraît que ledit Eustache Dargence a pris la qualité d'écuyer, s^r du Soucy.

Contrat de mariage de Charles Dargence avec Catherine du Douet, du 15 juillet 1541, signé Boussard, où il paraît que ledit Charles a pris aussi le titre d'écuyer, s^r du Soucy.

Contrat de partage des biens d'Eustache Dargence, fait entre Charles Dargence et autres cohéritiers le 16 juillet 1550, par lequel il paraît que ledit partage s'est fait noblement et que ledit Charles a pris la qualité d'écuyer, s^r du Soucy, signé Coq et Chaigneau.

Contrat de partage noble d'autres biens du même Eustache Dargence et de Jeanne Marafin, sa femme, du 19 avril 1551, entre Jacques, François et René Dargence et les enfants mineurs dudit Charles établi au précédent partage, signé Moreau et Moreau, n^{res}.

Contrat de mariage de René Dargence avec Anne Depreaux, du 6 décembre 1605, par lequel il a pris la qualité d'écuyer et de fils aîné de René Dargence, éc., s^r du Soucy, signé Leclerc, n^{re} à Tours.

Acte d'hommage rendu par ledit René au seigneur de Marsujault, du 2 février 1618, par lequel il paraît qu'il a pris les mêmes qualités que ci-dessus.

Ordonnance rendue par M. Amelot, intendant en Poitou, le 22 mai 1624, portant renvoi de l'assignation donnée à René

Dargence, pour justifier de sa noblesse, où est énoncée sa qualité d'écuyer, s^r du Soucy.

Sentence rendue par les officiers de l'Election de Châtellerault en faveur dudit René Dargence, le 24 mai 1634, signée Ragueneau, greffier, contenant acte de la représentation de ses titres de noblesse et en conséquence renvoi de l'assignation à lui donnée à cet effet.

Contrat de partage noble des biens dudit René Dargence père, du 20 septembre 1655, entre René Dargence, s^r du Soucy, et d^{lle} Anne Dargence, par lequel il paraît que ledit René est fils de René précédent et qu'il a pris la qualité d'écuyer, s^r du Soucy, signé Bruneau et Carré, n^{res} à Châtellerault.

Contrat de mariage d'autre René Dargence avec d^{lle} Marie de Maurivet, du 26 mai 1653, signé Massias et Chollet, n^{res} à Poitiers, par lequel il paraît qu'il est fils de René Dargence ci-dessus, et qu'il a pris la qualité d'écuyer, s^r du Soucy.

Acte de tutelle de René Dargence, fils de René Dargence, dernier marié, et de Marie Maurivet, du 28 juin 1664, fait à Montoiron par Jean Gaultron de la Bâte, sénéchal, signé Faulcon, greffier.

Ordonnance de M. de Barentin, du 26 septembre 1667, en faveur de ladite Marie Maurivet et de René Dargence, mineur, maintenus dans la qualité de nobles, par laquelle il est déclaré que lesdits Dargence portent pour armes une fleur de lys d'argent en champ de gueules.

Contrat de mariage, en date du 15 janvier 1681, de René Dargence, resté mineur, fils d'autre René et de Marie Maurivet, avec d^{lle} Marie-Anne Turpin, par lequel il paraît qu'il a pris la qualité de chevalier, s^{gr} de Maurivet.

Acte baptistaire d'Henri-Charles Dargence, suppliant, du 15 février 1684, par lequel il paraît qu'il est fils de René Dargence ci-dessus et de Marie-Anne Turpin, signé Moynault, curé de Chenevelle, dûment légalisé par le s^r Poupin, procureur fiscal de Montoiron.

Procuration consentie le 15 septembre 1713 par Augustin Dargence, gendarme de la garde du roi, et Louis Dargence, prieur de Largeasse, audit Henri-Charles Dargence, pour consentir à la vente des terres de Montoiron et de Saint-Néomois, en qualité de frères dudit Henri-Charles, leur frère aîné, signé Decressac, n^re à Poitiers.

Ordonnance : Maintenus comme nobles, écuyers et demoiselle, le 31 décembre 1714, signé : de Richebourg.

DE LA LANDE LA RICHE.

Manque à notre collection.

On lit sur le registre du greffe : « Du 20 décembre (1714). Production pour le s^r de la Lande la Riche, contre ledit s^r Ferrand. »

Il n'y a en marge que cette annotation incomplète : « Du ... décembre 1714. »

Et dans l'autre marge : « Retiré le dernier décembre 1714, (signé) Spoullet de Varel. »

---

4   Louis DE LA BUSSIÈRE, éc., s^gr du Chillou, tant pour lui que pour ses frères.

Châtellerault

Pièces justificatives : Décret de prise de corps décerné le 1er octobre 1541 par les Grands Jours tenus à Poitiers, à la requête de Gabriel de la Bussière, éc., s^gr du Chillou, François et Philippe, ses enfants, M. le procureur général joint, à l'encontre de Jean Delage, Jean de Puigirault, et François Vallier, par lequel ledit Gabriel de la Bussière est qualifié d'écuyer, signé Mabon.

Acte d'un défaut donné par les mêmes Grands Jours, au procureur général du roi, à Gabriel de la Bussière, éc., s^gr du Chillou, et auxdits François et Philippe, ses enfants, contre lesdits Delage, de Puigirault et Vallier, du 15 octobre 1541, signé Mabon.

Acte d'une sommation et opposition faite le 20 juillet 1543 à la requête de François de la Bussière, éc., et Honorat Bourgeois, comme procureur de Gabriel de la Bussière, éc., à la personne de Menehault Lecomte, concierge des prisons de la ville de Chartres, pour empêcher l'élargissement de Louis de Laage, prisonnier auxdites prisons, par lequel lesdits Gabriel et François de la Bussière ont pris la qualité d'écuyers, signé Chaussier.

Contrat de mariage de François Ferré, s^{gr} du Tillet, avec d^{lle} Madeleine de la Bussière, et autre contrat de mariage de François de la Bussière avec d^{lle} Madeleine Ferré, passés sous la cour de Pompadour, du 24 janvier 1546. Par le dernier contrat il paraît que François de la Bussière est fils de Gabriel de la Bussière ci-dessus et de d^{lle} Bertrande de Galliot, et qu'il a pris la qualité d'écuyer.

Contrat de partage en forme de transaction entre Jean de la Bussière, curé de Cenan, et François de la Bussière, des biens de Gabriel de la Bussière, leur père, par lequel il paraît que ledit François a pris la qualité d'écuyer, s^{gr} du Chillou, passé sous la châtellenie de Pleumartin et Montoiron le 3 janvier 1550, signé L. Baslin, n^{re}.

Certificat de service donné à Joachim de la Bussière, dans la compagnie des gens d'armes du roi, du 15 juillet 1585, signé de Rochefort, par lequel il paraît que ledit Joachim de la Bussière est qualifié d'écuyer.

Autre certificat en faveur de Joachim, du 26 juin 1586, signé Louis de Maran, Le Prestre et Du Perrot.

Autre certificat du 24 juin 1599, signé La Boulaye.

Contrat de mariage de Joachim de la Bussière, éc., s^r de la Quervallière et du Chillou, avec d^{lle} Françoise Savatte, par lequel il paraît qu'il est fils de François de la Bussière et de Madeleine Ferré, et qu'il a pris la qualité d'écuyer, passé sous le scel de Lussac-le-Château le 28 août 1595, signé Touchard, n^{re}.

Ordonnance des commissaires députés pour la réformation des abus pour le fait des tailles, en date du 29 décembre 1598, par laquelle ledit Joachim de la Bussière est renvoyé de l'assignation à lui donnée pour la représentation de ses titres de noblesse, signé de Sainte-Marthe, Rogier, et plus bas, Vallée.

Contrat du partage noble fait entre Fiacre de la Bussière, s^r du Chillou, Joachim de la Bussière, Daniel de la Bussière,

Catherine, Geneviève et Jeanne de la Bussière, des biens de François de la Bussière et de Madeleine Ferré, par lequel il paraît qu'ils sont tous enfants des susdits, et qu'ils ont pris la qualité d'écuyers, passé sous la cour de Chauvigny le 19 décembre 1599, signé Berthelot, n^{re}.

Sentence arbitrale rendue le 8 août 1617 par Jean Thubert, s^r de la Corbray, conseiller au présidial de Poitiers, entre dame Cassandre Geoffroy, veuve de Fiacre de la Bussière, s^r du Chillou, Joachim, Daniel de la Bussière, et autres, par laquelle il est donné audit Joachim de la Bussière, éc., douze cents livres pour les préciputs et avantages du droit d'aînesse, signé Girard, n^{re}.

Ordonnance de M. Amelot, intendant du Poitou, en date du 11 mai 1624, qui renvoie Joachim de la Bussière de l'assignation à lui donnée pour la représentation de ses titres de noblesse.

Certificat de M. de Bonneau, capitaine de deux cents hommes d'armes, en faveur de Louis de la Bussière, en date du 21 novembre 1635, par lequel ledit Louis est qualifié d'écuyer, s^r du Bois des Perches.

Sentence, en date du 7 juin 1634, des s^{rs} officiers de l'Election de Châtellerault, qui renvoie ledit Louis de la Bussière de l'assignation à lui donnée pour la représentation de ses titres de noblesse.

Testament fait par Françoise Savatte, veuve de Joachim de la Bussière, éc., s^r de la Quervallière, en faveur de Louis de la Bussière, éc., s^r du Bois des Perches, Jacques Daux, éc., s^r de Chaumon, et d^{lle} Cassandre de la Bussière, sa fille, femme dudit Daux, par lequel il paraît que ledit Louis de la Bussière est fils de Joachim de la Bussière et de Françoise Savatte, passé sous la cour et châtellenie de Montoiron le 11 mai 1637, signé Mathadier.

Contrat de mariage de Louis de la Bussière, éc., fils de Joachim de la Bussière et de Françoise Savatte, avec d^{lle} Catherine de Marans, passé sous le scel du Blanc en Berry le 29 juillet 1637, signé Rabault, n^{re}.

Ordonnance de M. de Barentin, du 26 août 1667, en faveur

de Catherine de Marans, veuve de Louis de la Bussière, éc., s' des Perches, mère et tutrice ayant la garde noble de Louis, François, Jean, René et Jacques de la Bussière, ses enfants, par laquelle ils sont maintenus en leur noblesse.

Arrêt du Conseil d'Etat du roi, en date du 30 mars 1680, en faveur de ladite Catherine de Marans et de Louis, François, René et Jacques de la Bussière, ses enfants, et de feu Louis de la Bussière, éc., s' du Bois des Perches, qui déboute Claude Viallet de l'appel par lui interjeté de l'ordonnance de M. de Barentin.

Contrat de mariage d'autre Louis de la Bussière, éc., avec d^{lle} Marie de Mauvise, par lequel il paraît qu'il est fils de Louis de la Bussière, éc., s' du Bois des Perches, et de dame Catherine de Marans, passé au Blanc en Berry le 22 octobre 1682, signé Poiron, n^{re}.

Contrat du partage des biens de Louis de la Bussière, éc., s' du Bois des Perches, et de Catherine de Marans, entre Louis, François, Jacques, René, Jean et Gabrielle de la Bussière, leurs enfants, par lequel il paraît que Louis de la Bussière, éc., s' du Chillou, a pris tous les préciputs et avantages de la Coutume et que lesdits François, Jacques, René et Jean ont pris la qualité d'écuyers, passé sous le scel de Poitiers le 31 décembre 1692, signé Moreau, n^{re}.

Contrat du partage des biens de Louis de la Bussière, éc., s^{gr} du Chillou, et de Marie de Mauvise, entre Louis, René, Jacques, Silvain, Louise et Charlotte de la Bussière, leurs enfants, par lequel il paraît que Louis a eu les préciputs et avantages des aînés de noblesse et qu'ils ont tous pris le titre d'écuyer, passé sous le scel de Chauvigny le 6 septembre 1703, signé Doré et Germoneault, n^{res}.

Contrat de mariage de Louis de la Bussière avec Marie Lemaire, fille d'Antoine Lemaire, s' de la Guichardière, par lequel il paraît que ledit Louis est fils de Louis de la Bussière et de Marie de Mauvise, passé sous le scel de Poitiers le 10 octobre 1709, signé Linet et Chasseloup, n^{res}.

Ordonnance : Maintenu comme noble et écuyer, le 5 janvier 1715, signé : de Richebourg.

5   Virgile-Jean DE SARODE, éc., s^r du Verger,
         Charles DE SARODE, éc., s^r du Buignon.

Mauléon   Pièces justificatives : Copie, collationnée le 13 mai 1672 par Claveau et Gallard, n^{res} à Aulnay, des lettres patentes accordées par les rois prédécesseurs de Sa Majesté et le roi aujourd'hui régnant, les années 1594, 1623 et 1655, par lesquelles Jacques et Vincent Sarode, frères, et Antoinette Sarode, leur sœur, veuve de Vincent Ponté, et ses enfants, gentilshommes d'art et science de verrerie, résidant dans le royaume de France, sont confirmés dans tous leurs privilèges et immunités ; celles de 1623 en faveur de François Sarode, éc., s^r de Fontenelle, neveu de Jacques, aussi gentilhomme du même art et science de verrerie, demeurant en Périgord, contenant même confirmation, et celles de 1655 en faveur de tous les gentilshommes indéfiniment dans l'art et science de verrerie, contenant aussi même confirmation de tous leurs privilèges et exemptions, par lesquelles deux premières lettres patentes lesdits de Sarode sont titrés de gentilshommes et écuyers. Les suppliants ne peuvent rapporter les originaux étant entre les mains des aînés et de leurs familles qui résident actuellement en Italie.

Certificat en latin du juge de Faltaré, au duché de Mantoue et de Montferrat, en date du 14 février 1645, contenant que lesdits de Sarode ont été anoblis dès 1495, confirmés par Guillaume de Gonzague, duc de Mantoue et de Montferrat, le 26 juin 1552, et encore par Vincent de Gonzague, aussi duc, le 14 août 1578, et en dernier lieu par Charles Ier, duc de Mantoue, le 12 octobre 1635, et reconnus pour gentilshommes d'art et science de verrerie, ledit certificat délivré sur la réquisition d'Etienne de Sarode, fils de défunt Antoine-Abraham de Sarode.

Contrat de mariage, en date du 25 juin 1551, d'Antoine de Sarode avec Marguerite Ponté, par lequel il paraît qu'il est fils de noble homme écuyer Gaspard de Sarode et de Catherine Massard, passé sous le scel du marquisat de Montferrat, signé Mayeto, n^{re} général, et Jovano,

Contrat de mariage de Vincent de Sarode avec Jeanne Babin, par lequel il paraît qu'il est fils d'Antoine de Sarode et de Marguerite Ponté, et où il est qualifié d'écuyer, passé sous le scel de la baronnie d'Ancenis, le 24 décembre 1593, signé Bizot et Aubin, n^{res}.

Contrat de mariage d'Etienne de Sarode avec d^{lle} Françoise Sillard, par lequel il paraît qu'il est fils de Vincent de Sarode ci-dessus et de Jeanne Babin et qu'il est qualifié d'écuyer, passé sous la juridiction et baronnie de Martigné-Ferchaud le 25 avril 1650, signé Drouin et Baillé, n^{res}.

Contrat de mariage du même Etienne de Sarode, en secondes noces, avec Julienne Perdrière, où il est encore qualifié d'écuyer, passé sous le scel de la cour de Châteaubriant le 9 avril 1665, signé Durand et Besnier, n^{res}.

Contrat de mariage de Joseph de Sarode avec d^{lle} Suzanne de Varenne, par lequel il paraît qu'il est fils d'Etienne de Sarode ci-dessus et de Françoise Sillard, sa première femme, et où il est qualifié d'écuyer, passé sous le scel de la baronnie de Mouchamp le 4 août 1682, signé Ballenoir, n^{re}.

Contrat de mariage de Charles de Sarode avec Aimée de Varenne, par lequel il paraît qu'il est fils d'Etienne de Sarode et de Julienne Perdrière, sa seconde femme, passé sous le scel de la baronnie de la Grève le 31 janvier 1687, signé Girard et Boisvert, n^{res}.

Contrat de mariage de Virgile-Jean de Sarode avec Marie-Madeleine Chaumont, par lequel il paraît qu'il est fils d'Etienne de Sarode et de Julienne Perdrière, sa seconde femme, et où il est qualifié d'écuyer, s^r du Verger, passé sous le scel de la baronnie des Essarts le 26 octobre 1697, signé Merland et Masson, n^{res}.

Certificat du s^r curé et des habitants de la paroisse de Vendrennes, légalisé par un grand vicaire de Mgr l'évêque de Luçon le 4 décembre 1714, contenant que lesdits Charles et Virgile-Jean de Sarode travaillent actuellement dans la verrerie de Vendrennes, en l'Élection de Mauléon.

Ordonnance : Maintenus comme nobles et écuyers, le 8 janvier 1715, signé : de Richebourg.

6

Poitiers

Charles-Henri DE TUSSEAU, chev., s^{gr} de Maisontiers.

Pièces justificatives : Contrat de mariage de René de Tusseau, éc., s_g^r de la Millanchère, avec d^{lle} Guyonne Bernard, par lequel il paraît que ledit René de Tusseau a pris la qualité d'écuyer, passé sous le scel de Saint-Maixent le 12 juillet 1507 par Texier et Rivière, n^{res}.

Contrat du partage des biens de René de Tusseau ci-dessus entre autre René, Jean et autre Jean, et Guyonne de Tusseau, ses enfants, par lequel il paraît que le partage a été fait noblement, et que le titre d'écuyer y est établi, en date du 26 octobre 1544, signé Pelletier et Touillon, n^{res}.

Autre contrat, en explication du partage ci-desus, entre Guyonne Bernard, veuve de René de Tusseau, s^r de la Millanchère, et lesdits René, Jean, autre Jean et Guyonne de Tusseau, dans lequel le titre d'écuyer est énoncé, en date du 1er janvier 1551, signé Pelletier.

Contrat du partage des biens de l'un des Jean de Tusseau ci-dessus, marié avec d^{lle} Marguerite Luard, entre Louis, Jean, Michel et François de Tusseau et d^{lle} Catherine de Tusseau, tous enfants dudit feu Jean, par lequel il paraît qu'il a pris la qualité d'écuyer, s^{gr} de Maisontiers, et que Louis de Tusseau, son fils aîné, a partagé noblement et a pris aussi le titre d'écuyer, s^{gr} de Maisontiers, en date du 24 mai 1584, passé au bourg de Saint-Martin du Fouilloux par Poireau, n^{re}.

Contrat de mariage de Louis de Tusseau avec d^{lle} Madeleine Claveurier, par lequel il paraît qu'il est fils dudit Jean ci-dessus et de ladite Luard, et qu'il a pris le titre d'écuyer, s^{gr} de Maisontiers, en date du 21 octobre 1588, passé sous le scel de la cour de Bressuire, signé Bernard et Mallet, n^{res}.

Transaction en forme de partage des biens de feu Louis de Tusseau et de Madeleine Claveurier, entre François et Jean de Tusseau, leurs enfants, par lequel il paraît que ledit François a eu, comme aîné, les préciputs et avantages de la Coutume et le titre de chevalier, s^{gr} de Maisontiers, passé sous le scel des notaires à Poitiers le 24 janvier 1624, signé Drouillard.

Contrat de mariage de François de Tusseau avec d^{lle} Madeleine Bonin, par lequel il paraît qu'il est fils de Louis de Tusseau et de Madeleine Claveurier, et qu'il a pris le titre de chevalier, s^{gr} de Maisontiers, en date du 21 juin 1617, passé à Saint-Clair par Lasne, n^{ro}.

Contrat du partage des biens de François de Tusseau ci-dessus entre Louis, Charles, Louise, Catherine et Marguerite de Tusseau, ses enfants, par lequel il paraît que Louis de Tusseau a eu, comme aîné, les préciputs et avantages de la Coutume et a pris la qualité de chevalier, baron de Maisontiers, passé à Chinon le 2 avril 1650, signé Caillé et Bertoneau, n^{res}.

Ordonnance de MM. les commissaires du roi pour le régalement des tailles, portant renvoi de l'assignation donnée à Louis de Tusseau pour la représentation de ses titres de noblesse, par laquelle il est titré d'écuyer, s^{gr} de Maisontiers, en date du 26 novembre 1598, signé de Sainte-Marthe et Deshayrs.

Certificat du roi Henri IV, en date du 4 mai 1596, lequel, en considération des services de Louis de Tusseau, le dispense du service du ban et arrière-ban et lui donne le titre de chevalier, s^{gr} de Maisontiers, signé Henri, Par le roi, Forest.

Contrat de mariage d'Henri de Tusseau avec Marie-Elisabeth Robert, par lequel il paraît qu'il est fils de Louis de Tusseau, chev., s^{gr} de Maisontiers, et de Marguerite du Reignier, passé à la Proustière sous le scel de la baronnie du Poiroux, le 13 novembre 1670, signé Robin et Villeneuve, n^{res}.

Contrat de mariage de Charles-Henri de Tusseau avec d^{lle} Louise de Messemé, par lequel il paraît qu'il est fils aîné d'Henri de Tusseau ci-dessus et de ladite Marie-Elisabeth Robert, et dans lequel est énoncé le titre de chevalier, s^{gr} de Maisontiers, passé sous le scel de Châtellerault le 21 septembre 1699, signé Richard et Deniau, n^{res}.

Commission de capitaine de cavalerie dans le régiment de Chastillon, accordée au produisant, scellée du grand sceau de cire jaune, en date du 27 juillet 1692, signée Louis, Par le roi, Letellier.

Procès-verbal de MM. les commandeurs de l'ordre de Malte, contenant l'information des preuves d'Alexis de Tusseau, fils de Louis de Tusseau, et à la fin duquel est sa réception dans ledit ordre, en date du 21 août 1671, signé Guy d'Allogny de Boismorand, le chevalier frère Jacques de Ferrière de Champigny et Janot, n^re.

Ordonnance de M. de Barentin, du 10 décembre 1667, en faveur de Louis de Tusseau, éc., s^r de Maisontiers, portant maintenue dans sa noblesse.

Ordonnance : Maintenu comme noble et écuyer, le 8 janvier 1715, signé : de Richebourg.

7

Poitiers

Joseph DE MONTLOUIS, éc., s^gr du dit lieu.

Pièces justificatives : Contrat d'un arrentement fait par Thomas de Montlouis, éc., s^r de Pouillac, de certains biens mentionnés audit contrat à Pinon-Chaigneau, passé sous la cour de la châtellenie d'Availles le 29 septembre 1502, signé Pavin, par lequel il paraît que ledit Thomas de Montlouis prenait la qualité d'écuyer.

Contrat d'une transaction entre Antoine de Montlouis, éc., s^r de Granchamp, et Guillaume Dumureau, passé sous le scel de la cour de l'Isle-Jourdain le 9 novembre 1583, signé de Montlouis, Barthadet et Bouhier.

Inventaire des meubles et titres fait après le décès de Jacques de Montlouis, éc., s^r de Pouillac, à la requête de Clément du Monat, curateur aux personnes et biens des enfants mineurs dudit Jacques de Montlouis et de dame du Monat, sa femme, en date du 10 novembre 1593, signé Devallée, greffier de l'Isle-Jourdain, par lequel il paraît qu'il s'est trouvé des baux à rentes, fermes, aveux, transactions, contrats de mariage et de partage, depuis 1420 jusqu'en 1556, dans lesquels lesdits de Montlouis ont pris la qualité d'écuyers.

Contrat de mariage de Joachim de Montlouis avec d^lle Suzanne de la Roche, par lequel il paraît que ledit Joachim est fils de Jacques ci-dessus et de ladite du Monat, et qu'il a pris la qualité d'écuyer, passé sous le scel de la cour de l'Isle-Jourdain le 8 août 1597, signé Jamet, n^re.

Contrat de mariage de Sébastien de Montlouis, éc., s^r de la

Fleur, avec d^lle Jeanne d'Oradour, par lequel il paraît qu'il est fils d'Antoine de Montlouis et de Jacquette de Montfaulcon, passé sous le scel de la cour de Saint-Germain le 1er février 1598, signé Denis, n^re.

Ordonnance de René Rousseau, éc., s^r de la Parisière, président du Bureau des finances de Poitiers, commissaire député pour la réforme des abus commis au fait des tailles, par laquelle Joachim et Sébastien de Montlouis, éc., l'un s^r de Pouillac et l'autre s^r de la Fleur, cousins, sont renvoyés comme nobles de l'assignation à eux donnée pour la représentation de leurs titres de noblesse, en date du 4 janvier 1605, signé Rousseau, et plus bas, Par mondit sieur, Theau, greffier.

Sentence entre plusieurs particuliers, conjointement avec ledit Sébastien de Montlouis, contre Antoine Chaigneau, par laquelle ledit Sébastien est titré d'écuyer, s^r de la Fleur, donnée par le juge d'Availles le 5 mars 1607, signé Thorigné, greffier.

Contrat d'acquisition fait par Sébastien de Montlouis, éc., s^r de la Fleur, s^gr de Villermot, capitaine du château de Gascougnolle, de certains biens mentionnés dans ledit contrat, de Jean de Montlouis, éc., s^r du Bouchet, lieutenant pour le roi en la ville et château de Concarneau, passé sous le scel de la cour de Gascougnolle le 19 août 1638, signé Baudin.

Contrat de mariage de Pierre de Montlouis, éc., s^r de la Fosse, avec d^lle Claude de Marans, passé sous le scel de la cour de l'Isle-Jourdain le 20 septembre 1647, signé Gabriou, n^re, par lequel il paraît que ledit Pierre est fils de Sébastien de Montlouis et de ladite Jeanne d'Oradour.

Contrat de mariage en secondes noces du même Pierre de Montlouis, éc., s^r de la Fosse, avec d^lle Elisabeth Chaigneau, passé sous le scel de la cour d'Adriers le 9 janvier 1655, signé Sauttereau, n^re.

Contrat de mariage de Joseph de Montlouis, éc., s^r de Chaumeil, avec d^lle Jeanne de Cleré, par lequel il paraît qu'il est fils de Pierre de Montlouis ci-dessus et d'Elisabeth Chaigneau, passé sous le scel de Saint-Germain, au lieu appelé le Petit-Villedon, le 8 juillet 1697, signé Desroches, n^re.

Observations du procureur du roi : Il résulte tant des pièces ci-dessus que de celles produites par-devant M. de Barentin le 10 juin 1666 que la noblesse des sieurs de Montlouis est très ancienne et que la première des pièces présentées à M. de Barentin est de l'année 1417, puis 1426, 1435, 1448, 1449, 1452, et enfin jusqu'en 1659 leur filiation est bien prouvée. Mais Joseph de Montlouis, s^r de Chaumeil, produisant, n'ayant pas les mêmes titres, sa filiation n'est tirée, suivant les titres ci-dessus énoncés, que de Sébastien de Montlouis, marié avec Jeanne d'Oradour en 1598, dont est sorti Pierre de Montlouis, marié avec Claude de Marans et en secondes noces avec Elisabeth Chaigneau, dont est sorti Joseph de Montlouis, s^r de Chaumeil, produisant.

Ordonnance : Maintenu comme noble et écuyer, le 8 janvier 1715, signé : de Richebourg.

8

Châtellerault

Pierre-Charles DE LA TOUSCHE, éc., s^r de Saint-Ustre, y demeurant.

Pièces justificatives : Contrat de mariage d'Henri de la Tousche, fils aîné de Pierre de la Tousche et de Renée Bizeau, avec d^{lle} Marie de Bauvolier, en date du 17 septembre 1598, signé Letourneur, n^{re}.

Contrat de mariage de Pierre de la Tousche avec d^{lle} Jeanne Forateau, par lequel il paraît qu'il est fils d'Henri de la Tousche ci-dessus et de Marie de Bauvolier, et qu'il a pris la qualité d'écuyer, s^r de Maillé, en date du 29 avril 1629, signé Paillé et Laglaine, n^{res}.

Ordonnance de M. de Barentin, du 20 juillet 1667, intervenue en faveur de Pierre de la Tousche ci-dessus et portant maintenue en sa noblesse avec le titre d'écuyer, s^r de la Guistière.

Inventaire fait le 23 mars 1665 devant M. de Colbert, intendant en Poitou, des titres de noblesse dudit Pierre de la Tousche, contenant acte de la représentation desdits titres, signé Colbert.

Contrat de mariage, en date du 20 juillet 1676, de Charles de la Tousche, s^r de Saint-Ustre, avec d^{lle} Marie Testu, par lequel il paraît qu'il est fils de Pierre de la Tousche ci-dessus et de Jeanne Forateau, et que ledit Pierre a pris le titre de chevalier, s^{gr} de la Guistière Saint-Ustre, et ledit Charles le titre de Saint-Ustre seulement, signé Joye, n^{re}, et scellé à Tours.

Contrat de mariage de Pierre-Charles de la Tousche, produisant, avec d^{lle} Jacqueline Lecoq, par lequel il paraît qu'il est fils de Charles ci-dessus et de Marie Testu, et qu'il a pris le titre de chevalier, s^{gr} de Saint-Ustre, en date du 18 novembre 1697, passé à Châtellerault par Deschamps et Billette, n^{res}.

Ordonnance : Maintenu comme noble et écuyer, le 11 janvier 1715, signé : de Richebourg.

Claude DE GASTINAIRE, éc., s^{gr} de la Preuille, 9
Claude DE GASTINAIRE, éc., s^{gr} de la Preuille, son fils.

Pièces justificatives : Contrat de mariage d'Anseaulme de la Gastinaire avec d^{lle} Françoise de Marbœuf, par lequel il paraît qu'il est fils aîné et présomptif héritier de haut et puissant Raymond de Gastinaire et de dame Marie du Chatelier, et qu'ils ont pris la qualité d'écuyers, passé sous la cour de la baronnie de Montaigu le 18 mars 1591, signé Chasseron et Hasselou, n^{res}.

Mauléon

Extrait de l'ordonnance rendue par le s^r Gaucher de Sainte-Marthe, trésorier général de France, l'un des commissaires nommés par le roi pour le régalement des tailles et réformation des abus commis au fait des finances en la Généralité de Poitiers, contenant acte de la représentation des titres justificatifs de la noblesse dudit Anseaulme de la Gastinaire, qualifié d'écuyer, s^r de la Papinière, et renvoi de l'assignation à lui donnée à la requête du procureur du roi de la commission, en date à Mauléon du 8 mai 1599, signé de Sainte-Marthe, et plus bas, Vallée.

Transaction entre d^{lle} Jeanne de Gastinaire et ledit Anseaulme, son frère, des successions de Raymond de Gastinaire et de Marie du Chatelier, leurs père et mère, par laquelle ledit Anseaulme de la Gastinaire est qualifié d'écuyer, en date du 29 avril 1609, signée Bertonneau et Menesteau, n^{res}.

Transaction en forme de partage entre ledit Anseaulme de Gastinaire et Louis de Gastinaire, son frère de père, par lequel ledit Anseaulme a eu les avantages de la Coutume en qualité d'aîné, en date du 13 mars 1610, signé Berthonneau et Repuisbiard, n^res.

Contrat de mariage de Claude de Gastinaire avec d^lle Judith Thévenin, par lequel il paraît qu'il est fils d'Anseaulme de Gastinaire ci-dessus et de d^lle Françoise de Marbœuf, passé sous la cour de la baronnie de Montaigu le 30 janvier 1629, signé Badreau et Beaussant, n^res.

Contrat de mariage de Claude de Gastinaire avec d^lle Jeanne de Kermeno, par lequel il paraît qu'il est fils de Claude ci-dessus et de Judith Thévenin, et qu'il a pris le titre de chevalier, s^gr de la Preuille, Meslay et la Papinière, passé à Nantes le 31 janvier 1655, signé Lucas et Belon, n^res.

Ordonnance de M. de Barentin en faveur dudit Claude de Gastinaire, par laquelle il est titré d'écuyer, s^r de la Preuille, et maintenu en sa noblesse, datée à Poitiers le 24 septembre 1667.

Contrat de mariage de Claude de Gastinaire avec d^lle Françoise Chenu, par lequel il paraît qu'il prend la qualité de chevalier, s^gr de la Preuille, et qu'il est fils aîné de Claude de Gastinaire ci-dessus et de Jeanne de Kermeno, passé à Nantes le 10 février 1682, signé Bourday, n^re à Nantes.

Contrat de mariage d'autre Claude de Gastinaire avec d^lle Marguerite Morisson, par lequel il paraît qu'il est fils aîné de Claude de Gastinaire ci-dessus et de Françoise Chenu, et qu'il a pris la qualité de chevalier, s^gr de la Preuille, en date du 22 novembre 1703, signé Pommeraye, n^re à la Mothe-Achard.

Ordonnnance : Maintenus comme nobles et écuyers, le 13 janvier 1715, signé : de Richebourg.

---

10 et 11

Châtellerault et Poitiers

Marie Desmonts, veuve de Jean-Charles DAUX, éc., s^gr des Louardières, demeurant paroisse de Saint-Martin, Henri-Pascal, Bernard-Donatien, Marthe-Françoise, Marie-Thérèse DAUX, frères et sœurs, enfants d'Henri-René Daux, éc., s^r de la Bourdillière.

Pièces justificatives : Contrat de mariage de Charles Daux avec d^{lle} Madeleine de Coué, par lequel il paraît qu'il prenait le titre d'écuyer, s^r de la Bourdillière, passé sous le scel de la baronnie d'Angle le 21 mars 1574, signé Pudeault, n^{re}.

Contrat de mariage d'Hector Daux avec d^{lle} Louise de Chauveron, par lequel il paraît qu'il est fils de Charles Daux ci-dessus et de Madeleine de Coué, et qu'il prenait la qualité d'écuyer, s^{gr} de la Bourdillière, passé sous le scel de la cour de Tours le 16 février 1615, signé Pasquier, n^{re}.

Contrat de mariage de César Daux avec d^{lle} Louise Gouin, par lequel il paraît qu'il est fils d'Hector Daux ci-dessus et de Louise Chauveron, et qu'il a pris le titre d'écuyer, s^{gr} de la Bourdillière, passé à Poitiers le 18 septembre 1641, signé Gouttière, n^{re}.

Ordonnance de M. de Barentin en faveur de César Daux, éc., s^r de la Bourdillière, par laquelle il est maintenu dans la qualité de noble et d'écuyer, en date du 9 septembre 1667.

Contrat de mariage de Jean-Charles Daux, éc., s^{gr} des Louardières, avec d^{lle} Marie Desmonts, par lequel il paraît qu'il est fils de César Daux et de Louise Gouin, en date du 25 janvier 1683, passé à Châtellerault par Denyau, n^{re}.

Contrat de mariage d'Henri-René Daux, éc., s^{gr} de la Bourdillière, avec d^{lle} Charlotte Lecoq, par lequel il paraît qu'il est fils aîné et principal héritier de César Daux et de Louise Gouin, passé à Poitiers le 16 juin 1688 par Rullier, n^{re}.

Quatre extraits de baptême des enfants d'Henri-René Daux et de Charlotte Lecoq : 1° d'Henri-Pascal Daux, du 1er janvier 1696, 2° de Bernard-Donatien Daux, du 31 juillet 1698, 3° de Marthe-Françoise Daux, du 19 juillet 1699, 4° de Marie-Thérèse Daux, du 10 avril 1701, délivrés tous les quatre par Requiem, curé de Dissais.

Ordonnance : Maintenus comme nobles, écuyers, veuve de noble et demoiselles, le 14 janvier 1715, signé : de Richebourg.

12

Mauléon

Gabriel DES MELLIERS, éc., établi dans la paroisse de Notre-Dame de Tiffauges.

Il expose que les pièces justificatives de sa noblesse appartiennent à son frère aîné, René des Melliers, qui demeure dans la province de Bretagne où il en aura besoin, et qu'il les lui a empruntées pour en faire la représentation.

Pièces justificatives : Arbre généalogique des s^{rs} des Melliers au haut duquel est l'écusson de leurs armes, qui sont *d'argent au chevron brisé de gueules accompagné de trois merlettes de sable mornées, deux en chef et une en pointe*, par lequel il paraît qu'Artus des Melliers était le 1er du nom, que de lui est issu Raoul des Melliers, dudit Raoul est issu Jean des Melliers, dudit Jean est issu Gabriel des Melliers, et dudit Gabriel sont issus René, Gabriel et Charles des Melliers, que ledit Artus fut élu consul et échevin de la ville de Nantes les années 1587, 1588, 1589, 1590, et qu'il était marié avec d^{lle} Jeanne Duchesne.

Copie collationnée de l'édit de création des maires et échevins de la ville de Nantes, donné à Blois au mois d'avril 1559, par lequel il paraît que lesdits maires et échevins sont créés et établis avec les mêmes pouvoirs, privilèges, franchises et libertés dont jouissent les maires et échevins d'Angers ou de Poitiers, signé Lecourbe, greffier.

Déclaration du roi, du mois d'août 1581, par laquelle le nombre desdits échevins de la ville de Nantes est réduit à six, avec les mêmes privilèges, signé Lecourbe, greffier.

Trois extraits tirés du Livre Doré de la ville de Nantes des années 1587, 1588 et 1589, par lesquels il paraît que ledit Artus des Melliers, s^r de la Cafinière, avocat en la cour, fut élu l'un des six échevins, signés Lecourbe, greffier.

Extrait de baptême de Raoul des Melliers, du 14 octobre 1579, délivré le 15 mars 1648 par le s^r Dubreuil, vicaire de Sainte-Croix à Nantes, par lequel il paraît qu'il est fils d'Arthus des Melliers et de Jeanne Duchesne.

Contrat de mariage de Raoul des Melliers avec Renée Thibaudeau, par lequel il paraît qu'il a pris la qualité d'écuyer, s^r de la Porcherie, et qu'il est fils aîné et principal héritier d'Arthus des Melliers ci-dessus, en date du 10 août 1606, signé Berthonneau, n^{ro}.

Contrat de mariage de Jean des Melliers avec Jeanne Michel, par lequel il paraît qu'il est fils aîné et principal héritier de Raoul des Melliers ci-dessus et de Renée Thibaudeau et qu'il est titré d'écuyer, en date du 8 juin 1633, signé Guilloteau et Rapion, n^{res} à Nantes.

Extrait de baptême de Gabriel des Melliers, par lequel il paraît qu'il est fils de Jean des Melliers, éc., et de d^{lle} Jeanne Michel, en date du 20 septembre 1643, ledit extrait collationné par Lemerle et Legay, n^{res} à Nantes.

Contrat de mariage de Gabriel des Melliers avec d^{lle} Gabrielle Pillot, par lequel il paraît qu'il est fils de Jean des Melliers et de Jeanne Michel, et qu'il est titré d'écuyer, s^r de la Porcherie, passé sous le scel de la cour de Tiffauges le 14 septembre 1669, signé Chanulière et Bernoteau, n^{tes}.

Cinq certificats prouvant que ledit Gabriel des Melliers a servi au ban de la noblesse de Nantes depuis 1666 jusqu'en 1694.

Arrêt rendu le 22 juin 1695 par MM. les commissaires généraux pour le recouvrement des droits de francs-fiefs, par lequel ledit Gabriel des Melliers est déchargé d'une taxe sur lui faite pour les francs-fiefs d'une maison noble sise à Saint-Géron, évêché de Nantes, signé Hersant.

Trois extraits de baptême, le premier de René des Melliers, du 2 février 1672, le second de Gabriel des Melliers, du 15 mai 1678, et le troisième de Charles des Melliers, du 23 mai 1684, par lesquels il paraît qu'ils sont enfants de Gabriel des Melliers et de Gabrielle Pillot, signé Perrouin, curé de Bellignier.

Acte d'une déclaration faite en la juridiction d'Ancenis, par Gabrielle Pillot, veuve de Gabriel des Melliers, contenant qu'elle a eu de son mariage lesdits René, Gabriel et Charles des Melliers, duquel Charles elle a demandé la tutelle, en date du 15 mai 1698, signé Dupé, greffier.

Ordonnance de MM. les commissaires généraux députés par

le roi pour l'exécution de la déclaration du 4 septembrs 1696 contre les usurpateurs du titre de noblesse, par laquelle ledit Gabriel des Melliers est reçu opposant à l'exécution du rôle arrêté au Conseil le 1ᵉʳ juillet 1698, et renvoyé pour justifier dans un mois de ses titres de noblesse par-devant M. de Nointel, intendant en Bretagne, en date du 25 février 1700, signé Hersant.

Ordonnance de M. de Nointel, contradictoirement rendue entre Charles de la Cour de Beauval chargé par Sa Majesté de l'exécution de ladite déclaration et du recouvrement dudit rôle, et René, Gabriel et Charles des Melliers, portant décharge de la taxe faite sur Gabriel des Melliers, leur père décédé, et en conséquence qu'ils jouiront des privilèges et exemptions accordés aux autres gentilshommes du royaume, en date du 11 décembre 1700, signé Béchamel (marquis de Nointel), et plus bas, Lelarge.

Sentence des sieurs officiers de Mauléon portant que ladite ordonnance de M. de Béchamel sera enregistrée à leur greffe, pour que ledit Gabriel des Melliers, produisant, jouisse de l'effet et contenu en icelle, du 24 septembre 1700, signé Baudry, greffier.

Pièces non visées : Compte de tutelle rendu à Gabriel des Melliers (fils de Jean et de Jeanne Michel) par dame Françoise Levrault, veuve de René Dyrodour, éc., sʳ de la Quetraye, qui avait été son tuteur et celui de Françoise des Melliers, sa sœur, en date du 26 mars 1674, signé Lebeau, nʳᵉ.

Partage fait entre ledit Gabriel des Melliers et dame Françoise des Melliers, sa sœur, épouse de Jean de Lespinay, ec., sʳ des Villates, par lequel il a partagé comme noble et fils aîné de Jean des Melliers, en date du 10 mai 1677, signé Soru et Dupont, nʳᵉˢ.

Ordonnance : **Maintenu comme noble et écuyer, le 15 janvier 1715, signé : de Richebourg.**

François DE PRESSAC, éc., sr du Repaire.

Pièces justificatives : Contrat de mariage d'Henri de Pressac, sr du Repaire, avec d{lle} Catherine Barbarin, par lequel il paraît qu'il est fils de Louis de Pressac, et qu'ils prenaient le titre d'écuyers, srs du Repaire, en date du 30 mai 1599, signé Dumontet, n{re}.

Poitiers

Contrat d'un échange passé entre Henri de Pressac Catherine Barbarin, sa femme, et encore d{lle} Anne Barbarin, veuve de Louis de Pressac, père dudit Henri, avec Jacob Mercier, sr de Faugeras, de plusieurs domaines situés en la paroisse de Cheronac et en celle de Saint-Bazery, en date du 1er décembre 1611, signé Rambault, n{re}.

Contrat de mariage de Christophe de Pressac avec d{lle} Marguerite Durousseau, par lequel il paraît qu'il est fils d'Henri de Pressac ci-dessus et de Catherine Barbarin et qu'il a pris le titre d'écuyer, sr du Repaire, en date du 20 février 1629, signé Durousseau, n{re}.

Contrat de mariage en secondes noces dudit Christophe de Pressac, fils d'Henri de Pressac et de Catherine Barbarin, avec d{lle} Françoise de Pressac, fille de Roch de Pressac, par lequel il paraît qu'il a pris le titre d'écuyer, passé sous le scel de la vicomté de Rochechouart le 12 juillet 1639, signé Giraud (*alias* Pérault), n{re}.

Extrait de baptême de Joseph de Pressac, par lequel il paraît qu'il est fils de Christophe de Pressac ci-dessus et de Françoise de Pressac, délivré le 10 août 1698 par Bastier, curé de Saint-Gervais.

Contrat de mariage de Joseph de Pressac, fils de Christophe de Pressac et de Françoise de Pressac, avec d{lle} Marguerite de Champillon, par lequel il paraît qu'il a pris le titre d'écuyer, sr du Repaire, en date du 20 janvier 1675, signé Boudaud, n{re}.

Ordonnance, en date du 15 juin 1675, de M. de Marillac, intendant du Poitou, en faveur de Joseph et de Jacquette de Pressac, portant décharge d'une taxe de douze cents livres, sur eux faite d'une part pour les francs-fiefs de la maison du

Repaire, et de huit cents livres, d'autre part, pour un moulin et une métairie nobles situés au village de Champes.

Arrêt du Conseil d'État du roi, confirmatif de l'ordonnance ci-dessus, en date du 23 novembre 1680, signé Béchameil.

Extrait de baptême, en date du 2 août 1678, de François de Pressac, par lequel il paraît qu'il est fils de Joseph de Pressac ci-dessus et de Marguerite de Champillon, délivré le 6 mars 1710 par le s^r Pascarel, curé de Vidays.

Contrat de mariage de François de Pressac avec d^{lle} Françoise Barbarin, par lequel il paraît qu'il est fils dudit Joseph de Pressac et de Marguerite de Champillon, passé sous le scel de la principauté de Chabanais le 15 juin 1693, signé Daignas, n^{re}.

Pièces non visées : Contrat de mariage de Louis de Pressac, éc., s^r du Repaire, avec d^{lle} Anne Barbarin, du 24 mars 1576, signé Pérot.

Quittance donnée par ledit Louis de Pressac, éc., à maître Guillaume Barbarin, son beau-père, le 25 février 1578.

Jugement des commissaires députés par S. M. pour le fait des tailles en Poitou, portant maintenue de noblesse au profit de Jacquette des Vigeryes, veuve de François de Pressac, éc., tant en son nom que comme tutrice de Roch et Renée de Pressac, ses enfants, demeurant en la paroisse de Saint-Gervais, en date du 2 janvier 1599, signé de Sainte-Marthe et Dehère, et plus bas, Vallée.

Jugement des Elus de Poitiers, sur les conclusions du procureur du roi, en faveur de Roch et de Renée de Pressac ci-dessus, par lequel, après représentation de leurs titres de noblesse, il est ordonné qu'ils seront employés sur le rôle des tailles de la paroisse de Saint-Gervais au rang des nobles et issus de nobles, en date du 4 juillet 1634.

Ordonnance : **Maintenu comme noble et écuyer, le 20 janvier 1715, signé : de Richebourg.**

Jean DE BUEIL, éc., s^{gr} de Bethon, demeurant en la paroisse d'Iray.

14

Poitiers

Pièces justificatives : Transaction entre Jean de Beuil, s^r du Portault, au nom et comme curateur au gouvernement des personnes de Pierre et Jacquette Dupuy, enfants mineurs de feu Florimond Dupuy et de Jacquette Colson, sa femme, et Georges Barault, s^r de la Grunée-Justonière, au sujet des droits qui concernaient lesdits mineurs, par laquelle il paraît que ledit Jean de Beuil prenait le titre d'écuyer, en date du 11 juin 1535, signé Largère, n^{re}.

Procuration consentie par d^{lle} Marguerite Dupuy en faveur de Jean de Beuil, pour la discussion de ses droits, par laquelle il paraît que ledit Jean de Beuil a pris le titre d'écuyer, en date du 12 septembre 1539, signé Cahier.

Transaction entre Guillaume de Beuil et Sabat de Rioux au sujet de certains arpents de terre qu'ils se contestaient, dans laquelle ledit Guillaume de Beuil prenait le titre d'écuyer, en date du 22 janvier 1578, signée Bernin.

Jugement du lieutenant-général de Touraine entre Nicolas d'Aunay, s^r du Port, et sa femme, et ledit Guillaume de Beuil, par lequel ce dernier est titré d'écuyer, en date du 25 juin 1583, signé Bourru.

Jugement par le lieutenant-général d'Anjou entre ledit Guillaume de Beuil et Louis de Maillé, éc., par lequel ledit Guillaume est titré d'écuyer, s^r de Bethon, du 21 janvier 1586, signé Jousran.

Contrat de mariage de Mathurin de Beuil avec d^{lle} Jeanne de Garnier, fille de feu Balthazar de Garnier, éc., s^r de Saint-Georges, et de Marthe de Fonteneau, par lequel il paraît que ledit Mathurin de Beuil prenait la qualité d'écuyer, s^r de Bethon, et qu'il était fils aîné de Guillaume de Beuil ci-dessus et d'Isabelle de Garnier, passé sous la cour royale de Loudun le 13 juillet 1608, signé Dupin, n^{re}.

Acte d'une donation mutuelle entre ledit Mathurin de Beuil et la dite d^{lle} Jeanne de Garnier, par lequel ledit Mathurin est titré d'écuyer, s^r de Bethon, du 26 octobre 1610, signé d'Hou, n^{re}.

Certificat du bailli de Loudun, par lequel il est dit que

Jeanne de Garnier, veuve de Mathurin de Beuil, éc., s^r de Bethon, a été élevée en la profession de la Religion réformée, en date du 31 mars 1614.

Lettres patentes du roi en faveur de ladite d^lle Jeanne de Garnier, veuve de Mathurin de Beuil, éc., s^r de Bethon, portant que, quoiqu'elle fût parente au troisième degré dudit Mathurin de Beuil et qu'elle eût contracté son mariage suivant les solennités de l'Eglise apostolique et romaine, tout en étant de l'Eglise réformée, et sans aucune dispense de la cour de Rome à cause de la proximité, leurs enfants nés en loyal mariage ne pourront être recherchés, inquiétés ni molestés à cause dudit mariage, soit en jugement ou au dehors, en quelque manière que ce soit, en date du 19 avril 1614.

Jugement rendu par le lieutenant-général de Poitiers sur le vu desdites lettres patentes, portant que les enfants nés dudit mariage ne pourront être recherchés, inquiétés ni molestés à cause dudit mariage, en date du 27 mai 1614, signé Bobé, commis-greffier.

Contrat de mariage de Jean de Beuil avec d^lle Suzanne Desvieux, par lequel il paraît qu'il est fils de Mathurin de Beuil ci-dessus et de Jeanne de Garnier, et qu'il a pris le titre d'écuyer, s^r de Bethon, du 3 juin 1638, signé Hulin, n^re.

Contrat de mariage de Jean de Beuil, produisant, avec d^lle Marie Letourneur, fille de feu Laurent Letourneur et de d^lle Marie Vexiau, par lequel il paraît qu'il est fils de Jean de Beuil ci-dessus et de d^lle Suzanne Desvieux et qu'il a pris le titre d'écuyer, s^r de Bethon, passé sous le scel de la duché-pairie de Thouars le 5 mai 1689, signé Martin et Brossard, n^res.

Certificat de M. le maréchal d'Estrée, du 14 juin 1693, par lequel il est dit que ledit Jean de Beuil, éc., s^gr de Bethon, faisait partie de l'escadron des gentilshommes du Haut-Poitou pour le ban de ladite année.

Pièces non visées : Ferme faite par d^lle Marthe Fonteneau, veuve de Balthasar de Garnier, éc., s^r de Saint-Georges, au nom et comme tutrice des enfants de défunt Mathurin de Beuil, éc., s^r de Bethon, et de d^lle Jeanne de Garnier, passée sous la cour royale de Loudun le 24 juin 1629, signé Hou, n^re.

Certificat donné le 6 juillet 1635 par M. de Heurault, capitaine d'une compagnie de mousquetaires, à Jean de Beuil, éc., s^r de Bethon, fils de Mathurin et de Jeanne de Garnier.

Contrat de vente fait par ledit Jean de Beuil et noble homme François Nepveu, s^r des Garniers, à cause de Michelle de Beuil, sa femme, sœur dudit Jean, au nommé Polycarpe Allonneau, de la terre et seigneurie de Taillé à eux échue par le décès de Mathurin de Beuil, leur père, par lequel contrat il appert que Jean de Beuil touche les deux tiers du prix de la vente et Michelle, sa sœur, touche l'autre tiers, ce qui fait voir qu'ils ont partagé noblement, ledit contrat passé sous la cour royale de Tours le 12 août 1638, signé Sonebault.

Commission d'une compagnie d'infanterie donnée audit Jean de Beuil par le duc de la Trimouille le 15 mars 1649.

Transaction passée entre Daniel Brossard, éc., s^r de la Chevalerie, et d^{lle} Jeanne de Garnier, son épouse, auparavant veuve de Mathurin de Beuil, et Jean de Beuil, fils et unique héritier dudit Mathurin, du 6 août 1651, signé Aubry.

Certificat de service donné audit Jean de Beuil par M. le duc de la Vieuville le 1er août 1674.

Certificat de service donné à autre Jean de Beuil, produisant, par M. le marquis de Vérac le 19 août 1702.

Certificat donné au même le 23 juin 1703 par M. Barazan, chev., s^{gr} de la Salmondière, commandant d'un escadron de gentilshommes.

Certificat donné au même le 23 juillet 1706 par M. de la Coste Messelière, lieutenant du roi au gouvernement de la province de Poitou et commandant le ban.

Observations du procureur du roi : Des pièces ci-dessus énoncées il résulte que Jean de Beuil (s^r du Portault) paraît le premier du nom, mais le produisant ne rapportant aucun acte pour justifier la filiation des descendants dudit sieur du Portault, sa propre filiation n'est ici tirée que de Guillaume de Beuil et d'Isabelle de Garnier.

Ordonnance : Maintenu comme noble et écuyer, le 21 janvier 1715, signé : de Richebourg.

15

Poitiers

Joseph DE LA BARRE, chev., s^{gr} de l'Aage.

Pièces justificatives : Contrat de mariage de Jean de la Barre, archer de la garde du roi, avec d^{lle} Toinette de Maize, par lequel il paraît qu'il est fils d'un autre Jean de la Barre, et qu'il a pris la qualité d'écuyer, en date du 8 février 1544, signé Daguin.

Contrat de mariage de Maurice de la Barre avec d^{lle} Claude de L'Aage, par lequel il paraît qu'il est fils aîné de Jean ci-dessus et de d^{lle} Toinette de Maize, et qu'il est qualifié d'écuyer, du 4 août 1577, signé Montois.

Contrat du partage des biens de Jean de la Barre et de d^{lle} Toinette de Maize entre Maurice, Jeanne et Bertrande de la Barre, leurs enfants, par lequel il paraît que ledit Maurice de la Barre, comme aîné, a eu les préciputs et avantages de la Coutume et qu'il a pris le titre d'écuyer, en date du 29 mai 1588, signé Pasquereau et Texereau, n^{res}.

Lettres de la reine-mère, contenant que ledit Maurice a été choisi pour l'un de ses gentilshommes d'honneur, données à Paris le 1er janvier 1585, signées la Reine, Par la reine mère du roi, de l'Aubespine.

Ordonnance de M. Claude Maslon, cons^r au Parlement de Paris, commissaire député par Sa Majesté pour la réformation et le régalement des tailles, par laquelle ledit Maurice de la Barre est renvoyé des assignations à lui données pour la représentation de ses titres de noblesse, qui ont été trouvés suffisants pour en faire la preuve, en date du 7 novembre 1584, signé Mellonier, greffier.

Ordonnance des commissaires généraux pour le régalement des tailles et réformation des abus commis aux finances, par laquelle ledit Maurice de la Barre a été renvoyé de l'assignation à lui donnée à la requête du substitut du procureur général du roi pour la présentation de ses titres de noblesse, en date du 5 janvier 1599, signé de Sainte-Marthe, Deshere, et plus bas, Vallée.

Sentence intervenue en la sénéchaussée de Poitiers entre Henri de la Barre, s^r de la Salle d'Archigny, et Pierre Daux, à cause de d^lle Madeleine de la Barre, sa femme, portant entérinement du don fait par Maurice de la Barre, leur père, en faveur dudit Henri de la Barre, et dans laquelle ils sont qualifiés d'écuyers, en date du 15 novembre 1614, signé Bobé, greffier.

Partage des biens de Maurice de la Barre ci-dessus et de d^lle Claude de L'Aage, entre Henri de la Barre et Pierre Daux, à cause de sa femme, Madeleine de la Barre, par lequel il paraît que ledit Henri a eu les préciputs et avantages de la Coutume, comme aîné, et qu'il est qualifié d'écuyer, passé à Châtellerault le 12 février 1616, signé Barbarin, pour avoir la minute en qualité d'héritier de Jean Massoneau, n^re.

Lettres de rescision obtenues en chancellerie par ledit Henri de la Barre, contre le partage ci-dessus, dans lesquelles il est qualifié écuyer, du 19 février 1621, signé, Par le Conseil, Loyset.

Contrat de mariage d'Henri de la Barre avec d^lle Renée Lemaire, par lequel il paraît qu'il est qualifié de chevalier, s^gr de la Salle et de l'Aage, passé sous le scel des contrats établi à Chinon le 25 mars 1641, signé Halouyn, n^ro.

Contrat de mariage d'Henri-Joseph de la Barre, avec d^lle Marie-Françoise de Prezeau, par lequel il paraît qu'il est fils de feu Henri de la Barre ci-dessus et de Renée Lemaire et qu'il est qualifié chevalier, s^gr de l'Aage, passé sous le scel des contrats établi à Baugé en Anjou le 21 août 1670, signé Le Sayeulx.

Contrat de partage des biens d'Henri de la Barre entre Henri-Joseph, François, Renée, Anne et Bénigne de la Barre, ses enfants, par lequel Henri-Joseph, en qualité d'aîné, a eu les préciputs et avantages de la Coutume et est qualifié chevalier, s^gr de l'Aage, passé sous le scel établi à Chauvigny le 29 novembre 1670, signé Charlet, n^ro.

Contrat de mariage de Joseph de la Barre, produisant, avec d^lle Marie-Madeleine Mangot, par lequel il paraît qu'il est fils unique d'Henri-Joseph de la Barre ci-dessus et de Marie-Françoise de Prezeau et qu'il est qualifié de chevalier, s^gr de l'Aage, en date du 22 août 1701, signé Blandin et Aruère, n^res à Chinon.

Ordonnance : Maintenu comme noble et écuyer, le 25 janvier 1715, signé : de Richebourg.

16

Thouars

Pierre DE LINIERS, éc., chev., s^gr de la Bourbelière.

Pièces justificatives : Contrat de mariage de René de Liniers avec d^lle Louise de Puilouer, par lequel il paraît qu'il est fils d'Antoine de Liniers, éc., s^r d'Amaillou, et de d^lle Claude Gendron, et qu'il a pris la qualité d'écuyer, s^r de Rochette, en date du 21 décembre 1596, signé Tufin, n^re.

Contrat de mariage d'Hippolyte de Liniers avec d^lle Diane Frezeau, par lequel il paraît qu'il est fils de René de Liniers ci-dessus et de Louise de Puilouer et qu'il a pris le titre d'écuyer, s^r de la Bourbelière, en date du 7 juin 1620, signé Violleau, n^re.

Contrat de partage des biens de René de Liniers et de Louise de Puilouer, entre Hippolyte, Antoine, Louis et Lancelot de Liniers, et Jean de Cumont à cause de Suzanne de Liniers, son épouse, tous enfants desdits René de Liniers et Louise de Puilouer, par lequel il paraît que ledit Hippolyte a eu comme aîné les préciputs et avantages de la Coutume et a pris le titre de chevalier, s^gr de la Bourbelière, et ses frères le même titre de chevaliers, s^grs de Rochette et de Soulièvre, en date du 18 juillet 1642, signé Martin et Caillas, n^res.

Contrat de mariage d'Isaac de Liniers avec d^lle Suzanne Richier, par lequel il paraît qu'il est fils d'Hippolyte de Liniers ci-dessus et de d^lle Diane Frezeau et qu'il a pris le titre de chevalier, s^gr de la Bourbelière et de Puyrenard, en date du 18 novembre 1648, signé Bessonneau et Gaultier, n^res à Parthenay.

Contrat du partage des biens d'Hippolyte de Liniers entre Isaac de Liniers, René Claveurier, époux de Madeleine de Liniers, Claude Pidoux, époux de Louise-Aimée de Liniers, Antoine de Berland, tant en son nom que comme père et loyal administrateur et ayant la garde noble des enfants issus de lui et de Françoise-Marie de Liniers, sa femme, et d^lle Marguerite de Liniers, tous enfants dudit Hippolyte de Liniers et de Diane Frezeau, par lequel il paraît que ledit Isaac de Liniers, comme aîné, a partagé noblement et a pris le titre de chevalier, s^{gr} de la Bourbelière, en date du 23 juillet 1660, signé Chaigneau et Regnault, n^{res}.

Extrait de baptême de Pierre de Liniers, par lequel il paraît qu'il est fils d'Isaac de Liniers ci-dessus et de Suzanne Richier, délivré par le s^r Charier, curé de la Peiratte, le 31 décembre 1696.

Contrat de mariage de Pierre de Liniers, chev., s^{gr} de la Bourbelière, fils d'Isaac de Liniers et de Suzanne Richier, avec d^{lle} Emerentienne de Liniers, passé sous le scel du duché-pairie de Thouars le 2 mars 1708, signé Redon et Masfin, n^{res}.

Ordonnance : **Maintenu comme noble et écuyer, le 26 janvier 1715, signé : de Richebourg.**

François-Alexandre DESMIER, éc., s^r de la Rousselière,
Gaspard DESMIER, éc., s^r de Montenac,
François DESMIER, éc., s^r de la Coutancière.

17

Confolens

Pièces justificatives : Ordonnance de M. de Maupeou, par laquelle Louis Desmier, s^r du Roc, faisant tant pour lui que pour François Desmier, s^r de la Coutancière, et autres ses enfants, François-Alexandre Desmier, s^r de la Rousselière et Gaspard Desmier, s^r de Montenac, sont maintenus dans tous les privilèges accordés aux nobles du royaume, en date du 12 avril 1698.

Ordonnance de MM. les commissaires généraux députés par le roi, rendue le 22 novembre 1698 en faveur des produisants, sur l'appel de Jean Guérin, préposé à la recherche des usurpateurs de noblesse, portant confirmation de ladite ordonnance de M. de Maupeou.

Ordonnance : **Maintenus comme nobles et écuyers, le 27 janvier 1715, signé : de Richebourg.**

18

Châtelle-rault

Sébastien DUBOIS, éc., s⁽ᵣ⁾ du Mée, de la paroisse de Sénillé.

Pièces justificatives : Ordonnance de M. de Barentin en faveur de René Dubois, s⁽ʳ⁾ de la Monerie, par laquelle il est maintenu dans les privilèges attribués aux nobles avec le titre d'écuyer, en date du 12 septembre 1668.

Ordonnance de M. Tubœuf, intendant de Bourges, en faveur du même René Dubois, contenant même maintenue, en date du 8 août 1669.

Ordonnance de M. de Maupeou en faveur du même René Dubois, éc., s⁽ʳ⁾ de la Monerie, Sébastien Dubois, éc., s⁽ʳ⁾ du Mée, et Charles Dubois, par laquelle ils sont maintenus en leur noblesse avec le titre d'écuyers, en date du 23 avril 1698.

Ordonnance de M. Carré de Montgeron, intendant en Berry, en faveur de Charles Dubois, éc., s⁽ʳ⁾ de la Bardouzière, par laquelle il est maintenu en sa noblesse avec le titre d'écuyer, en date du 14 septembre 1707.

Contrat de mariage de Sébastien Dubois, éc., s⁽ʳ⁾ du Mée, produisant, avec d⁽ˡˡᵉ⁾ Marie Mangin, fille de François Mangin, éc., s⁽ʳ⁾ des Petites-Aages, et de dame Madeleine de Turgis, par lequel il paraît qu'il est fils de René Dubois, éc., s⁽ʳ⁾ de la Monerie, et de d⁽ˡˡᵉ⁾ Marie Dauvergne, passé sous le scel de Montmorillon le 19 mai 1705, signé Rouelle, n⁽ʳᵉ⁾.

Pièces non visées : Contrat de mariage de Sébastien Dubois, éc., s⁽ʳ⁾ de la Girardière, avec Antoinette Denesde, passé sous la cour des vicomté et comté de la Guierche en Touraine le 6 décembre 1515, signé Debeau et Babert, n⁽ʳᵉˢ⁾.

Contrat de cession, vendition et transport fait par Jean Dubois, éc., à François Dubois, éc., son frère, de tous ses droits dans la succession de Sébastien Dubois, éc., leur père, et d'Antoinette Denesde, mère dudit Jean et seconde femme dudit Sébastien, passé devant Marteau, n⁽ʳᵉ⁾ en Touraine, le 14 janvier 1557.

Contrat de mariage de François Dubois ci-dessus, éc., s⁽ʳ⁾ de la Girardière, avec d⁽ˡˡᵉ⁾ Jeanne de Constantin, fille de Jean de Constantin, éc., et de Françoise de Maussabré, passé sous la cour de Moulins en Berry par-devant Charbonnier, n^re, le 26 novembre 1566.

Contrat de mariage de Claude Dubois, éc., s^r de Bigorne et de la Girardière, fils aîné desdits François Dubois et Jeanne de Constantin, avec d^lle Aimée de la Coudre, fille de défunt Jacques de la Coudre, chev. de l'ordre du Roi, s^r de Berlande et de la Coudre, et de dame Nicole de Coux, laquelle d^lle de la Coudre était veuve de Jacques de Loron, éc., s^r de la Maison-Blanche, passé sous la cour de Mézières en Brenne par-devant Gaudon et Jolly, n^res, le 13 avril 1594.

Extrait d'un règlement fait par MM. les commissaires députés par le roi pour la réformation des abus dans le régalement et perception des tailles, gabelles et finances en la Généralité de Bourges, par lequel il appert que ledit Claude Dubois de Bigorne est employé au rang des nobles de la paroisse de Verrières, en date du 30 août 1599, signé Delahaye, greffier.

Contrat de mariage de François Dubois, éc., s^r de la Morinerie, fils aîné dudit Claude Dubois et d'Aimée de la Coudre, avec d^lle Renée de Bizacq, fille d'Aimé de Bizacq, éc., s^r du Mée, et de d^lle Madeleine Gaultier, passé sous la cour de la châtellenie de l'Isle-Savary par-devant Berthet, n^re, le 5 juillet 1627.

Certificat accordé par M. Catinat, cons^r du roi, lieutenant-général en Touraine, par lequel il appert que ledit François Dubois est employé au rôle du ban et arrière-ban de Touraine pour aller rendre le service qu'il doit à S. M. sous la charge de M. de Cangé, en date du 24 août 1635.

Transaction passée entre ledit François Dubois de la Morinerie, René Guilmot, éc., s^r de Lespinasse, à cause de d^lle Jeanne Dubois, sa femme, sœur dudit sieur de la Morinerie, et autres ses puînés, au sujet de la succession de Claude Dubois, s^r de Bigorne, et d'Aimée de la Coudre, sa première femme, passé sous la cour de la châtellenie de la Tour-Savary le 8 mai 1634, signé Poitevin, n^re.

Contrat de mariage de René Dubois, éc., s^r de la Morinerie, fils aîné dudit François Dubois et de ladite d^lle de Bizacq, avec d^lle Marie Dauvergne, passé sous la cour de Celles en Berry par-devant Delorme, n^re, en date du 20 février 1658.

Transaction en forme de partage passée entre ladite d^lle Renée de Bizacq, veuve dudit François Dubois, René Dubois, éc., s^r de la Morinerie, leur fils aîné, Catherine Dubois et autres ses puînés, passé par-devant Soubsmain, n^re à Châtillon-sur-Indre, le 30 mars 1660.

Ordonnance : **Maintenu comme noble et écuyer, le 28 janvier 1715, signé : de Richebourg.**

19

Confolens

Jacques DE GRANDSAIGNE,
Jean DE GRANDSAIGNE, son frère.

Pièces justificatives : Arrêt du Conseil d'État du roi, intervenu sur l'appel interjeté de l'ordonnance de M. de Barentin, du 8 octobre 1668, par laquelle Jean de Grandsaigne, s^r de la Flotte, Pierre de Grandsaigne, s^r des Plats, et Jean de Grandsaigne, s^r d'Aissenat, Pierre et François de Grandsaigne, ont été déclarés roturiers, et pour avoir indûment usurpé le titre de noblesse, condamnés en amende, lequel arrêt maintient Jean de Grandsaigne, s^r de la Flotte, en la qualité de noble et écuyer, et ordonne que les sommes par lui payées lui seront rendues, en date du 26 septembre 1671, signé Ranchin.

Arrêt du Conseil qui déclare que l'arrêt précédent est commun auxdits Jean, Pierre, François de Grandsaigne, frères, et autre Pierre de Grandsaigne, leur neveu, en conséquence les maintient en la qualité de nobles et écuyers, en date du 31 mai 1672, signé Foucault.

Contrat de mariage de Pierre de Grandsaigne, éc., s^r de la Renausie, dénommé dans l'arrêt précédent, avec d^lle Madeleine de Montjon, du 2 mai 1684, signé Duquéroir, n^re.

Extrait de baptême, du 3 avril 1692, de Jacques de Grandsaigne, délivré par le s^r Decube, sénéchal, dépositaire des registres de la paroisse de Saint-Cyr, le 6 janvier 1715, par lequel il paraît qu'il est fils de Pierre de Grandsaigne ci-dessus et de Madeleine de Montjon.

Extrait de baptême, du 19 janvier 1694, de Jean de Grandsaigne, frère dudit Jacques, délivré le 6 janvier 1715 par le même Decube, par lequel il paraît qu'il est aussi enfant de Pierre de Grandsaigne et de Madeleine de Montjon.

Ordonnance : Maintenus comme nobles et écuyers, le 28 janvier 1715, signé : de Richebourg.

Gabriel DAUX, s^r de Chaumont,
Henri DAUX, éc., s^r de Chaumont, son frère.

20

Poitiers

Pièces justificatives : Sentence intervenue au présidial de Poitiers, portant entérinement d'un don fait par Maurice de la Barre au sieur Henri de la Barre, son fils, contre Pierre Daux, s^r de la Rabaudrie, et d^{lle} Madeleine de la Barre, sa femme, par laquelle il paraît que ledit Pierre Daux est titré d'écuyer, en date du 15 novembre 1614, signé Robert greffier.

Transaction en forme de partage faite en exécution de la sentence ci-dessus entre les sieurs de la Barre et Pierre Daux, à cause de sa femme, en date du 12 février 1616, signé Barbarin, par laquelle Pierre Daux est qualifié d'écuyer.

Contrat d'un arrentement fait par ladite Madeleine de la Barre, veuve de Pierre Daux, éc., s^r de la Rabaudrie, en date du 12 janvier 1625, signé Bonnet, n^{re}.

Contrat de mariage de Charles Daux, s^r de la Rabaudrie, avec d^{lle} Anne de Fay, par lequel il paraît qu'il est fils de Pierre Daux ci-dessus et de Madeleine de la Barre et qu'il a pris le titre d'écuyer, auquel contrat est établi Jacques Daux, titré d'écuyer, s^r de Chaumont, frère dudit Charles, en date du 21 février 1626, signé Charles, n^{re}.

Contrat d'une vente de certains domaines aux nommés Fulgent et Antoine Pasquier par Jacques Daux, s^r de Chaumont, qualifié écuyer, en date du 11 août 1631, signé Charles, n^{re}.

Contrat d'arrentement fait à Jacques Daux, s^r de Chaumont, et d^{lle} Cassandre de la Bussière, sa femme, de certains domaines par le nommé Michel Popin, par lequel ledit Jacques est qualifié d'écuyer, en date du 14 avril 1633, signé Charles, n^{re}.

Transaction passée entre Jacques Daux, s^r de Chaumont, et Henri de la Barre, chev., s^{gr} de la Salle et de l'Age, au sujet de certaines contestations, par laquelle ledit Jacques Daux est titré d'écuyer, en date du 10 février 1639, signé Charaudeau, n^{re}.

Acte de la renonciation faite par d^{lle} Cassandre de la Bussière à la communauté d'entre feu Jacques Daux, son mari, et elle, par-devant le sénéchal de Chauvigny, par laquelle il paraît que ladite Cassandre de la Bussière est veuve de Jacques Daux, éc., s^r de Chaumont, en date du 11 avril 1644, signé Ledoux, greffier.

Inventaire, fait devant le sénéchal de Chauvigny, des meubles et effets dudit Jacques Daux, à la réquisition de Cassandre de la Bussière, sa femme, en qualité de non commune en biens et comme mère tutrice de ses enfants et dudit feu Jacques Daux, en date du 16 avril 1644, signé Ledoux, greffier.

Extrait de baptême d'Henri Daux, du 17 septembre 1634, par lequel il paraît qu'il est fils de Jacques Daux ci-dessus et de Cassandre de la Bussière, délivré par le curé de la paroisse de Saint-Hilaire le 5 décembre 1714, signé Gazeau, curé, dûment légalisé par le lieutenant général de Châtellerault et contrôlé, signé Fumée et Becougnée, greffier.

Contrat de mariage d'Henri Daux, s^r de la Bracheterie, avec d^{lle} Marguerite Compaing, par lequel il paraît qu'il est fils de Jacques Daux et de Cassandre de la Bussière et qu'il est qualifié d'écuyer, en date du 20 novembre 1654, signé Maurat et Hervé, n^{res}.

Acte d'épousailles (en 2es noces) dudit Henri Daux avec d^{lle} Marguerite Desmons, en date du 14 juin 1659, délivré par le s^r curé de Leigné-les-Bois le 9 janvier 1715, signé Pelleau, et dûment légalisé par le lieutenant-général de Châtellerault, signé Fumée et Becougnée, greffier.

Contrat de vente par Henri Daux, s^r de la Bracheterie, et Marguerite Desmons, sa femme, de certains domaines au nommé Claude Dupuy, dans lequel il est qualifié d'écuyer, en date du 20 septembre 1660, signé Carré, n^{re}.

Aveu rendu par ledit Henri Daux à M. l'évêque de Poitiers,

pour raison de sa maison de la Bracheterie mouvant de la baronnie de Chauvigny, en date du 24 janvier 1665, signé Berthonneau et Germoneau, n^res, dans lequel il est qualifié d'écuyer.

Contrat de mariage d'autre Henri Daux avec d^lle Marie de la Salle, par lequel il paraît qu'il est fils d'Henri Daux ci-dessus et de Marguerite Desmons et qu'il est titré de chevalier, s^gr de Chaumont, en date du 8 avril 1693, signé Drouault, n^re.

Contrat de mariage de Gabriel Daux avec d^lle Marie Petiteau, par lequel il paraît qu'il est frère d'Henri Daux ci-dessus et fils d'Henri Daux et de Marguerite Desmons, en date du 6 mai 1700, signé Chevalier et Deschamps, n^res.

Pièces non visées : Extrait de baptême de Gabriel Daux, fils d'Henri Daux, éc., s^r de la Bracheterie, et de dame Marguerite Desmons, baptisé à l'âge de six mois le 9 avril 1665, ledit extrait délivré par le s^r Gazeau, curé de Cenon.

Extrait de baptême d'Henri Daux, fils des mêmes, du 27 septembre 1665, délivré par le s^r Gazeau, curé de Cenon, le 9 janvier 1715.

Dires des produisants : Ne pouvant représenter leurs titres de noblesse qui sont entre les mains de Charles-François Daux, leur oncle à la mode de Bretagne et l'aîné de leur famille, demeurant présentement à Tours-sur-Marne, ils se sont transportés auprès de lui et ont fait faire, le 17 décembre 1714, par-devant les notaires royaux de Châlons, un vidimus des titres et de l'inventaire et état de la famille des Daux qu'il a produits devant M. l'intendant de Champagne et qui justifient leur noblesse depuis l'année 1281. Ledit Charles-François Daux est fils de Charles Daux, éc., s^r de la Rabauderie, qui était fils aîné de Pierre Daux et frère de Jacques Daux, s^r de Chaumont, aïeul des produisants.

Ordonnance : Maintenus comme nobles et écuyers, le 31 janvier 1715, signé : de Richebourg.

21

Confolens

Jean DE GRANDSAIGNE, éc., sʳ de la Flotte.

Pièces justificatives : Arrêt du Conseil d'Etat du roi intervenu en faveur de Jean de Grandsaigne, sʳ de la Flotte, et autres dénommés (voir D 19), sur l'appel par lui interjeté d'une ordonnance de M. de Barentin qui le déclarait roturier et en amende, par lequel il est maintenu dans les privilèges, honneurs et exemptions accordés aux nobles du royaume, en date du 26 septembre 1671, signé Ranchin.

Arrêt du Conseil en faveur dudit Jean de Grandsaigne, sʳ de la Flotte, par lequel il est déchargé de l'assignation qui lui a été donnée par-devant M. Bidé de la Grandville, intendant de Limoges, pour la représentation de ses titres de noblesse, et qui ordonne que l'arrêt du 26 septembre 1671 sera exécuté selon sa forme et teneur, en date du 16 juin 1674, signé Foucault.

Pièces non visées : Extrait de baptême de Jean de Grandsaigne, en date du 27 mars 1640.

Lettres du grand armorial accordées audit Jean de Grandsaigne, éc., sʳ de la Flotte, du 20 mars 1699, signé Dassier.

Ordonnance : Maintenu comme noble et écuyer, le 1ᵉʳ février 1715, signé : de Richebourg

22

Poitiers

François et Louis DE SAINT-SAVIN, père et fils, éc., sʳˢ de Salvert et de Malbeuf.

Pièces justificatives : Contrat de mariage de Jean de Saint-Savin, sʳ de Lage-Gandelin, avec dˡˡᵉ Marie Geay, par lequel il paraît qu'il est fils de Gilles de Saint-Savin et qu'ils ont pris le titre d'écuyers, en date du 9 mars 1555, signé Degaret, nʳᵉ à Charroux.

Contrat de mariage de Claude de Saint-Savin avec dˡˡᵉ Claude-Louise Maigret, par lequel il paraît qu'il est fils de Jean de Saint-Savin ci-dessus et de Marie Geay, et qualifié d'écuyer, sʳ de Lage-Gandelin et Malbuffe, en date du 24 février 1588, signé Poignand et Desvaux, nʳᵉˢ à Charroux.

Contrat du partage des biens de Jean de Saint-Savin entre

Marie Geay, sa veuve, Claude et Pierre de Saint-Savin, leurs enfants, par lequel ces derniers sont qualifiés écuyers, en date du 9 août 1598, signé Parpaud, n^{re} à Charroux.

Contrat de mariage de François de Saint-Savin, s^r de Malbuffe, avec d^{lle} Philippe de Couhé, par lequel il paraît qu'il est fils de Claude de Saint-Savin ci-dessus et de Louise Maigret et qu'il a pris le titre d'écuyer, passé à Saint-Germain le 26 janvier 1608, signé A. Pressac.

Contrat de mariage de Jean de Saint-Savin, s^r de Lage-Gandelin, avec d^{lle} Françoise Hillaire, par lequel il paraît qu'il est fils de Claude de Saint-Savin et de Louise Maigret et qu'il a pris le titre d'écuyer, en date du 24 novembre 1620, signé Cuirblanc, n^{re}.

Contrat de partage des biens de Claude de Saint-Savin entre François de Saint-Savin, s^r de Malbuffe et de Commarsacq, et Jean de Saint-Savin, s^r de Lage-Gandelin, ses enfants, par lequel ils sont qualifiés écuyers, du 19 novembre 1620, signé Bellefont, n^{re} à Charroux.

Contrat de mariage de François de Saint-Savin, s^r de Salvert, Commarsacq et Malbuffe, avec d^{lle} Jeanne Michau, par lequel il paraît qu'il est fils de Jean de Saint-Savin ci-dessus et de Françoise Hillaire et qu'il a pris le titre d'écuyer, en date du 12 mars 1651, signé Hierles, n^{re} à Civray.

Contrat du partage noble des biens de Jean de Saint-Savin et de Françoise Hillaire entre François, Gabriel et Renée de Saint-Savin, leurs enfants, par lequel lesdits François et Gabriel ont pris le titre d'écuyers, en date de 1er août 1652, signé Corderoy, n^{ro} à Availles.

Contrat de mariage de François de Saint-Savin avec d^{lle} Renée Maigret, par lequel il paraît qu'il est fils de François de Saint-Savin et de Jeanne Michau et qu'il a pris le titre d'écuyer, s^r de Malbuffe, en date du 30 janvier 1674, signé Chevallon, n^{re} à Availles.

Ordonnance de M. Claude Maslon, cons^{er} au Parlement, commissaire député par le roi pour la reformation et régalement des tailles, en faveur de Claude de Saint-Savin, par laquelle il est renvoyé de l'assignation à lui donnée pour la représentation de ses titres de noblesse, en date du 24 octobre 1584, signée Helouin, greffier.

Ordonnance de MM. Jean Legeay, maître des requêtes, Gaucher de Sainte-Marthe, trésorier de France, et Philippe Deshert, cons^{er} à la Cour des aides, en faveur du même Claude de Saint-Savin, par laquelle il est maintenu en sa noblesse, en date du 20 novembre 1598.

Extrait de baptême de Louis de Saint-Savin, par lequel il paraît qu'il est fils de François de Saint-Savin et de Renée Maigret, du 20 janvier 1679, délivré par le s^r curé de Mauprevoir le 27 janvier 1715, signé Girard, et contrôlé à Poitiers le 31 janvier 1715 par Legrand.

Pièces non visées : Contrat d'arrentement fait par Guiot de Saint-Savin, éc., s^{gr} de la Tour-aux-Counioux, à Pierre Bruslon, éc., du 18 mars 1460, passé par Deminois et Quichereau, n^{res} en la Marche.

Contrat d'un bail à rente fait par Galland de Saint-Savin, éc., s^{gr} de la Tour-aux-Counioux et de Leignes à Jean Darnier le 5 décembre 1488, signé Martinet et Brugier, n^{res} à Lussac.

Contrat de vendition fait par Galland de Saint-Savin, éc., s^r de la Tour-aux-Counioux, à Urbain de Lannet, passé à Montmorillon le 26 juillet 1494 par Guinebaud et Mascaud, n^{res}.

Acte passé à Chauvigny pour Gilles de Saint-Savin, éc., le 5 octobre 1517, signé Forgier et Chesneau, n^{res}.

Contrat d'arrentement fait par d^{lle} Guillemine de la Faye, veuve de Gilles de Saint-Savin, éc., s^{gr} de Lage, paroisse de Leignes, et Jean de Saint-Savin, éc., son fils, à Pierre Seraize le jeune pour les sommes y contenues, passé à Morthemer par Pellaud le 14 août 1550.

Contrat d'échange fait entre Perrine de Saint-Savin, femme de Robert de Lespine, éc., fille de Galland de Saint-Savin, et ledit Jean de Saint-Savin, éc., passé à Charroux le 27 avril 1542, signé Bonet et Rogue.

Ordonnance : Maintenus comme nobles et écuyers, le 1er février 1715, signé : de Richebourg.

François DE LESPINE, éc., sʳ du Garreau.

Pièce justificative : Ordonnance de M. de Maupeou en faveur de François de Lespine, éc., sʳ du Garreau, par laquelle il est maintenu dans sa noblesse, en date du 21 novembre 1700.

Poitiers

Pièces non visées : Contrat de mariage, du 5 novembre 1530, de messire Christophe de Lespine, éc. et chev., fils de défunts messire Christophe de Lespine, éc. et chev., et de dame Urline de Vaudrais, sᵍʳ et dame de Sertre-Chauveron, du Chauson et de la Flattière en la comté de Vautravers en Bourgogne, avec dˡˡᵉ Marie du Vigier, signé Souart et Mallexoine, nʳᵉˢ en la vicomté de Montbard.

Contrat du 28 mars 1542, portant acquisition faite par ledit Christophe de Lespine d'Étienne de Champtillac des lieux y mentionnés, signé Dupond, nʳᵉ à Charroux.

Contrat du 10 décembre 1573, contenant acquisition faite par Jacques de Lespine, éc., sʳ des Rondières, de Martin Dardillacq et autres de la métairie et village du Garreau, signé Le Clercq et Portal, nʳᵉˢ à Charroux.

Contrat du 3 octobre 1582 entre Louis et Jacques de Lespine, écʳˢ, portant partage comme entre nobles de la succession de Christophe de Lespine, leur père, signé Doridan et Parpault, nʳᵉˢ à Charroux.

Contrat de mariage de Jacques de Lespine, fils dudit Christophe, avec dˡˡᵉ Denise de la Lande, du 21 octobre 1584, signé Mesnier et Moureau, nʳᵉˢ de la châtellenie de Saint-Germain.

Contrat de mariage, du 6 octobre 1613, de François de Lespine, fils de Jacques de Lespine, éc., sʳ de la Mothe, avec dˡˡᵉ Berthomée Musset, par lequel ledit Jacques donne audit François, son fils aîné, les deux tierces parties de tous ses biens meubles et immeubles présents et à venir, signé Carron et Parpault, nʳᵉˢ à Charroux.

Contrat de mariage, du 16 juin 1637, de Jean de Lespine, éc., sʳ du Garreau, fils de François ci-dessus, avec dˡˡᵉ Élisabeth de Clervault, signé Gaschet et Marchant, nʳᵉˢ à Civray.

Contrat de mariage, du 6 septembre 1661, de François de Lespine, éc., s^r du Garreau, fils dudit Jean et de ladite Clervault, décédés, avec d^{lle} Suzanne de Volvire, signé Desbordes, n^{re}.

Sentence rendue le 27 octobre 1584 par M. Maslon, cons^{er} du roi en la cour de Parlement de Paris, commissaire député par S. M. pour la réformation et régalement des tailles en Poitou, par laquelle il appert que lesdits Jacques et Louis de Lespine ont représenté leurs titres de noblesse et ont été renvoyés de l'assignation, signé Prélong, greffier.

Sentence du 9 décembre 1598, rendue par MM. de Sainte-Marthe et Deaire, commissaires députés par le roi pour le régalement des tailles en la Généralité de Poitiers, portant la confirmation de la noblesse desdits de Lespine.

Contrat de partage entre Jean de Lespine, éc., s^r du Garreau, et d^{lle} Françoise de Lespine, sa sœur, des biens à eux délaissés par François de Lespine, éc., s^r du Garreau, et d^{lle} Berthomée Musset, leurs père et mère décédés, du 13 septembre 1643, signé Micheau, n^{re} à Charroux,

Sentence du 1er juin 1674 rendue par M. de Marillac, intendant de la Généralité de Poitou, portant renvoi de la demande faite à François de Lespine, éc., s^r du Garreau, par Claude Viallet.

Contrat de mariage, en date du 7 avril 1691, de François de Lespine, éc., s^r du Garreau, fils de feu François de Lespine (et de Suzanne de Volvire), signé Joyaux, n^{re} du marquisat de l'Isle-Jourdain.

Des pièces ci-dessus il résulte que Christophe de Lespine eut pour fils autre Christophe, marié à Marie du Vigier, qui eut pour fils Jacques, marié à Denise de la Lande, qui eut pour fils Louis, marié à Berthomée Musset, qui eut pour fils Jean, marié à Élisabeth de Clervault, qui eut pour fils François, marié à Suzanne de Volvire, qui a eu pour fils autre François, marié à Jeanne de la Porte, qui est le produisant.

Ordonnance : Maintenu comme noble et écuyer, le 1er février 1715, signé : de Richebourg.

Louis-Armand DOUTRELEAU, éc., s^gr de Moussaye,
Emmanuel DOUTRELEAU, éc., s^gr de Beaulieu, son frère.

24

Châtellerault

Pièces justificatives : Contrat du partage des biens de Pierre Doutreleau et de d^lle Marie de la Mothe, sa femme, entre Pierre, Isaac et Jean Doutreleau, leurs enfants, par lequel il paraît que Pierre, comme aîné, a eu les avantages de la Coutume et qu'ils ont pris la qualité d'écuyer, en date du 22 juin 1605, signé Poullet et Mary, n^res de la duché de Longueville.

Contrat de mariage d'Isaac Doutreleau avec d^lle Marguerite Rinquier, par lequel il paraît qu'il est fils de Pierre ci-dessus et de Marie de la Mothe, et qu'il a pris le titre d'écuyer, en date du 24 août 1613, signé Massoneau, n^re à Châtellerault.

Contrat de mariage d'Emmanuel Doutreleau avec d^lle Louise de Marconnay, par lequel il paraît qu'il est fils d'Isaac ci-dessus et de Marguerite de Rinquier et qu'il a pris le titre d'écuyer, en date du 26 novembre 1655, signé Lamoureux, n^re.

Contrat de mariage de Louis-Armand Doutreleau avec d^lle Antoinette de Cognac, par lequel il paraît qu'il est fils d'Emmanuel ci-dessus et de Louise de Marconnay, en date du 7 janvier 1689, signé Deschamp et Mesnard, n^res.

Contrat de mariage de François-Emmanuel Doutreleau avec d^lle Marie-Henriette Aubaneau, par lequel il paraît qu'il est aussi fils dudit Emmanuel ci-dessus et de Louise de Marconnay, et frère dudit Louis-Armand, en date du 9 juin 1693, signé Dupuy, n^re.

Ordonnance : Maintenus comme nobles et écuyers, le 1er février 1715, signé : de Richebourg.

René-Jacques DUTROCHET, éc., s^r de la Tourtrie.

25

Châtellerault

Pièces justificatives : Ordonnance de M. de Barentin, du 31 décembre 1667, par laquelle René Dutrochet est maintenu en sa noblesse.

Ordonnance de M. de Maupeou, du 7 juin 1698, par laquelle

René-Jacques Dutrochet, produisant, fils de René ci-dessus et de Marie de la Bussière, est maintenu en sa noblesse.

Ordonnance : Maintenu comme noble et écuyer, le 3 février 1715, signé : de Richebourg.

26

Thouars

François DE LA HAYE, éc., s^{gr} de Lauderie et Rigné, demeurant audit lieu de Lauderie, paroisse de Rigné.

Pièce justificative : Ordonnance de M. de Maupeou, du 30 décembre 1698, par laquelle ledit François de la Haye, s^r de Lauderie, a été déchargé de l'assignation à lui donnée à la requête de Charles de la Cour de Beauval, en conséquence maintenu dans sa noblesse.

Pièces non visées : Partage, du 3 novembre 1550, entre Jean et François de la Haye des successions de Pierre de la Haye, éc., et de Gillette de la Grezée, leurs père et mère, par lequel ils ont pris le titre d'écuyers, signé Lussier, n^{re}.

Commission donnée le 21 juillet 1569 par le roi Charles audit Jean de la Haye, par laquelle il le qualifie de chevalier de l'ordre de Saint-Michel, signée Charles, et plus bas, Par le roi, Laubépine.

Contrat d'amortissement, du 22 février 1572, entre noble homme Blais Saintré, éc., s^r de l'Isle, faisant pour Bertrande de la Haye, sa mère, et François de la Haye, maître d'hôtel de S. M., par lequel il appert que ledit François de la Haye est fils de Pierre de la Haye et a pris la qualité de chevalier des ordres du roi, signé Buitarreau, n^{re}.

Contrat de mariage, en date du 8 janvier 1587, de René de la Haye, éc., s^r de Bois-Baset, fils aîné de François ci-dessus, avec d^{lle} Cybèle de Grenouillon, passé par-devant Bejonneau et Branchu, n^{res}.

Inventaire, en date du 5 avril 1593, des meubles, titres et effets délaissés par François de la Haye, chevalier de l'ordre du Roi et maître d'hôtel ordinaire de S. M., et Marthe Thomas, sa femme, qui justifie que René de la Haye, leur fils, a pris la qualité d'écuyer, signé Bidonneau.

Ordonnance de M. de Sainte-Marthe, du 26 février 1599, par laquelle René de la Haye, éc., s^r de Bois-Baset, est confirmé en sa noblesse sur la représentation de ses titres, signé de Sainte-Marthe, Dehère, et plus bas, Par ordonnance, d'Aligre.

Contrat de partage, du 18 juin 1613, entre Jean et Pierre de la Haye, frères, des biens de la succession de Cybèle de Grenouillon, leur mère, et de Pierre de Grenouillon, leur oncle, par lequel il paraît qu'ils ont pris la qualité d'écuyers et que ledit Jean a partagé comme noble, signé Charpentier et Pelleus, n^{res}.

Contrat de mariage, en date du 18 août 1614, de Jean de la Haye, éc., s^r de Lauderie, fils de René de la Haye ci-dessus, avec d^{lle} Marie Leblanc, signé Champion et Berthonneau, n^{res}.

Ordonnance de M. Amelot, intendant du Poitou, du 16 juillet 1624, qui confirme Jean de la Haye en sa noblesse.

Contrat de mariage, en date du 30 novembre 1646, d'Antoine de la Haye, chev., s^{gr} de Lauderie et du Reau de Rigné, fils aîné de Jean ci-dessus et de Marie Leblanc, avec d^{lle} Perrine Grolleau, signé Soufrige et Ragot, n^{res} du duché-pairie de Thouars.

Extrait baptistaire de la paroisse de Saint-Hilaire de Rigné, du 20 avril 1559, signé Berthé, curé de Rigné, qui justifie que François de la Haye, produisant, est fils d'Antoine de la Haye, éc., s^r de Lauderie, et de d^{lle} Perrine Grolleau.

Contrat de mariage, en date du 9 février 1686, dudit François de la Haye avec d^{lle} Françoise-Catherine Thibault, par lequel il a pris la qualité de chevalier, s^{gr} de Lauderie, signé Deshayes et Caillaud, n^{res} à Thouars.

Ordonnance : Maintenu comme noble et écuyer, le 3 février 1715, signé : de Richebourg.

Charles DE SAINT-GARREAU, éc., s^r de Traillebault.

Pièces justificatives : Ordonnance de M. de Barentin, du 10 décembre 1667, en faveur de Raymond de Saint-Garreau, s^r du Teil-Savignac, par laquelle il est maintenu dans sa noblesse.

Ordonnance de M. Maupèou, du 14 mars 1698, qui maintient dans les privilèges de la noblesse Suzanne Firly, veuve de Charles de Saint-Garreau, tant en son nom que comme mère et tutrice de leurs enfants mineurs. Dans le vu des pièces il est établi que Charles de Saint-Garreau était fils de Raymond de Saint-Garreau ci-dessus.

Contrat de mariage d'autre Charles de Saint-Garreau, s^r de Traillebault, avec d^{lle} Madeleine Depers, par lequel il paraît qu'il est fils de Charles de Saint-Garreau ci-dessus et de Suzanne Firly, en date du 23 octobre 1706, signé Delhomme, n^{re}.

Ordonnance : Maintenu comme noble et écuyer, le 3 février 1715, signé : de Richebourg.

28

Julien-Prudent DE BRUC, chev., s^r de Vieillecour et de Livernière.

Châtellerault

Pièces justificatives : Arrêt de la Chambre royale en faveur de Sébastien de Bruc, s^r de Vieillecour, par lequel il est déclaré être issu d'ancienne extraction noble, avec la permission de prendre la qualité d'écuyer et de chevalier, donné à Rennes en Bretagne le 24 janvier 1671, signé Plessis.

Extrait de baptême de Julien-Prudent de Bruc, par lequel il paraît qu'il est fils de Sébastien de Bruc et de dame Martine Blais, en date du 1er février 1666, délivré le 15 septembre 1691 par le s^r vicaire de la paroisse de Saint-Paul de la ville d'Issoire, signé Cristal, vicaire.

Ordonnance : Maintenu avec le titre de chevalier, le 7 février 1715, signé : de Richebourg.

29

Renée Cytois, veuve de René DE CHOISY, éc., tutrice de son fils René DE CHOISY, et de ses filles Marie-Renée et Françoise DE CHOISY.

Poitiers

Pièces justificatives : Acte d'un retrait lignager de certains domaines vendus par Charles de Choisy, s^r de la Valette, par lequel il paraît qu'il prenait le titre d'écuyer et qu'il était fils de François de Choisy, s^r de la Valette, passé sons la cour de Verneuil en Normandie le 12 avril 1589, signé Héroux.

Lettres patentes du roi par lesquelles il est accordé à François de Choisy exemption du ban et arrière-ban, en date du 28 février 1595, signé Henry, Par le roi, de Neufville.

Transaction en forme de partage entre ledit François de Choisy et ses frères et sœurs, par laquelle il est établi fils aîné de Charles de Choisy, et a les avantages de la Coutume, en date du 31 mai 1596, signé Bega.

Extrait de baptême de François de Choisy, par lequel il paraît qu'il est fils de Charles de Choisy ci-dessus et de d^{lle} Jeanne Hélye, et qu'il est qualifié d'écuyer, en date du 12 octobre 1614, signé Chaboceau, curé d'Andillé, dûment contrôlé le 6 février 1715 par Coupard.

Contrat de mariage de François de Choisy avec d^{lle} Anne Mesgret, par lequel il paraît qu'il est fils de Charles de Choisy et de Jeanne Hélye, et qu'il a pris le titre d'écuyer, en date du 20 août 1634, signé Dupuy et Peronneau, n^{res} à Gençay.

Extrait de baptême de Louis de Choisy, par lequel il paraît qu'il est fils de François de Choisy et d'Anne Mesgret, du 15 septembre 1635, délivré le 16 février 1665 par Frapier, curé d'Andillé, et dûment contrôlé le 6 février 1715 par Coupard.

Acte de curatelle, fait par le juge de Montierneuf de Poitiers, des enfants mineurs de feu François de Choisy et de d^{lle} Anne Mesgret, sa femme, du 4 janvier 1637, signé Navière, greffier.

Contrat de mariage de Louis de Choisy, s^r de la Garde, avec d^{lle} Gabrielle de Verrier, par lequel il paraît qu'il est fils de François de Choisy ci-dessus et d'Anne Mesgret, et qu'il a pris le titre d'écuyer, passé sous le scel de la vicomté de Rochemeaux, en date du 4 mars 1658, signé Bellaud, n^{re}.

Extrait de baptême de René de Choisy, par lequel il paraît qu'il est fils de Louis de Choisy ci-dessus et de Gabrielle de Verrier, du 4 janvier 1662, signé Jean Filleau, curé d'Andillé, contrôlé le 6 février 1715 par Coupard.

Contrat de mariage de René de Choisy, s^r de la Garde, fils de Louis de Choisy et de Gabrielle de Verrier, avec d^{lle} Renée Cytois, par lequel il a été qualifié d'écuyer, en date du 16 août 1694, signé Decressac et Bourbeau, n^{res} à Poitiers.

Dires de la produisante et pièces non visées : Simon de Choisy, éc., sr de Breteuil, vivait en l'année 1400. Il eut plusieurs enfants, entre autres François, lequel eut pour fils Jacques, duquel est issu François, second du nom, lequel fut marié avec Marie de Barnille et en eut pour fils Charles, qui fut marié avec Marie Hélye et en eut pour fils autre Charles, lequel eut pour fils François, troisième du nom, lequel fut marié avec Jeanne Mesgret, duquel mariage est issu Louis de Choisy, marié avec Gabrielle du Verrier, et de ce mariage est né René de Choisy, marié avec ladite dame Cytois, produisante, laquelle, pour prouver la généalogie ci-dessus, produit :

Monitoire ou quérimonie du 31 mai 1558, par lequel la filiation est mentionnée avec la qualité d'écuyers, signé Sebrouil et Bort.

Contrat d'acquêt fait par François de Choisy, éc, sr de la Valette, du 13 août 1500, signé Dubois et Boistout, où ledit François de Choisy prend la qualité d'écuyer.

Contrat de mariage dudit François de Choisy, premier du nom, avec Françoise Poupart, où il prend la qualité d'écuyer, du 17 décembre 1513, passé à Châtellerault par Bernardeau et Bonnoist.

Contrat de mariage de Marie de Choisy, fille de Simon de Choisy, où il prend aussi la qualité d'écuyer, du 27 juillet 1480, signé Dubreuil, nre sous la cour royale de Tours.

Sentence rendue en la cour conservatoire de Poitiers, du 28 mars 1545, par laquelle Barbe de Gary, veuve de Jacques de Choisy, a fait ordonner le partage de ses biens entre Hélène, François, Nicolas, Françoise et Charlotte de Choisy, leurs enfants, et par laquelle la qualité d'écuyers leur est donnée, signé Vincent, commis-greffier.

Observations du procureur du roi : Des pièces ci-dessus énoncées la filiation n'est tirée que depuis l'année 1614 que fut baptisé François de Choisy, par l'extrait de baptême duquel il paraît qu'il est fils de Charles et de Jeanne Hélye, que dudit François de Choisy et d'Anne Mesgret est issu Louis de Choisy, dudit Louis et de Gabrielle de Verrier est sorti René de Choisy, dont la produisante est veuve.

Ordonnance : Maintenus comme noble et écuyer, demoiselles, et veuve de noble, le 7 février 1715, signé : de Richebourg.

François-Charles DE CAILLO, *alias* CAILLAUT, éc., s^r de Maillé, demeurant paroisse de la Chapelle-Bâton.

30

St-Maixent

Pièces justificatives : Extrait tiré du livre de nomination des maires et échevins de la ville de Bourges, par lequel il paraît que, les 29 juin 1560 et 1561, Clément de Caillo a été élu échevin et continué pour l'année 1561, ledit extrait délivré le 22 juin 1711, signé Clerjault, greffier et contrôleur en chef de l'hôtel de ville de Bourges.

Contrat de mariage de Charles de Caillo, s^r de la Fontaine, avec d^{lle} Mathurine Agory, fille d'Antoine Agory, éc., s^r de Beaulieu, et de Catherine Damourre, par lequel il paraît qu'il est fils de Clément de Caillo ci-dessus et de d^{lle} Nicole Besnard, et qu'il a pris le titre d'écuyer, en date du 15 janvier 1578, signé Bodin et Lamoureux, n^{res} de la châtellenie de Vauchrétien en Anjou.

Contrat de mariage de Jean de Caillo, fils de Charles de Caillo ci-dessus et de Mathurine Agory, avec d^{lle} Suzanne de Conans, fille de Nicolas de Conans, éc., s^r du Roc, et de Marie de Bernon, dans lequel il a pris le titre d'écuyer., s^r de la Fontaine, du 7 juin 1633, signé Texier, n^{re} de l'île de Rhé.

Contrat du partage des biens de Charles de Caillo entre Jean, Antoine et d^{lle} Nicole de Caillo, par lequel Jean, comme aîné, a eu les avantages de la Coutume et a pris le titre d'écuyer, du 9 juillet 1655, signé Ogereau, n^{re} de la châtellenie de Vauchrétien.

Contrat du partage des biens de Jean de Caillo et de d^{lle} Suzanne de Conans entre Jean, Charles et François de Caillo, leurs enfants, par lequel ledit Jean a pris le titre d'écuyer et a eu, comme aîné, les avantages de la Coutume, en date du 13 février 1666, signé Sanxon, n^{re}.

Contrat de mariage de Charles de Caillo avec d^{lle} Marie Gaultreau, fille de Gilbert Gaultreau, éc., s^r de la Touche-Saint-

Mars, et de Gabrielle Boutou de la Baugisière, par lequel il paraît qu'il est fils de Jean de Caillo et de d^lle Suzanne de Conans, et qu'il est qualifié chevalier, s^r de Maillé, en date du 10 février 1678, signé Gaudin, n^re.

Contrat du partage des biens de Charles de Caillo ci-dessus et de Marie Gaultreau entre François-Charles Caillo et d^lle Marie-Anne de Caillo, leurs enfants, par lequel il paraît que François-Charles a eu, comme aîné, les avantages de la Coutume, et qu'il a pris le titre de chevalier, s^r de Maillé, en date du 8 mars 1712, signé Lambert et Garnier, n^res à Saint-Maixent.

Contrat de mariage de François-Charles de Caillo avec d^lle Renée-Angélique des Francs, fille de François des Francs, éc., s^r dudit lieu, et de Marie-Madeleine Chargé, par lequel il paraît qu'il est fils de Charles de Caillo et de Marie Gaultreau, en date du 24 novembre 1714, signé Chaignon et Dupuy, n^res de la baronnie d'Ardin et Faye.

Pièces non visées : Commission accordée par le roi Louis XIII à Jean de Caillo, éc., s^r de la Fontaine, pour recrue de gens de pied, du 8 juillet 1631, signé Louis, et Par le roi, Phelypeaux.

Ordre adressé au même Jean de Caillo, comme commandant au régiment d'infanterie de la Meilleraye, pour obéir au marquis de Montpezat, lieutenant général des armées de S. M., daté du 5 avril 1656, signé Le Tellier.

Mémoire des faits les plus mémorables dudit s^r de la Fontaine de Caillo au service de S. M., pendant 49 ans de service assidu en qualité de lieutenant, capitaine et lieutenant-colonel, toujours avec fidélité et honneur, signé Jean de Caillo.

Passeport de Mgr le prince de Condé audit s^r de la Fontaine de Caillo, lors prisonnier de guerre chez les ennemis de S. M. en qualité de capitaine, pour revenir en France moyennant son échange pour le comte de la Mothe, lieutenant-colonel du régiment de Persan, daté du 15 février 1658, signé Louis de Bourbon, et Par Mgr, Servientes.

Dix pièces qui justifient qu'Antoine de Caillo, éc., s^r de Beaulieu, dénommé dans le partage ci-dessus de l'année 1655, a été employé au service du roi en qualité de capitaine, qu'il a exécuté pendant longtemps ponctuellement tout ce qui lui a été commandé, et qu'il a reçu dans les occasions des blessures considérables. La première est un certificat, en date du 14 novembre 1638, du s^{gr} archevêque de Bordeaux, lieutenant général des armées navales de S. M. sur l'Océan. La seconde est un certificat de M. le comte de Coligny de Châtillon, maréchal de France, du 24 novembre 1640. La troisième est une commission donnée par le roi au capitaine de Beaulieu pour une compagnie d'infanterie au régiment de M. le grand maître par démission, comme il est rapporté par ladite commission datée d'Amiens le 28 août 1641, signé Louis, et Par le roi, Sublet. La quatrième est un certificat donné par M. de Lorraine audit s^r de Beaulieu, capitaine d'infanterie de M. le maréchal de la Meilleraye, du 11 septembre 1642, signé Henri de Lorraine, et Par Mgr, Martin de Moirous. La cinquième est un certificat de Mgr le duc d'Enghien, du 14 août 1643, signé Louis de Bourbon, et Par Mgr, Giraud... La huitième est un certificat de Mgr le duc de la Meilleraye, du 19 juillet 1644... La dixième est une lettre écrite audit sieur de Beaulieu par Mgr de la Meilleraye, de Nantes, le 11 janvier 1660, par laquelle il lui marque sa joie de ce qu'il avait arrêté le chevalier de Binanville et les ordres qu'il lui a donnés.

Cinq autres pièces qui justifient que Charles de Caillo, père du produisant, a porté les armes pour S. M. dès sa plus tendre jeunesse, et qu'il a toujours été reconnu pour véritable gentilhomme, tant dans cette province qu'ailleurs, qu'il a été convoqué au ban avec les autres nobles, et qu'il a servi en Portugal en qualité de cornette sous M. le maréchal de Schomberg.

Deux certificats, l'un donné par défunt M. le marquis de Vérac, lieutenant-général en Poitou, et l'autre de M. de la Coste-Messelière, visé par Mgr le maréchal de Chamilly, des années 1702 et 1706.

Quinze autres pièces qui justifient que François de Caillo, éc., s^r de Beauvais, dénommé dans le partage ci-dessus du 13 février 1666, a servi S. M. en qualité de capitaine au régiment de Normandie, de lieutenant en la compagnie colonelle du régiment de dragons de Firmacon, avec ordre d'y tenir rang de capitaine, et de chevau-léger en la garde du roi, avec des certificats authentiques comme il a toujours servi avec fidélité et distinction.

Ordonnance : Maintenu comme noble et écuyer, le 8 février 1715, signé : de Richebourg.

31

Jean-Joseph-Louis-Bernard D'ARMAGNAC, chev., s^{gr} de Salvert, lieutenant de MM. les maréchaux de France.

Poitiers

Pièces justificatives : Contrat de mariage de Charles d'Armagnac, s^r d'Isoré, avec d^{lle} Marguerite Le Tillier, fille de Jean Le Tillier, juge conservateur des privilèges de l'Université, pair et échevin de la Maison de Ville de Poitiers, et de dame Marguerite Cottereau, dame de Salvert, par lequel il paraît qu'il est fils de Jean d'Armagnac, s^r de la Mothe, qualifié de conseiller du roi en ses conseils d'Etat et privé, gouverneur de la ville et château de Loudun, maître d'hôtel ordinaire et premier valet de chambre de Sa Majesté, en date du 27 ocbre 1668, signé Marchand et Coupé, n^{res} à Poitiers.

Arrêt du Conseil d'Etat en faveur de Charles d'Armagnac, s^r d'Isoré, Jean d'Armagnac, s^r de la Mothe, et dame Louise Daviau, leur mère, intervenu sur l'appel interjeté par lesdits sieurs d'Armagnac d'une ordonnance rendue par M. de Barentin, qui les avait déclarés usurpateurs du titre de noblesse et comme tels condamnés, tant pour amende que par forme de restitution, à la somme de douze mille livres, et ordonné qu'ils seraient taxés et imposés au rôle des tailles, par lequel le roi met ladite appellation et ce dont a été appelé à néant, et émendant, corrigeant, maintient et garde lesdits Charles et Jean d'Armagnac, et ladite Daviau, leur mère, en tous les honneurs et privilèges des nobles du royaume, et ordonne que les sommes par eux payées pour être reçus audit appel leur seront rendues et restituées, en date du 15 mai 1667, signé Berryer.

Extrait de baptême de Jean-Joseph-Louis-Bernard d'Armagnac, par lequel il paraît qu'il est fils de Charles d'Armagnac, dénommé dans l'arrêt ci-dessus, et de Marguerite

Le Tillier, en date du 20 août 1671, signé Buignon, curé de Notre-Dame-la-Petite de Poitiers, dûment légalisé et contrôlé.

Ordonnance : Maintenu comme noble et écuyer, le 8 février 1715, signé : de Richebourg.

Catherine Cacault, veuve de Pierre DE NUCHÈZE, *aliàs* NEUCHÈZE, éc., s^{gr} de Badevillain, au nom et comme tutrice de Marc-Antoine DE NUCHÈZE et d^{lle} Marie-Catherine DE NUCHÈZE, ses enfants.

32

Poitiers

Pièces justificatives : Transaction portant partage entre Pierre de Nuchèze, éc., s^r de la Brulonnière et de la Brousse, et Melchior de Nuchèze, éc., s^r de Badevillain, tous les deux enfants de Jean de Nuchèze, en son vivant chevalier de l'ordre du Roi, et de dame Jeanne de Parthenay, par laquelle ledit Pierre, comme aîné et principal héritier de son père et de sa mère, délaisse à son frère Melchior la maison noble et seigneurie de Badevillain et ses appartenances, en date du 22 décembre 1598, signé Béchenel et Bordeau, n^{res}.

Copie vidimée du contrat de mariage de Melchior de Nuchèze avec d^{lle} Catherine Marchand, fille de Félix Marchand, éc., et de d^{lle} Jeanne de Juif, par lequel il paraît qu'il est fils de Jean de Nuchèze, chevalier de l'ordre du Roi et gentilhomme ordinaire de sa chambre, et qu'il est qualifié d'écuyer, en date du 17 octobre 1605, et ledit vidimus du 14 janvier 1715, signé Moyne et Minot, au bas duquel est la légalisation du s^r lieutenant général de Melle, signé Houlier.

Contrat de mariage de Jacques de Nuchèze, éc., s^r de Badevillain, avec d^{lle} Jeanne Compaing, fille de François Compaing, éc., s^{gr} de Vareille, par lequel il paraît qu'il est fils aîné de Melchior de Nuchèze ci-dessus et de Catherine Marchand, et qu'il est qualifié écuyer, du 30 janvier 1636, passé sous le scel de la châtellenie d'Availles, signé Chauveau, n^{re}.

Déclaration faite par ledit Jacques de Nuchèze devant le juge du siège royal de Civray, pour raison du fief de Badevillain, en date du 12 juillet 1639, signé Fradin, greffier.

Transaction entre ledit Jacques de Nuchèze et d^lle Françoise de Nuchèze, sa sœur, femme de Jean Leblanc, éc., s^r de Cerzecq, du 13 avril 1661, signée Chantefin et Martin, n^res à Poitiers.

Contrat de mariage en secondes noces dudit Jacques de Nuchèze avec d^lle Charlotte-Catherine du Breuil-Hélyon, en date du 8 février 1667, signé Pasqueron, n^re à Usson.

Contrat de mariage de Pierre de Nuchèze avec d^lle Catherine Cacault, par lequel il paraît qu'il est fils de Jacques ci-dessus et de Charlotte du Breuil-Hélyon, et qu'il a pris le titre de chevalier, s^r de Badevillain, du 10 juillet 1695, signé Beguier, n^re à Poitiers.

Extrait de baptême de Marc-Antoine de Nuchèze, par lequel il paraît qu'il est fils de Pierre de Nuchèze ci-dessus et de Catherine Cacault, baptisé le 27 septembre 1709, ledit extrait délivré le 28 janvier 1715 par le s^r Boissenot, prêtre-curé d'Usson, légalisé et contrôlé.

Ordonnance : Maintenus comme nobles et écuyers, veuve de noble, et demoiselle, le 8 février 1715, signé : de Richebourg.

---

33 Henri-Philippe DUPUY, éc., s^r des Bordes, demeurant en la paroisse de Leigné-les-Bois.

Châtellerault Pièces justificatives : Arrêt de MM. les commissaires généraux du Conseil députés par le roi pour l'exécution de la déclaration du 4 septembre 1696, intervenu sur l'appel interjeté par Claude Dupuy, s^r du Bourot, des ordonnances de M. de Maupeou, des 24 avril et 25 mai 1701, qui ordonnaient le rejet d'un contrat de mariage du 21 mars 1635, comme aussi de celle du 23 juin 1701, qui condamnait en amende ledit Claude Dupuy, comme usurpateur du titre de noblesse, par lequel, sans avoir égard aux ordonnances de M. de Maupeou, ledit Claude Dupuy est maintenu dans les honneurs et privilèges de noblesse et est ordonné que la somme de deux mille deux cents livres, par lui consignée ès mains de Marguerite de la Grange suivant ses récépissés, lui serait rendue et restituée, en date du 18 août 1701, signée Hersant.

Ordonnance de M. de Bouville, intendant d'Orléans, en faveur d'Henri-Philippe Dupuy, s^r des Bordes, produisant, par laquelle, sur le vu de l'arrêt ci-dessus et de son extrait de baptême qui montre qu'il est fils dudit Claude Dupuy, il est maintenu dans les privilèges de noblesse, en date du 5 septembre 1702, signée Jabert, Par Monseigneur, Bechade.

Ordonnance : Maintenu comme noble et écuyer, le 8 février 1715, signé : de Richebourg.

Louis DU BREUIL-HÉLION, éc., s^r de Lavau.   *34*

Pièces justificatives : Expédition de l'ordonnance rendue par M. de Barentin en faveur de Pierre du Breuil-Hélion, éc., s^r de Lavau, *Poitiers* demeurant à la Bussière, paroisse de Pleuville, portant maintenue dans les privilèges attribués aux nobles du royaume avec le titre d'écuyer, en date du 7 décembre 1667, en fin de laquelle est écrit : Délivré sur la minute originale par moi généalogiste des ordres du roi soussigné, chargé d'icelle en exécution des arrêts de nos seigneurs du Conseil des années 1683 et 1669, à Paris, le 4 septembre 1700, signé Clairambault.

Contrat de mariage de Louis du Breuil-Hélion, éc., s^r de la Bussière et de Lavau, avec d^{lle} Suzanne Beugnon, par lequel il paraît qu'il est fils de Pierre du Breuil-Hélion, en faveur duquel a été rendue l'ordonnance ci-dessus, en date du 31 janvier 1679, signé Hersant, n^{re}.

Pièces non visées : Transaction en forme de partage noble entre Emmanuel du Breuil-Hélion, éc., s^r de Combe, et Pierre du Breuil-Hélion, son frère puîné, dénommé dans l'ordonnance ci-dessus, en date du 2 avril 1643, signé Gay, n^{re}.

Contrat de mariage dudit Pierre du Breuil-Hélion, éc., s^r de Lavau, avec d^{lle} Barbe Vigier de Moussy, en date du 30 août 1653, signé Pasqueron, n^{re} à Usson.

Dire du produisant : Il ne peut représenter tous les titres de noblesse de ses ancêtres, parce qu'ils étaient entre les mains d'Emmanuel du Breuil-Hélion, comme aîné de la famille, et qu'ils seront produits par le fils de celui-ci. Ces titres justifient qu'Emmanuel et Pierre du Breuil-Hélion étaient fils de François du Breuil-Hélion, éc., s^r de Combe, et de dame Anne de Beaussé.

Ordonnance : Maintenu comme noble et écuyer, le 9 février 1715, signé : de Richebourg.

35

Confolens

Charles DESMIER, chev., s^{gr} du Roc.

Pièces justificatives : Copie collationnée d'une ordonnance rendue par M. de Maupeou en faveur de Louis Desmier, s^r du Roc, tant pour lui que pour François Desmier, son fils, François-Alexandre Desmier, s^r de la Rousselière, et Gaspard Desmier, s^r de Montenac, fils d'autre Louis Desmier, par laquelle ils sont déchargés des assignations à eux données à la requête de Guérin, en conséquence maintenus dans les privilèges de noblesse, en date du 12 avril 1698.

Contrat de mariage de Charles Desmier avec d^{lle} Françoise Gaultier, par lequel il paraît qu'il est fils de Louis Desmier, compris dans l'ordonnance ci-dessus, et de Gabrielle Berland, en date du 20 mars 1692, signé Chauvin, n^{re}.

Ordonnance : Maintenu comme noble et écuyer, le 10 février 1715, signé : de Richebourg.

36

Poitiers

Marie DU CHASTEAU, demoiselle du Ry.

Pièces justificatives : Contrat de mariage de Pierre Du Chasteau avec d^{lle} Jeanne Richard, par lequel il paraît qu'il est fils d'Antoine Du Chasteau, s^r de Châteaugaillard, et de d^{lle} Elisabeth Prévost, et qu'il est qualifié d'écuyer, en date du 2 mai 1529, signé Chiret et Nadault, n^{res}.

Contrat de mariage de Jean Du Chasteau avec d^{lle} Marguerite d'Alhoue, par lequel il paraît qu'il est fils de Pierre ci-dessus et de Jeanne Richard, et qu'il est qualifié d'écuyer, en date du 17 février 1551, signé Touchard et Rondelin, n^{res}.

Ordonnance de MM. les commissaires députés pour le régalement des tailles, par laquelle ils renvoient Jean Du Chasteau de l'assignation qui lui a été donnée pour présenter ses titres de noblesse, et par suite le maintiennent dans les privilèges et exemptions des nobles, en date du 25 novembre 1584, signé Bellerme, greffier.

Contrat de mariage d'Isaac Du Chasteau avec Antoinette de Fleury, par lequel il paraît qu'il est fils de Jean ci-dessus et de d^{lle} Marguerite Alhoue, et qu'il a pris le titre d'écuyer, en date du 4 août 1616, signé Vigier, n^{re} à Couhé.

Contrat de mariage de Jacques Du Chasteau avec d^{lle} Renée Barbe, par lequel il paraît qu'il est fils d'Isaac Du Chasteau ci-dessus et d'Antoinette de Fleury, et qu'il a pris le titre d'écuyer, en date du 4 septembre 1645, signé Moreau, n^{re} à Poitiers.

Copie collationnée d'une ordonnance rendue par M. de Barentin en faveur dudit Jacques Du Chasteau, s^r du Ry, par laquelle il est maintenu dans les honneurs et privilèges accordés aux nobles du royaume, en date du 9 juillet 1667, la collation datée du 20 janvier 1694, signé Clairambault, chargé de la minute et des papiers concernant la recherche de la noblesse en vertu de l'arrêt du Conseil de 1683.

Extrait de baptême de Marie Du Chasteau, dame du Ry, en date du 26 novembre 1655, par lequel il paraît qu'elle est fille de Jacques Du Chasteau ci-dessus et de Renée Barbe, délivré le 8 décembre 1714, signé Brisson, curé de Pouzion, et pour avoir été délivré, Lamirault de Vaugibaud, curé de la Chapelle-Viviers, et contrôlé.

Pièces non visées : Contrat de mariage de Jeanne Du Chasteau, sous l'autorité de d^{lle} Marguerite Fonlebon, sa mère, et de François et Antoine Du Chasteau, éc^{rs}, ses frères, avec noble Jean Chafault, éc., s^r des Vaux, passé sous le scel de l'Isle-Jourdain le 4 avril 1481, signé Ringuet, n^{re}.

Transaction passée entre Antoine Du Chasteau, éc., s^r de Châteaugaillard, d^{lle} Elisabeth Prévost, sa femme, et Pierre Du Chasteau, éc., leur neveu, passé sous le scel de l'Isle-Jourdoit le 16 mars 1516, signé Chaigneau.

Dires de la produisante : Elle énonce qu'elle est fille de messire Jacques Du Chasteau, éc., s^r dudit lieu du Chasteau et du Ry, et de d^lle Louise Barbe, lequel Jacques était fils de messire Isaac Du Chasteau, éc., s^r de Mocouran, et de d^lle Antoinette de Fleury, lequel Isaac était fils de messire Jean Du Chasteau, éc., s^r de Châteaugaillard, et de d^lle Marguerite d'Alhoue, lequel Jean était fils de Pierre Du Chasteau, éc., s^r de Châteaugaillard, et de d^lle Jeanne Richard, lequel Pierre était fils d'Antoine Du Chasteau, éc., s^r de Châteaugaillard, et de d^lle Elisabeth Prévost, lequel Antoine était fils de messire Guillaume Du Chasteau et de d^lle Marguerite Fonlebon, et qu'il y a plus de quatre cents ans qu'ils ont l'honneur de porter la qualité de nobles et d'écuyers.

Ordonnance : Maintenue comme demoiselle et noble, le 9 février 1715, signé : de Richebourg.

37

Poitiers

Jean-Jacques DE PEREZ, éc., s^gr de Beaulieu.

Pièces justificatives : Contrat de mariage de Jean-Louis de Pérez, éc., s^r de Beaulieu, avec d^lle Madeleine Mondot, par lequel il paraît qu'il est fils de Jean de Pérez et de d^lle Jeanne de Chouy, du 5 décembre 1654, signé Gabirot, n^re.

Contrat du partage des biens de Jean de Pérez entre ladite Jeanne de Chouy, sa veuve, et Jean, Jean-Jacques, Jean-Louis et Jacques de Pérez, ses enfants, en date du 6 décembre 1661, signé Boistaud, n^re.

Contrat de mariage de Jean-Jacques de Pérez avec d^lle Louise Garnier, par lequel il paraît qu'il est fils de Jean-Louis de Pérez et de d^lle Madeleine Mondot, en date du 16 décembre 1679, signé Fougerat, n^re.

Ordonnance de M. Begon, intendant de la Généralité de la Rochelle, en faveur de Jean-Jacques de Pérez, oncle du produisant, par laquelle il est maintenu dans sa noblesse, en date du 11 février 1699. Dans le vu des pièces est énoncée une ordonnance de M. de Barentin, du 8 juillet 1667, qui maintient Jean-Louis de Pérez dans les privilèges de la noblesse avec le titre d'écuyer.

Dire du produisant : Il a actuellement deux frères brigadiers dans les armées du roi.

Ordonnance : **Maintenu comme noble et écuyer, le 12 février 1715, signé : de Richebourg.**

Marcus DE GORET, éc., s^r du Coux,
Suzanne Garnier, veuve de François DE GORET, éc., s^r du Coux,
    tous les deux de la paroisse de Champagne-Mouton.

38

Niort

Pièces justificatives : Ordonnance de M. de Barentin en faveur de René de Goret, s^r de la Saulaie, cons^{er} au présidial de Poitiers, Jean de Goret, d'Elbène, François de Goret, Charles et autre Jean de Goret, par laquelle ils sont maintenus avec le titre d'écuyers dans les privilèges de la noblesse, en date du 10 décembre 1667.

Ordonnance de M. de Maupeou en faveur de Philippe-François de Goret, s^r de Champmaignan, par laquelle il est maintenu en sa noblesse, en date du 9 juillet 1698.

Contrat du partage des biens de François de Goret ci-dessus entre Marcus de Goret sous l'autorité de Suzanne Garnier, sa mère, Philippe-François de Goret et autres frères et sœurs, par lequel il paraît que Philippe-François, comme aîné, a eu les avantages de la Coutume, en date du 1er avril 1701, signé Dubois, n^{re}.

Autre acte en explication du partage ci-dessus entre ladite Suzanne Garnier, Philippe-François de Goret, Marcus et autres frères et sœurs, par lequel il paraît qu'ils sont tous enfants de François de Goret et de ladite Suzanne Garnier, en date du 30 janvier 1712, signé Béchemil, n^{re}.

Ordonnance : **Maintenus comme noble et écuyer, et veuve de noble, le 9 février 1715, signé : de Richebourg.**

François DUCHILLEAU, chev., s^{gr} dudit lieu,
Gabriel-Joseph et Jean-Marie-Charles DUCHILLEAU, ses enfants,
Charles DUCHILLEAU, chev., s^{gr} de la Charrière et de la Roche-du-Montet, son frère,

39

Poitiers
Niort
Châtellerault

Marie de Tusseau, veuve de François DUCHILLEAU, chev., s^{gr} du Vignault, et ses deux enfants François-Louis, éc., s^{gr} du Vignault, de la Tour-Savary et des Grands-Ormeaux, et Gabriel DUCHILLEAU.

Pièces justificatives : Ordonnance de M. de Barentin en faveur de François Duchilleau, éc., s^r dudit lieu, Charles Duchilleau, éc., s^r Durtal, François Duchilleau, éc., s^r du Vignault, autre François Duchilleau, s^r du Grand-Velour, Urbain, Jacques, René-Baptiste, et d^{lle} Antoinette Duchilleau, par laquelle ils sont maintenus dans les privilèges de la noblesse, en date du 10 décembre 1667.

Contrat de mariage de François Duchilleau, s^{gr} dudit lieu et de la Charrière, avec d^{lle} Céleste Regnault, par lequel il paraît qu'il est fils de François Duchilleau, dénommé dans l'ordonnance ci-dessus, et de dame Marie-Bénigne Thibault de la Carte, en date du 21 juillet 1688, signé Hoyault, n^{re}.

Partage des biens de François Duchilleau, dénommé dans l'ordonnance de M. de Barentin, entre ses enfants François Duchilleau aîné, procédant sous l'autorité du s^r Penigot de Grandchamps, Élu à Poitiers, son curateur aux causes, Gabriel Duchilleau, chevalier de l'ordre de Malte, d^{lle} Anne-Marie Duchilleau, procédant sous l'autorité de François Duchilleau, s^r du Vignault, son oncle et son curateur aux causes, d^{lle} Antoinette-Bénigne Duchilleau, sous la même autorité dudit s^r du Vignault, et Charles Duchilleau, s^r de la Grimaudière, par lequel François a eu comme aîné les préciputs et avantages de la Coutume, en date du 19 mai 1690, signé Rullier et Royer, n^{res}.

Contrat de mariage de Charles Duchilleau avec dame Jeanne-Françoise Chevalleau, veuve de Jean de Gouffée, par lequel il paraît qu'il est fils du même François Duchilleau, dénommé dans l'ordonnance de M. de Barentin, et de dame Marie-Bénigne Thibault de la Carte, en date du 18 mai 1698, signé Melin, n^{re}.

Contrat de mariage d'autre François Duchilleau, s^r du Vignault, dénommé aussi dans l'ordonnance de M. de Barentin, oncle desdits François et Charles Duchilleau ci-dessus, avec d^lle Marie de Tusseau, par lequel il paraît qu'il est fils de Jacques Duchilleau et de dame Catherine Aymar, et qu'il est qualifié chevalier, en date du 1er février 1683, signé Lacombe, n^ro.

Extrait de baptême de François-Louis Duchilleau, par lequel il paraît qu'il est fils de François ci-dessus et de Marie de Tusseau, du 28 novembre 1683, délivré par le s^r curé de Craon le 3 février 1715, signé Mestayer, et contrôlé par Legrand.

Extrait de baptême de Gabriel Duchilleau, par lequel il paraît qu'il est fils de François, s^r du Vignault, et de dame Marie de Tusseau, en date du 23 février 1689, délivré par le s^r curé de Coulombiers le 13 mai 1714, signé Ouvrard, curé, contrôlé le 7 février 1715 par Legrand.

Extrait de baptême de Jean-Marie-Charles Duchilleau, par lequel il paraît qu'il est fils de François Duchilleau, s^r dudit lieu, et de dame Céleste Régnault, en date du 6 novembre 1696, délivré par le s^r curé de Vasles le 14 janvier 1715, signé Devaux, curé, contrôlé le 7 février 1715 par Legrand.

Extrait de baptême de Gabriel-Joseph Duchilleau, par lequel il paraît qu'il est fils de François Duchilleau, éc., s^r dudit lieu, et de dame Céleste Régnault, en date du 11 septembre 1697, délivré par le s^r curé de Vasles le 14 janvier 1715, signé Devaux, curé, contrôlé le 7 février 1715 par Legrand.

Ordonnance : Maintenus comme nobles et écuyers, veuve de noble, le 12 février 1715, signé : de Richebourg.

Pierre DE CONTY, éc., s^r de la Simalière,
Pierre-Georges DE CONTY, s^r de la Poitevinière, son oncle.

40

Niort
Poitiers

Pièces justificatives : Lettres patentes du roi en faveur de Pierre de Conty, s^r de l'Aubouinière et de la Simalière, portant anoblissement de sa personne, enfants et postérité, nés et à naître en légitime mariage, en considération des services par lui rendus dans les troupes de S. M., données au mois de décembre 1652, signées Louis, et sur le repli, Par le roi, Letellier, enregistrées en Parlement, Chambre des comptes, Cour des aides, et scellées du grand sceau de cire verte et lacs de soie.

Contrat de mariage de Georges de Conty avec d^lle Gabrielle de Vieillecheze, par lequel il paraît qu'il est fils de Pierre de Conty ci-dessus et de Marguerite Tassereau, en date du 7 mai 1655, signé Rousseau, n^re.

Contrat de mariage de Pierre de Conty, s^r de la Simalière, avec d^lle Marie-Françoise Taveau, par lequel il paraît qu'il est fils de Georges ci-dessus et de d^lle Gabrielle de Vieillechèze, en date du 21 mars 1684, signé Treuille, n^re.

Contrat de mariage d'autre Pierre de Conty, s^r de la Simalière, avec d^lle Marie-Anne-Madeleine Duchastenet, par lequel il paraît qu'il est fils de Pierre ci-dessus et de d^lle Marie-Françoise Taveau, en date du 21 décembre 1714, signé Grugnet et Laffiton, n^res.

Extrait de baptême de Georges-Pierre de Conty, par lequel il paraît qu'il est fils de Georges de Conty et de d^lle Gabrielle de Vieillechèze, en date du 7 avril 1665, délivré par le sous-prieur de la paroisse de Saint-Hilaire de la Celle de Poitiers le 11 février 1715, signé Rigault, sous-prieur, et contrôlé le même jour par Coupard,

Ordonnance : Maintenus comme nobles et écuyers, le 12 février 1715, signé : de Richebourg (1).

41

Poitiers

Marie et Marguerite DE CONTY, sœurs.

Pièces justificatives : Lettres patentes du roi en faveur de Pierre de Conty, s^r de l'Aubouinière et de la Simalière, portant anoblissement de sa personne, ses enfants et postérité, nés et à naître en légitime mariage, en considération des services rendus par lui dans les troupes de S. M., données au mois de décembre 1652, signé Louis, et sur le repli, Par le roi, Letellier, enregistrées en Parlement, Chambre des comptes, Cour des aides, et scellées du grand sceau de cire verte et lacs de soie.

Contrat de mariage de René de Conty, éc., s^r de l'Auboui-

---

(1) A la lettre C 8, nous avons indiqué à tort cette ordonnance comme manquant à notre collection. Nous la retrouvons ici par suite d'un classement moins rationnel, mais que nous devons respecter.

nière, avec d^lle Gabrielle Chabert, par lequel il paraît qu'il est fils de Pierre de Conty ci-dessus et de Marguerite Tassereau, en date du 13 février 1656, signé Fontfuget et Ragot, n^res.

Extrait de baptême de Marie de Conty, par lequel il paraît qu'elle est fille de René de Conty ci-dessus et de Gabrielle Chabert, en date du 22 août 1662, délivré par le s^r curé de Saint-Pierre de Melle, signé Duplex, curé, et contrôlé.

Extrait de baptême, à la suite du précédent, de Marguerite de Conty, par lequel il paraît qu'elle est aussi fille de René de Conty et de d^lle Gabrielle Chabert, en date du 20 avril 1664, délivré et signé par le même s^r curé de Melle et contrôlé.

Ordonnance : Maintenues comme nobles et demoiselles, le 13 février 1715, signé : de Richebourg.

Pierre DE LA FAYE, s^r de Montorchon. 42

Poitiers

Pièces justificatives : Contrat de mariage de Louis de la Faye, s^r de Mondegault et Montorchon, avec d^lle Hélène Guérin, par lequel il paraît qu'il est titré d'écuyer, du 16 septembre 1564, signé Ingrand, n^re.

Contrat du partage des biens de Louis de la Faye ci-dessus entre d^lle Hélène Guérin, sa femme, et Joachim de la Faye et autres ses enfants, par lequel il paraît que Joachim a eu, comme aîné, les avantages de la Coutume et qu'il est qualifié d'écuyer, en date du 17 octobre 1608, signé Delabarde, n^re.

Contrat de mariage de Joachim de la Faye avec d^lle Jeanne Jay, par lequel il paraît qu'il est fils de Louis ci-dessus et d'Hélène Guérin, en date du 27 mars 1608, signé Coyteux, n^re.

Contrat de mariage de Jean de la Faye, s^r de Montorchon, avec d^lle Elisabeth Tagaud, par lequel il paraît qu'il est fils de Joachim ci-dessus et de d^lle Jeanne Jay, en date du 22 mai 1658, signé Berault, n^re.

Contrat de mariage de Pierre de la Faye, éc., s^r de Montorchon, avec d^lle Geneviève de Vannes, par lequel il paraît qu'il est fils de Jean ci-dessus et d'Elisabeth Tagaud et qu'il est titré d'écuyer, en date du 14 janvier 1687, signé Tricoche, n^re.

Ordonnance : Maintenu comme noble et écuyer, le 14 février 1715, signé : de Richebourg.

43

Châtelle-rault

Pierre DE SAUZAY, éc., s^r de Beaurepaire,
Louis DE SAUZAY, éc., son fils.

Pièces justificatives : Copie de l'ordonnance de M. de Barentin en faveur de Pierre de Sauzay, éc., s^r de Boisferrand, Pierre de Sauzay, éc., s^r de Baurepaire, et autres, par laquelle ils sont maintenus dans les privilèges de la noblesse, en date du 7 septembre 1667, signé par collation, Clairambault, généalogiste des ordres du roi.

Contrat de mariage de Pierre de Sauzay, éc., s^r de Beaurepaire, avec d^lle Marie Desprez, par lequel il paraît qu'il est fils de Pierre de Sauzay, dénommé dans l'ordonnance ci-dessus, et de d^lle Marie de la Fouchardière, en date du 30 avril 1684, signé Bareau et Maunais, n^res de la baronnie de Loge-Fougereuse et Breuil-Barret.

Contrat de mariage de Louis de Sauzay avec d^lle Marguerite de Chamilly, par lequel il paraît qu'il est fils de Pierre ci-dessus et de d^lle Marie Desprez, et où il est qualifié d'écuyer, en date du 3 août 1706, signé Guyot, n^ro royal à Saumur, résidant à Richelieu.

Dire des produisants : Ils sont issus d'une des plus anciennes familles du royaume, qui a eu l'avantage, depuis plus de sept cents ans, de posséder non seulement la qualité de noble et écuyer, mais aussi plusieurs emplois importants dans les troupes et armées tant de la république de Venise que des rois de France, et a été employée depuis l'an 982, ainsi que cela est prouvé par la sentence de M. de Barentin.

Ordonnance : Maintenus comme nobles et écuyers, le 15 février 1715, signé : de Richebourg.

44

Saint-Maixent

Pierre-Michel DE SAUZAY, éc., s^r du Breuil-Mayrault.

Pièces justificatives : Ordonnance de M. de Barentin en faveur de Pierre de Sauzay, éc., s^r de Boisferrand, Pierre de Sauzay, éc., sʳ de Beaurepaire, Jean de Sauzay, éc., son frère, Charles de Sauzay, éc., sʳ du Chastellier, Jean de Sauzay, éc., sʳ du Breuil-Mayrault, Pierre de Sauzay, chanoine de Saint-Hilaire de Poitiers, et dˡˡᵉ Françoise Repin, veuve de Pierre de Sauzay, éc., sʳ de Visay, par laquelle ils sont tous maintenus dans les privilèges de la noblesse, en date du 7 septembre 1667.

Contrat de mariage de Pierre-Michel de Sauzay, éc., sʳ du Breuil-Mayrault, avec dˡˡᵉ Jeanne de Chenichère, par lequel il paraît qu'il est fils de Jean de Sauzay, dénommé dans l'ordonnance ci-dessus, et de dame Louise de Brémond de Vaudoré, et qu'il est qualifié d'écuyer, en date du 6 mai 1692, signé Pougnet, nʳᵉ.

Ordonnance : Maintenu comme noble et écuyer, le 15 février 1715, signé : de Richebourg.

Charles DE LÉCORCE, chev., sᵍʳ de la Bergerie. 45

Mauléon

Pièces justificatives : Ordonnance de M. de Maupeou en faveur de Pierre de Lécorce, éc., sʳ de la Jarriette, Charles, Alexandre, Marie-Henriette, Louise-Aymée et Honorée de Lécorce, frères et sœurs, par laquelle ils sont maintenus dans les privilèges de la noblesse, en date du 28 septembre 1699.

Contrat de mariage de Charles de Lécorce, sʳ de la Bergerie, dénommé dans l'ordonnance ci-dessus, avec dˡˡᵉ Jeanne-Honorée de la Fontenelle, par lequel il paraît qu'il est fils de Marc de Lécorce, éc., sʳ de Beaupré, et de dame Louise Tranchand, en date du 24 novembre 1687, signé Villeneuve, nʳᵉ.

Dire du produisant : Il invoque une sentence rendue par M. de Barentin le 24 septembre 1667 au profit de Jean de Lécorce, son oncle, et de Marc de Lécorce, son père.

Ordonnance : Maintenu comme noble et écuyer, le 15 février 1715, signé : de Richebourg.

46   Anne de la Porte, veuve de Jacques DUCHATEAU, éc., s^r dudit lieu et du Ry.

Poitiers Pièces justificatives : Vu les titres produits par Marie Duchateau, fille du 1er mariage dudit Jacques Duchateau avec Renée Barbe, sur lesquels est intervenue une ordonnance de M. de Richebourg le 9 février 1715 en faveur de ladite Marie Duchateau, portant maintenue dans les privilèges et exemptions accordés aux demoiselles du royaume. (Voir D 36 ci-dessus.)

Contrat de mariage en secondes noces de Jacques Duchateau avec Anne de la Porte, par lequel il paraît qu'il est fils d'Isaac Duchateau et d'Antoinette Fleury, en date du 8 octobre 1676 signé Thévenet, n^{re}.

Ordonnance : Maintenue comme veuve de noble, le 16 février 1715, signé : de Richebourg.

---

47   Gabrielle de Nesmond, veuve de Jean DU ROUSSEAU, chev., s^r de Séchère, de Ferrière et de Chabrot,

Poitiers Jacques DU ROUSSEAU, s^r de Séchère et de Ferrière, son fils.

Pièces justificatives : Arrêt du Conseil en faveur de Jean Du Rousseau, s^r de Séchère, et Jacques Du Rousseau, s^r de Fayolle, contre Barthélemy Paris, substitué au lieu et place de Jean Pinet, par lequel ils sont maintenus dans tous les privilèges de la noblese, en date du 27 juillet 1671, signé Ranchin.

Contrat de mariage de Jean Du Rousseau, s^r de Séchère, compris dans l'arrêt ci-dessus, avec d^{lle} Gabrielle de Nesmond, par lequel il paraît qu'il est fils de Gabriel Du Rousseau et de dame Léonarde Rempenoux, en date du 19 janvier 1670, signé Baruscand, n^{re} royal en Angoumois.

Contrat de mariage de Jacques Du Rousseau, s^r de Séchère et de Ferrière, avec dame Agnès Poute, par lequel il paraît qu'il est fils de Jean Du Rousseau ci-dessus et de d^{lle} Gabrielle de Nesmond, en date du 12 février 1714, signé Heudebourg, n^{re} à Pons en Saintonge.

Ordonnance : Maintenus comme noble, écuyer, veuve de noble, le 16 février 1715, signé : de Richebourg.

Alphée DE MONEYS, éc., s^r d'Ordière, tant en son nom que pour Henri-César et Anne DE MONEYS, ses enfants cadets, demeurant au lieu noble du Fresny, paroisse de Saint-Constant,

Paul-François DE MONEYS, éc., s^{gr} de Chastain, demeurant en son château d'Ordière, paroisse de Benest, son fils aîné.

48

Confolens Poitiers

Pièces justificatives : Ordonnance de M. de Barentin, du 30 décembre 1667, en faveur d'Abel de Moneys, éc., s^r d'Ordière, par laquelle il est maintenu noble.

Contrat de mariage d'Alphée de Moneys, éc., s^r d'Ordière, avec d^{lle} Jeanne Dutiers, par lequel il paraît qu'il est fils d'Abel de Moneys ci-dessus et de dame Marie-Charlotte de Chièvres, en date du 17 février 1686, passé sous le scel royal de Civray, signé Suireau, n^{re}.

Contrat de mariage de Paul-François de Moneys, éc., s^r de Chastain, avec d^{lle} Jeanne d'Anché, par lequel il paraît qu'il est fils d'Alphée de Moneys ci-dessus et de Jeanne Dutiers, en date du 6 juin 1712, signé de Mondion, n^{re}.

Pièces non visées : Contrat de mariage d'Abel de Moneys, éc., s^{gr} d'Ordière, avec dame Charlotte de Chièvres, en date du 18 juillet 1656, signé de Valladon, n^{re}.

Testament dudit Abel de Moneys en faveur d'Alphée de Moneys, son fils aîné, Pierre-Abel de Moneys, son fils cadet, et autres ses enfants, en date du 13 février 1694, signé Favre.

Ordonnance : Maintenus comme nobles, écuyers et demoiselle, le 16 février 1715, signé : de Richebourg.

Marie DESMIER, veuve de François de Royère, éc., s^r dudit lieu.

49

Pièces justificatives : Contrat de mariage de Marie Desmier, produisante, avec François de Royère, éc., s^{gr} de Beaudéduit, par lequel il paraît qu'elle est fille de Salomon Desmier, éc., s^r de la Bussière, Montenac et autres lieux, et de dame Renée d'Archiac, en date du 2 mai 1679, signé Rousbié, n^{re}.

Contrat du partage des biens de Salomon Desmier et de d^{lle} Renée d'Archiac, entre Gaspard Desmier, éc., s^r de Montenac, et Marie Desmier, sa sœur, dame de Beaudéduit, par lequel il paraît que ledit Gaspard Desmier a eu, comme aîné, les préciputs et avantages de la Coutume, en date du 6 octobre 1704, signé Baigneau, n^{re}.

Ordonnance de M. de Richebourg en faveur de François-Alexandre Desmier, éc., s^r de la Rousselière, Gaspard Desmier, éc., s^r de Montenac, et François Desmier, éc., s^r de la Coutancière, par laquelle ils sont maintenus dans les privilèges de la noblesse, en date du 7 janvier 1715. (Voir D 17 ci-dessus.)

Dires de la produisante : Elle est sœur germaine de Gaspard Desmier et sœur consanguine de François-Alexandre Desmier, ci-dessus nommés. Comme elle n'a pas eu d'enfant de son mariage, elle ne peut représenter les titres de noblesse de son mari qui sont entre les mains des héritiers de celui-ci en Limousin.

Ordonnance : **Maintenue comme veuve de noble, le 16 février 1715, signé : de Richebourg.**

50

Saint-Maixent

Gédéon DAUZY, éc., s^r de la Baubetière,
Gabriel DAUZY, éc., Bienvenue et Angélique DAUZY, demoiselles, ses neveu et nièces.

Pièces justificatives : Ordonnance de MM. de Barentin en faveur de Gédéon Dauzy, éc., s^r de la Voute, par laquelle il est maintenu dans les privilèges de la noblesse, en date du 1er septembre 1667.

Contrat de mariage de Gédéon Dauzy, éc., s^r de la Baubetière, avec d^{lle} Céleste Chevalleau, par lequel il paraît qu'il est fils de Gédéon Dauzy, dénommé dans l'ordonnance ci-dessus, et de dame Anne de Brion, en date du 16 septembre 1691, signé Rigault, n^{re}.

Contrat de mariage de Josias Dauzy, éc., s^r des Granges, avec d^{lle} Anne Chalmot, par lequel il paraît qu'il est fils de Gédéon Dauzy, s^r de la Voute, dénommé dans l'ordonnance ci-dessus, et de d^{lle} Bienvenue des Nouhes, en date du 4 février 1676, signé Palardy, n^{re}.

Contrat du partage des biens de Gédéon Dauzy et de Bienvenue des Nouhes, entre Gédéon Dauzy, s^r de la Voute, et Josias Dauzy, s^r des Granges, et autres, leurs enfants, par lequel il paraît que Gédéon, s^r de la Voute, a eu, comme aîné, les préciputs et avantages de la Coutume, en date du 16 décembre 1682, signé Banlier, n^{re}.

Extrait de baptême de Bienvenue Dauzy, par lequel il paraît qu'elle est fille de Josias Dauzy et de d^{lle} Anne Chalmot, en date du 14 décembre 1678, délivré le 29 avril 1685 par Mestayer, ministre à Cherveux, et contrôlé le 15 février 1715 par Coupard.

Extrait de baptême d'Angélique Dauzy, fille dudit Josias Dauzy et de ladite Chalmot, en date du 4 mars 1685, délivré le 24 mars 1685 par le même Mestayer, ministre, et contrôlé.

Extrait de baptême de Gabriel Dauzy, fils dudit Josias Dauzy et de ladite Chalmot, en date du 22 juillet 1691, délivré par le s^r Lefebvre, receveur des tailles de Saint-Maixent, le 4 février 1715, et contrôlé.

Ordonnance : Maintenus comme nobles, écuyers et demoiselles, le 16 février 1715, signé : de Richebourg.

Jacques-René DE BONNETIE, éc., s^r du Lineau,
Jacques DE BONNETIE, éc., s^r de Saint-Rüe,
Pierre DE BONNETIE, éc.

51

Saint-Maixent

Pièces justificatives : Ordonnance de M. de Barentin en faveur de Jean de Bonnetie, éc., s^r de la Couture, et René de Bonnetie, éc., s^r du Lineau, son fils aîné, par laquelle ils sont maintenus dans les privilèges de la noblesse, en date du 23 août 1667.

Contrat de mariage de Jacques de Bonnetie avec d^{lle} Antoinette de Giboux, par lequel il paraît qu'il est fils de Jean de Bonnetie, éc., s^r de la Couture, dénommé dans l'ordonnance ci-dessus, et de d^{lle} de Bosquevert, en date du 3 février 1671, signé Biard, n^{re}.

Contrat de mariage de Pierre de Bonnetie avec d^{lle} Marguerite Le Comte, par lequel il paraît qu'il est fils de Jean de Bonnetie, dénommé dans l'ordonnance ci-dessus, et de d^{lle} de Bosquevert, en date du 23 septembre 1676, signé Motheau, n^{re}.

Contrat de mariage de Jacques de Bonnetie, éc., s^r de la Couture, avec d^{lle} Marie-Anne de Thibault, par lequel il paraît qu'il est fils de Jacques ci-dessus et d'Antoinette de Giboux, en date du 7 juillet 1692, signé Fleurant, n^{re}.

Contrat de mariage de Jacques-René de Bonnetie, éc., s^r du Lineau, avec d^{lle} Elisabeth Duchesne, par lequel il paraît qu'il est fils de René de Bonnetie, éc., s^r du Lineau, dénommé dans l'ordonnance ci-dessus, et de dame Catherine d'Anché, en date du 25 janvier 1702, signé Guillot, n^{re}.

Ordonnance : Maintenus comme nobles et écuyers, le 16 février 1715, signé : de Richebourg.

52

Saint-Maixent
Niort

Jean DUCHESNE, éc., s^r de Vauvert,
Josias DUCHESNE, éc., s^r de Bois-de-Roche, son fils,
    demeurant tous les deux paroisse de Cherveux,
Isaïe DUCHESNE, éc., s^r de Saint-Léger, y demeurant, paroisse de Saint-Bris.

Pièces justificatives : Ordonnance de M. de Barentin en faveur de Samuel Duchesne, éc., s^r de Saint-Léger, Jean Duchesne, éc., s^r de Vauvert, et David Duchesne, éc., s^r de Chauvin, par laquelle ils sont maintenus dans les privilèges de la noblesse, en date du 1er septembre 1667.

Extrait de baptême de Josias Duchesne, par lequel il paraît qu'il est fils de Jean Duchesne, éc., s^r de Vauvert, dénommé dans l'ordonnance ci-dessus, et de d^{lle} Elisabeth Chalmot, en date du 28 janvier 1676, délivré le 29 avril 1685 par Mestayer, ministre à Cherveux, et contrôlé le 15 février 1715 par Coupard.

Contrat de mariage de Samuel Duchesne, éc., s^r de Saint-Léger, dénommé dans l'ordonnance ci-dessus, avec d^lle Jacquette Aymer, en date du 13 juillet 1667, signé Mestayer, n^re.

Contrat de mariage d'Isaïe Duchesne, éc., s^r de Saint-Léger, avec d^lle Marie-Radegonde Pidoux, par lequel il paraît qu'il est fils de Samuel Duchesne ci-dessus et de dame Jacquette Aymer et qu'il est qualifié écuyer, en date du 19 août 1697, signé Gaultier et Decressac, n^res à Poitiers.

Contrat du partage des biens de Samuel Duchesne et de Jacquette Aymer entre Isaïe Duchesne, éc., s^r de Saint-Léger, René et d^lle Françoise-Renée Duchesne, leurs enfants, en date du 2 avril 1697, signé Fouchier et Hubert, n^res.

Ordonnance : Maintenus comme nobles et écuyers, le 16 février 1715, signé : de Richebourg.

Jean DESFRANCS, chev., s^gr de la Bretonnière,
Georges-Augustin DESFRANCS, chev., s^gr du Plessis,
Pierre DESFRANCS, éc., s^gr de Saint-Denis.

Pièces justificatives : Aveu et dénombrement rendu au seigneur de Roullier par Aubert Desfrancs, à cause de sa maison de la Bretonnière, en date du 21 février 1463, signé Charron, n^re.

Acte de la ratification faite par Jeanne Paris, veuve de noble homme Jean de Lassy, éc., du contrat de mariage de Jean de Lassy fils avec d^lle Jeanne Desfrancs, fille d'Aubert Desfrancs ci-dessus et de dame Jeanne de Renouze, en date du 24 janvier 1487, signé Huguet et Gentillault, n^res.

Transaction entre Claude Chevalleau et Sylvestre Desfrancs, s^r de la Bretonnière, et dame Catherine Chevalleau, sa femme, pour raison de la succession de Claude Chevalleau, leur père, par laquelle il paraît que ledit Sylvestre Desfrancs était fils de Jacques Desfrancs, et ce dernier d'Aubert Desfrancs ci-dessus, en date du 22 juin 1545, signé Pouet, n^re.

Acte passé entre ledit Claude Chevalleau, ledit Sylvestre Desfrancs et ladite Catherine Chevalleau, en explication de la transaction ci-dessus, en date du 9 mai 1547, signé Cherboneau, n^re.

Acte contenant cession faite par François du Teil, éc., s^r de Mazières, et d^{lle} Françoise Desfrancs, sa femme, à Jacques Desfrancs, s^r de la Bretonnière et des Vrignaudières, de tous les droits successifs qu'ils pourraient prétendre ès successions de Sylvestre Desfrancs, leur père, et de Jean Desfrancs, leur frère, moyennant une somme d'argent qu'il leur a payée, en date du 18 avril 1573, signé Guatet, n^{re}.

Contrat de mariage de Jacques Desfrancs, éc., s^r de la Bretonnière, avec d^{lle} Marie de Tusseau, en date du 31 août 1575, signé Delamillanchère, n^{re}.

Acte fait entre ledit Jacques Desfrancs, fils aîné de Sylvestre Desfrancs, et Louis Desfrancs, son frère puîné, des droits et prétentions que ce dernier espérait en la succession dudit Sylvestre, leur père, et de ladite Catherine Chevalleau, leur mère, moyennant une somme d'argent pour se faire recevoir chevalier de l'ordre de Malte, en date du 1er mai 1583, signé Boisdin et Guitteau, n^{res}.

Inventaire des meubles et effets fait après le décès de Jacques Desfrancs, s^r de la Bretonnière, à la requête de d^{lle} Marie de Tusseau, sa veuve, en date du 17 janvier 1591, signé Beaujour, n^{re}.

Contrat de mariage de Pierre Desfrancs, s^r de la Bretonnière, avec d^{lle} Charlotte de Mondion, par lequel il paraît qu'il est fils aîné de Jacques ci-dessus et de d^{lle} Marie de Tusseau, en date du 27 juin 1611, signé Baudin, n^{re}.

Acte de cession par Catherine Desfrancs audit Pierre ci-dessus, de ses droits tant dans la succession de Sylvestre Desfrancs et Catherine Chevalleau, ses père et mère, que dans d'autres successions collatérales, en date du 8 décembre 1617, signé Roy et Pineau, n^{res}.

Contrat du partage des biens de Pierre Desfrancs ci-dessus entre Charlotte de Mondion, sa veuve, tant en son nom que comme mère et tutrice naturelle de Pierre Desfrancs, son fils puîné, et Jean Desfrancs, chev., s^{gr} de la Bretonnière, son fils aîné, par lequel il paraît que ledit Jean a eu les préciputs et avantages de la Coutume, en date du 13 novembre 1636, signé Roy et Laroche, n^{res} à Parthenay.

Contrat en forme de transaction entre Jean Desfrancs,

fils aîné de Pierre Desfrancs et de Charlotte de Mondion, et Pierre de Mondion, son frère, en explication du partage ci-dessus, en date du 9 juin 1644, signé Royer, n^re à Poitiers.

Contrat de mariage de François Desfrancs, chev., s^r de la Bretonnière, avec d^lle Marie Gilbert, par lequel il paraît qu'il est fils de Jean Desfrancs ci-dessus et de Catherine Palustre, en date du 2 août 1662, signé Caillé, n^re.

Contrat de mariage de Pierre Desfrancs, éc., s^r de Saint-Denis, avec d^lle Marie Main, par lequel il paraît qu'il est aussi fils de Jean Desfrancs et de Marie Palustre, en date du 23 septembre 1687, signé Tassereau, n^re.

Transaction passée entre François Desfrancs, s^r de la Bretonnière, fils aîné et héritier bénéficiaire de son père Jean Desfrancs, et héritier pur et simple de Catherine Palustre, sa mère, César Desfrancs, chev., s^r de Saint-Denis, François Desfrancs, chev., capitaine de vaisseau, Pierre et autre Pierre Desfrancs, tous frères, au sujet des successions de Jean Desfrancs et de Catherine Palustre, leurs père et mère, en date du 1er janvier 1683, signé Royer, n^re à Poitiers.

Ordonnance de M. de Maupeou en faveur de François Desfrancs, chev., s^r de la Bretonnière, César Desfrancs, chev., s^r de Saint-Denis, François Desfrancs, chev., capitaine de vaisseau, et Pierre Desfrancs, tous frères, et aussi de Jean et Augustin Desfrancs, enfants de François Desfrancs, s^r de la Bretonnière, par laquelle ils sont maintenus en leur noblesse en date du 13 février 1701.

Extrait de baptême de Jean Desfrancs, par lequel il paraît qu'il est fils de François Desfrancs ci-dessus et de dame Marie Gilbert, du 4 avril 1666, délivré le 6 janvier 1715 par Johane, curé de Sainte-Opportune de Poitiers, légalisé et contrôlé.

Extrait de baptême de Georges-Augustin Desfrancs, par lequel il paraît qu'il est fils des mêmes François Desfrancs et Marie Gilbert, en date du 3 janvier 1675, délivré par le curé de Cramard le 14 février 1708, signé Aubert, curé, légalisé par un grand vicaire de Mgr l'Évêque de Poitiers, signé Rabreuil, et contrôlé.

Pièce non visée : Acte par lequel Philippe de Marconnay, éc., s^{gr} du Tillou, et Sylvestre Desfrancs, éc., fils aîné de Jacques Desfrancs, éc., s^{gr} de la Bretonnière, et de Marguerite d'Aubigny, reconnaissent avoir reçu de d^{lle} Michelle Eteau, veuve d'Anseaume d'Aubigny, éc., s^r des Roches, les titres et enseignements concernant l'hérédité dudit feu d'Aubigny, en date du 11 juin 1528, signé Saunier et Georgeau, n^{res}. Lequel acte fait voir que Jacques Desfrancs, fils d'Aubert Desfrancs, avait épousé Marguerite d'Aubigny, fille d'Anseaume d'Aubigny et de Michelle Eteau.

Ordonnance : Maintenus comme nobles et écuyers, le 18 février 1715, signé : de Richebourg.

54

Saint-Maixent

Charles DE LA CHAUSSÉE, éc., s^r de Champmargou, Chazay et les Magneries, demeurant en la ville de Saint-Maixent, faisant tant pour lui que pour : 1° Jeanne-Dédiée Aymon, veuve de René DE LA CHAUSSÉE, sa mère,

2° François DE LA CHAUSSÉE, éc., s^r du Pin-de-Rouvre, son oncle,

3° Marie-Bénigne et Charlotte-Marguerite DE LA CHAUSSÉE, ses tantes.

Pièces justificatives : Ordonnance de M. de Barentin en faveur d'Hilaire de la Chaussée, éc., s^r de la Chaussée, Champmargou, Chazay et le Pin-de-Rouvre, et de d^{lle} Perrette Perottin, veuve de Jacob de la Chaussée, par laquelle ils sont maintenus dans les privilèges de la noblesse, en date du 2 août 1667.

Contrat de mariage de René de la Chaussée, avec d^{lle} Jeanne-Dédiée Aymon, par lequel il paraît qu'il est fils d'Hilaire de la Chaussée, dénommé dans l'ordonnance ci-dessus, et de dame Marguerite de Mayré, en date du 17 octobre 1678, signé Chaignon, n^{re}.

Extrait de baptême de Marie-Bénigne de la Chaussée par lequel il paraît qu'elle est fille desdits Hilaire de la Chaussée et Marguerite de Mayré, du 27 novembre 1662, signé Chabaud, prêtre, vicaire de Saint-Grégoire d'Augé.

Extrait de baptême, au-dessous du précédent, de Charlotte-Marguerite de la Chaussée, fille des mêmes, du 19 avril 1668 ; ces deux extraits délivrés le 25 janvier 1715 par Bruslon, curé d'Augé, contrôlés le 18 février 1715 par Coupard.

Extrait de baptême de François de la Chaussée, fils des mêmes, du 6 août 1671, délivré le 2 février 1682 par Bruslon, curé d'Augé, contrôlé le 18 février 1715 par Coupard.

Extrait de baptême de Charles de la Chaussée, par lequel il paraît qu'il est fils de René de la Chaussée et de dame Jeanne-Dédiée Aymon, en date du 18 janvier 1685, délivré le 16 juillet 1709 par Bruslon, curé d'Augé, légalisé et contrôlé le 18 février 1715 par Coupard.

Ordonnance : Maintenus comme nobles, écuyers, veuve de noble et demoiselles, le 20 février 1715, signé : de Richebourg.

Jean DUPIN, éc., sr de Saint-Cyr,
Louis-Alexandre DUPIN, éc.,
François DUPIN, éc.

Poitiers

Pièces justificatives : Inventaire fait devant M. d'Aguesseau, intendant de la Généralité de Limoges, des titres de noblesse de Pierre Dupin, éc., sr de Maisonneuve, Jacques Dupin, éc., sr de Bussière-Boffy, Charles Dupin, éc., sr de Mas-Joubert, Charles Dupin, éc., sr de la Rivière, au bas duquel est l'ordonnance de M. d'Aguesseau portant acte de leurs dires et le consentement du préposé à la recherche des usurpateurs du titre de noblesse, qui n'entendait leur contester le titre d'écuyer, et que lesdits titres seraient néanmoins rendus, et l'inventaire demeurerait par devers lui, pour être envoyé au Conseil, en date du 16 octobre 1666.

Contrat de mariage de Jean Dupin, éc., sr de Bessac, avec dlle Marie de Rochechouart, par lequel il paraît qu'il est fils de Jacques Dupin, dénommé dans l'inventaire ci-dessus, et de dame Suzanne de Grandsaigne, en date du 9 octobre 1659, signé Périgord.

Contrat de mariage de Jean Dupin, éc., s' de Saint-Cyr, avec d^lle Madeleine de Londey, fille de Jean de Londey, chev., baron de Vérac, par lequel il paraît qu'il est fils de Jean Dupin ci-dessus et de Marie de Rochechouart, en date du 6 août 1692, signé Sechier, n^re.

Acte des épousailles en secondes noces de Jacques Dupin, éc., s^r de Bussière-Boffy, dénommé dans l'inventaire de M. d'Aguesseau ci-dessus, avec d^lle Madeleine Audebert, en date du 10 mai 1690, délivré le 12 février 1715 par le s^r Corade, prieur-curé du Vigean, et contrôlé à Bourpeil le 12 février 1715 par Patharin.

Extrait de baptême de Louis-Alexandre Dupin, par lequel il paraît qu'il est fils de Jacques Dupin, éc., s^r de Bussière-Boffy, et de Madeleine Audebert, du 18 septembre 1696, signé Doyneys, curé de Bussière, légalisé et contrôlé à Bussière-Boffy le 8 février 1715 par Breton.

Extrait de baptême de François Dupin, par lequel il paraît qu'il est aussi fils de Jacques Dupin et de Madeleine Audebert, du 29 mars 1703, délivré le 8 février 1715 par Doyneys, curé de Bussière, légalisé et contrôlé le même jour par Breton.

Ordonnance : Maintenus comme nobles et écuyers, le 21 février 1715, signé : de Richebourg.

56

Thouars

Auguste DE LASTE, éc., s^gr de Boisrousseau

Pièces justificatives : Ordonnance de M. de Maupeou en faveur de Pierre de Laste, éc., s^r de la Mothe-Jarrière, et Balda de Laste, éc., s^r de la Forestière, par laquelle ils sont maintenus dans les privilèges de la noblesse, en date du 5 juin 1698.

Contrat de mariage d'Auguste de Laste, éc., s^r de Boisrousseau, avec d^lle Louise Moysand, par lequel il paraît qu'il est fils de Balda de Laste, dénommé dans l'ordonnance ci-dessus, et de dame Marie Gendrault, en date du 18 septembre 1703, signé Pouyer et Lefebvre, n^res au Châtelet de Paris.

Ordonnance : Maintenu comme noble et écuyer, le 21 février 1715, signé : de Richebourg.

René-Jacques DE MELET, éc.

Pièces justificatives : Contrat de mariage de Robert de Melet, éc., s^r de la Carrière, avec d^{lle} Suzanne Desglandiers, par lequel il paraît qu'il est fils de Jean de Melet, éc., et de d^{lle} Jeanne Carrion, du 10 août 1568, signé Ancel, n^{re}.

Poitiers

Contrat de mariage de David de Melet, éc., s^r de la Casade, avec d^{lle} Aymée Derandail (*alias* de Randal), par lequel il paraît qu'il est fils de Robert ci-dessus et de Suzanne Desglandiers, en date du 16 avril 1604, signé Marteau, n^{re}.

Contrat de mariage de René de Melet, éc., s^r des Fauviaux, avec d^{lle} Françoise Desmarchay, par lequel il paraît qu'il est fils de David ci-dessus et de d^{lle} Aymée de Randal, en date du 23 janvier 1641, signé Tranchand, n^{re}.

Contrat de mariage en secondes noces de René de Melet ci-dessus avec d^{lle} Jacquette Beaugendre, du 14 avril 1644, signé Bonneau, n^{re}.

Contrat de mariage de Jacques de Melet, éc., s^r de Beaulieu, avec d^{lle} Renée-Anne de Guignard, par lequel il paraît qu'il est fils de René de Melet ci-dessus et de d^{lle} Jacquette Beaugendre, en date du 26 février 1685, signé Turpault et Jeannot, n^{res}.

Contrat de mariage en secondes noces de Jacques de Melet ci-dessus avec dame Renée-Madeleine de Graime, du 13 août 1691, signé Levesque et Gousset, n^{res}.

Extrait de baptême de René-Jacques de Melet, produisant, par lequel il paraît qu'il est fils de Jacques de Melet ci-dessus et de dame Renée-Madeleine de Graime, en date du 8 septembre 1699, délivré le 16 décembre 1701 par Chamarre, curé de Lamairé, et contrôlé le 16 février 1715 par Legrand.

Pièces non visées : Procès-verbal fait par-devant le lieutenant général Delapouge, par lequel Charles de Melet, éc., est confirmé curateur de Louis, René et Anne de Melet, ses frères et sœur, tous enfants de David de Melet, éc. (sans indication de date).

Transaction passée entre Louis de Buffevan, chev., s^{gr} de la Grange-Chaumont, et René de Melet, éc., fils de David de Melet, pour raison de droits prétendus par ledit s^r de Buffevan sur la succession dudit David de Melet, en date du 20 avril 1643, signé Nourissard et Aruaud.

Sentence rendue par les officiers de l'Élection de Bourges, par laquelle, à la vue des titres de noblesse de René de Melet, ils ordonnent qu'il jouira des privilèges et exemptions dont jouissent les nobles du royaume, et font défense aux habitants d'Herry de l'imposer à la taille, en date du 18 avril 1645, signé Maillet.

Sentence rendue par les officiers de l'Élection de Romorantin, du 18 mai 1657, portant que René de Melet jouira de tous les privilèges et exemptions attribués aux nobles.

Acte de baptême de Jacques de Melet, fils de René de Melet, éc., et de d^{lle} Beaugendre, du 15 juin 1651, signé Sebille, curé de Vernou.

Acte de la renonciation faite par la d^{lle} Beaugendre, veuve de René de Melet, éc., en qualité de tutrice de Jacques de Melet, son fils, à la succession de son père, du 18 juin 1667, signé Caillier, greffier.

Sentence rendue par les officiers de l'Élection de Poitiers, portant que ledit Jacques de Melet jouira de tous les privilèges accordés à la noblesse, en date du 3 avril 1694, signé Brin, greffier.

Ordonnance : Maintenu noble et écuyer, le 22 février 1715, signé : de Richebourg.

58

Niort

François DESFRANCS, éc., s^r dudit lieu.

Pièces justificatives : Ordonnance de M. de Barentin en faveur de Louis Desfrancs, éc., s^r de Repéroux, en la paroisse de Germond, tant pour lui que pour Daniel Desfrancs, éc., s^r des Moulins, son frère, par laquelle ils sont maintenus dans les privilèges de la noblesse, en date du 10 décembre 1667.

Contrat de mariage de François Desfrancs avec d^{lle} Marie-Madeleine Chargé, par lequel il paraît qu'il est fils de Daniel Desfrancs, éc., s^r des Moulins, dénommé dans l'ordonnance ci-dessus, et de dame Elisabeth Girault, en date du 17 février 1687, signé Boucher et Grugnet, n^{res} à Niort.

Pièce non visée : Certificat du marquis de la Coste-Messelière, visé par Mgr le maréchal de Chamilly, du 11 septembre 1706, donné au produisant comme étant du corps de la noblesse lors convoquée pour le ban.

Ordonnance : Maintenu comme noble et écuyer, le 22 février 1715, signé : de Richebourg.

Charles DESMONTIERS, éc., s^r d'Auby,
François DESMONTIERS, éc., s^r de la Valette, son fils.

59

Poitiers

Pièces justificatives : Testament d'Eusèbe Desmontiers, titré chevalier des ordres du roi, capitaine de cinquante hommes d'armes et baron, comte de Mairinville, en date du 9 décembre 1599, signé Graterolle et Delagarde, n^{ros}.

Contrat du partage des biens d'Eusèbe Desmontiers entre Jean Desmontiers, qualifié vicomte de Mairinville, s^r de Rocheledou, et François Desmontiers, ses enfants, par lequel Jean, comme aîné, a eu les préciputs et avantages de la Coutume, en date du 4 décembre 1605, signé Deisset, n^{ro}.

Contrat de mariage de François Desmontiers, éc., qualifié baron d'Ozillac, avec d^{lle} Marie Papon, par lequel il paraît qu'il est fils dudit Eusèbe Desmontiers et de dame Françoise de Reillac, en date du 10 janvier 1611, signé Masoulas, n^{ro}.

Contrat de la vente faite par ledit François Desmontiers, éc., qualifié baron d'Ozillac, à Jean Desmontiers, son frère aîné, d'une maison qui lui est échue au partage fait entre eux des biens dudit Eusèbe Desmontiers et de d^{lle} de Reillac, leur mère, en date du 6 mai 1618, signé Deisset, n^{re}.

Copie en papier, non signée, du contrat de mariage de Gabriel Desmontiers, qualifié écuyer, s^{gr} baron d'Auby, avec d^{lle} Catherine Bonnin, par lequel il paraît qu'il est fils de François ci-dessus et de d^{lle} Marie Papon, en date du 17 janvier 1634.

Contrat de mariage de François Desmontiers, titré baron de la Valette, avec d^{lle} Isabeau de Turpin, par lequel il paraît qu'il est fils de Gabriel ci-dessus et de d^{lle} Catherine Bonnin, en date du 4 février 1656, signé Descelles, n^{re}.

Testament codicille de Gabriel Desmontiers, dans lequel il

est fait mention de ladite Catherine Bonnin, sa femme, et dudit François Desmontiers, son fils aîné, en date du 8 juin 1656, signé Duverger et Graterolle, n^res.

Contrat de mariage de Charles Desmontiers, titré de chevalier, s^r d'Auby, avec d^lle Marie de Roquart, par lequel il paraît qu'il est fils de François ci-dessus et de dame Isabeau de Turpin, en date du 20 février 1678, signé Chauzeau, n^re.

Contrat de mariage de François Desmontiers, éc., s^r de la Valette, avec d^lle Thérèse-Sylvie de Congniat, par lequel il paraît qu'il est fils de Charles Desmontiers ci-dessus et de d^lle Marie de Roquart, du 24 février 1704, signé Vaslet, n^re.

Pièce non visée : Extrait de baptême de Charles Desmontiers, produisant, du 15 décembre 1664, signé Gautier de la Vigerie, curé de Nouic, et légalisé par le s^r de Vernillac, sénéchal de Morthemart.

Ordonnance : Maintenus comme nobles et écuyers, le 22 février 1715, signé : de Richebourg.

60

Thouars

René-François DE BIDERAN, éc., s^r de la Martinière, Jeanne DE BIDERAN, demoiselle, sa sœur.

Pièces justificatives : Transaction au sujet du partage de la succession de Jean de Bideran, sous-doyen de l'église de Saint-Hilaire de Poitiers, entre Bertrand de Bideran, éc., s^r de Fortunie, François de Bideran, éc., s^r de Nohiers, et Jean de Bideran, doyen et chanoine de la même église, en date du 27 mai 1597, signé Bastonneau, n^re.

Acte d'une donation entre-vifs faite entre Louis de Bideran, éc., s^r de la Martinière, et dame Marie Baribault, sa femme, en date du 2 mai 1608, signé Ribault et Gervais, n^res. Ledit Louis de Bideran était, d'après les produisants, fils aîné de François de Bideran, dénommé ci-dessus.

Acte d'un traité fait entre Jeanne du Tillet, veuve de Gilles Baribault, en son vivant valet de chambre ordinaire du roi, et Louis de Bideran, éc., s^r de la Martinière, et Marie Baribault, sa femme, en date du 9 mars 1611, signé Ribaud et Gervais, n^res.

Contrat du second mariage de Louis de Bideran, éc., s^r de la Martinière, avec d^{lle} Gilberte de Beauregard, en date du 3 août 1624, signé Bonnefond et Gasteau, n^{res}.

Contrat de mariage de René de Bideran, éc., avec d^{lle} Anne Forest, par lequel il paraît qu'il est fils de Louis de Bideran, éc., s^r de la Martinière, et de Marie Baribault, sa première femme, en date du 28 janvier 1629, signé Martin et Douadic, n^{res}.

Contrat de mariage de Maurice de Bideran, éc., s^r de la Martinière, avec d^{lle} Denise Jaudonet, par lequel il paraît qu'il est fils de Louis de Bideran, et de d^{lle} Gilberte de Beauregard, sa seconde femme, en date du 14 février 1649, signé Pibelougne, n^{re}.

Extrait de baptême de René-François de Bideran, par lequel il paraît qu'il est fils de Maurice de Bideran ci-dessus et de d^{lle} Denise Jaudonet, en date du 17 août 1651, délivré le 5 décembre 1699 par Bresdon, prieur de Peiroux, légalisé et contrôlé à Poitiers le 21 février 1715 par Legrand.

Extrait de baptême de Jeanne de Bideran, par lequel il paraît qu'elle est fille de Maurice de Bideran, et de d^{lle} Denise Jaudonet, en date du 11 mars 1655, délivré le 15 février 1715 et signé Thorin, curé de Peiroux, contrôlé le 18 février 1715 par Legrand.

Ordonnance : **Maintenus comme nobles, écuyer et demoiselle, le 23 février 1715, signé : de Richebourg.**

Georges-Guillaume-Louis DUFAY, éc., s^{gr} de la Taillée, Prégente, Hélène et Angélique DUFAY, demoiselles, ses tantes.

Pièces justificatives : Ordonnance de M. de Barentin en faveur de Philippe Dufay, éc., s^r de Souché, Pierre Dufay, éc., son frère aîné, Louis Dufay, éc., s^r de la Taillée, Josué Dufay, éc., s^r d'Exoudun, et dame Madeleine Chasteigner, veuve d'Hector Dufay, éc., s^r de Milan, tutrice de ses enfants, par laquelle ils sont tous maintenus dans la qualité de nobles et écuyers, et ladite veuve dans les privilèges de la noblesse, en date du 3 septembre 1667.

Contrat de mariage de Georges-Louis-Guillaume Dufay, éc., s^r de la Taillée et d'Exoudun, avec d^{lle} Françoise-Armande Duvergier de la Rochejacquelein, fille du s^{gr} marquis de la Rochejacquelein, lieutenant du roi, et de dame Marie-Elisabeth de Caumont, par lequel il paraît qu'il est fils de Louis Dufay, éc., s^r de la Taillée et d'Exoudun, et de dame Françoise-Elisabeth Martel, en date du 19 février 1705, signé Fuzeau et Beaufroton, n^{res} de la baronnie de Mauléon. Ledit mariage fait du consentement de très haute et très puissante dame Madame Françoise d'Aubigné, dame de Maintenon, tante suivant la coutume de Bretagne de ladite dame de Caumont et de ladite d^{lle} de la Rochejacquelein.

Contrat du partage des biens de Josué Dufay, éc., s^r d'Exoudun, et de dame Prégente de Magné, sa femme, entre Louis Dufay, éc., s^r de la Taillée, Josué Dufay, éc., s^r d'Exoudun, Charles Janvre, éc., s^r de l'Estortière, à cause de Marguerite Dufay, sa femme, et d^{lles} Prégente, Hélène et Angélique Dufay, leurs enfants, par lequel il paraît que Louis Dufay, en qualité d'aîné, a eu les préciputs et avantages de la Coutume, en date du 18 septembre 1666, signé Arnauldeau et Jousseaulme, n^{res} à Niort.

Pièce non visée : Déclaration du s^r Danelet, curé d'Echiré, en la paroisse duquel est située la maison de la Taillée, portant que Georges-Guillaume-Louis Dufay a été baptisé le 11 janvier 1686, ladite déclaration légalisée et contrôlée, étant produite à défaut du registre de baptême de cette année 1686 qu'on n'a pu trouver.

Ordonnance : Maintenus comme noble et écuyer, et demoiselles, le 26 février 1715, signé : de Richebourg.

Sylvain DU RY, éc., s^{gr} dudit lieu et du Charrault de Fleix.

Pièces justificatives : Ordonnance de M. de Barentin en faveur de Jean Du Ry, éc., s^r de Montgarnault et du Charrault, par laquelle il est maintenu dans la qualité de noble et écuyer, en date du 9 septembre 1667.

Contrat de mariage de Sylvain Du Ry, produisant, avec d^{lle} Marie-Thérèse-Rosalie de Luzine, par lequel il paraît qu'il est fils de Jean Du Ry, dénommé dans l'ordonnance ci-dessus, et de dame Madeleine de Tianges, en date du 25 novembre 1710, signé Deprest et Germoneau, n^{ros}.

Ordonnance : Maintenu comme noble et écuyer, le 8 mars 1715, signé : de Richebourg.

Henri-Salomon DUCHASTENET, éc., s^{gr} de Boisserolle, demeurant au lieu de la Cigogne, paroisse de Saint-Etienne,

Charles DUCHASTENET, éc., lieutenant de cavalerie au régiment d'Aubusson, son frère cadet.

63

Niort

Pièces justificatives : Ordonnance de M. de Maupeou, en faveur de Charles Duchastenet, éc., s^r de la Cigogne, Pierre-Hélie Duchastenet, éc., s^r de la Ferrière, et Jacques Duchastenet, éc., s^r de Romigou, par laquelle ils sont maintenus dans la qualité de nobles et écuyers, du 24 avril 1699.

Contrat de mariage d'Henri-Salomon Duchastenet, éc., s^{gr} de Boisserolle, avec d^{lle} Gabrielle de Saint-Martin, par lequel il paraît qu'il est fils de Charles Duchastenet, éc., dénommé dans l'ordonnance ci-dessus, et de dame Marie de Caulincourt, en date du 21 octobre 1711, signé Texier, n^{re}.

Ordonnance : Maintient Henri-Salomon Duchastenet comme noble et écuyer, le 8 mars 1715, signé : de Richebourg.

Isaac DE LA BIGNOLLAY, éc., s^r d'Astré.

64

Niort

Pièces justificatives : Contrat du partage des biens de Mathurin de la Bignollay, qualifié écuyer, entre Michel et Vincent de la Bignollay, ses enfants, par lequel il paraît que Michel, comme aîné, a eu les préciputs et avantages de la Coutume, en date du 31 août 1567, signé Delamotte, n^{re}.

Contrat du partage des biens de Michel de la Bignolay ci-dessus entre Pierre, Guillaume et Alain de la Bignollay, ses enfants et petits-enfants, par lequel il paraît qu'ils sont qualifiés écuyers, en date du 7 mars 1606, signé Barré, n^{re}.

Contrat de mariage de Charles de la Bignollay, éc., s^r d'Astré, avec d^{lle} Briande de Cornilleau, par lequel il paraît qu'il est fils de Pierre de la Bignollay et de d^{lle} Jacqueline David, en date du 6 mai 1642, signé Lemercier, n^{re}.

Contrat de mariage d'André de la Bignollay, éc., s^r d'Astré, avec d^{lle} Charlotte Lasne, par lequel il paraît qu'il est fils de Charles de la Bignollay ci-dessus et de d^{lle} Briande de Cornilleau, en date du 31 mai 1665, signé Vancher et Buyltier, n^{res}.

Contrat de mariage d'Isaac de la Bignollay, éc., s^r d'Astré, avec dame Henriette de Verdalles, veuve de feu Louis Duchilleau, par lequel il paraît qu'il est fils d'André de la Bignollay et de Charlotte Lasne, en date du 15 septembre 1690, signé Caillet et Marot, n^{res}.

Pièces non visées : Lettres de provision de capitaine des ville et château de Fougère accordées à Jean de la Bignollay, l'un des cent gentilshommes de la maison du roi, par Henri, fils aîné du roi, dauphin de Viennois, en date de l'année 1535, signé sur le repli, Par Mgr le Dauphin et Duc, Baune.

Deux actes qui justifient que Roland de la Bignollay est issu de Jean de la Bignollay ci-dessus. Le premier est un contrat d'amortissement de rentes fait en l'année 1525 entre Roland de la Bignollay, éc., et Antoine de la Bignollay. Le second est une sentence par laquelle Antoine de la Bignollay, éc., est destitué de la tutelle des enfants mineurs de Roland de la Bignollay par l'avis de plusieurs gentilshommes de leurs parents (sans date).

Trois pièces qui justifient que Mathurin de la Bignollay est fils dudit Roland. L'une d'elles est un partage de l'année 1567, signé Delamothe.

Lot et partage fait entre Pierre de la Bignollay, Michel de la Bignollay, éc^{rs}, et autres, des biens de la succession de Christophe de la Bignollay, en date de l'année 1626, signé Chenelle et Davier, n^{res}.

Contrat de partage fait par d^lle Elisabeth de Persy, veuve de Charles de la Bignollay, en faveur d'André de la Bignollay, en date du 26 avril 1665, signé Chenelle et Ravellin, n^res.

Certificat de la sentence rendue par M. Guy de Chamillard, intendant de la Généralité de Caen, au profit de Charles de la Bignollay, par laquelle il est maintenu en sa noblesse (sans date).

Certificat du baptême d'Isaac de la Bignollay en l'église de Sainte-Gemme de Beuvron, délivré par le curé dudit lieu, légalisé et scellé par Mgr l'évêque d'Avranches le 23 septembre 1691.

Ordonnance : Maintenu comme noble et écuyer, le 9 mars 1715, signé : de Richebourg.

Catherine Galicher, veuve de Nicolas DESMIER, éc., s^r du Montet,

Sylvain DESMIER, éc., son fils.

65

Pièces justificatives : Ordonnance de M. de Richebourg, du 27 janvier 1715, en faveur de François-Alexandre Desmier, éc, s^r de la Rousselière, Gaspard Desmier, éc., s^r de Montenac, et François Desmier, éc., s^r de la Coutancière, par laquelle il paraît que les s^rs Desmier avaient pour père Louis Desmier, éc., s^r du Roc, en faveur duquel une ordonnance a été rendue le 12 avril 1698 par M. de Maupeou. (Voir D 17 ci-dessus.)

Contrat de mariage de Nicolas Desmier, éc., s^r du Montet, avec d^lle Catherine Galicher, par lequel il paraît qu'il est fils de Louis Desmier, éc., s^r du Roc, ci-dessus dénommé, et de Gabrielle Bertrand, et qu'il est frère de François-Alexandre, Gaspard et François ci-dessus, en date du 1er décembre 1695, signé Berland et Ogier, n^res.

Extrait de baptême de Sylvain Desmier, par lequel il paraît qu'il est fils de Nicolas Desmier ci-dessus et de d^lle Catherine Galicher, en date du 18 novembre 1697, délivré le 12 mars 1715 par Loiseau, curé de Champagné-Saint-Hilaire.

Ordonnance : Maintenus comme noble et écuyer, et veuve de noble, le 19 mars 1715, signé : de Richebourg.

66

Mauléon

René DE LA VARENNE, éc., s^{gr} de la Flamanchère.

Pièces justificatives : Arrêt de MM. les commissaires généraux du Conseil députés par le roi pour l'exécution de sa déclaration du 4 septembre 1696, en faveur de Pierre-François de la Varenne, éc., s^r de Beaumanoir, et Léon de la Varenne, éc., s^r de la Raffinière, sur l'appel par eux interjeté de l'ordonnance de M. de Maupeou, du 29 décembre 1698, et sur l'opposition formée à l'exécution d'un rôle arrêté au Conseil dans lequel ils ont été compris à trois mille livres, d'une part, et à quatre mille livres, d'autre part, par lequel, sans s'arrêter à ladite ordonnance, ils sont maintenus dans la qualité de nobles et écuyers et déchargés des sommes auxquelles ils ont été compris audit rôle, en date du 8 août 1699, signé Hersant.

Extrait de baptême de Pierre-François de la Varenne, dénommé en l'arrêt ci-dessus, par lequel il paraît qu'il est fils de René de la Varenne, s^r de Beaumanoir, et de dame Françoise Scot, en date du 11 juin 1659.

Extrait de baptême de René de la Varenne, produisant, du 17 juin 1660, par lequel il paraît qu'il est aussi fils de René de la Varenne, éc., s^r de Beaumanoir, et de dame Françoise Scot, et frère de Pierre-François de la Varenne ci-dessus ; les deux extraits délivrés le 3 décembre 1714 par Couston, prieur de Boulogne, légalisés par le juge de la Merlatière, signés Thibaudeau, et contrôlés à Poitiers le 18 mars 1715 par Legrand.

Ordonnance : Maintenu comme noble et écuyer, le 22 mars 1715, signé : de Richebourg.

67

Niort

Jean DUBOULET, éc., s^r de la Motte-Logerie.

Pièce justificative : Sentence rendue par M. de Maupeou le 27 janvier 1699, qui maintient Jean Duboulet, éc., s^r de la Motte-Logerie, en sa noblesse.

Ordonnance: Maintenu comme noble et écuyer, le 27 mars 1715, signé : de Richebourg.

Olivier D'ASNIÈRE, éc., sr dudit lieu, paroisse de Biennot, *68*

Gabriel D'ASNIÈRE, éc., sr de Villefranche, paroisse de Saint-Marsault. *Confolens Thouars*

Pièce justificative : Sentence rendue le 13 janvier 1700 par M. de Maupeou en faveur d'Olivier d'Asnière, éc., sr dudit lieu, et de Gabriel d'Asnière, éc., sr de Villefranche, par laquelle ils sont maintenus dans les privilèges de la noblesse.

Ordonnance : Maintenus comme nobles et écuyers, le 30 mars 1715, signé : de Richebourg.

Charles-François DARROT, éc., sgr de l'Huilière. *69*

Pièces justificatives : Ordonnance de M. de Barentin en faveur de Charles Darrot, éc., sr de l'Huilière, par laquelle il est maintenu dans la qualité de noble et écuyer, en date du 24 septembre 1667. *Mauléon*

Extrait de baptême de Charles-François Darrot, par lequel il paraît qu'il est fils de Charles Darrot, chev., sr de l'Huilière, et de Françoise-Marie-Angélique Gabriau, en date du 4 novembre 1670, délivré le 18 mars 1715 par Guyet, curé de Saint-Cybard de Poitiers, et contrôlé par Legrand.

Ordonnance : Maintenu comme noble et écuyer, le 30 mars 1715, signé : de Richebourg.

Anne-Louis-Henri DUBOIS, éc., sr de la Touche-Levrault. *70*

Pièces justificatives : Ordonnance de M. de Barentin en faveur de Gédéon Dubois, éc., sr de la Touche-Levrault, par laquelle il est maintenu dans la qualité de noble et écuyer, en date du 23 septembre 1667. *Fontenay*

Contrat de mariage d'Abraham Dubois, chév., s^gr de la Touche-Levrault, avec d^lle Hélène Suzannet, par lequel il paraît qu'il est fils de Gédéon Dubois, dénommé dans l'ordonnance ci-dessus, et de dame Elisabeth Tinguy, en date du 4 novembre 1684, signé Charrier et Vergereau, n^res.

Extrait de baptême d'Anne-Louis-Henri Dubois, par lequel il paraît qu'il est fils d'Abraham Dubois ci-dessus et de d^lle Hélène Suzannet, en date du 7 octobre 1696, délivré le 15 mars 1715 par Coutocheau, curé de la Réhorte, légalisé par Chevallereau, sénéchal de la baronnie de Sainte-Hermine, et contrôlé à Poitiers par Legrand.

Ordonnance : **Maintenu comme noble et écuyer, le 31 mars 1715, signé : de Richebourg.**

71

Poitiers

Jacques-Claude DARROT, éc., s^r de la Boutrochère, y demeurant, paroisse d'Azay-sur-Thouet,

Joseph-Charles-Jacques DARROT, éc., son fils.

Pièces justificatives : Contrat de mariage de Jean Darrot, éc., s^r de la Boutrochère, avec d^lle Marie Théronneau, du 11 avril 1579, signé Benoist et Caillaud, n^res.

Contrat de mariage de Léon Darrot, éc., s^r de la Boutrochère, avec d^lle Renée Desfrancs, par lequel il paraît qu'il est fils de Jean Darrot ci-dessus et de dame Marie Théronneau, en date du 17 novembre 1611, signé Thomasseau et Mousseault, n^res.

Contrat de mariage de René Darrot, éc., s^r de la Boutrochère, avec d^lle Jacqueline Garnier, par lequel il paraît qu'il est fils de Léon Darrot ci-dessus et de dame Renée Desfrancs, du 10 février 1638, signé Gaultier et Roy, n^res.

Contrat de mariage d'autre René Darrot, chev., s^gr de la Boutrochère, avec d^lle Marie-Madeleine Darrot, par lequel il paraît qu'il est fils de René Darrot ci-dessus et de dame Jacqueline Garnier, en date du 19 août 1673, signé Vincenaud, n^re.

Contrat de mariage de Jacques-Claude Darrot, chev., s^gr de la Boutrochère, avec d^lle Louise-Gabrielle de Tusseau, par lequel il paraît qu'il est fils de René Darrot ci-dessus et de dame Marie-Madeleine Darrot, en date du 6 décembre 1697, signé Pallu, n^{re}.

Extrait de baptême de Joseph-Charles-Jacques Darrot, par lequel il paraît qu'il est fils de Jacques-Claude Darrot ci-dessus et de Louise-Gabrielle de Tusseau, en date du 14 juillet 1705, délivré par le commis-greffier de la sénéchaussée de Poitiers, le 30 mars 1715, signé Pillac, et contrôlé le même jour par Legrand.

Pièce non visée : Commission donnée par le roi audit s^r Léon Darrot de la Boutrochère pour une compagnie de cent hommes dans le régiment du Chastelier-Barlot, en date du 23 mars 1619, signé Louis, et plus bas, Par le roi, Brulard.

Dire du produisant : Comme il est sorti des cadets des Darrot de la maison de la Poupelinière, il ne peut représenter les titres de cette maison, qui sont entre les mains de l'aîné de la famille.

Ordonnance : Maintenu comme noble et écuyer, le 30 mars 1715, signé : de Richebourg.

Robert D'ASNIÈRES, éc., s^r de Saint-Palais.

72

Pièces justificatives : Ordonnance de M. de Barentin en faveur de Robert d'Asnières, éc., s^r de la Chapelle, par laquelle il est maintenu dans la qualité de noble et écuyer, en date du 31 décembre 1667.

Poitiers

Contrat de mariage de Robert d'Asnières, chev., s^{gr} de Saint-Palais, avec d^{lle} Anne Valentin, par lequel il paraît qu'il est fils de Robert d'Asnières, dénommé dans l'ordonnance ci-dessus, et de dame Marie de Barbezière, du 3 septembre 1666, signé Deleysat, n^{re} à Montrollet.

Contrat de mariage de Robert d'Asnières, chev., s^{gr} de Saint-Palais, avec d^{lle} Marie de Croissant, par lequel il paraît qu'il est fils de Robert d'Asnières ci-dessus et de dame Anne Valentin, en date du 15 février 1694, signé Chambonneau, n^{re} à Cromière.

Extrait de baptême de Robert d'Asnières, par lequel il

paraît qu'il est fils de Robert d'Asnières ci-dessus et de d[lle] Marie de Croissant, en date du 8 août 1700, délivré le 31 décembre 1714 par Goursaud, curé de Vidais, légalisé par le sénéchal de Rochechouart le 31 décembre 1714 et contrôlé à Poitiers le 30 mars 1715 par Legrand.

Pièce non visée : Contrat de mariage de Robert d'Asnières, éc., s[r] de la Chapelle, avec dame Marie de Barbezière, du 19 avril 1637, signé Dubois, n[re].

Ordonnance : Maintenu comme noble et écuyer, le 31 mars 1715, signé : de Richebourg.

73

Saint-Maixent

Charles DE HAUTEFOYE, *aliàs* Dautefois, éc., s[r] de Lusseray,

Charlotte-Catherine DE HAUTEFOYE, demoiselle, sa sœur.

Pièces justificatives : Contrat de mariage de François de Hautefoye, éc., avec d[lle] Marguerite Giraud, par lequel il paraît qu'il est fils de Guyot de Hautefoye et de d[lle] Jeanne de Chauvelle, en date du 16 décembre 1542, passé sous la cour de Bouteville.

Contrat de mariage de Jacques de Hautefoye, éc., s[gr] de la Folie, avec d[lle] Jeanne de Marans, par lequel il paraît qu'il est fils de François de Hautefoye ci-dessus, éc., s[gr] de Lusseray, en date du 20 septembre 1576, signé Gourry, n[re] à Melle.

Contrat de mariage de François de Hautefoye, éc., s[r] de la Folie, avec d[lle] Claire de Ferrière, par lequel il paraît qu'il est fils de Jacques de Hautefoye ci-dessus et de dame Jeanne de Marans, en date du 4 avril 1606, signé Grégoire, n[re] à Saintes.

Contrat de mariage de Jacques de Hautefoye, éc., s[r] de Lusseray, avec d[lle] Anne Legier de la Sauvagère, par lequel il paraît qu'il est fils de François ci-dessus et de dame Claire de Ferrière, en date du 14 octobre 1630, signé Morin et Poudret, n[res] de la châtellenie de Lezay.

Contrat de mariage de Charles de Hautefoye, chev., s[gr] de Lusseray, avec d[lle] Marie-Thérèse de Vernou, par lequel il

. paraît qu'il est fils de Jacques ci-dessus et de d{lle} Anne Legier, eu date du 4 mai 1673, signé Boiteau et Guidon, n{res} à Melle.

Contrat du partage des biens de d{lle} Marie-Thérèse de Vernou, femme de Charles de Hautefoye ci-dessus, entre Charles de Hautefoye, Louis-Armand de Hautefoye, Marie-Thérèse et Charlotte-Catherine de Hautefoye, ses enfants, par lequel Charles de Hautefoye, éc., sr de Lusseray, comme aîné, a eu les préciputs et avantages de la Coutume, en date du 10 septembre 1700, signé Moyne, n{re} à Melle.

Dire des produisants : Ils n'ont pu retrouver la grosse de la sentence de M. de Barentin qui confirmait Charles de Hautefoye, leur père, en sa noblesse.

Ordonnance : Maintenus comme noble et écuyer, et demoiselle, le 31 mars 1715, signé : de Richebourg.

Pierre-François D'ORFEUILLE, éc., sgr de Foucault, Louis-Charles, Louis, autre Louis et Jean D'ORFEUILLE, éc{rs}, tous frères.

74

Saint-Maixent

Pièces justificatives : Ordonnance de M. de Barentin en faveur de François d'Orfeuille, éc., sr de Foucaut, par laquelle il est maintenu dans la qualité de noble et écuyer, en date du 22 août 1667.

Contrat de mariage de François d'Orfeuille, chev., sr de Foucaut, avec d{lle} Anne Chevalier, par lequel il paraît qu'il est fils de François d'Orfeuille, dénommé dans l'ordonnance ci-dessus, et de dame Jacquette Chapot, en date du 7 novembre 1684, signé Coudret et Lecomte, n{res} à Saint Maixent.

Extrait de baptême de Pierre-François d'Orfeuille par lequel il paraît qu'il est fils de François d'Orfeuille ci-dessus et de dame Anne Chevalier, en date du 3 novembre 1687, délivré le 27 février 1715 par Guilberteau, curé de Sevret, et contrôlé à Poitiers le 18 mars 1715 par Legrand.

Extrait de baptême de Louis-Charles d'Orfeuille, fils des mêmes, du 1er juin 1690, délivré le 20 janvier 1715 par

Martin, curé de Saint-Pierre de Cheys, contrôlé par Legrand.

Extrait de baptême de Louis d'Orfeuille, fils des mêmes, du 30 mai 1692, délivré le 27 février 1715 par Guilberteau, curé de Sevret, contrôlé par Legrand.

Extrait de baptême d'autre Louis d'Orfeuille, fils des mêmes, délivré le 27 février 1715 par Guilberteau, curé de Sevret, contrôlé par Legrand.

Extrait de baptême de Jean d'Orfeuille, fils des mêmes, du 5 septembre 1696, délivré le 27 février 1715 par Guilberteau, curé de Sevret, contrôlé par Legrand.

Ordonnance : Maintenus comme nobles et écuyers, le 1er avril 1715, signé : de Richebourg.

75

Confolens

Joseph DUPIN, éc., sr de la Gazonnie.

Pièces justificatives : Contrat de mariage de Martial Dupin, éc., sr de la Gazonnie, avec dlle Catherine Prinsault, par lequel il paraît qu'il est fils de François Dupin, éc., sr de Masjoubert, et de dlle Jacquette de la Haye, en date du 10 septembre 1591, signé Péron et Laborie, nres.

Contrat de mariage de François Dupin, éc., sr de Masjoubert et la Rivière, avec dlle Marie Plument, par lequel il paraît qu'il est fils de Martial Dupin ci-dessus et de dlle Catherine Prinsault, en date du 6 octobre 1630, signé Leproust, nre ; au pied duquel est la certification du sénéchal de Chabanay, que ledit contrat est sincère et véritable, conforme à l'original et à la signature dudit Leproust, en date du 12 juillet 1714, signé Rampenoux.

Contrat de mariage de Charles Dupin, éc., sr de Masjoubert, avec dlle Marie Leclerc, par lequel il paraît qu'il est fils de François Dupin ci-dessus et de Marie Plument, en date du 8 novembre 1662, signé Vaslet, nre.

Contrat de mariage de Joseph Dupin, éc., sr de la Gazonnie, avec dlle Marie Dumas, par lequel il paraît qu'il est fils de Charles Dupin ci-dessus et de Marie Leclerc, en date du 18 février 1699, signé Mondie, nre.

Ordonnance : Maintenu comme noble et écuyer, le 2 avril 1715, signé : de Richebourg.

Henri D'APPELVOISIN, chev., s^{gr} de Bouillé, 76
Jacques D'APPELVOISIN, éc., lieutenant de cavalerie au maître de camp du général, son fils, *Poitiers*
Pierre-Paul D'APPELVOISIN, capitaine de dragons, son frère.

Pièces justificatives : Contrat de mariage d'Henri d'Appelvoisin, chev., s^{gr} de Bouillé, avec d^{lle} Marie Arrivé, par lequel il paraît qu'il est fils de Jacques d'Appelvoisin, chev., s^{gr} de Saint-Hilaire, et de Marie-Urbaine Bouhier, en date du 24 mars 1691, signé Train et Loyauté, n^{res}.

Ordonnance de M. de Maupeou en faveur de Jacques d'Appelvoisin, éc., s^{gr} de Saint-Hilaire, Henri et Pierre-Paul d'Appelvoisin, ses enfants, par laquelle ils sont maintenus dans leur noblesse, en date du 17 février 1699.

Extrait de baptême de Jacques d'Appelvoisin, par lequel il paraît qu'il est fils d'Henri d'Appelvoisin, chev., s^{gr} de Bouillé, et de dame Marie Arrivé, en date du 18 juin 1694, délivré le 12 mars 1715 par Hugueteau, curé de Fontenay, légalisé par le président du siège royal de Fontenay, signé Sabourin de Dissais, et contrôlé le 9 avril 1715 à Poitiers par Legrand.

Ordonnance : Maintenus comme nobles et écuyers, le 15 avril 1715, signé : de Richebourg.

Isaac DUPIN, éc., s^{gr} de Montbron. 77

Pièces justificatives : Inventaire des titres justificatifs de la noblesse de Gilbert Dupin, éc., s^r de Saint-Barban, François Dupin, éc., s^r de Saint-Martial, d^{lle} Anne Taveau, veuve de Pierre Dupin, éc., s^r de Bussière, faisant pour Pierre Dupin, son fils, et Jacques Dupin, éc., s^r de Loncherolles, dans lequel est compris le contrat de mariage de Pierre Dupin, éc., s^r de Bussière, avec d^{lle} Anne Taveau, par lequel il paraît qu'il est fils de Gilbert

Dupin et de d^lle Philippe de Lounidat, ledit inventaire daté du 1er juillet 1667, fait devant M. d'Aguesseau, intendant en Limousin, signé Lefeuvre, son secrétaire.

Ordonnance de M. d'Aguesseau en faveur de Gilbert Dupin, éc., s^r de Saint-Barban, et les autres dénommés dans l'inventaire ci-dessus, ordonnant que les titres produits seront rendus et que l'inventaire signé des parties restera pardevers lui, pour être envoyé au Conseil, en date du 6 août 1667.

Contrat de mariage de Pierre Dupin, éc., s^r de Montbron, avec d^lle Madeleine Laurent, par lequel il paraît qu'il est fils de Pierre Dupin, éc., s^r de Bussière, et de d^lle Anne Taveau, du 3 juin 1682, signé Gillet et Marchand, n^res.

Contrat de mariage d'Isaac Dupin, éc., s^gr de Montbron, avec d^lle Anne de Haute-Claire de Fissacq, par lequel il paraît qu'il est fils de Pierre Dupin ci-dessus et de d^lle Madeleine Laurent, en date du 18 juin 1708, signé Rabethe, n^re.

Ordonnance : **Maintenu comme noble et écuyer, le 17 avril 1715**, signé : de Richebourg.

---

78   Simon DU TEIL, s^r de la Lande.

Pièces justificatives : Contrat de mariage de Joseph du Teil, chev., s^gr de Verneuil, avec d^lle Jeanne Delaage, par lequel il paraît qu'il est fils d'Henri du Teil, chev., s^gr du Montet, et de dame Marie de la Feste, en date du 10 mai 1685, signé Desbrousses et Jousseaume, n^res.

Ordonnance de M. Boucher d'Orsay, intendant de la Généralité de Limoges, en faveur de Louis du Teil, éc., s^r de Bussière, par laquelle il est maintenu dans la qualité de noble et écuyer, en date du 12 novembre 1714. D'après le vu des pièces, Louis du Teil, marié à Martille-Gabrielle de Haute-Claire, est fils de François-Simon et de Marguerite Ferré, lequel François-Simon était fils d'Henri et de Marie de la Feste, lequel Henri était fils de Charles et de Jeanne de Verneaud.

Extrait de baptême de Simon du Teil, produisant, par lequel il paraît qu'il est fils de Joseph du Teil, chev., s^gr de Verneuil, et de d^lle Jeanne Delaage, en date du 19 octobre 1686, délivré le 16 avril 1707 par Bernon, curé de Brilhac, contrôlé à Bourpeil le 2 avril 1715 par Patharin.

Pièce non visée : Contrat de mariage d'Henri du Teil, éc., s' dudit lieu, avec d^lle Marie de la Feste, du 20 mai 1630, signé Girard.

Ordonnance : Maintenu comme noble et écuyer, le 17 avril 1715, signé : de Richebourg.

(Voir D 101 et 111 ci-après.)

Marie-Charlotte DURAND, d^lle de Chalandry. 79

Pièces justificatives : Contrat de mariage de Charles Durand, s' de Chalandry, avec d^lle Marie Priouzeau, par lequel il paraît qu'il est fils de François Durand, s' de Chalandry, et de d^lle Catherine Raynard, du 23 décembre 1637, signé Rousseau et Robert, n^res. *Fontenay*

Ordonnance de M. de Barentin en faveur de Charles Durand, s' de Chalandry, par laquelle il est maintenu, conformément aux lettres de noblesse à lui accordées par le roi au mois de juillet 1661, dans tous les privilèges, honneurs et exemptions attribués aux nobles du royaume, en date du 23 septembre 1667.

Extrait de baptême de Marie-Charlotte Durand, par lequel il paraît qu'elle est fille de Charles Durand ci-dessus, secrétaire de Mgr le duc d'Orléans, et de Marie Priouzeau, en date du 24 janvier 1647, délivré le 1er mars 1715, signé Hugueteau Martinière, curé de Fontenay, et contrôlé à Poitiers par Legrand.

Ordonnance : Maintenue comme fille de noble, le 27 avril 1715, signé : de Richebourg.

René DUPIN, éc., s' de la Guérivière. 80

Pièces justificatives : Ordonnance de M. de Barentin, du 10 décembre 1667, en faveur de François Dupin, éc., s' de la Guéri- *Poitiers* vière, par laquelle il est maintenu dans la qualité de noble et écuyer. Dans le vu des pièces est énoncé le contrat de mariage dudit François Dupin, éc., avec d^lle Isabeau de la Cour.

Contrat de mariage de René Dupin, éc., s^r de la Guérivière, avec d^lle Marie Texier, par lequel il paraît qu'il est fils de François Dupin, dénommé dans l'ordonnance ci-dessus, et de d^lle Isabeau de la Cour, du 16 mars 1689, signé Cailler et Béguier, n^res à Poitiers.

Pièce non visée : Transaction en forme de partage des biens de la succession de François Dupin et d'Isabeau de la Cour entre René Dupin, produisant, et dame Marguerite Dupin, sa sœur, femme de Pierre Simon, éc., s^r de la Brosse, en date du 19 avril 1693, signé Ribault et Personne, n^res à Poitiers.

Ordonnance : Maintenu comme noble et écuyer, le 28 avril 1715, signé : de Richebourg.

81

Saint-Maixent

Logand DAVID, éc., s^r du Fief,
Louis DAVID, éc., s^r du Fief, colonel de cavalerie en exercice,
Marie-Anne DAVID, demoiselle.

Pièces justificatives : Arrêt du Conseil d'Etat du roi en faveur de Logand David, s^r du Fief, et Pierre David, s^r de Chasteauneuf, son fils, par lequel ils sont maintenus dans la qualité de nobles et écuyers, en date du 28 septembre 1672, signé Ranchin.

Contrat de mariage de Logand David, éc., s^r du Fief, avec d^lle Marie-Elisabeth Bellanger, par lequel il paraît qu'il est fils de Pierre David, éc., s^r de Chasteauneuf, et de dame Esther Jouslain, en date du 20 janvier 1694, signé Bienvenu, n^re.

Ordonnance de M. de Maupeou en faveur de Logand David, éc., s^r du Fief, et Josué David, éc., s^r de Boisrond, par laquelle ils sont maintenus dans la qualité de nobles et écuyers, en date du 14 mai 1698.

Contrat du partage des biens de Pierre David, éc., s^r de

Chasteauneuf, et de dame Esther Jouslain, entre Logand David, chev., s^gr du Fief, Louis David, chev., s^gr des Loges, et Jacquette David leurs enfants, par lequel il paraît que Logand David, comme aîné, a eu les préciputs et avantages de la Coutume, en date du 18 novembre 1689, signé Penou et Charles, n^res.

Contrat de mariage de Josué David, éc., s^r de Boisrond, avec d^lle Marguerite Gourjault, par lequel il paraît qu'il est fils de Logand David, dénommé dans l'arrêt ci-dessus, et de d^lle Perrette Vasselot, en date du 24 novembre 1677, signé Berthomé et Banlier, n^res.

Extrait de baptême de Marie-Anne David, par lequel il paraît qu'elle est fille de Josué David, éc., s^r de Boisrond, et de Marguerite Gourjault, en date du 13 mars 1686, délivré le 14 mars 1702 par Gibert, curé d'Aigonay, contrôlé à Poitiers le 29 avril 1715 par Legrand.

Ordonnance : Maintenus comme nobles et écuyers, et demoiselle, le 30 avril 1715, signé : de Richebourg.

Anne-Marie de Chaumont, veuve de François DE LA CLAU, éc., s^gr de la Roche-Mauperthuis et Soulbray, demeurant en la ville de Thouars,

Armand-Jean DE LA CLAU, éc., s^gr dudit lieu, son fils, demeurant aussi à Thouars.

82

Mauléon

Pièces justificatives : Ordonnance de M. de Maupeou en faveur de François de la Clau, éc., s^gr de la Roche-Mauperthuis, par laquelle il est maintenu dans la qualité de noble et écuyer, en date du 17 mai 1699.

Extrait de baptême d'Armand-Jean de la Clau, par lequel il paraît qu'il est fils de François de la Clau, dénommé dans l'ordonnance ci-dessus, et de dame Anne-Marie de Chaumont, en date du 27 octobre 1674, délivré le 29 novembre 1681 par de la Bermondière, prêtre, docteur en théologie de la maison de Sorbonne, curé de l'église de Saint-Sulpice de Paris.

Ordonnance : Maintenus comme nobles, écuyer, veuve de noble, le 2 mai 1715, signé : de Richebourg.

83

Mauléon

François DE LA COURT, chev., s^{gr} du Fonteniou,
François-Louis DE LA COURT, éc., s^r de la Guybretière, son cousin germain.

Pièces justificatives : Copie vidimée de deux ordonnances : 1° Ordonnance de M. de Barentin en faveur de René de la Court, éc., s^r du Fonteniou, d^{lle} Claude Collardeau, veuve d'autre René de la Court, Jeanne et Claude de la Court, par laquelle ils sont maintenus dans la qualité de nobles et écuyers, en date du 20 septembre 1667 ; — 2° Ordonnance de M. de Maupeou en faveur de François et Louis de la Court, éc^{rs}, et Pierre de la Court, éc., s^r de la Guybretière, par laquelle ils sont maintenus dans la qualité de nobles et écuyers, en date du 22 avril 1699. Le vidimus fait le 26 novembre 1701 par Hurtault et Veillon, n^{res}, contrôlé à Mauléon le 29 novembre 1701.

Contrat de mariage de Pierre de la Court, chev., s^{gr} de la Guybretière, avec d^{lle} Anne de Granges, par lequel il paraît qu'il est fils de René de la Court, chev., s^{gr} du Fonteniou, et de dame Marie Maynard, en date du 7 mai 1691, signé Debelhoir et Hautefin, n^{res}.

Extrait de baptême de François-Louis de la Court, par lequel il paraît qu'il est fils de Pierre de la Court, chev., s^{gr} de la Guybretière, et de dame Anne de Surgères de Granges, en date du 11 juin 1692, délivré le 29 avril 1715 par Guérineau, curé de Cerisay, contrôlé à Poitiers par Legrand.

Dires des produisants : François de la Court explique que René de la Court, s^r du Fonteniou, compris dans la sentence de M. de Barentin, était son aïeul, que Jacques de la Court, son père, étant décédé, sa mère Marie-Anne Berthe se remaria avec Alexandre de Couedicq, chev., s^{gr} de Richebourg, qui, comme étant son tuteur et celui de Louis de la Court, son frère décédé depuis, obtint en leur faveur la sentence de M. de Maupeou, conjointement avec Pierre de la Court, s^r de la Guybretière, son oncle, qui est le père de François-Louis, produisant.

Ordonnance : Maintenus comme nobles et écuyers, le 5 mai 1715, signé : de Richebourg.

Henri DE LA TOUCHE-LIMOUZINIÈRE, éc., s^r de la Touche.   *84*

Pièces justificatives : Ordonnance de M. de Barentin en faveur de Claude de la Touche, éc., s^r du Plessy, et Yves de la Touche, éc., s^r de Cortinay, par laquelle ils sont maintenus dans la qualité de nobles et écuyers, en date du 24 septembre 1667.   *Mauléon*

Contrat de mariage d'Yves de la Touche, éc., dénommé dans l'ordonnance ci-dessus, avec d^{lle} Guyonne Lejay, par lequel il paraît qu'il est fils d'autre Yves de la Touche, éc., et de d^{lle} Jeanne Ledouet, du 7 mai 1649, signé Garnier et Beton, n^{res}.

Contrat de mariage d'Henri de la Touche-Limouzinière, chev., s^{gr} de la Touche, avec d^{lle} Madeleine de Chevigné, par lequel il paraît qu'il est fils d'Yves de la Touche ci-dessus et de d^{lle} Guyonne Lejay, en date du 1er juillet 1690, signé Thoumasseau et Badreau, n^{res}.

Ordonnance : Maintenu comme noble et écuyer, le 6 mai 1715, signé : de Richebourg.

Jacques-Charles DE LA SAYETTE, éc., s^r dudit lieu,   *85*
Charles-René, Jean-Antoine-Gabriel, Joseph-Augustin DE LA SAYETTE, éc^{rs},   *Poitiers*
    tous frères,
Gabrielle-Anne DE LA SAYETTE, demoiselle, leur tante.

Pièces justificatives : Ordonnance de M. de Barentin en faveur de Jacques de la Sayette, éc., s^r de la Sayette et de la Cour, et de Gabrielle de la Sayette, sa sœur, par laquelle ils sont maintenus dans les privilèges de la noblesse, en date du 9 septembre 1667. Dans le vu des pièces de ladite ordonnance, est énoncé le contrat de mariage dudit Jacques de la Sayette avec d^{lle} Anne Mesnard, du 15 mars 1666, par lequel il paraît qu'il est fils d'Antoine de la Sayette et de d^{lle} Gabrielle Thibault de la Carte.

Contrat de mariage de Charles-François de la Sayette, chev., s^{gr} dudit lieu et de Veillechèze, avec d^{lle} Marie-Jeanne Carlouet, par lequel il paraît qu'il est fils de Jacques de la Sayette, dénommé dans l'ordonnance ci-dessus, et de d^{lle} Anne Mesnard, en date du 24 février 1692, signé Vallier et Piau, n^{res}.

Cinq extraits de baptême à la suite les uns des autres, le 1er de Gabrielle-Anne de la Sayette, par lequel il paraît qu'elle est fille de Jacques de la Sayette et de dame Anne Mesnard, du 4 juin 1657; le 2° de Jacques-Charles de la Sayette, en date du 7 avril 1695, le 3° de Charles-René de la Sayette, du 12 juin 1701, le 4e de Jean-Antoine-Gabriel de la Sayette, du 28 octobre 1702, le 5° de Joseph-Augustin de la Sayette, du 18 novembre 1704, par lesquels il paraît qu'ils sont tous les quatre enfants de Charles-François de la Sayette ci-dessus et de d^{lle} Marie-Jeanne Carlouet; les cinq extraits délivrés le 20 février 1715 par Devaux, curé de Vasles, et contrôlés à Poitiers par Legrand.

Ordonnance : Maintenus comme nobles, écuyers, et demoiselle, le 10 mai 1715, signé : de Richebourg.

86

Pierre DRAULT, éc., s^r de la Roche-Breuil,
Philippe DRAULT, éc., s^r du Teil, son frère.

Fontenay Pièces justificatives : Contrat de mariage de Pierre Drault, éc., s^r de la Roche-Breuil, avec d^{lle} Esther Franchard, par lequel il paraît qu'il est fils de Louis Drault, éc., s^r de la Croizinière, et de d^{lle} Suzanne Collin, en date du 13 novembre 1665, passé sous la cour de la Rochelle, signé Layné, n^{re}.

Ordonnance de M. de Barentin en faveur de Pierre Drault, éc., s^r de la Roche-Breuil, par laquelle il est maintenu en la qualité de noble et écuyer, en date du 31 août 1668.

Quittance de finance de la somme de 666 livres 13 sols 4 deniers, payée par les enfants mâles dudit Pierre Drault, éc., s^r de la Roche-Breuil, fils de Louis Drault, anobli par lettres du mois de mai 1655, révoqué par édit de 1664, et rétabli par autres lettres du mois d'août 1665 ; jussion sur icelles du 3 octobre 1667, vérifiée le 24 mars 1668, pour jouir de la confirmation desdites lettres du 17 août 1697, signé Millien, enregistrée au contrôle général des finances de France le 31 août 1697, signé Phelippeaux, et quittance des deux sols pour livre.

Contrat du partage des biens de Pierre Drault, éc., s^r de la Roche-Breuil, entre dame Esther Franchard, sa veuve, Pierre Drault, éc., s^r de la Roche-Breuil, et Philippe Drault, éc., s^r du Teil, leurs enfants, par lequel il paraît que Pierre, comme aîné, a eu les préciputs et avantages de la Coutume, en date du 17 septembre 1700, signé Jober et Cardin, n^{ros}.

Ordonnance : Maintenus comme nobles et écuyers, le 12 mai 1715, signé : de Richebourg.

87

Poitiers

Jean DUPUY, éc., s^r de la Fortillesse.

Pièces justificatives : Contrat de mariage de Jacques Dupuy, éc., s^r de Bourgneuf, avec d^{lle} Renée Garnier, par lequel il paraît qu'il est fils de François Dupuy, éc., s^r de la Berlandière et de Bourgneuf, et de dame Marie Martin, en date du 12 mars 1600, signé Aubain et Bouchon, n^{res}.

Contrat de mariage d'Alexandre Dupuy, éc., s^r de la Fortillesse, avec d^{lle} Marthe Vérinaud, par lequel il paraît qu'il est fils de Jacques Dupuy ci-dessus et de d^{lle} Renée Garnier, en date du 18 octobre 1650, signé Garnier, n^{re}.

Contrat du partage des biens d'Alexandre Dupuy, éc., s^r de la Fortillesse, et de dame Marthe Vérinaud, entre Jean Dupuy, éc., s^r de la Fortillesse, Pierre Dupuy, éc., s^r de la Felundie, Isaac Dupuy, éc., s^r du Bost, Charles Dupuy, éc., s^r des Effes, Jeanne et Uranie Dupuy, leurs enfants, par lequel Jean Dupuy, comme aîné, a eu les préciputs et avantages de la Coutume, en date du 2 décembre 1699, signé Favre, n^{re}.

Contrat de mariage de Jean Dupuy, éc., s⁰ de la Fortillesse, avec d^lle Marie Lériget, par lequel il paraît qu'il est fils de Alexandre Dupuy ci-dessus et de Marthe Vérinaud, en date du 22 septembre 1700, signé Bilhaud, n^re.

Ordonnance : Maintenu comme noble et écuyer, en date du 13 mai 1715, signé : de Richebourg.

88

Fontenay

Charles DE LA CROIX, éc., s^gr des Bertinières.

Pièces justificatives : Ordonnance de M. de Barentin en faveur de François de la Croix, éc., s^r des Bertinières, et Antoine de la Croix, éc., s^r de la Carthe, par laquelle ils sont maintenus dans la qualité de nobles et écuyers, du 9 septembre 1667.

Contrat de mariage de Charles de la Croix, éc., s^r des Bertinières, avec d^lle Charlotte-Blanche Dubois, par lequel il paraît qu'il est fils de François de la Croix, dénommé dans l'ordonnance ci-dessus, et de d^lle Marie d'Hollande, du 3 avril 1684, signé Faidy et Garnier, n^res.

Ordonnance : Maintenu comme noble et écuyer, le 14 mai 1715, signé : de Richebourg.

89

Pierre DU PEYRAT, éc., s^r de la Maison-Vieille.

La minute de cette ordonnance manque à notre collection.

On lit sur le registre du greffe : « Du 14 may 1715. Production pour Pierre de Peyrat, éc., s^r de la Maison-Vieille, deffendeur contre ledit s^r Ferrand. »

En marge est écrit : « Du 14 may. Ordonnance de maintenue. »

Et dans l'autre marge : « Jay retiray nostre production ce 14 may, Marie-Anne Bodet de la Fenestre. »

Claude-Philippe DU TRÉHAN, éc., s^gr du Hallay,
Claude-Augustin et Joseph-Joachim DU TRÉHAN, ses enfants,
François DU TRÉHAN du Hallay, éc., s^gr de la Roche et de Massillé.

90

Mauléon

Pièces justificatives : Ordonnance de M. de Barentin en faveur de Philippe-Julien du Tréhan, éc., s^gr du Hallay, par laquelle il est maintenu dans la qualité de noble et écuyer, du 24 septembre 1667.

Contrat de mariage de Charles-Gabriel du Tréhan, chev., s^gr de la Roche, avec d^lle Marie-Madeleine de Gatinaire, par lequel il paraît qu'il est fils de Philippe-Julien du Tréhan, dénommé dans l'ordonnance ci-dessus, et de dame Catherine de la Sayette, en date du 14 juillet 1666, signé Fleuron et Badereau, n^res.

Contrat de mariage de Claude-Philippe du Tréhan, chev., s^gr du Hallay, avec d^lle Anne-Madeleine Duchaffaut, par lequel il paraît qu'il est fils de Charles-Gabriel du Tréhan ci-dessus et de dame Marie-Madeleine de Gatinaire, en date du 19 février 1694, signé Dugast et Badereau, n^res.

Contrat de mariage de François du Tréhan, chev., s^gr d'Espagne et de la Roche du Hallay, avec d^lle Marie Favreau, par lequel il paraît qu'il est fils de Philippe-Julien du Tréhan, dénommé dans l'ordonnance ci-dessus, et de dame Catherine de la Sayette, en date du 6 novembre 1673, signé Gaschet, n^re.

Contrat de mariage de François du Tréhan du Hallay, éc., s^gr de la Roche et de Massillé, avec d^lle Françoise-Catherine Moreau de Puycadoret, par lequel il paraît qu'il est fils de François du Tréhan ci-dessus et de d^lle Marie Favreau, en date du 13 juin 1713, signé Vincent, n^re.

Deux extraits de baptême : 1° de Claude-Augustin du Tréhan, du 22 mars 1699, 2° de Joseph-Joachim du Tréhan, du 20 mars 1703, par lesquels il paraît qu'ils sont fils de Claude-Philippe du Tréhan et de dame Anne-Madeleine Duchaffaut, délivrés le 12 avril 1715 par Thiériot, curé de

Boufferé, légalisés par le sénéchal de Montaigu le 13 avril 1715, signé Bonin, et contrôlés à Poitiers par Legrand.

Ordonnance : Maintenus comme nobles et écuyers, le 15 mai 1715, signé : de Richebourg.

91

Alexis-Augustin DUCHAFFAUT, éc., s^{gr} de la Senardière.

Mauléon Pièces justificatives : Ordonnance de M. de Barentin en faveur de Jacques Duchaffaut, éc., s^r de la Mothe-Senardière, et Claude Duchaffaut, éc., s^r de la Senardière, par laquelle ils sont maintenus dans la qualité de nobles et écuyers, en date du 24 septembre 1667.

Contrat de mariage de Claude Duchaffaut, chev., s^{gr} de la Senardière, du Plessis et de Besné, avec d^{lle} Marie de la Roche, par laquelle il paraît qu'il est fils de Jacques Duchaffaut et de d^{lle} Marthe Blanchet, du 6 décembre 1677, signé P. Moreau et Bellot, n^{res}.

Extrait de baptême d'Alexis-Augustin Duchaffaut, par lequel il paraît qu'il est fils de Claude Duchaffaut ci-dessus et de dame Marie de la Roche, en date du 21 août 1680, délivré le 5 mai 1715 par Douteau, curé de Montaigu, et contrôlé à Poitiers par Legrand.

Ordonnance : Maintenu comme noble et écuyer, le 15 mai 1715, signé : de Richebourg.

92

Jean-Baptiste DE HILLERIN, éc., s^{gr} du Boistissandeau.

Mauléon Pièce justificative : Arrêt de MM. les commissaires généraux députés par le roi pour l'exécution de ses déclarations des 4 septembre 1696, 30 mai 1702 et 30 janvier 1703, en faveur de Jean-Baptiste de Hillerin, s^r du Boistissandeau, et Charles de Hillerin, s^r de la Touche, son frère puîné, par lequel ils sont maintenus dans la qualité de nobles et écuyers, en date du 12 août 1706, signé Hersant.

Ordonnance : **Maintenu comme noble et écuyer, le 16 mai 1715, signé : de Richebourg.**

Charles DE HILLERIN, éc., s^{gr} de la Tousche.   *93*

Pièce justificative : Arrêt de MM. les commissaires généraux députés par le roi pour l'exécution de ses déclarations des 4 septembre 1696, 30 mai 1702 et 30 janvier 1703, en faveur de Jean-Baptiste de Hillerin, s^r du Boistissandeau, et Charles de Hillerin, s^r de la Tousche, son frère puîné, par lequel ils sont maintenus en la qualité de nobles et écuyers, en date du 12 août 1706. (Voir D 92 ci-dessus.)   *Mauléon*

Ordonnance : **Maintenu comme noble et écuyer, le 16 mai 1715, signé : de Richebourg.**

Pierre DE LA FITTE, éc., s^r du Courteil,   *94*
Jules-Armand-Charles et Jean DE LA FITTE, éc^{rs}, ses frères.

Saint-Maixent

Pièces justificatives : Contrat de mariage de Jean de la Fitte, qualifié de noble, avec d^{lle} Catherine d'Arquier, en date du 22 février 1596, passé dans le diocèse d'Auch, signé Maniveau, n^{ro}.

Contrat de mariage de Pierre de la Fitte, éc., s^r de Liesta, avec d^{lle} Jeanne Marchand, par lequel il paraît qu'il est fils de Jean de la Fitte ci-dessus et de dame Catherine d'Arquier, résidant dans la sénéchaussée d'Armagnac, en date du 12 juillet 1632, signé Bontemps et Cagna, n^{ros}.

Contrat de mariage en secondes noces dudit Pierre de la Fitte avec d^{lle} Marie Burot, en date du 29 avril 1658, signé Beru et Mainguy, n^{res}.

Contrat de mariage de Pierre de la Fitte avec d^{lle} Jeanne-Marie de Villedon, par lequel il paraît qu'il est fils de Pierre de la Fitte ci-dessus et de Marie Burot, en date du 3 mars 1680, signé Barbier et Berthomé, n^{res}.

Contrat de mariage de Jules-Armand-Charles de la Fitte, chev., s^{gr} dudit lieu, avec d^{lle} Marie-Angélique du Vergier, par lequel il paraît qu'il est aussi fils de Pierre de la Fitte et de Marie Burot, en date du 29 décembre 1692, signé Barbier, n^re.

Contrat de mariage de Jean de la Fitte, chev., s^gr de Liesta, avec d^lle Marguerite Fremault, par lequel il paraît qu'il est aussi fils de Pierre de la Fitte et de Marie Burot, en date du 29 mars 1698, signé Rigault et Barbier, n^res.

Dires des produisants : Ils expliquent qu'ils tirent leur origine d'André de la Fitte, éc., et de dame Jeanne du Colommé, qui eurent deux enfants, à savoir Jean et Bertrand. Ledit Jean, marié avec Catherine d'Arquier, eut aussi deux enfants, Jean et Pierre; et ledit Pierre, qui fut marié deux fois, eut de son second mariage avec Marie Burot trois fils qui sont les produisants.

Ordonnance : Maintenus comme nobles et écuyers, le 17 mai 1715, signé : de Richebourg.

95

Fontenay

Louis D'ESLENNES, éc., s^r de la Vergne,

Françoise D'ESLENNES, veuve de Jean de Selicher, sa sœur,

Jeanne Dupont, veuve de François D'ESLENNES, éc.

Pièces justificatives : Ordonnance de M. de Maupeou en faveur de d^lle Françoise d'Eslennes, fille de défunt René d'Eslennes, éc., s^r de la Vergne, et veuve de Jean de Selicher, en son nom et comme mère tutrice de ses enfants, qui la reçoit opposante à l'exécution du rôle arrêté au Conseil le 14 mai 1697, et faisant droit sur son opposition, attendu que ladite veuve Selicher était de son chef d'extraction noble, et que ses enfants étaient mineurs, la décharge de la somme de trois mille livres à laquelle ils avaient été taxés audit rôle, en date du 22 février 1698.

Ordonnance de M. de Maupeou en faveur de Marie Bouton, veuve de Louis d'Eslennes, éc., s^r de la Fuye, d^lles Sébastienne, Gabrielle, Louise d'Eslennes, ses filles, et de d^lle Jeanne Dupont, veuve de François d'Eslennes, éc., et Louise d'Eslennes, sa fille, par laquelle elles sont maintenues dans les privilèges des nobles du royaume, en date du 15 août 1700.

Contrat de mariage de René d'Eslennes, éc., s^r de Longueville, avec d^{lle} Sébastienne Bouton, par lequel il paraît qu'il est fils de Louis d'Eslennes, éc., s^r dudit lieu, et de d^{lle} Suzanne de Cléra, en date du 7 avril 1636, signé Parenteau et Quintard, n^{res} à Fontenay.

Contrat de mariage de Louis d'Eslennes, éc., s^r de la Vergne, avec d^{lle} Françoise François, par lequel il paraît qu'il est fils de René d'Eslennes, éc., s^{gr} de Longueville, et de dame Sébastienne Bouton, en date du 17 juillet 1683, signé Train, n^{re} à Fontenay.

Ordonnance : Maintenus comme noble et écuyer, veuves de nobles et demoiselles, le 16 mai 1715, signé : de Richebourg.

Louis DE LA TOUCHE, éc., s^r de Beaulieu.   96

Pièce justificative : Sentence de M. de Barentin en faveur de Louis de la Touche, éc., s^r de Beaulieu, par laquelle il est maintenu dans les privilèges de la noblesse, en date du 16 août 1667.   *Châtellerault*

Ordonnance : Maintenu comme noble, le 20 mai 1715, signé : de Richebourg.

Henri DE LA GUÉRINIÈRE, chev., s^{gr} dudit lieu.   97

Pièces justificatives : Ordonnance de M. de Barentin en faveur de Louis de la Guérinière, éc., s^r de la Roche-Henry, par laquelle il est maintenu dans la qualité de noble et écuyer, en date du 5 septembre 1667.   *Mauléon*

Contrat de mariage d'Henri de la Guérinière, chev., s^{gr} dudit lieu, avec d^{lle} Jeanne Le Maignen, par lequel il paraît qu'il est fils de Louis de la Guérinière, dénommé dans l'ordonnance ci-dessus, et de dame Charlotte Jousseaulme, en date du 26 avril 1691, signé Audrain, n^{re}.

Ordonnance : Maintenu comme noble et écuyer, le 21 mai 1715, signé : de Richebourg.

98

Louis DE MAILLÉ, éc., s^r de la Cochinière,
Charlotte DE MAILLÉ, d^{lle} de la Girardière, sa sœur.

Fontenay Pièces justificatives : Contrat de mariage de Louis de Maillé, éc., s^r de la Cochinière, veuf de d^{lle} Marie Marineau, avec d^{lle} Diane-Marie Boureau, par lequel il paraît qu'il est fils de Pierre de Maillé, éc., s^r de la Cochinière, et de d^{lle} Blanche de Villeneuve, en date du 17 janvier 1628, signé Trottin et Marchand, n^{res}.

Contrat de mariage de Léon de Maillé, éc., s^r de Puyguion, avec d^{lle} Françoise Tiraqueau, par lequel il paraît qu'il est fils de Louis de Maillé ci-dessus et de d^{lle} Diane-Marie Boureau, en date du 27 mai 1658, signé Gorget et Gaultron, n^{res}.

Ordonnance de M. de Barentin en faveur de Louis de Maillé, éc., s^r de Villeneuve, par laquelle il est maintenu dans la qualité de noble et écuyer, en date du 16 août 1667, dans le vu des pièces de laquelle est énoncé le contrat de mariage en premières noces de Louis de Maillé avec d^{lle} Marie Marineau.

Contrat de mariage de Louis de Maillé, éc., s^r de la Cochinière, avec d^{lle} Florence Guerry, par lequel il paraît qu'il est fils de Léon de Maillé, éc., s^r de Puyguion, et de d^{lle} Françoise Tiraqueau, en date du 17 août 1700, signé Bajault, n^{re}.

Contrat du partage des biens de Léon de Maillé et de Françoise Tiraqueau entre Louis de Maillé, éc., s^r de la Cochinière, Jean Rangot, éc., s^r de Landairie, à cause de d^{lle} Catherine de Maillé, son épouse, et d^{lle} Charlotte de Maillé de la Girardière, fille majeure, leurs enfants, par lequel il paraît que Louis, comme aîné, a eu les précipuls et avantages de la Coutume, en date du 5 avril 1700, signé Martin et Biscara, n^{res}.

Ordonnance : Maintenus comme nobles, écuyer et demoiselle, le 21 mai 1715, signé : de Richebourg.

Louis DE TOUVOIS, éc., s^{gr} de la Haye.

Pièces justificatives : Arrêt du Conseil d'Etat du roi en faveur de René de Touvois, par lequel il est maintenu dans la qualité de noble et écuyer, en date du 18 juin 1668, signé Berryer.

Contrat de mariage de Louis de Touvois, éc., s^{gr} de la Haye, avec d^{lle} Jeanne Draud, par lequel il paraît qu'il est fils de René de Touvois, éc., s^{gr} de Touvois, et de dame Marie Moreau, en date du 24 octobre 1702, signé Cremois, n^{re}.

Ordonnance : Maintenu comme noble et écuyer, le 21 mai 1715, signé : de Richebourg.

François DAUX, éc.,
Marie et Louise-Henriette DAUX, ses sœurs, procédant sous l'autorité d'André Demeon, éc., s^r d'Essiré, leur curateur.

Pièces justificatives : Ordonnance de M. de Barentin en faveur de François Daux, éc., s^r des Aubus, René Daux, éc., s^r de Chaulmes, et Marguerite Daux, par laquelle ils sont maintenus dans la qualité de nobles et écuyers, en date du 12 août 1667.

Contrat de mariage de François Daux, éc., s^{gr} de la Blanchardière, avec d^{lle} Marie Hérault, par lequel il paraît qu'il est fils de François Daux, éc., s^{gr} des Aubus, dénommé dans l'ordonnance ci-dessus, et de dame Marie Boudault, en date du 3 juillet 1695, signé Neufville, n^{re}.

Trois extraits de baptême : 1° de François Daux, du 26 décembre 1696, 2° de Marie Daux, du 10 décembre 1697, 3° de Louise-Henriette Daux, du 27 octobre 1699, par lesquels il paraît qu'ils sont enfants de François Daux, éc., s^r de la Blanchardière, et de dame Marie Hérault ; délivrés le 9 avril 1715 par Bardoul, curé de Château-Guibert, légalisés par le sénéchal de la baronnie de Mareuil, signé Godet, et contrôlés à Poitiers par Legrand.

Ordonnance : Maintenus comme nobles, écuyer et demoiselles, le 24 mai 1715, signé : de Richebourg.

101

Louis DU TEIL, éc., s^r de la Bussière.

Cette ordonnance manque à notre collection.

On lit sur le registre du greffe : « Du 3 juin 1715. Production pour Louis du Teil, éc., s^r de Bussière, Montet, deffendeur, contre ledit s^r Ferrand. »

En marge est écrit : « Du 4 juin. Ordonnance sur requeste qui décharge de l'assignation, sans minute. »

Et dans l'autre marge : « J'ay retiré la production de M. du Teil ce 4 juin 1715, Vennaud. »

(Voir D 78 et 111.)

102

Fontenay

Marie-Henriette-Charlotte des Herbiers, veuve d'Antoine D'ARCEMALE, chev., s^gr baron du Langon,

Antoine-Henri-Charles D'ARCEMALE, chev., s^gr baron du Langon, son fils mineur.

Pièces justificatives : Arrêt du Conseil d'Etat du roi intervenu sur l'appel interjeté de l'ordonnance de M. de Barentin du 31 août 1667, qui déclarait Jacques d'Arcemale, s^gr du Langon, roturier, en faveur d'Antoine d'Arcemale, par lequel, sans s'arrêter au jugement de M. de Barentin, ledit Antoine d'Arcemale, fils du Jacques d'Arcemale, est maintenu dans la qualité de noble et d'écuyer, en date du 24 mai 1675, signé Foucault.

Contrat de mariage d'Antoine d'Arcemale, chev., s^gr baron du Langon, avec Marie-Henriette-Charlotte des Herbiers, par lequel il paraît qu'il est fils de Jacques d'Arcemale, chev., baron du Langon, et de dame Claude Berthon, en date du 5 septembre 1701, signé Baritaud et Gilbert, n^res.

Extrait de baptême d'Antoine-Henri-Charles d'Arcemale, du 9 janvier 1708, par lequel il paraît qu'il est fils d'Antoine d'Arcemale ci-dessus et de Marie-Henriette-Charlotte des Herbiers, délivré le 13 mai 1715 par Grignon, curé du

Langon, légalisé, signé Etienne, évêque de la Rochelle, et plus bas, Par Mgr, Rousseau, contrôlé à Poitiers par Legrand.

Ordonnance : Maintenus comme nobles, écuyer, veuve de gentilhomme, le 6 juin 1715, signé : de Richebourg.

Etienne D'ARCEMALE, éc., s^r de la Fremaudière,
Etienne-Alexandre D'ARCEMALE, son fils,
Bernard D'ARCEMALE, éc., s^r de la Blanchardière, son frère.

103

Fontenay

Pièces justificatives : Contrat de mariage de Louis d'Arcemale, éc., avec d^{lle} Anne Bodin, par lequel il paraît qu'il est fils de Jean d'Arcemale, éc., et de dame Catherine Chevallet, en date du 19 novembre 1573, signé Mallet, n^{re}.

Contrat de mariage de Louis d'Arcemale, éc., s^r de la Blanchardière, avec d^{lle} Françoise Braud, par lequel il paraît qu'il est fils de défunt Louis d'Arcemale ci-dessus et de dame Anne Bodin, en date du 20 novembre 1616, signé Charrieu, n^{re}.

Contrat du partage des biens de Louis d'Arcemale, éc., et de dame Anne Bodin, entre Baptiste d'Arcemale, Adam, Louis et autre Baptiste d'Arcemale, leurs enfants, par lequel il paraît que Baptiste d'Arcemale a eu, comme aîné, les préciputs et avantages de la Coutume, en date du 25 octobre 1618, signé Chauveau, n^{re}.

Contrat de mariage d'Etienne d'Arcemale, éc., s^r de la Blanchardière, avec d^{lle} Marguerite Bernard, par lequel il paraît qu'il est fils de Louis d'Arcemale, éc., et de d^{lle} Françoise Braud, en date du 6 octobre 1647, signé Mazeau, n^{ro}.

Contrat de mariage d'Etienne d'Arcemale, éc., s^r de la Fremaudière, avec d^{lle} Claude d'Arcemale, par lequel il paraît qu'il est fils d'Etienne d'Arcemale ci-dessus et de dame Marguerite Bernard, en date du 21 novembre 1679, signé Mazeau, n^{re}.

Contrat de mariage de Bernard d'Arcemale, éc., s^r de la Blanchardière, avec d^{lle} Catherine Dejean, par lequel il paraît qu'il est fils d'Etienne d'Arcemale et de dame Marguerite Bernard, en date du 10 février 1686, signé Chatinaire et Quintard, n^res à Fontenay.

Contrat de mariage d'Etienne-Alexandre d'Arcemale, chev., s^gr de la Fremaudière, avec d^lle Gertrude de Morienne, par lequel il paraît qu'il est fils d'Etienne d'Arcemale, éc., s^r de la Fremaudière, et de dame Claude d'Arcemale, en date du 7 mars 1710, signé Goguet et Ballard, n^res.

Ordonnance : Maintenus comme nobles et écuyers, le 6 juin 1715, signé : de Richebourg.

104

Mauléon

Alexis-Augustin DES HERBIERS, chev., s^gr de l'Estenduère, y demeurant, paroisse des Herbiers.

Pièces justificatives : Ordonnance de M. de Maupeou en faveur d'Henri des Herbiers, éc., s^gr de l'Estenduère, par laquelle il est maintenu dans la qualité de noble et écuyer, du 10 août 1700.

Extrait de baptême d'Alexis-Augustin des Herbiers, ondoyé le 29 juin 1680, et baptisé le 20 septembre 1682, par lequel il paraît qu'il est fils d'Henri des Herbiers, chev., s^gr de l'Estenduère, dénommé dans l'ordonnance ci-dessus, et de d^lle Marie-Françoise de l'Espronnière, délivré le 4 mai 1715 par Coustard, recteur de Freigné, légalisé, et contrôlé à Poitiers par Legrand.

Ordonnance : Maintenu comme noble et écuyer, le 7 juin 1715, signé : de Richebourg.

105

Thouars et Fontenay

Gabriel DES NOUHES, éc., abbé des Fontenelles,
René-Thomas DES NOUHES, éc., s^gr de Beaumont et du Pasly, lieutenant des vaisseaux du roi, son frère,
Gabriel DES NOUHES, éc., s^gr de la Normandelière,
Joseph DES NOUHES, éc., frère du précédent, demeurant tous les deux en l'élection de Fontenay.

Pièce justificative : Ordonnance de M. de Maupeou en faveur de Gabriel des Nouhes, éc., abbé des Fontenelles, René-Thomas des Nouhes, éc., s^{gr} de Beaumont, Gabriel des Nouhes, éc., s^{gr} de la Normandelière, et Joseph des Nouhes, éc., par laquelle ils sont maintenus comme nobles et écuyers, en date du 3 août 1700.

Ordonnance : **Maintenus comme nobles et écuyers, le 8 juin 1715, signé : de Richebourg.**

François DUCHESNE, éc., s^r du Mesnil,
François-Florent DUCHESNE, éc., son fils, demeurant tous les deux à Fontenay.

106

Fontenay

Pièces justificatives : Edit du roi portant anoblissement de cinq cents personnes dans le royaume, du mois de mars 1696.

Quittance de finance de la somme de six mille livres payée par François Duchesne, s^r du Mesnil, pour la finance d'une des lettres de noblesse en conséquence dudit édit, en date du 23 novembre 1696, signée Brunet, enregistrée au contrôle général des finances le 7 décembre 1696, signée Phelippeaux.

Lettres patentes de Sa Majesté expédiées en conséquence dudit édit et de ladite quittance, en faveur dudit François Duchesne, éc., s^r du Mesnil, portant anoblissement de sa personne, ses enfants, tant mâles que femelles, nés et à naître en légitime mariage, données à Versailles au mois de décembre 1696, signées Louis, et sur le repli, Par le roi, Phélippeaux, enregistrées en Parlement, Chambre des comptes, Cour des aides et Bureau des finances, au présidial de la sénéchaussée de Poitou à Poitiers, et au siège royal de Fontenay-le-Comte, dont les actes sont insérés sur le repli desdites lettres.

Quittance de finance de la somme de trois mille livres, payée par ledit François Duchesne pour jouir de cent cinquante livres de rente effective créées par édit du mois d'octobre 1704 et de la confirmation desdites lettres de noblesse, en date du 29 juin 1707, signé Gruyn, enregistrée au contrôle général des finances le 9 juillet 1707, signé Chamillard.

Acte de l'enregistrement de ladite quittance de finance au Bureau des finances de cette Généralité, du 7 avril 1710, signé Deringère, greffier.

Quittance de finance de la somme de douze cents livres, payée par le même François Duchesne, pour jouir de soixante livres de rente créées par édit du mois de janvier 1710, et de la confirmation desdites lettres, du 14 novembre 1711, signé de Turmenye, enregistrée au contrôle général des finances le 5 décembre 1711, signé Perrotin.

Extrait de baptême de François-Florent Duchesne, du 7 décembre 1697, par lequel il paraît qu'il est fils de François Duchesne, dénommé ci-dessus, et de Marie de Maurienne, délivré le 25 juin 1699 par Morin, prêtre, curé de Saint-Pompain, légalisé par le sénéchal de la châtellenie de Saint-Pompain, signé de Maucour, contrôlé à Poitiers le 14 mai 1715 par Legrand.

Acte de l'émancipation de la personne dudit François-Florent Duchesne, à la réquisition de François Duchesne, son père, par-devant le sénéchal de Saint-Pompain, du 2 août 1700, signé Prieur, greffier.

Ordonnance : **Maintenus comme nobles et écuyers, le 13 juin 1715, signé : de Richebourg.**

107

Thouars

Jacques DE CISSAY, éc., s^{gr} de la Bellencizière,
Renée Bigot, veuve de Jacques DE CISSAY, éc., s^{gr} de la Bellencizière, sa belle-mère.

Pièces justificatives : Contrat de mariage de Jacques de Cissay, éc., s^r de la Bellencizière, avec d^{lle} Marie Mariault, par lequel il paraît qu'il est fils de Jacques de Cissay, éc., s^r de Salvert et de la Bellencizière, et de dame Catherine Audebert, en date du 12 août 1686, signé Redon, n^{re}.

Contrat de mariage en secondes noces dudit Jacques de

Cissay avec d^lle Renée Bigot, en date du 28 décembre 1697, signé Chasseaux, n^re.

Ordonnance de M. de Maupeou en faveur de Jacques de Cissay, éc., s^r de la Bellenzicière, par laquelle il est maintenu dans la qualité de noble et écuyer, en date du 2 avril 1699.

Extrait de baptême de Jacques de Cissay, du 1er décembre 1690, par lequel il paraît qu'il est fils de Jacques de Cissay ci-dessus et de dame Marie Mariault, délivré le 5 février 1715 par Samoyaut, curé de Bagneux, légalisé par le sénéchal de Thouars, signé Gaudouin, contrôlé à Poitiers par Legrand.

Ordonnance : **Maintenus comme noble et écuyer, et veuve de noble, le 14 juin 1715, signé : de Richebourg.**

Gabriel DE LA PISSE, éc., s^r des Bregères. 108

Pièces justificatives : Ordonnance de M. de Barentin en faveur de René de la Pisse, éc., s^r des Brosses, par laquelle il est maintenu dans la qualité de noble et écuyer, en date du 30 décembre 1667.

Poitiers

Contrat du partage des biens de Gabriel de la Pisse, éc., s^r de la Coste, et de dame Paule Durousseau, sa femme, entre René de la Pisse, éc., s^r des Brosses, dénommé ci-dessus, Gabriel de la Pisse, éc., s^r des Barautières, d^lles Renée et Anne de la Pisse, leurs enfants, par lequel il paraît que René a eu, comme aîné, les préciputs et avantages de la Coutume, en date du 7 mars 1666, signé Longeaud, n^re.

Grosse d'un contrat de mariage de Gabriel de la Pisse, éc., s^r des Barautières, avec dame Anne Jourde, par lequel il paraît qu'il est fils de Gabriel de la Pisse, éc., s^r de la Coste, et de d^lle Paule Durousseau, en date du 26 novembre 1670, signé Decubes, légalisée par le s^r Jude, sénéchal d'Oradour-sur-Vayres, le 8 juin 1715.

Extrait de baptême d'autre Gabriel de la Pisse, du 8 novembre 1674, par lequel il paraît qu'il est fils de Gabriel de la Pisse ci-dessus et de d^lle Anne Jourde, délivré le 12 mars 1715 par Teulier, curé d'Oradour-sur-Vayres, légalisé comme dessus, signé Jude, contrôlé à Poitiers par Coupard.

Ordonnance : Maintenu comme noble et écuyer, le 15 juin 1715, signé : de Richebourg.

109

Fontenay

Simon-Quentin DESPREZ, éc., s^r de la Fosse,
René-Quentin DESPREZ, éc., son fils,
Pierre-René et Louis-René DESPREZ, éc^{rs}, ses frères,
Alexandre DESPREZ, éc.,
Marie Bastard, veuve de François DESPREZ, éc.

Pièces justificatives : Ordonnance de M. de Barentin en faveur de Louis Desprez, éc., s^r du Fief-Mignoux, par laquelle il est maintenu dans la qualité de noble et écuyer, en date du 5 septembre 1667.

Contrat de mariage de René Desprez, éc., s^r de la Fosse, avec d^{lle} Madeleine Pichard, par lequel il paraît qu'il est fils de Louis Desprez ci-dessus et de dame Marie de Sallo, en date du 11 février 1680, signé Train et Quintard, n^{res}.

Trois extraits de baptême : 1° de Simon-Quentin Desprez, du 14 juin 1682, 2° de Pierre-René Desprez, du 16 mai 1686, 3° de Louis-René Desprez, du 21 novembre 1697, par lesquels il paraît qu'ils sont tous les trois enfants de René Desprez ci-dessus et de d^{lle} Madeleine Pichard, délivrés le 5 juin 1715 par Guillemet, curé de Saint-Maurice-des-Nouhes, contrôlés à Poitiers par Legrand.

Contrat de mariage de Simon-Quentin Desprez, éc., s^r de la Fosse, avec d^{lle} Renée Desprez, par lequel il paraît qu'il est fils de René Desprez et de d^{lle} Madeleine Pichard, en date du 4 novembre 1704, signé Lafiton et Grugnet, n^{res}.

Extrait de baptême de René-Quentin Desprez, du 11 avril 1714, par lequel il paraît qu'il est fils de Simon-Quentin Desprez ci-dessus et de dame Renée Desprez, délivré le 16 juin 1715 par Guillemet, curé de Saint-Maurice-des-Nouhes, contrôlé à Poitiers par Legrand.

Contrat de mariage de François Desprez, chev., s^{gr} de la

Loge, avec d{lle} Marie-Anne Bastard, par lequel il paraît qu'il est fils de Daniel Desprez, chev., sr de la Fosse, et de dame Françoise de Sauzay, dont le contrat de mariage est énoncé dans le vu des pièces de l'ordonnance de M. de Barentin ci-dessus, rendue tant en faveur de Louis Desprez que dudit François Desprez, son frère (et autres), ledit contrat en date du 12 août 1681, signé Raffeneau et Roy, n{res}.

Contrat du partage des biens de Daniel Desprez et de Françoise de Sauzay, entre Louis Desprez, éc., sr du Fief-Mignoux, Pierre Desprez, François Desprez, éc., sr de la Loge, René Desprez, éc., Alexandre Desprez, éc., Thomas Desprez, éc., sr de Saint-Maixent, Josué Desprez, éc., sr du Pairé-Boutterie, et Suzanne Desprez, leurs enfants, par lequel il paraît que Louis Desprez, comme aîné, a eu les préciputs et avantages de la Coutume, en date du 1er juin 1667, signé Chatenaire et Quintard, n{ros}.

Contrat de mariage d'Alexandre Desprez, éc, sr du Gast, avec d{lle} Marie de la Boucherie, par lequel il paraît qu'il est fils de Daniel Desprez, éc., sr de la Fosse, et de dame Françoise de Sauzay, en date du 28 janvier 1669, signé Boismoreau, n{re}.

Contrat de mariage d'Alexandre Desprez, éc., avec d{lle} Françoise de Sélicher, par lequel il paraît qu'il est fils d'Alexandre Desprez ci-dessus et de dame Marie de la Boucherie, en date du 1er février 1700, signé Melhiac et Pillebot, n{res}.

Dires des produisants : Daniel Desprez et Françoise de Sauzay ont eu pour enfants Louis, Pierre, François, René, Alexandre, Thomas, Josué et Suzanne.

Ledit Louis, marié avec Marie de Sallo, a eu pour fils René, marié avec Madeleine Pichard, dont sont issus Simon-Quentin, Pierre-René et Louis-René. Dudit Simon-Quentin, marié avec Renée Desprez, est issu René-Quentin.

Ledit François, marié avec Marie-Anne Bastard, a eu pour enfants Charles-François, Auguste-Casimir, Henriette-Arthémise et Marie-Thérèse.

Ledit Alexandre, marié avec Marie de la Boucherie, a eu pour enfants autre Alexandre, Marie et Renée ; ces deux dernières ont été émancipées le 23 juillet 1698, suivant acte signé Ballard. Dudit autre Alexandre, marié avec Françoise de Sélicher, sont issus Pierre-Alexandre et Marie-Françoise, qui ont été baptisés dans la paroisse de Corps, suivant certificat du s^r Fradin, curé.

Ordonnance : Maintenus comme nobles, écuyers, et veuve de noble, le 22 juin 1715, signé : de Richebourg.

110

Fontenay

Charles DABILLON, éc., s^r de Portneuf.

Pièces justificatives : Ordonnance de M. de Barentin en faveur de Charles Dabillon, éc., s^r de Portneuf, par laquelle il est maintenu dans la qualité de noble et écuyer, en date du 9 août 1667.

Contrat de mariage de Charles Dabillon, éc., s^r de Portneuf, avec d^{lle} Marguerite des Roullins, par lequel il paraît qu'il est fils de Jean Dabillon, éc., s^r du Cluzeau, et de d^{lle} Catherine Aubert, en date du 5 juillet 1650, signé Petit et Richard, n^{res}.

Contrat de mariage de Charles Dabillon, chev., s^{gr} de Portneuf, avec d^{lle} Suzanne Voyer, par lequel il paraît qu'il est fils de Charles Dabillon ci-dessus et de d^{lle} Marguerite des Roullins, en date du 12 septembre 1675, signé Desmortiers et Palardy, n^{res}.

Acte de tutelle de Charles, Marie, Suzanne, Charlotte, Catherine Dabillon, par lequel il paraît qu'ils sont enfants de Charles Dabillon ci-dessus et de d^{lle} Suzanne Voyer, et que Samuel Voyer, s^{gr} de la Bonnelière, est nommé leur curateur, en date du 14 mars 1682, signé Flechier, greffier de la juridiction de Saint-Mars-la-Réorthe.

De ces pièces il appert que Charles Dabillon, produisant, était fils de Charles, époux de Suzanne Voyer, lequel était fils d'autre Charles, époux de Marguerite des Roullins, maintenu par M. de Barentin, lequel était issu de Jean et de Catherine Aubert.

Ordonnance : Maintenu comme noble et écuyer, le 22 juin 1715, signé : de Richebourg.

Jacques DU TEIL, éc., s⁻ de la Contardière.

Pièces justificatives : Ordonnance de M. Boucher d'Orsay, intendant de la Généralité de Limoges, rendue le 12 novembre 1714 en faveur de Louis du Teil, éc., s⁻ de Bussière, par laquelle il est maintenu dans la qualité de noble et écuyer. Dans le vu des pièces est énoncé : 1° le contrat de mariage de François-Simon du Teil, éc., s⁻ de Mouterre, avec d^lle Marguerite Ferré, par lequel il paraît qu'il est fils d'Henri du Teil, éc., s⁻ de Bussière, et de d^lle Marie de la Feste ; 2° le contrat de mariage de Louis, éc., s⁻ de Bussière, en faveur duquel est intervenue ladite ordonnance, avec d^lle Martille-Gabrielle de Haute-Claire, par lequel il paraît qu'il est fils de François-Simon du Teil, éc., s⁻ de Bussière, et de dame Marguerite Ferré.
Ordonnance de M. de Richebourg, rendue le 4 juin 1715 en faveur de Louis du Teil, éc., s⁻ de Bussière, maintenu dans l'ordonnance ci-dessus, par laquelle il est renvoyé de l'assignation à lui donnée à la requête du s⁻ Ferrand.
Extrait de baptême de Jacques du Teil, produisant, du 2 janvier 1656, par lequel il paraît qu'il est fils d'Henri du Teil, éc., s^gr de la Bussière, et de d^lle Marie de la Feste, délivré le 17 juin 1715 par Coutureau, curé de Mouterre, contrôlé à Bourpeil par Patharin.

Ordonnance : Maintenu comme noble et écuyer, le 23 juin 1715, signé : de Richebourg.
(Voir D 78 et 101 ci-dessus.)

111

Confolens

Marie Gigou, veuve de René DE CUMONT, éc., s⁻ de Fief-Brun.

Pièces justificatives : Ordonnance de M. de Maupeou en faveur de Jean de Cumont, éc., s⁻ des Launnières, Jacques de Cumont, éc., son fils, Gabriel de Cumont, éc., et Eraste de Cumont, éc., s⁻ de Longchamps, par laquelle ils sont maintenus dans leur noblesse, en date du 31 mai 1699. Dans le vu des pièces est énoncé le contrat de mariage de Gabriel de Cumont, éc., avec d^lle Charlotte Peslerin.

112

St-Maixent

Contrat de mariage de René de Cumont, éc., sʳ de Fief-Brun, avec dˡˡᵉ Marie Gigou, par lequel il paraît qu'il est fils de Gabriel de Cumont, éc., sʳ de Fief-Brun, dénommé dans l'ordonnance ci-dessus, et de dˡˡᵉ Charlotte Peslerin, du 24 juillet 1702, signé Isambard, nʳᵉ en la vicomté d'Aunay.

Ordonnance : Maintenue comme veuve de noble, le 22 juillet 1715, signé : de Richebourg.

113

Fontenay

Julien-Charles DOYNEAU, éc., sʳ des Douves,
Jacques-Hilaire DOYNEAU, éc., sʳ du Champblanc.

Pièces justificatives : Ordonnance de M. de Maupeou en faveur de Julien Doyneau, éc., sʳ de la Charrie et de Tournemil, Julien-Charles Doyneau, éc., sʳ des Douves, Jacques-Hilaire Doyneau, éc., et Charles Doyneau, éc., sʳ de la Charrie, par laquelle ils sont maintenus en leur noblesse, en date du 20 septembre 1701.

Ordonnance : Ordonne qu'ils seront inscrits au catalogue des nobles de la Généralité de Poitou, le 26 juillet 1715, signé : de Richebourg.

114

Thouars

Charles DE LAAGE, éc., sʳ de Foussac.

Pièces justificatives : Ordonnance de M. de Barentin en faveur de François de Laage, éc., sʳ de Beauregard et de Foussac, par laquelle il est maintenu dans la qualité de noble et écuyer, en date du 23 août 1667. Dans le vu des pièces est énoncé le contrat de mariage en secondes noces de François de Laage avec Marie Brunet.

Extrait de baptême de Charles de Laage, du 7 mars 1676, par lequel il paraît qu'il est fils de François de Laage, dénommé dans l'ordonnance ci-dessus, et de Marie Brunet, délivré le 17 mai 1715 par Nosereau, curé de Saint-Léger, légalisé par le lieutenant-général de Saint-Maixent, signé Pavin, contrôlé à Poitiers le 29 juillet 1715 par Legrand.

Contrat de mariage de Charles de Laage, éc., sʳ de Foussac,

avec d^lle Françoise Depont, par lequel il paraît qu'il est fils de François de Laage et de Marie Brunet, en date du 29 avril 1698, signé Claude Garet, n^re.

Ordonnance : Maintenu comme noble et écuyer, le 2 août 1715, signé : de Richebourg.

Louis DE LA FONTENELLE, éc., s^r du Payré, Charlotte Piraud, veuve de César DE LA FONTENELLE, éc.

114 bis

Fontenay

Pièce justificative : Ordonnance de M. de Maupeou en faveur de Louis de la Fontenelle, éc., s^r du Payré, par laquelle il est maintenu dans sa noblesse, en date du 27 novembre 1697.

Pièces non visées : Sentence de M. de Barentin, par laquelle Paul de la Fontenelle, éc., s^r de la Viollière, et François-Germanique de la Fontenelle sont confirmés dans les privilèges de la noblesse, en date du 27 septembre 1667.

Contrat de mariage de César de la Fontenelle, éc., avec Charlotte Piraud, en date du 30 décembre 1669.

Dires des produisants : Pierre de la Fontenelle, marié avec Perrine Mesnard, a eu trois fils, Paul, François-Germain et César qui a été marié avec Charlotte Piraud. Dudit François-Germain est issu Louis, maintenu par M. de Maupeou et aujourd'hui produisant.

Ordonnance : Ordonne que Louis de la Fontenelle sera inscrit au catalogue des nobles de la Généralité de Poitou, sans prononcer sur la requête de Charlotte Piraud, le 6 août 1715, signé : de Richebourg.

René DE LA BOUCHERIE, éc., s^r du Guy et de Saint-Denis, et son fils Benjamin-Alexandre,
Pierre DE LA BOUCHERIE, éc., s^r du Fief, et son fils Pierre-Jean.

115

Fontenay

Pièces justificatives : Ordonnance de M. de Barentin en faveur de René de la Boucherie, éc., s^r du Guy, par laquelle il est maintenu dans la qualité de noble et écuyer, en date du 9 août 1667. Dans le vu des pièces de cette ordonnance est énoncé : 1° le contrat de mariage dudit René de la Boucherie avec d^lle Marie Gaborin ; 2° le contrat de mariage d'autre René de la Boucherie avec d^lle Marie Lévesque ; 3° le contrat de mariage de Charles de la Boucherie, éc., s^r du Fief, avec d^lle Marie Bocquier, par lequel il paraît qu'il est fils de René de la Boucherie et de d^lle Marie Lévesque, et cousin de René maintenu.

Contrat de mariage de René de la Boucherie, éc., s^r du Guy, avec d^lle Aimée Gourdeau, par lequel il paraît qu'il est fils de René de la Boucherie, éc., dénommé dans l'ordonnance ci-dessus, et de d^lle Marie Gaborin, en date du 20 janvier 1690, signé Boutet et Bertault, n^res.

Contrat de mariage de Pierre de la Boucherie, éc., s^r du Fief, avec d^lle Louise Regnaud, par lequel il paraît qu'il est fils de défunt Charles de la Boucherie, éc., s^r du Fief, et de d^lle Marie Bocquier, en date du 20 janvier 1674, signé Pichot et Landriau, n^res.

Contrat de mariage de Pierre de la Boucherie, éc., avec d^lle Elisabeth Prousteau, par lequel il paraît qu'il est fils de Pierre de la Boucherie ci-dessus et de d^lle Louise Regnaud, en date du 24 mai 1703, signé Landriau, n^re.

Extrait de baptême de Pierre-Jean de la Boucherie, du 24 juin 1704, par lequel il paraît qu'il est fils de Pierre de la Boucherie, éc., ci-dessus, et de dame Elisabeth Prousteau, délivré le 22 avril 1715 par David, curé de Luçon, légalisé par le sénéchal de Luçon, contrôlé à Poitiers par Legrand.

Extrait de baptême de Benjamin-Alexandre de la Boucherie, du 21 novembre 1691, par lequel il paraît qu'il est fils de René de la Boucherie, éc., s^r du Guy, et de dame Aimée Gourdeau, délivré le 21 avril 1715 par Ruchand, curé de Saint-Denis-du-Payré, légalisé par le sénéchal de Luçon, contrôlé à Poitiers par Legrand.

Ordonnance : Maintenus comme nobles et écuyers, le 15 août 1715, signé : de Richebourg.

Jean DAYS (*aliàs* DAITZ) DE MESMY, chev., s^{gr} marquis de la Villedieu,

Jean-Charles et Louis-René DAYS, ses enfants,

Marie-Anne-Suzanne DAYS DE MESMY, sa sœur, veuve du s^{gr} de Mirabal.

Pièces justificatives : Brevet accordé par le roi au sieur de la Guillotière, lieutenant-général des armées du roi, qualifié de chevalier, par lequel il est élu et établi cons^{er} ès conseils d'Etat et privé du roi, en date du 28 janvier 1661, signé Louis, Par le roi, Phélippeaux, en marge duquel est l'acte de prestation de serment dudit s^r de la Guillotière entre les mains de Mgr le chancelier, du 31 janvier 1661, signé La Guillaumye.

Contrat de mariage de Michel Days de Mesmy, chev., s^{gr} de la Guillotière, cons^{er} du roi en ses conseils, mestre de camp d'un régiment de cavalerie entretenu pour le service du roi et lieutenant-général en ses armées, avec d^{lle} Suzanne Days de Mesmy, par lequel il paraît qu'il est fils de Zacharie Days de Mesmy, chev., s^{gr} de Savignac et de la Guillotière, et de dame Louise Rousseau de la Guillotière, en date du 4 juin 1661, signé Marchand, n^{re} à Surgères.

Ordonnance de M. de Barentin en faveur de Jean Days, éc., s^r de la Roche-Hélye, Isaac Days de Mesmy, s^r de Langevinière, dame Suzanne Days, veuve de Michel Days de Mesmy, éc., s^r de la Guillotière, tutrice de Jean, Marie et Suzanne Days, par laquelle ils sont maintenus dans la qualité de nobles et d'écuyers, en date du 10 décembre 1667.

Contrat de mariage de Jean Days de Mesmy, chev., s^{gr} de la Guillotière, avec dame Henriette-Marie-Anne de Gillier, par lequel il paraît qu'il est fils de Michel Days de Mesmy, chev., s^{gr} de la Guillotière, lieutenant-général des armées de S. M., et de défunte dame Marie-Suzanne Days de Mesmy, en date du 30 novembre 1684, signé Guillon et Tastereau, n^{res}.

Contrat du partage des biens de Michel Days de Mesmy, chev., s^{gr} de la Guillotière, lieutenant-général des armées du roi, entre Jean Days de Mesmy, chev., s^{gr} de la Guillotière, et Marie-Anne-Suzanne Days de Mesmy, sa sœur, par lequel il paraît qu'ils sont enfants dudit Michel Days de Mesmy et de dame Marie-Suzanne Days de Mesmy, et que ledit Jean a eu, comme aîné, les préciputs et avantages de la Coutume, en date du 9 novembre 1692, signé Pellerin et Guyot, n^{res} au Chastelet de Paris.

Lettres patentes du roi d'érection en marquisat de la terre de La Villedieu, accordées à Jean Days de Mesmy, chev., s^{gr} de la Guillotière, La Villedieu, Comblé et autres lieux, avec pouvoir de se dire, nommer et qualifier marquis, données au mois d'avril 1698, signées Louis, et sur le repli, Par le roi, Phélippeaux, et scellées du grand sceau de cire verte en lacs de soie.

Deux extraits de baptême, l'un de Jean-Charles Days de Mesmy, du 9 novembre 1692, et l'autre de Louis-René Days, du 13 juin 1697, par lesquels il paraît qu'ils sont enfants de Jean Days de Mesmy, chev., s^{gr} marquis de La Villedieu et autres lieux, et de dame Henriette-Marie-Anne de Gillier, le 1er délivré le 10 juin 1709 par Orré, curé de Saint-Eanne, le 2e délivré le 9 août 1715 par Merceron, curé de Saint-Eanne, contrôlés tous les deux par Legrand.

Ordonnance : Maintient Jean Days de Mesmy et ses enfants comme nobles et écuyers, sans prononcer sur la requête de Marie-Anne-Suzanne Days, veuve de Mirabal, le 21 août 1715, signé : de Richebourg.

117

François DURETAIL, éc., s^r de la Brossardière,
Marie Caillet, veuve de Pierre DURETAIL, sa mère.

Niort

Pièce justificative : Ordonnance de M. de Maupeou en faveur de François Duretail, éc., s^r de la Brossardière, et de Marie Caillet, veuve de Pierre Duretail, sa mère, par laquelle ils sont maintenus en leur noblesse, en date du 22 mai 1699.

Pièces non visées : Contrat de mariage de Jacques Duretail, éc., s^r de Belle-Epine, en date du 9 février 1591.

Extrait de baptême de François Duretail, délivré par Gaillard, prêtre-curé de Vouhé, par lequel il paraît qu'il est fils de

Pierre Duretail et de Marie Caillet, et qu'il a eu pour marraine Marie-Perrine Duretail, sa sœur.

Dires des produisants : Jacques Duretail a eu pour fils Nicolas Duretail, éc., sʳ de Belle-Epine, qui a eu pour fils Pierre Duretail, époux et père des produisants.

Ordonnance : Ordonne leur inscription au catalogue des nobles, le 27 août 1715, signé : de Richebourg.

Philippe-Charles DE LA BARRE, éc., sʳ de la Maison-Blanche et de la Guyonnière, maréchal des logis des chevau-légers de la garde du roi, chevalier de l'ordre de Saint-Louis.

118

Niort

Pièce justificative : Ordonnance de M. de Maupeou en faveur de Philippe-Charles de la Barre, éc., sʳ de la Maison-Blanche et de la Guyonnière, par laquelle il est maintenu en sa noblesse, en date du 21 juillet 1700.

Ordonnance : Ordonne qu'il sera inscrit au catalogue des nobles de la Généralité, le 27 août 1715, signé : de Richebourg.

Suzanne de Saint-Gelais de Lusignan, veuve de Claude DE BELLEVILLE, éc., sᵍʳ de Coulon, tant en son nom que comme mère tutrice de Claude-Gabriel et Marie-Charlotte DE BELLEVILLE, ses enfants mineurs,
Marguerite DE BELLEVILLE.

119

Niort

Pièce justificative : Ordonnance de M. de Maupeou en faveur de Claude de Belleville, éc., sᵍʳ de Coulon, François de Belleville, éc., sʳ de Razes, Philippe de Belleville, éc., sʳ de Richemond, par laquelle ils sont maintenus dans les privilèges et exemptions accordés aux nobles du royaume, en date du 8 avril 1699. Dans le vu des pièces de cette ordonnance est énoncé le contrat de mariage de Claude de Belleville, chev., sᵍʳ de Coulon, avec dˡˡᵉ Suzanne de Saint-Gelais, par lequel il paraît qu'il est fils de Pierre de Belleville, chev., et de Catherine du Breuil.

Deux extraits de baptême, le premier de Claude-Gabriel de Belleville, du 11 avril 1697, le deuxième de Marie-Charlotte de Belleville, du 30 mai 1699, par lesquels il paraît qu'ils sont enfants de Claude de Belleville, éc., s^{gr} de Coulon, et de dame Suzanne de Saint-Gelais de Lusignan, délivrés le 9 août 1715 par Baraud, vicaire de Saint-André de Niort, légalisés par le s^r Chebrou, subdélégué à Niort, contrôlés à Poitiers par Legrand.

Extrait de baptême de Marguerite de Belleville, du 12 juin 1665, par lequel il paraît qu'elle est fille de Pierre de Belleville, éc., et de dame Catherine du Breuil, délivré le 9 août 1715 par Chenier, curé de Coulon, légalisé par le s^r Chebrou, subdélégué à Niort, contrôlé à Poitiers par Legrand.

Ordonnance : **Maintenus comme nobles, écuyer, veuve de noble et demoiselles, le 28 août 1715, signé : de Richebourg.**

120

Poitiers

Antoine-César DESPREZ, éc., s^r de la Villedieu.

Pièces justificatives : Contrat de mariage de Josué Desprez, éc., s^r du Vivier, avec d^{lle} Lucie Dabillon, par lequel il paraît qu'il est fils de Charles Desprez, éc., s^{gr} du Pairé, et de dame Anne Dabillon, en date du 6 juillet 1650, signé Lafitton, n^{re} à Niort.

Ordonnance de M. de Barentin en faveur de Josué Desprez, éc., s^r du Pairé, par laquelle il est maintenu dans la qualité de noble et écuyer, en date du 5 septembre 1667.

Contrat de mariage d'Antoine-Melchior-César Desprez, chev., s^{gr} de la Villedieu, avec dame Angélique Brun, par lequel il paraît qu'il est fils de Josué Desprez, éc., s^r du Pairé-Bouterie, et de dame Lucie Dabillon, en date du 3 août 1680, signé Marot et Joyeux, n^{ros}.

Contrat de mariage d'Antoine-César Desprez, éc., s^r de la Villedieu, avec d^{lle} Madeleine Goulard, par lequel il paraît qu'il est fils d'Antoine-Melchior-César Desprez ci-dessus et de dame Angélique Brun, du 16 mars 1706, signé Baudin, n^ro à Niort.

Ordonnance : Maintenu comme noble et écuyer, le 29 août 1715, signé : de Richebourg.

Jacques DE LINIERS, éc., s^r de Château-Gaillard. 121

Pièce justificative : Ordonnance de M. de Maupeou en faveur de Jacques de Liniers, éc., s^r de Château-Gaillard, par laquelle il est maintenu dans les privilèges et exemptions accordés aux nobles du royaume, en date du 26 juillet 1699.

Niort

Ordonnance : Maintenu comme noble et écuyer, le 30 août 1715, signé : de Richebourg.

Jacques DE LA CHASTRE, éc., s^gr de la Cholerie, Paul-Bernard DE LA CHASTRE, éc., son fils. 122

Pièces justificatives : Inventaire fait par-devant M. Thubœuf, intendant de la Généralité de Bourges, des titres de noblesse de Sylvain de la Chastre, s^r de Paray, au pied duquel est son ordonnance portant acte de la représentation d'iceux, en conséquence qu'il sera employé au catalogue des gentilshommes de ladite Généralité, en date du 2 août 1669. Dans le vu des pièces est énoncé le contrat de mariage dudit Sylvain de la Chastre avec d^lle Gabrielle Pot.

Châtellerault

Contrat de mariage de Jacques de la Chastre, éc., s^r de la Cholerie, avec d^lle Marie-Françoise Fourestier, par lequel il paraît qu'il est fils de Sylvain de la Chastre ci-dessus et de d^lle Gabrielle Pot, en date du 22 octobre 1674, signé Bouchet et Gervaise, n^res.

Extrait de baptême de Paul-Bernard de la Chastre, du 7 octobre 1681, par lequel il paraît qu'il est fils de Jacques de la Chastre ci-dessus et de d^lle Marie-Françoise Fourestier, délivré le 16 août 1715 par Duplex, curé de Bonneuil-Matours, contrôlé à Poitiers par Legrand.

Ordonnance : Maintenus comme nobles et écuyers, le 30 août 1715, signé : de Richebourg.

123

Poitiers

Marie-Gabrielle Coutocheau, veuve de Pierre DE LA COUTURE-RENON, chev., s^gr de Loubigné.

Pièces justificatives : Ordonnance de M. de Barentin en faveur de Pierre de la Couture-Renon, éc., s^r de Loubigné, par laquelle il est maintenu dans la qualité de noble et écuyer, en date du 10 décembre 1667. Dans le vu des pièces de cette ordonnance est énoncé le contrat de mariage de Pierre de la Couture-Renon, éc., s^r de Loubigné, avec d^lle Catherine Coutocheau.

Ordonnance de M. de Maupeou en faveur de Pierre de la Couture-Renon, éc., s^r de Loubigné, par laquelle il est maintenu dans les privilèges et exemptions accordés aux nobles du royaume, en date du 6 avril 1699.

Contrat de mariage de Pierre de la Couture-Renon, chev., s^gr de Loubigné, avec d^lle Marie-Gabrielle Coutocheau, par lequel il paraît qu'il est fils de Pierre de la Couture-Renon ci-dessus et de dame Catherine Coutocheau, en date du 22 juin 1686, signé Chevalier et Lelet, n^res.

Ordonnance : Maintenue comme veuve de noble, le 30 août 1715, signé : de Richebourg.

124

Fontenay

René-Jacques DARROT, chev., s^gr de la Haye et de la Poupelinière.

Pièce justificative : Ordonnance de M. de Barentin en faveur de René-Jacques Darrot, chev., s^gr de la Haye, et de d^lles ses sœurs, par laquelle ils sont maintenus en leur noblesse, en date du 22 septembre 1667.

Dire du produisant : Il est fils de Jacques Darrot, éc., s^r de la Haye, et de d^lle Catherine de la Cour, et il était, lors de l'ordonnance de M. de Barentin, sous la tutelle de Claude Darrot, éc., s^gr de la Poupelinière, son oncle.

Ordonnance : Maintenu comme noble et écuyer, le 5 septembre 1715, signé : de Richebourg.

Marie Michau, veuve de Pierre DES COUBLANS, éc., s^r de Breuilhac,

Louise et Pierre-Louis DES COUBLANS, leurs enfants,

Marguerite Jacquet, veuve d'Alexandre DES COUBLANS, éc., s^r de la Guitardière,

Marie-Marguerite et Anne-Angélique DES COUBLANS, ses filles.

125

Niort

Pièces justificatives : Ordonnance de MM. les commissaires généraux députés par le roi pour le régalement des tailles en la Généralité de Touraine, en faveur de Michel des Coublans, éc., s^r de la Touche et de Saint-Martin de Beaupreau, tant pour lui que pour René des Coublans, éc., s^r de la Sorinière, son fils aîné et principal héritier, et pour René des Coublans, son frère, éc., s^r de Lespinay et de Souverdane, et Pierre des Coublans, éc., s^r du Vivier, par laquelle ils sont maintenus dans les immunités et privilèges accordés aux nobles du royaume, du 18 avril 1635, signé Destempes, de Bragelone, et plus bas, Par lesdits s^{rs}, Besnard. Dans le vu des pièces de ladite ordonnance est énoncé : 1° le contrat de mariage de Michel des Coublans, s^r de Saint-Sigismond, avec d^{lle} Renée de Brye, par lequel il paraît qu'il est fils de Louis des Coublans, éc., s^r de la Touche en Saint-Martin de Beaupreau et du Vivier, et de dame Renée Landays, en date du 24 novembre 1593 ; 2° le contrat de mariage de René des Coublans, éc., s^r de Lespinay, avec d^{lle} Renée Garnier, par lequel il paraît qu'il est fils desdits Louis des Coublans et Renée Landays, en date du 17 juillet 1616.

Contrat de mariage de Joachim des Coublans, chev., s^{gr} de Breuilhac, avec d^{lle} Anne Mothays, par lequel il paraît qu'il est fils de René des Coublans, chev., s^{gr} de Lespinay, et de dame Renée Garnier, en date du 8 février 1654, signé Seigneur, n^{re}, délivré par commission du sieur lieutenant-général de

Poitiers, et de lui signé pour certifier la signature véritable.

Contrat de mariage d'Alexandre des Coublans, éc., s' de la Guitardière, avec d^lle Françoise de Tusseau, par lequel il paraît qu'il est fils de Joachim des Coublans, éc., s^r de Breuilhac, et de dame Anne Mothays, en date du 21 novembre 1685, signé Rouget, n^re.

Contrat de mariage en secondes noces dudit Alexandre des Coublans, veuf de Françoise de Tusseau, avec d^lle Marguerite Jacquet, en date du 11 novembre 1701, signé Duvergier, n^re.

Contrat de mariage de Pierre des Coublans, éc., s^r de Breuilhac, avec d^lle Marie Michau, par lequel il paraît qu'il est fils de Joachim des Coublans, éc., s^r de Breuilhac, et d'Anne Mothays, en date du 28 octobre 1692, signé Lelet et Piau, n^res.

Trois extraits de baptême, le 1er de Louise des Coublans, du 25 août 1693, par lequel il paraît qu'elle est fille de Pierre des Coublans, éc., s^r de Breuilhac, et de dame Marie Michau, le 2e de Marie-Marguerite des Coublans, du 7 décembre 1702, le 3e d'Anne-Angélique des Coublans, du 3 décembre 1703, par lesquels il paraît qu'elles sont filles d'Alexandre des Coublans, éc., s^r de la Guitardière, et de dame Marguerite Jacquet, délivrés le 28 août 1715 par Cadet, curé de Bouin, contrôlés à Poitiers par Legrand.

Extrait de baptême de Pierre-Louis des Coublans, du 10 novembre 1695, par lequel il paraît qu'il est fils de Pierre des Coublans, éc., s^r de Breuilhac, et de dame Marie Michau, délivré le 27 août 1715 par Jadault, curé de Secondigny, contrôlé à Poitiers par Legrand.

Ordonnance : Maintenus comme nobles, écuyer, filles et veuves de nobles, le 12 septembre 1715, signé : de Richebourg.

Châtellerault

Alexandre DE MESSEMÉ, chev., s^gr de Saint-Christophe, Chougne, le Cormier et autres lieux, lieutenant de MM. les Maréchaux de France en la sénéchaussée de Châtellerault, René-Vincent DE MESSEMÉ, éc.,

Marie-Marguerite DE MESSEMÉ, demoiselle,
   tous les trois frères et sœur,

Emery DE MESSEMÉ, éc., s^{gr} de Chougne,

Marie DE MESSEMÉ, veuve de Victor de la Rivière, chev., s^{gr} de la Cour-de-Broc,

Thérèse, Jacqueline, Elisabeth et Françoise de MES-SEMÉ,
   tous les six aussi frère et sœurs.

Pièces justificatives: Ordonnance de M. de Maupeou en faveur de Louis de Messemé, chev., s^{gr} de Saint-Christophe, Alexandre et René-Vincent de Messemé, ses enfants, Charles de Messemé, chev., s^{gr} de Charlet, et dame Nicole Tournant, veuve en secondes noces d'Emery de Messemé, par laquelle ils sont maintenus dans les exemptions et privilèges accordés aux nobles du royaume, du 19 mars 1701.

Contrat de mariage de Louis de Messemé, ci-devant écuyer ordinaire du roi, chev., s^{gr} châtelain de Saint-Christophe, avec d^{lle} Catherine de Couhé de Lusignan, par lequel il paraît qu'il est fils d'Emery de Messemé, vivant écuyer du roi, et de dame Marie de la Mothe, en date du 5 août 1685, signé Deniau, n^{re}.

Deux extraits de baptême, le 1er d'Alexandre de Messemé, du 24 août 1687, le 2e de René-Vincent de Messemé, du 21 mars 1693, par lesquels il paraît qu'ils sont enfants de Louis de Messemé ci-dessus et de dame Catherine de Couhé de Lusignan, délivrés les 17 novembre et 1er décembre 1714, signé de la Fouchardière, curé de Saint-Christophe, contrôlés à Poitiers le 22 août 1715 par Legrand.

Contrat de mariage d'Emery de Messemé, éc., s^{gr} du Cormier, avec d^{lle} Nicole Tournant, dénommée en l'ordonnance de M. de Maupeou, du 8 octobre 1673, signé Gry, n^{re}.

Contrat de mariage d'Emery de Messemé, chev., s^{gr} de Chougne, avec d^{lle} Anne Jahan, par lequel il paraît qu'il est fils d'Emery de Messemé, chev., s^{gr} du Cormier, et de d^{lle} Nicole Tournant, en date du 11 juillet 1713, signé Jeavatton, n^{re}.

Contrat de mariage de Victor de la Rivière, chev., s^{gr} de la Cour-de-Broc, avec d^{lle} Marie de Messemé, par lequel il paraît qu'elle est fille d'Emery de Messemé, et de Nicole Tournant, en date du 10 août 1707, signé Deniau, n^re.

Six extraits de baptême, le 1er de Marie de Messemé, du 31 octobre 1675, le 2e de Thérèse de Messemé, du 7 mars 1678, le 3e de Jacqueline de Messemé, du 30 mars 1679, le 4e d'Elisabeth de Messemé, du 2 juin 1680, le 5e de Françoise de Messemé, du 9 août 1681, le 6e d'Emery de Messemé, du 13 septembre 1682, par lesquels il paraît qu'ils sont tous enfants d'Emery de Messemé et de Nicole Tournant, délivrés les 19 février et 2 mars 1708, signés de la Fouchardière, curé de Saint-Christophe, contrôlés à Poitiers le 22 août 1715 par Legrand.

Ordonnance : Maintenus comme nobles, écuyers, et filles de nobles, le 12 septembre 1715, signé : de Richebourg.

127

Thouars

Pierre-Augustin DES ROCHES, éc., s^r de Chassay.

Pièces justificatives : Ordonnance de M. de Maupeou en faveur de Daniel des Roches, s^r de Saint-Picq, Alexis-Amador des Roches, s^r de Chassay, Vincent des Roches, s^r de Marit, Jacques des Roches, s^r du Petit-Breuil, par laquelle ils sont maintenus dans les exemptions et privilèges accordés aux nobles du royaume, en date du 22 mars 1699.

Contrat de mariage d'Alexis-Amador des Roches, éc., s^r de Chassay, avec d^lle Marguerite Mesnard, par lequel il paraît qu'il est fils de Daniel des Roches, éc., s^r de Chassay, et de dame Renée Pélisson, du 16 juillet 1683, signé Nau et de Sayvre, n^res.

Extrait de baptême de Pierre-Augustin des Roches, du 19 mai 1689, par lequel il paraît qu'il est fils d'Alexis-Amador des Roches ci-dessus et de dame Marguerite Mesnard, délivré le 9 septembre 1715 par Ayrault, curé de Loge-Fougereuse, contrôlé à Poitiers par Legrand.

Ordonnance : Maintenu comme noble et écuyer, le 13 septembre 1715, signé : de Richebourg.

Léon DE LA VARENNE, éc., s^r de la Ruffinière.   *128*

Pièce justificative : Ordonnance de MM. les commissaires généraux députés par le roi pour l'exécution de la déclaration du mois de septembre 1696, en faveur de Pierre-François de la Varenne, éc., s^r de Beaumanoir, et Léon de la Varenne, éc., s^r de la Ruffinière, par laquelle ils sont maintenus dans la qualité de nobles et écuyers, en date du 8 août 1699, signé Hersant.   *Fontenay*

Ordonnance : Maintenu comme noble et écuyer, le 14 septembre 1715, signé : de Richebourg.

Louis DURAND, éc., s^r de Chalandry,
Claude-Charles DURAND, éc., son fils.   *129*

Pièces justificatives : Ordonnance de M. de Maupeou en faveur de Louis Durand, éc., s^r de Chalandry, par laquelle il est maintenu dans tous les privilèges et exemptions accordés aux nobles du royaume, en date du 20 mai 1700. Dans le vu des pièces de cette ordonnance est énoncé le contrat de mariage de Louis Durand, éc., s^r de Chalandry, avec d^lle Jeanne Dreux.   *Fontenay*

Extrait de baptême de Claude-Charles Durand, du 19 juillet 1684, par lequel il paraît qu'il est fils de Louis Durand ci-dessus et de dame Jeanne Dreux, délivré le 21 août 1715 par Dorion, curé d'Apremont, et contrôlé à Poitiers par Legrand.

Dire des produisants : Louis Durand dit qu'il a des lettres d'anoblissement de l'année 1661, confirmées par lettres patentes du mois de mars 1668.

Ordonnance : Maintenus comme nobles et écuyers, le 22 septembre 1715, signé : de Richebourg.

Armand DU VIGIER, s^r de Lisle, chevalier de l'ordre de Saint-Louis, brigadier de l'armée du roi.   *130*

Pièce justificative : Sentence de M. Pellot, intendant de la Généralité de Guyenne, en faveur de Jacques du Vigier, éc., cons^er du   *Niort* roi en sa cour du Parlement de Bordeaux, et de Jean et Armand du Vigier, ses enfants, par laquelle ils sont maintenus en leur noblesse, en date du 22 septembre 1667.

Ordonnance : Maintenu comme gentilhomme, le 12 octobre 1715, signé : de Richebourg.

131

Mauléon

Louis DE LA BOUCHERIE, éc., s^{gr} de la Loüatière.

Pièces justificatives : Copie vidimée d'une ordonnance de M. de Barentin en faveur de René de la Boucherie, éc., s^{gr} du Guy, par laquelle il est maintenu en la qualité de noble et écuyer, en date du 9 août 1667, la copie délivrée par Landriau et Bourdeau, n^{res}. Dans le vu des pièces de ladite ordonnance est énoncé le contrat de mariage dudit René de la Boucherie avec d^{lle} Marie Lévesque.

Contrat de mariage de Claude de la Boucherie, éc., s^r du Bonil, avec d^{lle} Marie Julliot, par lequel il paraît qu'il est fils de René de la Boucherie ci-dessus et de d^{lle} Marie Lévesque, en date du 27 janvier 1649, signé Simon et Baud, n^{res}.

Contrat de mariage de Mathurin de la Boucherie, chev., s^{gr} de la Boucherie, avec d^{lle} Marie des Herbiers, par lequel il paraît qu'il est fils de Claude de la Boucherie ci-dessus et de dame Marie Julliot, en date du 26 novembre 1680, signé Buet et Laborieux, n^{res}.

Contrat de mariage de Louis de la Boucherie, éc., s^{gr} de la Loüatière, avec d^{lle} Marie de Rangot, par lequel il paraît qu'il est fils de Mathurin de la Boucherie ci-dessus et de dame Marie des Herbiers, en date du 7 juin 1706, signé Soulard et Garreau, n^{res}.

Dire du produisant : L'original de la sentence de M. de Barentin est entre les mains de René de la Boucherie, éc., s^r du Guy, aîné de la famille. (Voir D 115 ci-dessus.)

Ordonnance : Maintenu comme noble et écuyer, le 18 octobre 1715, signé : de Richebourg.

Gabriel DE LA HAYE, éc., sʳ de la Dubrie,
Michelle-Charlotte Pommeraye, veuve de Charles DE LA HAYE, éc., sʳ de la Vieille-Lande,
Charles-René DE LA HAYE, son fils,
René-Gabriel DE LA HAYE, éc., sʳ de la Roulière.

Thouars

Pièces justificatives : Ordonnance de M. de Barentin en faveur de René de la Haye, éc., sʳ du Chastellier, dame Charlotte Jaudonnet, veuve d'autre René de la Haye, éc., sʳ de la Dubrie, tant en son nom que comme ayant la garde noble de ses enfants, et Gabriel de la Haye, éc., son fils aîné, par laquelle ils sont maintenus en la qualité de nobles et écuyers, en date du 3 septembre 1667.

Contrat de mariage de Gabriel de la Haye, chev., sᵍʳ de la Dubrie, avec dˡˡᵉ Anne Goulard, par lequel il paraît qu'il est fils de René de la Haye, chev., sᵍʳ de la Dubrie, et de dame Charlotte Jaudonnet, en date du 23 février 1659, signé Ragot et Bony, nʳᵉˢ.

Contrat de mariage de Gabriel de la Haye, chev., sᵍʳ de la Dubrie, avec dˡˡᵉ Marie-Renée de la Ville de Férolles, par lequel il paraît qu'il est fils de Gabriel de la Haye ci-dessus et de dame Anne Goulard, du 31 août 1686, signé Bosson et Aubry, nʳᵉˢ.

Contrat de mariage de Charles de la Haye, chev., sᵍʳ de la Vieille-Lande, avec dˡˡᵉ Michelle-Charlotte Pommeraye, par lequel il paraît qu'il est fils de Gabriel de la Haye, chev., sᵍʳ de la Dubrie, et de dame Anne Goulard, en date du 29 octobre 1687, signé Deshayes et Renault, nʳᵉˢ.

Extrait de baptême de Charles-René de la Haye, du 9 avril 1690, par lequel il paraît qu'il est fils de Charles de la Haye ci-dessus et de dame Michelle-Charlotte Pommeraye, délivré le 2 septembre 1715 par Gabiller, curé de Serzay, contrôlé à Poitiers par Coupard.

Extrait de baptême de René-Gabriel de la Haye, du 3 septembre 1670, par lequel il paraît qu'il est fils de Gabriel de la Haye, chev., sᵍʳ de la Dubrie, et de dame Anne Goulard, délivré le 13 septembre 1715 par Delavau, curé de Beaulieu, légalisé par Jouan, sénéchal de Bressuire, contrôlé à Poitiers par Coupard.

Ordonnance : Maintenus comme nobles, écuyers, veuve de noble, le 18 octobre 1715, signé : de Richebourg.

133

Thouars

Madeleine Naudin, veuve de Charles DE LA HAYE-MONTBAULT, éc., s^r d'Amiette,

Paul-François-Charles DE LA HAYE, éc., s^r d'Amiette, son fils.

Pièce justificative : Ordonnance de M. de Maupeou en faveur de Madeleine Naudin, veuve de Charles de la Haye-Montbault, éc., s^r d'Amiette, Charles-Paul-François de la Haye-Montbault, éc., et d^{lle} Charlotte-Madeleine-Renée de la Haye-Montbault, par laquelle ils sont maintenus dans les privilèges et exemptions accordés aux nobles du royaume, en date du 15 avril 1699.

Pièce non visée : Extrait de baptême du 28 juillet 1689, par lequel il paraît que Paul-François-Charles de la Haye est fils de Charles de la Haye-Montbault et de Madeleine Naudin, délivré par Guillaume Bouillard, curé de la paroisse de Saint-Médard de Thouars, et contrôlé par Legrand.

Ordonnance : Maintenus dans les privilèges et exemptions accordés aux nobles du royaume, le 25 octobre 1715, signé : de Richebourg.

134

Châtellerault

Marie Philippe, veuve de Jacques DE LA CHASTRE, éc., s^{gr} de la Roche-Belusson,

Louis et Charles DE LA CHASTRE, éc^{rs}, ses enfants mineurs.

Pièces justificatives : Ordonnance de M. de Richebourg en faveur de Jacques de la Chastre, éc., s^r de la Chollerie, Paul-Bernard de la Chastre, éc., son fils, par laquelle ils sont maintenus dans la qualité de nobles et écuyers, en date du 30 août 1715.

Dans le vu des pièces est énoncé le contrat de mariage de Sylvain de la Chastre avec d^lle Gabrielle Pot. (Voir D 122 ci-dessus.)

    Contrat de mariage de Louis de la Chastre, chev., s^gr de Piégu, avec d^lle Gabrielle-Anne de Muzard, par lequel il paraît qu'il est fils de Sylvain de la Chastre, chev., s^gr de Paray, et de Gabrielle Pot, en date du 24 novembre 1676, signé Brault, n^re.

    Contrat de mariage de Jacques de la Chastre, chev., s^gr de la Roche-Belusson, avec d^lle Marie Philippe, par lequel il paraît qu'il est fils de Louis de la Chastre ci-dessus et de dame Anne-Gabrielle de Muzard, en date du 6 juin 1695, signé Michelet, n^re.

    Deux extraits de baptême, le premier de Louis de la Chastre, du 17 avril 1698, et le second, de Charles de la Chastre, du 15 mars 1699, par lesquels il paraît qu'ils sont fils de Jacques de la Chastre et de dame Marie Philippe, les deux extraits délivrés le 1er mars 1715 par Avril, curé de Vellèches, et contrôlés à Poitiers par Coupard.

Pièce non visée : Acte d'épousailles de Louis de la Chastre avec Gabrielle-Anne de Muzard, fait en la paroisse de Neuvy-Paillou le 25 juillet 1676, signé Maréchal.

Dire des produisants : Les pièces justificatives de leur noblesse sont entre les mains de l'aîné de la famille, Paul-Bernard de la Chastre, qui était fils d'un Jacques de la Chastre, lequel était frère de Louis de la Chastre, époux de Gabrielle-Anne de Muzard, dont est issu autre Jacques de la Chastre, époux de Marie Philippe, produisante.

Ordonnance : Maintenus comme nobles, écuyers, veuve de noble, le 6 décembre 1715, signé : de Richebourg.

François DE SAINT-GEORGE, chev., s^gr de Fraisse.

135

Pièces justificatives : Ordonnance de M. de Barentin en faveur de François de Saint-George, éc., s^r de Fraisse, et de Léonard de Saint-George, éc., s^r de Prissay, par laquelle ils sont maintenus dans la qualité de nobles et écuyers, en date du 10 dé-

Poitiers

cembre 1667. Dans le vu des pièces de cette ordonnance est rapporté le contrat de mariage dudit François de Saint-George avec d^{lle} Guionne Papon du Breuil.

Contrat de mariage de François de Saint-George, chev., s^{gr} de Fraisse, avec d^{lle} Léonarde Bouchard, par lequel il paraît qu'il est fils de François de Saint-George ci-dessus et de dame Guionne Papon du Breuil, en date du 9 novembre 1682, signé Badou, n^{re}, légalisé et collationné par Daubroche, président à Bellac.

Ordonnance : **Maintenu comme noble et écuyer, le 6 décembre 1715, signé : de Richebourg.**

136

Poitiers

François DE SAINT-GEORGE, chev., s^{gr} dudit lieu.

Pièces justificatives : Ordonnance de M. de Barentin en faveur de François de Saint-George, éc., s^r de Fraisse, et de Léonard de Saint-George, éc., s^r de Prissay, par laquelle ils sont maintenus en la qualité de nobles et écuyers, en date du 10 décembre 1667. Dans le vu des pièces de ladite ordonnance est rapporté le contrat de mariage de Léonard de Saint-George avec d^{lle} Marie de Cougnac.

Contrat de mariage de Jacques de Saint-George, éc., s^r dudit lieu, avec d^{lle} Héliette Charon, par lequel il paraît qu'il est fils de Léonard de Saint-George ci-dessus et de d^{lle} Marie de Cougnac, en date du 20 février 1667, signé Pibilor, n^{re}.

Contrat de mariage de François de Saint-George, chev., s^{gr} de Prissay, avec d^{lle} Marguerite de Brossard, par lequel il paraît qu'il est fils de Jacques de Saint-George ci-dessus et de défunte dame Héliette Charon, en date du 8 février 1695, signé Giberton, n^{re}, légalisé et collationné par le s^r Nicault, sénéchal de la Trémouille.

Ordonnance : **Maintenu comme noble et écuyer, le 6 décembre 1715, signé : de Richebourg.**

Jacques-François DE MARSANGE, chev., s^{gr} de Vaury. *137*

Pièces justificatives : Ordonnance de M. de Barentin en faveur de Paul de Marsange, éc., s^r de la Cour de Vaury, par laquelle il est maintenu en la qualité de noble et écuyer, en date du 30 décembre 1667. Dans le vu des pièces de ladite ordonnance est rapporté le testament, du 27 octobre 1661, de Jean de Marsange, chev., s^{gr} de Vaury, et de dame Claude de Lestang, sa femme, qui institue Paul de Marsange leur fils aîné. *Poitiers*

Contrat de mariage de Paul de Marsange, éc., s^{gr} de Vaury, avec d^{lle} Anne de Brettes, par lequel il paraît qu'il est fils de Jean de Marsange et de dame Claude de Lestang, en date du 20 octobre 1668, signé Grenier, n^{re}, légalisé le 15 juillet 1715 par Robert de Verdilhac, sénéchal de la baronnie de Morthemart.

Extrait de baptême de Jacques-François de Marsange, du 19 août 1670, par lequel il parait qu'il est fils de Paul de Marsange ci-dessus et de dame Anne de Brettes, délivré le 14 avril 1715 par Babaret, curé de Vaury, contrôlé à Poitiers par Legrand.

Ordonnance : **Maintenu comme noble et écuyer, le 7 décembre 1715, signé : de Richebourg.**

Jean DE LA BARRE, éc., s^r de la Guessonière,
Louis DE LA BARRE, éc., s^r du Bois-de-Luché,
Gabriel DE LA BARRE, éc., s^r de la Jarige,
tous les trois frères.

138

Poitiers

Pièces justificatives : Ordonnance de M. de Barentin en faveur de Jean de la Barre, éc., s^r du Bois-de-Luché, Pierre de la Barre, éc., s^r d'Aubannie, et Louis de la Barre, éc., s^r de la Boullaye, par laquelle ils sont maintenus dans la qualité de nobles et écuyers, en date du 7 septembre 1667.

Contrat de mariage de Louis de la Barre, éc., s^r du Bois-de-Luché, avec d^{lle} Marguerite de Pellard, par lequel il paraît qu'il est fils de Jean de la Barre et de dame Catherine de

Marconnay, en date du 20 janvier 1676, signé Fruchard, n^re.

Contrat de mariage de Jean de la Barre, chev., s^gr du Bois-de-Luché, avec d^lle Françoise-Madeleine de Pellard, par lequel il paraît qu'il est fils de Louis de la Barre ci-dessus et de dame Marguerite de Pellard, en date du 5 février 1714, signé Gaignepain et Martin, n^res.

Deux extraits de baptême, le premier de Louis de la Barre, du 1er mars 1682, le deuxième de Gabriel de la Barre, du 3 avril 1691, par lesquels il paraît qu'ils sont enfants de Louis de la Barre, chev., s^gr de Bois-de-Luché, et de dame Marguerite de Pellard, délivrés, le premier le 16 novembre 1700 par Bouchet, greffier du marquisat de Couhé, le deuxième le 16 novembre 1700 par Olliveau, archiprêtre de Rom, contrôlés à Poitiers le 8 décembre 1715 par Legrand.

Ordonnance : Maintenus comme nobles et écuyers, le 10 décembre 1715, signé : de Richebourg.

---

139   Catherine de Maillé, veuve de Jean DE RANGOT, éc., s^gr de l'Audairie.

Mauléon   Pièces justificatives : Arrêt du Conseil d'État du roi en faveur de Claude de Rangot, éc., s^r de Barroux, par lequel, sans s'arrêter à l'ordonnance de M. de Barentin, qui l'a déclaré usurpateur du titre de noblesse et condamné à deux mille livres d'amende, il est maintenu en la qualité de noble et écuyer, en date du 12 août 1672, signé Letellier.

Arrêt de MM. les commissaires généraux députés par le roi pour l'exécution de sa déclaration du 4 septembre 1696, en faveur de Charles et de Gabriel de Rangot, éc^rs, s^rs de Barroux et de la Guinemoire, par lequel ils sont déchargés d'une taxe sur eux faite, portée dans le rôle arrêté au Conseil le 14 mai 1697, ledit arrêt en date du 9 juillet 1699, signé Hersent. Dans le vu des pièces est énoncé le contrat de mariage de Claude de Rangot ci-dessus avec d^lle Charlotte de Romaigné.

Contrat du partage des biens de Claude de Rangot, éc., s^r de

Barroux, et de Charlotte de Romaigné, entre Charles de Rangot, éc., s\\ de Barroux, Jacques de Rangot, éc., s\\ de la Roussière, Gabriel de Rangot, éc., s\\ de la Guinemoire, Jean de Rangot, éc., et Claude de Rangot, éc., leurs enfants, par lequel il paraît que ledit Charles de Rangot, comme aîné, a eu les avantages de la Coutume, en date du 16 mars 1686, fait par-devant le sénéchal de Thouars.

Contrat de mariage de Jean de Rangot, éc., s\\ de l'Audairie, avec d^lle Catherine de Maillé, par lequel il paraît qu'il est fils de défunt Claude de Rangot et de défunte Charlotte de Romaigné, en date du 16 juin 1695, signé Archambault, n^re.

Ordonnance : **Maintenue comme veuve de gentilhomme, le 11 décembre 1715, signé : de Richebourg.**

Marie-Anne Marillet, veuve de Gabriel DE RANGOT, éc., s^gr de la Guinemoire.

Pièces justificatives : Arrêt du Conseil d'Etat du roi en faveur de Claude de Rangot, éc., s^gr de Barroux, par lequel, sans s'arrêter à l'ordonnance de M. de Barentin, qui l'a déclaré usurpateur du titre de noble et condamné à deux mille livres d'amende, il est maintenu dans la qualité de noble et écuyer, en date du 12 août 1672, signé Letellier.

Arrêt de MM. les commissaires généraux députés par le roi pour l'exécution de sa déclaration du 4 septembre 1696, en faveur de Charles de Rangot, éc., s^r de Barroux, Gabriel de Rangot, éc., s^r de la Guinemoire, par lequel ils sont déchargés des sommes auxquelles ils ont été compris par le rôle arrêté au Conseil le 14 mai 1697, signé Hersant. Dans le vu des pièces dudit arrêt il appert qu'ils sont enfants de Claude de Rangot ci-dessus et de Charlotte de Romaigné.

Contrat du partage des biens de Claude de Rangot, éc., s^gr de Barroux, et de dame Charlotte de Romaigné, entre Charles de Rangot, éc., s^r de Barroux, Jacques de Rangot, éc., s^r de la Roussière, Gabriel de Rangot, éc., s^r de la Guinemoire, Jean de Rangot, éc., Claude de Rangot, éc., et autres, leurs

140

Thouars

enfants, par lequel il paraît que Charles de Rangot, comme aîné, a eu les préciputs et avantages de la Coutume, en date du 16 mars 1686, fait par-devant le sénéchal de la duché-pairie de Thouars.

Contrat de mariage de Gabriel de Rangot, éc., s^r de la Guinemoire, avec d^{lle} Marie-Anne Marillet, par lequel il paraît qu'il est fils de Claude de Rangot, éc., s^r de Barroux, et de dame Charlotte de Romaigné, du 29 octobre 1696, signé Caillault, n^{re}.

Ordonnance : Maintenue dans les privilèges des gentilshommes du royaume, le 11 décembre 1715, signé : de Richebourg.

141

Châtelle-rault

Sylvain DE LA JAILLE, chev., s^{gr} des Minières, Louis et Honoré DE LA JAILLE, ses frères.

Pièces justificatives : Inventaire fait devant M. Voysin de la Noiraye, intendant de la Généralité de Touraine, des titres de noblesse de Jacques de la Jaille, éc., s^{gr} de Marsilly, au pied duquel est l'ordonnance de M. Voysin de la Noiraye, portant acte de la reproduction desdits titres pour y avoir égard lors de la confection du catalogue des gentilshommes, en date du 22 mars 1666. Au-dessous de cette ordonnance en est une autre, contenant acte de la représentation de ladite ordonnance, en date du 12 août 1704, signé Turgot, Par Mgr, Bairé. Dans le vu des pièces dudit inventaire est énoncé le contrat de mariage en premières noces dudit Jacques de la Jaille avec d^{lle} Madeleine Chateigner.

Ordonnance de M. Chauvelin, intendant de la Généralité de Tours, en faveur de Jean de la Jaille, éc., s^{gr} de Thou, par laquelle il est maintenu dans la qualité de noble et écuyer, en date du 18 juin 1715.

Contrat de vente de la maison de la terre de Verneuil, consentie par Jacques de la Jaille, éc., s^r de Marsilly, à la charge de faire ratifier ledit contrat par Claude de Guyneuf, son épouse, du 9 juin 1649, signé Pelletier et Pasteau, n^{res}.

Quittance sous signature privée dudit Jacques de la Jaille,

par laquelle il reconnaît que Jacques de la Jaille, son fils aîné, lui a rendu compte de la jouissance du bien qui appartenait à d^lle Marie de la Jaille, sa fille issue de son second mariage avec Claude de Guyneuf, en date du 31 mars 1674.

Contrat du partage des biens de ladite Claude de Guyneuf, femme de Jacques de la Jaille, vivant chev., s^gr de Marsilly, entre Jacques de la Jaille, éc., s^r de l'Isle, et Marie de la Jaille, ses enfants, par lequel il paraît que Jacques de la Jaille, comme aîné, a eu les préciputs et avantages de la Coutume, en date du 1er septembre 1675, signé Chartier, n^re, légalisé par Moreau de Beaulieu, sénéchal de la baronnie d'Angles.

Contrat de mariage de Jacques de la Jaille, éc., s^r de l'Isle, avec d^lle Marie Aubouthet, par lequel il paraît qu'il est fils de Jacques de la Jaille ci-dessus et de Claude de Guyneuf, en date du 6 novembre 1668, signé Lévesque, n^re, légalisé par le sénéchal de la baronnie d'Angles.

Acte d'épousailles du même Jacques de la Jaille avec ladite Marie Aubouthet, du 27 novembre 1668, délivré par le s^r Riou, curé de Saint-Pierre-de-Maillé, et contrôlé à Poitiers le 30 août 1715 par Legrand.

Acte d'épousailles de Jacques de la Jaille, éc., s^r de Lisle, avec d^lle Françoise de Grailly, du 16 juin 1682, délivré par le s^r Riou, curé de Saint-Pierre-de-Maillé, contrôlé le 10 décembre 1715 par Coupard.

Contrat de mariage de Sylvain de la Jaille, chev., s^gr des Minières, avec d^lle Jeanne-Charlotte Canche, par lequel il paraît qu'il est fils de Jacques de la Jaille, éc., s^r de Lisle, et de dame Marie Aubouthet, en date du 7 avril 1698, signé Basset, n^re.

Deux extraits de baptême, le 1er de Marie-Juliette de la Jaille, du 9 novembre 1706, le 2e de Jean-François de la Jaille, du 25 février 1708, par lesquels il paraît qu'ils sont enfants de Sylvain de la Jaille ci-dessus et de dame Jeanne-Charlotte Canche, délivrés le 23 août 1715 par Pelletier, curé de Saint-Maurice, légalisés par le sénéchal de la baronnie de l'Isle-Bouchard.

Deux extraits de baptême, le 1er d'Honoré de la Jaille, du 21 mai 1672, le 2e de Louis de la Jaille, du 15 mars 1683, par lesquels il paraît qu'ils sont enfants de Jacques de la Jaille, savoir ledit Honoré de son premier mariage avec Marie Aubouthet, et Louis de son second mariage avec d{ll}e Françoise de Grailly, délivrés le 13 août 1715 par Riou, curé de Saint-Pierre-de-Maillé, légalisés par le sénéchal de la baronnie d'Angles, contrôlés à Poitiers par Legrand.

Pièces non visées : Extrait de la généalogie de Montmorency, faite par M. Duchesne, où il paraît, pages 619 et 643, que Claude de la Jaille a épousé Guy de Laval, s^{gr} de Cesé, et en secondes noces Claude de Laval, gouverneur de Paris.

Extrait de baptême de la paroisse de Saint-Maurice de Parçay, où a été baptisé Jacques de la Jaille, fils de Jacques de la Jaille, éc., s^r de Marsilly, et de dame Claude de Guyneuf, en date du 6 avril 1647. Le parrain est Antoine de Guyneuf, éc., s^{gr} des Granges, et la marraine est Marie Reimond, sa grand'mère.

Ratification faite par Claude de Guyneuf de la vente faite par son mari à messire Charles de Rosel, le 9 juin 1649, de la châtellenie de Verneuil à lui échue par le partage de la succession de d{lle} Françoise de Gilier, sa mère, passé devant Garnaud, n^{re}, le 23 novembre 1646 ; ladite ratification donnée au port de Mougon, en la maison de Pierre de Guyneuf, paroisse de Parçay, signé Pelletier, n^{re}.

Ordonnance : **Maintenus comme nobles et écuyers, le 14 décembre 1715**, signé : de Richebourg.

142

Poitiers

Julien DE LA BARRE, éc., s^r de Londière, paroisse de Saint-Germain-de-Longue-Chaume,

Claude-Alexis DE LA BARRE, son fils aîné,

Gabrielle de Guain, veuve de René DE LA BARRE, sa mère.

Pièces justificatives : Ordonnance de M. de Barentin en faveur de Charles de la Barre, éc., s^r de Londière, par laquelle il est maintenu dans la qualité de noble et écuyer, en date du 10 décembre 1667. Dans le vu des pièces de ladite ordonnance est rapporté le contrat de mariage dudit Charles de la Barre avec d^lle Louise de Beaumont, par lequel il paraît qu'il est fils de René de la Barre, éc., s^r de Londière, et de d^lle Renée Mesnard.

Contrat de mariage de René de la Barre, éc., s^r de Luzay, avec d^lle Gabrielle de Guain, par lequel il paraît qu'il est fils de Charles de la Barre ci-dessus et de dame Louise de Beaumont, en date du 13 juillet 1672, signé Deschamps et Bruneau, n^res, passé sous le scel royal de Châtellerault.

Contrat de mariage de Julien de la Barre, éc., s^r de Londière, avec d^lle Marie Rousseau, par lequel il paraît qu'il est fils de René de la Barre ci-dessus et de dame Gabrielle de Guain, en date du 26 août 1703, signé Chesnier et Tabard, n^res, passé sous le scel royal de Parthenay.

Acte de baptême de Claude-Alexis de la Barre, du 15 décembre 1704, par lequel il paraît qu'il est fils de Julien de la Barre ci-dessus et de dame Marie Rousseau, délivré le 15 décembre 1715 par Goujon, prieur de Saint-Germain-de-Longue-Chaume, contrôlé à Poitiers par Legrand.

Ordonnance : **Maintenus dans les privilèges et exemptions des nobles du royaume, le 19 décembre 1715, signé : de Richebourg.**

Charles-Claude D'ANCHÉ, éc., s^r de la Guerrière. *143*

Pièces justificatives : Ordonnance de M. Begon, intendant de la Rochelle, en faveur de dame Renée d'Aitz, veuve d'Antoine d'Anché, éc., s^r de la Guerrière, par laquelle elle est maintenue dans la qualité de veuve de noble et écuyer.

Saint-Maixent

Contrat de mariage de Charles-Claude d'Anché, éc., s^r de la Guerrière, avec d^lle Marie-Anne Barré, par lequel il paraît qu'il est fils d'Antoine d'Anché ci-dessus et de dame Renée d'Aitz, en date du 5 août 1709, signé Goubault et Gauché, n^res

Pièces non visées : Contrat de mariage de Claude d'Anché, éc., s^r du Puy-d'Anché, aïeul du produisant, reçu par Allard, n^re royal à Saint-Maixent, le 26 août 1638.

Contrat de mariage d'Antoine d'Anché, éc., s⁻ de la Guerrière, avec d^lle Renée d'Aitz, par lequel il appert qu'il est fils de Claude d'Anché ci-dessus, reçu par Brunet, n^re royal, le 12 février 1673.

Ordonnance : Maintenu comme noble et écuyer, le 20 décembre 1715, signé : de Richebourg.

144

Poitiers

Marie-Anne Creuzé, veuve de Jacques DU CHASTENET, éc., s⁻ de Romegoux.

Pièce justificative : Ordonnance de M. de Maupeou en faveur de Charles du Chastenet, éc., s⁻ de la Cigogne et de Bousserolle, Pierre-Elie du Chastenet, éc., s⁻ de la Ferrière, et Jacques du Chastenet, éc., s⁻ de Romegoux, par laquelle ils sont reçus opposants à l'exécution du rôle arrêté au Conseil le 14 mars 1697 et maintenus dans tous les privilèges et exemptions accordés aux nobles du royaume, en date du 24 avril 1699. Dans le vu des pièces de ladite ordonnance est rapporté le contrat de mariage dudit Jacques du Chastenet avec d^lle Marie-Anne Creuzé, par lequel il paraît qu'il est fils d'Elie du Chastenet, éc., et de dame Jacquette Lemaréchal, daté du 23 janvier 1684.

Ordonnance : Maintenue comme veuve de gentilhomme, le 24 décembre 1715, signé : de Richebourg.

145

Poitiers

François DE FERRIÈRES, éc., s⁻ de Charrais,
Marguerite de Petit-Jean, veuve de Charles-Jacques DE FERRIÈRES, chev., s^gr du Monteil, sa mère.

Pièces justificatives : Ordonnance de M. de Chauvelin, intendant de Touraine, en faveur d'Antoine-Joachim de Ferrières, chev., s^gr de Massé, par laquelle il est maintenu dans la qualité de noble et écuyer, en date du 3 août 1715. Dans le vu des pièces de ladite ordonnance est énoncé le contrat de mariage d'Antoine-Joachim de Ferrières avec d^lle Renée-Hélène-Thérèse de Charnière, par lequel il paraît qu'il est fils de Charles-Jacques de Ferrières, éc., s^{gr} du Monteil, et de Marguerite de Petit-Jean, en date du 30 août 1707.

Contrat de mariage de François de Ferrières, chev., s^{gr} de Charrais, avec d^{lle} Madeleine Thoreau, par lequel il paraît qu'il est fils de Charles-Jacques de Ferrières, chev., s^{gr} du Monteil, et de dame Marguerite de Petit-Jean, et frère d'Antoine-Joachim de Ferrières ci-dessus.

Pièces non visées : Contrat de mariage de Jacques de Ferrières, éc., s^r de Champigny, avec d^{lle} Marie de Marconnay, en date du 6 juillet 1644.

Contrat de mariage de Charles-Jacques de Ferrières, éc., s^r du Monteil, avec d^{lle} Marguerite de Petit-Jean, en date du 21 octobre 1674.

Ordonnance : Maintenus comme nobles, écuyer, veuve de gentilhomme, le 27 décembre 1715, signé : de Richebourg.

Pierre DE BERNON, éc., s^r de Marans.

146

Confolens

Pièces justificatives : Acte d'une donation mutuelle faite entre Scipion de Bernon et dame Anne de Faye, son épouse, par lequel il paraît que Jean de Bernon, éc., et Etienne de Bernon, éc., sont enfants dudit Scipion et d'Anne de Faye, en date du 10 septembre 1545, signé de la Couste, n^{re}.

Contrat du partage des biens de Jean de Bernon, éc., par lequel il paraît qu'il est fils dudit Scipion de Bernon et de ladite Anne de Faye, qu'il avait épousé en premières noces Renée de Pressac et en secondes noces Marie Gadouin, et que de ce second mariage est issu Etienne de Bernon, en date du 20 mai 1574, signé Chauveau, n^{re}.

Contrat de mariage d'Etienne de Bernon, éc., avec d^{lle} Marie de Marans, par lequel il paraît qu'il est fils de Jean de Bernon ci-dessus et de dame Marie Gadouin, du 23 septembre 1601, signé de la Jaraudie, n^{re}.

Acte d'une donation faite à Etienne de Bernon, éc., s^r du Puy-Mérigou, l'un des cent gentilshommes de la Maison du roi, par Louis de Crevant, chev., capitaine des cent gentilshommes de la Maison du roi, en date du 13 novembre 1613, signé Boulanger, n^re.

Committimus obtenu en chancellerie par ledit Etienne de Bernon, éc., s^r de Puy-Mérigou, l'un des cent gentilshommes de la Maison du roi, aux fins de porter ses contestations pour biens meubles et immeubles par-devant MM. des Requêtes du Palais, en date du 1er avril 1615, signé, Par le Conseil, Drouin.

Acte d'une déclaration rendue par ledit Etienne de Bernon, éc., s^r de Puy-Mérigou, l'un des cent gentilshommes de la Maison du roi, au s^gr vicomte de Brigueuil, des biens roturiers qu'il possède en sa mouvance, en date du 1er mai 1620, signé Degaille, n^re.

Contrat de mariage de Pierre de Bernon, éc., avec d^lle Louise Babaud, par lequel il paraît qu'il est fils d'Etienne de Bernon ci-dessus et de dame Marie de Marans, en date du 26 février 1641, signé Duquéroix, n^re.

Contrat de mariage d'Etienne de Bernon, éc., s^r de Puy-Mérigou, avec d^lle Marie Hugonneau, par lequel il paraît qu'il est fils de Pierre de Bernon, éc., ci-dessus, et de Louise Babaud, en date du 15 décembre 1675, signé Cherpantier, n^re.

Procès-verbal de la perquisition de l'extrait de baptême de Pierre de Bernon, à la réquisition d'Etienne de Bernon, éc., son père, contenant déclaration par le Père Raphaël Duval, Religieux de l'Ordre de Saint-François, servant la cure de Brigueuil pour l'absence du s^r curé, par laquelle il déclare que les registres des baptêmes, depuis l'année 1674 jusqu'en l'année 1677 incluse, ne se seraient point trouvés, et qu'on l'aurait assuré que madame la duchesse maréchale d'Humières les avait par devers elle ; que, au même instant, ledit Etienne de Bernon aurait représenté par-devant des notaires, en présence du Père Raphaël Duval, un papier-journal sur lequel aurait été trouvé écrit de sa main que Pierre de Bernon, son fils, est venu au monde le 15 décembre 1677, a été ondoyé le 16 du même mois, et baptisé le 29 août 1683 par Mgr l'évêque de Limoges ; ledit procès-verbal fait par-devant notaires le 14 décembre 1695, signé Vaslet, n^re.

Ordonnance : Maintenu comme noble et écuyer, le 27 décembre 1715, signé : de Richebourg.

Gauthier DREUX, chev., s^gr de Montrolet,
Simon DREUX, éc., son frère.

147

Poitiers

Pièces justificatives : Contrat de mariage de François Dreux, éc., s^r des Barres, conseiller au présidial de Poitiers, avec d^lle Marguerite Gobin, en date du 22 février 1593, signé Beugnon et Simonneau, n^res à Fontenay.

Contrat du partage des biens dudit François Dreux et de ladite Marguerite Gobin entre Simon Dreux, éc., s^gr de Montrolet, conseiller au Grand Conseil, Bonaventure Dreux, éc., s^r de la Bremaudière, procureur du roi au Bureau des finances de Poitiers, Jacques Dreux, éc., s^r de la Vallée, et autres, leurs enfants, par lequel il paraît que Simon Dreux, comme aîné, a eu les préciputs et avantages de la Coutume, en date du 31 juillet 1631, signé Douadic, n^re.

Donation mutuelle faite entre Simon Dreux, éc., s^gr de Montrolet, conseiller au Grand Conseil, et dame Florence Vidard, son épouse, passé à Poitiers le 30 décembre 1623, signé Bourbeau, n^re.

Transaction en forme de partage entre Simon Dreux, éc., s^gr de Montrolet, et dame Marie Dreux, dame de Monrocher, par laquelle il paraît qu'ils sont enfants de Simon Dreux ci-dessus et de dame Florence Vidard, et que ledit Simon Dreux, comme aîné, a eu les préciputs et avantages de la Coutume, en date du 13 novembre 1665, signé Vaslet, n^re à Brigueuil.

Contrat de mariage de Simon Dreux, chev., s^gr de Montrolet, Saint-Généroux et autres lieux, avec d^lle Jeanne Dupin, par lequel il paraît qu'il est fils de feu Simon Dreux, éc., s^gr baron de Montrolet, cons^er au Grand Conseil, et de dame Florence Vidard, du 18 février 1663, signé Mallet, n^re.

Arrêt du Conseil d'État du roi en faveur dudit Simon Dreux, François-Simon Dreux, et autres y dénommés, par lequel ils sont déchargés des sommes auxquelles ils ont été compris au rôle arrêté au Conseil le 22 décembre 1691, et maintenus dans les exemptions et privilèges accordés aux nobles du royaume, en date du 26 juin 1696, signé Dujardin.

Deux extraits de baptême, le 1er de Gauthier Dreux, du 15 juin 1666, le 2e de Simon Dreux, du 4 septembre 1677, par lesquels il paraît qu'ils sont enfants de Simon Dreux, chev., s^{gr} de Montrolet, et de dame Jeanne Dupin, délivrés le 1er juillet 1715 par Mallebay, curé de Montrolet, légalisés par le sénéchal dudit Montrolet, contrôlés à Poitiers par Legrand.

Ordonnance : Maintenus comme nobles et écuyers, le 27 décembre 1715, signé : de Richebourg.

148

Mauléon

Renée Guiraud, veuve d'Antoine DE LA HAYE, chev., s^{gr} du Theil-Montbault, demeurant à la Limousinière, paroisse d'Ardelay.

Pièces justificatives : Inventaire fait par-devant M. Voysin de la Noiraye, intendant de la Généralité de Tours, des titres de noblesse de François de la Haye, chev., s^{gr} de Montbault et du Coudray, et d'Antoine de la Haye, s^{gr} des Hommes de Montbault, au pied duquel est l'ordonnance dudit s^r Voysin de la Noiraye, portant acte de la présentation d'iceux pour y avoir égard lors de la confection du catalogue des gentilshommes du royaume ordonné par arrêt du Conseil du 22 mars 1666, ladite ordonnance en date du 10 mai 1667. Dans le vu des pièces est énoncé le contrat de mariage de Philippe de la Haye, qualifié de haut et puissant seigneur, avec d^{lle} Suzanne Dupuys (du Puy-du-Fou), par lequel il paraît qu'il est fils d'Alexandre de la Haye et de dame Catherine de Saint-Amatour, en date du 15 mai 1596.

Contrat de mariage de François de la Haye, chev., s^{gr} du Coudray, avec d^{lle} Renée de l'Espronnière, par lequel il paraît qu'il est fils de Philippe de la Haye et de Suzanne Dupuys, en date du 17 février 1634.

Contrat de mariage d'Abel-François de la Haye, chev., s^{gr} du Coudray-Montbault, avec d^{lle} Suzanne de Carrion, par lequel il paraît qu'il est fils de François de la Haye, chev., ci-dessus, et de dame Renée de l'Espronnière, en date du 21 juin 1672, signé Carré, n^re.

Contrat de mariage d'Antoine de la Haye, chev., s^gr du Theil-Montbault, avec d^lle Renée Guiraud, par lequel il paraît qu'il est fils de François de la Haye, chev., s^gr de Montbault et du Coudray, et de dame Renée de l'Espronnière, en date du 2 mars 1680, signé Brenier et Jezuent, n^res.

Pièce non visée : Transaction du 14 février 1520 passée entre Olivier de la Haye, chev., s^gr de Montbault, et Honorat de la Haye, son oncle. Ledit Olivier de la Haye était, d'après la produisante, le trisaïeul de son mari.

Ordonnance : Maintenue comme veuve de noble, le 1er janvier 1716, signé : de Richebourg.

Philippe-Armand DU VERGIER, chev., marquis de la Rochejacquelein, lieutenant du roi au gouvernement du Bas-Poitou,

Françoise-Armande, Marie-Henriette-Elisabeth, Jean-Baptiste-Jacques, Marie-Louise, René-Louis DU VERGIER, tous frères et sœurs.

149

Mauléon

Pièces justificatives : Ordonnance de M. de Barentin en faveur d'Armand-François, Jean-Baptiste, Charles, Marie-Anne et Françoise du Vergier, éc^rs et d^lles, par laquelle ils sont maintenus, savoir, lesdits Armand-François, Jean-Baptiste, Charles, dans la qualité de nobles et écuyers, et lesdites Marie-Anne et Françoise du Vergier dans les privilèges, honneurs, exemptions accordés aux d^lles du royaume, en date du 9 septembre 1667. Dans le vu des pièces est énoncé le contrat de mariage de René du Vergier, s^gr de la Rochejacquelein, avec d^lle Jacqueline de Menant, leurs père et mère.

Contrat de mariage d'Armand-François du Vergier, chev., marquis de la Rochejacquelein, avec d^lle Marie de Caumont, par lequel il paraît qu'il est fils de René du Vergier, chev., marquis de la Rochejacquelein, et de dame Jacqueline de

Menant, en date du 30 octobre 1686, signé Belot et Beauvais, n^res du Chastelet à Paris.

Six extraits de baptême, le 1er de Françoise-Armande du Vergier, du 3 novembre 1687, le 2e de Philippe-Armand du Vergier, du 29 septembre 1692, le 3e de Marie-Henriette-Elisabeth du Vergier, du 31 octobre 1693, le 4e de Jean-Baptiste-Jacques du Vergier, du 14 mai 1695, le 5e de Marie-Louise du Vergier, du 11 mars 1697, et le 6e de René-Louis du Vergier, du 18 novembre 1699, par lesquels il paraît qu'ils sont tous enfants d'Armand-François du Vergier ci-dessus et de dame Marie-Elisabeth de Caumont, délivrés le 24 décembre 1708 et le 17 septembre 1715 par Chatenaire, curé de Busseau, légalisés, et contrôlés à Poitiers par Coupard.

Ordonnance : Maintenus comme nobles, écuyers, demoiselles, le 3 janvier 1716, signé : de Richebourg.

150

Louis-Bernard DU BREUIL-HÉLION, chev., s^gr de la Guéronnière, de Combes, Lusigny et Villègue.

Poitiers

Pièces justificatives : Ordonnance de M. de Barentin en faveur d'Emmanuel du Breuil-Hélion, éc., s^r de Combes, par laquelle il est maintenu dans la qualité de noble et écuyer, en date du 7 décembre 1667. Dans le vu des pièces est énoncé le contrat de mariage dudit Emmanuel du Breuil-Hélion, éc., s^r de Combes, avec d^lle Marie Martel.

Contrat de mariage de Louis du Breuil-Hélion, éc., s^r de Châteauneuf, avec d^lle Marie de Brée, veuve de Jean Palotier, par lequel il paraît qu'il est fils d'Emmanuel du Breuil-Hélion, chev., s^gr de Combes et de la Guéronnière, et de dame Marie Martel, en date du 5 septembre 1680, signé Herbert et Boudin, n^res.

Contrat de mariage de Louis-Bernard du Breuil-Hélion, chev., s^gr de la Guéronnière et de Combes, avec d^lle Madeleine Vidard, par lequel il paraît qu'il est fils de Louis du Breuil-Hélion, chev., s^gr de Châteauneuf, lieutenant de MM. les maréchaux de France, et de dame Marie de Brée, en date du 11 février 1710, signé Vezien et Monnereau, n^res.

Ordonnance : Maintenu comme noble et écuyer, le 3 janvier 1716, signé : de Richebourg.

Catherine Bellivier, veuve de Jean DE LA BARRE, éc., s' dudit lieu,
Jean et Louis-Joseph DE LA BARRE, écrs, ses enfants.

151

Poitiers

Pièces justificatives : Ordonnance de M. de Richebourg, du 10 décembre 1715, en faveur de Jean de la Barre, éc., s' de la Guessonnière, Louis de la Barre, éc., s' du Bois-de-Luché, et Gabriel de la Barre, éc., s' de la Jarige, par laquelle ils sont maintenus dans leur noblesse. Dans le vu des pièces est énoncé le contrat de mariage de Jean de la Barre, chev., s^{gr} du Bois-de-Luché, avec d^{lle} Françoise-Madeleine de Pellard, par lequel il paraît qu'il est fils de Louis de la Barre et de dame Marguerite de Pellard. (Voir D 138 ci-dessus.)

Contrat de mariage de Jean de la Barre, éc., avec d^{lle} Catherine Bellivier, par lequel il paraît qu'il est fils de Jean de la Barre, éc., et de dame Catherine de Marconnay, en date du 29 janvier 1703, signé Geoffroy, n^{re}.

Deux extraits de baptême, le 1er de Jean de la Barre, du 4 juin 1704, le 2e de Louis-Joseph de la Barre, du 5 juin 1707, par lesquels il paraît qu'ils sont enfants de Jean de la Barre, éc., ci-dessus, et de dame Catherine Bellivier, délivrés le 1er janvier 1716 par Bourgoin, archiprêtre de Rom, contrôlés à Poitiers par Faisolle.

Ordonnance : Maintenus comme nobles, écuyers, veuve de gentilhomme, le 10 janvier 1716, signé : de Richebourg.

Louis DES HOMMES, éc., s^{gr} d'Archay.

152

Les Sables

Pièce justificative : Ordonnance de M. de Maupeou, du 28 septembre 1699, qui maintient Louis Des Hommes, éc., s^{gr} d'Archay, en sa noblesse, et dont il appert qu'il est fils de Daniel De

Hommes, éc., et de dame Eléonore Aubert, et qu'il a été marié avec d^{lle} Jeanne Maréchal.

Ordonnance : Ordonne son inscription au catalogue des nobles de la Généralité de Poitou, le 10 janvier 1716, signé : de Richebourg.

---

153   Jacqueline Lezineau, veuve de Louis DE LA CHESNAYE, chev., s^{gr} baron de Puymorin.

Thouars   Pièces justificatives : Ordonnance de M. de Maupeou en faveur de Louis de la Chesnaye, chev., s^{gr} baron de Puymorin, par laquelle il est maintenu dans les exemptions et privilèges accordés aux nobles du royaume, en date du 14 août 1700. Dans le vu des pièces est énoncé le contrat de mariage de Louis de la Chesnaye, chev., baron de Puymorin, avec d^{lle} Jacqueline Lezineau.

Contrat de mariage dudit Louis de la Chesnaye, chev., s^{gr} baron de Puymorin, avec d^{lle} Jacqueline Lezineau, par lequel il paraît qu'il est fils d'autre Louis de la Chesnaye, chev., s^{gr} de Puymorin, et de dame Louise de Vasselot, en date du 23 octobre 1684, signé Gaillard et Jauffrion, n^{res}.

Ordonnance : Maintenue comme veuve de gentilhomme, le 10 janvier 1716, signé : de Richebourg.

---

154   Pierre DU ROUSSEAU, éc., s^{gr} de Fayolle.

Poitiers   Pièces justificatives : Ordonnance de M. de Maupeou en faveur de Jacques du Rousseau, éc., s^r de Fayolle, et Charles du Rousseau, prêtre, curé de Limalonges, par laquelle ils sont maintenus dans les exemptions et privilèges accordés aux nobles du royaume, en date du 30 avril 1698. Dans le vu des pièces de ladite ordonnance est énoncé le contrat de mariage dudit Jacques du Rousseau, éc., s^r de Fayolle, avec d^{lle} Renée de Brouilhac.

Contrat de mariage de Pierre du Rousseau, chev., s^{gr} de Fayolle, capitaine au régiment de Navarre, avec d^{lle} Marie-

Anne Prévost, par lequel il paraît qu'il est fils de Jacques du Rousseau, chev., s^{gr} de Fayolle, ci-dessus, et de dame Renée de Brouilhac, en date du 6 août 1698, signé Lhospital, n^{re}.

Ordonnance : Maintenu comme noble et écuyer, le 10 janvier 1716, signé : de Richebourg.

Jacques DE VAUGIRAULT, éc., s^r du Gué-Aussant.   155

Cette ordonnance manque à la collection.

On lit sur le registre du greffe : «Du 10 janvier 1716. Production pour Jacques de Vaugirault, écuyer, sieur du Gué-Aussant, deffendeur, contre ledit s^r Ferrand. »

En marge est écrit : « Du 11 janvier. Ordonnance qui décharge de l'assignation. »

Et dans l'autre marge : « Ladite production a été renvoyée audit s^r de Vaugirault à Angers le 12 janvier 1716 [1]. »

Jean-Baptiste DE LA FERTÉ, éc., s^r de la Robelinière.   156

Pièces justificatives : Ordonnance de M. de Maupeou en faveur d'André de la Ferté, éc., s^r de la Robelinière, par laquelle il est maintenu dans la qualité de noble et écuyer, en date du 16 août 1700. Dans le vu des pièces de ladite ordonnance est énoncé le contrat de mariage d'André de la Ferté, chev., avec d^{lle} Marie Morisson.

Les Sables

Contrat de mariage d'André de la Ferté, éc., s^r de la Robelinière, avec d^{lle} Marguerite Chavignois, par lequel il paraît qu'il est fils d'André de la Ferté, chev., et de d^{lle} Marie Mo-

---

1. Le Gué-Aussant, situé dans la commune de la Poitevinière, département de Maine-et-Loire, fut apporté en mariage par Anne de la Roche à un Jacques de Vaugirault en l'année 1654. — D'autres Vaugirault, qui paraissent appartenir à la même famille, ont aussi été maintenus nobles par M. de Richebourg (voir V 13 ci-après). Trois Vaugirault figurent encore parmi les électeurs de la noblesse du Poitou en 1789. Cf. la liste publiée par M. G. Bardy dans les *Mém. de la Soc. des Antiq. de l'Ouest* pour 1858-59, et l'*Armorial de la noblesse du Poitou convoquée pour les Etats généraux en 1789*, par M. Armand de la Porte.

risson, en date du 13 août 1680, signé Chauvin et Delarye, n^{res}.

Extrait de baptême de Jean-Baptiste de la Ferté, du 25 juillet 1686, par lequel il paraît qu'il est fils d'André de la Ferté ci-dessus et de d^{lle} Marguerite Chavignois, délivré le 27 septembre 1715 par Freslin, curé de Saint-Vincent-sur-Jard, légalisé par le sénéchal de Talmont le jour suivant, contrôlé à Poitiers le 5 janvier 1716 par Coupard.

Ordonnance : Maintenu comme noble et écuyer, le 11 janvier 1716, signé : de Richebourg.

157

Mauléon

Jeanne-Henriette et Perside DE VAY, demoiselles des Brosses, paroisse de Saint-Michel de Mont-Malcus, sœurs.

Pièces justificatives : Arrêt rendu par la Chambre établie par le roi pour la réformation de la noblesse de Bretagne, en faveur de René de Vay, s^r de la Panautay, Samuel de Vay, s^r de la Fleuriaye, et Henri de Vay, s^r de Ricardaye, frères, par lequel ils sont déclarés nobles issus d'ancienne extraction, en date du 18 janvier 1669, signé, Par collation, Degouyon.

Partage noble fait entre dame Marie-Thérése Cheminard, veuve de Jean de Vay, chev., s^r de la Fleuriaye, tutrice de son fils mineur, et d^{lles} Marie-Anne de Vay, Jeanne-Henriette de Vay et Perside de Vay, des biens des successions de Samuel de Vay et de Renée Lejay, père et mère dudit Jean de Vay et desdites demoiselles de Vay, en date du 18 janvier 1702, signé Alexandre et Lebreton, n^{res}.

Pièce non visée : Certificat du s^r P. Esterbe, prêtre, curé de la paroisse de Treffieux, diocèse de Nantes, où les père et mère des produisantes faisaient leur demeure, en date du 19 septembre 1715, dûment légalisé par le s^{gr} évêque de Nantes, par lequel il appert que lesdites d^{lles} de Vay sont filles des défunts s^r et dame de Vay de la Fleuriaye, mais qu'il ne leur est pas possible de rapporter d'autres certificats de leurs baptêmes, vu qu'elles ont eu le malheur de naître de parents qui faisaient profession de la religion prétendue réformée, et que les ministres sont sortis du royaume et ont emporté les registres des baptêmes.

Ordonnance : Maintenues comme filles de nobles, le 11 janvier 1716, signé : de Richebourg.

Pierre DE LA PORTE, éc., sr des Vaux,
Antoine DE LA PORTE, éc., sr de Fontvallais,
François-Anne DE LA PORTE, éc., sr de l'Age,
René DE LA PORTE, éc., sr du Theil et de la Chapelle,
François DE LA PORTE, éc., sr de la Porte, frère du précédent,
Jean-Gabriel DE LA PORTE, éc., sr du Theil.

158

Poitiers

Pièces justificatives : Ordonnance de M. de Barentin en faveur de Pierre de la Porte, éc., sr des Vaux, Jeanne de la Porte, sa sœur, Pierre de la Porte, sr du Theil-au-Servant, par laquelle ils sont maintenus dans la qualité de nobles et écuyers, en date du 9 septembre 1667. Dans le vu des pièces de ladite ordonnance sont énoncés : 1° le contrat de mariage de Pierre de la Porte, éc., sr des Vaux, avec dlle Gabrielle de Baignan, par lequel il paraît qu'il est fils de Jacques de la Porte et de dame Jeanne de Couhé, 2° le contrat de mariage d'autre Pierre de la Porte avec dlle Françoise Barachin, par lequel il paraît qu'il est fils de François de la Porte et d'Anne du Quéroix, 3° le contrat de mariage de François de la Porte, éc., sr des Vaux, avec Marguerite de Boislinard, par lequel il paraît qu'il est fils d'Aubert de la Porte et d'Hippolyte de Barachin.

Contrat de mariage de Pierre de la Porte, éc., sr de l'Age, avec dlle Françoise de Barachin, par lequel il paraît qu'il est fils de François de la Porte et d'Anne du Quéroix, en date du 25 juillet 1597, signé Chasseloup, nre.

Contrat de mariage de Pierre de la Porte, éc., sr du Theil, avec dlle Claude de la Graize, par lequel il paraît qu'il est fils de Pierre de la Porte, éc., sr de l'Age et du Theil, et de Françoise de Barachin, en date du 24 janvier 1639, signé Aumond, n^re.

Contrat de mariage d'Antoine de la Porte, éc., s^r de la Chapelle-du-Vivier, avec d^lle Catherine Régnault, par lequel il paraît qu'il est fils de Pierre de la Porte, s^r de l'Age et du Theil, et de défunte Claude de la Graize, en date du 22 août 1665, signé Patrier et Rousseau, n^res.

Deux extraits de baptême, le premier de René de la Porte, du 7 août 1671, le deuxième de François de la Porte, du 9 novembre 1672, par lesquels il paraît qu'ils sont enfants d'Antoine de la Porte, éc., s^r du Theil et de la Chapelle, et de d^lle Catherine Régnault, délivrés le 8 janvier 1716 par Millet, curé de la Chapelle-du-Vivier, contrôlés à Poitiers par Faisolle.

Contrat de mariage de Gabriel de la Porte, éc., s^r du Theil, brigadier des gardes du corps du roi, avec d^lle Marie Blondel, par lequel il paraît qu'il est fils de feu Pierre de la Porte, éc., s^r du Theil, et de Claude de la Graize, en date du 16 novembre 1682, signé Lenormand et Beschet, n^res.

Extrait de baptême de Jean-Gabriel de la Porte, en date du 8 août 1683, par lequel il paraît qu'il est fils de Gabriel de la Porte ci-dessus et de d^lle Marie Blondel, délivré le 20 août 1715 par Debats, prêtre, garde dépositaire des registres de baptême de l'église de Saint-Germain-l'Auxerrois de Paris, contrôlé à Poitiers le 11 janvier 1716 par Faisolle.

Contrat de mariage de François de la Porte, éc., s^r de Fontvallais, avec d^lle Marguerite Begaud, par lequel il paraît qu'il est fils de Pierre de la Porte, éc., s^r des Vaux, et de d^lle Gabrielle de Baignan, en date du 15 juillet 1663, signé Fouard, n^re.

Contrat de mariage de Pierre de la Porte, éc., s^r des Vaux, avec d^lle Louise Taveau de la Tour, par lequel il paraît qu'il est fils de François de la Porte ci-dessus et de dame Marguerite Begaud, en date du 26 janvier 1694, signé Hersant et Cailler, n^res.

Extrait de baptême d'Antoine de la Porte, du 20 juillet 1672, par lequel il paraît qu'il est fils de François de la Porte, éc., sʳ de Fontvallais, et de dˡˡᵉ Marguerite Begaud, délivré le 7 août 1715 par Cuirblanc, prêtre, prieur curé de Millac, contrôlé à Poitiers par Faisolle.

Contrat de mariage de François de la Porte, éc., sʳ de Cheraudrye, avec dˡˡᵉ Anne Le Blond, par lequel il paraît qu'il est fils de Pierre de la Porte, éc., sʳ des Vaux, et de dˡˡᵉ Gabrielle de Baignan, en date du 11 janvier 1660, signé Mancherat, nʳᵉ.

Extrait de baptême de François-Anne de la Porte, du 6 septembre 1662, par lequel il paraît qu'il est fils de François de la Porte ci-dessus et de dˡˡᵉ Anne Le Blond, délivré le 21 juin 1682 par Guyot, prieur du Vigeant, contrôlé à Poitiers le 11 janvier 1716 par Faisolle.

De ces pièces il appert qu'Aubert de la Porte, époux d'Hippolyte de Barachin, eut pour fils François, marié à Marguerite de Boislinard, qui eut pour fils autre François, marié à Anne du Quéroix, qui eut pour fils Jacques, marié à Jeanne de Couhé, et Pierre, marié à Françoise de Barachin ;

Que dudit Jacques, marié à Jeanne de Couhé, sont issus Pierre, marié à Gabrielle de Baignan, et Jeanne ; que dudit Pierre, marié à Gabrielle de Baignan, sont issus François, marié à Marguerite Begaud, et autre François, marié à Anne Le Blond ; que dudit François, marié à Marguerite Begaud, sont issus Pierre, marié à Louise Taveau de la Tour, et Antoine ; que dudit François, marié à Anne Le Blond, est issu François-Anne ;

Que dudit Pierre, marié à Françoise de Barachin, est issu autre Pierre, marié à Claude de la Graize, dont sont issus Antoine, marié à Catherine Régnault, et Gabriel, marié à Marie Blondel ; que dudit Antoine, marié à Catherine Régnault, sont issus René et François ; et que dudit Gabriel, marié à Marie Blondel, est issu Jean-Gabriel.

Ordonnance : Maintenus comme nobles et écuyers, le 13 janvier 1716, signé : de Richebourg.

Louis D'ARCEMALE, éc., sʳ du Fief-Barret. 159

Pièces justificatives : Contrat de mariage de Louis d'Arcemale, éc., avec dˡˡᵉ Anne Bodin, par lequel il paraît qu'il est fils de feu

Les Sables

Jean d'Arcemale, éc., et de d^lle Catherine Chevallet, en date du 19 novembre 1573, signé Mallet, n^re.

Contrat de mariage de Baptiste d'Arcemale, éc., s^r des Nouhes, avec d^lle Marie Barbier, par lequel il paraît qu'il est fils de Louis d'Arcemale, éc., s^r du Langon, et de d^lle Anne Bodin, en date du 15 avril 1620, signé Langlois, n^re à la Rochelle.

Contrat de mariage en secondes noces dudit Baptiste d'Arcemale avec d^lle Suzanne Bernard, par lequel il paraît qu'il était veuf de d^lle Marie Barbier, du 17 juillet 1631, signé Foucault et Nauleau, n^res.

Contrat de mariage de Louis d'Arcemale, chev., s^gr du Fief-Barret, avec d^lle Catherine Moisant, par lequel il paraît qu'il est fils de haut et puissant Baptiste d'Arcemale, chev., s^gr de la Grange et du Langon, et de dame Suzanne Bernard, en date du 29 août 1661, signé Roy et Bouin, n^res, légalisé par Laurent Duplex, sénéchal des Sables.

Contrat de mariage de Louis d'Arcemale, éc., s^r du Fief-Barret, avec d^lle Suzanne-Céleste des Forges, par lequel il paraît qu'il est fils de feu Louis d'Arcemale ci-dessus et de d^lle Catherine Moisant, en date du 9 février 1687, signé Lemoyne et Isambart, n^res.

Extrait de baptême de Louis d'Arcemale, du 22 octobre 1706, par lequel il paraît qu'il est fils de Louis d'Arcemale, éc., ci-dessus, et de dame Suzanne-Céleste des Forges, délivré le 30 mai 1715 par Freslin, prêtre, curé de Saint-Vincent-sur-Jard, légalisé par le s^r Gabriel des Nouhes, vicaire général du diocèse de Luçon, contrôlé à Luçon le 2 novembre 1715 par Mauzé.

Ordonnance : Maintenu comme noble et écuyer, le 14 janvier 1715, signé : de Richebourg.

Luc DE GABORY, éc., s^gr de la Bonnetière.

Pièce justificative : Arrêt de MM. les commissaires généraux députés par le roi pour l'exécution de sa déclaration du 4 septembre 1696, en faveur de Jacques de Gabory, éc., s^gr de la

Bonnetière, Luc de Gabory, éc., s^gr du même lieu, son fils, et autres, par lequel ils sont déchargés de plusieurs taxes faites sur leurs parents ou auteurs comme usurpateurs du titre d'écuyer, en date du 22 octobre 1698, signé Benau.

Pièces non visées : Deux arrêts rendus par le roi en son Conseil, l'un du 12 août 1672 en faveur de Françoise Jousselin, veuve de Jean de Gabory, éc., s^gr de la Bonnetière, aïeule du produisant, l'autre du 26 août 1673, en faveur de Jacques de Gabory, éc., s^gr de la Bonnetière, père du produisant, qui les déchargent tous les deux du taux des tailles auxquelles ils avaient été imposés sur le rôle arrêté au Conseil et qui les confirment dans leur noblesse.

Ordonnance : Ordonne son inscription au catalogue des nobles de la Généralité de Poitou, le 14 janvier 1716, signé : de Richebourg.

Jeanne de la Boucherie, veuve d'Hector-Jacques DE LA CANTINIÈRE, éc., s^gr dudit lieu,

Charles et Gabriel-Jacques DE LA CANTINIÈRE, éc^rs, ses enfants.

161

Les Sables.

Pièces justificatives : Ordonnance de M. de Barentin en faveur de Gabriel de la Cantinière, éc., s^r dudit lieu, par laquelle il est maintenu en la qualité de noble et écuyer, en date du 24 septembre 1667. Dans le vu des pièces de ladite ordonnance est énoncé le contrat de mariage, daté du 25 novembre 1652, de Gabriel de la Cantinière avec d^lle Louise Roulleau, par lequel il paraît qu'il est fils de Jacques de la Cantinière, éc., s^r de la Roche, et de d^lle Jacquette Coucher.

Contrat de mariage d'Hector-Jacques de la Cantinière, éc., s^r des Echardières, avec d^lle Jeanne de la Boucherie, par lequel il paraît qu'il est fils de Gabriel de la Cantinière, éc., dénommé dans l'ordonnance ci-dessus, et de dame Louise Roulleau, en date du 13 juillet 1690, signé Bret et Courtin, n^res.

Deux extraits de baptême, le 1er de Charles de la Cantinière, du 7 mars 1693, le 2e de Gabriel-Jacques de la Cantinière, du 16 juin 1696, par lesquels il paraît qu'ils sont enfants d'Hector-Jacques de la Cantinière ci-dessus et de dame Jeanne de la Boucherie, délivrés le 11 février 1714 par Hérault, prieur de Péault, légalisés par le sénéchal de Mareuil, contrôlés à Poitiers le 12 janvier 1716 par Faisolle.

Ordonnance : Maintenus comme nobles, écuyers et veuve de noble, le 14 janvier 1716, signé : de Richebourg.

162

Niort

Thomas DE BERMOND DU CAYLAR, éc., s^r de Sebazan,

Etienne-Thomas DE BERMOND DU CAYLAR, son fils.

Pièces justificatives : Ordonnance de M. Bazin de Bezon, intendant du Languedoc, en faveur de Louis de Bermond du Caylar de Toyras, *aliàs* de Saint-Bonnes, marquis de Saint-Michel, comte d'Aubigeoux, baron de Castelnau, tant pour lui que pour noble François de Bermond du Caylar de Toyras, comte d'Aubigeoux, François-Jacques de Bermond du Caylar de Toyras d'Amboise, Charles de Bermond du Caylar de Toyras, chevalier de Malte, ses trois enfants, et noble Simon de Bermond du Caylar de Toyras, s^r de la Fons, *aliàs* de Saint-Bonnes, ancien sénéchal de Montpellier, conseiller du roi en ses conseils, maréchal de camp en ses armées, Jacques de Saint-Bonnes de Bermond du Caylar, s^{gr} de Toyras, et François de Bermond du Caylar, s^{gr} de Sebazan, et autres, par laquelle ils sont déclarés nobles, issus de noble race et lignée, et maintenus dans les privilèges accordés aux nobles du royaume, en date du 10 décembre 1668. Dans le vu des pièces de ladite ordonnance est énoncé le contrat de mariage de François de Bermond du Caylar, éc., s^r de Sebazan, avec d^{lle} Marguerite Thomas.

Contrat de mariage de Thomas de Bermond du Caylar, chev., s^{gr} de Sebazan, capitaine de dragons, avec d^{lle} Catherine-Elisabeth Migault, par lequel il paraît qu'il est fils de François de Bermond du Caylar, chev., s^{gr} de Sebazan, et de dame Marguerite Thomas, en date du 26 avril 1700, signé Loyault et Arnault, n^{roi} du marquisat de Creil-Bournezeau.

Extrait de baptême d'Etienne-Thomas de Bermond du Caylard, du 16 mars 1701, par lequel il paraît qu'il est fils de Thomas de Bermond du Caylar, chev., s^gr de Sebazan, ci-dessus, et de d^lle Catherine-Elisabeth Migault, signé Barault, vicaire de Saint-André de Niort, et contrôlé à Poitiers.

Pièces non visées : Contrat de mariage de François de Bermond du Caylar, s^gr de Sebazan, dénommé dans l'ordonnance de M. Bazin de Bezon, avec d^lle Marguerite Thomas, par lequel il paraît qu'il est fils d'Henri du Caylar de Pondeillan, baron de Puyperguier, gouverneur de Béziers, et de dame Claire de Sorgues, en date du 26 avril 1649, reçu par les notaires royaux à Béziers.

Contrat de partage fait entre Thomas de Bermond du Caylar, éc., s^gr de Sebazan, et autres ses frères et sœurs, des biens de la succession de François de Bermond du Caylar ci-dessus et de dame Marguerite Thomas, leurs père et mère, en date du 17 janvier 1687.

Ordonnance : Maintenus comme nobles et écuyers, le 14 janvier 1716, signé : de Richebourg.

Jacques-Henri D'ARCEMALE, éc. 163

Pièces justificatives : Contrat de mariage de Louis d'Arcemale, éc., avec d^lle Anne Bodin, en date du 19 novembre 1573, signé *Fontenay* Mallet, n^re.

Contrat de mariage de Baptiste d'Arcemale, éc., s^r des Nouhes, avec d^lle Marie Barbier, par lequel il paraît qu'il est fils de Louis d'Arcemale, éc., et de d^lle Anne Bodin, en date du 15 avril 1620, signé Langlois, n^re.

Contrat de mariage d'Henri d'Arcemale, s^gr de la Touche, avec d^lle Marie Jamet, par lequel il paraît qu'il est fils de Baptiste d'Arcemale, chev., s^gr de la Grange de Langon, et de feu dame Marie Barbier, en date du 13 septembre 1649, signé Richard et Jamet, n^res.

Contrat de mariage de Jean d'Arcemale, éc., s^r de la Touche, avec d^lle Renée-Angélique Gentet, par lequel il paraît qu'il est fils d'Henri d'Arcemale, éc., s^gr de la Grange et de la Touche, et de dame Marie Jamet, en date du 26 novembre 1697, signé Delavau et Berthonneau, n^res.

Extrait de baptême de Jacques-Henri d'Arcemale, du 4 octobre 1698, par lequel il paraît qu'il est fils de Jean d'Arcemale, éc., s^gr de la Grange et de la Touche du Langon, et de d^lle Renée-Angélique Gentet, délivré le 8 avril 1715 par Grignon, curé du Langon, contrôlé le même jour au Langon par Thulipière.

Ordonnance : Maintenu comme noble et écuyer, le 16 janvier 1716, signé : de Richebourg.

164

Poitiers

Elisabeth Dupas, veuve de Jacques D'HÉMERY, éc., s^r de la Borde et de Mondétour,

Olivier D'HÉMERY, éc., s^r de la Martinière, son fils.

Pièces justificatives : Ordonnance rendue par M. Pinon, intendant du Poitou, en faveur de Jacques d'Hémery, s^r de la Borde, de Mondétour et de la Martinière, par laquelle il est maintenu dans tous les honneurs, privilèges et exemptions accordés aux nobles du royaume, en date du 27 mars 1705. Dans le vu des pièces de ladite ordonnance est rapporté le contrat de mariage de Pierre d'Hémery, éc., s^r de Mondétour, avec d^lle Marie de Bouville.

Contrat de mariage de Jacques d'Hémery, éc., s^r de la Borde et de Mondétour, avec d^lle Elisabeth Dupas, par lequel il paraît qu'il est fils de Pierre d'Hémery, éc., s^r de Mondétour, et de d^lle Marie de Bouville, en date du 2 août 1676, signé Bonnin et Fruchard, n^res.

Contrat de mariage d'Olivier d'Hémery, éc., s^r de la Martinière, avec d^lle Catherine Julliot, par lequel il paraît qu'il est fils de Jacques d'Hémery ci-dessus et d'Elisabeth Dupas, en date du 11 juillet 1713, signé Pascault, n^re.

Ordonnance : Maintenus comme nobles, écuyer, veuve de noble, le 16 janvier 1716, signé : de Richebourg.

. . . . 165

L'ordonnance qui devrait figurer sous le n° 165 de la lettre D manque à notre collection. Nous sommes même tenté de croire qu'elle n'a jamais existé et qu'il y a simplement une erreur dans le numérotage, car nous n'avons trouvé sur le registre du greffe l'enregistrement d'aucune production qui puisse s'y rapporter.

Charles DOYNEAU, éc., s^r de la Charrie. 166

Pièce justificative : Ordonnance de M. de Maupeou en faveur de Charles Doyneau, éc., s^r de la Charrie, par laquelle il est maintenu dans les exemptions, honneurs, privilèges accordés aux nobles du royaume, en date du 20 septembre 1701.

Ordonnance : Ordonne son inscription au catalogue des nobles de cette Généralité, le 16 janvier 1716, signé : de Richebourg.

Charles-Claude DARGENCE, éc., s^r de la Salle. 167

Pièces justificatives : Contrat de mariage de Pierre Dargence, éc., s^r du Magnou, avec d^{lle} Isabelle Guillon, par lequel il paraît qu'il est fils de François Dargence, éc., s^r du Magnou, et de dame Geneviève de la Bussière, en date du 9 mars 1591, signé Massoneau, n^{re}. Châtellerault

Contrat de mariage de Charles Dargence, chev., s^{gr} châtelain de la Jarrie, avec d^{lle} Elisabeth Gourjault, par lequel il paraît qu'il est fils de Pierre Dargence, éc., ci-dessus, et de défunte dame Isabelle Guillon, en date du 9 octobre 1657, signé Texier et Berthommé, n^{res}.

Contrat de mariage de Charles-Claude Dargence, éc., avec d^{lle} Jeanne de Guillon, par lequel il paraît qu'il est fils de feu Charles Dargence, chev., s^r de la Jarrie, ci-dessus, et de dame Elisabeth Gourjault, en date du 25 janvier 1676, signé Bequais, n^{re}.

Ordonnance : Maintenu comme noble et écuyer, le 16 janvier 1716, signé : de Richebourg.

168

Charlotte Guiberteau, veuve de François DUVAU, chev., s^gr de la Bournée.

Thouars

Pièces justificatives : Ordonnance de M. de Maupeou en faveur de François Duvau, éc., s^r de la Bournée, par laquelle il est maintenu dans les privilèges et exemptions accordés aux nobles du royaume, en date du 26 septembre 1700. Dans le vu des pièces est énoncé le contrat de mariage dudit François Duvau avec d^lle Marie Romain.

Contrat de mariage en secondes noces de François Duvau, chev., s^gr de la Bournée, avec d^lle Charlotte Guiberteau, en date du 6 novembre 1688, signé Sauvestre, n^re.

Ordonnance : Maintenue dans les privilèges et exemptions attribués aux nobles du royaume, le 17 janvier 1716, signé : de Richebourg.

169

René DE LA BOUCHERIE, éc., s^gr de la Rousselière.

Mauléon

Pièces justificatives : Ordonnance de M. de Barentin en faveur de René de la Boucherie, éc., s^r du Guy, par laquelle il est maintenu dans la qualité de noble et écuyer, en date du 9 août 1667. Dans le vu des pièces est énoncé le contrat de mariage dudit René de la Boucherie avec d^lle Marie Lévesque.

Ordonnance rendue par M. de Richebourg en faveur de Louis de la Boucherie, éc., s^gr de la Louattière, fils de défunt Mathurin de la Boucherie, éc., s^gr dudit lieu, et de dame Marie des Herbiers, par laquelle il est maintenu dans sa noblesse, en date du 18 octobre 1715. (Voir D 131 ci-dessus.)

Contrat de mariage de Claude de la Boucherie, éc., s^r du Breuil, avec d^lle Marie Julliot, par lequel il paraît qu'il est fils de René de la Boucherie, éc., s^gr du Guy, et de d^lle Marie Lévesque, en date du 27 janvier 1649, signé Baudy et Simon, n^res.

Contrat de mariage de Mathurin de la Boucherie, qualifié

chevalier, s^{gr} de la Boucherie et de la Rousselière, avec d^{lle} Marie des Herbiers, par lequel il paraît qu'il est fils de Claude de la Boucherie ci-dessus et de dame Marie Julliot, en date du 26 novembre 1680, signé Buet et Laborieux, n^{res}.

Contrat de mariage de René de la Boucherie, chev., s^{gr} de la Rousselière, avec d^{lle} Anne Théronneau, par lequel il paraît qu'il est fils de Mathurin de la Boucherie ci-dessus et de Marie des Herbiers, en date du 19 février 1715, signé Béguin et Bourasseau, n^{res}.

Ordonnance : **Maintenu comme noble et écuyer, le 17 janvier 1716, signé : de Richebourg.**

Pierre DUMONT, éc., s^r de Beaulieu, demeurant au Bernard.

170

Les Sables

Pièces justificatives : Inventaire fait devant M. Voysin de la Noiraye, intendant de Touraine, des titres de noblesse de René Dumont, éc., s^r de Richemont, Charles Dumont, éc., s^r de Beaulieu et de Richemont, et César Dumont, éc., au pied duquel est son ordonnance portant acte de la représentation desdits titres, pour y avoir égard lors de la confection du catalogue des gentilshommes du royaume, en date du 22 septembre 1668. Dans le vu des pièces dudit inventaire est énoncé le contrat de mariage de Charles Dumont, éc., s^r de Beaulieu, avec d^{lle} Marie Mesnard, par lequel il paraît qu'il est fils de Louis Dumont, éc., s^r de Richemont, et de Madeleine Dumont.

Contrat de mariage d'Olivier Dumont, éc., s^r de la Coutancière et de Richemont, avec d^{lle} Jeanne Acquet de la Blanchardière, par lequel il paraît qu'il est fils de Charles Dumont, éc., ci-dessus, et de défunte dame Marie Mesnard, en date du 21 octobre 1672, signé Pellerin et David, n^{res} du duché de Thouars.

Contrat de mariage de Pierre Dumont, éc., s^r de Beaulieu, avec d^{lle} Elisabeth de la Roche, par lequel il paraît qu'il est fils d'Olivier Dumont, éc., ci-dessus, et de dame Jeanne Acquet de la Blanchardière, en date du 21 juin 1710, signé Bourdeau et Chatenaire, n^{res}.

Ordonnance : Maintenu comme noble et écuyer, le 17 janvier 1716, signé : de Richebourg.

171

Châtellerault

François DE MAURAT, éc., sʳ de la Papinière.

Pièces justificatives : Ordonnance de M. Chauvelin, intendant de la Généralité de Tours, en faveur de Charlotte Martin d'Archambault, veuve de Gilbert de Maurat, chev., sᵍʳ de la Chaussée de Renoué, René de Maurat, chev., sᵍʳ dudit lieu, Françoise Dupré, veuve de Mathieu de Maurat, éc., sʳ de la Papinière, et François de Maurat, éc., sʳ de la Papinière, son fils, par laquelle ils sont maintenus dans la qualité de nobles et écuyers, en date du 1ᵉʳ août 1714. Dans le vu des pièces de ladite ordonnance est énoncé le contrat de mariage de François de Maurat, éc., sᵍʳ de la Papinière, avec dˡˡᵉ Anne Dadine, par lequel il paraît qu'il est fils de Mathieu de Maurat, éc., sʳ de la Papinière, et de dame Françoise Dupré.

Dire du produisant : Gilbert et Mathieu de Maurat étaient frères, et René de Maurat est fils de Gilbert.

Ordonnance : Maintenu comme noble et écuyer, le 17 janvier 1716, signé : de Richebourg.

172

Poitiers

Marie Chapron, veuve de François DE LA PORTE, éc., sᵍʳ de Villeneuve,

René-Paul DE LA PORTE, éc., sʳ de la Pibolière et de la Bonnière, son fils,

Joseph DE LA PORTE, éc., sʳ de la Rembourgère, son autre fils,

René-Paul, Marie-Jeanne, Geneviève et Catherine DE LA PORTE, frère et sœurs,

Charles-Armand, Madeleine-Elisabeth, Marie-Catherine, Angélique-Françoise et Marie-Marguerite DE LA PORTE, frère et sœurs,

Marie-Thérèse et Charlotte-Geneviève DE LA PORTE, sœurs.

Pièces justificatives : Ordonnance de M. de Maupeou en faveur d'Armand de la Porte, éc., s^r de la Rembourgère, et François de la Porte, éc., s^r de Villeneuve, par laquelle ils sont maintenus dans les exemptions et privilèges accordés aux nobles du royaume, en date du 13 janvier 1699.

Contrat de mariage de François de la Porte, éc., s^r de Villeneuve, avec d^{lle} Marie Chapron, par lequel il paraît qu'il est fils de René de la Porte, chev., s^{gr} de la Rembourgère, et de dame Catherine de Parcé, en date du 9 août 1666, signé Clément.

Contrat de mariage de René-Paul de la Porte, éc., s^r de la Pibolière, avec d^{lle} Marie Ollivier, par lequel il paraît qu'il est fils de François de la Porte, éc., s^{gr} de Villeneuve, ci-dessus, et de dame Marie Chapron, du 11 janvier 1698, signé Bourbeau et Moreau, n^{res}.

Contrat de mariage en secondes noces dudit René-Paul de la Porte ci-dessus avec d^{lle} Marie Taveau, en date du 31 août 1709, signé Moreau.

Quatre extraits de baptême : le 1er de Marie-Jeanne de la Porte, du 8 décembre 1698, le 2e de Geneviève de la Porte, du 15 novembre 1699, le 3e de Catherine de la Porte, du 28 novembre 1700, le 4e de René-Paul de la Porte, du 2 mars 1703, par lesquels il paraît qu'ils sont tous enfants de René-Paul de la Porte, éc., s^r de la Pibolière, et de dame Marie Ollivier, sa première femme ; délivrés le 4 avril 1715 par Dubois, curé de Saint-Laurent de Parthenay, légalisés par le s^r Poignant, lieutenant particulier au siège présidial de cette ville, et contrôlés à Poitiers le 26 août 1715 par Legrand.

Cinq extraits de baptême : le 1er de Charles-Armand de la Porte, du 16 février 1714, par lequel il paraît qu'il est fils de René-Paul de la Porte, de son second mariage avec d^{lle} Marie Taveau, délivré le 5 avril 1715 par Dubois, curé de Saint-Laurent de Parthenay, le 2e de Madeleine-Elisabeth de la Porte, du 24 mai 1710, le 3e de Marie-Catherine de la Porte, du 24 août 1711, le 4ᵉ d'Angélique-Françoise de la Porte, du 14 décembre 1712, le 5ᵉ de Marie-Marguerite de la Porte, du 25 février 1715, par lesquels il paraît qu'elles sont aussi filles du second mariage de René-Paul de la Porte, éc., sʳ de la Bonnière, et de dame Marie Taveau ; délivrés le 2 avril 1715 par Housset, curé du Buignon, légalisés par ledit Poignant, et contrôlés par Legrand.

Contrat de mariage de Joseph de la Porte, éc., sᵍʳ de la Rembourgère, avec dˡˡᵉ Marie-Anne Chargé, par lequel il paraît qu'il est fils de défunt François de la Porte, chev., sᵍʳ de Villeneuve, et de dame Marie Chapron, en date du 8 novembre 1709, signé Moreau, nʳᵉ.

Deux extraits de baptême, le 1ᵉʳ de Marie-Thérèse de la Porte, du 15 octobre 1711, le 2ᵉ de Charlotte-Geneviève de la Porte, du 6 novembre 1712, par lesquels il paraît qu'elles sont filles de Joseph de la Porte, éc., sᵍʳ de la Rembourgère, ci-dessus, et de dame Marie-Anne Chargé, délivrés le 30 août 1715 par Dubois, curé de Saint-Laurent de Parthenay.

Ordonnance : Maintenus comme nobles, écuyers, veuve de noble et demoiselles, le 17 janvier 1716, signé : de Richebourg.

173

Mauléon

Pierre-Claude DE LA TOUCHE, éc., sʳ de Pontabert, Claude et Claude-Marie-Julienne DE LA TOUCHE, dˡˡᵉˢ, ses tantes.

Pièces justificatives : Ordonnance de M. de Barentin en faveur de Claude de la Touche, sʳ du Plessis, et Yves de la Touche, sʳ de la Corbinais, par laquelle ils sont maintenus dans la qualité de nobles et écuyers, en date du 24 septembre 1667.

Ordonnance de M. de Béchamel de Nointel, intendant de Bretagne, en faveur de Pierre de la Touche, éc., sʳ de Mony, Pierre-Claude et Yves-Henri de la Touche, ses enfants, Claude et Claude-Marie-Julienne de la Touche, ses sœurs, par laquelle ils sont maintenus en la qualité de nobles et écuyers et dans les privilèges accordés aux nobles du royaume, en date du 7 octobre 1699.

Pièces non visées : Trois extraits de baptême dûment en forme et légalisés par le juge des lieux, le 1ᵉʳ de Pierre de la Touche, en date du 7 janvier 1651, le 2ᵉ de Claude de la Touche, en date du 9 octobre 1661, et le 3ᵉ de Claude-Marie-Julienne de la Touche, en date du 7 juin 1663, par lesquels il appert qu'ils sont enfants de Claude de la Touche, éc., sʳ du Plessis, et de dˡˡᵉ Juliette Simon.

Extrait de baptême de Pierre-Claude de la Touche, en date du 17 février 1682, qui justifie qu'il est fils de Pierre de la Touche ci-dessus.

Contrat de mariage de Pierre-Claude de la Touche ci-dessus avec dˡˡᵉ Marie de Chéronnier, fille de Claude de Chéronnier, éc., par lequel il appert encore qu'il est fils de Pierre de la Touche, en date du 24 octobre 1701, signé Faudry et Lebreton, nʳᵉˢ.

Ordonnance : Maintenus dans les privilèges, honneurs et exemptions attribués aux nobles du royaume, le 17 janvier 1716, signé : de Richebourg.

Louise-Madeleine DU PLANTIS DU LANDREAU, demoiselle.

174

Mauléon

Pièces justificatives : Contrat de mariage de Claude du Plantis, éc., sᵍʳ de la Verrie, avec dˡˡᵉ Renée de la Haye, par lequel il paraît qu'il est fils de Gilles du Plantis, chevalier de l'ordre du Roi, et de dame Louise Rouhault, en date du 19 novembre 1584, signé Gaymard et Xallot, nʳᵉˢ.

Contrat de mariage de Charles du Plantis, éc., avec dˡˡᵉ Marie de Bonneau, par lequel il paraît qu'il est fils de Claude du Plantis, chevalier de l'ordre du Roi, sᵍʳ de la Guyonnière et de la châtellenie de Rochetemer, et de dame Renée de la Haye, en date du 2 février 1607, signé David et Grangeon, nʳᵉˢ, dont copie collationnée a été délivrée en vertu d'une ordonnance de MM. du présidial de Nantes.

Contrat de mariage de Pierre du Plantis, chev., sᵍʳ baron du Landreau, des Herbiers et Rochetemer, avec dame Renée

Légier de la Sauvagère, veuve de Charles Robert, chev., s^gr de la Rochette, en date du 18 janvier 1646, signé Benesteau et Maudet, n^res. Dans cet acte il n'est pas fait mention de qui Pierre du Plantis était fils, mais il est rapporté qu'il était veuf en premières noces de dame Charlotte Légier.

Contrat de mariage de Pierre du Plantis, chev., baron du Landreau, des Herbiers, Rochetemer et Touvent, avec d^lle Jeanne de la Touche, par lequel il paraît qu'il est fils de Pierre du Plantis ci-dessus et de dame Charlotte Légier, en date du 25 juin 1659, collationné par Chanson, n^re de la châtellenie de Péault, par commission du s^r lieutenant général de Poitiers.

Extrait de baptême de Louise-Madeleine du Plantis, du 1er juillet 1664, par lequel il paraît qu'elle est fille de Pierre du Plantis ci-dessus et de dame Jeanne de la Touche, délivré le 2 juin 1715 par Rousseau, curé de Nesmy, contrôlé à Poitiers par Coupard.

Ordonnance : Maintenue comme noble, fille de gentilhomme, le 18 janvier 1746, signé : de Richebourg.

175

Thouars

Charles D'ALOUGNY, chev., s^gr de Charzay, y demeurant, paroisse de Sainte-Verge.

Pièces justificatives : Certificat titré « Nous noble religieux personne Frère François de Chamborant, sous-prieur de l'abbaye et principauté de Deolz, en Berry, diocèse de Bourges », par lequel il paraît que noble religieuse personne frère Guillaume d'Alougny, religieux chambrier de ladite abbaye, est décédé le jour de la Quasimodo, l'an 1220, et que de mémoire d'homme il ne s'est vu qu'aucun religieux soit entré en ladite abbaye qu'il n'ait prouvé être descendu de quatre races nobles ; délivré le 14 décembre 1619, signé Chamborant, sous-prieur.

Contrat du partage des biens de Guillaume d'Alougny, éc., s^r de Rochefort, entre Marguerite de la Touche, sa veuve, d'une part, et François, Guillaume, Jean, Pierre-Jacques, Marguerite et Jeanne d'Alougny, ses enfants, d'autre part, par lequel il paraît que François d'Alougny, comme aîné, a eu les préciputs et avantages de la Coutume, en date du 7 mai 1492, signé Maviot et Trotet, n^res.

Testament de ladite Marguerite de la Touche, veuve de Guillaume d'Alougny, éc., s^r de Rochefort, en date du 22 février 1499, signé Brageron et Morineau, n^res.

Contrat de mariage de François d'Alougny, éc., avec d^lle Catherine Guérin, par lequel il paraît qu'il est fils aîné de Guillaume d'Alougny, éc., ci-dessus, et de dame Marguerite de la Touche, en date du 20 octobre 1484, signé Goulette, n^re.

Acte d'assignation de la dot de ladite Catherine Guérin, du 22 octobre 1484, signé Chauveau et Brageron, n^res.

Contrat de mariage de Georges Le Clerc avec d^lle Louise d'Alougny, par lequel il paraît qu'elle est fille de François d'Alougny ; ce contrat signé de René, François et autre François d'Alougny, daté du 8 janvier 1515, signé Resneau et Richard, n^res.

Contrat de mariage de René d'Alougny, éc., s^r de Rochefort, avec d^lle Gabrielle de la Trimouille, dans lequel il n'est pas fait mention de qui il est issu, en date du 12 décembre 1555, signé Salvert, délivré en vertu de commission de la cour ordinaire de la sénéchaussée de Montmorillon.

Contrat de mariage de Pierre d'Alougny, éc., s^r de Rochefort, avec d^lle Marguerite de Salignac, dans lequel il n'est pas fait mention non plus de ses père et mère, en date du 27 janvier 1548, signé Rideau, n^re.

Contrat du partage des biens de René d'Alougny, éc., s^r de Rochefort, entre Pierre d'Alougny, éc., s^r de Rochefort, et autres ses frères et sœurs, par lequel il paraît que Gabrielle de la Trimouille était femme dudit René d'Alougny, et que Pierre en est issu, du 25 juin 1556, signé Salvert.

Trois certificats du grand-écuyer de France, des années 1571, 1581, 1584, par lesquels il paraît que Pierre d'Alougny, s^r de Rochefort, était guidon des cent hommes d'armes des ordonnances du roi qu'il commandait, signés et paraphés.

Acte du testament fait par d^lle Marguerite de Salignac,

veuve de Pierre d'Alougny, éc., sʳ de Rochefort, par lequel il paraît qu'elle a fait des dispositions en faveur de Guy d'Alougny, son fils et dudit feu Pierre d'Alougny, en date du 19 mai 1587, signé Duguet, nʳᵉ.

Acte des lettres bénéficiaires expédiées en faveur de Guy d'Alougny, par lequel il paraît qu'il était fils de Pierre d'Alougny, éc., sʳ de Rochefort, et de ladite Marguerite de Salignac, données à Paris le 13 janvier 1588, signées, Par le Conseil, et plus bas, Depilzu.

Transaction passée entre Antoine d'Alougny, éc., sʳ de Rochefort, et Denis Barbe, éc., sʳ de Beauregard, tant en son nom qu'à cause de dˡˡᵉ Louise d'Alougny, son épouse, et encore comme curateur de Guy d'Alougny, par laquelle il paraît qu'ils sont enfants de Pierre d'Alougny, éc., sʳ de Rochefort, et de dˡˡᵉ Marguerite de Salignac, en date du 5 juin 1589, signé Rabault, nʳᵉ.

Lettres de rescision expédiées en faveur de Guy d'Alougny, éc., contre les actes passés entre Antoine d'Alougny, son frère aîné, et sa sœur, par lesquelles il paraît encore qu'ils sont enfants de Pierre d'Alougny, éc., et de ladite Marguerite de Salignac, en date du 10 février 1595, signé, Par le Conseil, et plus bas, Goguier.

Contrat de mariage de Guy d'Alougny, éc., sʳ d'Ouinze, gentilhomme ordinaire de Mᵍʳ le duc de Guise, lieutenant général pour le roi en Provence, avec dˡˡᵉ Renée de la Pouge, veuve de Philippe de Valencienne, secrétaire du roi, du 8 février 1603, signé Cailleau, nʳᵉ.

Extrait de baptême de Charles d'Alougny, du 2 novembre 1607, par lequel il paraît qu'il est fils de Guy d'Alougny, éc., sʳ du Grand-Boismorand, et de dame Renée de la Pouge, délivré le 1ᵉʳ avril 1715 par Raveau, prêtre, curé d'Antigny, contrôlé à Poitiers par Coupard.

Contrat du partage des biens de Renée de la Pouge, veuve de Guy d'Alougny, entre Philippe de Valencienne, éc., sᵍʳ de la Coulombe, au nom et comme ayant charge de Guy d'Alougny, chevalier de Malte, René d'Alougny, chev., sᵍʳ de Boismorand, et Charles d'Alougny, chev., capitaine dans le régiment entretenu du s^gr d'Amboise, par lequel il paraît qu'ils sont enfants de Guy d'Alougny et de ladite Renée de la Pouge, du 23 mai 1640, signé par collation Testaud et Ferré, n^res, légalisé par Raveau, juge sénéchal de la ville et châtellenie de Saint-Savin.

Acte de reconnaissance de la part de Charles Petit-Pied, éc., s^r d'Ouzilly, fils et principal héritier de Florent Petit-Pied, par lequel il paraît que Marie Ajasson, sa mère, lui a remis les meubles vifs et morts des deux métairies de la Porte-d'Ouzilly, et que ladite Marie Ajasson avait convolé en secondes noces avec Charles d'Alougny, chev., s^gr dudit lieu, en date du 26 novembre 1649, signé Nouveau, n^re, légalisé par le s^r Micheau Dumeslier, sénéchal de Montmorillon.

Contrat de mariage de Charles d'Alougny, chev., s^gr des Bordes, avec d^lle Gabrielle Clabat, fille de défunt Nicolas Clabat, chev., s^gr de la Route, et de dame Louise de Hollande, par lequel il paraît qu'il est fils de feu Charles d'Alougny, chev., s^gr des Bordes, et de dame Marie Ajasson, en date du 20 juillet 1666, signé Bequier et Chollet, n^res.

Extrait de baptême de Charles d'Alougny, du 24 juin 1668, par lequel il paraît qu'il est fils de Charles d'Alougny, chev., ci-dessus, et de dame Gabrielle Clabat, délivré le 25 juin 1715 par de Vieillechèze, curé de Saint-Didier de Poitiers, contrôlé le même jour par Coupard.

Dires du produisant : Ses auteurs d'Alougny sont sortis du royaume de Naples dès l'année 930 ; ils étaient fondateurs de la Religion militaire des chevaliers de Saint-Jean-de-Jérusalem et ont fait alliance avec les plus illustres maisons de France, comme la maison de la Trimouille, de Laval, de Rochefort et autres.

Guillaume d'Alougny, religieux de l'abbaye de Déolz, mort en l'an 1227, avait un frère du même nom dont il est parlé dans l'*Histoire généalogique de la maison de France,* par MM. de Sainte-Marthe, lequel portait la qualité de chevalier l'an 1281.

De ce Guillaume, premier du nom, est issu Pierre, éc., s^r de la Milandière, dont est issu un autre Pierre, deuxième du nom, chev., s^gr de la Milandière, lequel épousa Eglantine de la Trimouille, dame de la terre et seigneurie de Rochefort.

De Pierre, second du nom, est issu Guillaume, deuxième du nom, chev., s^{gr} de Rochefort et de la Milandière, dont est issu autre Guillaume, troisième du nom, chev., s^{gr} de Rochefort et de la Milandière, dont est issu François, chev., s^{gr} de Rochefort, dont est issu René, chev., s^{gr} de Rochefort, lequel épousa Gabrielle de la Trimouille, fille de feu Philippe de la Trimouille, chev., s^{gr} de Fontmorant, et de dame Marguerite de Salignac.

De René et de ladite dame de la Trimouille est issu Pierre, chev., s^{gr} de Rochefort, guidon, puis enseigne de cent hommes d'armes des ordonnances du roi sous la charge du comte de Charny, grand écuyer de France.

De Pierre est issu Antoine, chevalier de l'ordre du Roi, gentilhomme ordinaire de sa chambre, s^{gr} de Rochefort, de Puygirault et de Rochefroide, enseigne d'une compagnie de cinquante hommes d'armes des ordonnances du roi, qui épousa d^{lle} Lucrèce de Payrion.

D'Antoine et de ladite d^{lle} de Payrion est issu Guy, chev., s^{gr} de Boismorand, qui a contracté mariage avec d^{lle} Renée de la Pouge, et a eu pour fils Charles et Louis.

Ledit Louis, chevalier de deux ordres du roi, cons^{er} en ses conseils, marquis de Rochefort-sur-Creuse, baron de Rochefort-sur-Loire, de Corps et de Craon, premier baron du pays et duché d'Anjou, s^{gr} du Blanc en Berry, bailli et lieutenant de roi de ladite province de Berry, a laissé pour fils autre Louis, baron de Craon, marquis de Rochefort, et capitaine des gardes du corps de S. M., gouverneur de Lorraine et maréchal de France, mort en l'année 1676.

Cette famille porte pour armes : *de gueules à trois fleurs de lys d'argent*, par concession de la couronne, les ayant ci-devant portées jusqu'au règne de Charles VI, roi de France, au nombre de cinq en sautoir, ornées des colliers de deux ordres, cimier : un lion issant d'or, supports : deux lions de même.

Ordonnance : Maintenu comme noble et écuyer, le 30 mai 1716, signé : Des Gallois de la Tour.

Charles-Louis Allegret D'AULÈDE ou D'OLÈDE, éc., sr de Ferrière et d'Arlouin.

176

Niort

Pièces justificatives : Contrat de mariage de François d'Aulède, éc., sr du Cros, avec d{lle} Anne de Larmevaille, par lequel il paraît qu'il est fils de Raymond d'Aulède, éc., sr du Cros de Castelmoron, en date du 12 mars 1585, signé du Nougaye, n{re}.

Contrat de mariage de Baptiste d'Aulède, éc., sr de Rosières, avec d{lle} Jeanne Dubois, par lequel il paraît qu'il est fils de François d'Aulède, éc., ci-dessus, et de dame Anne de Larmevaille, en date du 18 février 1619, signé Delage, n{re} royal.

Contrat de mariage de Bernard Allegret d'Aulède, éc., sr de Servanthe et de Contré, avec d{lle} Marie de Pugniou, par lequel il paraît qu'il est fils de Baptiste Allegret d'Aulède, éc., sr des Rosières, et de d{lle} Jeanne Dubois, en date du 1er octobre 1653, signé Bureau, n{re}.

Transaction en forme de partage des biens de Baptiste Allegret d'Aulède, éc., sr des Rosières, et de dame Jeanne Dubois, entre Bernard Allegret d'Aulède, éc., sr de Servanthe, et Marie Allegret d'Aulède, leurs enfants, en date du 25 septembre 1656, signé Rousseau, n{re}.

Contrat de mariage de Bernard Allegret d'Aulède, éc., sr de Servanthe, avec d{lle} Françoise de la Laurentie, par lequel il paraît qu'il est fils de Jean Allegret d'Aulède, éc., sr des Rosières, et de dame Jeanne Dubois, en date du 1er avril 1661, signé Dexmier, n{re}.

Contrat de mariage de Charles-Louis Allegret d'Aulède, chev., sgr de Ferrière, avec d{lle} Jeanne de Maurienne, par lequel il paraît qu'il est fils de Bernard Allegret d'Aulède, chev., sgr de Servanthe, et de dame Françoise de la Laurentie, en date du 17 janvier 1702, signé Train et Lardin, n{res}.

Dire du produisant : Qu'il est d'ancienne famille de nobles portant pour armes un lion de sable rampant, armé, lampassé et couronné de gueules en champ d'argent, bordure de sable chargé de onze besants d'or, supporté par deux sauvages, timbré d'un casque de front.

Ordonnance : Maintenu comme noble et écuyer, le 28 juillet 1716, signé : de Latour.

177

Fontenay

Antoine D'ARCEMALE, éc., sʳ de Fondrocher,
Gabriel D'ARCEMALE, éc., sʳ des Barrières, son oncle.

Pièces justificatives : Contrat de mariage de Louis d'Arcemale, éc., avec dˡˡᵉ Anne Bodin, par lequel il paraît qu'il est fils de Jean d'Arcemale, éc., et de dˡˡᵉ Catherine Chevallet, du 19 novembre 1573, signé Mallet, nʳᵉ.

Contrat du partage des biens de Jean Charenton, éc., dans lequel Adam d'Arcemale, éc., sʳ de Chaume, est établi en qualité de copartageant, à cause de Françoise Charenton, sa femme, du 8 juillet 1615, signé Paillé, nʳᵉ.

Quittance du partage ci-dessus, par lequel il paraît que ledit Adam d'Arcemale avait épousé dˡˡᵉ Françoise Charenton, du 9 mars 1618, signé Podevin et Tolleron, nʳᵉˢ au Châtelet.

Partage des biens de Louis d'Arcemale, éc., et de dˡˡᵉ Anne Bodin, entre Henri, Baptiste, Adam, Louis et autre Baptiste d'Arcemale, écʳˢ, par lequel il paraît qu'ils sont tous enfants de Louis d'Arcemale et de ladite Anne Bodin, et que ledit Henri d'Arcemale, comme aîné, a eu les préciputs et avantages de la Coutume, en date du 25 octobre 1618, signé Chauveau, nʳᵉ.

Arrêt du Conseil en faveur d'Antoine d'Arcemale, éc., baron du Langon, par lequel, sans s'arrêter au jugement de M. de Barentin, il est maintenu en sa noblesse, en date du 24 mai 1675, signé Foucault.

Contrat de mariage de René d'Arcemale, éc., sʳ des Chaumes du Langon, avec dˡˡᵉ Hippolyte Mesmeteau, par lequel il paraît qu'il est fils d'Adam d'Arcemale, éc., sʳ des Chaumes, et de dˡˡᵉ Françoise Charenton, du 12 juin 1644, signé Amyraud, nʳᵉ.

Contrat de mariage d'Antoine d'Arcemale du Langon, éc., sʳ de Fondrocher, avec dˡˡᵉ Anne Guillemot, par lequel il paraît qu'il est fils de René d'Arcemale ci-dessus et de dˡˡᵉ Hippolyte Mesmeteau, en date du 5 novembre 1663, signé Aymé, nʳᵉ.

Extrait de baptême d'Antoine d'Arcemale, du 26 août 1687,

par lequel il paraît qu'il est fils d'Antoine d'Arcemale ci-dessus et de dame Anne Guillemot, délivré le 29 août 1714 par Loyseau, curé de Champagné-Saint-Hilaire, légalisé par le juge dudit lieu.

Extrait de baptême de Gabriel d'Arcemale, du 8 mai 1650, par lequel il paraît qu'il est fils de René d'Arcemale, éc., s^r des Chaumes, et de d^{lle} Hippolyte Mesmeteau, délivré le 12 juin 1715 par Hubert Minault, prêtre, curé de Messé, légalisé par le juge de Couhé.

Contrat de mariage de Gabriel d'Arcemale, éc., s^r des Barrières, avec d^{lle} Catherine Couperie, par lequel il paraît qu'il est fils de René d'Arcemale, éc., s^r des Chaumes, et de dame Hippolyte Mesmeteau, en date du 15 février 1696, signé Prévereau, n^{re} à Sainte-Hermine.

Pièces non visées : Deux sentences de maintenue de noblesse rendues par M. de Richebourg les 14 et 16 janvier 1716 en faveur des parents des produisants. (Voir D 159 et 163 ci-dessus.)

Ordonnance : Maintenus comme nobles et écuyers, le 8 août 1716, signé : Des Galois de Latour.

Jean-François DE SAINT-FIEF, éc., s^r de Janaillac. *178*

Pièces justificatives: Ordonnance de M. d'Aguesseau, intendant de la Généralité de Limoges, en faveur de Jean de Saint-Fief, éc., baron de Saint-Paul, par laquelle il lui est donné acte de la représentation des titres mentionnés dans l'inventaire fourni par lui, et est ordonné que lesdits titres lui seront rendus, à la charge de les représenter toutes fois et quantes, en date du 22 juin 1667. A ladite ordonnance est attaché un inventaire des titres de noblesse dudit Jean de Saint-Fief, fait par-devant M. d'Aguessau le 13 décembre 1666, dans lequel est énoncé le contrat de mariage de Jean de Saint-Fief, éc., s^{gr} baron de Saint-Paul, avec d^{lle} Louise de Coral.

Poitiers

Contrat de mariage de Jean de Saint-Fief, éc., s^{gr} du Breuil, avec d^{lle} Marie Compaing, veuve de Paul Guillon, éc., par lequel il paraît qu'il est fils de Jean de Saint-Fief, éc., ci-dessus, et de dame Louise de Coral, en date du 15 octobre 1679, signé du Thoury et Jousseaume, n^{res}, légalisé par Malvau, lieutenant-général de la Basse-Marche au Dorat, le 11 août 1716.

Contrat de mariage de Jean-François de Saint-Fief, éc., s^{gr} de Janaillac, avec d^{lle} Marie-Anne de la Tour, par lequel il paraît qu'il est fils de Jean-Marc de Saint-Fief, éc., s^r du Mazet, et de dame Marie Compaing, en date du 3 janvier 1709, signé Branthôme, n^{ro}.

Pièce non visée : Ordonnance sur requête de M. Pellot, intendant en Guyenne, qui décharge Louis de Saint-Fief, cousin germain de Jean de Saint-Fief, de l'assignation à lui donnée pour la représentation de ses titres de noblesse, en date du 29 août 1667.

Ordonnance : Maintenu comme noble et écuyer, le 1er septembre 1717, signé : de Latour.

179

Les Sables.

René DE LA DIVE, chev., s^{gr} de Sainte-Foix,
Jeanne-Olive DE LA DIVE, sa sœur,
Henri-Julien DE LA DIVE, éc., s^{gr} de la Davière,
Pierre DE LA DIVE, chev., s^{gr} dudit lieu,
Marie-Thérèse DE LA DIVE,
Anne-Fortunée DE LA DIVE,
    ces quatre derniers frères et sœurs.

Pièces justificatives : Ordonnance de M. de Barentin en faveur de Charles de la Dive, éc., s^r de Larbouste, par laquelle il est maintenu dans la qualité de noble et écuyer, en date du 9 août 1667. Dans le vu des pièces de ladite ordonnance sont énoncés : 1° une transaction en forme de partage, passée entre Charles de la Dive, éc., s^r de Larbouste, et Henri de la Dive, éc., son frère, des biens de René de la Dive et de Renée Gourdeau, leurs père et mère ; 2° le contrat de mariage dudit Charles de la Dive avec d^{lle} Jeanne Marin.

Contrat de mariage de René de la Dive, éc., s^{gr} de Sainte-Foix, avec d^{lle} Claude Brochard, par lequel il paraît qu'il est fils de

Charles de la Dive, éc., s^r de Larbouste, et de dame Jeanne Marin, en date du 4 février 1695, signé Fourestier et Rainet, n^{res}.

Extrait de baptême de Jeanne-Olive de la Dive, du 23 janvier 1657, par lequel il paraît qu'elle est fille de Charles de la Dive, éc., et de dame Jeanne Marin, délivré le 10 octobre 1715 par Bourasseau, curé de Sainte-Foix, contrôlé à Poitiers le 31 décembre suivant par Coupard.

Contrat de mariage d'Henri de la Dive, éc., avec d^{lle} Louise Guillebot, par lequel il paraît qu'il est fils de René de la Dive, éc., s^{gr} de Larbouste, et de d^{lle} Renée Gourdeau, en date du 5 février 1643, signé Hervé et Villenon, n^{res}.

Contrat de mariage de Louis de la Dive, éc., avec d^{lle} Marie-Anne Babin, par lequel il paraît qu'il est fils d'Henri de la Dive, éc., s^{gr} de la Vergne, et de dame Louise Guillebot, du 3 août 1687, signé Lasnonie et Sabourin, n^{res}.

Quatre extraits de baptême, le 1er de Marie-Thérèse de la Dive, du 27 novembre 1689, le 2e d'Anne-Fortunée de la Dive, du 7 septembre 1691, le 3e d'Henri-Julien de la Dive, du 11 août 1693, le 4e de Pierre de la Dive, du 17 octobre 1694, par lesquels il paraît qu'ils sont enfants de Louis de la Dive, éc., ci-dessus, et de dame Marie-Anne Babin, délivrés les 4 et 5 décembre 1715 par Chrestien, curé de Saint-Aubin, contrôlés à Poitiers le 24 du même mois par Coupard.

Contrat de mariage de Pierre de la Dive, chev., s^{gr} dudit lieu, avec dame Suzanne-Françoise Prévot, veuve de Jacques Pillot, chev., s^{gr} de la Guesnonière, par lequel il paraît qu'il est fils de Louis de la Dive, éc., et de dame Marie-Anne Babin, en date du 3 mars 1715, signé Crabil et Brunet, n^{res}.

Ordonnance : **Maintenus comme nobles et écuyers, demoiselles et filles de nobles, signé : de Latour.**

Gabriel DORIN, éc., s^{gr} de Saint-Cyr du Poiron.

Pièces justificatives : Ordonnance de M. de Barentin en faveur de Gabriel Dorin, éc., s^r du Poiron, par laquelle il est maintenu dans la qualité de noble et écuyer, en date du 29 août 1667. Dans

Fontenay

le vu des pièces de ladite ordonnance est énoncé le contrat de mariage de Jacques Dorin, s^r du Poiron, avec d^lle Louise Grellier.

Contrat de mariage de Gabriel Dorin, chev., s^gr du Poiron, avec d^lle Catherine Carrel, en date du 24 octobre 1664, signé Febvre, n^re.

Acte des épousailles de Gabriel Dorin, chev., s^gr du Poiron, avec d^lle Catherine Carrel, par lequel il paraît qu'il est fils de défunt Jacques Dorin, chev., s^gr du Poiron, et de défunte d^lle Louise Grellier, en date du 30 octobre 1664, délivré le 6 août 1717 par Journolleau, curé de Pissotte, légalisé par le s^r Moriceau de Cheuse, sénéchal de Fontenay, et contrôlé.

Extrait de baptême de Gabriel Dorin, du 31 août 1682, par lequel il paraît qu'il est issu de Gabriel Dorin, chev., s^gr du Poiron et de Saint-Cyr, et de dame Catherine Carrel, délivré le 5 juillet 1717 par Fradin, curé de Saint-Cyr, légalisé par le s^r Dupont, procureur fiscal des baronnies de Poiron, Chatelliers et Saint-Cyr, et contrôlé.

Contrat de mariage de Gabriel Dorin, chev., s^gr de Saint-Cyr du Poiron, avec d^lle Louise de L'Escorce, par lequel il paraît qu'il est fils de feu Gabriel Dorin et de dame Catherine Carrel, en date du 29 octobre 1709, signé Dupont et Caillaud, n^res.

Ordonnance : **Maintenu comme noble et écuyer, le 27 juin 1718, signé : de Latour.**

E

1

Poitiers

Jean ESCHALLÉ, éc., s^r du Magnou et de Linazay.

Pièces justificatives : Aveu et dénombrement rendu par d^lle Jeanne Janvre, veuve d'Alain Eschallé, au seigneur de la Mothe-Saint-Héraye, à cause de son hôtel et hébergement de la Mothe, par lequel il paraît que ledit Alain Eschallé était titré d'écuyer, en date du 25 septembre 1457, signé Mayner, n^{re}.

Information des preuves de noblesse de Jean Eschallé, chevalier de Saint-Jean-de-Jérusalem, fils d'Alain Eschallé ci-dessus, à la requête de Jacques Eschallé, son frère aîné, faite par frère Jacques de Parne, commandeur du Temple près Mauléon, par laquelle il paraît que lesdits Alain Eschallé et Jean, son fils, sont issus de noble race, en date du 6 juin 1467 (*aliàs* 1447).

Acte d'hommage fait au s^{gr} de la Mothe-Saint-Héraye par Jacques Eschallé, pour raison de son hôtel et hébergement de la Mothe, par lequel il paraît que ledit Jacques est qualifié d'écuyer, en date du 24 février 1471, signé Jacques de Beaumont.

Lettre écrite par frère Jean Eschallé au s^r Jacques Eschallé, son frère, datée de Rhodes le 10 décembre 1476, signée Frère Jean Eschallé.

Contrat du partage des biens dudit Jacques Eschallé entre Alain, Gilles, Marguerite et Marie Eschallé, ses enfants, par lequel il paraît qu'ils sont qualifiés d'écuyers, passé sous le scel royal de Civray le 3 novembre 1506, signé Floret, n^{re}.

Aveu et dénombrement rendu par Alain Eschallé au s^{gr} de la Mothe-Saint-Héraye, à cause de son hôtel et hébergement de la Mothe, par lequel il est titré d'écuyer, en date du 6 juillet 1510, signé Berland, n^{re}.

Contrat de mariage de Gilles Eschallé avec d^{lle} Françoise de Prangilliers, par lequel il paraît qu'il est fils de Jacques Eschallé ci-dessus, et qu'il est qualifié d'écuyer, en date du 16 mai 1518, signé Biraud, n^{re} à Civray.

Aveu et dénombrement rendu au roi par ledit Gilles Eschallé, à cause de sa terre et seigneurie du Magnou, mouvant de Sa Majesté à cause de sa baronnie de Civray, en date du 9 mai 1519, signé Mauflastre, n^{re}.

Contrat de mariage en secondes noces dudit Gilles Eschallé avec d^{lle} Marguerite Douet, par lequel il est titré d'écuyer, en date du 9 novembre 1522, passé sous le scel royal de Saint-Maixent, signé Girard.

Contrat de mariage de Charles Eschallé avec d^{lle} Marguerite

Jousserand, par lequel il paraît qu'il est fils de Gilles Eschallé ci-dessus, et qu'il a pris le titre d'écuyer, passé sous le scel de Civray le 30 janvier 1541, signé Chauvet et Imbert, n^{res}.

Contrat de mariage de Jean Eschallé avec d^{lle} Jeanne de Nossay, par lequel il paraît qu'il est fils de Charles Eschallé ci-dessus, et qu'il a pris le titre d'écuyer, passé sous le scel de Melle le 20 octobre 1563, signé Chollet et Resnier, n^{res}.

Ordonnance de M. Claude Maslon, conseiller au Parlement, commissaire député par Sa Majesté pour la réforme et régalement des tailles, en faveur de Jean Eschallé, par laquelle il paraît que les titres produits par ledit Jean Eschallé ont été trouvés suffisants pour prouver sa noblesse, et qu'il a été renvoyé de l'assignation à lui donnée, en date du 18 octobre 1584, signé Heloyn, greffier.

Contrats de mariage en secondes noces de Jean Eschallé, s^r du Magnou, avec d^{lle} Hélène Brun, veuve de Charles Foucaud, et encore de Charles Eschallé, fils dudit Jean, avec d^{lle} Marie Foucaud, fille de ladite Hélène Brun, par lequel il paraît qu'ils sont qualifiés d'écuyers, s^{rs} du Magnou et de Linazay, passé sous le scel de la Rochefoucauld, en date du 19 mai 1585, signé Boutaud et Charnaud, n^{res}.

Transaction entre Charles Eschallé, s^r du Magnou, tant en son nom que comme curateur de René Eschallé, son frère, et Abraham Brun, s^r du Magnou de Ruffec, au sujet de la succession de ladite Hélène Brun, en date du 26 mai 1596, signé Dumas, n^{re} en Angoumois.

Ordonnance des s^{rs} commissaires généraux pour le régalement des tailles et réformation des abus au fait des finances de Sa Majesté, en faveur de Charles Eschallé, par laquelle il est renvoyé de l'assignation à lui donnée à la requête du substitut du procureur général du roi, en date du 26 novembre 1598, signé de Sainte-Marthe, Deshers, et plus bas, Vallée.

Aveu et dénombrement rendu au roi, à cause de sa baronnie de Civray, par Charles Eschallé, de son hôtel et seigneurie du Magnou, sis en la paroisse de Linazay, par lequel il est titré d'écuyer, en date du 21 mai 1598, signé Thénard, n^{re} royal.

Contrat de mariage de Jean Eschallé avec d^{lle} Angélique de Bessac, par lequel il paraît qu'il est fils de Jean Eschallé et de d^{lle} Hélène Brun, et qu'il a pris le titre d'écuyer, passé sous le scel de Civray le 14 novembre 1617, signé Aulmond, n^{re}.

Transaction en forme de partage entre Jean Eschallé et d^{lle} Marie Foucaud, veuve de Charles Eschallé, frère aîné dudit Jean, par laquelle ledit Jean est qualifié d'écuyer, passé sous le scel royal de Civray le 24 novembre 1622, signé Guéry et Dalidet, n^{res}.

Transaction en forme de partage entre Jean Eschallé et d^{lle} Catherine Eschallé des biens de Charles Eschallé, leur frère aîné, par laquelle ledit Jean est qualifié d'écuyer, passé sous le scel de Civray le 23 janvier 1643, signé Dupas, n^{re}.

Contrat de mariage de Louis Eschallé avec d^{lle} Catherine de Lastre, par lequel il paraît qu'il est fils de Jean Eschallé et de dame Angélique de Bessac et qu'il a pris le titre d'écuyer, en date du 4 mai 1643, signé Flotte et Pestachon, n^{res}.

Contrat de mariage de Jean Eschallé, produisant, avec d^{lle} Charlotte Collin, par lequel il paraît qu'il est fils de Louis Eschallé et de dame Catherine de Lastre et qu'il a pris le titre d'écuyer, s^r de Linazay, en date du 4 juin 1673, signé Sureau, n^{re}.

Ordonnance de M. de Barentin en faveur de Jean Eschallé et Louis Eschallé, son frère, par laquelle ils sont maintenus dans les privilèges accordés aux nobles du royaume et titrés d'écuyers, s^{rs} du Magnou et de la Foubertière, en date du 9 septembre 1667.

Extrait de baptême de Charles-François Eschallé, du 19 octobre 1687, par lequel il paraît qu'il est fils de Jean Eschallé ci-dessus et de dame Charlotte Collin, délivré le 20 janvier 1715 par le s^r Boisson, curé de Linazay.

Pièces non visées : Acte par lequel Gilles Eschallé, éc., consent au mariage de d^{lle} Mathée Eschallé, sa fille, avec François Angely, éc., s^r de la Couture, passé sous le scel de Civray le 16 novembre 1549, signé Pascault, n^{re}, au lieu de Dupas et Mauflastre.

Acte de vérification de titres de noblesse donné à Jean

Eschallé, éc., s^r du Magnou, Linazay et la Foubertière, aïeul du produisant, par les commissaires à ce commis, en date à Poitiers du 30 juin 1649, signé Dauriou, greffier.

Des pièces ci-dessus énoncées il résulte que d'Alain Eschallé, premier du nom, époux de Jeanne Janvre, sont issus Jacques et Jean ; dudit Jacques sont issus Alain, Gilles, Marguerite et Marie ; dudit Gilles et de Marguerite Douet sont issus Charles et Mathée ; dudit Charles et de Marguerite Jousseran est issu Jean, qui de son premier mariage avec Jeanne de Nossay a eu Charles et René, et de son second mariage avec Hélène Brun a eu Jean et Catherine ; dudit Jean, marié avec Angélique de Bessac, est issu Louis, marié avec Catherine de Lastre, qui a eu Jean et Louis ; et dudit Jean, produisant, marié avec Charlotte Collin, est issu Charles-François.

Ordonnance : **Maintenu comme noble et écuyer, le 25 janvier 1715, signé : de Richebourg.**

---

2   Louise Savary, veuve d'Henri-Elie DES VILLATTES, chev., s^gr de Champagné [1].

Fontenay Pièces justificatives : Arrêt du Conseil d'Etat du roi en faveur de Gabriel des Villattes, s^r de Champagné, par lequel il est maintenu en la qualité de noble et écuyer, en date du 8 septembre 1670, signé Béchameil. Dans le vu des pièces est énoncé le contrat de mariage dudit Gabriel des Villattes avec d^lle Louise Regnon.

Contrat de mariage d'Henri-Elie des Villattes, chev., s^gr de Champagné, avec d^lle Louise Savary, par lequel il paraît qu'il est fils de Gabriel des Villattes, chev., s^gr de Champagné, et de dame Louise Regnon, en date du 13 octobre 1693, signé Perret et Train, n^res.

Dire de la produisante : Elle est fille de Pierre Savary, chev., s^gr de Magnin, et de dame Marie Lebloy.

---

1. C'est évidemment par erreur que cette sentence a été classée à la lettre E.

Ordonnance : Maintenue comme veuve de gentilhomme, le 9 août 1715, signé : de Richebourg.

Antoine-Gabriel, Séraphin et Jacques EVEILLARD, éc^{rs}, frères.   3

Pièce justificative : Ordonnance de M. de Maupeou, du 25 novembre 1699, par laquelle Antoine-Gabriel, Séraphin et Jacques Eveillard, éc^{rs}., sont maintenus et confirmés en leur noblesse.   *Les Sables*

Pièce non visée : Sentence de M. de Barentin, du 24 septembre 1667, qui confirme en sa noblesse (Louis) Eveillard (père des susnommés).

Ordonnance : Maintenus dans les privilèges attribués aux gentilshommes, le 14 janvier 1716, signé : de Richebourg.

Charles-Thomas-Modeste ESPINASSEAU, éc., s^r de la Mignotière.   4

Pièces justificatives : Ordonnance de M. de Barentin en faveur de Gilles Espinasseau, éc., s^r du Fief, Elie Espinasseau, éc., s^r du Bois, son fils, et Abraham Espinasseau, éc., s^r des Noyers, par laquelle ils sont maintenus dans la qualité de nobles et écuyers, en date du 10 août 1667. Dans le vu des pièces est énoncé le contrat de mariage de Gilles Espinasseau, éc., avec d^{lle} Marie Charpentreau, daté du 25 août 1611, signé Merland et Villeneau, n^{res}.   *Les Sables*

Contrat de mariage de Jacob Espinasseau, qualifié de haut et puissant seigneur des Coutaux, avec d^{lle} Louise Aubert, par lequel il paraît qu'il est fils de haut et puissant Gilles Espinasseau, et de feu dame Marie Charpentreau, en date du 20 mai 1654, signé Bardin et Millon, n^{res}.

Contrat de mariage de Jonas Espinasseau, éc., s^r des Coutaux, avec d^{lle} Honorée Henguelin (*aliàs* Anglin), par lequel il paraît qu'il est fils de feu Jacob Espinasseau ci-dessus et de dame Louise Aubert, en date du 31 août 1698, signé Bardin et Cheraudeau, n^res.

Extrait de baptême de Charles-Thomas-Modeste Espinasseau, du 15 juin 1699, par lequel il paraît qu'il est fils de Jonas Espinasseau ci-dessus et de dame Honorée Henguelin, délivré le 9 mai 1714 par Bion, curé de Saint-Vincent-sur-Graon, légalisé par le s^r des Nouhes, vicaire général du diocèse de Luçon.

Ordonnance : Maintenu comme noble et écuyer, le 16 août 1716, signé : de Latour.

F

1

Poitiers — Jacques FERRÉ, éc., s^r de la Sermonnière.

Pièces justificatives : Arrêt du Conseil d'Etat en faveur de Louis Ferré, éc., s^r de la Sermonnière, par lequel il est maintenu en la qualité de noble et écuyer, en date du 21 décembre 1671, signé Béchameil. Ledit arrêt a été enregistré au greffe de l'Élection de Vézelay le 5 janvier 1672, signé Offlard.

Extrait de baptême de Jacques Ferré, du 18 janvier 1666, par lequel il paraît qu'il est fils de Louis Ferré, éc., s^r de la Sermonnière, et de dame Jeanne Millot, délivré par le curé de Lucy-le-Bois en Champagne le 2 avril 1698 par de la Gorgette, dûment légalisé et contrôlé.

Contrat de mariage dudit Jacques Ferré, éc., s^r de la Sermonnière, avec d^lle Anne de Masvalier, par lequel il paraît qu'il est fils de Louis Ferré ci-dessus et de dame Jeanne Millot, en date du 26 juillet 1694, signé de Rouziers, n^re à Bussière-Boffy en Limousin.

Ordonnance : Maintenu comme noble et écuyer, le 30 janvier 1715, signé : de Richebourg.

Gauthier FERRÉ, éc., sr de Fredière,
Jacques FERRÉ, éc., sr de Fredière, son fils.

2

Confolens

Pièces justificatives : Contrat de mariage de François Ferré avec dlle Anne Chioche, par lequel il paraît qu'il a pris le titre d'écuyer, en date du 19 juin 1545, signé Delaroche, nre royal.

Contrat de mariage de Florent Ferré, sr de Fredière, avec dlle Charlotte Vérinaud, par lequel il paraît qu'il est fils de François Ferré ci-dessus et qu'il a pris le titre d'écuyer, en date du 2 décembre 1571, signé Richard, nre.

Ordonnance de M. Huault, sgr de Montmaigny, maître des requêtes, et du sr Gaucher de Sainte-Marthe, trésorier de France, commissaires députés par le roi pour le régalement des tailles et réformation des abus aux finances, par laquelle Florent Ferré est renvoyé de l'assignation qui lui avait été donnée à la requête du substitut du procureur général du roi et les titres présentés par lui pour justifier de sa noblesse trouvés suffisants, en date du 9 juin 1599.

Contrat de mariage de Martial Ferré, sr de la Lande, avec dlle Renée Tessereau, par lequel il paraît qu'il est fils de Florent Ferré ci-dessus et de dame Charlotte de Vérinaud, et qu'il a pris le titre d'écuyer, en date du 28 janvier 1602, signé Laroche, nre.

Contrat de mariage de Jacques Ferré, sr de la Lande, avec dlle Marie Charpentier, par lequel il paraît qu'il est fils de Martial Ferré ci-dessus et de dame Renée Tessereau, et qu'il a pris le titre d'écuyer, en date du 2 février 1649, signé Peau, nre.

Contrat de mariage de Gauthier Ferré avec dlle Marie Le Clerc, par lequel il paraît qu'il est fils de Jacques Ferré ci-dessus et de dlle Marie Charpentier et qu'il a pris le titre d'écuyer, en date du 17 novembre 1681, signé Vaslet, nre.

Contrat de mariage de Jacques Ferré avec dlle Marguerite Le Clerc, par lequel il paraît qu'il est fils de Gauthier Ferré ci-dessus et de dame Marie Le Clerc et qu'il a pris le titre d'écuyer, sr de Fredière, en date du 13 mai 1701, signé Pecadeau, nre.

Inventaire fait par-devant M. d'Aguesseau, intendant de la Généralité de Limoges, des titres justificatifs de la noblesse de Jacques Ferré, père de Gauthier et aïeul de Jacques Ferré, produisants, en date du 8 octobre 1667, signé d'Aguesseau, et plus bas, Par Mgr, Lefeuvre.

Pièce non visée : Jugement rendu par les s^{rs} Elus de l'élection de Limoges, portant la confirmation de Martial Ferré, s^r de la Lande, en la qualité d'écuyer, sur le vu des titres énoncés, en date du 6 juillet 1634, signé Jemanent, greffier.

Ordonnance : Maintenus comme nobles et écuyers, le 31 janvier 1715, signé : de Richebourg.

3

Châtellerault

Claude FUMÉE, éc., s^r de Jaulnay,
Pierre-Claude FUMÉE, éc., s^r de Chincé, cons^{er} du roi, président, lieutenant général en la sénéchaussée de Châtellerault,
Marie-Elisabeth de Chessé, veuve de Jean FUMÉE, éc., s^r des Bordes, tant en son nom que comme mère tutrice de Marie-Jean-François, Antoine-Honoré et Marie-Thérèse-Elisabeth FUMÉE, ses enfants,
Marie-Jeanne-Antoinette-Renée FUMÉE,
Charles FUMÉE, éc., chevalier de l'ordre militaire de Saint-Louis, lieutenant-colonel d'infanterie.

Pièces justificatives : Ordonnance de M. Pinon, intendant de Poitou, en faveur de Claude Fumée, éc., s^r de Jaulnay, Claude Fumée, éc., s^r de Liniers, sénéchal d'épée en la sénéchaussée de Châtellerault, et Jean Fumée, éc., s^r de la Roche et des Bordes, par laquelle ils sont maintenus dans leur noblesse, en date du 26 mars 1705.

Extrait de baptême de Pierre-Claude Fumée, par lequel il paraît qu'il est fils de Claude Fumée, lieutenant général à Châtellerault, dénommé en l'ordonnance de M. Pinon sous le titre de sénéchal d'épée audit Châtellerault, et de dame Françoise de Sauzay, en date du 26 août 1664, délivré le 25 juin

1694 par Michel George, curé de Saint-Jean-Baptiste de Châtellerault, dûment légalisé et contrôlé.

Contrat de mariage de Jean Fumée, s^r des Bordes, avec d^{lle} Ursule de la Rochefoucauld, par lequel il paraît qu'il est fils de Jean Fumée, dénommé dans l'ordonnance de M. Pinon, et d'Antoinette Frère, en date du 29 décembre 1705, signé Chrétien, n^{re}.

Contrat de mariage en secondes noces dudit Jean Fumée, s^r des Bordes, avec d^{lle} Marie-Elisabeth de Chessé, en date du 29 janvier 1711, signé Doré, n^{re}.

Extrait de baptême de Marie-Jeanne-Antoinette-Renée Fumée, en date du 8 mai 1707, par lequel il paraît qu'elle est fille dudit Jean Fumée et d'Ursule de la Rochefoucauld, délivré le 31 janvier 1715 par Jahan, curé de Neuilly, et dûment contrôlé.

Extrait de baptême de Marie-Jean-François Fumée, en date du 8 novembre 1711, par lequel il paraît qu'il est fils du second mariage de Jean Fumée avec Marie-Elisabeth de Chessé, délivré le 17 janvier 1715 par Guignard, curé de Saint-Porchaire de Poitiers, et dûment contrôlé.

Deux extraits de baptême, le 1er de Marie-Thérèse-Elisabeth Fumée, du 8 août 1713, le 2e d'Antoine-Honoré Fumée, du 13 septembre 1714, par lesquels il paraît qu'ils sont enfants dudit Jean Fumée et de ladite dame de Chessé, délivrés le 19 janvier 1715 par Gaultier, curé de Sèvres, et dûment contrôlés.

Pièces non visées : Contrat de mariage de François Fumée, éc., s^{gr} de Jaulnay, fils d'autre François Fumée, éc., s^{gr} de Jaulnay, cons^{er} au présidial de Poitiers, et de Jacquette Rigault, avec d^{lle} Catherine Palustre, en date du 11 juillet 1587, signé Pignonneau.

Contrat de mariage de Pierre Fumée, éc., s^{gr} de la Foye et de Jaulnay, avec Marie Tudert, par lequel il paraît qu'il est fils de François Fumée ci-dessus et de Catherine Palustre, en date du 21 mai 1629, signé Douadic et Martin.

Lettres patentes de maître d'hôtel ordinaire du roi accordées à Pierre Fumée ci-dessus, données à Saint-Germain-en-Laye le 3 juin 1638, signé Louis, et plus bas, de Loménie, avec l'acte de prestation de serment signé Parfait.

Partage noble fait entre Maurice Fumée, éc., s^{gr} de Chézeaux, Pierre Fumée, éc., s^{gr} de la Foye et de Jaulnay, et Louis Fumée, éc., s^{gr} de la Bazinière, des biens de François Fumée, éc., s^{gr} de Jaulnay, et de Catherine Palustre, leurs père et mère, par lequel il paraît que ledit Maurice a pris ses préciputs en qualité de noble, ledit partage fait par-devant Nicolas de Sainte-Marthe, lieutenant général à Poitiers, le 21 juillet 1628.

Contrat de mariage de Pierre Fumée, éc., s^{gr} de Jaulnay, conseiller du roi en son Grand Conseil, avec d^{lle} Claude Ridel, par lequel il paraît qu'il est fils de Pierre Fumée, éc., s^{gr} de la Foye et de Jaulnay, et de Marie Tudert, en date du 6 mars 1659, passé par Bruneau et Simonnet, n^{res} au Châtelet de Paris.

Contrat de mariage de Claude Fumée, éc., s^{gr} de Liniers, sénéchal de Châtellerault, avec Françoise de Sauzay, par lequel il appert qu'il est fils de Pierre Fumée et de Marie de Tudert, en date du 24 mai 1658, signé Marrot et Cailler, n^{res} à Poitiers.

Contrat de mariage de Jean Fumée, éc., s^{gr} de la Roche, avec Antoinette Frère, par lequel il appert qu'il est fils de Pierre Fumée et de Marie de Tudert, en date du 9 septembre 1670, passé par Fondfrège et Dubois, n^{res} à Tours.

Contrat de mariage de Claude Fumée, éc., s^{gr} de Jaulnay, produisant, avec d^{lle} Elisabeth Herbert, par lequel il appert qu'il est fils de Pierre Fumée et de Claude Ridel, en date du 13 août 1689, signé Gauvin, n^{re} à Poitiers.

Contrat de mariage de Louis Fumée, éc., s^{gr} de la Bazinière [1], par lequel il appert qu'il est fils de François Fumée et de Catherine Palustre, en date du 16 janvier 1634, passé par-devant Martin, n^{re} royal en Angoumois.

Contrat de mariage de Pierre Fumée, éc., s^{gr} de la Bazinière, avec d^{lle} Jeanne Flamain, par lequel il appert qu'il est fils de

---

1. Avec d^{lle} Françoise de Moret, veuve de Philippe Corgnol, éc.

Louis Fumée ci-dessus, en date du 31 janvier 1663, signé Gauvin, n^{re} en Angoumois.

Extrait de baptême de Charles Fumée, du 23 octobre 1665, par lequel il paraît qu'il est fils de Pierre Fumée ci-dessus et de Jeanne Flamain, signé Vincent, curé de Montigné, et légalisé par M. l'évêque d'Angoulême.

Des pièces ci-dessus et des dires des produisants il résulte que de François Fumée, cons^{er} au présidial de Poitiers, et de Jacquette Rigault est issu autre François, cons^{er} au présidial de Poitiers et depuis trésorier général au Bureau des finances de la même ville, époux de Catherine Palustre, dont sont issus Maurice, mort sans enfants, Pierre, et Louis, s^{gr} de la Bazinière, établi en Angoumois. Ledit Pierre, époux de Marie Tudert, a eu trois fils : 1° autre Pierre, marié à Claude Ridel, dont est issu Claude, époux d'Elisabeth Herbert, produisant, 2° Claude, époux de Françoise de Sauzay, dont est issu Pierre-Claude, produisant, 3° Jean, époux d'Antoinette Frère, dont est issu autre Jean, qui de son premier mariage avec d^{lle} de la Rochefoucauld a eu Marie-Jeanne-Antoinette-Renée, et de son second mariage avec d^{lle} de Chessé, produisante, a eu Marie-Jean-François, Marie-Thérèse-Elisabeth et Antoine-Honoré.

De Louis, s^{gr} de la Bazinière, est issu Pierre, marié à Jeanne Flamain, dont est issu Charles, produisant.

Ordonnance : **Maintenus comme nobles, écuyers, veuve de noble et demoiselles, le 7 février 1715, signé : de Richebourg.**

Nicolas de FERROU, éc., s^r de l'Ecotière,
François-Gabriel de FERROU, éc., s^{gr} en partie de Mondion,
Alexandre de FERROU, éc.

4

Châtellerault

Pièces justificatives : Inventaire, fait devant M. de Maupeou, des titres justificatifs de noblesse de Louis de Ferrou, éc., s^r de Mondion, et Nicolas de Ferrou, éc., s^r de l'Ecotière, son frère puîné, au pied duquel est l'ordonnance de M. de Maupeou, contenant acte de la représentation desdits titres, en conséquence ordonné qu'il sera déposé à son greffe pour y avoir recours lors de la confection du catalogue des gentilshommes de cette Généralité, en date du 15 janvier 1701.

Contrat de mariage de François-Gabriel de Ferrou, éc., s^r de Mondion, avec d^{lle} Marguerite Amory, par lequel il paraît qu'il est fils de Louis de Ferrou, éc., s^r de Mondion, dénommé dans l'inventaire ci-dessus, et de dame Claude du Raynier, du 19 février 1708, signé Jacob, n^{re}.

Extrait de baptême d'Alexandre de Ferrou, du 26 janvier 1675, par lequel il paraît qu'il est fils de Louis de Ferrou, dénommé dans l'inventaire ci-dessus, et de dame Claude du Raynier, délivré le 5 janvier 1715 par Savignon, curé de Mondion, légalisé et contrôlé à Poitiers le 4 février 1715 par Coupard.

Ordonnance : Maintenus comme nobles et écuyers, le 1er mars 1715, signé : de Richebourg.

5

Niort

Gabriel de FLEURY, éc., s^{gr} de Ville-Nouvelle.

Pièce justificative : Sentence de M. de Maupeou, du 19 mai 1699, qui maintient Gabriel de Fleury, produisant, dans sa noblesse.

Dire du produisant : Il a été aussi maintenu par M. de Barentin.

Ordonnance : Ordonne l'inscription du produisant au catalogue des nobles de la Généralité de Poitou, le 29 mars 1715, signé : de Richebourg.

6

Poitiers

Jean-Louis de FLEURY,
Marie-Anne de FLEURY, sa sœur.

Pièces justificatives : Ordonnance de M. de Barentin en faveur de Jean de Fleury, éc., s^{gr} de la Rafinière, et François de Fleury, éc., s^r de Villeneuve, par laquelle ils sont maintenus dans la qualité de nobles et écuyers, en date du 3 septembre 1667.

Contrat de mariage de Jean de Fleury, éc., s^r de la Rafinière, avec d^lle Madeleine Reigner, par lequel il paraît qu'il est fils de Jacques de Fleury, éc., s^r de la Rafinière, et de Suzanne du Fay, dont le contrat de mariage est énoncé dans le vu des pièces de l'ordonnance ci-dessus, en date du 18 juin 1664, signé Trioche, n^re.

Contrat de mariage d'Olivier de Fleury, éc., s^r des Minières, avec d^lle Jacquette-Françoise Cacault, par lequel il paraît qu'il est fils de Jean de Fleury ci-dessus et de dame Madeleine Reigner, en date du 8 octobre 1696, signé Dumon, n^re.

Deux extraits de baptême, le 1er de Marie-Anne de Fleury, du 17 octobre 1698, le 2e de Jean-Louis de Fleury, du 20 septembre 1702, par lesquels il paraît qu'ils sont enfants d'Olivier de Fleury, éc., s^r des Minières, ci-dessus, et de dame Jacquette-Françoise Cacault, délivrés le 22 mars 1715 par le s^r Poisson, curé de Brux, légalisés par le s^r Fradin, président de Civray, le 28 suivant, et contrôlés le 31 du même mois par Legrand.

Ordonnance : Maintenus comme nobles, écuyer et demoiselle, le 3 avril 1715, signé : de Richebourg.

Renée du Douet, veuve de Louis FAUDRY, éc., s^r de la Briaude.

Pièces justificatives : Ordonnance de M. de Barentin en faveur de Louis Faudry, éc., s^r de la Briaude, par laquelle il est maintenu dans la qualité de noble et écuyer, en date du 9 septembre 1667.

Contrat de mariage de Louis Faudry, éc., s^r de la Briaude, avec d^lle Renée du Douet, fille de Jacques du Douet, éc., s^r de Château-Gaillard, et de d^lle Catherine Gareau, par lequel il paraît qu'il est fils d'Emmanuel Faudry, éc., s^r de la Briaude, et de d^lle Marie Rolland, en date du 24 juillet 1650, signé Delafond, n^re à Poitiers.

Ordonnance : Maintenue comme veuve de gentilhomme, le 14 avril 1715, signé : de Richebourg.

7

Poitiers

8

Poitiers

Louis Olivier, bourgeois de Paris, tuteur onéraire de Léon-François de FONTLEBON, chev., s^{gr} du Puy, de Méronnais et autres lieux.

Pièces justificatives : Ordonnance de M. de Barentin en faveur de Charles de Fontlebon, éc., s^r dudit lieu, par laquelle il est maintenu dans la qualité de noble et écuyer, en date du 31 décembre 1667. Dans le vu des pièces est énoncé le contrat de mariage dudit Charles de Fontlebon avec d^{lle} Marguerite Perry.

Contrat de mariage de Léon de Fontlebon, chev., comte de Vitrac, s^{gr} de Montambœuf, le Puy, le Buisson et autres lieux, avec d^{lle} Jeanne-Charlotte de Maupeou, fille de messire Gilles de Maupeou, chev., comte d'Ableiges, cons^{er} du roi en ses conseils, maître des requêtes ordinaire de son hôtel, et de dame Marie Guillemin, par lequel il paraît qu'il est fils de haut et puissant Charles de Fontlebon, chev., comte de Vitrac, s^{gr} de Montambœuf, signé Gaschier et son compagnon, n^{res} au Châtelet de Paris.

Extrait de baptême de Léon-François de Fontlebon, par lequel il paraît qu'il est fils de Léon de Fontlebon, chev., s^{gr} comte de Vitrac, et de dame Jeanne-Charlotte de Maupeou, en date du 14 août 1709, délivré le 9 août 1714 par Thiboust, prêtre de l'église de Saint-Roch de Paris, collationné à l'original par Gaschier et son compagnon, n^{res} au Châtelet de Paris, et scellé, contrôlé à Poitiers par Legrand.

Pièce non visée : Sentence du Châtelet de Paris, par laquelle, de l'avis des parents de Léon-François de Fontlebon, dame Jeanne-Charlotte de Maupeou, veuve du s^{gr} de Fontlebon, est élue tutrice honoraire de son fils mineur, Louis Olivier, bourgeois de Paris, tuteur onéraire, et messire Isaac de Perry, chev., s^{gr} de la Chaufye, comte de Saint-Amant et marquis de Montmoreau, grand-oncle dudit mineur, est nommé tuteur subrogé, en date du 11 août 1714, signé Tardiveau.

Ordonnance : Maintenu comme noble et écuyer, le 23 avril 1715, signé : de Richebourg.

Jean-François de FEYDEAU, éc., sʳ de Ressonneau.   9

Pièces justificatives : Ordonnance de M. de Barentin en faveur de Gaspard de Feydeau, éc., sʳ de Ressonneau, par laquelle il est maintenu dans la qualité de noble et écuyer, en date du 8 octobre 1667.   *Poitiers*

Contrat de mariage de Charles de Feydeau, chev., sᵍʳ de Ressonneau, avec dˡˡᵉ Louise Estourneau, par lequel il paraît qu'il est fils de Gaspard de Feydeau ci-dessus et de dame Marie du Dracq, en date du 31 août 1684, signé Milhet, nʳᵉ.

Extrait de baptême de Jean-François de Feydeau, par lequel il paraît qu'il est fils de Charles de Feydeau, éc., sʳ de Ressonneau, ci-dessus, et de dame Louise Estourneau, en date du 1ᵉʳ février 1686, délivré le 18 février 1715 par Auprestre, vicaire de Saint-Martial de Montmorillon, et contrôlé à Poitiers le 9 mai 1715 par Legrand.

Ordonnance : **Maintenu comme noble et écuyer, le 10 mai 1715, signé : de Richebourg.**

Gabriel FROMENT, éc., consᵉʳ du roi, trésorier au Bureau des finances de la Rochelle,   10

Joseph FROMENT, éc., sʳ de la Maurelière, officier de marine,   *Fontenay*

Antoine FROMENT, éc., sʳ de la Faurie, capitaine d'infanterie,

Pierre-Paul FROMENT, éc., clerc tonsuré,

tous frères.

Pièce justificative : Ordonnance de M. de Maupeou en faveur de dame Marie Rampillon, veuve de Joseph Froment, éc., Gabriel Froment, éc., trésorier de France à la Rochelle, Joseph Froment, éc., officier de marine, Antoine Froment, éc., capitaine d'infanterie, et Pierre-Paul Froment, clerc tonsuré, tous enfants de ladite dame Marie Rampillon et de Joseph Froment, par laquelle ils sont maintenus dans les pri-

— 338 —

vilèges et exemptions accordés aux nobles du royaume, en date du 30 juillet 1700.

Ordonnance : Maintenus dans les privilèges de la noblesse, le 10 septembre 1715, signé : de Richebourg.

11

Poitiers

Marie de la Faye, veuve de Jean FERRÉ, éc., s' de la Courade,

Jean FERRÉ, chev., s^{gr} de Pairoux, capitaine de dragons au régiment de la Reine, son fils.

Pièces justificatives : Ordonnance de M. de Barentin en faveur de Jean Ferré, éc., s' de la Courade, par laquelle il est maintenu dans la qualité de noble et écuyer, en date du 13 septembre 1667. Dans le vu des pièces est énoncé le contrat de mariage de Jean Ferré, éc., s' de la Courade, avec d^{lle} Madeleine Binaudon, du 18 février 1603, et autre contrat de Jean Ferré, éc., s' de la Courade, fils de Jean et de ladite Binaudon, du 7 mars 1639.

Contrat de mariage de Jean Ferré, éc., s' de la Courade, avec d^{lle} Marie-Marthe Taveau, en date du 7 mars 1639, signé Rousseau et Verrier, n^{res}. Ce contrat ne fait pas mention de qui ledit Jean serait issu, mais comme il est énoncé dans l'ordonnance de M. de Barentin sans qu'il ait été parlé de Marie-Marthe Taveau et expliqué que Jean est fils d'autre Jean Ferré et de Madeleine Binaudon, il est évident que ce sont des omissions, qu'il est fils de Jean Ferré et de lad. Binaudon et mari de lad. Marie-Marthe Taveau.

Contrat de mariage de Jean Ferré, éc., s' de la Courade, Pairoux, avec d^{lle} Marie de la Faye, par lequel il paraît qu'il est fils d'autre Jean Ferré, éc., s' de la Courade, et de dame Marie-Marthe Taveau, en date du 17 août 1665, signé Grelier, n^{re} de la vicomté de Rochemeau.

Contrat de mariage de Jean Ferré, chev., s^{gr} de la Courade, capitaine de dragons au régiment de la Reine, avec d^{lle} Marguerite-Charlotte de Rorthais des Touches, par lequel il paraît qu'il est fils de Jean Ferré, s' de la Courade, et de dame Marie de la Faye, en date du 3 juin 1700, signé Lange et Carnot, n^res au Châtelet de Paris.

Ordonnance : **Maintenus dans les privilèges de la noblesse, le 18 décembre 1715, signé : de Richebourg.**

Louis FERRÉ, éc.,
Marie, Anne et Marthe-Catherine FERRÉ, ses sœurs.   *12*

Pièces justificatives : Ordonnance de M. de Richebourg en faveur de Marie de la Faye, veuve de Jean Ferré, éc., s^r de la Courade, et Jean Ferré, éc., s^r de Pairoux, leur fils aîné, par laquelle ils sont maintenus dans la qualité de nobles et écuyers, en date du 18 décembre 1715. Dans le vu des pièces est énoncé le contrat de mariage de Jean Ferré, éc., s^r de la Courade, avec d^lle Marie de la Faye.   *Poitiers*

Quatre extraits de baptême, le 1er de Marie Ferré, du 19 septembre 1670, le 2e d'Anne Ferré, du 28 octobre 1674, le 3e de Louis Ferré, du 9 avril 1679, et le 4° de Marthe-Catherine Ferré, ondoyée le 23 décembre 1677, baptisée le 24 juillet 1679, par lesquels il paraît qu'ils sont enfants de Jean Ferré, éc., s^r de la Courade, et de d^lle Marie de la Faye, délivrés le 2 janvier 1715 par Thorin, curé de Pairoux.

Contrat de mariage de Louis Ferré, éc., avec d^lle Marie de la Faye, par lequel il paraît qu'il est fils de Jean Ferré, éc., s^r de la Courade, Pairoux, et de dame Marie de la Faye, en date du 30 novembre 1714, signé Pallu, n^re.

Ordonnance : **Maintenus comme nobles, écuyer, et demoiselles, le 10 janvier 1716, signé : de Richebourg.**

Pierre de FLEURY, éc., s^gr de Fontenille.   *13*

Pièces justificatives : Ordonnance de M. de Richebourg en faveur de Jean-Louis de Fleury, éc., et de Marie-Anne de Fleury, sa sœur, enfants de feu Olivier de Fleury et de Jacquette-Françoise Cacault, par laquelle ils sont maintenus dans la qualité de nobles, écuyer et demoiselle, en date du 3 avril 1715   *Poitiers*

Dans le vu des pièces est énoncé le contrat de mariage de Jean de Fleury, éc., s^r de la Rafinière, avec d^{lle} Madeleine Reigner, par lequel il paraît qu'il est fils de Jacques de Fleury, éc., s^r de la Rafinière, et de dame Suzanne du Fay. (Voir F 6 ci-dessus.)

Contrat de mariage en secondes noces de Jean de Fleury, éc., s^r de la Rafinière, avec d^{lle} Suzanne de Goret, par lequel il paraît qu'il est fils de Jacques de Fleury, éc., s^r de la Rafinière, et de dame Suzanne du Fay, en date du 6 février 1682, signé Rivière, n^{re}.

Contrat de mariage de Pierre de Fleury, éc., s^r de Fontenille, avec d^{lle} Marguerite Jourdain, par lequel il paraît qu'il est fils de Jean de Fleury, éc., s^r de la Rafinière, et de dame Suzanne de Goret, en date du 27 février 1713, signé Pouchard, n^{re}.

Ordonnance : **Maintenu comme noble et écuyer, le 16 janvier 1716, signé : de Richebourg.**

14

Poitiers

Henri FILLEAU, éc., s^r de la Boucheterie, cons^{er} du roi, son premier et plus ancien avocat en la sénéchaussée et siège présidial de Poitiers, faisant tant pour lui que pour Pierre-Henri FILLEAU, éc., son fils aîné, et Jean-François, Louis, François-René-Remy FILLEAU, ses autres enfants.

Pièces justificatives : Ordonnance de M. de Barentin en faveur de Jean Filleau, éc., cons^{er} du roi en ses conseils, son premier avocat au présidial de Poitiers, chevalier de l'ordre de Sa Majesté sous l'invocation de St Michel, Jean Filleau, éc., s^r de la Touche, René-Henri, Joseph-Jean et François-Xavier Filleau, ses enfants, par laquelle ils sont maintenus dans la qualité de nobles et écuyers, en date du 17 août 1668.

Contrat de mariage d'Henri Filleau, éc., avec d^{lle} Marie-Madeleine Mariocheau, par lequel il paraît qu'il est fils de Jean Filleau, éc., dénommé dans l'ordonnance ci-dessus, et de Jeanne Mourault, en date du 12 avril 1681, signé Royer et Gouin, n^{res}.

Contrat de mariage de Pierre-Henri Filleau, éc., avec d^{lle} Françoise Fradin, par lequel il paraît qu'il est fils d'Henri Filleau, éc., s^r de la Boucheterie, et de dame Marie-Madeleine Mariocheau, en date du 3 mars 1710, signé Redon et Charrault, n^{res}.

Trois extraits de baptême, le 1er de Jean-François Filleau, du 11 juin 1687, le 2e de Louis Filleau, du 11 août 1688, le 3e de François-René-Remy Filleau, du 30 août 1701, par lesquels il paraît qu'ils sont enfants d'Henri Filleau, éc., s^r de la Boucheterie, et de dame Marie-Madeleine Mariocheau, délivrés par de Fontaine-Cuirblanc, Bregide et Poudret, curés de Saint-Savin et de Saint-Etienne de Poitiers, contrôlés à Poitiers le 10 janvier 1716 par Legrand.

Ordonnance : Maintenus comme nobles et écuyers, le 16 janvier 1716, signé : de Richebourg.

Jean-Henri FOUCHER, chev., s^{gr} marquis de Circé.

15

Pièces justificatives : Contrat de mariage de Jacques Foucher, chev., s^{gr} de la Barrouère, avec d^{lle} Françoise Mervault, en date du 8 décembre 1505, signé Rousseau, n^{re}.

Poitiers

Contrat de mariage d'autre Jacques Foucher, qualifié chevalier, avec d^{lle} Marie Rabasteau, par lequel il paraît qu'il est fils de Jacques Foucher ci-dessus et de dame Françoise Mervault, en date du 2 août 1545, signé Muret, n^{re}.

Contrat de mariage d'André Foucher, éc., s^r du Plessis, avec d^{lle} Françoise Bernon, par lequel il paraît qu'il est fils de Jacques Foucher ci-dessus et de dame Marie Rabasteau, en date du 23 septembre 1576, signé Herpin, n^{re}.

Contrat de mariage de Jacques Foucher, éc., s^r de la Grennetière, cons^{er} du roi, juge ordinaire du scel royal du gouvernement et ville de la Rochelle, avec d^{lle} Sarah de Ferrière, par lequel il paraît qu'il est fils d'André Foucher ci-dessus et de Françoise Bernon, en date du 30 novembre 1608, signé Rousseau, n^{re}.

Contrat de mariage en secondes noces du même Jacques Foucher, éc., s^r de la Grennetière, avec d^{lle} Anne Guillemin, dans lequel André Foucher est établi frère dudit Jacques, en date du 1ᵉʳ décembre 1609, signé Rousseau, nʳᵉ.

Contrat de mariage de Jacques Foucher, chev., sʳ du Coudray, avec dˡˡᵉ Elisabeth Béjarry, par lequel il paraît qu'il est fils de Jacques Foucher ci-dessus et de dame Anne Guillemin, en date du 6 mai 1637, signé Cherbonier, nʳᵉ.

Extrait de baptême d'Abimelech Foucher, du 12 mai 1639, par lequel il paraît qu'il est fils de haut et puissant seigneur Jacques Foucher, chev., sᵍʳ du Coudray, du Vieux-Lisleau et du Plessis-Sénéchal, et de haute et puissante dame Elisabeth Béjarry, tiré par collation du papier des registres de baptême de la religion prétendue réformée, et délivré le 9 février 1672, signé Guilbard, en ayant la garde, Buisson et Baron, nʳᵉˢ.

Contrat de mariage d'Abimelech, marquis de Foucher-Circé, capitaine d'une compagnie de chevau-légers entretenue pour le service du roi, avec dˡˡᵉ Marie d'Angennes (fille de Louis d'Angennes, chev., marquis de Maintenon), par lequel il paraît qu'il est fils de Jacques, marquis de Foucher-Circé, chev., baron de Mairé, et de dame Elisabeth Béjarry, en date du 3 août 1669, délivré par collation des notaires du Châtelet de Paris le 6 novembre 1680, signé Delaunay, Blécy et Royer.

Extrait de baptême de Jean-Henri Foucher, du 11 novembre 1671, par lequel il paraît qu'il est fils d'Abimelech Foucher, chev., sᵍʳ marquis de Circé, et de dame Marie d'Angennes, délivré le 19 novembre 1714 par Guilberteau, curé de Sepvret.

Ordonnance : **Maintenu comme noble et écuyer, le 30 juillet 1716, signé : Des Galois de Latour.**

16

Thouars

Catherine FOUQUET, demoiselle.

Pièces justificatives : Ordonnance de M. de Barentin en faveur de Charlotte du Bellay, veuve de Charles Fouquet, éc., Henri-Charles Fouquet, éc., sʳ de Bournizeaux, Christophe Fouquet, éc., sʳ de Beaurepaire, et Hector Fouquet, éc., sʳ de la Gaude, par laquelle ils sont maintenus dans la qualité de nobles et écuyers, en date du 24 septembre 1667.

Acte d'un bail fait par Hector Fouquet, éc., s' de la Gaude, et dame Anne des Allus, sa femme, à Clément Baudoin, en date du 22 octobre 1668, signé Sevestre, n^{re}.

Acte d'une procuration consentie par ladite dame Anne des Allus à l'effet de consentir et passer obligation de la somme de 1,600 livres, au profit du s^r Jean Robion, chev., s^{gr} de la Narbonnière, maître d'hôtel ordinaire du roi, trésorier général de France, par lequel il paraît qu'elle est femme dudit Hector Fouquet, éc., s^r de la Gaude, en date du 29 juillet 1671, signé Sevestre et Gorry, n^{res}.

Extrait de baptême de Catherine Fouquet, du 9 mai 1667, par lequel il paraît qu'elle est fille d'Hector Fouquet, chev., s^{gr} de la Gaude, et de dame Anne des Allus, délivré le 15 septembre 1715 par André Baudin, curé de Noirlieu, légalisé par le sénéchal de la duché-pairie de Thouars et contrôlé par Legrand.

Certificat des curé, vicaire, juge, sénéchal, procureur de cour, greffier, paroissiens et habitants de Noirlieu, contenant que ladite Catherine Fouquet est fille d'Hector Fouquet, chev., s^{gr} de la Gaude, et de dame Anne des Allus, et née en loyal mariage, en date du 19 février 1716, signé Baudin, curé, Bachelon, vicaire, Lory, sénéchal, Besdon, procureur fiscal, Hugault, Jean Quequineau.

Extrait des sépultures de dame Anne des Allus, du 24 août 1672, par lequel il paraît qu'elle était femme d'Hector Fouquet, éc., s^{gr} de la Gaude, délivré le 24 juin 1716 par Baudin, curé de Noirlieu.

Dire de la produisante : Elle ne peut rapporter le contrat de mariage de ses père et mère, parce qu'ils se marièrent à Paris il y a plus de 49 ans, et qu'elle ne sait quels notaires ont reçu cet acte.

Ordonnance : **Maintenue comme fille de gentilhomme, le 14 août 1716, signé : de Latour.**

G

1

François GAUVAIN, éc., s^r de la Proutière,
René GAUVAIN, éc., s^r de Mayé, son frère.

Thouars Pièce justificative : Ordonnance de Messieurs les commissaires généraux du Conseil, députés par le roi pour l'exécution de la déclaration du 4 septembre 1696, et arrêt rendu en conséquence contre les usurpateurs du titre de noblesse, du 22 avril 1700, par laquelle lesdits François et René Gauvain ont été maintenus en la qualité de nobles et écuyers.

Ordonnance : Maintenus comme nobles et écuyers, le 13 décembre 1714, signé : de Richebourg.

2

Charles-Aimé GOULARD, éc., s^r de Saint-Cyr d'Arsay.

Niort Pièces justificatives : Aveu et dénombrement rendu au roi par Tristan Goulard, éc., à cause de son hébergement d'Arsay, mouvant de Sa Majesté à foi et hommage lige, à cause de son château de Niort, en date du 18 mai 1556, signé Lervoys et Germain, n^{res}.

Acte d'un hommage fait par Mre Jean Chasteigner, chevalier de l'ordre du Roi, cons^{er} et gentilhomme ordinaire de sa chambre, s^{gr} de Saint-Georges, Marsujault et Saint-Michel, à cause de son hôtel de Pougnes, entre les mains de Tristan Goulard, et mouvant de lui à cause de son hôtel et seigneurie d'Arsay, en date du 3 septembre 1578.

Contrat du partage des biens dudit Tristan Goulard et de dame Marguerite de Parthenay, sa femme, entre Louis Goulard, leur fils aîné et principal héritier, Georges et René Goulard, et autres frères et sœurs, par lequel il paraît que ledit Louis Goulard a eu les préciputs et avantages de la Coutume, en date du 21 mars 1596, passé sous la cour et châtellenie de Chantemerle, signé Forestier.

Contrat de mariage de Georges Goulard, éc., s^r d'Arsay, avec d^lle Philippe de Landerneau, par lequel il paraît qu'il est fils de René Goulard, dénommé dans le partage ci-dessus, et de d^lle Renée de Liniers, et que lesdits René et Georges avaient le titre d'écuyers, passé sous le scel de la cour de Secondigny le 25 février 1629 par Decressac et Charrier, n^res.

Transaction passée entre Henri Goulard, Marie, Charles et Françoise Goulard, frères et sœurs, par laquelle il paraît que ledit Henri est fils aîné et principal héritier de Georges Goulard ci-dessus et qu'il a pris le titre d'écuyer, et que lesdits Marie, Charles et Françoise Goulard ont renoncé à la succession de Georges Goulard, leur père, et qu'ils ont fait les accords et partage entre eux de la succession de dame Philippe de Landerneau, leur mère ; passé sous la cour de la duché-pairie de la Meilleraye, le 29 décembre 1665, signé Pernaudeau, n^re.

Contrat de mariage d'Henri Goulard avec d^lle Elisabeth Métayer, par lequel il paraît qu'il est fils de Georges Goulard, éc., s^r d'Arsay, et de dame Philippe de Landerneau, et qu'il a pris le titre de chevalier, s^gr d'Arsay, passé à Niort le 30 août 1660, signé Clémanson, n^re.

Contrat de mariage de Charles-Aimé Goulard, éc., s^r de Saint-Cyr d'Arsay, avec d^lle Catherine de Tusseau, par lequel il paraît qu'il est fils d'Henri Goulard ci-dessus et de dame Elisabeth Métayer, et qu'il a pris le titre de chevalier, s^gr de Saint-Cyr, passé à Parthenay le 23 novembre 1700, signé Robouam, n^re.

Dire du produisant : Henri-Louis Goulard, éc., s^r d'Arsay, son frère, avait produit ses titres de noblesse par-devant M. de Maupeou, et avait été déchargé de l'assignation, en date du 26 mai 1699.

Ordonnance : Maintenu comme noble et écuyer, le 12 janvier 1715, signé : de Richebourg.

Mathieu GUYOT (*aliàs* Guiot), éc., s^r d'Escheyrac.

Pièces justificatives : Ordonnance de M. de Barentin, par laquelle Mathieu Guyot, s^r d'Asnières, et Etienne Guyot, s^r du Doi-

Confolens

gnon, sont maintenus et conservés dans tous les privilèges et exemptions attribués aux nobles du royaume, en date du 7 septembre 1667.

Contrat du partage des biens de Mathieu Guyot et de Françoise Flamand, sa femme, entre Mathieu Guyot, s^r d'Asnières, leur fils aîné, en faveur duquel est rendue l'ordonnance ci-dessus, Marc Guyot, et autres frères et sœurs, en date du 14 mars 1637, signé Vaugelade et Pontenier, n^{res}.

Contrat de mariage de Marc Guyot, s^r de Chalonnes, avec d^{lle} Catherine de Tusseau, par lequel il paraît qu'il est fils de Mathieu Guyot et de dame Françoise Flamand, et qu'il est qualifié d'écuyer, en date du 11 mars 1645, signé Mondet, n^{re}.

Contrat du partage des biens de Marc Guyot ci-dessus entre Catherine de Tusseau, sa veuve, Mathieu Guyot, éc., s^r d'Escheyrac, leur fils aîné, et autres frères et sœurs, par lequel il paraît que Mathieu Guyot a eu les préciputs et avantages de la Coutume, en date du 22 janvier 1681, signé de Verdilhac, n^{re}.

Pièces non visées : Sentence de renvoi de M. de Montmaigny, commissaire député par le roi pour la réformation des abus sur le fait des tailles, accordée à Antoine Guyot, éc., s^r d'Asnières, et autres ses frères, en date du 9 juin 1699, signé Daligre.

Contrat de mariage de Mathieu Guyot, éc., s^r d'Asnières, avec Françoise Flamand, par lequel il paraît qu'il est fils d'Antoine Guyot ci-dessus, en date du 1er juin 1609, signé Gaschet, n^{re}.

Testament de Marc Guyot, chev., s^{gr} de Chalonne, du 19 octobre 1660, signé de Verdilhac, au bas duquel est un certificat du sénéchal de Mortemart, qui certifie la signature du notaire.

Extrait de baptême de Mathieu Guyot, fils de noble Marc Guyot et de Catherine de Tusseau, du 27 février 1647, délivré le 13 janvier 1745 par Destaux, curé de Montrol, légalisé par le sénéchal de Mortemart.

Contrat de mariage de François Guyot, éc. (frère du produisant), avec d^{lle} Marguerite Barbarin, en date du 28 novembre 1675.

Acte d'enregistrement des armoiries de la famille Guyot à l'Armorial général, en date du 20 novembre 1696, signé Dupuis [1].

Ordonnance : Maintenu comme noble et écuyer, le 27 janvier 1715, signé : de Richebourg.

Jean GUICHARD, éc., s^r des Aages.

Pièces justificatives : Contrat de mariage de Jean Guichard avec d^{lle} Françoise de Brilhac, par lequel il paraît qu'il est fils d'un Pierre Guichard et qu'ils prenaient le titre d'écuyers, en date du 5 août 1554, signé Charpentier et Aubert, n^{res}.

Quatre copies d'actes du partage des biens de Jean Guichard, entre Françoise de Brilhac, sa veuve, Léonet Guichard, leur fils aîné, Mathurin Arnaud, comme curateur de Jean et Pierre Guichard, par lesquels ils sont titrés d'écuyers, en date des 17 juin, 6 juillet 1596, 15 octobre 1597 et 1er septembre 1606, signées, la 1re Chaslaud et Corderoy, la 2e Merland, la 3e Chaslaud, et la 4e Merland.

Contrat de mariage de Pierre Guichard avec d^{lle} Brethonnière Jourdain, par lequel il paraît qu'il est fils de Jean Guichard ci-dessus et de Françoise de Brilhac, du 9 juillet 1605, signé Vaslet, n^{re}.

Contrat du partage des biens de Jean Guichard et de dame Françoise de Brilhac entre Pierre ci-dessus et autres cohéritiers, par lequel il paraît qu'ils sont qualifiés écuyers et que Léonet Guichard, comme aîné, a eu les avantages de la Coutume, en date du 17 février 1607, signé Merland, n^{re}.

Contrat d'échange fait entre Léonet et Pierre Guichard, frères, par lequel ils sont titrés écuyers, en date du 8 décembre 1608, signé Ginet, n^{re}.

Contrat du partage des biens de Pierre Guichard ci-dessus entre René Guichard, son fils aîné, et autres cohéritiers, des biens de ladite Brethonnière Jourdain, leur mère, par lequel

Confolens

4

---

1. L'inventaire des titres produits est signé : « F. Alexis Guiot, faisant pour Mathieu Guiot, mon oncle ».

il paraît que ledit René, comme aîné, a eu les avantages de la Coutume et qu'il a pris le titre d'écuyer, s^r des Aages, en date du 7 mai 1636, signé Valangière, n^{re} et arpenteur.

Contrat de mariage de René Guichard avec d^{lle} Marie Depont, par lequel il paraît qu'il est fils de Pierre Guichard ci-dessus et de Brethonnière Jourdain et qu'il a pris le titre d'écuyer, en date du 17 août 1645, signé de Mousseaux, n^{re}.

Contrat du partage des biens dudit René Guichard entre Paul Guichard et autres frères et sœurs, par lequel il paraît qu'ils sont enfants de René Guichard et de Marie Depont et que Paul, comme aîné, a eu les préciputs de la Coutume, en date du 25 janvier 1676, signé Bras et Beslard, n^{res}.

Contrat de mariage de Paul Guichard, éc., s^r des Aages, avec d^{lle} Jacquette des Vergnes, par lequel il paraît qu'il est fils de René Guichard ci-dessus et de Marie Depont, en date du 16 février 1676, signé Garchaud, n^{re}.

Contrat de mariage de Jean Guichard, éc., s^r des Aages, avec d^{lle} Marie de Choisy, par lequel il paraît qu'il est fils de Paul Guichard ci-dessus et de Jacquette des Vergnes, en date du 6 février 1702, signé de Souhent, n^{re}.

Pièce non visée : Extrait baptistaire de Jean Guichard, produisant, fils de Paul Guichard et de Jacquette des Vergnes, en date du 26 décembre 1679.

Ordonnance : **Maintenu comme noble et écuyer, le 1er février 1715, signé : de Richebourg.**

5

Poitiers

Etienne GUYOT (*aliàs* Guiot), éc., s^{gr} du Doignon,
Paul GUYOT, éc., s^r de Saint-Paul,
Henri GUYOT, éc., s^r de Saint-Quentin,
Mathieu GUYOT, éc., s^r du Doignon,
Marc GUYOT, éc., s^r de la Faye.

Pièces justificatives : Copie vidimée du contrat de mariage de François Guyot, avec d^{lle} Jeanne de la Roche, par lequel il est dit fils de Jean Guyot, éc., s^r d'Asnières, et de d^{lle} Anne Vigier, en date du 11 mai 1598, passé sous le scel de la châtellenie de l'Ile-Jourdain, rapportée signée par Lorençon et Richard, n^{res}, ledit vidimus en date du 24 septembre 1691, signé Richard, pour avoir l'original.

Contrat de mariage de Fiacre Guyot avec d^{lle} Françoise de Grandseigne, par lequel il paraît qu'il est fils de François Guyot ci-dessus, et qu'il a pris le titre d'écuyer, en date du 23 février 1632, signé Beau, n^{re} royal en Limousin.

Contrat du partage des biens dudit Fiacre Guyot entre Etienne Guyot et d^{lle} Françoise de Grandseigne, tant en son nom que comme mère tutrice de Jean, Jacques, Marc, Catherine, Jeanne, Agathe, Renée, Marie et Marguerite Guyot, par lequel il paraît que ledit Etienne Guyot, comme aîné, a eu les préciputs de la Coutume, en date du 11 décembre 1664, signé Duval, n^{re} royal à Bussière-Boffy.

Contrat de mariage de Paul Guyot, éc., avec d^{lle} Catherine d'Argence, par lequel il paraît qu'il est fils de Fiacre Guyot ci-dessus et de Françoise de Grandseigne, en date du 16 février 1681, signé Duval, n^{re}.

Contrat de mariage de Jacques Guyot avec d^{lle} Elisabeth du Pin, par lequel il paraît qu'il est fils de Fiacre Guyot ci-dessus et de Françoise de Grandseigne, en date du 31 janvier 1680, signé Duval, n^{re}.

Contrat du partage des biens de dame Françoise de Grandseigne entre Etienne, Paul, Jacques Guyot, et autres frères et sœurs, enfants de Fiacre Guyot et de ladite de Grandseigne, en date du 30 décembre 1688, signé Duval, n^{re}.

Deux extraits de baptême en un seul cahier, le 1er d'Henri Guyot, du 24 août 1692, le 2e de Mathieu Guyot, du 4 février 1703, par lesquels il paraît qu'ils sont enfants de Paul Guyot et de dame Catherine d'Argence, délivrés le 12 janvier 1714 par Veysière, curé de Saint-Quentin, contrôlés à Poitiers par Coupard.

Extrait de baptême de Marc Guyot, du 4 mai 1688, par lequel il paraît qu'il est fils de Jacques Guyot et de dame Elisabeth du Pin, délivré le 15 janvier 1715 par Veysière, curé de Saint-Quentin, contrôlé par Coupard.

Ordonnance : Maintenus comme nobles et écuyers, le 2 février 1715, signé : de Richebourg.

6

Saint-
Maixent

Pierre GIGOU, éc., s^r de la Groie-de-Chail.

Pièces justificatives : Ordonnance de M. de Maupeou en faveur de Pierre Gigou, s^r de la Groie, par lequel il est maintenu dans sa noblesse, en date du 24 juillet 1700.

Contrat de mariage de Pierre Gigou, s^r de la Groie, produisant, avec d^{lle} Angélique-Elisabeth Chardeboeuf, par lequel il paraît qu'il est fils de Pierre, dénommé en l'ordonnance de M. de Maupeou, et de feu dame Marie Houllier, en date du 18 juillet 1706, signé Germoneau, n^{re}.

Pièce non visée : Ordonnance de M. de Barentin en faveur de Pierre Gigou, éc., s^r de Vezançay, et de Pierre Gigou, éc., s^r de Luché, cousins germains du père du suppliant, par laquelle ils sont confirmés en leur noblesse, en date du 22 mai 1667.

Ordonnance : Maintenu comme noble et écuyer, le 7 février 1715, signé : de Richebourg.

7

Poitiers

Olivier GOURJAULT, chev., s^{gr} de Mauprié.

Pièces justificatives : Ordonnance de M. de Barentin en faveur d'Olivier Gourjault, s^r de la Millière, par laquelle il est maintenu dans les privilèges des nobles du royaume, avec le titre d'écuyer, en date du 10 décembre 1667.

Contrat de mariage d'autre Olivier Gourjault, s^r de Bois-de-Vert, avec d^{lle} Hélène Green de Saint-Marsault (fille de feu Osée Green de Saint-Marsault, chev., s^{gr} baron de Châtelaillon, des châtellenies de Salles, Rudepierre, le Roulet et autres places, et de dame Madeleine de Polignac), par lequel il paraît qu'il est fils d'Olivier Gourjault, dénommé dans l'ordonnance ci-dessus, et de dame Elisabeth Gillier, en date du 2 octobre 1668, signé Bonnet, n^{re} de Dompierre.

Contrat de mariage d'Olivier Gourjault, chev., sʳ de Mauprié, produisant, avec dˡˡᵉ Elisabeth-Esther Lauvergnat (fille de feu Louis Lauvergnat, éc., sʳ de la Touraine, et de dame Françoise Guérin), par lequel il paraît qu'il est fils d'Olivier Gourjault, sʳ de Bois-de-Vert, ci-dessus, et de dˡˡᵉ Hélène Green de Saint-Marsault, en date du 1ᵉʳ juillet 1710, signé Venault, nʳᵉ à Lusignan.

Ordonnance : Maintenu comme noble et écuyer, le 12 février 1715, signé : de Richebourg.

Pierre GIRARD, éc., sʳ de la Raffinière et des Loges, paroisse de Saint-Vincent de la Châtre,

Louis GIRARD, éc., sʳ du Pinier-Marteau, paroisse de Sompt.

8

Poitiers et Saint-Maixent

Pièces justificatives : Ordonnance de M. de Barentin en faveur de René Girard, sʳ de la Tour-Blanche, et Abraham Girard, sʳ du Pinier, par laquelle ils sont maintenus dans tous les privilèges de la noblesse, en date du 10 octobre 1667.

Contrat de mariage de François Girard, éc., sʳ des Loges, avec dˡˡᵉ Marguerite Depons, par lequel il paraît qu'il est fils de René Girard, dénommé dans l'ordonnance ci-dessus et de dˡˡᵉ Jeanne Garnier, en date du 12 juin 1666, signé Deschamps, nʳᵉ à Saint-Maixent.

Transaction en forme de partage des biens de François Girard ci-dessus entre Pierre Girard, éc., sʳ de la Raffinière et des Loges, Jean Girard, sʳ de Luc, et autres frères et sœurs, par laquelle il paraît que ledit Pierre a eu les préciputs et avantages de la Coutume, en date du 22 juillet 1699, signé Lhoumeau, nʳᵉ à Lezay.

Contrat du partage des biens d'Abraham Girard, sʳ du Marteau, entre Antoine Girard, sʳ de la Coudre, Louis Girard, sʳ du Marteau, et autres frères et sœurs, par lequel il paraît qu'ils sont tous enfants dudit Abraham Girard, dénommé dans l'ordonnance de M. de Barentin, et de dˡˡᵉ Renée Daux, du 10 septembre 1697, signé Viollet, nʳᵉ à Gacougnolle.

Ordonnance : Maintenus comme nobles et écuyers, le 14 février 1715, signé : de Richebourg.

9

Olivier GARNIER, éc., s^r de Fontanon,
Pierre GARNIER, éc., s^r de la Boissière.

Niort

Pièces justificatives : Ordonnance de M. de Maupeou en faveur d'Olivier Garnier, éc., s^r de Fontanon, et Jean Garnier, éc., s^r de la Boissière, par laquelle ils sont maintenus dans les privilèges de la noblesse, en date du 12 avril 1698.

Contrat de mariage de Pierre Garnier, éc., s^r de la Boissière, avec d^{lle} Françoise des Moulins, par lequel il paraît qu'il est fils de Jean Garnier, éc., s^r de la Boissière, dénommé dans l'ordonnance ci-dessus, et de dame Jeanne Girardin, du 7 novembre 1707, signé de Mondion, n^{re}.

Pièces non visées : Sentence de M. de Barentin, du 10 décembre 1667, rendue au profit de Pierre Garnier, éc., s^r de Brieul, père d'Olivier, produisant, par laquelle il est maintenu en sa noblesse.

Deux ordonnances de décharge, rendues par les commissaires généraux pour les francs-fiefs le 30 avril 1695 et le 28 novembre 1696 au profit d'Olivier Garnier, produisant.

Ordonnance : Maintenus comme nobles et écuyers, le 14 février 1715, signé : de Richebourg.

10

Charles GUICHARD, chev., s^{gr} d'Orfeuille,
Marie-Gabrielle et Henriette GUICHARD, ses sœurs.

Saint-Maixent

Pièces justificatives : Ordonnance de M. de Barentin en faveur de Jacob Guichard, éc., s^r d'Orfeuille, par laquelle il est maintenu dans les privilèges de la noblesse, en date du 9 septembre 1667.

Contrat du partage des biens de Jacob Guichard, éc., s^r d'Orfeuille, entre Charles Guichard et autres frères et sœurs, par lequel il paraît qu'ils sont tous enfants dudit Jacob Guichard et de dame Gabrielle Chasteigner, et que ledit Charles, comme aîné, a eu les préciputs et avantages de la Coutume, en date du 24 janvier 1692, signé Chaigneau.

Contrat de mariage de Charles Guichard, éc., s^r d'Orfeuille, avec d^{lle} Anne-Marie Piniot, fille de Jacob Piniot, chev., s^{gr} de Puychenin, par lequel il paraît qu'il est fils de Jacob Guichard ci-dessus et de dame Gabrielle Chasteigner, en date du 3 août 1693, signé Baschard, n^{re}.

Trois extraits de baptême en un cahier à la suite les uns des autres, le 1er de Marie-Gabrielle Guichard, du 28 janvier 1695, le 2e de Charles Guichard, du 28 février 1697, le 3° d'Henriette Guichard, du 21 janvier 1698, par lesquels il paraît qu'ils sont enfants de Charles Guichard, éc., s^r d'Orfeuille, et de dame Anne-Marie Piniot, délivrés le 1er octobre 1710 par Beauchamp, curé de Gourgé, légalisés, et contrôlés le 18 février 1715 par Coupard.

Ordonnance : Maintenus comme noble et écuyer, et demoiselles, le 20 février 1715, signé : de Richebourg.

Marguerite des Nouhes, veuve de Guy GOURDON, éc., s^r de Boisnerbert,

Pierre-Alexandre GOURDON, éc., s^r de Boisnerbert, son fils.

11

Thouars

Pièces justificatives : Lettres patentes du roi en faveur de Guy Gourdon, s^r de Boisnerbert, par lesquelles Sa Majesté lui accorde la noblesse, données au mois de mai 1703, signées Louis, et sur le repli, Par le roi, Phelypeaux, enregistrées en Parlement, Chambre des comptes et Cour des aides.

Quittance de finance de la somme de six mille livres, payée par ledit Guy Gourdon, pour la finance desdites lettres de noblesse, en date du 12 avril 1703, signé Turmenie.

Quittance de finance de la somme de trois mille livres, payée par ledit Guy Gourdon, pour la confirmation desdites lettres de noblesse, du 19 août 1705, signé Turmenie.

Cinq récépissés du s^r Rigomier, chargé du recouvrement de la finance qui devait provenir de la confirmation des nouveaux acquéreurs de lettres de noblesse, de la somme de treize cent vingt livres, au profit du s' Gourdon de Boisnerbert, dont le dernier qui est final est daté du 27 novembre 1714.

Contrat de mariage de Guy Gourdon, éc., s^r de Boisnerbert, avec d^{lle} Marguerite des Nouhes, en date du 18 septembre 1675, signé Sirau et Delavau, n^{res}.

Contrat de mariage de Pierre-Alexandre Gourdon, éc., s^r de Boisnerbert, avec d^{lle} Marie de Brissac, par lequel il paraît qu'il est fils de Guy Gourdon ci-dessus et de dame Marguerite des Nouhes, en date du 25 août 1706, signé Bory, n^{re}.

Ordonnance : Maintenus comme noble et écuyer, et veuve de noble, le 21 février 1715, signé : de Richebourg.

12

Niort.

Jacques GIRAUD, éc., s^r de Fiefdoux.

Pièces justificatives : Ordonnance de M. Barberie de Saint-Contest, intendant de la Généralité de Metz, en faveur de Françoise Cossin, veuve de Jean Giraud, éc., s^r du Bouchaux, par laquelle elle est maintenue dans les privilèges de la noblesse, en date du 10 juillet 1702. Dans le vu des pièces est énoncé un acte d'assemblée générale de la ville de Niort, du 28 mai 1589, par lequel Aubin Giraud, s^r de Gourfailles, lieutenant particulier, assesseur civil et criminel au bailliage de Niort, aurait été élu maire et capitaine de ladite ville.

Contrat de mariage d'Aubin Giraud, s^r de Gourfailles, avec d^{lle} Marie Audouard, en date du 11 février 1585.

Contrat de mariage de Jean Giraud, éc., s^r de Puychaban, avec d^{lle} Catherine de Savignac, par lequel il paraît qu'il est fils d'Aubin Giraud ci-dessus et de d^{lle} Marie Audouard, en date du 10 novembre 1619, signé Martin, n^{re}.

Contrat de mariage d'Aubin Giraud, éc., s^r de Fiefdoux, avec d^{lle} Elisabeth Coutocheau, par lequel il paraît qu'il est fils de Jean Giraud, éc., s^r de Puychaban, et de d^{lle} Catherine de Savignac, en date du 5 décembre 1645, signé Chandelier, n^{re}.

Acte de dation de curatelle à Jacques Giraud, à la réquisition du procureur du roi, par lequel il paraît qu'il est fils mineur d'Aubin Giraud ci-dessus et de d{ll}e Elisabeth Coutocheau, en date du 17 novembre 1670, signé Sabourin, commis-greffier au siège royal de Niort.

Contrat de mariage de Jacques Giraud, éc., sr de Fiefdoux, avec d{lle} Marie de Vieillechèze, par lequel il paraît qu'il est fils d'Aubin Giraud ci-dessus et d'Elisabeth Coutocheau, en date du 16 juillet 1694, signé Lévesque et Faidy, n{res}.

Ordonnance : Maintenu comme noble et écuyer, le 22 février 1715, signé : de Richebourg.

Philippe GIBOREAU, éc., sr de la Rousselière.

13

Pièces justificatives : Contrat de partage entre Léon Marserion et René Giboreau, sr de la Rousselière, à cause de d{lle} Anne Marserion, sa femme, par lequel ledit René Giboreau est qualifié d'écuyer, en date du 22 décembre 1550, signé Guillot, n{re}.

Poitiers

Contrat de mariage de René Giboreau, éc., sr de la Rousselière, avec d{lle} Charlotte Garnier, par lequel il paraît qu'il est fils de René Giboreau ci-dessus et de dame Anne Marserion, en date du 14 janvier 1578, signé Jarry, n{re}.

Transaction en forme de partage entre René Giboreau, éc., sr de la Rousselière, et Renée Giboreau, veuve d'Artus de la Barre, sa sœur, en date du 22 janvier 1585, signé Joullard et Chénier, n{res} de la châtellenie de Montreuil-Bonnin.

Contrat d'un échange fait par ledit René Giboreau, éc., avec autres, du 1er février 1596, signé Chénier, n{re}.

Ordonnance de MM{rs} les commissaires députés par le roi pour le régalement des tailles et réformation des abus, en faveur dudit René Giboreau ci-dessus, qui le renvoie des assignations à lui données, en date du 8 décembre 1598, signé de Sainte-Marthe, de Hayre, et plus bas, Vallée.

Ordonnance de M. Amelot, intendant du Poitou, en faveur du même René Giboreau, contenant aussi renvoi de l'assignation à lui donnée, en date du 13 juillet 1624.

Contrat de mariage de René Giboreau avec d{lle} Marie Audebrand, par lequel il paraît qu'il est qualifié d'écuyer, s^r de la Rousselière, et qu'il est fils de René Giboreau et de dame Charlotte Garnier, en date du 22 janvier 1628, signé Rousseau et Roy, n^{res}.

Contrat de mariage de René Giboreau, éc., s^r de la Rousselière, avec d^{lle} Marie Goulard, par lequel il paraît qu'il est fils de René Giboreau ci-dessus et de dame Marie Audebrand, en date du 28 janvier 1656, signé Charrier, n^{re}.

Contrat de mariage de Philippe Giboreau, éc., s^r de la Rousselière, avec d^{lle} Jeanne Vinet, par lequel il paraît qu'il est fils de René Giboreau ci-dessus et de dame Marie Goulard, en date du 30 décembre 1692, signé Fradin et Coursin, n^{res} de Pouzauges.

Pièces non visées : Sentence de MM. les Élus de Poitiers, obtenue par René Giboreau, éc., s^r de la Rousselière (époux de Marie Audebrand), en date du 30 juin 1634, signé Doriou, greffier.

Certificat que ledit René Giboreau s'est rendu en équipage pour le service du roi, en date du 10 août 1635, signé Parabère.

Certificat de service du ban et arrière-ban donné au même René Giboreau, en date du 13 novembre 1635, signé Parabère.

Certificat de service du ban et de l'arrière-ban donné à Philippe Giboreau, produisant, le 18 juin 1693, signé Renault de la Barre, de Saint-Juire et de la Franchère.

Ordonnance : Maintenu comme noble et écuyer, le 23 février 1715, signé : de Richebourg.

14

Bonaventure GIRARD, éc., s^r de Champignolles, Anthenet et Pindray.

Poitiers

Pièce justificative : Ordonnance de M. de Maupeou en faveur de Bonaventure Girard, éc., s^r de Champignolles, par laquelle il est maintenu dans les privilèges de noblesse, en date du 14 décembre 1697.

Ordonnance : Déchargé de l'assignation donnée à la requête

de Ferrand, le 23 février 1715, signé : de Richebourg.

François-Théodore GAY, éc., s^r des Fontenelles.   15

Pièce justificative : Ordonnance de M. de Maupeou en faveur dudit François-Théodore Gay, éc., s^r des Fontenelles, par laquelle il est maintenu dans la qualité de noble et écuyer, en date du 4 mars 1698.

Ordonnance : Ordonne son inscription au catalogue des nobles de la Généralité de Poitou, le 28 février 1715, signé : de Richebourg.

Gabriel-Nicolas de GRIGNON, chev., marquis de Pouzauges,   16

Marie Martineau, veuve de Gabriel de GRIGNON, chev., marquis de la Pelissonnière, sa mère.   *Thouars*

Pièces justificatives : Ordonnance de M. de Maupeou en faveur de Gabriel de Grignon, éc., s^r de la Pelissonnière, par laquelle il est renvoyé de l'assignation à lui donnée à la requête de Guérin, au lieu duquel est substitué le s^r Ferrand, en date du 7 février 1699.

Contrat de mariage de Gabriel-Nicolas de Grignon, éc., s^r de Pouzauges et de la Pelissonnière, avec d^{lle} Marie de la Tulaye, par lequel il paraît qu'il est fils de Gabriel de Grignon, éc., s^r de la Pelissonnière, et de dame Marie-Martineau, en date du 21 juin 1706, signé Charlet, n^{re}.

Ordonnance : Maintenus dans les privilèges et exemptions des nobles du royaume, le 3 mars 1715, signé : de Richebourg.

17

Poitiers

Jessé de GAULIER, éc., s^r de Beaulieu [1].

Pièce justificative : Ordonnance de M. de Barentin en faveur de Jessé de Gaulier, éc., s^r de Beaulieu, par laquelle il est maintenu dans la qualité de noble et écuyer, en date du 3 septembre 1667.

Ordonnance : Ordonne son inscription au catalogue des nobles de la Généralité de Poitou, le 12 mars 1715, signé : de Richebourg.

18

Mauléon

René Bernard, s^{gr} du Pally, curateur à la personne et aux biens de d^{lle} Renée GUIGNARDEAU.

Pièces justificatives : Arrêt du Conseil d'Etat du roi, intervenu sur l'appel interjeté d'une ordonnance de M. de Barentin, en faveur de Jacques et Claude Guignardeau, frères, s^{grs} de Puymaye, qui les condamnait en une amende de quinze cents livres, et les déclarait roturiers, par lequel l'appellation et ce dont aurait été appelé mis à néant, en émendant et corrigeant, lesdits Jacques Guignardeau, s^r de Puymaye, et Claude Guignardeau, s^r de Vannes, sont maintenus en la qualité de nobles et écuyers, en date du 30 mai 1671, signé Foucault.

Contrat de mariage de Claude Guignardeau, éc., s^r de Vannes, avec d^{lle} Marie Moreau, par lequel il paraît qu'il est fils de René Guignardeau, éc., s^r de Puymaye, en date du 14 mai 1657, signé Joullin, n^{re}.

Contrat de mariage de René-Claude-Prosper Guignardeau, éc., s^r de la Guignardière, avec d^{lle} Marguerite Bernard, par lequel il paraît qu'il est fils de Claude Guignardeau ci-dessus et de dame Marie Moreau, en date du 20 février 1691, signé Cremoys et Riffault, n^{res}.

Acte de dation de tutelle fait par-devant le lieutenant général de Poitiers à d^{lle} Renée Guignardeau, produisante, de la per-

---

1. La requête est signée : « Armand de Gaulier, faisant pour Jessé de Gaulier, mon père ».

sonne du sʳ Bernard du Pally, par lequel il paraît qu'elle est fille de René-Claude-Prosper Guignardeau ci-dessus et de Marguerite Bernard, en date du 26 janvier 1707, signé Debesse, commis-greffier.

Extrait de baptême de Renée-Marguerite Guignardeau, par lequel il paraît qu'elle est fille dudit René-Claude-Prosper Guignardeau et de Marguerite Bernard, en date du 8 mai 1698, délivré le 6 novembre 1700 par Lemaçon, curé de Sainte-Florence, et contrôlé par Coupard.

Ordonnance : **Maintenue comme noble et demoiselle, le 12 mars 1715, signé : de Richebourg.**

Bertrand GUY, éc., sʳ de la Roche.   19

Pièces justificatives : Ordonnance de M. de Bernage, intendant de la Généralité de Limoges, en faveur de Jacquette Garnier, demoiselle, veuve de Jean Guy, éc., sʳ de Ferrière, par laquelle elle est déchargée de l'assignation à elle donnée à la requête de Jacques Regnault, sous-traitant de M. Charles Lacour de Beauval, chargé du recouvrement des sommes qui devaient être payées en conséquence de la déclaration de Sa Majesté, du 4 septembre 1696, par les usurpateurs du titre de noblesse, en date du 26 juillet 1698.   *Saint-Maixent*

Contrat de mariage de Bertrand Guy, éc., sʳ de la Roche, avec dˡˡᵉ Marie Garnier, par lequel il paraît qu'il est fils de Jean Guy, éc., sʳ de Ferrière, et de Jacquette Garnier, en date du 29 septembre 1681, signé Thoumassin.

Ordonnance : **Maintenu comme noble et écuyer, le 13 mars 1715, signé : de Richebourg.**

Philippe de GUILLAUMET, chev., sᵍʳ de Lérignac, y demeurant, paroisse dudit lieu.   20

Pièces justificatives : Ordonnance de M. de Barentin en faveur de Philippe Guillaumet, éc., sʳ de Balentrat et de Mongodier,   *Poitiers* par laquelle il est maintenu dans la qualité de noble et écuyer, en date du 10 décembre 1667.

Contrat de mariage de Gaspard de Guillaumet, éc., sʳ de Lérignac, avec dˡˡᵉ Catherine Frottier, par lequel il paraît qu'il est fils de Philippe de Guillaumet ci-dessus et de dˡˡᵉ Gabrielle de Marans, en date du 15 février 1672, signé de la Faye, nʳᵉ.

Contrat du partage des biens de Gaspard de Guillaumet cidessus et de dame Catherine Frottier, entre Philippe de Guillaumet, éc., sʳ de Lérignac, Basilide de Guillaumet, éc., sʳ de Balentrat, et Elisabeth de Guillaumet, leurs enfants, par lequel il paraît que Philippe, comme aîné, a eu les préciputs et avantages de la Coutume, en date du 24 février 1707, signé Caillé et Odigier.

Ordonnance : Maintenu comme noble et écuyer, le 13 mars 1715, signé : de Richebourg.

21

Saint-Maixent

Charles GOURJAULT, éc., sᵍʳ de Cerné, demeurant à Conzay, paroisse de Thorigné,

Claude-Charles, Jean-Alexandre et Pierre-Philippe GOURJAULT, écʳˢ, ses frères consanguins.

Pièces justificatives : Ordonnance de M. de Barentin en faveur d'Olivier Gourjault, éc., sʳ de la Millière, Claude Gourjault, éc., sʳ de la Bessière, Charles Gourjault, éc., sʳ de Bessé, Charles Gourjault, éc., sʳ de Venours, Charles Gourjault, éc., sʳ de la Berlière, Charles Gourjault, éc., sʳ de la Groye-Parthenay, et Louis Gourjault, éc., sʳ de Passac, par laquelle ils sont maintenus dans la qualité de nobles et écuyers, en date du 10 décembre 1667.

Contrat de mariage de Charles Gourjault, éc., sʳ de la Berlière, avec dˡˡᵉ Charlotte Hélie, par lequel il paraît qu'il est fils de Charles Gourjault, éc., sʳ de la Berlière, et de dame Catherine de la Barre, en date du 23 octobre 1673, signé Bernard et Sorin, nʳᵉˢ.

Contrat du second mariage de Charles Gourjault, éc., sʳ de

la Berlière, ci-dessus, avec d^lle Claude-Perside Gourjault, en date du 12 août 1683, signé Berthomé et Baulié, n^res.

Contrat de mariage de Charles Gourjault, chev., s^gr de Cerné, avec d^lle Gabrielle Suyrot, par lequel il paraît qu'il est fils de Charles Gourjault, éc., s^r de la Berlière, et de dame Charlotte Hélie, du 7 décembre 1705, signé Boiffard, pour avoir délivré la grosse par commission du s^r lieutenant-général de Saint-Maixent.

Extrait de baptême de Claude-Charles Gourjault, par lequel il paraît qu'il est fils de Charles Gourjault, chev., s^gr de la Berlière, et de dame Claude-Perside Gourjault, en date du 4 juillet 1684, délivré le 25 février 1715, signé Jacob Violette, greffier de la Mothe-Saint-Héraye, légalisé par le s^r lieutenant général de Saint-Maixent, contrôlé à Poitiers le 18 mars 1715.

Deux extraits de baptême, le 1er de Jean-Alexandre Gourjault, du 27 décembre 1687, le 2e de Pierre-Philippe Gourjault, du 27 novembre 1694, par lesquels il paraît qu'ils sont issus de Charles Gourjault, chev., s^gr de la Berlière, et de dame Claude-Perside Gourjault, délivrés le 13 mars 1715 par Gandouet, prieur-curé de Thorigné, contrôlés à Poitiers le 18 mars 1715.

Ordonnance : Maintenus comme nobles et écuyers, le 18 mars 1715, signé : de Richebourg.

Marc GUYOT (*aliàs* Guiot), éc., s^r de Lesparre. 22

Pièce justificative : Ordonnance de M. de Maupeou en faveur de Marc Guyot, éc., s^r de Lesparre, par laquelle il est maintenu dans sa noblesse, en date du 11 février 1701.

Confolens

Ordonnance : Ordonne son inscription au catalogue des nobles, le 19 mars 1715, signé : de Richebourg.

Marc GUYOT (*aliàs* Guiot), éc., s^r de la Mothe-Villognon. 23

Pièces justificatives : Contrat de mariage de Louis Guyot, éc., s^r de

Confolens

la Mothe-Villognon, avec d^lle Marie Gourdin, par lequel il paraît qu'il est fils de Louis Guyot, éc., s^r de la Mothe-Villognon, et de dame Marguerite Horson, en date du 1er octobre 1665, signé Mallet et Berlouin, n^res.

Inventaire fait par-devant M. d'Aguesseau, intendant de la Généralité de Limoges, des titres justificatifs de la noblesse de Louis Guyot, s^r de la Mothe, Mathieu Guyot, s^r de Villognon, et Alexis Guyot, s^r de Lunesse au pied duquel est l'ordonnance portant acte de la représentation desdits titres, en date du 26 février 1667.

Contrat de mariage de Marc Guyot, chev., s^gr de la Mothe-Villognon, avec d^lle Anne Guyot, par lequel il paraît qu'il est fils de Louis Guyot ci-dessus et de dame Marie Gourdin, en date du 2 septembre 1687, signé Condac, n^re.

Ordonnance : Maintenu comme noble et écuyer, le 20 mars 1715, signé : de Richebourg.

---

24   François-César de GOURON, éc., s^r de l'Aubrière, capitaine d'infanterie au régiment de Meuse.

Pièces justificatives : Contrat de mariage de Jean de Gouron, éc., s^r de Chambron, avec d^lle Louise Aubry, par lequel il paraît qu'il est fils de François de Gouron, éc., s^r de Chambron, et de dame Françoise de Noizelle, en date du 10 mars 1599, signé Bretin et Martin, n^res à Busseau.

Contrat de mariage de Jean de Gouron, éc., s^r des Dorais et de l'Aubrière, avec d^lle Charlotte de Vaux, par lequel il paraît qu'il est fils de Jean de Gouron ci-dessus et de Louise Aubry, en date du 14 mai 1646, signé Feydiot, n^re en Périgord.

Contrat de mariage de François de Gouron, éc., s^gr de l'Aubrière, avec d^lle Anne-Geneviève Adam, par lequel il paraît qu'il est fils de Jean de Gouron ci-dessus et de dame Charlotte de Vaux, en date du 16 juillet 1681, signé Gilles et Bru, n^res au Châtelet de Paris.

Extrait de baptême de François-César de Gouron, par

lequel il paraît qu'il est fils de François de Gouron ci-dessus et de dame Anne-Geneviève Adam, en date du 8 mars 1684, délivré le 15 mars 1715 par Girard, curé de Scillé, contrôlé à Poitiers par Legrand.

Ordonnance : Maintenu comme noble et écuyer, le 20 mars 1715, signé : de Richebourg.

Pierre de la GUÉRINIÈRE, chev., s^{gr} de la Mancellière, Pierre-Gabriel de la GUÉRINIÈRE, éc., son neveu.

25

Les Sables.

Pièce justificative : Ordonnance de M. de Maupeou en faveur de Pierre de la Guérinière, s^r de la Mancellière (produisant), et de Gabriel de la Guérinière, s^r de Piedsec, son frère, par laquelle ils sont maintenus en leur noblesse, en date du 18 novembre 1699.

Pièces non visées : Contrat de mariage de Pierre de la Guérinière, s^r de la Jurairière, avec d^{lle} Marie Pérusseau, du 31 juillet 1657.

Contrat de partage fait entre ledit Pierre de la Guérinière, s^r de la Jurairière, et ses cohéritiers, du 16 octobre 1662.

Contrat de mariage de Pierre de la Guérinière, s^r de la Mancellière (produisant), fils aîné de Pierre de la Guérinière ci-dessus et de Marie Pérusseau, avec d^{lle} Claude-Marguerite de Rorthays, en date du 20 mars 1687.

Contrat de mariage de Gabriel de la Guérinière, s^r de Piedsec, aussi fils de Pierre de la Guérinière et de Marie Pérusseau, avec Marie Fauveau (sans date indiquée).

Extrait baptistaire de Pierre-Gabriel de la Guérinière (produisant), fils de Gabriel de la Guérinière ci-dessus et de Marie Fauveau, en date du 11 mai 1691.

Acte de tutelle dudit Pierre-Gabriel de la Guérinière, du 30 octobre 1704.

Ordonnance : Ordonne leur inscription au catalogue des nobles de la Généralité de Poitou, le 22 mars 1715, signé : de Richebourg.

26

*Confo-
lens*

Pierre GUILLOT DU DOUSSET, éc., s^r du Puy,

René GUILLOT DU DOUSSET, éc., s^r du Breuil, chevalier de l'ordre militaire de Saint-Louis, major du régiment de Sarre-Infanterie,

Jean GUILLOT DU DOUSSET, cons^er du roi en ses conseils, évêque du Belley,

Charles GUILLOT DU DOUSSET, éc., chevalier de l'ordre militaire de Saint-Louis, lieutenant-colonel du régiment d'Artagnan-Infanterie,

tous frères.

Pièces justificatives : Ordonnance de M. de Barentin en faveur de Pierre et Léonard Guillot du Dousset, éc^rs, s^rs du Puy, Cussac et Lavau, par laquelle ils sont maintenus dans la qualité de nobles et écuyers, en date du 10 décembre 1667.

Extrait de baptême de Pierre Guillot du Dousset, par lequel il paraît qu'il est fils de Pierre Guillot du Dousset, éc., s^r du Puy, et de dame Marie Durousseau, en date du 5 août 1663, délivré le 14 décembre 1714 par Theveny, curé de Cussac, légalisé par Rebière, sénéchal de la châtellenie de Crosnière, contrôlé à Poitiers le 29 mars 1715 par Legrand.

Trois extraits de baptême, le 1er de René Guillot du Dousset, du 26 juillet 1664, le 2e de Jean Guillot du Dousset, du 11 octobre 1665, le 3e de Charles Guillot du Dousset, du 2 avril 1671, par lesquels il paraît qu'ils sont aussi enfants de Pierre Guillot du Dousset, dénommé dans l'ordonnance ci-dessus, et de dame Marie Durousseau, délivrés le 14 décembre 1714 par Theveny, curé de Cussac, légalisés et contrôlés comme le précédent.

Ordonnance : Maintenus comme nobles et écuyers, le 31 mars 1715, signé : de Richebourg.

27

Poitiers

René et André de GUIGNARD, éc^rs, s^rs de la Salle.

Pièces justificatives : Ordonnance de M. de Barentin en faveur de Jacques de Guignard, éc., s^r de la Salle, par laquelle il est maintenu dans la qualité de noble et écuyer, en date du 15 mars 1669. Dans le vu des pièces est énoncé le contrat de mariage de René de Guignard, éc., avec d^lle Renée Caillet.

Ordonnance de M. de Maupeou en faveur de Jacques de Guignard, éc., s^r de la Salle, par laquelle il est de même maintenu dans la qualité de noble et écuyer, en date du 10 août 1697.

Contrat du partage des biens de René de Guignard et de dame Renée Caillet entre Jacques, André, Charlotte et Renée-Anne de Guignard, leurs enfants, par lequel il paraît que Jacques, comme aîné, a eu les préciputs et avantages de la Coutume, en date du 17 mai 1675, signé Goujard, n^re.

Contrat de mariage d'André de Guignard, éc., s^r de la Salle, avec dame Catherine Geay, par lequel il paraît qu'il est fils de René de Guignard, chev., s^gr des Champs et de la Salle-Guibert, et de dame Renée Caillet, du 16 août 1673, signé Depoys, n^re.

Contrat du partage des biens de Jacques de Guignard, maintenu dans les ordonnances ci-dessus, et d'André de Guignard, éc., s^r de la Salle, entre René, Louis, André, Catherine et Marie de Guignard, tous frères et sœurs, enfants d'André de Guignard, et neveux de Jacques, par lequel il paraît que René, comme aîné, a eu les préciputs et avantages de la Coutume, en date du 18 décembre 1702, signé Depoys et Gougeard, n^res.

Contrat de mariage d'André de Guignard, éc., s^r de Champeaux, avec d^lle Marie Pavin, par lequel il paraît qu'il est fils d'André de Guignard ci-dessus et de Catherine Geay, en date du 28 janvier 1710, signé Desages, n^re.

Ordonnance : Maintenus comme nobles et écuyers, le 16 avril 1715, signé : de Richebourg.

Marc GUYOT, éc., s^gr de la Gillardie,

Étienne GUYOT, éc., s^r de Saint-Quantin, capitaine d'infanterie au régiment de la Fère, chevalier de l'ordre militaire de Saint-Louis, son fils,

Marie GUYOT, demoiselle, fille dudit Marc.

Pièces justificatives : Contrat de mariage de Marc Guyot, éc., s^r de la Gillardie, avec d^lle Françoise Dansais, veuve d'Antoine Naude, par lequel il paraît qu'il est fils de feu Fiacre Guyot, éc., s^r de Saint-Quantin, et de dame Françoise de Grandseigne, en date du 13 juin 1679, signé Leroy, n^re.

Transaction en forme de partage des biens dudit Fiacre Guyot, éc., s^r de Saint-Quantin, et de Françoise de Grandseigne, sa femme, entre Etienne Guyot, chev., s^gr du Doignon et de Saint-Quantin, Paul Guyot, éc., s^r de Saint-Paul du Doignon, Jeanne Guyot, Catherine Guyot, Jacques Guyot, éc., s^r de la Faye, Marc Guyot, éc., s^r de la Gillardie, et Agathe Guyot, leurs enfants, par laquelle il paraît qu'Etienne Guyot, comme aîné, a eu les préciputs et avantages de la Coutume, en date du 14 décembre 1688, signé Duval, n^re.

Ordonnance de M. de Richebourg en faveur d'Etienne Guyot, éc., s^r du Doignon, Paul Guyot, éc., s^r de Saint-Paul, Henri Guyot, éc., s^r de Saint-Quantin, Mathieu Guyot, éc., s^r du Doignon, et Marc Guyot, éc., s^r de la Faye, par laquelle ils sont maintenus dans la qualité de nobles et écuyers, en date du 2 février 1715. (Voir G 5 ci-dessus.)

Deux extraits de baptême, le 1er d'Etienne Guyot, du 1er mai 1680, le 2e de Marie Guyot, du 19 mars 1681, par lesquels il paraît qu'ils sont enfants de Marc Guyot, éc., s^r de la Gillardie, et de dame Françoise Dansais, délivrés le 2 avril 1715 par Chaigneau, prieur-curé de l'Isle-Jourdain, contrôlés le même jour à Bourpeil par Patharin.

Ordonnance : Maintenus comme nobles, écuyers, et fille de gentilhomme, le 17 avril 1715, signé : de Richebourg.

29

Thouars

Joseph GUERRY, éc., s^r de la Jarrie, demeurant paroisse de Saint-André-sur-Sèvre.

Pièces justificatives : Ordonnance de M. de Barentin en faveur de Jacques Guerry, éc., s^r du Plessis-Chastière, par laquelle il est maintenu dans la qualité de noble et écuyer, en date du 9 août 1667.

Contrat de mariage de Joseph Guerry, éc, s^r du Plessis-Chastière, avec d^lle Marie-Anne de Gassoing, par lequel il paraît qu'il est fils de Jacques Guerry ci-dessus et de dame Marguerite Mourain, en date du 5 février 1710, signé Bouhier et Regnaudeau, n^res.

Dire du produisant : Jacques de Guerry, maintenu par M. de Barentin, a été aussi maintenu par ordonnance de M. de Maupeou, du 2 mai 1699.

Ordonnance : Maintenu comme noble et écuyer, le 19 avril 1715, signé : de Richebourg.

André-Bernard GARIPAULT, éc., s^r de la Mainaudière.   30

Pièces justificatives : Contrat de mariage de Jean Garipault, éc., s^r de la Mainaudière, avec d^lle Elisabeth des Francs, par lequel il paraît qu'il est fils d'André Garipault, chev., s^gr de Ligné, et de dame Marie Brunet, en date du 1er janvier 1681, signé Parenteau et Chatenaire, n^res à Fontenay.   *Fontenay*

Ordonnance de M. de Maupeou en faveur de Jean Garipault, éc., s^r de la Mainaudière, par laquelle il est maintenu en sa noblesse, en date du 16 août 1700.

Extrait de baptême d'André-Bernard Garipault, par lequel il paraît qu'il est fils de Jean Garipault, éc., s^r de la Mainaudière, et de dame Elisabeth des Francs, en date du 4 janvier 1682, délivré le 13 février 1715 par Hugueteau-Martinière, curé de Fontenay, légalisé par le s^r Moriceau de Cheusse, sénéchal et subdélégué à Fontenay, contrôlé à Poitiers le 26 avril 1715 par Legrand.

Dire du procureur du traitant : Jean Garipault, confirmé par M. de Maupeou, avait acquis des lettres de noblesse.

Ordonnance : Maintenu comme noble et écuyer, le 27 avril 1715, signé : de Richebourg.

Jean-François GUYOT (*alias* Guiot), chev., s^gr d'Asnières.   31

Pièces justificatives : Ordonnance de M. de Barentin en faveur de   *Poitiers*

Mathieu Guyot, éc., sʳ d'Asnières et de Saint-Barban, et Etienne Guyot, éc., sʳ du Doignon, par laquelle ils sont maintenus dans la qualité de nobles et écuyers, en date du 7 septembre 1667. Dans le vu des pièces est énoncé le contrat de mariage de Mathieu Guyot, éc., sʳ d'Asnières, avec Marthe Barton.

Contrat de mariage de Jean Guyot, éc., sʳ d'Asnières, avec d^lle Marguerite d'Asnières, par lequel il paraît qu'il est fils de Mathieu Guyot ci-dessus et de dame Marie Barton, en date du 24 octobre 1666, signé Javerlhat, nʳᵒ.

Contrat de mariage de Jean-François Guyot, chev., sᵍʳ d'Asnières, avec d^lle Marie de la Ramière, par lequel il paraît qu'il est fils de Jean Guyot ci-dessus et de Marguerite d'Asnières, en date du 28 janvier 1690, signé Duchampaigne et Duthoury, nʳᵉˢ.

Ordonnance : **Maintenu comme noble et écuyer, le 27 avril 1715, signé : de Richebourg.**

32

Poitiers

Louis-Charles GUYON, éc., sʳ de la Chevallerie, colonel d'infanterie, commandant pour le roi en la ville et citadelle du Pont-Saint-Esprit en Languedoc,

Gilbert, Jules et François-Louis GUYON, écʳˢ, ses frères.

Pièces justificatives : Contrat de mariage de Joseph Guyon, éc., sᵍʳ de Vattre, avec Suzanne Cardinault, par lequel il paraît qu'il est fils de Pierre Guyon, éc., sᵍʳ de Vattre, et de Jeanne Viette, en date du 24 avril 1590, signé Manceau.

Contrat de mariage de Pierre Guyon, éc., sᵍʳ de Vattre, avec d^lle Suzanne Constant, par lequel il paraît qu'il est fils de Joseph Guyon ci-dessus et de Suzanne Cardinault, en date du 23 janvier 1614, signé Gautier, nʳᵉ.

Acte d'une donation mutuelle faite entre Pierre Guyon, éc., sʳ de Vattre, et d^lle Suzanne Constant, son épouse, en date du 21 février 1615, signé Leberthon, nʳᵉ.

Contrat de mariage de Jean Guyon, éc., sʳ de la Chevallerie, avec d^lle Marguerite-Thérèse Frogier, par lequel il paraît qu'il est fils de Pierre Guyon, éc., s‍r de Vattre, cons‍er du roi, pair et échevin de la maison commune de Poitiers, et de d‍lle Suzanne Constant, du 22 avril 1661, signé Cailler et Berthoneau, n‍res.

Contrat du partage des biens de Pierre Guyon, éc., s‍r de Vattre, et de d‍lle Suzanne Constant, entre Jean Guyon, éc., s‍r de la Chevallerie, Louis Guyon, abbé de Notre-Dame-la-Grande de Poitiers, Joseph Guyon, éc., s‍r de Sauvemont, René Guyon, éc., s‍r des Touches, et François Guyon, éc., s‍r de la Torchaise, leurs enfants, par lequel il paraît que Jean Guyon, s‍r de la Chevallerie, en qualité d'aîné, a eu les préciputs et avantages de la Coutume, en date du 18 décembre 1669, signé Rullier et Royer, n‍res.

Contrat de mariage de Louis-Charles Guyon, chev., s‍gr de la Chevallerie, avec d‍lle Marguerite Pinyot, par lequel il paraît qu'il est fils de Jean Guyon, éc., s‍gr de la Chevallerie, et de Marguerite-Thérèse Frogier, en date du 20 avril 1699, signé Baschard, n‍re.

Arrêt du Conseil d'Etat du roi, intervenu sur requête en faveur de Louis-Charles Guyon, éc., s‍r de la Chevallerie, et de Marie-Thérèse Frogier, sa mère, par lequel ils sont déchargés d'une taxe sur eux faite en conséquence des édits des mois de novembre 1706 et mai 1707, en date du 15 octobre 1709, signé Ranchin.

Acte sous signature privée du partage des biens de Jean Guyon, chev., s‍gr de la Chevallerie, et de Marguerite-Thérèse Frogier, entre Louis-Charles Guyon, chev., s‍gr de la Chevallerie et des Piliers, Gilbert Guyon, chev., s‍gr de la Roche-Guyon, commandeur de l'ordre de Notre-Dame de Mont-Carmel et Saint-Lazare, Jules Guyon, éc., s‍r de Vattre, François-Louis Guyon, chev., s‍gr de Pontlevoye, et Françoise-Thérèse Guyon, leurs enfants, par lequel il paraît que Louis-Charles Guyon, en qualité d'aîné, a eu les préciputs et avantages de la Coutume, en date du 22 janvier 1712, signé des parties et de Normand, procureur pour avis et ami commun des parties.

Ordonnance : **Maintenus comme nobles et écuyers,** le 2 mai 1715, signé : de Richebourg.

33

Châtellerault

Michel GRIMAULT, éc., s^r des Grenouillères.

Pièces justificatives : Inventaire fait devant M. Voysin de la Noiraye, intendant de la Généralité de Tours, des titres justificatifs de la noblesse de Roland Grimault, éc., s^r de Liaigue, au pied duquel est l'ordonnance portant acte de la représentation desdits titres, pour y avoir égard lors de la confection du catalogue des gentilshommes, en date du 15 août 1668. Audit inventaire est énoncé le contrat de mariage dudit Roland Grimault avec d^{lle} Françoise Lebault.

Contrat de mariage de Michel Grimault, éc., s^r des Grenouillères, avec d^{lle} Françoise de Mars, par lequel il paraît qu'il est fils de Roland Grimault, dénommé dans l'ordonnance ci-dessus, et de dame Françoise Lebault, du 13 mars 1691, signé Aubert et Condonneau, n^{res}.

Ordonnance : Maintenu comme noble et écuyer, le 6 mai 1715, signé : de Richebourg.

34

Charles GIRON DE BESSAY, éc., s^{gr} de Châteauvieux.

Pièces justificatives : Contrat de mariage de Giron de Bessay, éc., s^{gr} dudit lieu et de la Coutancière, avec d^{lle} Renée de Machecoul, en date du 22 mars 1559, signé Rouvreau et Barey-Nozé, n^{res}.

Contrat de mariage de Giron de Bessay, éc., s^r de la Rançonnière, avec d^{lle} Gaye de Roussaye, par lequel il paraît qu'il est fils de Giron de Bessay ci-dessus et de Renée de Machecoul, en date du 6 avril 1606, signé Normandin, n^{re}.

Contrat de mariage de Giron de Bessay, chev., s^{gr} de Châteauvieux, avec d^{lle} Louise de la Forest, par lequel il paraît qu'il est fils de Giron de Bessay, chev., s^{gr} des Granges, et de dame Gaye de Roussaye, en date du 21 août 1652, signé Berton, n^{re}.

Contrat de mariage de Charles Giron de Bessay, éc., s^{gr} de Châteauvieux, avec d^{lle} Marie Neau, par lequel il paraît qu'il est fils de Giron de Bessay ci-dessus et de d^{lle} Louise de la Forest, en date du 3 février 1683, signé Babin, n^{re}.

Ordonnance : Maintenu comme noble et écuyer, le 10 mai 1715, signé : de Richebourg.

Marie-Anne-Judith Sajot, veuve de Louis-Charles de GOUÉ, éc., s^r du Marchais, 35

Louis-Abimélec, Charles, Joseph-René de GOUÉ, ses enfants.   *Mauléon*

Pièces justificatives : Arrêt du Conseil d'Etat du roi, intervenu sur l'appel interjeté d'une ordonnance de M. de Barentin, du 6 août 1667, qui déclarait David de Goué, s^r du Marchais, usurpateur du titre de noblesse, et le condamnait à l'amende de mille livres, par lequel ledit David de Goué est maintenu dans la qualité de noble, en date du 30 juillet 1668, signé Berryer.

Contrat de mariage de Louis-Charles de Goué, éc., s^r du Marchais, avec d^{lle} Marie-Anne-Judith Sajot, par lequel il paraît qu'il est fils de David de Goué, dénommé dans l'arrêt ci-dessus, et de dame Marie Lévesque, en date du 30 juillet 1679, signé Desmortiers et Girard, n^{res}.

Acte de tutelle de Louis-Abimélec, Charles, Joseph-René, Judith-Aimée, Charlotte, Marie et Angélique de Goué, fait devant le juge de la châtellenie de Vieillevigne, par lequel il paraît qu'ils sont tous enfants de Louis-Charles de Goué, éc., s^r du Marchais, et de Marie-Anne-Judith Sajot, en date du 24 avril 1697, signé Gariou, greffier.

Ordonnance : Maintenus comme nobles, écuyers, veuve de noble, le 15 mai 1715, signé : de Richebourg.

Jean-Baptiste GRIMOUARD, éc., s^{gr} de Saint-Laurent,   36 a
Marie GRIMOUARD, demoiselle, sa sœur,
Marie Gourde, veuve de François-Gabriel GRIMOUARD, éc., s^{gr} de la Loge, tant en son nom que comme tutrice de ses enfants.   *Fontenay*

Pièces justificatives : Ordonnance de M. Doujat, intendant de Poitou, en faveur de Jean-Baptiste Grimouard, éc., s^r de Saint-

Laurent, Marie Grimouard et François-Gabriel Grimouard, frères et sœur, par laquelle ils sont maintenus dans la qualité de nobles et écuyers, en date du 30 janvier 1706.

Contrat de mariage de François-Gabriel Grimouard, éc., s^{gr} de la Loge, avec d^{lle} Marie Gourde, en date du 20 février 1700, signé Baslard, n^{re}.

Ordonnance : Ordonne leur inscription au catalogue des nobles, le 17 mai 1715, signé : de Richebourg.

---

36 b

Fontenay et Thouars

Jacques-Joseph GRIMOUARD, chev., s^{gr} du Perré-Coulonge,

René GRIMOUARD, éc., s^{gr} de la Timallière,

François GRIMOUARD, éc., lieutenant d'artillerie,

Henri GRIMOUARD, éc., s^{gr} de Vaigne, commissaire provincial d'artillerie,

Geoffroy GRIMOUARD, éc., s^{gr} de la Garrelière, commissaire provincial d'artillerie.

Marie GRIMOUARD, d^{lle} du Perré,
 tous frères et sœur.

Pièces justificatives : Ordonnance de M. de Barentin en faveur de Jacques Grimouard, éc., s^{r} du Perré, et de Jean Grimouard, éc., s^{gr} de Villefort, par laquelle ils sont maintenus dans la qualité de nobles et écuyers, du 12 août 1667. Des pièces y énoncées il appert que ledit Jacques était fils de Geoffroy Grimouard et de Jeanne Dupont, et qu'il avait épousé en secondes noces d^{lle} Marie de Sainte-Marthe.

Contrat de mariage (en premières noces) de Jacques Grimouard, chev., s^{gr} du Perré, avec d^{lle} Justine Mothais, par lequel il paraît qu'il est fils de Geoffroy Grimouard, chev., s^{gr} du Perré, et de dame Jeanne Dupont, en date du 27 septembre 1650, signé Gaultier et Roy, n^{res}.

Contrat de mariage de Jacques-Joseph Grimouard, chev., s^{gr} du Perré, avec d^{lle} Charlotte Guischard, par lequel il paraît qu'il est fils de Jacques Grimouard ci-dessus et de dame Justine Mothais, en date du 1ᵉʳ mars 1688, signé Chiquet et Poirault, nʳᵉˢ.

Contrat du partage des biens de Jacques Grimouard, dénommé dans l'ordonnance ci-dessus, entre Jacques-Joseph Grimouard, chev., sᵍʳ du Perré, René Grimouard, chev., sᵍʳ de la Timallière, ses enfants issus de son 1ᵉʳ mariage avec Justine Mothais, François Grimouard, chev., Henri Grimouard, éc., sᵍʳ de Vaigne, Geoffroy Grimouard, éc., sᵍʳ de la Garrelière, et dˡˡᵉ Marie Grimouard, ses enfants issus de son 2ᵉ mariage avec Marie de Sainte-Marthe, par lequel il paraît que Jacques-Joseph Grimouard, comme aîné, a eu les préciputs et avantages de la Coutume, en date du 21 juin 1690, signé Reau et Espron, nʳᵉˢ.

Trois extraits de baptême, le 1ᵉʳ de Renée-Marguerite Grimouard, du 4 août 1691, le 2ᵉ de Gabrielle-Anne Grimouard, du 27 septembre 1696, le 3ᵉ de Jacques Grimouard, du 7 septembre 1697, par lesquels il paraît qu'ils sont enfants de Jacques-Joseph Grimouard, chev., sᵍʳ du Perré, et de dame Charlotte Guischard, délivrés le 9 mai 1715 par de Lestang, prieur de Coulonges-les-Royaux, légalisés le même jour par Cochon, sénéchal dudit lieu, contrôlés à Poitiers par Legrand.

Ordonnance : Maintenus comme nobles, écuyers, et demoiselle, le 17 mai 1715, signé : de Richebourg.

Louis GUILLOTIN, éc., sʳ de Grolleau, paroisse d'Asnière.

Pièces justificatives : Ordonnance de M. de Maupeou en faveur de Louis Guillotin, éc., sʳ du Bouchet, et dame Marie-Renée Gigou, veuve de Louis Guillotin, éc., sᵍʳ de Grolleau, par laquelle ils sont déchargés de l'assignation à eux donnée à la requête de Guérin, au lieu duquel est substitué le sʳ Ferrand, en conséquence maintenus dans leur noblesse, en date du 31 mai 1699.

Contrat de mariage de Louis Guillotin, éc., sʳ de Grolleau, avec dˡˡᵉ Angélique Simon, par lequel il paraît qu'il est fils de Louis Guillotin, éc., et de dame Marie-Renée Gigou, dénommée dans l'ordonnance ci-dessus, en date du 20 août 1714, signé Roy et Tastereau, n^res à Saint-Maixent.

Ordonnance : **Maintenu comme noble et écuyer, le 21 mai 1715, signé : de Richebourg.**

38

Poitiers

Gabriel des GITTONS, éc., s^r de Serzé,
Gabrielle Gaudin, veuve de François des GITTONS, éc., s^r de Vérine.

Pièces justificatives : Contrat de mariage de François des Gittons, éc., s^r de Vérine, avec d^lle Gabrielle Gaudin, par lequel il paraît qu'il est fils de Gabriel des Gittons, éc., s^r de la Baronnière, et de d^lle Angélique Dexmier, en date du 18 février 1651, signé Fournier, n^re.

Ordonnance de M. de Barentin en faveur de Gabriel des Gittons, éc., s^r de la Baronnière, François des Gittons, éc., s^r de Vérine, et Benjamin des Gittons, éc., s^r de Messé, par laquelle ils sont maintenus dans la qualité de nobles et écuyers, en date du 10 décembre 1667.

Contrat de mariage de Benjamin des Gittons, éc., s^r de Messé, avec d^lle Renée de Céris, par lequel il paraît qu'il est fils de Gabriel des Gittons, dénommé en l'ordonnance ci-dessus, et de d^lle Angélique Dexmier, en date du 19 janvier 1665, signé Suyre, n^re.

Lettres bénéficiaires expédiées en chancellerie en faveur de Gabriel des Gittons, au sujet de la succession ouverte de Renée de Céris, sa mère, à la réquisition de Benjamin des Gittons, son père, en date du 3 mars 1674, signé, Par le Conseil, de la Vallée.

Sentence des s^rs officiers du siège royal de Civray, portant entérinement desdites lettres, en date du 6 avril 1674, signé Brun, commis-greffier.

Ordonnance : **Maintenus comme nobles, écuyer, et veuve de noble, le 26 mai 1715, signé : de Richebourg.**

Léon GOURDEAU, éc., s^gr du Rozais, 39
Victor GOURDEAU, éc., s^gr de Longesve,
Paul GOURDEAU, éc., *Fontenay*
René GOURDEAU, éc.

Pièce justificative : Ordonnance de M. de Maupeou en faveur de Léon Gourdeau, éc., s^r du Rozais, Victor Gourdeau, éc., s^r de Longesve, Paul Gourdeau, éc., et René Gourdeau, éc., par laquelle ils sont déchargés des assignations à eux données à la requête de Guérin, au lieu duquel est substitué le s^r Ferrand, en conséquence maintenus dans la qualité de nobles et écuyers, en date du 21 août 1700.

Ordonnance : Ordonne leur inscription au catalogue des nobles, le 28 mai 1715, signé : de Richebourg.

Julie Gourdeau, veuve de Léon GOURDEAU, chev., s^gr de 40
la Groisardière,
Henri-Léon GOURDEAU, éc., s^gr d'Avaud, son fils, *Fontenay*
Daniel-Hélie, Alexandre-Pierre, Claude-Françoise, Julie-Henriette, Marie-Israélite et Marie-Honorée GOURDEAU, tous frères et sœurs.

Pièces justificatives : Ordonnance de M. de Maupeou en faveur de Léon Gourdeau, éc., s^r de Rozais, Victor Gourdeau, éc., s^r de Longesve, Paul et René Gourdeau, éc^rs, par laquelle ils sont déchargés de l'assignation à eux donnée à la requête de Guérin, au lieu duquel est substitué le s^r Ferrand, en conséquence maintenus dans la qualité de nobles et écuyers, en date du 21 août 1700. Dans le vu des pièces est énoncé le contrat de mariage de Léon Gourdeau, éc., s^gr de Saint-Vincent, d'Avaud et de Rozais, avec d^lle Marie de Laspais, par lequel il paraît qu'il est fils de René Gourdeau, éc., s^gr d'Avaud, et de dame Françoise Gazeau.

Contrat du partage des biens de René Gourdeau, éc., s^r d'Avaud, et de Louis Gourdeau, son fils, entre Pierre Mauclerc, chev., s^gr de la Ferté, au nom et comme protuteur des enfants mineurs de Daniel Gourdeau, chev., s^{gr} du Rozais, et de dame Céleste Gourdeau, son épouse, à présent femme dudit s^r Pierre Mauclerc de la Ferté, Léon Gourdeau, chev., s^{gr} de la Groisardière, d^{lle} Françoise Gourdeau, dame d'Avaud, Paul Gourdeau, chev., et autres, par lequel il paraît que ledit Léon Gourdeau, s^r de la Groisardière, est fils de Léon Gourdeau, s^r d'Avaud, qui l'était lui-même de René Gourdeau ci-dessus, et que les enfants dudit Daniel Gourdeau, en qualité d'aîné, ont eu les préciputs et avantages de la Coutume, en date du 2 juillet 1675, passé par-devant le sénéchal de la baronnie des Essarts, signé Mesnard, commis-greffier.

Contrat de mariage de Léon Gourdeau, chev., s^{gr} de la Groisardière, avec d^{lle} Julie Gourdeau, par lequel il paraît qu'il est fils de Léon Gourdeau, chev., s^{gr} d'Avaud, et de dame Marie de Laspais, en date du 10 décembre 1677, signé Brethé et Masseau, n^{res} de la baronnie de la Lande et des châtellenies de la Chapelle-Thémer et Bodes.

Contrat de mariage d'Henri-Léon Gourdeau, chev., s^{gr} d'Avaud et des Rozais, avec d^{lle} Marie-Anne Masson de la Perray, par lequel il paraît qu'il est fils de feu Léon Gourdeau ci-dessus et de dame Julie Gourdeau, en date du 28 mai 1710, signé Daniaud et Fayault, n^{res} de la principauté-pairie de la Roche-sur-Yon.

Six extraits de baptême, le 1er de Daniel-Hélie Gourdeau, du 2 avril 1687, le 2e de Claude-Françoise Gourdeau, du 12 décembre 1689, le 3e de Julie-Henriette Gourdeau, du 23 novembre 1693, le 4e de Marie-Israélite Gourdeau, du 13 décembre 1694, le 5e d'Alexandre-Pierre Gourdeau, du 24 avril 1696, le 6e de Marie-Honorée Gourdeau, du 8 janvier 1700, par lesquels il paraît qu'ils sont tous enfants de Léon Gourdeau, éc., s^r de la Groisardière, et de dame Julie Gourdeau, délivrés le 3 et le 6 avril 1715, signés Fumoleau, curé de la Roche-sur-Yon, et Fourny, prieur des Chapelets, légalisés, contrôlés à Poitiers le 22 mai 1715 par Legrand.

Ordonnance : Maintenus comme nobles, écuyers, demoiselles, et veuve de noble, le 28 mai 1715, signé : de Richebourg.

François de GRANGES DE SURGÈRES, chev., sᵍʳ marquis de Puyguyon, lieutenant-général des armées du roi,

Gilles-Charles de GRANGES DE SURGÈRES, chev., sᵍʳ marquis de la Flocellière, capitaine des vaisseaux du roi,

Samuel de GRANGES DE SURGÈRES, éc., sᵍʳ de la Fouchardière,

Anne-Renée de GRANGES DE SURGÈRES, dˡˡᵉ de Puyguyon.

Pièces justificatives [1] : Comme les armoiries sont une des marques de la véritable noblesse, ils les rapportent avec les preuves d'icelles et déclarent que c'était un échiquier, lequel, lors de la création de la chevalerie de la Genette, fut chargé de vair, qui a fait leurs armoiries qu'on blasonnait anciennement : *de gueules fretté d'argent et d'azur, de deux en trois et de trois en deux*, ainsi qu'elles sont blasonnées dans l'acte du 25 mai de l'an 1378 rapporté ci-après dans la généalogie ; depuis, on les blasonne : *de gueules fretté de vair*, et les cadets y ajoutent un chef d'or chargé d'un lambel à trois pendants de sable, avec la devise : *Post tenebras spero lucem*, et des faucons chaperonnés pour supports, et pour cimier le devant de la genette. Pour preuves ils produisent :

* Une charte d'un don fait par Madame Agnès, femme de monsire Pere Chabot de Genoillé, chev., passé au mois de mars avant la fête de l'Annonciation de l'an 1277, scellée de deux sceaux dont l'un est de noble homme monsire Guillaume

---

1. Le nombre de ces documents est si considérable que nous avons dû nous départir de notre méthode habituelle, et au lieu de diviser sous plusieurs rubriques les pièces produites et les dires des intéressés, nous donnons, pour plus de clarté, une copie de l'inventaire fourni par ceux-ci, travail qui a été rédigé avec beaucoup de soin. Nous avons seulement marqué d'un astérisque les pièces visées par le procureur du roi.

Ce fut à la suite de la production faite devant M. de Richebourg que la famille de Granges de Surgères fit composer par Louis Vialart, prêtre, prieur de Montournois, l'*Histoire généalogique de la maison de Surgères en Poitou*, qui parut en 1747 chez Jacques Chardon, à Paris, in-folio avec blasons.

Maingot, chev., sire de Surgères, sur lequel sceau est d'un côté le fretté de vair et au contre-scel l'échiquier avec un écriteau autour.

* Autre acte en latin d'une vente faite à M. Hugue de Surgères, chev., s^{gr} de la Bougraigne, au mois de mars avant la fête de l'Annonciation de l'an 1283, laquelle vente est scellée du sceau de noble homme monsire Hugue de Surgères, valet, sur lequel sceau est le fretté de vair et au contre-scel l'échiquier avec une fleur de lys de chaque côté.

* Autre acte de vente faite à monsire Hugue de Surgères, chev., s^{gr} de la Bougraigne, le samedi avant les roraisons de l'an 1293, scellé du sceau de noble homme monsire Hugue, sire de Surgères, sur lequel est le fretté de vair et au contre-scel l'échiquier.

* Traité sur un procès entre Etienne Brehons et Perrot Neyrant, passé le dimanche avant la Saint-Jean-Baptiste de l'an 1326, signé . . . . . et scellé du sceau de noble homme Guy de Surgères, sire de la Flocellière, qui a d'un côté le fretté de vair avec une fleur de lys au coin et au contre-scel l'échiquier.

* Traité entre nobles et puissants Monsieur et Madame de Laval et Monsieur Jacques de Surgères le 4 février 1382, scellé de trois sceaux dont l'un est rompu, le second est de Laval, et le troisième de Surgères avec le devant d'une genette pour cimier.

* Hommage rendu à la dame comtesse de Penthièvre, vicomtesse de Limoges, par Jacques de Surgères, chev., s^{gr} de la Flocellière, le 26 novembre 1412, signé et scellé du sceau dudit Jacques où est le fretté de vair avec une genette pour support et le devant pour cimier.

* Autre hommage à la même dame, du même jour et an, par le même Jacques, signé et scellé du même sceau avec les mêmes supports et cimier.

* Contrat de mariage de Bertrand de Dinan, frère de Robert, s^{gr} de Châteaubriant, avec d^{lle} Marie de Surgères, fille de noble et puissant messire Jacques de Surgères, s^{gr} de la Flocellière, du 25 juillet 1426, signé de deux seings et scellé du sceau de Surgères où est d'un côté le fretté de vair et au contre-scel l'échiquier.

* Aveu rendu par Estanchea à très noble et puissant s^{gr} Jacques de Surgères le 10 septembre 1445, signé Valin et scellé du sceau de Surgères où est d'un côté le fretté de vair et au contre-scel l'échiquier.

* Transaction entre noble et puissant s^{gr} Jacques de Surgères, s^{gr} de la Flocellière, et frère Jean Vincent, prieur-curé du Chastelier, du 3 avril 1452, signée Le Doux et Guillebaut, scellée de trois sceaux, l'un de l'abbé de Mauléon, l'autre du seigneur de Mauléon, et l'autre du seigneur de la Flocellière, auquel il y a d'un côté le fretté de vair et au contre-scel l'échiquier.

* Consentement de Jacques de Surgères, chev., s^{gr} de la Flocellière, à un particulier, Jean Le Doux, pour une fondation, donné le 17 novembre 1463, signé J. de Surgères et Recoquillon, et scellé du sceau de Surgères où est le fretté de vair avec les genettes pour supports et cimier.

* Hommage rendu par très noble et puissant seigneur Monseigneur messire Jacques de Surgères, chev., s^{gr} de la Flocellière, à très noble et puissante dame Madame de Laigle, le 2 mars 1474, signé Chasteau, Bonin et autres, et scellé de deux sceaux, l'un rompu, et l'autre de Surgères, où est le fretté de vair et au contre-scel l'échiquier.

* Procuration de Jacques de Puiguion, éc., s^{gr} dudit lieu, et de d^{lle} Marguerite Amaynard, sa femme, du 6 mai 1505, signée Corteteau et scellée du sceau de Surgères où est d'un côté le fretté de vair et au contre-scel l'échiquier.

Hommage rendu à dame Renée de Surgères le 8 juin 1523, signé Bodineau et scellé du sceau de Surgères où est d'un côté le fretté de vair et au contre-scel l'échiquier.

* Hommage rendu à Péan de Brie, s^{gr} de Ferrand, à cause de Renée de Surgères, sa femme, dame de la Flocellière, du 4 juin 1539, signé Rigaudeau et Turcet, scellé du sceau de Surgères, où est d'un côté le fretté de vair et de l'autre l'échiquier.

* Certificat du dernier février 1715, signé du prêtre servant la cure de Cerizay, de plusieurs paroissiens et notaires et du sénéchal juge dudit lieu, dans lequel est dit qu'il y a au dedans de l'église une ceinture d'armoiries et qu'il y est écrit ceci : Sont les armoiries des seigneurs de Surgères issus des anciens comtes de Poitou.

* Autre certificat du 30 mars 1715, signé de Morain et Joubert, notaires, et du seigneur de Monfernier et de Blactot, sénéchal, et autres, par lequel est dit que les armoiries des seigneurs de Granges, qui sont un fretté de vair avec un chef chargé d'un lambel à trois pendants, sont dans la pierre au-dessus des portes, croisées et voûtes du château de Monfernier, et que la tradition du pays est qu'il a été bâti par les seigneurs de Granges et qu'ils sont issus de la maison de Surgères.

* Autre certificat du 2 avril 1715, signé Durand et Gautroneau, notaires royaux, et des prieur et vicaire de la paroisse de la Flocellière, dans lequel il est dit qu'il y a un écusson fait en triangle dans la pierre au-dessus d'une porte du vieux corps de logis du château de la Flocellière, où il y a un fretté de vair au-dessus duquel il y a le devant d'une genette pour cimier.

* Autre certificat du 4 avril 1715, signé Goular et Jariaux, notaires royaux, du curé de la paroisse, du juge du lieu et de sept autres témoins, où il est dit qu'au-dessus d'une des principales portes du château de la Gord, paroisse de Saint-Cray[1], il y a un écusson des armoiries de la maison de Granges, qui est un fretté de vair chargé d'un chef d'or à un lambel à trois pendants, avec un écriteau où est écrit : *Post tenebras spero lucem*, et deux faucons chaperonnés pour supports, et pareilles armoiries au-dessus de la grande porte de la grande cour.

Suit la production des titres, et disent qu'autrefois leurs aînés prenaient le nom de Maingot, que l'on croit être un sobriquet qu'ils avaient avant qu'il y eût des noms fixes en France. Ils en pourraient citer plusieurs sous ce nom de Maingot, qui vivaient dans les VIIIe, IXe et Xe siècles, mais ils commencent à citer par Guillaume, sire de Surgères, dit Maingot, et continuent jusqu'à Loys de Granges, sans produire aucuns actes, d'autant qu'ils allèguent que de ces anciens temps on ne

---

1. Xaintray, commune du canton de Champdeniers (Deux-Sèvres).

trouve ni contrats de mariage ni partages et que l'on ne peut se rapporter qu'aux chartes qui sont dans les abbayes et monastères, et celles qu'ils citent sont reconnues par Messieurs Duchesne et Besly, auteurs approuvés.

Dont la première est un don fait à l'abbaye de Saint-Jean-d'Angély par Agnès, femme de Guillaume, comte de Poitou, au mois de février de l'an 1027, la 40ᵉ année du règne du roi Robert, où Guillaume de Surgères a signé.

Dans le tabulaire de Saint-Jean-d'Angély, il y a un bref ou rescrit du pape Jean XIX, donné l'an 1031, adressé aux archevêques et évêques des Gaules et à Guillaume, duc d'Aquitaine, et à Guillaume de Surgères.

Au tabulaire de Saint-Jean-d'Angély, il y a une charte passée en 1039, dans laquelle Guillaume, duc d'Aquitaine, a signé, et Hugue de Surgères, et Constantin, et Ramnulfe.

Au tabulaire de Saint-Cyprien de Poitiers, il y a une charte pour un don qu'Hugues de Surgères approuva comme seigneur de l'île de Cordal, qui est l'île de Cordeaux [1], près Fontenay, l'an 1060, au temps que le comte de Poitou prit Barbaste [2] et du temps de Constantin, abbé de Saint-Cyprien.

Au tabulaire de Vendôme, chapitre 193, il est dit que le duc d'Aquitaine, étant au château de Surgères le dernier dimanche d'octobre de l'an 1068, restitua à l'abbaye, et la charte est signée du duc et de Hugue de Surgères.

Au tabulaire de Saint-Hilaire de Poitiers, chapitre 63, est l'acte de 1073, par lequel Geoffroy, duc d'Aquitaine, le clergé et les nobles approuvèrent la constitution du pape Grégoire VII pour empêcher qu'il ne fût reçu aucun chanoine à Saint-Hilaire de Poitiers qui fût fils de prêtre ou bâtard, et Hugue de Surgères a signé le premier des laïques.

Au prieuré de Saint-Gilles de Surgères, à présent couvent de Minimes, il y a la charte passée l'an 1083, par laquelle Guillaume, duc d'Aquitaine, donne un hôpital et des fiefs,

---

1. Courdault, ancienne paroisse, commune de Bouillé-Courdault (Vendée).
2. Balbastro, ville d'Aragon en Espagne.

terres et dîmes audit prieuré pour faire l'hospitalité, et il charge Guillaume et Constantin de Surgères d'en être les protecteurs et défenseurs, et ils y signent avec le duc ; et il paraît que leurs ancêtres étaient fondateurs du prieuré.

Au tabulaire du monastère nouveau de Poitiers, qui est Montierneuf, est une charte de 1087, par laquelle Guillaume, duc d'Aquitaine, confirme tous les dons de son père, et est signée de Guillaume Maingot.

Au même tabulaire est la charte de 1119, par laquelle Guillaume, duc d'Aquitaine, confirme ce que sa mère avait donné, et Guillaume de Surgères y a signé au nom de la mère du duc.

Dans les archives de l'abbaye de la Tenaille est une donation faite en l'an 1168 par Guillaume de Surgères à Pierre, abbé, et aux religieux de ladite abbaye.

Dans les archives de l'abbaye de l'Absie, il y a un don fait en l'an 1177 par Guillaume de Surgères, par lequel il donne, pour le remède de l'âme de Berthe de Rancon, sa femme, quelques rentes dans les fiefs de Vouvent et dans la paroisse de la Chapelle-Thireuil et l'étang de Rochier. Ce Guillaume était sénéchal de Poitou.

Dans les archives de l'abbaye de Saint-Maixent, il y a un don fait l'an 1208, par lequel Guillaume, sire de Surgères, octroya à ladite abbaye ce qui lui appartenait au prieuré de la Fondelaye, du consentement de Hugue et de Geoffroy, ses frères, tous enfants de Guillaume de Surgères et de Berthe de Rancon.

Les chartes ci-dessus sont rapportées par M. Du Chesne et par M. Besly dans les preuves de l'*Histoire des comtes de Poitou*, où le contenu d'icelles est en entier.

Geoffroy, fils puîné de Guillaume et de Berthe de Rancon, fut seigneur de Granges et fut obligé d'en prendre le nom, à cause qu'il avait tué son frère, et conserva les armoiries avec un chef d'or chargé d'un lambel à trois pendants de sable pour marque de cadet, ainsi qu'il se verra par les actes ci-après produits au rang de leur date, et les sieurs marquis de Puiguion et de la Flocellière, après avoir reconnu que les branches aînées de Surgères sont éteintes et qu'ils en sont devenus les aînés, ont pris les armes pleines et conservé la devise avec le nom de Surgères et de Granges.

* Loys de Granges avait épousé Marthe de Mauzé, duquel on produit seulement un acte signé P. Baugas et scellé, passé le lundi après Pâques de l'an 1238, dans lequel il a la qualité de Monsieur et chevalier.

Thébaut de Granges épousa Marie de Rexe, dame par moitié de Saint-Georges de Rexe, ce que rapporte M. Du Chesne à la page 68 de la *Généalogie des Chasteigners* et dans les preuves d'icelle, page 30. Il rapporte un compte de Jean de Sours, sénéchal de Saintonge, de l'an 1261, par lequel Thébaut de Granges paya la moitié de 25 livres de rachat pour la portion échue à sa femme dans la terre de Saint-Georges de Rexe.

* Plus est produit le testament en latin dudit Thébaut, fait le samedi après l'octave de saint Pierre et saint Paul de l'an 1287, dans lequel il a la qualité de chevalier et il institue pour son principal héritier Thébaut de Granges, son fils, et fixe la dot de ses trois filles, et donne 25 livres de rente à sa femme sur le grand fief d'Aunis, et ordonne qu'elle aura pour sa récompense ainsi que les femmes nobles doivent avoir ; il fonde une chapelle et donne de l'augmentation à son chapelain de Rancon, et donne la tutelle de ses enfants à Pierre de Crissé, chev., le testament reçu par l'archiprêtre de Mauzé et scellé de son scel.

Thébaut, sire de Granges, 2º du nom, fils de Thébaut et de Marie de Rexe, épousa Marguerite Rataude, et eurent pour enfants Thébaut, Jean et Margot. Preuve :

* Hommage rendu à Charles, fils de roy, comte de la Marche et seigneur de Frontenay, par Marguerite Rataude, qui se dit déguerpie de feu Thébaut de Granges, valet, et tutrice des enfants de sondit seigneur et d'elle, et rend les aveux des terres de Granges et de Saint-Georges de Rexe le jeudi avant la Nativité de saint Jean-Baptiste de l'an 1317, signé. . . . . et scellé.

Thébaut, sire de Granges, 3° du nom, fils de Thébaut et

de Marguerite Rataude, épousa en premières noces Yolande de Jocerant, fille de Pierre de Jocerant, et n'eurent qu'un fils, nommé Thébaut. Preuve du mariage :

* Donation faite le vendredi après la Saint-Aubin de l'an 1324, signée Simon Oman et scellée, par laquelle ladite Yolande donne son bien audit Thébaut qu'elle dit être son seigneur et époux, et lui donne la qualité de valet.

* Pour prouver que Thébaut, Jean et Margot de Granges sont enfants de Thébaut de Granges et de Marguerite Rataude, on produit un partage fait entre eux le 18 de juin de l'an 1329, signé Jacques Belaigne et scellé, dans lequel partage il est dit que Thébaut de Granges et Jean de Granges, valets, sont enfants de feu Thébaut de Granges, valet, et de Marguerite Rataude, et Thébaut donne la terre de Saint-Georges de Rexe à son frère et soixante livres de rente sur le grand fief d'Aunis, et il s'oblige de marier et doter Margot, sa sœur.

* Ledit Thébaut épousa en secondes noces Jeanne Brune, prouvé par la donation de ladite Jeanne passée le jour de la Saint-Mathias de l'an 1330, scellée, par laquelle elle se dit femme de Thébaut de Granges, valet, qu'elle dit être son seigneur et époux.

* Plus un traité fait entre Thébaut de Granges et Jeanne de Mons, veuve de Jean de Granges, passé le dimanche après la Trinité de l'an 1341, signé Pibend et scellé, dans lequel on donne audit Thébaut la qualité de noble homme, Monsieur et chevalier.

* Hommage, signé Demboise et scellé, rendu à Thébaut de Granges le jeudi avant la Saint-Jean-Baptiste de l'an 1342, dans lequel il a la qualité de noble homme, Monsieur et chevalier.

* Plus un contrat de vente en latin fait le lundi après la Circoncision de l'an 1385, signé Isambar et scellé de deux sceaux, faite à Thébaut de Granges, dans lequel il a la qualité de noble homme, Monsieur et chevalier, ce qui est ainsi dit : *Vendidi nobili viro domino Theobaldo de Granges militi.*

Thébaut, sire de Granges, 4° du nom, fils de Thébaut et de

Yolande de Jausserant, épousa Philippe du Puydufou, et eurent pour enfants Loys et Jean.

* Hommage rendu le dimanche avant les roraisons de l'an 1348, dans lequel il a la qualité de noble homme, Monsieur et chevalier.

* Plus un don fait audit Thébaut le 11 juin de l'an 1350, signé P. Rousseau, dans lequel il a la qualité de noble homme, messire et chevalier.

* Plus un aveu rendu par ledit Thébaut le mercredi, fête de saint Jacques, l'an 1352, signé Jean...... et scellé, de sa terre de Granges à très excellent prince Charles d'Espagne, connétable de France, dans lequel ledit Thébaut prend la qualité de chevalier.

* Plus, pour prouver son mariage, une sentence du sénéchal du Poitou et du Limousin, du 17 juin de l'an 1361, qui condamne le seigneur du Puydufou à donner le dot à Philippe du Puydufou, femme de Thébaut de Granges, auquel on donne la qualité de Monsieur et de chevalier, et à ladite Philippe celle de Madame, signé Pierre de Forest.

* Plus une ordonnance du lieutenant du roi d'Angleterre ès parties de France, du 3 octobre de l'an 1361, dans laquelle il donne à Thébaut de Granges les qualités de Monsieur et de chevalier, signée J. Diguen et scellée.

* Plus une procuration en latin de Philippe du Puydufou, du mercredi après la Saint-Hilaire de l'an 1364, signée de Rueu et scellée, dans laquelle elle est dite noble dame, jadis femme de M. Thébaut de Granges, chevalier, et elle constitue pour son procureur Loys de Granges, leur fils aîné.

Loys, sire de Granges et de Puychenin, fils aîné de Thébaut et de Philippe du Puydufou, épousa Nicole Omarde, et sa branche est finie et a porté les biens et titres dans une autre maison. Il eut le procès contre Jacques de Surgères, qui avait commencé du temps de son père, au sujet de ses armoiries, dont voici les actes et le jugement qui justifient qu'il était issu en droite ligne de la maison de Surgères et que ses ancêtres avaient pris le nom de Granges par ordre du roi, ayant préféré au nom de conserver les armoiries avec la marque de cadet qu'ils ont portée, qui est un chef d'or chargé d'un lambel à trois pendants de sable qui se voit encore au-dessus des portes et aux voûtes des maisons de la Gord et de Monfernier et de plusieurs autres.

* Un ordre de Jean, duc de Berry, comte de Poitou, du 25 mai de l'an 1378, signé, Par monseigneur le Duc, vous présent, J. Le Masle, et scellé, sur la plainte que fit Loys de Granges contre Jacques de Surgères, s^{gr} de la Flocellière, qui avait brisé ses armoiries qui étaient dans l'église des Frères Prêcheurs de Fontenay-le-Comte, dans lequel ordre ledit Loys a la qualité de messire et chevalier et ses armoiries y sont expliquées suivant l'usage du blason de ce temps-là.

* Autre ordonnance de Jean, duc de Berry, du mercredi avant la Notre-Dame de septembre de l'an 1378, signée Gaulé et scellée, pour le même sujet des armoiries, dans laquelle Loys de Granges a les qualités de messire et de chevalier.

* Copie collationnée, signée Alexandre et Huger, notaires royaux, d'un jugement et transaction du dimanche 21 août de l'an 1379, par ordre et en présence de Jean, duc de Berry, comte de Poitou, entre Jacques de Surgères et Loys de Granges, où il est reconnu que Loys de Granges était issu de la maison de Surgères et que Geoffroy dont il est descendu en avait quitté le nom pour prendre celui de Granges par ordre du roi, à cause qu'il avait tué son frère, et en avait conservé les armoiries avec la marque de cadet ; et il est ordonné par le duc de Berry que Jacques de Surgères le reconnaîtra et qu'il continuera de porter les armoiries avec le chef d'or chargé du lambel à trois pendants de sable ; la transaction signée de vingt-huit seigneurs ou chevaliers qui étaient présents.

* Jean de Granges, sire de la Gord, fils puîné de Thébaut et de Philippe du Puydufou, et frère de Loys, sire de Granges, épousa Perrette Ainone, dite Cluselle, dame de Cervaux ; pour preuve de sa qualité, un aveu rendu par Jean de Granges, du 27 juin de l'an 1384, signé Paynar et scellé, dans lequel on lui donne les qualités de noble homme Jean de Granges, éc., s^{gr} de la Gord et fils de feu messire Thébaut de Granges, chevalier.

* Traité qui prouve le mariage dudit Jean de Granges et de Perrette Ainone, dite Cluselle, du 4 avril 1392, signé Rayna et Durand et scellé de deux sceaux, dans lequel il a la qualité d'écuyer.

* Plus le testament de Philippe du Puydufou, qui prouve pareillement que Jean est son fils, passé le 3 d'avril de l'an 1396, signé Moche et scellé, dans lequel elle se dit jadis femme de noble homme messire Thébaut de Granges, son feu seigneur et époux, et ordonne sa sépulture auprès de son très cher seigneur M. Thébaut de Granges, chevalier, son feu seigneur et époux.

* Plus un partage passé le 16 de juillet de l'an 1398, signé Simon et scellé, dans lequel est dit que messire Thébaut de Granges et dame Philippe du Puydufou furent conjoints par mariage et que dudit mariage furent nés messire Loys de Granges, sire de Puychenin, et Jean de Granges, sire de la Gord.

* Plus un aveu rendu à Jean de Granges le 1er août de l'an 1400, signé Forman et scellé, dans lequel on donne audit Jean de Granges la qualité de noble homme, chevalier, seigneur de la Gord.

* Plus une ratification de partage, du 23 mars de l'an 1407, signée Souchet et scellée, où il est dit que noble personne Jean de Granges, s^{gr} de Puychenin, à présent chevalier, et Jean de Granges, s^{gr} de la Gord, son oncle, partagent les biens de feu messire Thébaut de Granges, chev., et de feu dame Philippe du Puydufou, aïeuls dudit s^{gr} de Puychenin et père et mère dudit s^{gr} de la Gord.

* Plus une commission du sénéchal de Saintonge, du lundi 14 juillet de l'an 1410, signée de Besse et scellée, qui donne à Jean de Granges, s^{gr} de la Gord, les qualités de noble homme, Monsieur et chevalier, et pareilles qualités à Guy d'Argenton, s^{gr} d'Argenton, avec lequel il était en procès.

* Loys de Granges, 2° du nom, fils aîné de Jean et de Perrette Ainone dite Cluselle, épousa Marguerite de Courdeault. Pour preuve, produit un partage passé le 2 de mai de l'an 1446, signé Girardeau et Buletos et scellé, entre ledit Loys et

Jean et Mathurin, ses frères puînés, en présence de ladite Perrette, leur mère, et de Marguerite de Courdeault, femme dudit Loys de Granges, dans lequel ledit Loys est reconnu fils aîné et Jean et Mathurin fils puînés de Jean de Granges, s^{gr} de la Gord, et de ladite Perrette, lesquels tous ont les qualités de nobles personnes et écuyers, et par ledit partage Loys donna à ses frères la terre de la Gord, laquelle resta à Mathurin duquel est venu Gille-Charles de Granges de Surgères, qui a épousé la fille aînée dudit s^{gr} marquis de Puiguion, comme il sera prouvé ci-après.

* Transaction sur un procès, du 14 juin de l'an 1455, signé Girardea et Raymond et scellé, dans laquelle Loys de Granges a les qualités de noble homme et écuyer, s^{gr} de Cerveaux.

Plus un retrait lignager, du 9 août de l'an 1476, signé Berreau et scellé, fait par noble et puissant s^{gr} messire Théolde de Chateaubriant, chevalier, s^{gr} du Lion-Chavagne et des Roches, d'une rente vendue par Jean de Granges, écuyer, s^{gr} de la Gord.

* Ledit Loys et Marguerite de Courdeault eurent pour enfants Eustache, Gille, Etienne, Jeanne et Françoise de Granges. Pour preuve, produit le partage du 17 d'août 1489, signé Payrault et Bernard, par lequel la terre de Cerveaux a resté à Eustache de Granges pour son droit d'aînesse, et la terre de Montfernier à Gille de Granges, à la charge de payer le dot à ses frères et sœurs, et ils y ont les qualités de nobles, écuyers et messires.

Gille de Granges, seigneur de Montfernier, fils puîné de Loys et de Marguerite de Courdeault, épousa Antoinette Cartier. Pour preuve, hommage du 11 avril de l'an 1476, signé Vautrier et scellé, rendu par Gille de Granges à Jean Chasteigner, seigneur de la Rochepozay, dans lequel ils prennent les mêmes qualités.

Lettres du roi Charles du 24 décembre 1486 et le quatre de son règne, signées Ragueneau et scellées, qui prouvent les services de Loys de Granges, écuyer.

* Lettres de concession de Jean de Bretagne, du 19 février de l'an 1491, signées Jean et plus bas, Par Monseigneur, de la

Chapelle, par lesquelles Jean de Bretagne dit que, à la requête de son très cher seigneur et cousin Loys de Bourbon faite en faveur de Gille de Granges, il lui accorde le droit de banc, de sépulture et de ceinture de ses armoiries dans le chœur de l'église de la Chapelle-Gaudin.

* Pour preuve qu'Antoinette Cartier était femme dudit Gille, un hommage reçu le 19 juin de l'an 1517, signé Vignaux et Raistre, rendu par ladite Antoinette comme veuve de Gille de Granges, éc., s^{gr} de Montfernier, et mère tutrice de Loys de Granges, son fils aîné.

Les enfants de Gille et d'Antoinette Cartier furent Loys, Bertrand, Loys et Gabrielle.

* Loys de Granges, 3e du nom, s^{gr} de Montfernier, fils de Gille et d'Antoinette Cartier, épousa en premières noces Andrée d'Appellevoisin, dont l'on rapporte le contrat passé le 27 avril 1524, signé Guillot et Thibaut et scellé, par lequel Loys est marié comme fils aîné et principal héritier desdits Gille et Antoinette, ses père et mère, avec d^{lle} Andrée d'Appellevoisin, fille de Hardy d'Appellevoisin, auxquels l'on donne les qualités de nobles et puissants, etc...

* Loys de Granges, fils puîné dudit Gille, fut chevalier de Saint-Jean-de-Jérusalem, dont on rapporte les preuves de noblesse faites le 21 juin de l'an 1528, signées Fr. Phillippe de la Guierche, Fr. de Villiers, Fr. Jean de Barrean, et de Tiffaut et La Grante.

Plus le testament d'Antoinette Cartier, passé le 1er septembre de l'an 1529, signé Tiffaut et Bertrand, lequel justifie qu'elle était femme de Gille de Granges et mère des enfants ci-dessus nommés, dans lequel elle marque la fondation des chapelles fondées par son mari et par elle.

* Loys, étant veuf, épousa Marguerite de Saint-George, fille de Guichard de Saint-George, s^{gr} de Coüé, et d'Anne de Mortemer, le contrat produit le 16 décembre de l'an 1537, signé des parties et de Thibaut et de Puychaud.

Contrat de partage dudit Loys, s^{gr} de Montfernier, et de Bertrand, son frère, du 19 de mars de l'an 1540, signé Médard et Marillet, et ils partagent noblement les biens de feu Gille de

Granges, éc., s^gr de Montfernier, et de d^lle Antoinette Cartier, leurs père et mère.

Hommage du 23 avril 1545, signé Claude Gouffier, et plus bas, Par Monseigneur, de Plais, rendu par Loys de Granges, chev., s^gr de Montfernier, à Claude Gouffier, premier gentilhomme de la chambre.

Traité entre Loys de Granges, chevalier de Saint-Jean-de-Jérusalem, commandeur des Espaux et receveur au Prieuré d'Aquitaine, et frère Loys d'Arrot, dit Poupelinière, chevalier dudit ordre, passé le 9 de juin de l'an 1563, signé Hugneau et Chauveau.

Les enfants de Loys et de Marguerite de Saint-George furent Jean, Gabriel, Ambroise, Louis et François et deux filles. Louis et François furent chevaliers de Saint-Jean-de-Jérusalem ; Jean, fils aîné, resta seigneur de Montfernier et sa branche a fini ; Gabriel, son second frère, fut marié et n'eut que deux filles.

* Ambroise de Granges, s^gr du Plessis, troisième fils de Loys de Granges et de Marguerite de Saint-George, épousa Renée de Puiguion, et l'on rapporte son contrat de partage du 9 de juillet de l'an 1571, signé Bernier et Dauby, par lequel Jean de Granges, s^gr de Montfernier, donne à ses frères puînés la part des biens de Loys de Granges et de Marguerite de Saint-George, leurs père et mère, où ils ont les qualités de nobles.

* Acte qui prouve le mariage d'Ambroise de Granges, s^gr du Plessis, Montfernier, et de Renée de Puiguion, passé le 3 décembre de l'an 1581, signé Pluriau, dans lequel il a la qualité d'écuyer.

* Ambroise et René de Puiguion eurent pour fils Philippe de Granges, s^gr de Puiguion, qui épousa Marie Boinet ; prouvé par le contrat de mariage du 4 avril de l'an 1606, signé Thiaudière et Durle, dans lequel il est dit que Philippe de Granges, éc., était fils de haut et puissant Ambroise de Granges et de d^lle Renée de Puiguion.

Hommage du 17 janvier de l'an 1618, rendu par Philippe de Granges, dans lequel il a la qualité de haut et puissant messire et chevalier.

Partage du 16 juin 1618, signé Broussat et Martin, entre d^lle Renée de Puiguion, veuve de haut et puissant Ambroise de Granges, et haut et puissant Louis de Saint-George, et haut et puissant Jean-Jacques de Pons, marquis de la Case.

Aveu du 15 mai 1619, signé Renée de Puiguion et de Lezin et Pelluchon, rendu à haut et puissant messire Gille de Châtillon, etc., par Renée de Puiguion, veuve de haut et puissant messire Ambroise de Granges.

Philippe et Marie Boinet eurent pour fils René, Louis et trois filles. Louis et les trois filles morts sans enfants, René épousa Françoise Barillon. Pour preuve :

Partage du 20 janvier de l'an 1645, signé Pinet et Curtin, entre haut et puissant messire René de Granges, chev., s^gr de Puiguion, et ses frères et sœurs, enfants de messire Philippe de Granges, chev.

* Contrat de mariage dudit René avec d^lle Françoise Barillon, du 4 janvier de l'an 1647, signé Bourdaiseau, dans lequel il a les qualité de messire, de chevalier, de fils aîné et de principal héritier de messire Philippe de Granges, vivant chev., s^gr de Puiguion, et de d^lle Marie Boinet.

Un aveu du 13 novembre de l'an 1664, reçu et signé par le s^gr de Cerisay et Barrion, sénéchal, Puichaut et Veillon, rendu par René de Granges, qui y a les qualités de haut et puissant messire, chev., s^gr de Puiguion.

* On rapporte les preuves de Charles de Granges, fils puîné de René et de Françoise Barillon, pour être reçu chevalier de Saint-Jean-de-Jérusalem, faites le 5 d'avril de l'an 1666, signées de quatre gentilshommes témoins et des commandeurs, F. François de Laval, F. Aymery de Sansay, et F. René de Sallo, et scellées.

René et Françoise Barillon ont eu pour enfants François, Charles, Marie, Marguerite, Anne-Renée et Anne de Granges. Charles a été chevalier de Saint-Jean-de-Jérusalem, Marie et Marguerite religieuses, Anne-Renée n'est point mariée, et Anne a été mariée avec messire Pierre de la Court, chev.

François de Granges de Surgères, marquis de Puiguion et de la Flocellière, lieutenant-général des armées du roi, fils aîné de René et de Françoise Barillon, a épousé Françoise de la Cassaigne. Pour preuve :

* Contrat de mariage du 27 mai 1682, signé Brachelet et Crespelot, dudit François avec d^lle de la Cassaigne, dans lequel il a les qualités de haut et puissant messire, chev., s^gr de Puiguion, fils aîné et principal héritier de feu haut et puissant messire René de Granges, chev., s^gr desdits lieux, et de dame Françoise Barillon.

* Un partage du 2 avril 1694, signé de Belloire et Chantefin, fait entre haut et puissant messire François de Granges, chev., s^gr de Puiguion, mestre de camp du régiment de cavalerie de Mgr le duc de Bourgogne, fils aîné et principal héritier de feu haut et puissant messire René de Granges, vivant chev., s^gr de Puiguion, et de dame Françoise Barillon, et d^lle Anne-Renée de Granges, d^lle de Puiguion, et dame Anne de Granges, femme de messire Pierre de la Court, chev., s^gr de la Guibretière, ses sœurs, auxquelles il donne leur dot.

* Contrat d'échange du marquisat de la Flocellière fait le dernier février 1697, signé Dupuy et Bru, dans lequel est dit que messire Thomas Dreux, chev., marquis de Brésé, etc., échange à haut et puissant messire François de Granges de Surgères, chev., s^gr de Puiguion, brigadier des armées du roi, mestre de camp du régiment de cavalerie de Mgr le duc de Bourgogne, le marquisat de la Flocellière, etc.

* Un duplicata des lettres de confirmation du marquisat de la Flocellière accordées par le roi à François de Granges de Surgères, s^gr de Puiguion, brigadier de ses armées, etc., données à Versailles au mois de mars l'an 1697 et du règne du roi le cinquante-quatre, signées Louis, et au repli, Par le roi, Phelippeaux.

* Pouvoir de lieutenant général d'armée pour le s^r marquis de Puiguion, donné à Fontainebleau le 19 juin de l'an 1708 et du règne du roi soixante-six, signé Louis, et au repli, Par le roi, Chamillart, et scellé du grand sceau.

Un aveu du 25 février 1709, signé Gille Brunet et N. François, rendu au seigneur de Cerisay par haut et puissant messire François de Granges de Surgères, chev., s^gr marquis de Puiguion, lieutenant général des armées du roi.

Il ne reste que deux filles audit s^{gr} marquis de Puiguion ; l'aînée, Jeanne-Françoise de Granges de Surgères a épousé Gille-Charles de Granges de Surgères, pour en conserver le nom.

Le contrat de partage ci-dessus du 2 avril 1694 fait la production de d^{lle} Anne-Renée de Granges, damoiselle de Puiguion.

Suite de l'inventaire des titres justificatifs, comme messire Gille-Charles de Granges de Surgères, chev., marquis de la Flocellière, baron de Mauléon, capitaine des vaisseaux du roi, est issu en ligne directe de Mathurin de Granges, s^{gr} de la Gord, lequel Mathurin était fils puîné de Jean de Granges, sire de la Gord, comme il est prouvé par les titres rapportés dans ce précédent inventaire, et nommément par le partage du 2 de mai de l'an 1446, signé Girardea et Buletos, fait entre Loys, Jean et Mathurin de Granges, frères et enfants de Jean de Granges et de Perrette Aynone, dite Cluselle, par lequel Loys donna la terre de la Gord à ses deux frères puînés.

L'on rapporte un don mutuel du 10 avril de l'an 1448, signé Goubault et Racault et scellé, fait entre Jean et Mathurin de Granges, dans lequel ils ont la qualité d'écuyers et se donnent leurs biens au dernier vivant.

Mathurin de Granges, s^{gr} de la Gord, épousa Marie Pascaude. Pour preuve :

Un acte du 20 juillet 1458, signé Racaut et Seguin, fait entre Mathurin de Granges et Méry Pascaud, dans lequel Mathurin a la qualité de noble homme et écuyer, s^{gr} de la Gord, et y est dit que Méry était oncle de Jacques Pascaud, écuyer, père de d^{lle} Marie Pascaude, femme dudit Mathurin.

Un contrat de mariage du 30 avril 1481, signé de Menil et Seigneurin, de d^{lle} Magdeleine de Granges avec Léon Pison, éc., dans lequel est dit que ladite demoiselle est fille de feu Mathurin de Granges, éc., s^{gr} de la Gord, et de d^{lle} Marie Pascaude, et sœur de Jacques de Granges, éc., s^{gr} de la Gord.

* Copie collationnée d'un partage du 21 mars de l'an 1484 passé par Girard et Garsonnet, signée par Huger et Alexandre, ledit partage fait entre nobles personnes Jacques de Granges, éc., s^gr de la Gord, tant pour lui que pour d^lle Françoise Le Mastin, sa femme, et Préjent, Christophle, Marie et Marguerite de Granges, éc^rs et d^lles, frères et sœurs, tous enfants de feu noble homme Mathurin de Granges, éc., leur père, et de Marie Pascaude, leur mère.

Christophle fut marié et n'a point eu de suite, et Préjent fut abbé de Talmont.

* Partage du 12 janvier de l'an 1503, signé Brochard et Picard et scellé, entre Jacques de Granges, éc., s^gr de la Gord, et Christophle de Granges, son frère puîné, enfants de Mathurin de Granges et de Marie Pascaude, dans lequel est dit que d^lle Françoise Le Mastin, femme dudit Jacques, est morte et que ledit Jacques est administrateur de leurs enfants.

Un don du 15 mars de l'an 1507, signé Bienvenu, de Marie Pascaud à Jacques de Granges, éc., s^gr de la Gord, son fils aîné.

Autre partage du 12 janvier de l'an 1511, signé Bouchereau, noblement fait entre ledit Jacques, Christophle et Magdeleine de Granges, des biens de Mathurin de Granges, éc., s^gr de la Gord, et de d^lle Marie Pascaude, leurs père et mère.

Jean de Granges, s^gr de la Gord, fils de Jacques et de Françoise Le Mastin, épousa Renée Janvre. Preuve :

* Copie collationnée d'un retrait du 4 mai de l'an 1516, passé par Berthelot et Gautron et signé par Huger et Alexandre et Sainbas et Delaunay, notaires au Châtelet, le retrait fait par Jean de Granges, éc., s^gr de la Gord, d'une rente vendue par Jacques de Granges, son père, vivant éc., s^gr de la Gord.

* Procuration de Jean de Granges, éc., s^gr de la Gord, et de d^lle Renée Janvre, sa femme, du 28 octobre de l'an 1561, signée Jean de Granges et Chaumier et Garnier, pour marier Charles de Granges, leur fils aîné.

* Contrat de mariage du 23 février 1561, signé Chaumier et....., de d^lle Marie de Granges, fille de Jean de Granges, éc., s^gr de la Gord, et de d^lle Renée Janvre, avec Louis de L'Hôpital, éc.

Charles de Granges, fils de Jean et de Renée Janvre, épousa Marguerite de la Bruère. Preuve :

Contrat de mariage du 29 octobre de l'an 1561, signé Brissonnet et Guilloret, de Charles de Granges, éc., fils aîné de Jean de Granges, éc., s^{gr} de la Gord, et de d^{lle} Renée Janvre, avec d^{lle} Marguerite de la Bruère.

Maurice de Granges, fils de Charles et de Marguerite de la Bruère, épousa Marie Maynard. Preuve :

* Contrat de mariage du 29 janvier de l'an 1586, signé Chauveteau et Suyrat, par lequel contrat Charles de Granges, éc., s^{gr} de la Gord, marie Maurice de Granges, son fils aîné, et du consentement de Marguerite de la Bruère, sa femme, mère dudit Maurice, avec d^{lle} Marie Maynard.

Acte de tutelle du 9 décembre 1592, signé Presteau, commis-greffier, par lequel d^{lle} Marguerite de la Bruère se charge de la tutelle des enfants mineurs d'elle et de feu Charles de Granges, éc., s^{gr} de la Gord, son feu mari.

Ratification du 2 janvier de l'an 1593, signée Brisset et....., de d^{lle} Marguerite de la Bruère, veuve de Charles de Granges, éc., s^{gr} de la Gord, par laquelle elle ratifie le contrat de mariage de Maurice de Granges, éc., s^{gr} de la Gord, son fils.

Charles de Granges, 2e du nom, s^{gr} de la Gord, fils de Maurice et de Marie Maynard. Preuve :

* Transaction du 2 janvier de l'an 1596, signée Speron et Chaisgneau, entre d^{lle} Marguerite de la Bruère, veuve de Charles de Granges, éc., s^{gr} de la Gord, comme mère tutrice de Louis et Jean de Granges, éc^{rs}, enfants dudit feu Charles et d'elle, et d^{lle} Marie Maynard, veuve de Maurice de Granges, vivant éc., s^{gr} de la Gord, comme mère tutrice de Charles de Granges, fils unique dudit Maurice et d'elle.

Ledit Charles, 2e du nom, épousa Gabrielle de Courtarvel.

* Partage fait par autorité de justice le 4 mai de l'an 1600, signé Courtin, greffier, dans lequel est dit que Louis, et Jean, et Marguerite de Granges sont mineurs et enfants de Charles de Granges, s^{gr} de la Gord, et de Marguerite de la Bruère, et que Charles de Granges, aussi mineur, est fils de Maurice de Granges et de Marie Maynard, et que Maurice de Granges était fils dudit Charles et de ladite de la Bruère, et que, comme ils sont d'extraction noble, on lui donne les préciputs et les deux tiers, et ils ont les qualités de nobles et d'écuyers.

* Contrat de mariage du 27 mars de l'an 1627, signé Louin, notaire, de Charles de Granges, s^{gr} de la Gord, et de d^{lle} Gabrielle de Courtarvel, dans lequel il a la qualité de messire et de chevalier, et est dit fils de messire Maurice de Granges, chev., s^{gr} de la Gord, et de dame Marie Maynard.

Les enfants de Charles et de Gabrielle de Courtarvel furent Charles, s^{gr} de la Gord, et Charles, s^{gr} de la Grégorière. L'aîné n'a laissé que des filles.

Charles de Granges, 3e du nom, s^{gr} de la Grégorière, fils puîné de Charles et de Gabrielle de Courtarvel, épousa Marie Lange. Preuve :

* Contrat de mariage du 26 mars de l'an 1658, signé Maria, notaire, dans lequel est dit que Charles de Granges, éc., s^{gr} de la Grégorière, est fils puîné de feu messire Charles de Granges, vivant chev., s^{gr} de la Gord, et de dame Gabrielle de Courtarvel, et qu'il épousa d^{lle} Marie Lange.

Acte du 11 avril de l'an 1658 passé devant le bailli de Montigny, signé Fuchet, dans lequel Charles de Granges, s^{gr} de la Grégorière, a la qualité de messire et chevalier, et dame Marie Lange, son épouse.

Partage du 22 novembre de l'an 1667, signé Saboureau et Coupage, entre Charles de Granges, s^{gr} de la Gord, et Charles de Granges, son frère puîné, s^{gr} de la Grégorière, et Gabrielle, Marie et Angélique de Granges, leurs sœurs, tous enfants de feu haut et puissant Charles de Granges, vivant chev., s^{gr} de la Gord, et de dame Gabrielle de Courtarvel, et lesdits Charles ont la qualité de messires et chevaliers.

Gille-Charles de Granges de Surgères, fils de Charles et de Marie Lange, a épousé Jeanne-Françoise de Granges de Surgères.

* Contrat de mariage du 31 mai de l'an 1706, signé Morin et Brunet, dans lequel est dit que haut et puissant messire Gille-Charles de Granges de Surgères, chevalier de l'ordre de Saint-Louis, capitaine des vaisseaux du roi, se marie, du consentement de haut et puissant messire Charles de Granges de Surgères, chev., s^{gr} de la Grégorière, son père, avec d^{lle} Jeanne-Françoise de Granges de Surgères, fille de haut et puissant messire François de Granges de Surgères, marquis de Puiguion et de la Flocellière, maréchal des camps et armées du roi, et de haute et puissante dame Françoise de la Cassaigne.

Suit la branche de Samuel de Granges, chev., s^{gr} de la Fouchardière, et de Louis de Granges, son frère, enseigne de vaisseau, descendus de Louis de Granges, s^{gr} de la Forge, fils puîné de Charles de Granges, s^{gr} de la Gord, et de Marguerite de la Bruère, ce qui est prouvé par le partage fait par autorité de justice du 4 mai 1600, signé Courtin, greffier.

Ledit Louis, s^{gr} de la Forge, épousa Elisabeth de Rohean. Preuve :

* Contrat de mariage du 6 septembre 1616, signé Majou et de la Brune, de Louis de Granges, éc., s^{gr} des Forges, fils de feu Charles de Granges, éc., s^{gr} de la Gord, et de d^{lle} Marguerite de la Bruère, avec d^{lle} Elisabeth de Rohean, fille de Jean de Rohean, éc., et de d^{lle} Renée d'Appelvoisin.

Contrat de partage du dernier avril 1666, passé par Gautier et Duvivier, notaires, entre dame Renée Le Proust, veuve de René de Granges, éc., s^{gr} de la Vilouinière, mère tutrice de ses enfants, d'une part, et Philippe de Granges, éc., s^{gr} des Bigotières, fils puîné de Louis de Granges, éc., s^{gr} des Forges, et de d^{lle} Elisabeth de Rohean, et frère dudit feu René.

* Contrat de mariage du 9 novembre 1667, signé Gouraut et Bouraut, notaires, de Philippe de Granges, éc., s^{gr} des Bigotières, fils de Louis de Granges, éc., s^{gr} des Forges, et de dame Elisabeth de Rohean, avec d^{lle} Jeanne de la Previère.

* Contrat de partage du 26 juin 1711, signé Rouseau et Bousseau, notaires, entre messire Samuel de Granges, chev., s^{sr} de la Fouchardière, fils aîné et principal héritier et noble de messire Philippe de Granges, vivant chev., s^{gr} des Bigotières, et de dame Jeanne de la Previère, et d^{lles} Marguerite et Judith de Granges, ses sœurs, dans lequel il prend le préciput et les deux tiers.

Certificat du curé de Chavagne, signé dudit curé le 4 février

1714, par lequel il certifie que messire Samuel de Granges, chev., s^gr de la Fouchardière, et messire Louis de Granges et d^lle Marguerite de Granges sont enfants de messire Philippe de Granges, chev., s^gr des Bigotières, et de dame Jeanne de la Previère.

Observations du procureur du roi : Des pièces ci-dessus énoncées il résulte que le nom des de Granges est très ancien et qu'ils sont sortis de maisons nobles et d'extraction ; néanmoins la filiation n'est ici tirée que depuis le testament de Philippe du Puydufou, mariée avec Thébaut de Granges, par lequel il paraît que d'eux en est issu Jean de Granges, dudit Jean et de Perrette Ainone Louis et Mathurin de Granges ; dudit Louis et de Marguerite de Courdeault est issu Gille de Granges, dudit Mathurin et de Marie Pascaude Jacques de Granges ; dudit Gille et d'Antoinette Cartier est issu Louis de Granges, et dudit Jacques et de Françoise Le Mastin Jean de Granges ; dudit Louis et de Marguerite de Saint-George est issu Ambroise de Granges, et dudit Jean et de Renée Janvre Charles de Granges ; dudit Ambroise et de Renée de Puiguion est issu Philippe de Granges, et dudit Charles et de Marguerite de la Bruère Maurice et Louis de Granges ; dudit Philippe et de Marie Boinet est issu René de Granges, dudit Maurice et de Marie Maynard Charles de Granges, et dudit Louis et d'Elisabeth de Rohean, Philippe de Granges ; dudit René et de Françoise Barillon sont issus François et Anne-Renée de Granges, produisants, dudit Charles et de Gabrielle de Courtarvel Charles de Granges, et dudit Philippe et de Jeanne de la Previère Samuel de Granges, produisant ; et dudit Charles et de Marie de Lange est issu Gille-Charles de Granges, produisant.

Ordonnance : Maintenus comme nobles et chevaliers, le 2 juin 1715, signé : de Richebourg.

42

Fontenay

Marie-Madeleine Robert, veuve de Jacques GUERRY, chev., s^gr de la Goupillière,

Jacques GUERRY, éc., s^gr de la Goupillière;

Louis-Armand GUERRY, éc., s^{gr} de Beauregard,
   tous les deux ses enfants.

Pièces justificatives : Ordonnance de M. de Barentin en faveur de Jacques Guerry, éc., s^r de la Goupillière, par laquelle il est maintenu dans la qualité de noble et écuyer, en date du 31 août 1667.

Contrat de mariage de Jacques Guerry, chev., s^{gr} de la Goupillière, en faveur duquel est intervenue l'ordonnance ci-dessus, avec d^{lle} Marie-Madeleine Robert; par lequel il paraît qu'il est fils de Jacques Guerry, chev., s^{gr} de Beauregard, et de dame Marie-Diane Regnou, en date du 19 août 1652, signé Ribaudeau et Robin, n^{res} à la Roche-sur-Yon.

Deux extraits de baptême, le 1er de Jacques Guerry, du 20 juillet 1661, le 2e de Louis-Armand Guerry, du 26 novembre 1670, par lesquels il paraît qu'ils sont enfants de Jacques Guerry ci-dessus et de dame Marie-Madeleine Robert, délivrés le 13 avril et le 20 mai 1715 par Claude Gardon, curé de Saint-Martin-des-Noyers, et Savin, curé des Essarts, légalisés, et contrôlés à Poitiers par Legrand.

Ordonnance : Maintenus comme nobles, écuyers, veuve de gentilhomme, le 3 juin 1715, signé : de Richebourg.

Victor GOURDEAU, éc., s^r de Longève,
Victor GOURDEAU, éc., son fils.

Pièces justificatives : Ordonnance de M. de Maupeou en faveur de Léon Gourdeau, éc., s^{gr} de Rozay, Victor Gourdeau, éc., s^r de Longève, Paul Gourdeau, éc., et René Gourdeau, éc., par laquelle ils sont déchargés des assignations à eux données à la requête de Guérin, au lieu duquel est substitué le s^r Ferrand, en conséquence maintenus dans leur noblesse, en date du 21 août 1700.

Extrait de baptême de Victor Gourdeau du 30 décembre 1699, par lequel il paraît qu'il est fils de Victor Gourdeau, dénommé dans l'ordonnance ci-dessus, et de dame Marie Marchand, délivré le 2 mai 1715 par Sainte-Croix, prêtre de la

Fontenay

congrégation de la Mission, faisant les fonctions curiales de la paroisse de Saint-Pierre de Beaulieu-sur-Mareuil, légalisé le même jour par Godet, juge de Mareuil, contrôlé à Poitiers le 6 juin 1715 par Legrand.

Ordonnance : Maintenus comme nobles et écuyers, le 7 juin 1715, signé : de Richebourg.

44

Poitiers

Pierre GOUDON, éc., s^r de l'Héraudière,
François-Joseph GOUDON, éc., s^r de la Lande,
Pierre GOUDON, éc., s^r de la Vandelle,
 tous les deux ses enfants.

Pièces justificatives : Lettres patentes accordées par le roi, portant anoblissement de la personne de Pierre Goudon, s^r de l'Héraudière, prévôt de la maréchaussée de Montmorillon, et de ses enfants nés et à naître en légitime mariage, données à Versailles au mois de mai 1703, signées Louis, et sur le repli, Par le roi, Phelypeaux, enregistrées en Parlement, Chambre des comptes et Cour des aides.

Quittance de finance de la somme de six mille livres, payée par ledit Pierre Goudon, s^r de l'Héraudière, pour la finance principale desdites lettres, du 12 avril 1703, signée de Turmenyes, enregistrée au contrôle général des finances le 21 du même mois, signé Chamillard.

Quittance de finance de la somme de trois mille livres payée par ledit Pierre Goudon, s^r de l'Héraudière, pour jouir de cent cinquante livres de rente et de la confirmation desdites lettres, du 19 août 1705, signé de Turmenyes.

Quittance de finance de la somme de douze cents livres payée par ledit Pierre Goudon, pour jouir de soixante livres de rente, du 1er juin 1713, signée Lebas de Montargis, enregistrée au contrôle général des finances le 22 août 1705, signé Chamillard, et le 1er juillet 1713, signé Perrottin.

Contrat de mariage de François-Joseph Goudon, éc., s^r de la Lande, avec dame Marie de Maillasson, par lequel il paraît qu'il est fils de Pierre Goudon, éc., s^r de l'Héraudière, et de dame Marie de la Forest, en date du 18 juillet 1703, signé Augier et Véras, n^{res}.

Contrat de mariage de Pierre Goudon, éc., s^r de la Vandelle, prévôt de la maréchaussée de Montmorillon, avec d^{lle} Marie-Florence-Marguerite Lamirault, par lequel il paraît qu'il est fils de Pierre Goudon, éc., s^r de l'Héraudière, et de dame Marie de la Forest, en date du 3 juillet 1703, signé Babert et Véras, n^{res}.

Ordonnance : Maintenus comme nobles et écuyers, le 18 juin 1715, signé : de Richebourg.

Marie Billaud, veuve de Jean GARIPAULT, éc., s^r de la Menaudière,

Jeanne-Elisabeth et Marie-Elisabeth GARIPAULT.

45

Fontenay.

Pièces justificatives : Contrat de mariage de Jean Garipault, éc., s^{gr} de la Menaudière, avec d^{lle} Elisabeth des Francs, par lequel il paraît qu'il est fils d'André Garipault, chev., s^{gr} de Ligné, et de dame Marie Brunet, en date du 2 février 1681, signé Chatenaire et Parenteau, n^{res} à Fontenay.

Contrat de mariage des secondes noces dudit Jean Garipault, veuf d'Elisabeth des Francs, avec d^{lle} Marie Billaud, en date du 8 juin 1689, signé Ferret et Train, n^{res} à Fontenay.

Ordonnance de M. de Maupeou en faveur de Jean Garipault, éc., s^r de la Menaudière, par laquelle il est maintenu dans la qualité de noble et écuyer, en date du 16 août 1700.

Extrait de baptême de Jeanne-Elisabeth Garipault, par lequel il paraît qu'elle est fille de Jean Garipault, éc., s^r de la Menaudière, et de dame Elisabeth des Francs, en date du 1er juillet 1684, délivré le 21 avril 1715 par Fonteny, curé de Foussay, légalisé par le président de Fontenay, signé de Dissays, contrôlé à Poitiers le 18 juin 1715 par Legrand.

Extrait de baptême de Marie-Elisabeth Garipault, du 6 avril 1690, par lequel il paraît qu'elle est fille de Jean Garipault, éc., s^r de la Menaudière, et de dame Marie Billaud, délivré le

16 mars 1715 par Hugueteau, curé de Notre-Dame de Fontenay, légalisé et contrôlé comme ci-dessus.

Ordonnance de M. de Richebourg en faveur de Bernard Garipault, éc., s^r de la Menaudière, par laquelle il est maintenu dans la qualité de noble et écuyer, en date du 27 avril 1715. Dans le vu des pièces est énoncé son extrait de baptême, par lequel il paraît qu'il est fils de Jean Garipault, éc., s^r de la Menaudière, et de dame Elisabeth des Francs.

Ordonnance : Maintenus comme nobles, demoiselles, veuve de noble, le 22 juin 1715, signé : de Richebourg.

46

Fontenay

Renée Amproux, veuve d'Hector GENTIL, chev., s^{gr} des Touches, y demeurant, paroisse de Chavagne.

Pièces justificatives : Ordonnance de M. de Barentin en faveur d'Hector Gentil, éc., s^r des Touches, par laquelle il est maintenu dans la qualité de noble et écuyer, en date du 1er septembre 1667.

Contrat de mariage d'Hector Gentil, chev., s^{gr} des Touches, maintenu par l'ordonnance ci-dessus, avec d^{lle} Renée Amproux, par lequel il paraît qu'il est fils de feu Hector Gentil, chev., s^{gr} des Touches, et de dame Anne Cornuau, en date du 2 décembre 1667, signé Mainvieille et Girard, n^{res} de la baronnie de Mouchamps.

Ordonnance : Maintenue comme veuve de noble, le 22 juillet 1715, signé : de Richebourg.

47

Fontenay

Henri GAZEAU, chev., s^{gr} de la Brandanière,
Louis-Alexandre GAZEAU, chev., s^{gr} de la Boissière,
Pierre-Louis GAZEAU, chev., s^{gr} du Ligneron,
Julie-Anne des Villattes, veuve de René GAZEAU,
Marie-Madeleine Audoyer, veuve de Louis GAZEAU.

Pièces justificatives : Ordonnance de M. Rouillé, intendant de Poitou, en faveur de d^{lle} Marie Bonnevin, veuve de René

Gazeau, éc., s⁽ de la Brandanière, tant en son nom que comme tutrice de Marie Gazeau, sa fille mineure, Jean Gazeau, éc., s⁽ de Lansonnière, Louis Gazeau, éc., s⁽ de la Couprie et de Puyraveau, David Gazeau, éc., s⁽ de Saint-André, Charles Gazeau, éc., s⁽ de la Grossetière, Marie Gazeau, tous les trois enfants de défunt Léon Gazeau, éc., s⁽ de la Brandanière, Marie Suzanneau, veuve de Tristan Gazeau, éc., s⁽ de la Courtisière, Jean Gazeau, éc., s⁽ des Touches, Claude Gazeau, éc., s⁽ des Nouhes, et dame Isabeau-Claude Gazeau, par laquelle ils sont tous maintenus dans la qualité de nobles et écuyers, en date du 15 juin 1670. Dans le vu des pièces sont énoncés : 1° le contrat de mariage de David Gazeau, éc., s⁽ de Saint-André, fils de Jean Gazeau, avec d^lle Suzanne Barrière, 2° le contrat de mariage de Charles Gazeau avec Diane Aubert, 3° celui de Louis Gazeau avec Marie Espinasseau.

Contrat de mariage de René Gazeau, éc., s⁽ de la Brandanière, avec d^lle Julie-Anne des Villattes, par lequel il paraît qu'il est fils de David Gazeau, chev., s^gr de Saint-André, et de dame Suzanne Barrière, en date du 23 juillet 1678, signé Genne et Robin, n^res.

Contrat de mariage d'Henri Gazeau, chev., s^gr de la Brandanière, avec d^lle Marie Le Roux, par lequel il paraît qu'il est fils de René Gazeau ci-dessus et de dame Julie-Anne des Villattes, en date du 2 septembre 1711, signé Chauveau et Michau, n^res.

Contrat de mariage de Charles Gazeau, chev., s^gr de la Grossetière, avec d^lle Diane Aubert, en date du 23 février 1661, signé Martin, n^re.

Contrat de mariage de Louis-Alexandre Gazeau, éc., s^gr de la Boissière, avec d^lle Marie-Madeleine Audoyer, par lequel il paraît qu'il est fils de Charles Gazeau ci-dessus et de dame Diane Aubert, en date du 4 août 1685, signé Olliveau et Degré, n^res.

Contrat de mariage d'autre Louis-Alexandre Gazeau, éc., s^gr de la Boissière, avec d^lle Marie-Marguerite-Henriette de Morais, par lequel il paraît qu'il est fils de Louis-Alexandre Gazeau ci-dessus et de Marie-Madeleine Audoyer, en date du 12 février 1715, signé Duval et Thoumazeau, n^res.

Contrat de mariage de Louis-Pierre Gazeau, chev., s^{gr} de la Couprie, veuf en 1res noces de dame Marie Espinasseau, avec d^{lle} Aspasie-Gabrielle Bertrand, par lequel il paraît qu'il est fils de Pierre Gazeau, chev., et de dame Claude Guérin, en date du 5 février 1665, signé Masset et Badereau, n^{res}.

Contrat de mariage de Pierre-Louis Gazeau, chev., s^{gr} du Ligneron, avec d^{lle} Madeleine-Victoire Bertrand, par lequel il paraît qu'il est fils de Louis-Pierre Gazeau ci-dessus et de dame Aspasie-Gabrielle Bertrand, en date du 18 février 1694, signé Badereau, n^{re}.

Ordonnance : Maintenus comme nobles, écuyers, et veuves de nobles, le 25 juillet 1715, signé : de Richebourg.

48

Fontenay

Marie-Anne GAUTREAU, demoiselle.

Pièces justificatives : Ordonnance de M. de Barentin en faveur de Jacques Gautreau, s^r du Candreau, tant en son nom que comme tuteur et curateur des enfants mineurs de René Gautreau, s^r de l'Audonnière, d^{lles} Marie, Esther et Olympe Gautreau, ses sœurs, et Gilbert Gautreau, s^r de la Touche, par laquelle ils sont maintenus dans la qualité de nobles et écuyers, en date du 12 septembre 1668. Dans le vu des pièces est énoncé le contrat de mariage de Gilbert Gautreau avec d^{lle} Gabrielle Bouron.

Contrat de mariage de Louis Gautreau, éc., s^r de Mons, avec d^{lle} Marie-Anne Fortin, par lequel il paraît qu'il est fils de Gilbert Gautreau et de défunte Gabrielle Bouron, en date du 5 juin 1681, signé Bourdeau et Ruchaud, n^{res}.

Extrait de baptême de Marie-Anne Gautreau, du 6 septembre 1682, par lequel il paraît qu'elle est fille de Louis Gautreau, éc., s^r de Mons, et de dame Marie-Anne Fortin, tiré des registres des baptêmes de la religion prétendue réformée de Saint-Hilaire-sur-l'Autise, sur la représentation qui en a été faite par le greffier du chapitre de Saint-Hilaire-sur-l'Autise le 14 juin 1715, signé Brée, n^{re}, et Desayvre, greffier, contrôlé à Saint-Hilaire-sur-l'Autise le 23 du même mois par Jousseaume.

Ordonnance : Maintenue comme demoiselle fille de noble, le 29 juillet 1715, signé : de Richebourg.

François GRELIER, chev., s^{gr} des Aspois. 49

Pièces justificatives : Ordonnance de M. de Barentin en faveur de Louis Grelier, s^r de la Jousselinière, et Pierre Grelier, s^r des Chaumes, son fils aîné, par laquelle ils sont maintenus dans la qualité de nobles et écuyers, en date du 9 août 1667. Dans le vu des pièces est énoncé le contrat de mariage de Pierre Grelier, éc., s^r des Chaumes, avec d^{lle} Suzanne Mauclerc, par lequel il paraît qu'il est fils de Louis Grelier et de Gabrielle Vinet.

Fontenay

Contrat de mariage de François Grelier, chev., s^{gr} des Aspois, avec d^{lle} Suzanne Regnon, par lequel il paraît qu'il est fils de Pierre Grelier, s^{gr} des Chaumes, et de dame Suzanne Mauclerc, en date du 26 février 1688, signé Forestier et Lasnonnier, n^{res}.

Ordonnance : Maintenu comme noble et écuyer, le 9 août 1715, signé : de Richebourg.

Pierre-Louis GRELIER, chev., s^{gr} de Beaulieu. 50

Pièces justificatives : Ordonnance de M. de Barentin en faveur de Louis Grelier, s^r de la Jousselinière, et Pierre Grelier, s^r des Chaumes, par laquelle ils sont maintenus dans la qualité de nobles et écuyers, en date du 9 août 1667. Dans le vu des pièces est énoncé le contrat de mariage en secondes noces de Louis Grelier avec d^{lle} Marthe Barreau.

Fontenay

Contrat de mariage d'Henri Grelier, chev., s^{gr} de Champroux, avec d^{lle} Suzanne Legeay, par lequel il paraît qu'il est fils de Louis Grelier, chev., s^{gr} de la Jousselinière, et de dame Marthe Barreau, en date du 20 novembre 1673, signé Quintard et Train, n^{res}.

Contrat de mariage de Pierre-Louis Grelier, chev., s^{gr} de Beaulieu, avec d^{lle} Marie-Gabrielle Robert, par lequel il paraît qu'il est fils d'Henri Grelier ci-dessus et de dame Suzanne Legeay, en date du 15 juin 1705, signé Laillault, n^{re}.

Ordonnance : **Maintenu comme noble et écuyer, le 9 août 1715, signé : de Richebourg.**

51

Fontenay

Philippe GRELIER, éc., s^{gr} du Fougeroux,
Robert GRELIER, éc., s^{gr} de la Jousselinière, son fils aîné,
Benjamin GRELIER, éc., s^r du Fief-Gauvert, son second fils.

Pièces justificatives : Ordonnance de M. de Barentin en faveur de Louis Grelier, s^r de la Jousselinière, et Pierre Grelier, s^r des Chaumes, par laquelle ils sont maintenus dans la qualité de nobles et écuyers, en date du 9 août 1667. Dans le vu des pièces est énoncé le contrat de mariage en secondes noces de Louis Grelier avec d^{lle} Marthe Barreau.

Contrat de mariage de Philippe Grelier, éc., s^{gr} du Fougeroux, avec d^{lle} Marie Robert, par lequel il paraît qu'il est fils de Louis Grelier et de dame Marthe Barreau, en date du 20 octobre 1665, signé Bodet et Chiré, n^{res}.

Contrat de mariage de Robert Grelier, chev., s^{gr} de la Jousselinière, avec d^{lle} Angélique-Gabrielle de Clervaux, par lequel il paraît qu'il est fils de Philippe Grelier ci-dessus et de Marie Robert, en date du 9 mars 1699, signé Bouteville et Rifault, n^{res}.

Contrat de mariage de Benjamin Grelier, chev., s^{gr} du Fief-Gauvert, avec d^{lle} Henriette Simonneau, fille de défunt Charles Simonneau, éc., s^{gr} de Pulumier, et de dame Louise de Hanne, par lequel il paraît qu'il est fils de Philippe Grelier et de dame Marie Robert, en date du 25 mai 1705, signé Perissot et Bouteville, n^{res}.

Pièce non visée : Sentence de maintenue de noblesse rendue au profit de dame Louise de Hanne, veuve de Charles Simonneau, éc., s^{gr} de Pulumier, tant pour elle que pour ses enfants, rendue par M. de Maupeou le 4 décembre 1700.

Ordonnance : Maintenus comme nobles et écuyers, le 9 août 1715, signé : de Richebourg.

Madeleine Couperie, veuve d'Antoine de GUIST DES LANDES, chev., s^gr de Chambon, chevalier des ordres militaires du roi, lieutenant du roi et commandant pour Sa Majesté au gouvernement de Brouage et îles adjacentes. 52

Pièce justificative : Ordonnance de M. de Maupeou par laquelle Madeleine Couperie, veuve d'Antoine de Guist des Landes, chev., s^gr de Chambon, est déchargée d'une condamnation prononcée contre elle par défaut, faute par elle d'avoir justifié de sa noblesse, et en conséquence maintenue dans la jouissance des privilèges de veuve de gentilhomme, en date du 11 juin 1700.

Dire de la produisante : Elle a épousé ledit s^gr des Landes le 7 février 1687, et elle l'a perdu au commencement de l'année 1688 sans en avoir d'enfant. Son mari avait eu d'une précédente union une fille unique, la dame marquise de la Mouinière.

Ordonnance : Ordonne son inscription au catalogue des nobles, le 12 août 1715, signé : de Richebourg.

François-Honoré GUILLEMAR, éc., s^r de Longueville. 53

Pièce justificative : Lettres de confirmation de noblesse accordées par le roi régnant à François-Honoré Guillemar, s^r de Longueville, et sa postérité née et à naître, en considération des services qu'il a rendus à Sa Majesté, l'espace de trente-deux années dans la guerre, en date du mois de décembre 1709, signées Louis, et sur le repli, Par le roi, Voysin, enregistrées où besoin a été.

Ordonnance : Maintenu comme noble et écuyer, le 13 août 1715, signé : de Richebourg.

54

Niort

Pierre GOULLARD, chev., s^{gr} d'Arçais,
Françoise GOULLARD, demoiselle, sa tante,
Anne-Marie et Charlotte-Aimée GOULLARD, ses nièces.

Pièces justificatives : Ordonnance de M. de Richebourg en faveur de Charles-Aimé Goullard, éc., s^r de Saint-Cyr d'Arçais, par laquelle il est maintenu dans la qualité de noble et écuyer, en date du 12 janvier 1715. Dans le vu des pièces est énoncé le contrat de mariage dudit Charles-Aimé Goullard avec d^{lle} Catherine de Tusseau, par lequel il paraît qu'il est fils d'Henri Goullard et de dame Elisabeth Métayer. (Voir G 2 ci-dessus.)

Contrat de mariage de Pierre Goullard, chev., s^r d'Arçais, capitaine au régiment de Gondrin, avec dame Marie Cabaret, veuve de Jacques de Chabin, par lequel il paraît qu'il est fils d'Henri Goullard, chev., s^{gr} d'Arçais, et de dame Elisabeth Métayer, en date du 4 mars 1711, signé Faucheron et Hurlan, n^{res}.

Contrat de mariage d'Henri-Louis Goullard avec d^{lle} Philotée Régnier, par lequel il paraît qu'il est aussi fils d'Henri Goullard et de défunte dame Elisabeth Métayer, en date du 22 septembre 1687, signé Joubert, n^{re}.

Deux extraits de baptême, le 1er d'Anne-Marie Goullard, du 1er mars 1689, le 2e de Charlotte-Aimée Goullard, du 31 décembre 1696, par lesquels il paraît qu'elles sont filles d'Henri-Louis Goullard, éc., s^r d'Arçais, et de Philotée Régnier, délivrés le 5 mars 1713 par Chatenaire, curé de Busseau, contrôlés à Poitiers le 26 août 1715 par Legrand.

Contrat de partage entre Henri Goullard, éc., s^{gr} d'Arçais, Françoise Goullard, sa sœur, et autres enfants de Georges Goullard, éc., s^{gr} d'Arçais, des biens de Philippe Landerneau, leur mère, en date du 29 décembre 1665, signé Auger, n^{re}.

Ordonnance : Maintenus comme noble et écuyer et filles de nobles, le 27 août 1715, signé : de Richebourg.

Anne Corbier, veuve de Jacques GUIGNARDEAU, éc., sʳ de Puymay.   55

Pièce justificative : **Arrêt du Conseil d'Etat du roi en faveur de Jacques Guignardeau, sʳ de Puymay, et Claude Guignardeau, sʳ de Vanne, par lequel ils sont maintenus dans la qualité de nobles et écuyers, en date du 13 mai 1671, signé Foucault, et par collation à l'original, signé Train et Baslard, nʳᵉˢ royaux à Fontenay. Dans le vu des pièces est énoncé le contrat de mariage dudit Jacques Guignardeau, éc., sʳ de Puymay, avec dˡˡᵉ Anne Corbier.**   *Fontenay*

Ordonnance : **Maintenue comme veuve de noble, le 27 août 1715, signé : de Richebourg.**

Eusèbe GIRARD, éc., sᵍʳ de Beaurepaire,   56
Auguste-Armand GIRARD, éc., son frère.

Pièces justificatives : **Ordonnance de M. de Barentin en faveur de dame Catherine Delaunay, veuve d'Eusèbe Girard, éc., sʳ de Marsay, la Chaussée et Beaurepaire, et dˡˡᵉ Anne Girard, fille du premier lit dudit Eusèbe Girard et de dˡˡᵉ Marie Chevalier, par laquelle elles sont maintenues dans la qualité de nobles et demoiselles, en date du 9 septembre 1667. Dans le vu des pièces est énoncé le contrat de mariage d'Eusèbe Girard, éc., sʳ de Marsay, et de dame Catherine Delaunay.**   *Mauléon*

Acte de la vente et encan des meubles et effets de défunte dame Catherine Delaunay, veuve d'Eusèbe Girard, chev., sᵍʳ de Beaurepaire, en vertu de l'ordonnance du sénéchal de Fontenay, ce requérant Jacques Girard, chev., sᵍʳ de Beaurepaire, leur fils, en présence de Jean Laubreton, porteur de procuration de François Thomazeau, sʳ de la Jaquelinière, curateur aux personnes et biens d'Eusèbe Girard, éc., et de dˡˡᵉˢ Marthe et Marie Girard, enfants de feu Eusèbe Girard, chev., sᵍʳ de la Girardie, et de dame Françoise Mesnard, lequel Eusèbe était frère de Jacques, en date du 23 décembre 1678, signé Parenteau, nʳᵒ royal à Fontenay.

Procuration de dame Françoise Mesnard, veuve d'Eusèbe Girard, chev., s^{gr} de la Girardie, au profit de Mathurin Landay, procureur à Poitiers, aux fins de former son opposition aux criées de la vente de la terre de la Barottière, signé Brevet et Tristand, n^{res}.

Contrat de mariage d'Eusèbe Girard, chev., s^{gr} de la Girardie, avec d^{lle} Suzanne Robert, par lequel il paraît qu'il est fils d'Eusèbe Girard, chev., s^{gr} de la Girardie, et de dame Françoise Mesnard, en date du 16 mai 1693, signé Chenier, n^{re} à Luçon.

Contrat de mariage d'Eusèbe Girard, chev., s^{gr} châtelain de Beaurepaire, avec d^{lle} Renée-Elisabeth Boutiller de Belleville, par lequel il paraît qu'il est fils d'Eusèbe Girard ci-dessus et de dame Suzanne Robert, en date du 19 mars 1714, signé Soulard, n^{re}.

Extrait de baptême d'Auguste-Armand Girard, du 20 octobre 1701, par lequel il paraît qu'il est fils d'Eusèbe Girard, chev., et de dame Suzanne Robert, délivré le 9 janvier 1715 par Jarrie, curé de Beaurepaire, légalisé par le sénéchal de Mortagne, contrôlé à Poitiers le 1er juin 1715 par Legrand.

Ordonnance : Maintenus comme nobles et écuyers, le 30 août 1715, signé : de Richebourg.

57

Niort

Charlotte Gourjault, veuve de Pierre-Honoré GOURJAULT, chev., s^{gr} du May,

Claude-Charles-Honoré GOURJAULT, son fils.

Pièces justificatives : Ordonnance de M. de Maupeou en faveur de Pierre-Honoré Gourjault, chev., s^{gr} du May, tant en son nom que comme curateur de d^{lles} Suzanne, Françoise et Marguerite Gourjault, filles de Louis-Charles Gourjault, éc., s^r de la Grangerie, par laquelle ils sont maintenus dans les privilèges et exemptions accordés aux nobles du royaume, en date du 7 avril 1699. Dans le vu des pièces est énoncé le contrat de mariage de Pierre-Honoré Gourjault, éc., s^r du May, avec d^{lle} Anne de Malmouche.

Contrat de mariage en secondes noces de Pierre-Honoré Gourjault, chev., s^{gr} du May, veuf d'Anne de Malmouche, avec d^{lle} Charlotte Gourjault, en date du 23 août 1700, signé Rigault et Berthommé, n^{res}.

Extrait de baptême de Claude-Charles-Honoré Gourjault, du 27 décembre 1706, par lequel il paraît qu'il est fils de Pierre-Honoré Gourjault ci-dessus et de dame Charlotte Gourjault, délivré le 19 août 1715 par Batteux, curé d'Allones, contrôlé à Poitiers par Legrand.

Ordonnance : Maintenus comme nobles, écuyer, veuve de noble, le 31 août 1715, signé : de Richebourg.

Anne Morisset, veuve d'Adrien GRELIER, éc., s^r de Robineau.   58

Pièces justificatives : Ordonnance de M. de Maupeou en faveur d'Adrien Grelier, éc., s^r de Robineau, par laquelle il est déchargé de l'assignation à lui donnée à la requête de Guérin, au lieu duquel est substitué le s^r Ferrand, en conséquence maintenu dans tous les privilèges et exemptions accordés aux nobles du royaume, en date du 8 juillet 1699.   *Thouars*

Contrat de mariage d'Adrien Grelier, éc., s^{gr} de Robineau, veuf et donataire de dame Renée de la Ramée, avec d^{lle} Anne Morisset, veuve d'Antoine Cousinet, s^r du Coulombier, en date du 15 janvier 1697, signé Margadel et Lemesle, n^{res} à la Flocellière.

Ordonnance : Maintenue dans les privilèges et exemptions attribués aux nobles, le 9 septembre 1715, signé : de Richebourg.

Jean de GRANDSAIGNE, éc., s^r de Lezignac,   59
Pierre de GRANDSAIGNE, éc., s^r de Roche, son frère.

Pièces justificatives : Arrêt du Conseil d'Etat du roi en faveur de Jean-Pierre et François de Grandsaigne, frères, et Pierre de Grandsaigne, leur neveu, par lequel ils sont maintenus dans la   *Poitiers* qualité de nobles et écuyers, en date du 31 mai 1672, signé Foucault. Dans le vu des pièces est énoncé le contrat de mariage de Jean de Grandsaigne, fils d'autre Jean de Grandsaigne, éc., procureur du roi en la sénéchaussée de Limoges, avec d{ll}e Jeanne Vidault, et le contrat de mariage de Pierre de Grandsaigne, sr des Plats, avec d{lle} Marie Dupin.

Contrat de mariage de Pierre de Grandsaigne, éc., sr des Plats, avec d{lle} Marie Courivaud, par lequel il paraît qu'il est fils de Jean de Grandsaigne et de Jeanne Vidault et qu'en premières noces il avait épousé d{lle} Marie Dupin, en date du 9 février 1673, signé Leroy et Delage, n{res}.

Deux extraits de baptême, le 1er de Jean de Grandsaigne, du 26 avril 1674, le 2e de Pierre de Grandsaigne, du 11 février 1675, par lesquels il paraît qu'ils sont enfants de Pierre de Grandsaigne ci-dessus et de dame Marie Courivaud, délivrés le 3 janvier 1700 par Delagrange, curé de Luchapt, légalisés le 31 décembre suivant par Foucard de la Garde, sénéchal de l'Ile-Jourdain, contrôlés à Poitiers le 3 septembre 1715 par Coupard.

Ordonnance : Maintenus comme nobles et écuyers, le 9 septembre 1715, signé : de Richebourg.

60

Thouars

Christophe-André GOULLARD, éc., sr de Monfermier.

Pièces justificatives : Ordonnance de M. de Barentin en faveur de Christophe Goullard, éc., sr de la Grange, Vernière et Monfermier, par laquelle il est maintenu dans la qualité de noble et écuyer, en date du 12 août 1667.

Contrat de mariage d'André Goullard, chev{r}, sgr de Monfermier, avec dame Louise Gillier, veuve de Jean-Baptiste-Gaston de la Tremblaye, éc., sgr d'Artigny, par lequel il paraît qu'il est fils de Christophe Goullard et de dame Hélène d'Escoublant, en date du 9 février 1668, signé Saulnier, n{re}.

Contrat de mariage de Christophe-André Goullard, chev{r}, sgr châtelain des châtellenies de Monfermier, avec d{lle} Suzanne de Gennes, par lequel il paraît qu'il est fils d'André Goullard ci-dessus et de dame Louise Gillier, en date du 10 mai 1700, signé Ribault et Royer, n^res.

Ordonnance : Maintenu comme noble et écuyer, le 13 septembre 1715, signé : de Richebourg.

Jacques GENTET, éc., s^r de la Chesnelière.

Pièces justificatives : Ordonnance de M. de Marillac, intendant de Poitou, en faveur de Jacques Gentet, par laquelle, attendu sa qualité de noble, il est déchargé de l'assignation à lui donnée à la requête de Viallet pour les droits de francs-fiefs, en date du 4 avril 1674. Dans le vu des pièces est énoncé : 1° le contrat de mariage dudit Jacques Gentet, éc., s^r de l'Ouche, autorisé de René Gentet, éc., s^r d'Estrie, son frère aîné, avec d^lle Marguerite François, 2° le contrat de partage des biens de François Gentet, éc., s^r d'Estrie, et de d^lle Anne du Vergier, entre René Gentet, fils aîné, et Jacques Gentet, leurs enfants.

Contrat de mariage de Jacques Gentet, éc., s^r de l'Ouche, assisté de son frère aîné René Gentet, avec d^lle Marguerite François, en date du 17 septembre 1669, signé Rousseau et Rochay, n^res du Petit-Château.

Ordonnance de M. de Maupeou en faveur de Marie Jaudonnet, veuve de René Gentet, éc., s^r d'Estrie, au nom et comme tutrice de Jacques et Jacques-René Gentet, ses enfants, par laquelle elle est déchargée de l'assignation à elle donnée à la requête de Guérin, au lieu duquel est substitué le s^r Ferrand, en conséquence maintenue, en date du 3 avril 1699.

Contrat du partage des biens de Jacques Gentet, éc., s^r de l'Ouche, et de dame Marguerite François, entre Jacques Gentet, éc., s^r de la Chesnelière, leur fils aîné et principal héritier, Anne Gentet, sa sœur, et autres cohéritiers, par lequel il paraît que ledit Jacques Gentet, en qualité d'aîné, a eu les préciputs et avantages de la Coutume, en date du 18 septembre 1704, signé Fradin, n^re de la baronnie de Bressuire.

Pièces non visées : Arrêt rendu au profit de Jacques Gentet, s^r de

61

Fontenay

l'Ouche, par MM. les commissaires généraux députés par le roi pour le recouvrement des droits de francs-fiefs, qui le décharge du paiement de la somme de 900 livres et 2 sols pour livre à lui mal à propos demandée pour prétendus droits de francs-fiefs de la maison de la Chesnelière, et qui ordonne que ce qu'il aurait payé par contrainte lui soit rendu, avec défense de faire à l'encontre de lui aucune poursuite pour raison de ce.

Acte de baptême de Jacques Gentet, produisant, du 23 octobre 1673, signé Urbain Levacher, recteur curé de Saint-Hilaire de Tours, qui prouve qu'il est issu de Jacques Gentet, éc., s^r de l'Ouche, et de dame Marguerite François.

Ordonnance : Maintenu comme noble et écuyer, le 10 octobre 1715, signé : de Richebourg.

---

62   Jacques-Elie GIRARDON, éc., s^{gr} des Curolles.

Pièces justificatives : Contrat de mariage de Jacques Girardon, éc., capitaine des gardes de M. le duc de la Trimouille, avec d^{lle} Nolette Jousseaume, par lequel il paraît qu'il est fils de Jean Girardon, éc., et de d^{lle} Nicolle Durant, en date du 2 juillet 1557, signé Grelat, n^{re}.

Contrat de mariage d'Abdenage Girardon, éc., avec d^{lle} Marie Beau, par lequel il paraît qu'il est fils de défunt Jacques Girardon, éc., s^r des Curolles, et de dame Nolette Jousseaume, en date du 22 février 1610, signé Métivier, n^{re}.

Contrat de mariage de Jacques Girardon, éc., s^r des Curolles, conseiller et procureur du roi à la cour ordinaire et aux eaux et forêts de la baronnie de Chizé, avec d^{lle} Madeleine Perdriat, par lequel il paraît qu'il est fils de défunt Abdenage Girardon ci-dessus et de dame Marie Beau, en date du 28 janvier 1630, signé Dubois, n^{re}.

Contrat de mariage d'Elie-Jacques Girardon, éc., s^r des Curolles, avec d^{lle} Renée-Louise Pavin, par lequel il paraît qu'il est fils de feu Jacques Girardon, éc., s^r des Curolles, vice-sénéchal et prévôt général de la ville et gouvernement de la Rochelle, maître particulier des eaux et forêts de Chizé, et de d^lle Madeleine Perdriat, en date du 1er février 1690, signé Laydet et Bruslon, n^res.

Ordonnance : Maintenu comme noble et écuyer, le 7 décembre 1715, signé : de Richebourg.

Suzanne-Cassandre Green de Saint-Marsault, veuve de François-Sylvain GREEN DE SAINT-MARSAULT, chev., s^gr de Nieuil, tant pour elle que pour Françoise-Suzanne GREEN DE SAINT-MARSAULT, sa fille mineure, demeurant audit Nieuil.

63

Niort

Pièces justificatives : Ordonnance de M. de Maupeou en faveur de François-Sylvain Green de Saint-Marsault, chev., s^gr de Nieuil, par laquelle il est maintenu dans les privilèges et exemptions accordés aux nobles du royaume, en date du 12 mars 1700.

Contrat de mariage dudit François-Sylvain Green de Saint-Marsault, chev., s^gr de Nieuil, avec d^lle Suzanne-Cassandre Green de Saint-Marsault, en date du 29 septembre 1705, signé Hirvoix, n^re à la Rochelle.

Ordonnance : Maintenue dans les privilèges de la noblesse, le 14 décembre 1715, signé : de Richebourg.

Marie Jaudonnet, veuve de René GENTET, éc., s^r d'Estrie,

Jacques-René GENTET, éc., s^r d'Estrie, son fils, demeurant paroisse de Chanteloup.

64

Thouars

Pièce justificative : Ordonnance de M. de Maupeou en faveur de Marie Jaudonnet, veuve de René Gentet, éc., s^r d'Estrie, Jacques et Jacques-René Gentet, ses enfants, par laquelle ils sont maintenus dans les exemptions et privilèges accordés aux nobles du royaume, en date du 3 avril 1699.

Ordonnance : Maintenus comme nobles, écuyer, veuve de noble, le 24 décembre 1715, signé : de Richebourg.

65

Fontenay et Mauléon

César GRELIER, chev., s^gr des Rolandières,
Philippe-Benjamin GRELIER, chev., s^gr de Concise, son fils.

Pièces justificatives : Ordonnance de M. de Barentin en faveur de Louis Grelier, éc., s^r de la Jousselinière, et de Pierre Grelier, éc., s^r des Chaumes, son fils aîné, par laquelle ils sont maintenus en la qualité de nobles et écuyers, en date du 9 août 1667. Dans le vu des pièces est énoncé le contrat de mariage dudit Louis Grelier, éc., s^r de la Jousselinière, avec d^lle Marthe Barreau, daté du 26 mai 1636.

Contrat de mariage de César Grelier, chev., s^gr des Rolandières, avec d^lle Jeanne-Henriette Gourdeau, par lequel il paraît qu'il est fils de feu Louis Grelier ci-dessus et de dame Marthe Barreau, en date du 29 mai 1678, signé Masseau et Izambert, n^res de la Chapelle-Thémer.

Contrat de mariage de Philippe-Benjamin Grelier, chev., s^gr de Concise, avec dame Marie de la Boucherie, par lequel il paraît qu'il est fils de César Grelier ci-dessus et de Jeanne-Henriette Gourdeau, en date du 30 octobre 1710, signé Boivinault et Verdun, n^res aux Essarts.

Pièce non visée : Contrat de partage des biens de Louis Grelier, s^r de la Jousselinière, et de dame Marthe Barreau, entre César Grelier, s^r des Rolandières, leur fils, et autres, en date du 16 février 1678, signé Izambert et Masseau, n^res de la baronnie de la Lande et des châtellenies de la Chapelle-Thémer et Bodet.

Ordonnance : Maintenus comme nobles et écuyers, le 24 décembre 1715, signé : de Richebourg.

66

Les Sables

François GUINEBAULT, éc., s^gr de la Grossetière,
Jacques GUINEBAULT, éc., s^gr dudit lieu,
Anne GUINEBAULT, demoiselle.

Pièce justificative : Ordonnance de M. de Maupeou en faveur de

François Guinebault, éc., s^gr de la Grossetière, Jacques Guinebault, éc., s^gr dudit lieu, Anne Guinebault, demoiselle, par laquelle ils sont maintenus dans les privilèges, exemptions et honneurs accordés aux nobles du royaume, en date du 27 septembre 1699.

Ordonnance : Ordonne leur inscription au catalogue des nobles de cette Généralité, le 12 janvier 1716, signé : de Richebourg.

Isaac-Prosper de GEBERT, éc., s^gr de Preugny, faisant tant pour lui que pour Anne-Suzanne Pierre, veuve d'Isaac de GEBERT, éc., s^gr de Preugny, sa mère, demeurant paroisse de Courcoué, élection de Richelieu, ressort de Châtellerault.

67

Châtellerault

Pièce justificative : Ordonnance de M. de Chauvelin, intendant de la Généralité de Tours, en faveur d'Isaac-Prosper de Gebert, s^r de Preugny, tant pour lui que pour sa mère, dame Anne-Suzanne Pierre, veuve d'Isaac de Gebert, s^r de Preugny, par laquelle ils sont déchargés de l'assignation à eux donnée à la requête du sieur Ferrand, et maintenus et gardés dans les privilèges et honneurs accordés aux gentilshommes du royaume, en date du 7 décembre 1715.

Dire du produisant : Quoiqu'il ait été appelé devant Mgr l'intendant de Tours à la requête du s^r Ferrand, il est encore appelé devant l'intendant de Poitiers à la requête dudit Ferrand, sous prétexte qu'il est compris à la capitation de cette province comme étant du ressort de Châtellerault, et il n'est pas juste ni raisonnable qu'on lui fasse deux instances pour la même chose.

Ordonnance : Déchargés de l'assignation à eux donnée, le 15 janvier 1716, signé : de Richebourg.

Louise-Hilaire de la Chaussée, veuve d'Alexis de GACOIN, éc., s^gr du Chenet.

68

Pièces justificatives : Contrat de mariage de René de Gacoin, éc., s^gr de la Musse, avec d^lle Françoise Lingier, par lequel il paraît qu'il est fils de défunt Martin de Gacoin, éc., et de d^lle Jacqueline Vinet, en date du 15 janvier 1624, signé Chevillard et Testron, n^res.

Contrat de mariage d'Alexis de Gacoin, chev., s^gr du Chenet, avec d^lle Marie Camus de Saint-Bonnet, par lequel il paraît qu'il est fils de René de Gacoin, chev., s^gr de la Musse, et de dame Françoise Lingier, en date du 28 février 1656, signé Houllion, n^re.

Inventaire fait par-devant M. Voysin de la Noiraye, intendant de Touraine, des titres de noblesse de René de Gacoin, éc., s^r de la Musse, et d'autre René de Gacoin, éc., s^r de la Rondellière, au pied duquel est son ordonnance portant acte de la représentation desdits titres, pour y avoir égard lors de la confection du catalogue des gentilshommes ordonné par l'arrêt du Conseil du 22 mars 1666, en date du 29 mai 1667.

Contrat de mariage d'Alexis de Gacoin, chev., s^gr du Chenet, avec d^lle Louise-Hilaire de la Chaussée, par lequel il paraît qu'il est fils d'Alexis de Gacoin, chev., s^gr du Chenet, et de dame Marie Camus de Saint-Bonnet, du 16 octobre 1683, signé Rambert et Dureys, n^res.

Pièces non visées : Extrait de baptême d'Alexis de Gacoin, du 6 décembre 1656, qui prouve qu'il est fils d'Alexis de Gacoin, s^gr du Chenet, et de Marie Camus de Saint-Bonnet.

Requête présentée le 24 octobre 1699 par ledit Alexis de Gacoin à M. de Maupeou qui le renvoie sans ordonnance, à la vue de celle rendue par M. Voysin de la Noiraye.

Ordonnance : **Maintenue dans les privilèges de la noblesse, le 16 janvier 1716, signé : de Richebourg.**

---

69 — Henriette Caillé, veuve de Louis GUÉRIN, éc., s^r de la Davière.

Les Sables

Pièces justificatives : Ordonnance de M. de Maupeou en faveur de Louis Guérin, éc., s^r de la Davière, par laquelle il est déchargé de l'assignation à lui donnée à la requête de Guérin, au lieu duquel est substitué le s^r Ferrand, en conséquence maintenu en sa noblesse, en date du 5 octobre 1699.

Contrat de mariage de Louis Guérin, éc., s^r de la Davière, avec d^{lle} Henriette Caillé, en date du 4 novembre 1694, signé Daniau et Bernard, n^{res}.

Ordonnance : **Maintenue dans les privilèges de la noblesse, le 17 janvier 1716, signé : de Richebourg.**

Léonard de GLENEST, éc., s^{gr} de Monfrebeuf.

70

Pièces justificatives : Contrat de mariage de Jacques de Glenest, éc., s^r de Jeard, avec d^{lle} Jeanne Deschamps, par lequel il paraît qu'il est fils de Jean de Glenest, éc., s^r de Jeard, et de dame Charlotte de Tercé, en date du 27 octobre 1593, signé de Baure, n^{re}.

Poitiers

Contrat de mariage de Jean de Glenest, éc., s^r de la Vieille-Cour, avec d^{lle} Gabrielle de Trompondon, par lequel il paraît qu'il est fils de Jacques de Glenest ci-dessus et de Jeanne Deschamps, en date du 2 août 1627, signé Gerbaude et Pranvalier, n^{res}.

Contrat de mariage de François de Glenest, éc., s^r de la Vieille-Cour, avec d^{lle} Jacquette de Saint-Fief, par lequel il paraît qu'il est fils de Jean de Glenest ci-dessus et de d^{lle} Gabrielle de Trompondon, en date du 27 juin 1662, signé Landus, n^{re}.

Ordonnance de M. Pellot, intendant de Guienne, en faveur de François et René de Glenest, frères, par laquelle il leur est donné acte de la représentation de leurs titres de noblesse, et ordonné qu'ils seront inscrits dans le catalogue des nobles de la sénéchaussée de Périgueux, en date du 17 mars 1667. Dans le vu des pièces est énoncé le contrat de mariage de François de Glenest avec Jacquette de Saint-Fief, et celui de Jean de Glenest avec Gabrielle de Trompondon.

Contrat de mariage de Pierre de Glenest, éc., s^r de Monfrebeuf, avec d^{lle} Dieudonnée du Repaire, par lequel il paraît qu'il est fils de François de Glenest et de d^{lle} Jacquette de Saint-Fief, en date du 12 avril 1690, signé Mazeau, n^{re}.

Extrait de baptême de Léonard de Glenest, du 30 octobre 1703, par lequel il paraît qu'il est fils de Pierre de Glenest, éc., s⁷ de Monfrebeuf, et de dame Dieudonnée de Trompondon, délivré le 15 juillet 1715 par le s⁷ Debouneau, curé de Marval, légalisé par le s⁷ de la Garde, sénéchal de Saint-Auvent, contrôlé à Poitiers le 14 août 1715 par Legrand.

Acte de notoriété fait en présence du juge de la châtellenie du Repaire, auquel plusieurs gentilshommes ont comparu, par lequel il est déclaré et attesté que, sur la différence de nom qui se rencontre dans l'extrait de baptême de Léonard de Glenest et le contrat de mariage de Dieudonnée du Repaire avec ledit Pierre de Glenest, en ce que par l'extrait baptistaire elle est nommée Dieudonnée de Trompondon et par son contrat de mariage Dieudonnée du Repaire, la vérité est que Dieudonnée du Repaire et Dieudonnée de Trompondon est la même personne, le nom de Trompondon étant celui de famille et le nom de du Repaire celui d'une seigneurie, et que ce sont des erreurs commises par le notaire qui a passé le contrat de mariage et le curé qui a délivré l'extrait baptistaire ; ledit acte daté du 16 décembre 1715, signé des comparants, du juge et de Baubreuil, greffier.

Ordonnance : Maintenu comme noble et écuyer, le 2 mai 1716, signé : Des Galois de Latour.

71

Saint-Maixent

Charles GARNIER, éc., s⁷ de la Coustière.

Pièces justificatives : Contrat de mariage de Médard Garnier, éc., avec d¹¹ᵉ Louise Jaillard, du 11 décembre 1595, signé Saunier et Janvyer, nʳᵉˢ.

Contrat de mariage de haut et puissant Jacques Garnier, sᵍʳ de Brieul et Butré, avec d¹¹ᵉ Jeanne de la Longraire, par lequel il paraît qu'il est le fils de Médard Garnier ci-dessus et de Louise Jaillard, en date du 9 mai 1629, signé Douadic et Martin, nʳᵒˢ.

Contrat de mariage de Jacques Garnier, éc., s⁷ de la Rochevineuse, avec d¹¹ᵉ Louise Bellivier, par lequel il paraît qu'il est fils de Jacques Garnier ci-dessus et de Jeanne de la Longraire, en date du 30 juin 1661, signé Bonneau, n^re.

Contrat de mariage de François Garnier, éc., s^r de la Coustière, avec d^lle Marguerite-Louise Girard, par lequel il paraît qu'il est fils de Jacques Garnier, éc., ci-dessus, et de dame Louise Bellivier, en date du 25 novembre 1680, signé Lhoumeau, n^re.

Extrait de baptême de Charles Garnier, du 26 décembre 1694, par lequel il paraît qu'il est fils de François Garnier ci-dessus et de dame Marguerite-Louise Girard, délivré le 1er mars 1715 par Joutteau, curé de Clussay, légalisé par le subdélégué de Melle.

Ordonnance : Maintenu comme noble et écuyer, le 19 août 1716, signé : de Latour.

François GUYOT, éc., s^gr de la Mirande, major au régiment de Barbançon, chevalier de l'ordre militaire de Saint-Louis.

Pièces justificatives : Contrat de mariage de Charles Guyot, éc., s^r de la Mirande, avec d^lle Marthe Barbarin, du 14 janvier 1586, signé Guilloteau et Defaut, n^res.

Contrat de mariage de Pierre Guyot, éc., s^r de la Rambaudie, avec d^lle Anne de Fontréaux, par lequel il paraît qu'il est fils de Charles Guyot ci-dessus et de d^lle Marthe Barbarin, en date du 8 février 1624, signé Pougeard et Guyon, n^res à Confolens.

Contrat de mariage de Jean Guyot, éc., s^r de la Mirande, avec d^lle Anne Gourdin, par lequel il paraît qu'il est fils de Pierre Guyot ci-dessus et de d^lle Anne de Fontréaux, en date du 10 novembre 1653, signé Amyaud, n^re royal à Confolens.

Ordonnance de M. d'Aguesseau, intendant de la Généralité de Limoges, en faveur de Jean Guyot, éc., s^r de la Mirande, portant acte de la représentation de ses titres de noblesse, en conséquence ordonne que les titres par lui produits lui seront rendus, néanmoins l'inventaire d'iceux demeurera par devers l'intendant pour être envoyé au Conseil, en date du 22 décembre 1666.

Contrat de mariage de François Guyot, éc., s^{gr} de la Mirande, major au régiment de Barbançon, chevalier de l'ordre de Saint-Louis, avec dame Marie-Louise Dupin, par lequel il paraît qu'il est fils de Jean Guyot, éc., s^r de la Mirande, et de dame Anne Gourdin, en date du 29 janvier 1715, signé Bouthet, n^{re}.

Ordonnance : Maintenu dans les privilèges attribués aux gentilshommes, le 22 août 1716, signé : de Latour.

73

Poitiers

Charles-François GARNIER, éc., s^r du Breuil.

Pièces justificatives : Contrat de mariage de Guillaume Garnier, éc., avec d^{lle} Madeleine de Mallevault, du 16 janvier 1554, signé Daudin et Roy, n^{res}.

Contrat de mariage de Médard Garnier, éc., avec d^{lle} Louise Jaillard, par lequel il paraît qu'il est fils de Guillaume Garnier ci-dessus et de Madeleine de Mallevault, en date du 11 décembre 1595, signé Saunier et Janvier, n^{res}.

Contrat de mariage de haut et puissant Jacques Garnier, s^{gr} de Brieul et Butré, avec d^{lle} Jeanne de la Longraire, par lequel il paraît qu'il est fils aîné de défunt Médard Garnier ci-dessus et de d^{lle} Louise Jaillard, en date du 9 mai 1629, signé Douadic et Martin, n^{res}.

Contrat de mariage de Pierre Garnier, chev., s^{gr} de Brieul, avec dame Jeanne-Marie de Meschinet, par lequel il paraît qu'il est fils de Jacques Garnier ci-dessus et de dame Jeanne de la Longraire, en date du 1er janvier 1665, signé Dubois et Mercier, n^{res}.

Extrait de baptême de Charles-François Garnier, du 12 décembre 1668, par lequel il paraît qu'il est fils de Pierre Garnier ci-dessus et de dame Jeanne-Marie de Meschinet, délivré le 10 février 1675 par de Villiers, curé de Chenay, contrôlé à Poitiers le 4 mai 1705 par Legrand.

Ordonnance : Maintenu comme noble et écuyer, le 25 août 1716, signé : de Latour.

Jacques GROLLEAU, éc., sʳ de la Coudresle. 74

Pièces justificatives : Contrat de mariage de Jean Grolleau, éc., sʳ de la Vergne, avec Catherine Guitton, par lequel il paraît qu'il est fils de feu Jacques Grolleau, éc., sʳ de Lardonière, et de dˡˡᵉ Marie Roulard, en date du 7 mars 1575, signé Drault et Caulet, nʳᵉˢ.

Contrat de mariage de Pierre Grolleau, éc., sʳ de la Vergne, avec dˡˡᵉ Françoise Guichard, dame de la Coudresle, par lequel il paraît qu'il est fils de Jean Grolleau ci-dessus et de Catherine Guitton, en date de 14 décembre 1613, signé Guimbault et Chaigneau, nʳᵉˢ.

Contrat du partage des biens de dˡˡᵉ Catherine Guitton et de Jean Grolleau, éc., sʳ de la Vergne, entre Pierre Grolleau, éc., sʳ de la Vergne, Louis Grolleau, éc., sʳ du Courtioux, et Pierre Baraton, au nom et comme père et loyal administrateur des biens de Louis Baraton, son fils et de dˡˡᵉ Jeanne Grolleau, par lequel il paraît qu'ils sont tous enfants desdits Jean Grolleau et Catherine Guitton, et que ledit Pierre Grolleau, en qualité d'aîné, a eu les préciputs et avantages de la Coutume, en date du 4 juin 1616, signé Pion et Claveau, nʳᵉˢ.

Contrat de mariage de Pierre Grolleau, éc., sʳ de la Coudresle, avec dˡˡᵉ Guyonne Grellier, par lequel il paraît qu'il est fils de Pierre Grolleau, éc., sʳ de la Vergne, et de dˡˡᵉ Françoise Guichard, en date du 29 janvier 1651, signé Guesdon et Puychaud, nʳᵉˢ.

Extrait de baptême de Jacques Grolleau, du 5 octobre 1659, par lequel il paraît qu'il est fils de Pierre Grolleau ci-dessus et de dˡˡᵉ Guyonne Grellier, délivré le 21 juillet 1700 par Bertonneau, curé d'Aubigny, légalisé par le sʳ Poignand, lieutenant général à Parthenay.

Ordonnance : Maintenu comme noble et écuyer, le 13 janvier 1717, signé : de Latour.

René GUYOT, éc., sʳ du Fort. 75

Pièces justificatives : Ordonnance de M. Tubeuf, intendant de la Généralité de Bourges, en faveur de François Guyot, éc., sʳ de

Jomard, Etienne Guyot, éc., s⁺ de Château-Gaillard, François Guyot, Jean Guyot, Marie, Anne et Madeleine Guyot, par laquelle il est donné acte audit François Guyot de la représentation de ses titres de noblesse, et ordonné qu'il serait employé dans le catalogue des gentilshommes, en date du 22 juin 1669.

Contrat de mariage d'Etienne Guyot, éc., s⁺ de Château-Gaillard, avec d^lle Jeanne Daux, par lequel il paraît qu'il est issu de Jean Guyot, éc., s⁺ de Château-Gaillard, et de d^lle Claude Mangin, en date du 5 septembre 1650, signé Germonneau, n^re.

Contrat de partage des biens de Jean Guyot, éc., s⁺ de Château-Gaillard, et de d^lle Claude Mangin, par lequel il paraît que François Guyot, éc., s⁺ de Jomard, et Etienne Guyot, éc., s⁺ de Château-Gaillard, sont issus des susdits Jean Guyot et Claude Mangin, et qu'Étienne Guyot, en qualité d'aîné, a eu les préciputs et avantages de la Coutume, du 18 mars 1654, signé Martin, n^re.

Contrat de mariage de René Guyot, éc., s⁺ du Fort, avec d^lle Marie Vezien, par lequel il paraît qu'il est fils d'Étienne Guyot, éc., s⁺ de Château-Gaillard, et de dame Jeanne Daux, en date du 20 juin 1693, signé Lupert, n^re.

Ordonnance : Maintenu comme noble et écuyer, le 4 août 1717, signé : de Latour.

76

Louis GUYOT (*aliàs* Guiot), éc., s^gr de Fanet, Etienne-Anne GUYOT, éc., s⁺ de Teil.

Poitiers

Pièces justificatives : Ordonnance de M. de Barentin en faveur de Jean Guyot, éc., s⁺ de Fanet, et de Jacquette Guyot, veuve de Jean de Maumillon, éc., s⁺ de la Chambonière, par laquelle ils sont maintenus en la qualité de nobles et écuyers, en date du 7 septembre 1667. Dans le vu des pièces est énoncé : 1° le contrat de mariage de Marc Guyot, éc., s⁺ du Cluzeau, avec d^lle Renée du Chasteau, 2° le contrat de mariage dudit Jean Guyot, éc., s⁺ de Fanet, avec d^lle Louise de Cléré, par lequel il paraît qu'il est issu de Marc Guyot et de Renée du Chasteau.

Contrat de mariage d'Étienne Guyot, chev., s^{gr} des Effes, avec d^{lle} Angélique de Tusseau, par lequel il paraît qu'il est fils de Jean Guyot, éc., s^r du Fanet, et de feu d^{lle} Louise de Cléré, en date du 13 avril 1698, signé Desforges et Dubois, n^{res}.

Extrait de baptême de Louis Guyot, du 9 janvier 1699, par lequel il paraît qu'il est fils d'Étienne Guyot, chev., s^r de Fanet, et de dame Angélique de Tusseau, délivré le 15 mai 1715 par Collomb, prieur d'Asnières, légalisé par le s^r Dansay, sénéchal de l'Isle-Jourdain, le 13 juin suivant, contrôlé à Poitiers par Chevalier.

Contrat de mariage de Jacques Guyot, éc., s^r de Teil, avec d^{lle} Anne Mansier, par lequel il paraît qu'il est issu de Jean Guyot, éc., s^r de Fanet, et de feu d^{lle} Louise de Cléré, en date du 17 juillet 1687, signé Martin, n^{re}.

Extrait de baptême d'Etienne-Anne Guyot, du 26 août 1693, par lequel il paraît qu'il est fils de Jacques Guyot ci-dessus et de dame Marie-Anne Mansier, délivré le 25 juin 1715 par Cuirblanc, prieur-curé de Millac, légalisé par le s^r Dansay, sénéchal de l'Isle-Jourdain, contrôlé à Poitiers par Chevalier.

Ordonnance : Maintenus comme nobles et écuyers, le 27 novembre 1717, signé : de Latour.

André GRIMAUD, éc., s^r de la Rablaye.

Pièces justificatives : Ordonnance de M. de Maupeou en faveur de Charles Grimaud, éc., s^r de la Rablaye, René Grimaud, éc., et dame Renée Picaud, leur mère, par laquelle ils sont maintenus dans les exemptions et privilèges accordés aux nobles du royaume, en date du 11 décembre 1699. Dans le vu des pièces est énoncé le contrat de mariage de Charles Grimaud, éc., s^r de la Rablaye, avec d^{lle} Marie Bellin, par lequel il paraît qu'il est fils de René Grimaud, éc., s^r de la Rablaye, et de dame Marie Picault.

Extrait de baptême d'André Grimaud, du 21 juin 1691, par lequel il paraît qu'il est issu de Charles Grimaud, éc., s^r de la Rablaye, et de d^{lle} Marie Bellin, délivré le 31 octobre 1715 par Jauné, curé de Saint-Clémentin, légalisé le 26 décembre suivant par Girard de la Brossardière, subdélégué à Thouars, contrôlé à Poitiers le 15 janvier 1716 par Coupard.

Ordonnance : Maintenu comme noble et écuyer, le 24 décembre 1717, signé : de Latour.

78

Les Sables

Charles GUINEBAULT, chev., s^{gr} du Fief-Millière.

Pièces justificatives : Acte d'hommage en parchemin rendu à Guyon Guinebault, éc., s^{gr} de la Gagnollière, par Jean Martineau, en date du 24 juin 1447, signé Moussault.

Acte d'hommage en parchemin rendu par Jean Guinebault, éc., à Guy de Sainte-Flaive, dans le corps duquel il n'est pas possible de lire la date du mois et de l'année, non plus que la signature qui y est apposée, mais au dos par étiquette la date y est du 2 janvier 1486.

Acte d'hommage en parchemin rendu par Antoine Brosset à Martin Guinebault, éc., en date du 10 avril 1487, signé Thomasset.

Contrat de partage passé entre Marguerite Gorelle, Jacques Guinebault, Philippe de Lannin, éc., Martin Guinebault, éc., et Marie de Lannin, sa femme, des successions de Jean Goreau et Jeanne Bruxelles, du 8 juin 1506, signé Maurice Simon et Dupré, n^{res}.

Acte de ratification consenti par d^{lle} Francoise Guinebault, épouse de Guillaume Begaud, au profit de noble homme Martin Guinebault, éc., s^{gr} de la Gagnollière, en date du 21 octobre 1506, signé David et Girard, n^{res}.

Contrat de mariage de Colas Guinebault, éc., s^{gr} de la Millière et de la Gagnollière, avec d^{lle} Thomine Prévost, en date du 23 janvier 1517, signé Tranchand et Cecoulleau, n^{res}.

Testament fait par Nicolas Guinebault, éc., s^{gr} de la Millière, en faveur de Louis Guinebault, son fils, et Louise Guinebault, sa fille, en date du 15 mai 1553, signé Bonin et Durand.

Contrat de mariage de Louis Guinebault, éc., s^{gr} de la Millière, avec d^{lle} Charlotte de Malmouche, en date du 5 février 1556, signé Martin et Quillet, n^{res}.

Contrat de mariage de Jacob Guinebault, éc., s^r de la Millière, avec d^{lle} Suzanne Nicoulleau, par lequel il paraît qu'il est fils de Louis Guinebault ci-dessus et de Charlotte de Malmouche, en date du 29 septembre 1597, signé de la Boucherie et Martineau, n^{res}.

Sentence rendue en faveur de Jacob Guinebault, éc., s^{gr} de la Millière, par Philippe Dehère, conseiller du roi et général en sa Cour des aides à Paris, l'un des commissaires pour le régalement des tailles en Poitou, en date du 4 mai 1599.

Ordonnance de M. de Barentin en faveur de Jacques Guinebault, éc., s^r de la Grossetière, et Florent Guinebault, éc., s^r de la Millière, par laquelle ils sont maintenus dans la qualité de nobles et écuyers, en date du 9 août 1667. Dans le vu des pièces est énoncé le contrat de mariage de Charles Guinebault, éc., s^{gr} de la Millière, avec d^{lle} Jeanne Loubes, rapporté daté du 26 janvier 1638.

Contrat de mariage dudit Charles Guinebault avec d^{lle} Jeanne Loubes, par lequel il paraît qu'il est fils de Jacob Guinebault, chev., s^{gr} de la Millière, et de dame Suzanne Nicoulleau, en date du 26 janvier 1638, signé de Remigeoux.

Contrat de mariage de Charles Guinebault, chev., s^{gr} du Fief de la Millière, avec d^{lle} Jeanne d'Harambure, par lequel il paraît qu'il est fils de défunt haut et puissant s^{gr} Charles Guinebault, chev., s^{gr} de la Millière, du Plessis et autres lieux, et de dame Jeanne de Loubes, en date du 24 avril 1683, signé Perusseau, n^{re}.

Contrat de mariage de Charles Guinebault, chev., s^{gr} de la Millière, avec d^{lle} Marie Gazeau, par lequel il paraît qu'il est fils de défunt haut et puissant s^{gr} Charles Guinebault ci-dessus et de très noble dame Jeanne d'Harambure, en date du 5 novembre 1717, signé Peault, n^{re}.

Pièce non visée : Contrat de partage entre Benjamin Guinebault, chev., s^{gr} de la Millière, faisant pour Charles Guinebault, chev., s^{gr} du Fief-Millière, son frère cadet, et autres dénommés audit acte, des biens de Marie d'Harambure, sa tante, en date du 10 juin 1705, signé Rousseau, greffier, auquel contrat est attaché le testament fait par Marguerite

Hatte, veuve d'Henri d'Harambure, chev., s^gr de Romfort, en date du 28 juin 1680, signé Berneron, n^re royal commis pour délivrer les actes passés par Michel Geoffrion, vivant notaire au Blanc.

Ordonnance : Maintenu comme noble et écuyer, le 27 juin 1718, signé : de Latour.

79

Fontenay

Jeanne GARIPAULT de Ligné, demoiselle.

Pièces justificatives : Ordonnance de M. de Richebourg en faveur d'André-Bernard Garipault, éc., s^r de la Mainaudière, du 26 avril 1715. Dans le vu des pièces est énoncé le contrat de mariage de Jean Garipault, éc., s^r de la Mainaudière, et de d^lle Elisabeth des Francs (père et mère dudit André-Bernard).

Extrait de baptême de Jeanne-Elisabeth Garipault, du 1er juillet 1684, par lequel il paraît qu'elle est fille de Jean Garipault, éc., s^gr de la Mainandière, et de dame Elisabeth des Francs, délivré le 2 juin 1715 par Fonteni, curé de Foussay, légalisé par le s^r Moriceau de Cheusse, sénéchal de Fontenay, contrôlé à Fontenay le 3 juin 1715 par Delahaye.

Ordonnance : Maintenue comme fille de noble, le 10 juin 1715, signé : de Richebourg.

FIN DU TOME PREMIER.

TABLE DES MATIÈRES

CONTENUES DANS CE VOLUME

                            Pages.

Liste des membres de la Société des Archives historiques du Poitou.   v

Extrait des procès-verbaux des séances pendant l'année 1890.   ix

MAINTENUES DE NOBLESSE PRONONCÉES PAR MM. QUENTIN DE RICHEBOURG ET DES GALOIS DE LATOUR, INTENDANTS DE LA GÉNÉRALITÉ DE POITIERS (1714-1718), publiées par M. A. DE LA BOURALIÈRE. Tome I.

    Introduction.   I

    Texte des Maintenues (A-G).   4

POITIERS. — TYPOGRAPHIE OUDIN ET Cⁱᵉ.

www.ingramcontent.com/pod-product-compliance
Lightning Source LLC
Chambersburg PA
CBHW060237230426
43664CB00011B/1685